迈向人民的社会学

TOWARDS PEOPLE'S SOCIOLOGY

2

中国社会科学院社会学研究所四十年学术集萃

Collected Works of the Institute of Sociology CASS

中国社会科学院社会学研究所 / 编

社会科学文献出版社
SOCIAL SCIENCES ACADEMIC PRESS (CHINA)

前　言

1979年3月，邓小平同志在中央理论工作务虚会议上郑重指出，“实现四个现代化是一项复杂繁重的任务，思想理论工作者当然不能限于讨论它的一些基本原则。……政治学、法学、社会学以及世界政治的研究，我们过去多年忽视了，现在也需要赶快补课。”1952年社会学因为种种原因在中国被取消，到此时已经过去27个年头，终于，社会学重新获得在中国生存发展的机遇，这是改革开放后中国社会学的第一个春天。世界知名社会学家、中国社会学界德高望重的费孝通先生，扛起恢复重建中国社会学的重担，南北奔走，国内外穿梭，联系相关学者，思考恢复重建社会学的当务之急，提出了“五脏六腑”方略，其中之一就是组建改革开放后第一个社会学研究所。1980年1月18日，中国社会科学院社会学研究所正式挂牌成立。从此，中国社会科学院社会学研究所的整体发展与中国改革开放发展同步，社会学研究所的科研工作见证了改革开放以来中国社会发生的快速转型和巨大变迁，社会学研究所的科研成果努力反映着中国改革开放发展稳定的伟大实践、伟大经验和精彩故事。

在这40年里，社会学研究所从建所之初仅有的两个研究组，发展到今日有了11个研究室，2个期刊编辑部，2个职能部门，成为中国社会学界学科门类比较齐全、人员规模最大的社会学科研教学机构，发挥着新型智库的重要作用，在国内外社会学界具有重要的影响力。在这40年里，在党和国家以及中国社会科学院的关心、指导和支持下，费孝通等老一辈社会学家披肝沥胆，社会学研究所全体职工共同努力，牢记初心，不忘使命，以富民强国为职志，以构建人民的社会学为方向，致力于深入研究中国社会改革开放发展稳定的重大理论和现实问题，形成了一系列重大学术议题，产出了大量具有学术和社会价值的科研成果，积累了丰富的社会调研资料。

四十载砥砺奋进，四十载春华秋实。建所以来，社会学研究所秉承第一任所长费孝通先生制定的“从实求知，美美与共”的所训，弘扬“高尚的学术信誉，深厚的学术修养，端正的学术作风，高雅的学术品质”的学术理念，开风气，育人才。几代学人在理论和实践的结合上孜孜探索，在学科建设、人才培养、组织建设、思想建设等方面均取得了长足的发展和进步，特别是在社会学理论、历史与方法研究，社会分层与流动研究，社会组织与群体研究，文化、家庭与性别研究，青少年问题研究，社会心理学研究，社会保障、社会福利和社会政策研究，城乡社会变迁研究，社会发展与社会问题研究，廉政建设与社会评价等领域取得了丰硕的成果。

值此40年所庆之际，我们从众多成果中选取了1980年至2018年期间，社会学研究所几十位学者发表在《中国社会科学》《社会学研究》《社会》《民族研究》等四大期刊上的400余篇学术文章，按成果发表年份编排，集成此套《迈向人民的社会学——中国社会科学院社会学研究所四十年学术集萃》（十卷本）。此套文集是对社会学研究所40岁生日的献礼，是对40年发展历程的回顾与总结，我们希冀以此促进学科发展和学术进步，为中国的社会现代化建设提供更多的学术思想和智慧。

当前，进入“不惑之年”的中国社会科学院社会学研究所，同整个中国社会学一样，站在了新的历史起点，开始新的征程，迈向人民的社会学是新时代中国社会学的使命与方向。展望未来，中国社会科学院社会学研究所将坚持“推动社会学研究中国化，实现社会学所建设国际化”的办所理念，继续秉承历史责任和学者使命，为实现把我国建设成为富强民主文明和谐的社会主义现代化国家，为努力构建中国特色社会学的学科体系、学术体系和话语体系，不懈努力，继续开拓创新，再创新的辉煌！

编者

2020年1月

凡　例

一　文集以时间为序编排，同一时间发表的文章顺序不分先后。

二　文集以学术性论文为主，保留著名学者的专题性学术讲话稿，学者的考察报告、出访报告、书的序言、参访记录不再编入文集。

三　参考文献原则上遵照《社会学研究》的体例，早年论文中文献标注项目有缺失的，遵原文。经典著作无法确认版本的，引文遵原文。

四　原则上正文中的数据应与图表中的数据对应，图表中的数据疑似有误但不能确认者，遵原文。

五　专业术语、人名、地名等不统一之处，遵原文。

1989 年

1990 年

1989年

苏共中央关于提高社会学作用的决议*

侯宏勋 译

苏共中央1988年5月通过了《关于提高马列主义社会学在解决苏联社会的关键社会问题方面的作用的决议》（以下简称《决议》）。

《决议》指出，要实现党的27大及此后数次中央全会的革命方针，实行彻底的经济改革和积极的社会政策，全面推行社会民主化，更新社会的精神道德领域，必须增强马列主义社会学在诸如为改革提供科学保证、解决社会主义的关键性理论问题和实践问题、培养广大人民群众的社会政治思维等方面的作用。这对于作为一门科学的社会学的发展，对于社会学研究成果在社会过程管理实践中的应用提出了崭新的要求。

苏共中央认为，社会学现状不符合社会的需要。社会学在创造性地发展马列主义社会科学、培养劳动人民的科学世界观以及实施苏共社会政策方面尚未占有应有的位置。

《决议》中提出了下述任务：把马列主义社会学的发展提到崭新阶段，大大提高学术成果的理论、方法论和方法水平，从根本上改善这些成果在管理和预测社会过程、推进民主化、增强公开性等方面的应用状况。计划实行一系列措施，以保证社会学研究的配套性和成效，发展社会学研究机构网，提高企事业单位“社会发展处”的作用，从根本上改善社会学教育和对社会学干部的培训现状，建立科学的舆论研究体系，扩大社会学情报基地，增加社会学著作的发行量并提高其质量，改善科研工作的物力和财力。

《决议》强调要集中社会学界的力量研究苏联社会发展面临的最迫切而又复杂的问题，还确定了社会学研究的基本方向。

---

* 译自1988年6月12日苏联《真理报》；原文发表于《社会学研究》1989年第1期。

苏联科学院应随着社会需求的增长并在有相应数量的干部的条件下，保证分阶段建立起社会学科研机构体系。苏联科学院社会学调研所应改为社会学研究所。该所的任务是：研究社会学的基本理论、方法论与方法问题；协调全国社会学研究工作，开展国际的、全苏的和跨地区的研究。苏联国家人民教育委员会应采取措施发展校办专题社会学研究室网络，这类研究机构应建立在经济核算的基础上。

鉴于苏联《国营企业法》关于优先考虑劳动集体社会发展的要求，必须大力改善国民经济部门和企业的社会学工作，提高“社会发展处”在研究各类劳动人民劳动的动机、价值取向以及在发展社会主义民主、实行社会正义原则、发挥劳动人民劳动集体性和社会政治积极性等方面的作用。

《决议》中规定了改善社会教育、培训和提高社会学干部素质的措施。苏联各部和部门、加盟共和国部长会议必须定出由现在到2000年这一时期对社会学干部的要求。拟在本五年计划期间在全国较大的高等学校开设社会学系或社会学专业，在高校其他有关专业实现社会学专门化。

为改善社会学干部的质量构成，苏联国家科学技术委员会、国家人民教育委员会要制定措施，扩大社会学副博士和博士研究生的招生数量，在制订年度计划时要吸收有关部和部门参加。《决议》认为，必须加强在重点大学特设的社会学系对社会学干部的轮训，并在部门的和跨部门的进修学院对领导人员和专业人员就社会学、社会心理学和社会过程管理问题组织教学。

为提高干部的社会学素养，在劳动人民的政治、经济教育体系中进行社会学和社会心理学教学，在马列主义大学开设社会学系。

分析和利用舆论，对于深化苏联社会的民主化过程、提高公开性以及提高群众的创造性和政治积极性具有特殊的意义。《决议》规定，要确保改进对舆论的研究，首先要建立在提高下述单位的工作效率基础上，它们是：工会全苏中央理事会和国家劳动工资委员会所属社会经济问题舆论研究中心、苏联科学院社会学研究所舆论研究中心，以及苏共中央社会科学院、高等学校、各部和部门的社会学机构。

国家劳动工资委员会要协同有关部和部门逐步建立起关于国内和国际生活中重大问题的舆论研究系统。

为使居民对社会发展的基本问题有清楚的了解，并为夯实社会学的统计基础，《决议》规定提高社会统计资料的公开性，系统地定期发表重要的统计资料和评述文章，向社会各界及时提供道德统计信息。

《决议》指出，必须加强社会学知识的宣传，扩大社会学理论、方法著作和普及性著作的出版；要为大学生、工厂社会学家以及进修学校和政治、经济教育机构编写出版马列主义社会学和具体的社会学学科教材。

《决议》规定了社会学发展的物质保障措施。国家供给委员会、国家计算技术与信息委员会、国家人民教育委员会、各加盟共和国部长会议应为完成本《决议》规定的社会学领域的各项工作提供物质和技术保障。

加盟共和国党的中央委员会、边疆省党委、州委、市委和区委受命加强社会学发展和舆论研究的组织工作和思想政治工作，对社会学机构的活动进行经常性监督。党委应当明确，社会学研究的成果定会积极促进党的领导的方式方法的完善。

《决议》指出，提高社会学在解决苏联社会的关键社会问题方面的作用的措施应能促进改革、充分发挥苏联人民的创造潜力。

回顾与展望：开创中国社会学发展的新局面*

方 明 王 颉

十年前，拨乱反正使中国的社会学开始了重建的过程。十年中，社会学以后来居上的姿态蓬勃发展，引起了社会各界的关注和重视。今天，社会大变革的时代更对社会学的进一步发展提出了新的要求。如何在新的历史条件下开创中国社会学事业发展的新局面，是值得每一个社会学工作者认真思考的问题。回顾历史，展望未来，可以使我们更清楚地认识到我们面临的任务和肩负的使命，可以使我们在新的起点上推动我国社会学事业进一步发展。

一 历史回顾：社会学健康成长的十年

1978 年，中国社会的发展出现了历史性的转折，党的十一届三中全会的召开，把中国推向了一个全新的时代。在拨乱反正基础上推进的全面改革和对外开放，使我国社会生活的各个方面，都发生着深刻而又急剧的变革。

中国社会学的重建，就是在这样的背景下开始的。

在中国，社会学的发展有着独特的历史轨迹。19 世纪末，在中华民族的命运受到严峻的挑战之际，诞生于西方的社会学传入了中国。不少学者怀着向西方寻求“济世良方”的希望，试图通过社会学的传播和发展对改变中国的现实有所作为。然而，严酷的社会历史环境形成的种种制约，使

---

* 原文发表于《社会学研究》1989 年第 1 期。本文在写作和修改过程中，得到陆学艺、杨雅彬、王育民、宋家鼎、刘英、单光鼐、徐鸿宾等同志的帮助，在此表示感谢。

这种希望难以实现。新中国诞生后，我国一些接受了马克思主义影响的社会学家曾努力想使社会学在研究社会生活和社会问题方面发挥应有的作用，为社会主义建设服务。但1952年的院系调整和1957年关于社会学的讨论，使社会学戴着“资产阶级伪科学”的帽子在社会科学领域中销声匿迹了。

谬误的澄清、思想的解放和社会主义现代化建设的要求使社会学获得了新的生机和活力。1979年3月15日至18日，全国哲学社会科学规划会议筹备处召开座谈会，探讨社会学的发展问题。在座谈会上，胡乔木同志代表党中央为社会学这门学科恢复了名誉，他在讲话中指出：“否认社会学是一门科学，用非常粗暴的方法禁止它存在、发展、传授，无论从科学的、政治的观点来说都是错误的”，并表示愿意尽力支持社会学学科的发展。[①] 1979年3月30日，邓小平同志在《坚持四项基本原则》的讲话中指出，我们已经承认自然科学比外国落后了，现在也应该承认社会科学的研究工作（就可比的方面说）也比外国落后了。对社会学等学科，需要赶快补课。[②] 在此之前，中国社会科学院曾委托费孝通教授召集过去从事社会学研究的学者举行过若干次座谈会，征求开展社会学研究的意见。经过酝酿和准备，在各方面的共同努力下，中国社会学研究会于1979年3月宣告成立，费孝通教授被选为会长，雷洁琼、杜任之等被选为副会长。中国社会学研究会的成立，标志着中国社会学重建的开始。

从1979年到现在，我国社会学事业的发展在短暂的十年重建过程中经历了以下三个阶段，以崭新的面貌登上中国的社会科学舞台。

第一阶段（1979～1982年）。这一阶段是社会学的初创阶段。重建之初，创业者们面临一系列亟待解决的难题：由于从1952年起社会学系便不再招生，1953年取消了最后两个社会学系，无论是专业研究人员还是教材，都形成了长达二十多年的空白。旧中国培养的社会学工作者在反右斗争和“文革”中历经磨难，自身存在着年龄大与知识老化的问题。正如费孝通教授在当时指出的那样：“怎样创建新中国的社会学呢？首先要有人，这在当前是个大问题。”（费孝通，1981）特殊的难题需要用特殊的措施来

① 参见中国社会科学院《哲学社会科学规划通讯》1979年第24期。

② 邓小平：《坚持四项基本原则》，《邓小平选集》，人民出版社，第167页。

解决。费孝通等老一辈社会学家在各方面的支持和配合下，采取了一系列打破常规的方法造就社会学队伍：动员过去从事社会学教研工作的同志归队；1980 年和 1981 年，中国社会学研究会等单位连续举办了两期全国性讲习班，为全国各地培养了一批从其他专业转行的社会学教研骨干力量；1981 年从全国 18 所高等院校选拔 43 名大学三年级的学生，到南开大学进行为期一年的社会学专业训练；打破高校未办过研究生班的惯例，在南开大学开办社会学研究生班；在北京、上海、长春、武汉等地举办各种专题的社会学讲习班。以培养社会学人才为中心的重建工作推动了我国社会学事业的全面发展。1979 年 8 月，中国社科院社会学研究所筹备组成立，1980 年 1 月中国社科院社会学研究所正式成立。1979 年，上海市社科院社会学研究所筹备组成立。到 1982 年 5 月中国社会学研究会年会召开时，全国已有 7 个省市建立了社会学会；7 个省市建立了社会学研究机构；南开大学设立了社会学专业；复旦大学分校、中山大学和北京大学设立了社会学系；社会学研究在全国各地逐步开展，社会学教材的编写工作和书刊出版工作已经开始。1982 年中国社会学会在武汉召开了第一次年会，总结了前段时间的工作，讨论了进一步发展社会学的方针和计划。这一阶段的工作为日后社会学事业的蓬勃发展奠定了坚实的基础。

第二阶段（1983～1985 年）。1983 年 4 月，全国社会学“六五”规划会议在成都召开，这是我国社会学重建以来的第一次规划会议，也是新中国成立以来第一次把社会学研究的课题纳入国家规划。这次会议的召开，标志着我国社会学学科建设进入了一个新的阶段。这一阶段呈现出的特点有：（1）规模较大、系统性较强的社会学研究开始着手进行，“江苏省小城镇研究”、“我国城市家庭现状及其发展趋势——五城市家庭研究”、“中国人口问题研究”、“全国青工现状、青农现状调查”、“劳动就业”和“犯罪研究”等课题被列入“六五”规划，这些课题研究的开展，有力地推动了社会学事业的发展。（2）社会学研究的层次和范围在迅速增多与扩大。全国各地的社会学教研单位和社会学工作者，根据本地区的特点，进行了广泛的社会调查和社会学研究。研究的领域扩展到社会学的许多分支学科。（3）社会学队伍在迅速扩大。到 1985 年底，全国已有 21 个省区市成立了社会学研究所或社会学会，有 12 所大学设立了社会学系和专业，社会学专门教研人员已有 900 多人。（4）社会学的普及工作迅速发展，社会学的社会影响不断扩大。(5) 社会学研究同经济体制改革等社会现实的结合更为密切。“六五”规划社会学重点课题研究的开展，各地社会学会和研究单位横向联系召开的各种研讨会，中国社科院社会学研究所等单位在南宁联合召开的“经济体制改革和社会变迁”学术讨论会，各地社会学工作者结合本地实际进行的研究，初步显示了社会学为社会主义现代化建设服务的功能，引起了各级政府有关部门的重视和社会各界的关注。经过这一阶段，费孝通教授在社会学重建之初提到过的学科建设必须具备的“五脏六腑（五脏指学科必须有的五个部门：学会、专业研究机构、学系、图书资料中心、出版；六腑指社会学系必须有的六门基本课程：概论、社会调查、社会心理学、城乡社会学、比较社会学和西方社会学理论介绍）都有了不同程度的发育，中国社会学事业全面发展的态势业已形成。按费孝通教授的话来说，就是社会学的“戏台已经搭好，班子已初步组成”（费孝通，1987）。

第三阶段（1986 ~　）1985 年 12 月国家教委在广东召开了社会学专业教改研讨会，1986 年 4 月中国社会学研究会在北京召开了常务理事扩大会，1986 年 9 月中国社科院社会学研究所等单位在内蒙古召开了全国社会学工作会议。社会学教学系统、学会系统和研究系统相继召开的这三次会议，对前段我国社会学的重建工作进行了总结，对我国社会学学科发展状况进行了评价。在充分肯定前段时间社会学发展取得的成绩的同时，来自各方面的社会学工作者也看到了发展过程中存在的问题，看到了社会学发展状况同社会需要之间存在的差距。对社会学重建历程的回顾和对社会学发展前景的展望，使人们意识到社会学的进一步发展面临着提高和向纵深发展的艰巨任务。从这三次会议讨论的问题和得出的结论看，中国社会学进入了又一个新的发展阶段，即全面建设、发展提高的阶段。1986 年 10 月，全国哲学社会科学规划会议在北京召开。会议期间，社会学学科规划小组确定了“七五”期间社会学学科的首批 13 个国家重点课题，选题涉及的内容和难度也充分印证了这一点。这一阶段初步显现出的特点有以下几个：(1) 社会学界出现了一种反思的气氛，人们认识到无论是从社会变革的需要出发，还是从学科发展的需要出发，切实提高社会学研究的水平都成为当务之急，从而对学科建设的具体任务和途径进行了较有深度的探讨；(2) 各个层次、各种形式的社会学研究水平都有不同程度的提高；

(3) 在社会学学科的基础建设方面和对重大社会现实问题的研究方面有所加强。种种迹象表明，我国的社会学在时代和自身发展双重要求的推动下，开始了自己新的、更高的追求。

在短暂的十年里，我国的社会学事业能够健康迅速、顺理成章地从初创阶段迈入全面建设、发展提高的阶段，同以下几方面的原因紧密相关。

——正确的重建方针。重建之初，费孝通等创业者们提出了建立一门"在本质上有别于中国旧时代的社会学和西方各国的社会学的"、"以马列主义、毛泽东思想为指导，密切结合中国的实际，为社会主义建设服务的社会学"（费孝通，1986：1）的重建方针。1985 年 1 月，中国社科院社会经济体制改革与社会变迁"学术讨论会指出，要在深入研究改革提出的理论和实际问题的过程中建设具有中国特色的社会主义社会学。正是由于这一方针贯穿十年重建过程的始终，有效地保证了我国社会学事业的健康发展。

——变革浪潮的推动、思想解放和全面改革既为社会学的发展创造了良好的社会环境，也以自身对社会学的需求造就了社会学发展的动力。

——新老社会学工作者的共同努力。费孝通等老一辈社会学家不但为社会学的重建大声疾呼，对社会学的发展方向、方针和方法提出了许多很好的意见，而且通过培养人才和开展研究的不懈努力，为社会学的重建奠定了基础。从哲学、经济学等学科转移到社会学领域中的中年社会学工作者，活跃在全国各地的社会学战线上，在重建社会学的过程中发挥了骨干作用。在重建过程中陆续培养出的青年社会学工作者，在实践中业务素质不断提高，以新的风貌在中国的社会学舞台上崭露头角，为社会学的发展增添了活力，形势喜人。

——得当的方法。在社会学重建过程中，由于采取了一手抓学科建设、一手抓为现实服务的方法，促进了社会学事业的蓬勃发展。社会学的生命力在于为社会服务，实践证明，摒弃闭门造车、坐而论道的学科建设方法，以对现实问题的研究推动学科建设、培养学科队伍、扩大学科影响，符合学科发展规律和时代对社会学的要求。在学科发展的初始阶段尤其如此。

——引进、交流与借鉴。文化发展的重要机制是交流和选择。在重建过程中，我们对西方、苏联和东欧等国外社会学进行了一些介绍和研究，同国外社会学机构进行了学术交流、比较和借鉴，对我们建设有中国特色的社会主义社会学产生了积极有益的效果。有些同志一度曾担心，引进西方社会学会造成“污染”。实践表明，只要在引进中坚持“以我为主”的方针，坚持用马克思主义的观点对待各种理论流派和方法，可以收到“他山之石”的“攻玉”之效。

过去的十年，是艰苦创业、辛勤探索的十年。如今，我国的社会学已从一门鲜为人知的学科成长为一门在我国社会生活和社会科学之林中占有相当地位、蓬勃发展的学科。现在，让我们检阅一下十年的成绩。

1. 学会组织和科研机构

截至 1988 年 3 月的不完全统计，全国共有社会学会 35 个，有些市县也建立了社会学会。另外，许多地方社会学会还下设有分支研究会（组），研究范围涉及婚姻家庭、城市、农村、经济、工业、民族、文艺、电影、青年和老年等分支学科。全国各省市社科院都成立了社会学所（或研究室）等专业性的社会学研究机构。学会和专门研究机构的建立，为社会学事业的发展提供了可靠的组织保证。

2. 社会学队伍的建设

现在，约有 1000 多名社会学专业工作者活跃在社会学的科研和教学战线上。另外，有相当数量的受过不同期限、不同形式社会学训练的各类在职人员，在政府部门和其他各条战线上，运用所学的社会学知识，在研究和改造社会方面发挥着重要的作用。

3. 大学系科建设与教学

截至 1988 年，全国有 12 所高校经教委批准设立了社会学系（专业）。截至 1987 年底，全国社会学专业毕业的本科生有 17 人，在校本科生为 916 人。许多院校和科研单位都开展了硕士和博士研究生的培养工作。

4. 社会学普及工作

目前全国已有半数以上的高校开设了作为公共课的社会学概论或社会学分支学科的概论。各类企事业和行政部门的干部培训机构也开设了各种社会学课程，有些机构设立了社会学教研室。中国社科院社会学研究所、北京社科院社会学研究所等单位兴办的中国社会学函授大学两期招生 4 万多人。另外，各地举办了各种类型的社会学讲习班和研讨会。有些地方的广播电台举办了社会学广播讲座，使社会学知识在群众中广为普及。

5. 出版工作

1979 年到 1987 年，全国共出版各类社会学书籍 400 多种，社会学或以社会学为主的丛书 10 种，社会学杂志从 1981 年的 2 份增加为定期杂志 6 份，不定期刊物 10 多份，简讯一份，家庭婚姻、青年、老年、社会保障等专类刊物近 20 份。

6. 研究状况

从 1979 年到现在，我国社会学研究的范围不断扩大，水平不断提高，形式不断创新，方法不断完善。社会学工作者对改革中一系列重大现实问题（如小城镇问题、家庭婚姻问题、人口控制问题、青少年问题、物价问题、社会发展问题、社会结构问题、城市发展问题、农村改革问题、边区开发问题、改革的社会心理承受能力问题、老年问题、生活方式和精神文明建设问题等）的研究，已经或正在取得重要的成果，为各级政府的决策提供了依据和参考，显示了社会学的社会功能。在理论建设方面，社会学工作者对社会学学科性质、研究对象和任务，社会学学科体系，社会学同历史唯物主义、科学社会主义及其他学科的关系，马克思主义社会学理论，社会运行发展规律，社会学研究方法和技术等问题开展了卓有成效的研究工作，促进了社会学的自身建设。社会学工作者对国外社会学的介绍和研究，为我们了解和借鉴国外社会学的成就和经验做了重要的工作。研究成果的数量可以从一个角度反映出研究的发展状况，以公开发表的社会学文章为例，1979 年至 1981 年的三年中，文章数量为 308 篇；1985 年至 1987 年的三年中，文章数量为 1315 篇，比前期增加了 3.27 倍。① 近年来我国社会学工作者在设计研究课题、组织课题研究、参与社会变革以及对社会学理论、方法的应用与创新等方面都有了长足的进展，成果质量确有提高。基础理论、主干学科的加强和分支学科的茁壮成长，使社会学事业呈现出繁荣的景象。更加意味深长的是，我国社会学领域中基础研究同应用研究相结合、理论研究同经验研究相结合，多层次、多向度研究相结合的态势正在形成，表现出社会学事业向纵深发展、向成熟迈进的良好征兆。

---

① 这一数字是南开大学硕士研究生周贵华根据《全国报刊索引》统计出的结果，内部刊物及其他形式发表的社会学文章未列入统计范围。

社会学的功过应由社会评说，社会学发展的成就应由它自身产生的社会效益来体现。十年重建，使社会学的影响遍及社会的各个领域，对我国的社会主义现代化大业产生了积极的促进作用。

——社会学研究受到各级党政部门和实际工作部门的重视，社会学研究的成果被引入决策过程。例如，费孝通主持的小城镇研究受到中央领导同志的称赞，研究所提供的分析、建议和资料成为实际工作部门制定小城镇建设方针的重要依据，天津市政府从1985年开始同天津社科院社会学研究所共同开展“千户调查”，将社会学研究获取的社会情报信息及时反馈给政府决策系统，将社会学研究成果迅速转化为实际工作措施，收到了良好的效果；上海市社会学工作者为制定上海市文化发展战略进行的调查研究，陕西、甘肃等省社会学工作者进行的“西北贫困地区社会结构研究”等，为正确认识当地实际情况提供了帮助。各地的社会学工作者根据本地实际情况，同政府部门联合开展的社会学研究也取得了很大的成绩，他们所进行的综合研究为正确认识当地社会发展状况、制定社会发展规划提供了科学依据，他们所进行的各类专项研究的成果不同程度地被实际工作部门吸收和采纳，成为推动各项工作的具体对策。

——社会学研究的发展和社会学知识的普及，对提高政府部门对社会发展的重视程度产生了积极的影响，政府部门中的社会研究部门相继设立，国家计委设立了社会发展局，国家统计局设立了社会司，国家科协成立了“社会发展与科技对策研究会”，国务院民政部先后设立了“社会福利和社会进步研究所”和“社会工作和社区服务研究中心”，国务院所属的经济体制改革研究所、发展研究所也分别设立了同社会学相关的研究室。另外，政府部门主动向社会学研究机构咨询或寻求配合的情况逐渐增多，例如深圳、厦门、常州等市在制定社会发展战略时都主动邀请社会学工作者参与。

——社会学知识受到行政、企业管理者的欢迎。我国许多机关团体和企业的管理者在实践中认识到了社会学的价值，学习社会学知识的人越来越多，许多单位在应用社会学知识进行组织管理和改革、调动职工积极性及调整企业内部、外部关系后取得了明显的成效。许多部门的调查研究人员接受了社会学训练后大大提高了调研水平。

——社会学成为发展边缘学科的基础和综合性研究的骨干。社会学的理论和方法被引入经济学、法学、哲学、城市规划等学科的研究领域，其他学科的教研人员对社会学表现出日益浓厚的兴趣和热情。

——社会学知识在群众中得到普及。社会学知识作为公民应当具备的常识为广大人民群众所接受，1981 年，有人在著名的高等学府北京大学和清华大学进行过一次调查，调查表明，在 179 名被调查的大学生中，仅有 65% 的人知道有社会学这门学科，而大致了解社会学研究内容的仅占 25%。这种情况同几年后社会学普及读物成为畅销书，人们踊跃参加各类社会学教学活动，“社会化”、“角色”和“社区”等社会学术语成为人们的日常用语，社会上形成了一股规模不小的“社会学热”的今天成为鲜明的对照。社会学知识的普及不仅为社会学的发展造就广泛的群众基础，也对社会主义精神文明建设产生了积极的促进作用。

纵观十年变迁，俯瞰当今现状，一个结论跃然纸上：过去的十年是社会学健康成长的十年。尽管在重建过程中存在这样那样的不足与争论，尽管社会学发展状况同社会需要还存在一定差距，但是，在社会各界的关怀和支持下，社会学工作者用自己的心血和汗水造就了一个不可改变的事实：社会学在中国社会科学之林中争得了自己的地位，在中国社会生活的沃土中植下了深根，为自身发展奠定了雄厚的基础。过去，社会学一度被视为“可有可无”的学科、“资产阶级伪科学”、“研究其他学科不研究的问题”的学科；而今，社会学在社会发展中具有不可取代的作用、社会学能够为社会主义现代化建设发挥特有的作用这一观念，正在为越来越多的人所接受和领悟。为此，我们社会学工作者应当感到自豪，但更应从这种变化中体会到建设具有中国特色的社会主义社会学任重道远。在新的基点上，按照时代的要求和学科发展的客观规律进一步繁荣我国的社会学事业，仍然需要我们进行长期不懈的努力和奋斗。

二　前景展望：社会变革呼唤着社会学的发展和创新

1979 年起步的经济体制改革，如今已发展为包括经济体制改革、政治体制改革、教育科技体制改革在内的社会体制全面变革。变革造就的事实和变革追求的目标越来越清楚地表明：中国正处在一个由旧体制向新体制转化的关键阶段，在改革开放的前提下建设现代化、实现中华民族的伟大复兴，成为社会发展不可逆转的潮流。

中国社会学事业的进一步发展，将在这样一种历史条件下进行。

变革的时代为社会学的发展创造了良好的条件。马克思主义经典作家曾多次指出，科学的产生和发展从一开始就由某种社会需要决定：社会一旦有某种需要，则这种需要就会比千所大学更能把科学推向前进。社会学发展的历史表明，剧变的社会往往给社会学提供了跃进的时机，社会的重大变革总是把灵感和推动力同时赋予社会学这门学科。

变革的时代也对社会学的发展提出了更高的要求。当新旧体制的转换使社会的运行机制、社会形态，乃至社会成员的行为模式都发生相应的变化时，社会期待着声称“从总体上研究社会”的社会学对现实和未来提出自己的理解、描述和预测，提出对现实有所作为的理论与对策。

能否利用时代赋予的机会，能否在新的历史条件下实现社会学的社会功能，关系着社会学的命运和发展前景。应当清楚地看到，尽管在过去的十年中我国的社会学事业有了长足的进展，但同时代的要求相比，仍有不小的差距。差距的扩大意味着危机的来临。对此，我们的选择只能是发展和创新，在回答变革提出的新问题的同时加强学科建设，开拓具有中国特色的社会学的新路。我们认为，在今后一段时间内加强以下几方面的工作，对于促进我国社会学事业的进一步发展或许有一定的作用。

第一，加强对具有战略决策意义的重大社会现实问题的研究。

在过去的十年中，我国社会学事业之所以能够迅速发展，之所以受到党和政府以及社会各界的支持与关注，同社会学工作者开展对一系列重大社会问题的研究、提出有效的社会对策有一定关系。但是，由于学科的不成熟、理论的不完善和队伍的不健全，我们对许多重大的经济、社会、文化发展问题的研究还显得力不从心，处于没有发言权或发言权不足的境地。尤其是对改革中提出的新要求和出现的新现象，如改革的社会制约因素、社会体制改革的总体构思和方案、社会结构的新变动以及法制和民主建设、传统文化和外来文化的冲突与融合、各个层次社会变迁的相关性以及城乡改革中的若干重大问题等，缺乏综合、系统的研究。尽管我们对上述某些问题有所触及，但研究水平很难说高于其他学科，社会学的特色和优势尚未充分显现。

造成上述问题的主要原因是多方面的：首先，社会学工作者在一定程度上还缺乏在浩如烟海、扑朔迷离的社会现象中抓尖锐问题、敏感问题和关键问题的洞察力和魄力。我们听到过这样的议论，在过去的十年中，我们丧失了三次可以使社会学扩大社会影响、大步前进的机会：第一次是对农村家庭联产承包责任制和新联合形式的研究，第二次是对新技术革命对社会影响的研究，第三次是对城市改革起步的研究。由于在这样一些问题上没有抓住时机，拿出社会所期待的成果，结果使社会学在变幻多姿的社会现实面前失去了大显身手、为学科建设创造有利条件，从而产生突破和创新的良机。

其次，在我们当中，一些同志片面理解社会学的学科性质，把战线拉得过长，把所有与社会学有关的课题全部网罗进来，主次不分，甚至主次颠倒，把有限的力量不切实际地分散使用，一些同志陷入微观的研究，而且越分越细。这与一些同志怕担风险、微观研究短平快容易见效以及出版部门对利润的追求的导向作用等有关。

最后，对各种研究力量协调不力，对课题组织技术的欠缺，使有限的人力、物力和财力处于一种分散的状态，也形成了对研究重大现实问题的制约。

我们认为，十年来社会学已经有了一定的基础，在今后的发展过程中，应该摒弃无所作为的思想，思想再解放一点，社会学要参与社会变革，干预社会生活，大胆地提出问题与解决问题的途径，以社会学独具的特色不断开拓自己的研究领域，以实际行动争取社会学的发言权，争取理论与实践上的重大突破。

第二，要强调建设具有中国特色的、密切联系中国实际的、为中国社会变革和社会主义现代化建设服务的社会学。

尽管存在适应各种社会和国家的社会学一般理论，但这种一般理论的应用与发展却离不开各个社会的具体情况。扎根本土才有生命力，这是社会学发展的基本规律。第二次世界大战之后，社会学的中心由欧洲转移到美国，这是伴随资本主义世界中美国在经济和政治上的崛起而出现的现象，同时也是美国的社会学突出了自己的特点、扎根于美国的结果。同样，社会学只有扎根于中国的土壤、突出中国的特色，才能够得到发展，才能走出中国、走向世界。

十年来，我们翻译出版了大量国外社会学书籍、论文，对社会学的发展史、社会学的理论流派尤其是当代美国、日本及欧洲各国的社会学发展情况进行了介绍。这在社会学重建阶段是十分必要的，即使是今后我们还是要不断引进，在借鉴与比较中推进中国社会学的发展。同时，我们应该看到，在引进的过程中鉴别、消化、吸收的工作还有待进一步努力，在引进国外社会学的过程中难以突出主体性的问题有待改进。引进与发展不平衡恰恰证明了我们应该立足于中国的实际，立足于建设有中国特色的社会学。

我们曾经将学科的发展方针描述为“重视理论研究，加强实际研究”，现在看来这个提法还是有实际意义的，无论理论研究还是实际研究都必须面对中国的实际，了解中国国情。今后我们还要花大力气，深入细致地开展广泛的调查研究，社会学在中国中断的20多年恰恰是世界经济、政治格局发生剧变的过程中社会学迅猛发展的重要时期，社会学在社会变迁中获得了发展动力与条件。今天中国也处在剧烈的变革时期，社会学的发展遇到了十分有利的机会，需要我们研究的大量新问题不断涌现出来，比如社会发展的新目标、所有制结构的新变化、政治体制改革的新态势、城乡关系的新格局、各类社会组织的新秩序、社会利益的新分化、民族精神的新解放等，这些现象的出现在以往是不可想象的，这里有大量宏观的、微观的问题有待于我们去研究。

应当看到，我们对这些新现象的滞后研究较多，而同步和超前研究较少。这样一来，无论是在发挥社会学的社会功能以指导社会实践，还是在从社会现实中汲取学科发展的灵感和养料方面，都显得缺乏生气。长此以往，社会学发展的势头和活力将下降，社会学的社会地位也要下降。要高瞻远瞩地搞好同步和超前研究需要勇气，但是勇气是需要以科学的态度、透彻深入地了解中国的现实、把握中国的实际和紧密结合中国的国情为基础的。所有有志于社会学研究的同志都应该放下架子，到实践中去，到人民群众中去，踏踏实实地搞好调查研究，将中国社会学事业之根深深地植于中国的沃土之中。

第三，加强队伍建设，提高社会学科研、教学工作者的素质。

十年来，我们已经建立起一支社会学研究的基本队伍，但是社会学在全国的发展极不平衡，在经济、社会较发达地区与相对落后地区之间，在大城市与中小城市之间，在农村与城市之间，即使是在较发达地区内部的城市之间、城乡之间，社会学的普及与发展水平也是存在较大差距的。此外，社会学分支学科的发展也存在不平衡的现象。

抓紧、抓好队伍建设仍然是我们今后的奋斗目标之一，队伍建设主要从普及与提高两个方面入手，“社会学热”在我国已经形成，还在发展，中国社会学函授大学已经培养出2万多名学生，第二届学员总数也将近2万名。已经毕业的学生在社会学研究中初步显示了才能，一些城市、地区甚至县成立了社会学研究机构，大都是以这届毕业生为骨干组织起来的。应该指出的是，各省市的社会学研究所、大专院校的教师在创办社会学函授大学的过程中都做出了很大的贡献。普及社会学的工作还要继续努力，同时不断提高社会学工作者的素质已经成为关系到社会学进一步发展的大问题。

我们这支队伍大致由三方面人员构成：一是新中国成立前从事社会学研究或学习的老专家、老同志；二是由哲学、经济学、政治学、历史学、新闻学、文学、外语及自然科学等研究领域转行从事社会学研究的中年同志；三是重建社会学后，进入各种学校学习社会学，毕业后又从事社会学研究的同志。老同志为重建社会学做出了突出的贡献，并且为培养中青年费尽了心血，许多同志至今还活跃在科研第一线。他们也在不断学习，更新知识结构。转行的同志在近几年的研究实践中提高了水平，仍然面临完善知识结构、开拓新的知识领域的重要任务。一大批青年同志正在成长，逐渐担负起科研重担，但是社会学在中国还远未成为一门成熟的学科，因此，青年同志虽然已经接受过较为系统的社会学理论学习，但是社会学本身还在发展，学习的任务仍是很繁重的。无论是哪一部分同志，都有一个面对中国的改革实际不断提高素质的问题，坚持马克思主义理论学习，研究学习党的路线、方针、政策，了解掌握国外社会学的发展趋势，沟通国内各个方面社会学研究的信息，以及不断端正学风，向实际工作者学习，都是搞好队伍建设的重要途径。

在队伍建设过程中，团结协作是非常重要的。团结协作使我们的社会学重建和发展取得了成功，今后还要大力提倡团结协作。首先应该强调的是社会学专业队伍内部的合作，无论是老专家、老同志，还是中青年，都有自己的长处，要取长补短，相互合作。在这个基础上，我们要搞五湖四海的大团结，跨地域、跨学科，共同促进社会学的发展，我们在谈论十年来的不足与展望今后的发展时都谈到了解放思想、抓大题，社会学要参与社会改革。这样繁重的工作，无论是单纯依靠哪一部分人还是单纯依靠哪一门学科，都是不行的，因此要展开大协作。这也是解决目前战线太长、重复研究太多问题的方法。中国是一个幅员辽阔的大国，又是一个发展不平衡的穷国，要真正了解中国的国情，没有大协作，只靠目前的1000多人的队伍，是很难完成任务的。此外，我们还要强调搞好专业队伍与非专业队伍、科研人员与民政部门、统计部门、调研部门及行政部门的合作，这样才能形成一支数以万计人员组成的社会学研究大军。

第四，要花大力气加强学科建设。

过去的十年尽管形成了学科向纵深、全面发展的态势，但学科内部的比例关系还不协调，社会学基础理论和主干分支学科发展不够，而一些次要的分支学科在一些因素的刺激下成为热门。发展各门分支学科、满足社会各方面对社会学的需求是无可非议的，但是，如无视社会学基本理论和经济社会学、城市社会学、农村社会学、发展社会学、社会心理学、社会工作等主干分支学科亟待发展的现状，而热衷于用猎奇和附庸风雅去制造社会学的“繁荣”，那么，这种繁荣将成为日后的危机。当人们把社会学看作“帮闲学科”并加以“庸俗化”时，我们无言以对。因此，按照学科发展的规律，为学科发展制定全面、科学的规划，这是摆在学科建设面前的首要任务。

其次，要提高社会学研究水平，注意发挥社会学的特色和优势，防止“非学科化”倾向加重。社会学可以成为多学科综合研究的基础和骨干，但这丝毫不意味着社会学本身是各门其他学科拼凑而成的“拼盘”，如果社会学研究同其他学科的研究毫无二致，这门学科也就走到了尽头。因此，在研究中不失时机地捕捉社会学理论的“生长点”，丰富社会学的理论，发展和完善社会学特有的分析模式，将研究水平大大提高，对社会学的学科建设至关紧要。

最后，要抓好社会学研究方法的科学化。任何学科都离不开理论与方法，而理论构架的形成也离不开方法的研究与运用。社会学的研究方法是区别于其他学科的主要内容之一。第二次世界大战之后，自然科学、社会科学的其他学科与社会学紧密地结合起来，使社会学得到了前所未有的发展。计算机的运用，数理统计方法的运用，对社会学发展起了十分重要的作用。同其他学科相比，这一点是社会学的长处之一，它使社会现象成为可以量化、可以操作的研究对象。这个社会学发展的关键时期，恰恰是我们中断社会学研究的20多年。十年来，我们也进行了大量的社会调查，一些大型的调查往往要进行上万甚至五六万人的抽样，动辄需要几万、十几万元，成立数十人、数百人的调查队伍。但是在对一些调查结果进行研究时，在资料处理和分析方面显得无能为力，得出的结果同研究的规模不成比例，得出的结论同实际相去甚远。一些同志说，我们引进了调查方法，但是只学到了一些皮毛的东西，这话不无道理。在开展调查的过程中，我们发现一些量化研究缺乏系统性、科学性，在调查之前没有很好地论证，大量的问卷设计方案及问题设置缺乏针对性和严密性，对调查结果又不进行科学的验证，得出的结论难以推断、预测。而且多方重复调查，彼此缺乏联系，调查结果利用不充分，造成人力、物力、财力上的浪费。

为了更有效地开展社会调查，我们应该采取请进来、走出去的方法，请国内外专家，办调查方法讲习班，召开研究方法学术讨论会，开展跨地域、跨学科协作攻关，同时着手建立数据库。彻底改变目前一部分从事社会学研究的同志对计算机、数理统计方法一窍不通或一知半解的状况。

社会学自身建设要达到一个新的水平，还必须统筹发展，对理论、方法、历史、现状等有计划、有步骤地开展研究。例如社会学史、社会思想史等都可以成为具有中国特色的社会学的研究内容。此外，还应该强调一下，青少年研究是我国社会学的重要内容和特色，近年来，已经从青少年问题研究进入青少年的全面发展、青少年立法等研究领域。青少年研究已经比较深入，有了较为坚实的基础和一支很强的研究队伍。存在问题与整个社会学的发展状况关系密切，因此不再赘述。

第五，要为社会学的发展创造更加有利的环境。

社会学虽然经过十年的重建与发展，但是仍然有许多领域有待于我们去探索和开拓。即使是已经比较成熟的西方社会学，从创建至今也不过150多年，社会学是个年轻的学科，还需要进一步发展。要使中国社会学取得较快的进展，首先需要一个有利于社会学发展的客观环境，有利于充分调动社会学工作者的积极性，使他们感到精神愉悦，思想活跃，真正建立起“百花齐放，百家争鸣”的良好氛围。社会学自身的完善也是十分重要的，要克服狭隘的门户之见，把全部身心用到社会学的发展上来。如果在将来中国出现几个能够跻身于世界的社会学学派或是若干为国内外人士仰慕的著名专家、学者，那将是中国社会学界的光荣。

综上所述，我们认为，解决好社会学自身建设与改革开放建设“四化”的关系，抓大题、参与社会改革是社会学发展的关键；抓好队伍建设、协调好普及与提高的关系、努力提高社会学工作者的素质是社会学发展的基础；团结协作、共同奋斗是建设中国社会学的保障。放眼未来，齐心协力，共同奋斗，我们就可以取得比以往十年所取得的成绩更加辉煌的成就。

参考文献

费孝通，1981，《积极创建新中国的社会学》，《社会学通讯》第1期。

费孝通，1986，《建立我国社会学的一些意见》，《让会学纪程》，中国展望出版社。

费孝通，1987，《重建社会学的又一阶段》，《社会研究》（北大社会学系）第2期。

科学技术发展与价值观念更新*

司马云杰

科学、技术既是知识的生产，又是精神的创造，它是人类文化中最活跃的组成部分。不管各个国家、民族、社会集团原来的文化背景如何，都不能不关心自然科学、技术的发展，因为它不仅可以转化为强大的物质力量推动社会结构的变革，而且还可以作为前所未有的精神力量渗透到人们的心灵中，建构新的价值观念；特别是当代自然科学、技术的发展，给整个人类的社会生活带来了巨大的冲击，并且正在引出全新的价值观念。因此，我们必须高度重视自然科学技术在建构人们价值意识中的地位和作用，看看它们是怎样推动人们的价值观念不断更新和发展的。

一　科学理论的创造与价值观念的发展

科学、技术对于价值观念的影响首先在于科学理论的发展，特别是一个时代基础理论的发展，它不仅会引起整个科学理论体系的变化，而且会转化为新的技术体系，从而影响整个社会结构、社会价值观念的变迁。

我们在这里所讲的自然科学理论不是那种虚假的、臆造的传说或形而上学的教义，而是被科学实践严格检验合乎逻辑和理性、能够反映客观事物本质与规律性的学说。这自然涉及科学研究的方法论问题，也涉及相对真理和绝对真理问题。如果我们把科学理论的发展看作一个科学实践问题，看作从不同的方法论认识和接近真理的过程，那么我们就不难看出不同的方法论及其创造的科学理论在一定阶段上都具有认识论的价值。因此，我们这里所说的科学理论是包括对方法论的认识以及科学假设、推

---

* 原文发表于《社会学研究》1989 年第 1 期。

测、预言和科学发现、检验等在内的，因为它们都是自然科学理论发展的组成部分，都对人们的价值观念产生影响和作用。自然，我们在这里不能对它们一一进行研究和讨论，只能把它们放到科学理论发展的过程中，从整体上说明自然科学理论创造在价值观念发展中的地位和作用。

那么，怎样看待自然科学理论创造与价值观念的关系呢？或者说自然科学理论的创造是怎样影响人们价值观念更新的呢？

第一，自然科学理论创造具有认识论的价值和功能，是通过科学发现、科学检验不断发现真理、认识真理的过程。例如物理学理论的发展，开始是伽利略和开普勒分别发现了“地上”物体运动的规律和“天上”物体运动的规律，接着是牛顿发现了力学三大定律和万有引力定律。这些发现和科学理论的建立推翻了自亚里士多德以来近两千年间有关物体运动的错误观念，使人们获得了从天上到地上关于一切物体运动规律的新概念、新观念，把人类对物质运动规律的认识大大地向前推进了一步。古典力学的出现和形成，一度使人们认为在物理学领域里无事可做了，再想有所创造已经无能为力，只能证实、补充、完善已有的理论。但是爱因斯坦相对论的出现却打破了牛顿所建立的古典力学的神圣殿堂，得出了许多与古典力学完全不同的结论。它打破了牛顿古典力学关于机械运动的时间、空间、质量与运动速度的绝对关系，把它们变成了仅仅在一定范围内成立的关系。特别是现代物理学试验波粒二象性①的发现和量子力学的发展，更证明了牛顿古典力学的根源情况，再次说明了任何物体的运动规律都是有条件的、相对的，而不是绝对的、不变化的。人类总是在科学的发展中不断认识真理、发展真理，把真理推向符合客观事物的规律性。关于能量转化与能量守恒定律也是这样。这个定律本身是基于各种运动形式之间的联系和转化的许多发现总结出来的理论，它一度是古典热力学不可变更的理论观念。但是，随着天体物理学和量子物理的新发现，能量守恒的观念愈来愈受到挑战。如天体物理学中关于不稳定星系、星系群和星系团的发现，关于星核活动多样性的发现，关于宇宙强力场中发射出光谱线向红端移动的发现，以及超密恒星中存在类星体和 X 射线源的发现，等等，由此引出了当代宇宙中各种关于宇宙膨胀、收缩的理论模式，从而使现代物理

① 波粒二象性指微观粒子具有粒子性和波功性。

学的基本定理受到了怀疑，能量守恒的物理学定律在广阔的宇宙范围内已经不适用，而必须建立新的物理学定律。波尔等人在量子力学中也同样发现，能量守恒对单个粒子也是不成立的，它只有在统计规律内才是适用的。凡此都说明，即使成为常识的公理和定律，也会随着现代科学发现及其理论的创造需要被重新认识。

第二，自然科学理论的每一次创造作为新的价值体系影响人们的价值观念。最能说明这一点的要属天文学理论的发展了。人类感觉地球是宇宙的中心，当这种错觉或不正确的观念发展为宗教思想并成为教会统治工具的时候，它就成了一种神圣的、不可侵犯的价值观念体系。如果说公元前3世纪亚里斯塔克的发现还没有力量从根本上动摇宗教神学的价值体系，那么，到了16世纪哥白尼的天文学说的出现则是要进行一场文化价值体系的革命了。特别是当这一学说被伽利略的望远镜观测到的事实证实的时候，它所引起的官方及教会的震动和愤怒是前所未有的。伽利略的倒霉在于他的天文发现具有理论价值，按照这一发现所证实的哥白尼学说，整个《圣经》都得要修改或重新编写。布鲁诺被宗教裁判烧死也就在于他不肯把哥白尼的学说和伽利略的发现仅仅当作工具，而是把它们当成新的原理、新的世界构成体系、新的宇宙观和价值观。伽利略被迫放弃了自己的学说，布鲁诺被烧死了，但是，他们的理论学说所引起的社会轰动及人们对宗教文化价值体系的深深怀疑，却并没有消除，相反，它使人们发现了一个新的现象世界、一个隐藏着的世界奥秘、一个负载着新的文化信息的价值体系，从而对宗教文化价值体系的信仰、知识、价值观念产生怀疑和动摇，也就不可避免了。这正是自然科学理论创造对价值观念的影响和作用的巨大价值所在。人们从科学理论体系上所获得的不是孤零零的单个现象的知识，而是整个世界构成的新原理、新价值观!

第三，自然科学理论创造给人提供了价值判断的方法论。如果我们翻翻近代科学史就会发现，几乎每个时代都有占统治地位的自然科学理论观念作为新的方法论支配着普遍的社会价值观念，如16世纪的太阳中心论、17和18世纪机械论的宇宙观、19世纪的进化论、20世纪以来的相对论。这些理论的出现，一方面体现了一个时代最突出的自然科学理论成就；另一方面也体现了一种新的方法论的建立，特别是当它成为时代占统治地位的科学理论体系的时候，将支配社会普遍的价值观念。例如，培根、笛卡尔、牛顿等人所发展出来的机械论的宇宙观就是这样。这种宇宙观认为，从天体到人类社会，整个世界都是一部天然构成的、非常精巧的机器，都是像机器那样井然有序地按照自然规律运转的。其中每一种事物的发展都是由原始的条件给定的，偶然性是不起作用的。培根在《新工具论》中认为古代希腊人的世界观像孩子一样荒唐，因为它从未提供任何旨在改善人类生存条件的实验，因此它要求人们按照世界的本来面目建立一种认识世界的模式。笛卡尔甚至认为万事万物都可被归结为数学道理，图形、星座、声音或其他任何事物都有一个量度问题，都是可以用数学公式衡量和计算的，只要给出充分的事实，不仅可以推导过去，而且可以预测未来，甚至连宇宙都可以造出来，只要给出空间和运动。牛顿用数学的方法描绘了机械运动的规律，三大定律告诫人们只能按照机械运动的世界观去生活，尽管它是冰冷的世界，然而它是不可抗拒的，因为人也是宇宙机器的一部分，也必须服从物质运动的规律。这种机械论的宇宙观在 17、18 世纪成了一种社会文化、一种价值体系或价值模式，特别是当洛克和亚当·斯密把宇宙运动的规律与社会运动联系起来的时候，机械论的宇宙观就成了那个时代占统治地位的社会思想和价值观念。洛克把自然规律看作社会的基础，以此建立理性的价值观和社会秩序，并否定宗教文化的非理性和非人道精神。亚当·斯密把机械论宇宙观运用于经济学，建立了一整套反映牛顿机械观的经济模式及概念。这样，从宇宙到人类社会，从物质到思想，都被充满秩序、规律的强大机器占领了。上帝被逐出了宇宙，逐出了人类舞台，追求秩序、规律和合乎理性成了一个时代占统治地位的价值观念。这种观念随着能量转化、能量守恒定律的发现和达尔文进化论思想的出现更进一步得到了增强。机械论的宇宙观和自然进化论对于宗教传统的陈规陋习的胜利虽然是一个进步，但它没有看到人不是机器，社会不是冰冷的机械，人的思想发展和社会的进步不是按照物质运动定律那样亦步亦趋地前进的。因此，当 20 世纪到来的时候，随着相对论和量子力学以及现代生物科学的发展，机械论的宇宙观和直线进化论的思想就被推到对立面去了。如相对论及天体物理学和量子力学的发现证明，无论是更为广阔的宇宙，还是微观的粒子运动，都不是一个封闭的体系，而是一个充满变化、无序和不同过程的沸腾世界。能量守恒不仅在广阔的宇宙范围内是不适用的，而且在微观世界的单个粒子上也是不存在的。用机械论的宇宙观和直线进化论的思想解释和认识人类社会，就陷入了形而上学的世界观和价值观。20 世纪以来，相对论和量子力学所提供的科学方法论逐步成为人们新的思维方式，逐步转化为新的世界观和价值观。其他像信息论、系统论、控制论、耗散结构论等的出现，也都给人们提供了新的价值思维方式，使人们学会从系统的观点、整体的观点看问题。

第四，科学理论创造不仅提供人们价值思维的方法论，而且还建构人们的价值理想、目标和信念。我们知道，科学研究并不是一种纯粹的理论追求，不是“为理论而理论”，而总是和一定的价值理想、科学目标和人生信念联系在一起的。这是因为科学并不是一个封闭的系统，而是存在于整个社会文化开放体系之中的。科学家们从其生活的整个社会文化环境中确立理想、信念以及科学的价值目标，并以同样的方式去影响社会中的其他人，使他们相信自己的理论发现和建构具有永恒的主题性。从哥白尼、开普勒到牛顿，他们普遍追求的是完美与和谐，就像追求音乐的旋律和韵味一样。哥白尼认为宇宙存在着完美的形式和令人惊叹的对称性；开普勒认为水星、金星、地球、火星、木星、土星等都是遵从着音乐的节奏和旋律运转的；牛顿认为微积分具有简单的完美性和复杂的对称性，甚至连整个宇宙也是以和谐为主题的。正是这种追求完美与和谐的科学目标，使他们的理论都表现为一种共同的价值精神：强调客观规律性；强调自然的魅力；强调人们的尊严和价值。正是这种高亢、和谐、完美、统一的科学理论主题预示了一个雄壮时代的诞生，并鼓舞和支持当时的人们追求自由、平等、博爱的理性社会。

自然科学理论能够建构人们的价值思想、目标和信念还在于它能够正确地把握事物的本质和规律性，能够排除偶然性和发现必然性，能够预言或预测未来的发展。我们知道，科学史上许多发现是先有了正确的理论预言后才被科学实践证实的。如现代宇宙学上的哈勃（E. P. Hubble）关系[①]和背景辐射，[②] 分别都是先有了宇宙膨胀理论和宇宙热大爆炸理论的预言，

① 哈勃（1889～1953），美国天文学家，哈勃关系亦称哈勃定律、哈勃常数，1929 年哈勃发现越远的星系，其光线谱的红移也越大。这被认为是由星系退离绕我们远去的多普勒效应引起的，于是可知离我们越远的星系，其退引速度越快。参见《天文学和哲学》（中国自然辩证法天文学专业组，1984）第 57 页注。

② 背景辐射，即微波背景辐射，是用微波段测量到宇宙背景黑体辐射谱。

而后在观测中才发现的。这在社会科学中也是同样存在的。现在许多未来学派的理论著作带有社会预言或社会预测的性质。尽管他们的理论仅是根据一定的事实推论出来的，但仍然给人以远见卓识的启发。自然，科学理论的预言和预测对人的价值理想、信念的建构的有效性首先在于它的正确性，特别是它的广泛的适用性或非价值极限性。如果一种理论不正确，或者不能在广阔的范围内适用，那么它就不但不能建构正确的价值理想、目标和信念，而且会使人产生迷惘和悲观情绪。例如热力学第二定律就是这样。按照热力学第二定律，宇宙这个大机器的能量不可避免地要受到损失，由于宇宙不能倒着运转对熵进行补充，因此，宇宙将来不可避免地会出现“热寂”，那时“人类末日”就要来临。现在西方一些悲观主义的哲学社会科学理论都不同程度地受此影响。从信息论和耗散结构论的观点看，熵只有在孤立的系统内才是不可逆转的，如果把它放到一个更加开放的系统来看，熵不仅可以逆转，而且它本身又可成为另一条件的温度的根源，正像宇宙间从一种物质形态转化为他物质形态一样，如一些恒星能源枯竭，不再发光，结束生命，而残余物质经过或短或长时间的演化，形成新的恒星。整个宇宙（包括人类社会）不仅存在着从有序到无序，同时也存在着从无序到有序。科学的发展揭示了从宏观世界到微观世界辩证关系的普遍存在。自然科学理论只有揭示出物质世界发展、变化的普遍联系和辩证关系，才能正确地建构人们的价值理想、目标和信念，否则，将适得其反，这也正是人们重视自然辩证法的原因所在。

第五，我们要说的是，自然科学理论对于价值观念发展的一个更为重要的作用在于它不断转化为科学技术体系，转化为生产力，并由此推动社会结构、文化结构变革和社会意识、价值观念的发展、更新。因此，我们要更深刻地说明自然科学理论创造与价值观念发展的关系，就应该进一步研究技术价值体系的转换，看它是怎样作为一种生产力并且通过生产实践、社会结构变迁影响人的价值观念的。

二　技术体系转换与价值观念更新

自然科学作为一个统一的整体，一般划分为基础理论、技术科学和专业技术三个部分。基础理论研究自然界各种物质形态的结构、特性及基本运动规律，基础理论应用于某些专门领域，形成不同的技术科学；技术科学应用于发明、创造及其使用、管理，形成专业技术。我们在这里所讲的技术，是包括技术科学和专业技术在内的，它可以用“工艺”这个概念来表示。“工”即工具的发明、创造，“艺”即创造、发明和使用、管理工具的理论、知识、学问、科学、艺术。所以，技术即工艺。第一，它离不开理论，无论是发明它、创造它，还是使用它、管理它，都是以科学理论为基础的，是由基础理论转化来的；第二，它又不等同于基础理论，因为它不着重研究各种物质形态的结构、特性及普遍联系和普遍规律，而只是根据基础理论研究具体应用和使用，它虽然也讲究科学性，但只是一种应用性的理论知识，由此可知，它与基础理论的创造和发展还是有区别的。因此，我们在这里所讲的“技术”概念仅仅是适用于工具性的发明、创造及其使用、管理的科学理论知识这个范围的。我们在研究技术体系转换与价值观念更新之前，首先弄清楚“技术”的概念是十分必要的。

每一种新的工具发明创造都是一种新的文化特质，因为它不仅以独特的形式出现，而且还包含着独特的价值内容。因此，每一种新的技术都是一种文化特质，都包含着独特的文化意义和价值，都向人提供了新的知识、新的价值，并在实践中建构人们的新的价值观念。比如一个农民买了一台新机器或学到一门新的生产技术知识，通过应用即生产实践获得效益，也就懂得了它们的价值，产生了新的价值观念。如果一个人总是使用旧工具、旧技术、旧知识，他就不可能产生新的价值观念，因为它们没有提供新的意义和价值。一个孩子生长在旧的技术文化环境中，虽然也能获得它的价值观念，但这种观念并不是新的，而是社会流传下来的旧的技术文化观点。只要一个社会中技术文化知识量的总和中没有增加新的东西，没有提供新的价值信息，就不能建构出新的社会价值观念，技术科学知识能够改变旧的价值观、建构新的价值观念，全在于它的新的价值和新的意义。

任何技术都不是孤立地存在的，而是由许许多多的技术文化特质构成的技术丛、技术群、技术集。例如，耕犁工具的发明、创造，很快就形成了围绕耕犁工具文化的技术系列，如何扶犁、如何播种、如何收割等。其他像蒸汽机的发明、电的发明等，也都是这样。这种基础性的发明创造就是根基文化。由于根基文化的出现，常常会派生出一系列的技术文化。如古代家畜饲养带来了以牲畜为动力的马车、牛犁、牲畜拉的碾子和磨等技术丛；再如蒸汽机的发明创造使以蒸汽机为动力的机动船只、车辆等技术丛得以出现；电的发明和应用也是这样，仅从1869年到1910年，爱迪生就发明了电灯、电影、电车等1300多种电器，构成了一个技术系列。所以任何技术文化的产生都不是孤立的，而是作为一个文化丛、文化群、文化集出现的。它是文化功能交互作用的结果，因此也包含着相同或相近的文化价值和意义。当人们接受这些技术文化丛、文化群、文化集的时候，就会产生价值观念丛、价值观念群以及价值观念集。特别是当代科学理论的发展，常常会转化为一个庞大的技术体系。如量子力学和高能物理学的发展在化学和生物学等领域里的应用，不仅产生了分子生物学、量子生物学、量子化学、固体物理学、凝聚态物理学等理论知识，而且产生了各种合成材料的新技术、新知识。它们构成了一个庞大的技术知识体系，构成了密集的技术价值信息，并建构着人们极为丰富、极为复杂的价值意识。这也正是现代人价值观念较之古代人复杂的原因所在。由此可见，技术对于人的价值观念的建构并不是孤立地进行的，而总是以一种价值体系从整体上引起人们价值反思的，因此它们所建构的不是孤零零的价值观念，而是观念丛、观念群、观念体系。

不同的技术包含不同的价值，可以说任何一个技术体系也就是一个价值体系；同时，技术体系的变迁也就是价值的转换。例如，在古代史上“制陶术的出现对改善生活、便利家务开辟了一个新纪元”（摩尔根，1983：13）。在没有陶器以前，人类是用很笨拙的方法烹熟食物的：把食物放在涂着泥土的筐子里或者包着兽皮烧烤。发明了制陶术就不一样子，它不仅给人类带来了耐用的烹熟食物的陶器，而且还制出了盆、盘、碗、碟一类的日用器皿。这在现代人看来也许算不了什么，但是对于从几百万年石器时代生活过来的原始人类来说，获得制陶术就是一次价值革命了。这场革命并不亚于近代的蒸汽机革命或当代的科学技术革命，因为它改变了人类几百万年来生活的价值体系，或者说完成了一次价值转换。自然，人类史经过许多次技术体系变迁和转换，例如制陶术以前的弓箭的发明等。

技术价值体系的转换必然带来价值观念的变迁。这一方面是因为人要适应新的技术体系，如学习新知识，建立新规范；另一方面，更为主要的是新技术体系作为生产力中最活跃的因素必然带来经济生活、社会生活及财产制度、政治制度、社会规范等的变化，带来整个社会文化的变迁，这自然会产生应变意识，产生新的价值观念。马克思在谈到机器和大工业生产时曾经指出，科学、巨大的自然力、社会的群众性劳动都是体现在机器体系中的。[①] 如果说17、18世纪的自然科学理论创造与哲学相结合（就像牛顿的学说和洛克的学说那样）产生了唯物主义、启蒙思想和政治革命理论，那么，蒸汽机、电力和自动纺织机与生产实践相结合则是英国工业革命以及整个近代西方社会革命动力的真正来源。恩格斯说，“没有机器生产就不会有宪章运动”[②]；马克思说，“蒸汽、电力和自动纺织机甚至比巴尔贝斯、拉斯拜尔和布朗基诸位公民更危险万分的革命家”[③]。可以说近代西方整个社会的理论、思想、价值观念、社会规范等都是和机器技术、机器生产联系在一起的。机器不仅开启了大工业生产，创造了铁路、公路、火车、汽车、钢铁、纺织机，还建立了国会、行会、联盟，创建了机械论宇宙观、能量守恒定律、启蒙哲学、美国宪法、《共产党宣言》，甚至连毛瑟手枪、卓别林在电影《摩登时代》摆弄的装配线、一个小时划分为60分钟和每分钟划分为60秒的钟表机械及其时间观念，也都是机器技术体系的产物。

技术价值转换之所以能够改变人们的价值观念，不仅在于它能创建新的生产方式，而且还在于它能够形成新的生活方式、新的文化情境。每当一种新技术出现的时候，它总是要求人们适应其新的价值、新的规范而生活。当农耕技术出现的时候，人们日出而作、日落而息，悠哉悠哉，可以慢腾腾地生活，涉园成趣，绝交息游，可以与世无争。如果没有追求，也是“弄儿床前戏，看妇机中织”一类的情趣，尊祖宗、孝父母、慈儿孙、悦亲戚、信朋友一类伦理价值观念正是在这样一种文化情境中生长出来的。但是，当大机器生产到来的时候，这种情况就完全改变了。它不仅改变了社会结构和社会关系，也改变了人们的生活方式和思维方式。早晨，人们潮水般地涌向工厂、企业；晚上，又潮水般地回到家里。集中化、专业化、同步化归根到底是社会化。人们生活在一个高度社会化的环境中，绝交息游是根本不可能的，与世无争也是不可能的。从某种意义上说，社

① 见马克思《资本论》，《马克思恩格斯全集》第23卷，第464页。

② 见《马克思恩格斯全集》第4卷，第411页。

③ 见《马克思恩格斯全集》第12卷，第3页。

会关系也是一种财富，它必然形成不同的社会群体，形成不同的社会文化圈。这就构建了人们生活的新的文化环境或文化情境，必然形成新的社会观念。时间观念、竞争观念、公司或企业观念等，都是大机器生产技术转换影响生活方式而产生的新观念。

技术体系是随着文化积累而不断发展的。远古时代，在原始人那里，发明创造是非常罕见的，往往是几千年、几万年才艰难地发明创造一件东西。这也正是原始人类价值观念发展缓慢的原因。从朦胧的原始价值思维即前价值观念到学会进行价值反思，形成逻辑、理性的价值观念，经过了漫长的历史时期。即使是在传统的农业社会，发明创造及技术知识的增长也是非常缓慢的，如耕犁文化就延续了几千年，传统社会人们价值观念的保守或守旧也就可以理解了。但是现代就不同了，随着科学理论的发展及技术知识的积累，它转化为应用技术的速度越来越快。龟磁学转化为电工技术，用了150年，核裂变原理应用于发电技术，用了15年；激光理论应用于生产实践，只花了几年工夫。有人计算，进入20世纪以后，一项重大科学发现发展为有实用价值的技术形式所需要的平均时间缩短了60%以上（托夫勒，1985：26）。这一方面与科学理论知识的积累有关，另一方面也和科学技术文化传播速度的加快密不可分。在这样的背景下，文化价值信息意义变得非常不确定、不稳定，此时此地是非常有意义、有价值的东西，到彼时彼地，可能会变得毫无意义、毫无价值。拿中国来说，几年前还以有缝纫机、自行车、手表三大件为满足，现在洗衣机、电冰箱、彩色电视机成为一般的追求。物质生活是这样，精神生活也是这样。迪斯科、西方流行歌曲，几年前还被一些人看作“下流”的东西，现在却成为入时的歌舞了。这无疑是文化情境流动的结果。文化情境是人们感知现实的最具体的外部环境，它的加速流动及其意义的不确定性是现代价值观念迅速变化的重要根源，而这又是和科学技术知识加速积累与传播密切联系在一起的。所谓生活节奏加快了，乃是当代技术体系缩短了时间和空间，从而加快了文化运动速度造成的。外部环境的日新月异，必然造成人们内心世界价值心态的迅速变化和价值观念的不断更新！

自然，技术价值转换并不是说前时代的技术价值完全消失了，不存在了；恰恰相反，每一个时代都保留着前一个时代以至于前几个时代的某些技术成就，这些成就在现实生活中依然是发挥作用的。即使那些在现实生活中已经失去实用价值的技术成就（这一点最突出的反映在出土文物上），也常常会转化为新的价值并在现实生活中重新发挥作用，就像兵马俑的发现被音乐艺术家谱成畅想曲那样。残存物虽然是死了的技术成就，但它还反映着创造这技术的当时人们的心理和价值观念，负载着技术生命的活的灵魂。这些残存技术是技术积累的组成部分，它们显然可以成为新技术创造的有价值的参数。无论是前时代保留下来的尚有实用价值的技术，还是作为残存物保留下来的技术，在现实生活中都有着某种文化意义，也就是说，它作为旧技术体系的价值还是发挥作用的。它们不仅作为实用价值要求人们产生相适应的观念和规范，而且还作为有意义的文化符号构成特殊情况赋予人们某种价值观念。因此，在一个时代中旧的技术体系和新的技术体系往往是并存的，就像有了火车和汽车还有马车，有了拖拉机还有牛耕犁一样。这样，新旧技术体系就构成了一个时代极为复杂的文化环境，构成了人们生存和活动的各种不同的特殊文化情境，它们赋予人们不同的文化意义和价值，建构不同的价值心理和价值观念。这也正是一个时代价值观念丰富多彩的原因所在。当新旧技术体系发生矛盾的时候，价值观念的冲突就是不可避免的了。这种价值观念的矛盾冲突在技术价值转化中虽然是普遍存在的，但是人类趋利避害的基本心理法则也是普遍存在的，只要人们在实践中了解新技术的意义和价值，就会改变旧的技术价值观念，接受新的技术价值观念，这就要求社会在技术价值体系转换时做好价值观念的转变工作。

人类在进入文明时代以前曾经历过火的应用、弓箭的发明、制陶术的发明、动物饲养、冶铁术的发明和铁器使用五次大的技术革命，进入文明时代以后，人类又经历了农业的兴起和工业革命两次大规模的技术革命浪潮。进入20世纪50年代以来，随着电子计算机、人工智能以及遥感技术、空间技术等在生产上的应用，出现了第三次科学技术革命，这次革命以技术和科学相结合，形成了一个巨大的浪潮，冲击着人类社会生活的各个领域，改变着整个社会文化结构。对此，西方社会学家用不同的名称（“第三次浪潮”、“后工业社会来临”、“信息社会”等）称呼这次革命。这些不同的称呼并不可能真正改变西方资本主义社会的本质，但是它说明这次科学技术革命具有价值转换的性质，它深刻地改变人们的价值观念。正如农业兴起和工业革命造成了不同时代的文明一样，这次科学技术革命也自然会影响到人类的命运。因此，怎样评价现代科学技术的发展，成了当代社会科学的重要话题。

三 科技·社会·人生

科学技术的发展创造了巨大的物质力量和精神力量，但是人类在相当长的时间内并没有正确地认识到这种力量，而是盲目地运用这种力量改造和征服环境，因而产生了环境污染、森林破坏、水土流失、能源危机以及嘈杂喧闹、拥挤不堪的人海，使整个生态环境失去了平衡。人类急于改变自己生存的环境，反而失去了生存的环境；越是寻找通向文明的出路，越是陷入了不可自拔的困境，越是威胁着文明。于是产生了各种各样悲观主义的论调。

梅多斯（D. Meadons）等人最先指出了人类经济增长的极限。他们认为，能源、不可再生的资源的破坏等严重地威胁着人类的生存！即使这些问题能够得到解决，环境污染的日益严重也会招致人类的毁灭！（梅多斯等，1984）

舒马赫（E. F. Shumacher）认为，现代工业生产已经把人变成了机器的仆人；把大规模的核裂变引进自然界和人类社会，会造成最严重的环境污染，成为人类生存的最大威胁，因此，他认为“小的就是好的”，应该建立“是人性的技术”，甚至主张用佛教经济学来指导当代人类经济生活（舒马赫，1984）。

如果说克劳修斯等人把热力学第二定律推广到研究宇宙得出了“热寂”的学说，那么，里夫金（J. Rikin）和霍华德（T. Hovord）则把熵作为一种新的世界论来观察人类社会历史，得出了更加悲观的结论：“现在，我们的世界观和社会传统正在经历一场作茧自缚的痛苦。极目四望，世界的熵已增大到惊人的程度。在日趋复杂的混乱中，我们挣扎着保全自己。”（里夫金、霍华德，1987：185）

这种对科学技术发展的深深的怀疑和对人类命运的极度的悲观主义是毫无根据的。我们相信，人类每一次科学技术体系的发展从总的方面都会推动社会历史的进步和人类的文明。但是，从现代西方社会科学家对当代科学技术发展的批判中，我们仍然可以看出科技、社会、人生三者之间极高的不适应性和不合理性，它已经给社会的发展、人类自身的发展以及人们心理、价值观念带来了矛盾和冲突。这值得我们高度注意。

首先，科学技术的高度发展导致社会结构与文化价值意识的割裂。科学技术作为巨大的物质力量推动着社会结构急剧变化。轰隆隆的机器生产不仅建造了工厂、企业、公司，而且不断地产生着新的社会组织和制度形式，可以说，现代各种各样的社会群体及其结构形式都是由机器生产及其产品交换派生出来的，它建构了一个庞大的社会机器。伴随大规模的生产而来的是大规模的消费，也就是阿尔文·托夫勒所说的“物：用完就扔的社会”（托夫勒，1985：47）。在西方，大规模的生产所造就的是大规模的挥霍和浪费。

这就是17、18世纪启蒙思想家所追求的理想精神，和马克斯·韦伯所倡导的资本主义的合理的核算、合理的技术和合理的法律，一句话合理的文化精神，背道而驰了。社会结构迅猛发展、扩张、膨胀，都与它的文化价值精神的主要原则背道而驰，这就造成了社会结构和文化价值意识的割裂。在19世纪以前，人们献身于工作的思想主要是节约和节制，就像侍奉上帝一样侍奉着商品生产，这一点在巴尔扎克等人的作品中得到了最充分的表现。因此，那时候资产阶级的社会与文化价值精神是一个统一的体系。然而19世纪以后，特别是进入20世纪以来，它的大规模生产和大规模消费极大地破坏了它的新教伦理精神，从而造成了社会结构内部的分裂：一方面是现代科学技术支持的新型的社会组织结构；另一方面是世俗的享乐主义、得过且过、玩世不恭，这样，社会组织结构就把它原有的伦理道德推到了反面，从而形成了反对社会体制和反对遵从伦理道德规范的“现代主义”文化价值意识，这就是西方当代各种时髦的“现代主义”文化思潮和意识。这种文化价值意识虽然包含着自我价值意识的觉醒，包含着对旧价值体系的挑战和抗争，但是，它在很大程度上是非理性的，是缺乏深刻的价值反思的，而且在人格上往往是分裂的，这也许正是舒马赫主张恢复佛教经济学的理由所在，因为佛教经济学认为文明的真谛不在于需求增多，而在于人格纯净。

其次，这也就存在着一个社会结构如何转化为人的合理结构的问题，但是，科学技术所创造的现代文明却是不利于人们身心健康的。为了缩短人与人在时间和空间上的距离，汽车、火车、飞机等现代化交通工具被创造出来了，然而却带来潮水般的人口流动及会山会海，人们拥挤在一起，反而增加了许多矛盾；为了加强人与人之间的联系及思想交流，电报、电话、电视传真以及电影、电视等大众传播媒介发展起来了，然而人在信息洪水中都失去了价值取向。现代化交通工具和大众传播媒介的发展把整个社会结构联系在一起了，也缩短了人与人之何的距离，但是它们并没有使人类的感情变得更融洽，反而变得越来越隔膜和孤独。例如现在鸽子笼般的高层建筑就是这样，这种高层建筑虽然室内设备较之平房舒适、宽敞，但是人们住进这样的高层建筑之后，也就失去了过去邻里之间频繁的往来。人就是这样在密集的建筑群中消失了，这里不适合人类心理正常发展。电子计算机在自动化生产中的应用正在造就一大批只会按照程序和指令办事的有生命的机器人！按照进化论的观点，人类的文化或文明似乎应该越来越高级，越来越复杂，然而现代科学技术的发展反而把人类的生活和文明弄得越来越简单化了。人们似乎只会上班下班，只会守在机器旁按照程序和指令办事，只会按照大众传播媒介给定的价值、意义进行判断和选择，只会按照国家、教会、政党、公司、企业的思想考虑问题，连艺术也变得那么简单，史诗、交响乐、大气派的文学艺术作品不见了，代之而起的是流行歌曲和各种各样的小玩意。这种文明究竟是进步了，还是倒退了？总之，科学技术创造了现代文明，然而人类并不能真正享受它，反而被它弄得不知所措。这又是一个文化悖论。人类发展科学技术，本来是为了获得更多的自由，现代反而失去了自由，置于科学技术的统治之下。它不仅让人类付出了外部代价，如环境污染、生态破坏、能源危机等，而且还要付出内部代价，这就是心理和精神上的牺牲。当代科学技术不仅仅是一种工具，而且还组织和干预着人们的生活方式，当人类不自觉地把它引进社会生活中的时候，如果不能对它进行有致的控制，那么，它就会像靡非斯托非勒斯①一样，把人类的灵魂摄取走。这也许正是约翰·奈斯比特呼吁“我们必须学会把技术的物质奇迹与人性的精神需要平衡起来”（奈斯比特，1984：39）的原因所在。

最后，从根本上说，科学技术的发展忽视了人的需要、人的存在、人

---

① 靡非斯托非勒斯是德国诗人歌德悲剧《浮士德》中的魔鬼，浮士德曾与他打赌，最后把灵魂输给了他。

的价值，成为社会、经济及政治权力对个人或群体进行心理控制和操纵的工具，这就必然导致个人或群体心理功能的紊乱，导致各种人格分裂。这样，有计划、有目的的科学技术研究和没有主体性目标之间的矛盾就造成了一个文化悖论：科学技术越发达，其价值和功能就越悖谬，越是背离资本主义的理性精神，越是压抑人的自由自主的潜在能力的发挥及健全人格的发展。当社会分工越来越细，社会关系越来越不稳定时，人就越来越不完全，越来越成为马尔摩塞所说的“单面的人”，或者说是支零破碎的人。因此，在西方，科学技术的研究和应用不但没有给人的发展带来自由，反而像异己的力量一样支配着人的生活和命运。它造成了整个社会文化价值体系的危机，也造成了自我价值意识的崩溃。也正是从这个意义上，西方一些社会科学家批评现代科学技术是非人道的或非人性的。

我们认为，科学技术是人类创造的，是为了满足人类自己的需要而创造的。它所以成为异己的力量，成为压抑人的发展的对立物，这不是科学技术本身的错误或谬误，而是使用或应用技术的人缺乏自觉性，特别是当它被社会特权阶级或阶层用作商业目的和政治目的的时候，就已经改变了科学技术本来的价值和功能，改变了科学技术的进步意义和人道主义目的。我们知道，人类在文明时代以前和以后都进行过多次科学技术革命，都对文明的出现和发展做出过贡献。那么，当代的科学技术革命也一定会把人类的文明推向一个新的阶段。人类在应用新的科学技术成就过程中虽然付出了代价和做出了牺牲，如环境污染、生态破坏、能源危机等，但是我们相信人类一定会克服科学技术应用所带来的这些问题，而在更高程度上取得人与自然界的平衡，从而使人类和总的环境建立一种更加合理，更加有利于健康的关系；在这种关系中，人类不仅仅要求得生存，更要更高地提高生活标准和文明化程度，更充分地发挥自己的潜在能力，因而也在新的文明环境中不断自我净化，成为更为文明的一代。

参考文献

〔美〕阿·托夫勒，1985，《未来的冲击》，孟广均等译，中国对外翻译出版公司。

〔美〕D. 梅多斯等，1984，《增长的极限》，于树生译，商务印书馆。

〔英〕E. F. 舒马赫，1984，《小的是美好的》，虞鸿钧、郑关林译，商务印书馆。

〔美〕里夫金、霍华德，1987，《熵：一种新的世界观》，吕明、袁舟译，上海译文出版社。

〔美〕摩尔根，1983，《古代社会》上册，杨东莼等译，商务印书馆。

〔美〕约翰·奈斯比特，1984，《大趋势——改变我们生活的十个新方向》，梅艳译，中国社会科学出版社。

中国自然辩证法天文学专业组编，1984，《天文学和哲学》，中国社会科学出版社。

论迪尔凯姆的社会学研究方法*

梁向阳

法国著名社会学家迪尔凯姆（Emile Durkhelm，1859—1917）在1859年发表的《社会学研究方法论》一书是西方社会学方法论方面的第一本专著，它标志着西方社会学研究方法已从哲学方法论中分离出来，成为相对独立的方法论体系。迪尔凯姆的这本书为西方社会学方法论的发展奠定了基本框架。

社会学的研究方法不等同于哲学的方法，但它是以哲学的方法为根基的。迪尔凯姆本人深受近代唯物主义思想的影响，他强调社会学研究对象的客观性和社会学研究方法的客观性，批判孔德用主观臆想的方法去解释客观事物的唯心主义观点。然而，迪尔凯姆并不是一个彻底的唯物主义者，他本人也不承认自己是一个唯物主义者。当他的《社会学研究方法论》一书公之于世时，他立刻被人指责为唯物主义者。他在这本书的第二版序言里回击了对他的指责，并表示不轻易接受唯物主义者的称号。他认为把他的方法论归结为理性主义更合适些。实际上，迪尔凯姆的理性主义是机械唯物论的产物。在西方，继培根、笛卡儿和牛顿之后，机械唯物主义的世界观逐步形成了一种统一化的模式，并逐渐渗透到西方科学界的各个领域。迪尔凯姆身处机械时代，自然而然地将这种机械论的观点应用到社会学领域，去建构其社会学方法论体系。他的社会学方法论的基本特征是：没有把人类社会这一物质运动的高级形式与物质运动的其他较低级的形式严格区分开来，从而照搬自然科学（特别是古典力学）的观点和方法，作为研究社会的主要手段。这种把社会现象当作自然现象或物理现象来研究的倾向，对后来西方社会学方法论的发展有着决定性的影响。可以

---

* 原文发表于《社会学研究》1989年第1期。

说，在迪尔凯姆之后，西方社会学方法论基本上是继续沿着同一方向发展，即随着自然科学日新月异的变迁，从机械唯物论的角度大量地移植自然科学的研究方法。本文试图对迪尔凯姆社会学研究方法论体系的特征展开评论。

一

社会学的方法论有其自身的特点，这是由社会学研究对象本身的特殊性决定的。因此，如何界定社会学的研究对象，是建立社会学方法论首先要解决的问题。

迪尔凯姆认为，社会学研究对象是社会事实。他把社会事实看作独立于个人的特殊现象。也就是说，各种在个人意识中可以找到的思想以及个人的行为都不算是社会事实，而只能算是“心理的社会事实”。他认为，纯粹的社会事实是一种集体的现象，它独立于个人机体和心理。按照他的划分，社会事实分为动态部分和形态部分。社会事实的动态部分是集体的思想、行为和感觉。此外，社会上还存在一些外貌的、形态的事实，如各地区人口的分布、交通道路状况、人们的居住环境等，这类事实被称为“存在状态”的事实。

迪尔凯姆把社会学研究的对象界定为社会事实，在一定程度上强调了社会学研究对象的客观性。这比起孔德从唯心主义的角度来研究社会，是进了一步。但是，他的社会事实这一概念只是对社会现实的笼统概括，而没有深入揭示客观社会的本质。显然，他并没有从理论上划分现实社会的现象与本质这两个不同的范畴。他专注的是社会表面现象或外在形式，而忽视了社会的内在联系，更不了解社会现象常常歪曲和不正确地表现社会的本质。他对社会本质的了解是肤浅的，并且一开始就陷入机械唯物论的俗套里。他把社会事实的性质看作一种强制力。按照他的解释，这种强制力是人们在履行契约时实践道德、风俗和法律所规定的义务。即使人们是自觉接受这种义务，仍然可以感觉到这种自觉的行为是受客观支配的。人们的行为方式、思维方式和感觉方式都有这种强制的力量。当人们服从这种强制力时，虽然不会有压迫感，但这种力量依然是存在的，一旦人们抵抗这种力量时，便会感觉到强制力的存在。他进一步解释，直接的强制是一种处罚，而间接的强制在人们违反义务或规范而到处碰壁和得不偿失时显示出来。司法条例、道德、宗教教规和财政规章等，都是通过制度化的信仰和习惯建立起来的，它们都有固定的组织形式。此外，还有一种没有固定组织形式的社会事实，同样具有强制的力量。例如社会潮流，它来自个人之外，使个人受感染，而且往往是不知不觉地进行。

迪尔凯姆把社会事实的属性简单地归结为一种强制力，即规范对个人的强制。同时，他还忽视了时间的因素。也就是说，他对社会的界定，不是建立在考察一定历史阶段的社会形态基础上的，而是离开一定的历史时期来考察社会。迪尔凯姆对社会性质的界定深受牛顿古典力学的原理的影响。牛顿有名的力和加速度公式（F = ma）表明，力是物体质量与加速度的乘积。在这个公式里，时间是正是负都无所谓，这意味着，在力的世界里，过去、现在与未来都没有什么区别，只要确定出原始状态的条件，便可知道现在与未来。现代物理学的发展表明，牛顿的这个公式只能解释人类对物理世界的部分经验，因此，迪尔凯姆将这种简单的力学原理和静止的宇宙观应用于对社会的界定，当然不可能从总体上去把握社会，去揭示各种社会关系的总和，而只限于有关规范对个人强制方面的片面认识；同时，也不能从社会动态过程的角度来揭示社会本质属性和发展的基本规律。实际上，迪尔凯姆只界定了社会的某些非最本质的属性。

二

迪尔凯姆从机械唯物论的观点出发，强调社会学研究方法的最基本原则是要把社会事实当作客观事物来看待，他之所以强调这一问题，是因为他那个时代的社会学研究依然停留在主观意识阶段。他认为，社会学有待于像物理学、化学等学科一样，迈向客观实际研究阶段。

迪尔凯姆回顾了当时社会学的研究状况，批判了那种把社会事实看作概念而不是客观事物的倾向，认为这种主观臆想的研究方法会妨碍社会的发展。他剖析了孔德的研究方法，认为孔德虽然不知不觉地把社会事实看作客观事物，但是，当他走出哲学的概念，进一步解释他所研究的社会学大纲时，还是把意念看作社会学的研究对象。他指出，孔德是从理想主义出发，把人类在宇宙间的进步描述为一个连续不断的延伸，这种主观想象人类的进化是不客观的。迪尔凯姆认为，社会自古至今的发展并不是直线形式的。他从历史发展的事实出发，阐述了一个民族取代另一个民族，不仅仅是一种继承的延伸形式，而且有其新的性质和特点。迪尔凯姆还批判了斯宾塞的社会学研究方法。斯宾塞的社会学理论中的一个基本概念是协作，他以协作为分类标志，把人类社会分为军事社会和工业社会。在迪尔凯姆看来，斯宾塞定义的社会，并不是现实中的社会，而是他理想中的社会。他认为斯宾塞研究社会不是从实际出发，通过事实来考证，而是用观念来估量事实。因此，不可能得出科学的结论。

然而，应该看到迪尔凯姆所提倡的“客观原则”是有很大局限性的。通过进一步剖析迪尔凯姆关于社会学研究的“客观原则”，可以帮助我们深入了解西方社会学研究方法的实质。

迪尔凯姆对主观臆想的研究方法的认识是肤浅的。他虽然批判了主观臆想的研究方法，但却把产生这种主观研究方法的原因简单化，仅仅归因于实用主义。他指出，由于用观念来想象事物总比实际考察事物来得方便快捷，因此，人们往往用观念来代替实际事物，有时甚至为了求益避害，把自己的想象当作事物的实质。他认为，这种方法的特点是，思想在先，事实在后，引证事实只不过是为了证明人预先得到的观念或结论，而并非把事实放在首位来研究。在这里，迪尔凯姆离开一定的时间和空间去分析主观臆想方法的产生，也就是说，他没有考察在一定历史阶段上，出现在一定个人、群体、阶级和阶层中的主观主义方法。因此，他忽视了阶级利益和阶级意志对研究方法的影响，看不到腐朽没落的阶级为了维护本阶级的利益，用主观意志代替客观规律的倾向对学术界的影响。因此，他没有提出要剔除阶级偏见，而只是泛泛地谈排除成见问题。他说，在社会学研究过程中特别容易产生成见，这是因为社会事实与人的感情联系较多，导致人们感情用事，听不进相反的思想和意见，从而难以采用科学的实证方法。他认为感情来自一些松散的、混合的人类经验，往往是非理性的。因此，他说，感情可作为科学研究的对象，但不能作为检验真理的标准，只有克服感情用事的态度，才能排除那些先入为主的成见。显然，迪尔凯姆在这里只是抽象地谈论人类感情，而没有去区分社会不同阶级、阶层和集团的感情，更没有分析这些感情产生的社会生活条件。

可见，迪尔凯姆强调社会学方法的客观原则时，没有涉及阶级偏见问题，因此不可能将客观的原则贯彻于社会研究过程的始终。在社会学研究领域内，排除阶级偏见是贯彻客观原则的关键。

三

研究社会的起点是观察社会生活，而如何在观察中发现普遍的社会现象，则是个关键问题。迪尔凯姆围绕着这个问题，展开论述了观察社会生活的原则。

迪尔凯姆认为，人们在观察事物时容易把两种彼此不同的事实混淆在一起，一种是常态的或规则的事实，另一种是非常态的或非规则的事实。他指出，这两种事实之所以容易混淆，是因为它们有时结构形式显然不同，但性质却是一样的。他提出要用科学的方法对这两种事实进行区分。他反对观念学派从主观意识出发去做这种区分，坚持要通过那些可以直接看见的、客观的外部迹象来区分这两类事实。也就是说，他是按事物存在形式来区分，把普遍存在的称为常态事实，把其他特殊的现象称为非常态的事实。另外，他还把同类事实中常见的事实抽象出来，称为常态事实。迪尔凯姆强调，常态与非常态的条件既不是绝对的，也不是虚无缥缈的，在同一类别中，所谓常态的事实和非常态的事实，是根据种类本身的变化而定的，种类本身改变了，附属于它的常态的事实和非常态的事实也随之变化。

迪尔凯姆进而提出对上述区分方法的验证问题。他说，验证的目的是弄清楚常态事实存在的原因，从而对一种事实在什么情况下发生变化以及为什么会发生变化有更清晰的了解。迪尔凯姆所说的验证，实际上是联系社会事实所发生的条件，加以解释证明。在这里，他改变了静止、孤立和片面的形而上学观点，这与他在界定社会的性质时大不一样。他指出，在一定的社会中，一个社会事实是不是常态的，与这个社会的一定发展阶段相联系；在同一类型的各个社会中，确定一个社会事实是不是常态的，必须考虑与这种社会相联系的进化时期。

在迪尔凯姆看来，只有在社会类型既定的条件下，才能确定所研究的社会事实是不是常态的，因此，社会学研究方法必须确定社会类型划分的准则。在这个问题上，他批判了历史学上的唯名论和哲学上的极端唯实论。前者过分强调社会的个别属性，否认共性的存在，认为有多少个社会就有多少种社会类型；后者只强调社会的共性，而忽视了社会的特殊性，看不到不同类型的社会在性质上的差别。

迪尔凯姆是怎样划分社会类型的？按他的说法，首先，根据社会组合的程度去进行社会类型的分类，以最简单的或者只要唯一组织环节的社会作为分类标准的基础；然后，分析社会内部，根据社会各部分之间结合的方式以及它们与该社会凝聚的紧密程度，分析各种社会的异同及其变化情况；最后，根据这些异同来区别各种社会类型。在这里，迪尔凯姆颠倒了科学分析的程序。表面看来，他所说的以最简单的社会作为分类标准基础，按事物发展从简单到复杂的先后顺序去界定社会类型是顺理成章的，但实际上，对社会进行科学分析的程序却与此恰恰相反。

社会研究不像物理学和化学的研究那样，可以在实验室内揭示事物发展的进程。社会研究只能采用抽象分析，这种抽象分析成功与否在很大程度上取决于所占有的材料丰富与否。人类的历史不可能重演，它给我们留下的研究素材随着时间的推进而递增，换句话说，我们越是追溯人类社会更早的形态，我们所能得到的可考证的素材就越少。因此，对社会类型的分析，不应以最早期和最简单的社会为基准，相反，应该以现今最发达和最复杂的社会为基准。只有这样，才能使研究建立在占有丰富材料的基础上。在这里，要把研究的方法和按先后顺序、从简单到复杂的叙述方法区别开来。

迪尔凯姆颠倒科学分析的程序，实际上是机械地理解思维对客观存在的反映过程。他并不了解简单的、没有发生分化的事物比高度分化的复杂事物更难认识。因此，他以最简单的社会作为社会类型划分标准的基础，导致他对社会类型的认识陷于混沌的状态。确切地说，他仅仅描述了社会类型的某些特征。他把社会类型与生物类型放在一起做比较，试图说明它们之间的异同。他认为，社会与生物的共同之处在于它们都是由各个相异的部分结合而成。他并没有进一步分析社会结构的特征，而把社会与生物的区别界定为稳定性和确定性的不同。他说，生物体具有遗传性，即祖先的本性传于子孙，既为子孙所共有，也存在于每一个子孙的躯体内，因此，生物的遗传性使生物体的组织十分确定；社会与生物不同，社会内部的组织没有遗传的力量，不能像生物那样形成世系，也就是说，新旧社会类型在性质上相距较远，具有较大的不稳定性和不确定性，而且，社会组合越复杂，社会类型就越不确定，因此，除了社会类型的最普遍、最简单的特点外，其他特性不能像生物学那样规定得十分明确，由此看来，迪尔凯姆并没有从根本上来把握社会类型的性质，当然也不可能对人类社会的各种类型加以阐述。

四

在迪尔凯姆看来，确定社会类型只是为了便于将社会事实分类，尚需要确立解释社会事实的原则。他提出社会形态学的方法，认为这是社会学能够真正对社会事实进行解释的一条途径。

迪尔凯姆的社会形态学主要是用来解释社会事实的因果关系。他把因果关系分析分为两部分：原因分析和功能分析。显然，迪尔凯姆做这种划分是必要的。因果关系包括因果互相影响的双向关系，这就决定了对因果关系的解释也应该是双向的。原因分析是寻求结果产生的原因，即从果求因；功能分析则是分析原因对结果的作用，即从因求果。这就是因果关系中的不同方面的解释。迪尔凯姆进一步论述了原因分析和功能分析这两者之间的相互关系。他认为，事物的原因和功能不仅应该分别研究，而且应当把原因分析放在功能分析之前，这种前因后果的分析是顺理成章的，先了解事物的原因有助于了解事物的功能或后果。他进而指出，原因和结果之间的统一性使它们具有一种相互联系的特征：原因是事物发展结果的动力，而结果又是原因存在的条件。他举例说，一方面，刑罚这种社会效应取决于犯罪所触犯的集体感情；而另一方面，集体感情之所以能保持一定的强度，是因为刑罚有处置犯罪者的功能。因此，在他看来，社会事实的原因不包括它的功能，功能却能包括它的原因，而之所以将对事物的功能分析放在事物的原因分析之后，并不是说功能分析不重要，实际上，事物能够存在，就必须有存在的效用。迪尔凯姆关于功能分析的观点，为后来西方社会学的功能学派奠定了理论基础。

迪尔凯姆力图客观地解释因果关系。他有一句名言：一个社会事实只能用其他社会事实来解释。这句名言被后来的许多社会学家引为经典。他认为，在区分事物的原因和功能后，就要确定解释它们的具体方法。他反对用心理学的方法来解释社会事实，他指出，用心理学的方法来解释社会事实会歪曲社会事实的真实性质，这是因为社会事实是在个人身外作用于个人的力量，而不是个人生活的一种延伸形式。他强调说，要解释社会事实只能从社会本身的性质中寻找原因，个人心理是社会事实的结果而不是它的原因这一点不容混淆；同样，社会事实的功能也必须在社会事实与社会效用的关系中寻找。可以说，迪尔凯姆强调从客观出发解释因果关系，其中包含着唯物主义的思想，他关于一个社会事实只能用其他社会事实来解释这个提法，与马克思所提倡的实事求是的方法有某些相似之处。当然，这不等于说迪尔凯姆的方法与马克思的方法是一致的。众所周知，马克思的唯物主义是辩证的，而迪尔凯姆的唯物主义是形而上学的。迪尔凯姆在解释社会事实时，始终没有离开机械论的框架，因此，他对社会事实的解释是有很大局限性的。

迪尔凯姆用形而上学的观点解释社会事实的因果关系，他强调同样的结果产生于同样的原因。他的这一观点深受古典物理学的“因果原理”的影响。按照古典物理学的理论，任何一组“原始状态”都会导致一种，而且只有一种“最终状态”。这种观点从根本上否定同一原因在不同的时间与空间内会产生不同的结果。用这种静止和孤立的观点去解释社会的因果关系，是难以真正揭示出社会事实错综复杂的因果关系的，而只会得出片面的结论。

迪尔凯姆基于机械论的世界观，试图进一步说明社会事实之间因果关系的实质，他把社会的因果关系看作一种自然的属性，说得更具体些，是一种力的关系。正如英国古典政治经济学家亚当·斯密强调经济现象的自然性一样，迪尔凯姆也强调社会事实的自然性，但是，他们对自然的性质有不同的理解。亚当·斯密认为，政府的管制与经济的控制都违背自然的规律，这是因为两者都以不自然的方式指导经济活动，从而使市场无法扩张，影响生产的发展。亚当·斯密反对用社会强制的手段管理经济，他提出放任自由的主张，任由经济自由发展。迪尔凯姆的观点与亚当·斯密这种把自由放任看作自然规律的观点相反。他认为：社会事实既是自然的，又是强制的；社会强制力是社会事实的特征，而社会强制这种集体的力量本身是自然的。他根据生物界“弱肉强食”的规律来解释社会强制力的自然性，把社会强制看作人类自然的弱点遇到集体优势的力量而产生出来的。迪尔凯姆将社会事实的性质以及社会事实之间的关系归结为自然的强制力，从而把错综复杂的社会因果简单化了。

迪尔凯姆在进一步解释社会形态学与社会环境的关系时，有照搬物理科学的术语和观点的倾向。他认为社会因果关系应从社会内部环境的构成中寻找。他所说的社会内部环境有两个要素。其一，是事物，即以往社会活动的产物，如法律、风俗习惯、艺术等。这些事物尽管不是决定社会变化的原动力，但可显示社会进化的速度和方向。其二，是人，社会环境中的人具有两种性质。一种是社会团结的规模，即社会的容量；另一种是群众的集合程度，即社会动态密度。后者不仅仅指个人在物质上而且在精神上结合成社会，其中包含着道德关系。他认为，社会容量和社会动态密度的扩展可以使社会生活的强度增加，因此，它们是深刻改变社会存在的基本条件。在这里，迪尔凯姆所使用的“社会容量”、“社会动态密度”和“社会生活强度”诸术语显然是用社会学的名词和物理学的名词拼凑而成的。这种企图借助物理学语言来解释社会现象只能是空洞和含糊的。首先，这些物理学术语与社会学没多大关系，因此，人们很难理解这些拼凑在一起的词组到底有什么含义。其次，“速度”、“强度”、“密度”和“容量”这些词所反映的物理现象在物理学上是可以精确计量的，但是，把这些词照搬到社会学领域，它们的计量单位就不知如何确定，因而也无法用来计量社会现象。虽然社会现象与物理学现象有联系，但像迪尔凯姆那样把社会现象当作物理现象来解释，只能使人陷入认识的困境。

五

迪尔凯姆力图阐明揭示社会因果关系的分析手段。在他看来，由于社会事实的因果关系往往是不明显的和复杂的，难以从直接的观察中得出，因此，考察这些关系只能用比较的方法。他认为，在各种比较方法（包括剩余法、求同法、求异法和共变法）中，只有共变法适用于社会学的因果分析。他说，采用这种方法，不必把所有不同的现象一一排除，然后再作比较，而只需要把两种性质虽然不同，但在某一时期内有共变价值的事实找出来，就可以作为这两种事实之间存在一种关系的依据。

迪尔凯姆所说的共变分析方法，实际上是相关分析。相关分析是用来揭示社会现象之间共同变化的定量分析方法。这种分析方法在现代西方社会学研究中应用很广，而迪尔凯姆为这种方法在社会学的应用奠定了方法论基础。显然，将相关分析的方法应用到社会学领域，有助于推进社会学研究的定量化。但是，相关分析作为一种定量分析方法，并不是万能的，在从事社会研究的过程中，应注意相关分析使用的界限。

社会学的相关分析首先必须将社会客观事实约简为变量。所谓变量，就是用来反映经过约简的客观特质的量化概念，因此，它可用指标来显示。变量固然有简洁明了地表达客观事物特征的优点，但变量反映客观事物的程度是有一定局限的。首先，反映同一社会现象的各个不同变量的可靠性是不同的，如果在研究过程中选择了不可靠的变量，就会使相关分析严重失真，从而歪曲了社会现象之间的联系。迪尔凯姆也意识到了这个问题。他指出，共变方法只有在严格运用时，才能取得准确的和真实的结论。在他看来，关键是要避免选择的材料太繁杂和不可靠，因此，在众多的变量中，不是比较那些独立的、不相关的变量，而是去比较那些有规则地组成的、相互联系的和前后连续的变量，即可以计量的、可比较的和可以系统整理的社会生活的事实，也就是说，这些变量要有相当的广度和宽度，能足以说明问题，同时，选择出来的变量在历史各个时期或在各种情况下的表现必须有连续性。在这里，迪尔凯姆提出要选择有规则的、互相联系和前后连续的变量，是颇有价值的。这样做有利于提高相关分析的可信度。然而，即使能从众多的变量中选择出比较可靠的变量，相关分析与现实之间仍有一定的距离。这是因为变量只反映约简后的客观事物，而不能完全反映客观事物的本来面目。相关分析充其量只是一种模拟，如果认为这种分析能还原到客观本来面目，就会落入还原论的俗套。

相关分析从统计学意义上建立变量之间的共变关系，但这种共变关系不一定就是因果关系。迪尔凯姆也谈到了这个问题，并提出了补救的方法。他说，这就需要用演绎的方法来鉴别，然后用经验的结论重新比较一下，以确定演绎方法得出的结论是否可信；如果发现两种事实之间没有直接的联系，那就必须寻找第三种事实，即这两种事实共同依附的事实或中介事实，然后，通过第三种事实来揭示事实之间的真实关系。

迪尔凯姆提出的共变分析方法与他的其他方法论原则一样，对开展社会学研究具有重要的借鉴作用。即使在当代的社会学研究过程中，定性分析和定量分析的进行通常都会遇到不少问题。其中许多问题早在迪尔凯姆的社会学研究方法论体系中就被提出来了。正因为如此，迪尔凯姆的社会学方法论的影响一直不衰。

城乡差别与农村社会问题*

朱庆芳

消灭城乡差别一直是社会主义国家的奋斗目标，而城乡差别的消灭要取决于社会生产力的高度发展。经济发达国家随着工业化、现代化的发展，以现代工业武装农业，使农业劳动生产率大大提高，农业劳动力转移到城市，传统的农民变成了现代化的农业工人，城乡收入差距日趋缩小，从生产到生活，现代化的交通工具已把城市和农村紧密地联结起来，城乡居民的物质文化生活已没有什么根本性差别，因此城乡差别的消失是生产力发展的必然结果。

我国是拥有8亿农民的农业大国，农业在国民经济中占有举足轻重的地位，但农业基础差，底子薄，不稳定。长期以来，特别是在新中国成立后的前30年中，由于我们没有解决好城乡经济和社会协调发展的问题，在城市与工业发展较快的同时，农村与农业的落后面貌没有得到相应的改变，形成了城乡分割、城乡差距过大的“二元结构”。由此引发了城乡矛盾和农村的一系列社会问题。解决这些城乡间的差距问题和矛盾是改革的内容之一，同时又是影响改革顺利进行和四个现代化进程的重要因素。

一　我国城乡差距究竟有多大

（1）城乡收入差距近几年呈扩大趋势。30多年来经历了缩小—扩大—又缩小—又扩大的过程，根据国家统计局城乡住户抽样调查的城乡人均收入比较，1964年城市人均生活费收入为农民人均纯收入的2.2倍，1978年扩大为2.4倍，1983～1985年缩小为1.7倍，1986～1987年由于农民收入

* 原文发表于《社会学研究》1989年第2期。

增长速度减慢，又扩大为2倍，至1987年城市居民人均生活费收入为916元，农民人均纯收入为463元。如果城市居民计入享受的各种福利补贴，农民收入扣除各种额外负担，实际的城乡收入差距是3∶1，甚至更多。

除收入差距外，城乡社会生活的各个方面，包括衣、食、住、行、社会保障、文化、教育、卫生等方面都存在较大差距。

（2）在社会保障方面，城市职工享受了“高就业、高福利、高补贴”，只要有了工作，生老病死都无后顾之忧，还享受了住房补贴、各种物价补贴、廉价的文教卫生和城市公用设施等。农民生老病死基本无保障，缺乏安全感，而且还要负担五保户、军烈属补贴、干部补贴、计划生育费等各种名目繁多的费用，多达20多项，一般人均20~30元，高的60~70元。1987年城市职工的人均劳保福利费达237元（不包括各种补贴），而农村每一劳力仅12元（指救济、优抚、集体福利等），城乡差距为20∶1。社会保障非但没有起到缩小收入差距的作用，反而扩大了城乡收入差距。

（3）城乡消费水平方面的差距，1987年城市居民人均消费额为农民的2.5倍，城市居民消费中吃的比例（恩格尔系数）占53.5%，农民为55.2%。城市居民人均消费的肉、禽蛋为农民的1.8倍和3.4倍，呢绒绸缎为农民的4.8倍，每百户电视机拥有量城市居民为99台，农民为24台，城市居民为农民的4倍，彩电差15倍。

（4）住房方面，城市职工住宅，为国家和企业兴建，享受房租补贴，房租仅占生活费的1%，虽然人均居住面积只有8.6平方米，但多数人居住条件好，有卫生设备、自来水，三分之一的居民用上了煤气。农村住房靠自建，建房支出占生活费的14%，在“建房热”中，有76%是负债盖房，人均居住面积虽已达16平方米，但有44%是土坯墙和草房。90%以上的农村居民还是用秸秆柴草当燃料，大部分地区燃料短缺3~4个月。

（5）在交通邮电方面，城乡差别也很大，至今农村仍有8%的乡不通公路，大多无路面或仅有低级路面；还有34%的乡和镇没有邮电局，有4%的村不通邮路，有5%的乡和55%的村不通电话，而且有的农村电话呈减少趋势，如：湖南郴州地区1980年通话的村占68%，至1987年只剩10%，有的连乡镇也不通电话了。此外，农村的现代化运输工具严重不足，除了用木帆船、手推车、畜力车外，大部分靠肩挑人担，或用拖拉机运送，长途运输车辆落后、拥挤，交通事故频发。1987年农村共发生交通事故16万起，死亡3.6万多人，占全国交通事故死亡人数的74%。农村运输邮电的落后不仅影响了生产和流通，也给农民生活带来许多不便。

（6）教育方面，全国每年为数不多的200多亿元教育经费大部分用于城市，农村教育经费匮乏，主要靠农村自筹办学，无论是学校的数量还是教学质量都远不如城市，而且农村学校近几年呈减少的趋势，1987年农村中学比1980年减少16%，小学减少31%。许多偏僻的农村不具备教学的起码条件，危房面积多，师资质量差，民办教师的报酬极低，而且常常拖欠，发不出。学龄儿童入学率城镇为99%，农村只有80%左右，边远山区和牧区只有50%左右。教师队伍极不稳定。农村小学读满5年的比例只有60%左右；小学毕业的升学率，城镇已基本普及，农村只有59%；初中毕业升学率，城镇为69%，农村只有10%；全国还有457个县没有普及9年制义务教育。根据儿童抽样调查推算，1987年全国农村6~14岁学龄儿童中约有3000万没有上学，其中25%是上学后退学的，有38%从未上过学，这将导致新一代文盲的产生和劳动力素质下降。

（7）在医疗卫生方面，城市居民绝大多数享受公费医疗，每一职工平均医疗费达100元，城市医疗条件好。农村大部分地区缺医少药，卫生技术人员严重缺乏，至1987年底，有1/3的乡没有卫生院，有近10万个村（占12%）没有医疗点，农村合作医疗已名存实亡，合作医疗的比例由过去的80%降为5%，乡卫生院的卫生技术人员1987年比1985年减少了2.3万人，村级医生、卫生员和接生员1987年比1975年减少了20%左右。除少数发达地区有一些统筹医疗外，大多数农民须自费看病，遇到重病往往倾家荡产，病死率比城市高得多，1987年每千人口拥有的病床，农村只有1.6张，比城市（4.3张）少2.7张，每千人口医生数只有0.85人，比城市（3人）少2.15人，而且与1965年比，这一差距有扩大的趋势；婴儿死亡率农村为30.3‰，而城市为18.3‰，人口死亡率农村为6.7‰，城市为5.8‰。由此可见，城乡的医疗水平还存在较大差别。

（8）文化生活方面，农村文化设施落后，文化生活枯燥。至今仍有许多县没有剧场、电影院和图书馆，半数的乡没有文化站，平均300多万人才有一个艺术表演团体，有1/3的农村听不到广播、看不到电视，电视机在城市已普及，农村普及率只有24%，农民一年花在购买文娱用品、书报杂志的钱和文娱费支出仅18元，占生活消费支出的4.6%，比城市（平均

71 元，占 8.1%）低得多。

此外，在居住环境、征兵制度、户籍制度、粮食供给制度、信息、竞争、机会、就业、人才培养、原材料燃料的供应、贷款、政治民主生活、社会参与等方面，都存在着较大的城乡差别。

二　城乡差别诱发了农村一系列社会问题

这种城市和农村差别过大的二元结构，不仅阻碍了城市化、工业化的进程，而且还诱发了一系列的农村社会问题。

（1）农村每年都有几千万人的贫困大军，成为国家的沉重负担和农业发展的障碍。据国家统计局 1987 年抽样调查，人均纯收入在 200 元以下的占 8.3%，按农村人口推算，贫困户有 7100 万人；据民政部统计，1987 年农村贫困户救济对象有 9830 万人，而且从 1979 年起每年都在 7000 万到近 1 亿人之间。国家和集体每年要发放 10 亿～20 亿元的农村救济款进行救济，还要拿出几十亿元用于贫困地区的经济开发。每年扶贫总户数达 1000 万户，脱贫 300 多万户，同时每年又有新增贫困户几百万户。大批贫困户的存在和农村新出现的富裕户形成了农村内部的二元结构，近几年农村贫富差距有所扩大，已从 1978 年的 2.9 倍扩大为 1987 年的 4.2 倍。

（2）农村存在大批潜在的待业大军急待转移。由于农村人多地少，人均耕地只有 1.4 亩，农业劳动生产率低下，城市片面发展重工业，可容纳的劳动力少，使人口由农业转移到城市的步伐缓慢。30 多年来农业人口始终占 80% 以上，[①] 1952 年占 85.6%；60 年代至“文革”10 多年中有 1800 多万城镇知青上山下乡，加上农村人口的自然增长，至 1978 年农业人口仍占 84.2%；改革以来的 9 年中，加快了农业人口向非农业转移的步伐，但绝大多数农民是就地转移，未改变农民身份，只有 1000 多万人真正变为城市职工，至 1987 年底，农业人口仍达 8.57 亿人，占 80%；农村劳动力达 3.9 亿人，扣除 8000 万人从事乡镇企业和非农业工作，仍有 3 亿多人被困在有限的土地上。据有关部门测算，照目前每个劳动力负担耕地计算，只

① 农业人口是按户口划分的，即指吃自产粮的农业人口。若按城乡分，1987 年乡村人口（县人口）只占 53.4%，由于它包括了市镇辖区内的农业人口，因此不能确切地反映城乡关系。

需 1.9 亿劳力，需转移的剩余劳力有 1 亿多人，即平均每 3 人中有 1 人是潜在的失业，失业率为 30%，比城市的失业率（2%，加潜在失业者为 15%）大得多。

（3）户籍制度造成的城乡“鸿沟”，使农民成了城市里的“二等公民”。农民向往城市，一亿多剩余劳力为了生存找出路，而涌入城镇，有的城镇用非经济的行政手段进行限制，即使这样，仍挡不住，有 1300 万～1500 万农民流入城市，其中长期住在城市要求入户口未得到批准的约有 300 万人。他们到城市当合同工、临时工，担负起城市职工不愿干的累活、重活、脏活、险活。上海普遍流传着“上班白相相（指玩玩的意思），干活靠‘阿乡’”。一方面，企业内部窝工；另一方面，从农村招收大批合同工从事“脏、累、差、重”的工种的一线工作，造成了城市正式工的“贵族化”。大批走街串巷的小商贩、修理工、木工、建筑工、油漆工、裁缝、保姆等，补充了城市商业、服务业的不足，方便了居民生活，但因为他们仍是农村户口，在城市中社会地位极低，没有住房、没有粮油供应，没有劳保，被雇于乡镇企业和私营企业，或是国营企业的临时工，随时可能被解雇。由于大多数农民文化素质差，不懂技术，加上用工单位忽视安全生产，有的不经培训就上岗，伤亡事故较多，在一些全民企业发生的事故中，农民工占 90% 以上，受雇于私人的保姆或私营企业的临时工发生事故和得了重病，雇主不管，推向社会，成为社会问题。城市户口几乎代表着政治和经济特权，有了它，便有了住房，平价粮、油、肉、禽、蛋供应，就医、就业、子女可上学等优越条件。农民为了改变身份，千方百计办“农转非”户口，江苏东海县一农民为让死者“来生投胎”城镇，竟焚烧仿制的城镇户口簿、粮油供应证、公费医疗证，并将骨灰撒在城里。有的县竟出现了把户口当成商品拍卖，如安徽来安、全椒县规定 5000 元办一个“农转非”户口，来安县仅在六天之内就卖了 773 个户口，得款 386.5 万元。有的职工为了解决与家属两地分居办“农转非”、为了交城市建设费而倾家荡产。有的地区因解决不了“农转非”，长期分居两地，常发生到政府上访、请愿、静坐等事件。

（4）大量农村人口涌入城镇，造成超生、盲流、刑事犯罪等现象增多。1987 年 23 个百万人口以上大城市的日均人口流动总量近千万，上海、北京、广州都在百万以上，流动人口占常住人口的 20%～25%。农村的剩余劳力在向城市流动过程中虽然活跃了城乡经济和文化的交流，但是由于流动人口增加过猛，除造成城市公用事业超负荷运行、交通拥挤、副食品供应紧张外，还造成了一系列社会问题，如流动人口生育失控严重，有的是夫妻双方到城市做工，有的是有意躲避计划生育，致使外流人口成了一支庞大的多生超生“游击队”。其次是到城市的盲流乞讨人员增多，据民政部统计，1987 年为 67 万人，其中因生活困难乞讨的仅占 20%，80% 是以乞讨为生财之道、逃婚、逃学或被遗弃的精神病、残疾人等，有的还是犯罪违法的逃犯。由于流动人口增多，给城市带来了新的不安定因素，流氓、盗窃、行骗、聚赌、投机倒把等刑事犯罪增多。1987 年 6 月，天津市流动人口犯罪率达 9.7%，广州市的流窜犯罪活动呈逐年上升趋势，卖淫嫖娼活动猖獗，其中大多是来自外省的流动人口。

（5）农民的文化素质低，旧文盲未扫除，新文盲又增多。当前农村中“读书无用论”更甚于城市，中小学流失生增加，“小农民”大量出现，在不少地区使用“童工”的现象十分严重，有的县童工占县乡镇企业总人数的 10% ~20%。据 1987 年人口抽样调查，文盲和半文盲仍有 2.2 亿人，农业劳动者中的文盲占全国就业者文盲总数的 94%，文盲率高达 30% 以上，比非农业劳动者文盲率（4.5%）高 5 倍多。值得注意的是，文盲增加的趋势还在发展。农村科技人员奇缺，国家培养的中高级农林技术人员 39 年累计总共只有 132 万人，由于城乡差别过大，农村条件差，使 81 万人改了行，留在农林岗位上的仅有 51 万人，平均每万农业人口只有 6 人。在农业第一线的农林技术人员只有 15 万人；卫生和其他科技人员亦因农村条件差、子女上学困难等原因而倒流到城镇。由于农村科技人员少，加上农民自身文化素质低，农村中约有 70% 的新技术得不到推广应用。

（6）农村封建迷信、赌博、铺张浪费等旧习俗泛滥。由于农民文化素质低，健康的文化娱乐场所过少，闲暇时间多，特别是农村青年，他们最大的苦恼是农村生活单调枯燥，在开放改革、新旧观念急剧转变过程中，因没有或缺少能吸引农民的文娱活动，封建迷信如求神、算命、找巫医及婚丧嫁娶大操大办等，又重新泛滥。部分农民沉溺于观看不健康的文艺节目和黄色小说、录像等，农村赌博现象比较普遍，影响了生产，诱发了犯罪行为。此外，党团活动有所削弱，信仰宗教的增多，尤其在少数民族地

分地区重复出现。我们必须从体制上找原因，从改革中找出路，深刻分析导致城乡差别的根源。

（1）对农业索取多，投入少。新中国成立初期，在帝国主义的封锁没有解除的历史条件下，为了获得工业化所需的资金，只有依靠“剪刀差”来积聚资金，农民为工业体系的建立做出了巨大贡献。问题是：在工业化实现的同时，必须反过来以工业支援农业，使农业逐步实现现代化，但实际上是长期以来把农业挖得太苦，“重视农业”、“以农业为基础”只是停留在口头上。由于农业受自然条件制约，风险大，许多发达国家运用各种手段支援农业，“用之于农”一般都多于“取之于农”，如美国国民收入中农业仅占4%，而给予的财政补贴却占9%；联邦德国农业税仅占预算的1.7%，而对农业的投资占7%；欧洲共同体以预算中的70%用于农产品补贴；苏联近年来对农业的补贴达1000亿卢布，占财政支出的四分之一；印度在1960～1978年间，农业投资一直占18%～22%。我国则出现了相反的情况，在工业已占国民收入一半的情况下，仍然要“以农补工”。据估算，农民通过工农业产品“剪刀差”向国家提供的积累，在1978年以前每年为100亿～300亿元，以后工农业“剪刀差”虽逐年缩小，但绝对额仍在增加，1983年为40多亿元，近几年每年仍为600亿元～800亿元再加上农业和乡镇企业上缴的税收，每年直接和间接为国家提供近1000亿元的积累资金，平均每一农业劳动力负担200多元。国家对农业的投入有多少呢？农业投资在国民经济总投资中的比例在50～60年代占7%～1[illegible]%，1985～1987年降至3%，1987年农业投资为43.7亿元；间接的支农工业（农机、化肥、农药等）投资也由60～70年代的4%～5%降为1987年的0.9%，投资额仅为12.7亿元，两项相加只有56.4亿元，按农业人口平均仅6元。此数仅相当于全国用公款买小轿车54亿元的水平；用于供应农业生产资料优惠价的补贴也从1978年的24亿元降至1986年的6.2亿元。此外，再加上用于农村以工补农资金、农业事业费、农村救济费、扶贫支出和农业、林业低息贷款增加额等，也不过200多亿元。总的来看，用于农业要比取之于农少得多。还应指出的是，农业为国家提供的积累没有完全用到实处，其中有很大一部分被工业的低效益和决策的失误浪费掉了，还有相当一部分被转化为城市居民的生活福利，因此也就不可能有更多的经济实力反过来支援农业了，这就是造成城乡经济利益关系长期失衡的重要原因之一，也是造成农业潜在危机的根源。

（2）工农业产品比价不合理，影响农业现代化水平的提高。由于国家对农业投入偏低，加上农产品价格过低、工业品价格偏高，使农民在不等价交换中处于不利地位，影响了农业积累。例如农民要用8万多斤小麦才能换回一台中型拖拉机，要用200多斤生猪才能换一辆自行车，用1万~2万斤粮食才能换一台彩电，用1斤粮食换一斤标准化肥（以上均为牌价），都比国际市场的比价高1倍多。价格高昂的工业品使农民变成了高价农业生产资料的消费者和低价农产品的生产者，不仅影响了农民的生产积极性，而且直接影响农业的再投入。经过30多年的发展，目前农业现代化水平仍很低，1987年平均每一农业劳动力的生产性固定资产只有308元，工业每一职工的固定资产比农业高60倍，机耕面积的比例由1978年的42%降为40%，机播和机收面积分别仅占播种面积的9.7%和4.2%。传统手工劳动的生产率必然是低下的，1987年每一农业劳力提供的净产值只有800多元，提供的商品量为500多元，粮食产量2100斤。10亿人口仍要靠3亿农民搞饭吃，每一农业劳动者仅负担3.3人，即使这样，粮食还不能完全自给，需要进口一部分粮食，而发达国家，每一农民能养活50~60人，丹麦能养活160人，产品还能大量出口，这说明农业的发展决定于现代化水平和劳动生产率的提高。近几年，由于国家对农业的投入减少，集体投入和农民投入也呈减少的趋势，1987年集体提留的公积金仅占净收入的1.8%，农民为获取短期经济效益，采取了掠夺性的经营方式。目前我国农业除农机化水平低下外，还面临大多数水利设施老化失修、有效灌溉面积减少的问题，过去兴修水利的“老本”快吃光了。农民自身投入减少，如果国家没有鼓励农民投入的政策措施，直接增加农业投入，则农业的现代化水平和生产条件将很难得到提高和改善。

（3）严格的户籍制度，造成了人为的城乡割据。长期以来，使“农民”这个职业分工变成了固定身份，农民没有迁徙到城市的自由，想要改变身份，除了考大学和一部分拔尖的农民通过当干部和被招工，申请“农转非”，这不仅要经过艰辛的道路，而且为数甚少。由于城市人口膨胀，本身的劳力也难以被工业吸收，在60年代末和“文革”时期还动员了1800万知青上山下乡，城市为了限制农民进城，强化了户籍管理，在左的路线下，农民不仅丧失了变换社会身份的自由，而且在政治民主生活和生命财产等方面都受到了各级权力机构的粗暴干涉，农民的经济和政治地位都十分低下，3亿多农民被困在有限的土地上搞“以粮为纲”，从1957年到1978年21年中农业人口比例从83.5%上升到84.2%，这种反常现象在世界上是绝无仅有的。1978年以后，农村经济体制改革使农民变换职业和身份的自由度有了提高，剩余劳力逐步向乡镇及城市转移，至1987年底，已有8000万人从农业转向非农产业，但绝大多数是由纯农户转变为亦工亦农的劳动者，他们的职业虽然改变了，但仍然是农业户口，真正改变农民身份成为城市职工的只有1100万人，仅占农村劳动力的4%。由此可见，农民改变身份的自由度仍然是很小的，关卡多、障碍多。从我国的国情看，目前还存在农村剩余劳力多而城市可容纳劳动力少的矛盾，还不具备农民自由迁徙的条件。如果自由流动，无疑会造成城市人口畸形膨胀。但如果继续实行城乡隔离政策，将农业劳动力固定在农村封闭起来，便又会导致农村隐性失业，对城乡经济的发展是不利的。城乡自由流动是牵动整个社会发展的大问题，目前我们正处在进退两难的境地。

四　改善城乡关系的几点看法

（1）加深对“农业是国民经济的基础”的认识。农业在国民经济中具有举足轻重的地位，它在国民收入中占35%，在整个市场中占一半，轻工原料中有70%靠农业提供，农产品和农产加工品能换回40%的外汇，农业为国民经济建设提供了基本生活资料，积累了数千亿元的建设资金，因此无论是做计划、定政策，考虑一切问题都要从“以农业为基础”出发。改善城乡关系的关键是要改善农业生产条件，调整农村政策，要清醒地估计当前的农业和农村形势。近十年来农村经济虽然发展很快，但问题仍然不少，农业基础仍很薄弱，仍要给予农业休养生息的政策，要从各个方面扶持和支援农业，不能把农民挖得太苦。要使全党全民都懂得，只有农村富了全国才能富的道理，要在深化改革中逐步调整城乡关系。

（2）要切实增加农业的投入。国家在制定经济发展战略时，要提高农业直接、间接的投资比例，至少要恢复到过去曾经达到过的平均水平（1953～1980年投资占10%左右），下决心砍掉一些可上可不上的项目、重复引进项目，压缩楼馆堂所，压缩集团购买力。英国农业经济专家分析了世界 80 多个国家的农业和经济发展的关系，得出结论：凡人均收入每增加 1%，农业再投入比例应增加 0.25%，据此匡算，我国 1981 ~ 1985 年农业基建投资约少投入 600 亿元，平均每年欠账 120 亿元。因此要使农业持续增长，在近期内农亚投资必须有较大幅度的提高。除国家投资外，述要从政策上鼓励和引导农民增加投入，如开放农村金融市场、延长土地和山林承包期等，使农民能从增加投入中得到好处。国家对支农工业应实行减免税、增加对农业生产资料供应的价格补贴等优惠政策。

（3）从价格政策上保护农民利益。就目前来看，首先要调整工农业产品交换比价，运用价值规律，改变农业的不利地位，使农民能真正作为一个独立的商品生产者平等地与城市进行商品交换，发挥市场机制的作用，用经济利益调动农民的生产积极性，逐步缩小“剪刀差”。要严厉打击倒卖化肥、农药等生产资料的不法投机商，满足农民对平价农业生产资料的需求。

（4）加快农业剩余劳动力转移的步伐，引导和鼓励农民进入小城市和小城镇。据统计部门测算，到 2000 年，农村将有近 2 亿劳动力向非农业转移。国家对城市劳动力就业和农业人口的转移要统筹兼顾，要有计划、有步骤地实行城乡劳动力对流政策。一方面，要从政策上鼓励城市科技人员下乡指导和承包乡镇企业；另一方面，要根据“控制大城市规模，合理发展中等城市，积极发展小城市”的方针，引导和鼓励农民转移到农村集镇和中小城市从事第二、第三产业，控制农民盲目进入大城市。要改革或放宽农民进入集镇和小城市的户籍制度与有关规定，从根本上改变城市排斥农民进城的局面，建立城乡待业人员就业的竞争机制，同时要相应改革城市无所不包的社会福利制度，把各种补贴由“暗补”改为“明补”，城市给居民提供的各项服务要向有偿化、商品化过渡。对于已进入大中城市的流动农民要切实加强管理。

（5）要扶持乡镇企业（包括联合体及私营个体等）健康发展。乡镇企业是农业积累的重要来源，是吸收农村剩余劳力、使农民向非农业转移的一种好形式。国家应给予必要的扶持和引导，对出口创汇的较大企业，在贷款、原材料、燃料供应、销路等方面尽可能做到一视同仁，给予一定指标和纳入计划，对小企业和私营个体等在税收、价格等方面要加强管理，减少发展中的盲目性，要充分利用经济杠杆进行调节。乡镇企业自身，要防止和纠正单纯追求速度、盲目发展的倾向，充分利用农村丰富的劳动力资源优势，发展劳动密集型产品和出口产品。

（6）加强农村基础教育，提高农民的文化素质。这是建设农村精神文明、发展农业生产力、改变农村落后面貌最根本的措施。当前的首要任务是要使各级领导重视农村教育，切实增加农村教育投资，建议把基础教育的普及程度和教育质量作为各级领导的考核指标之一。在当前要采取有力措施防止中小学生流失问题，制止乡镇企业违法招用童工，要认真执行义务教育法，普及9年制义务教育，办学形式要多样化，筹集资金要多渠道，在普及教育的同时，发展有实用性的农村职业教育、各种成人教育，举办技术训练班，等等，为农业培养各种急需的人才。

（7）建议建立代表农民利益、能及时反映农民意见和要求的机构。现工、青、妇、民主党派等社会团体都为各自的劳动者反映意见和要求，唯独8亿农民缺少为其反映意见和要求的渠道。农民分户经营后，人多面广，问题不少。为此，建议成立能反映农民意见和要求的机构。分别不同类别地区设立基点，及时准确地把农民的意见和情况反映上去，起到与政府对话的作用。

从征婚启事看我国城镇大龄未婚男女择偶标准的差异*

张　萍

1982 年全国第三次人口普查表明，在我国城镇 30 ~ 49 岁人口中，尚有 123.6 万人没有结过婚。① 1987 年的 1% 人口抽样调查则告诉我们，城镇 30 ~ 49 岁的未婚人口又有所增加，已达 269.5 万人。那么，是什么因素作祟，使这么大一批人迟迟解决不了"婚姻"这件终身大事呢？我认为，基于地区经济水平差的农村女性的婚姻流动，是造成农村大龄男性择偶难的主要原因，而基于文化水平和职业不同的男女择偶标准的差异，则是我国城镇"大男大女"队伍形成的主要原因。为了了解城镇大龄未婚者的择偶趋向，我对 1984 年 5 月至 1986 年 12 月在《中国妇女》杂志上刊登征婚启事的 296 名 30 ~ 49 岁没有婚史、身体健康的城镇征婚者的自身状况及其择偶要求做了统计与分析。下面依据这一分析并结合其他有关资料，从五个方面论述 80 年代城镇大龄未婚男女择偶标准的差异及其对婚配的影响。

一　容貌与身材

异性之间首先要互相吸引才会产生爱慕之情，因此，在其他条件相同的情况下，一个人的外貌在相当程度上影响着其婚配的难易，"窈窕淑女，君子好逑"；同样，英俊魁梧的男子也不乏女性追求者。

很多男性在选择配偶时首先看重的便是对方的容貌。如表 1 所示，城

---

* 原文发表于《社会学研究》1989 年第 2 期。

① 根据 1982 年人口普查 1% 抽样数据推算。

镇30～49岁的男性征婚者中有47.2%的人对未来配偶的容貌提出了具体要求，占11项要求的第一位。而且，越是自身条件好的男性，相应地对女性容貌提出要求的也越多，条件也越高。具有大专以上文化的男子，由于自己文化水平高，所从事职业的社会声望较高，在择偶时处于优势，希望未来配偶容貌好的比例达61.4%，比中专及高中以下文化的男子高约20%，并且大都使用了“俊秀”、“美丽”、“白净”、“品貌均佳”这样的词来表达自己的要求，有的人为求漂亮佳偶，把求偶的目光专门对准了演员。对于这些高学历的男性来说，“品貌双全”的配偶当然最为理想，但是在品貌不能兼得的情况下，一些人甚至宁肯选择后者。

与这些高学历的男性相比，中专及高中以下文化的男性对女性的要求首先是健康，其次才是容貌。而且，对女性容貌的要求也没有大专以上文化的男性那样高，尤其职业是工人的男性，其要求多为“五官端正”，即没有缺陷就行。这倒不是因为他们不爱慕漂亮的女性，而是囿于自身的职业、学历等条件，择偶比较困难，所以不得不降格以求。不过，那些学历虽不高但所从事的职业在社会上有一定声望的男性，其择偶倾向与大专以上文化的男性一样，也是要求女性容貌秀丽、漂亮，甚至有无城市户口、职业均可。

女性十分明白男性的这种追求外貌的倾向。我们发现，无论是高学历的征婚女性还是一般文化的征婚女性，无论是自己写的征婚启事还是他人代写的征婚启事，大都对征婚人自身的外貌做了动人的描述，如“外貌美丽端庄”、“清秀”、“皮肤白净”、“眼睛炯炯有神”、“修长健美”、“体态丰满匀称”、“苗条轻盈”、“气质高雅潇洒”等。即使对于年龄较大的女性，也不惜用“举止娴雅”之类的词来形容。

表1　我国城镇30～49岁男性征婚者对未来配偶个人素质的要求

单位：人，%

	人数	容貌秀丽①	身材苗条	健康	品德好②	正直	善良	朴实	温柔	开朗	有一定文化修养	限一定居住地
总计	159	47.2	1.3	44.0	15.1	10.1	23.3	2.5	22.0	10.1	9.8	10.7
大专以上文化	44	61.4	4.5	38.6	13.6	15.9	11.4	2.3	29.5	15.9	11.4	34.1

续表

	人数	容貌秀丽[①]	身材苗条	健康	品德好[②]	正直	善良	朴实	温柔	开朗	有一定文化修养	限一定居住地
中专及高中以下文化	115	41.7	—	46.1	15.7	7.8	27.8	2.6	19.1	7.8	7.8	1.7

注：①含“容貌端正”。

②含“作风正派”。

资料来源：1984 年 5 月至 1986 年 12 月《中国妇女》杂志。

同时，女性在择偶时对男性的外貌也有一定要求。如表 2 所示，30.7% 的女性征婚者要求未来配偶相貌端正，但这并不是占首位的要求，在所有的 12 项要求中仅居第四位。而且，大多数女性对男性相貌的要求只是“五官端正”，自己看着“顺眼”，没有更多苛求。尤其是大专以上文化的女性，更是将男性的外貌置于次位，仅有 16.9% 的人对此提出了要求，而中专及高中以下文化的女性的这一比例则为 45.5% 。

表 2　我国城镇 30～49 岁女性征婚者对未来配偶个人素质的要求

单位：人，%

	人数	相貌端正	健康	品德好	有事业心	志趣相投	善良真诚	正直	体贴人	知书达理	开朗	思想有深度	限一定居住地
合计	137	30.7	37.2	29.9	45.3	8.0	13.1	8.0	2.2	6.6	7.3	6.6	41.6
大专以上文化	71	16.9	26.8	22.5	42.3	11.3	16.9	9.9	2.8	—	9.9	7.0	52.1
中专及高中以下文化	66	45.5	48.5	37.9	48.5	4.5	9.1	6.1	1.5	13.6	4.5	6.1	30.3

资料来源：1984 年 5 月至 1986 年 12 月《中国妇女》杂志。

然而，这并不意味着高学历的女性不喜欢“才貌双全”的男子，实际上，无论是高学历的女性，还是一般文化的女性，都把“英俊而多才”的男子视为理想的配偶，只是在“才貌”不能兼得的情况下不得不“舍貌取才”。因为她们更重视的是男性的气质和才华。但是，女性对男性的身高却很重视。在城镇大龄未婚征婚者中，对未来配偶的身高提出要求的男性占 51.6% ，女性占 63.4% ，比男性的比例高 11.8 个百分点。其中，中专及高中以下文化的女性提出这一要求的人最多，占 68.1% ，比大专以上文化的女性的同一比例高 8.9 个百分点（参见表 3）。从女性对男性身高的具体要求来看，要求男性身高在 1.70～1.74 米的人数最多，占 40.1%。另外还有 10.2% 的人要求男方身高 1.75 米及以上，13.1% 的人要求男方身高至少不低于 1.65～1.69 米。

表 3　我国城镇 30～49 岁征婚者对未来配偶身高的要求

单位：人，%

		人数	150～154厘米	155～159厘米	160～164厘米	165～169厘米	170～174厘米	175厘米及以上	不详
男	大专以上文化	44	4.5	9.1	40.9	4.5	—	—	[illegible]0.9
	中专及高中以下文化	115	4.3	11.3	23.5	9.6	—	—	[illegible]1.3
	合计	159	4.4	10.7	28.3	8.2	—	—	[illegible]8.4
女	大专以上文化	71	—	—	—	12.7	38.0	8.5	[illegible]0.8
	中专及高中以下文化	66	—	—	—	13.6	42.4	12.1	[illegible]1.8
	合计	137	—	—	—	13.1	40.1	10.2	[illegible]6.5

资料来源：1984 年 5 月至 1986 年 12 月《中国妇女》杂志。

而从女性自身的情况看，身高在 1.50～1.54 米的占 6.6%，身高在 1.55～1.59 米的占 15.3%，身高在 1.60～1.64 米的占 34.3%，身高在 1.65～1.69 米的占 31.4%，身高在 1.70～1.74 米的占 8.8%（见表 4）。可见，希望未来配偶比自己高 5～14 厘米，是女性的普遍要求。但是，尽管女性征婚者中有 6.6% 的人身高在 1.50～1.54 米，然而却没有一人希望男方的身高可在 1.64 米及以下，1.65 米已是女性征婚者对男方身高的最低要求。

表 4　我国城镇 30～49 岁征婚者自身身高状况

单位：人，%

		人数	150～154厘米	155～159厘米	160～164厘米	165～169厘米	170～174厘米	175厘米及以上	不详
男	大专以上文化	44	—	2.3	6.8	22.7	31.8	34.1	2.3
	中专及高中以下文化	115	—	1.7	9.6	33.9	38.3	13.9	2.6
	合计	159	—	1.9	8.8	30.8	36.5	19.5	2.5

续表

		人数	150～154厘米	155～159厘米	160～164厘米	165～169厘米	170～174厘米	175厘米及以上	不详
女	大专以上文化	71	4.2	14.1	35.2	35.2	8.5	—	2.8
	中专及高中以下文化	66	9.1	16.7	33.3	27.3	9.1	—	4.5
	合计	137	6.6	15.3	34.3	31.4	8.8	—	3.6

资料来源：1984年5月至1986年12月《中国妇女》杂志。

从男性征婚者自身的情况看，有41.5%的人身高在1.69米及以下，其中身高在1.55～1.64米的占10.7%，尤其中专及高中以下文化的男性，身高在1.69米及以下的占45.2%，比高学历男性的同一比例高13.4个百分点。可见，身高较低，恐怕是这些男性寻偶困难的至关重要的原因。有的男性因个矮而找不到对象，不得不降低择偶标准。同时，一味苛求男性的身高，“差一厘米也不行”的女性，也容易因此而错过择偶良机，到头来追悔莫及。

男性征婚者中对未来配偶身高提出要求的比例虽然比女性低一些，但是也占51.6%，自身条件较好的高学历男性的这一比例高一些，占59.0%。不过，从高学历男性的具体要求来看，倒并不一定喜欢身高较高的女性，而是要求女方与自己身高相配。例如，大专以上文化的男性中虽然有34.1%的人身高在1.75米及以上，但是只有4.5%的人要求女性身高在1.65～1.69米，没有一人希望女性身高在1.70米及以上；同时，认为女方身高可以在1.59米及以下的人也不多，仅占13.6%。尽管有31.8%的大专以上文化的男性自身身高在1.69米及以下，而希望未来配偶身高在1.60～1.64米的人数最多，占40.9%。可见这些男性多是以自我为衡量女方身高的尺度或参照系。

中专及高中以下文化的男性对女性身高的要求基本上与高学历男性一样，也是希望女性身高在1.60～1.64米的比例最高，为23.5%。要求女方身高在1.64～1.69米的比例为9.6%，高于高学历男性的同一比例，不过没有一人希望女性身高在1.70米及以上。与高学历的男性征婚者相比，中等以下学历的男性征婚者中个矮的人较多，可是也只有15.6%的人认为未来配偶的身高可以在1.59米及以下（参见表3、表4）。

自己个子虽矮，但是却不愿意未来配偶的个子也过于矮小，这也许可叫做企望以他人之长补己之短，使后代不再有身材矮小的缺憾的心理反应吧。另一方面，一些个子较高的男性倒并不愿意未来配偶的个子过于高大，一位身高 1.85 米的男性，也只要求女方的身高在 1.63 米左右。大概他们追求的是从众，而不喜欢“鹤立鸡群”。

相对而言，身高在 1.70 米及以上的高个女性，寻偶时会遇到一定的困难。因为男高女低的身高比例已成为社会婚配通习，她们只能在比自己高的男性中选择配偶，可是个子高大的男性本来就不多，加上他们之中又有许多人更喜欢适个子中等或娇小玲珑的女子，所以，仅从身高来看，高个女性的选择范围就比个子适中的女性小得多。同时，身高在 1.69 米及以下的男子在婚配过程中也会遇到一定的困难。

二 健康与年龄

除了容貌和身材以外，健康与否也是人们择偶时相当重视的一个条件。从城镇男性征婚者对女方的要求来看，比例最高的首先是容貌，其次便是健康。其中中专及高中以下文化的男性中有 46.1% 的人要求女方身体健康，比要求容貌漂亮的人还多（参见表 1）。

女性对未来配偶健康状况的关注没有男性那样强烈，但是也有 37.2% 的人对此提出了要求，居所有要求的第三位。中等以下学历的女性比高学历的女性更重视这一点，要求男方身体健康的占 48.5%，与要求有事业心的比例并列第一位。高学历女性的同一比例为 26.8%，占所有要求的第三位（参见表 2）。

征婚者不仅要求对方身体健康，而且明白对方对自己健康状况的重视，绝大多数征婚者在征婚启事上说明了自己的健康情况，有的人还特意表明自己“无生理缺陷”。

人们希望未来配偶身体健康，是无可厚非的正当要求，因为这是维持正常美满的家庭生活的重要因素。同时，人们对这一条件的重视，也必然使身体不健康者尤其是残疾人的择偶变得困难。1984 年 5 月至 1986 年 12 月在《中国妇女》杂志上刊登征婚启事的城镇 30～49 岁未婚男性共 186 人，其中说明自己身体有残疾者就有 27 人，占 14.5%。这 27 人中既有一足稍跛的轻度残疾，也有双目失明或下肢瘫痪的严重残疾，他们对未来配偶的要求比健康男性低得多，约有 1/2 的人认为女方有无婚史均可，2/3 的人认为女方有无职业均可，1/3 的人提出农村女性也可以，没有一人要求女方容貌漂亮。

年龄，也是人们在择偶时注重的一个条件。在城镇 30 ~ 49 岁征婚者中，80. 5% 的男性和 88. 3% 的女性对于未来配偶的年龄提出了较为具体的要求（参见表 5），由此可见年龄对于婚配的重要性。

从全国的情况来看，除个别农村地区有女大男小的婚俗以外，一般都遵循男大女小的婚姻习惯择偶。城镇征婚者对未来配偶的年龄要求也反映了这种“男大女小”的婚配模式。男性中有 51% 的人明确要求女方的年龄要比自己低 1 岁以上，11. 9% 的人要求女方与自己同岁或比自己小，7. 5% 的人希望女方与自己年龄相仿，只有 4. 4% 的人认为女方可以比自己大，另外还有 5. 7% 的人认为女方比自己略大一些或比自己稍小一些均可。

文化程度不同，对未来配偶年龄的要求也不一样。大专以上文化的男性中有 86. 2% 的人对女方年龄提出了要求，其中 72. 6% 的人要求女方比自己小，起码比自己小 1 岁，6. 8% 的人希望女方与自己同岁或比自己小，认为女方可以比自己稍大一些或稍小一些均可的也占 6. 8% 。与此相比，中专及高中以下文化的男性对女方年龄提出要求的比例略低一些，为 78. 2% ，其中 42. 6% 的人要求女方至少比自己小 1 岁，提出“年龄相仿”、“比自己大或小均可”这样比较模糊的要求的合计占 15. 6% ，希望女方与自己同岁或比自己小的占 13. 9% ，并且有 6. 1% 的人希望女方比自己大，其中希望大1 ~4 岁的有 6 人，希望大 5 ~9 岁的有 1 人。

表 5　我国城镇 30 ~ 49 岁征婚者对未来配偶年龄的要求

单位：人，%

		人数	可以比自己小			可以比自己大			同岁或比自己小	年龄相仿	比自己大或小均可	不详
			1 ~ 4 岁	5 ~ 9 岁	10 ~ 14 岁	1 ~ 4 岁	5 ~ 9 岁	10 ~ 14 岁				
男	大学以上文化	44	38. 6	29. 5	4. 5	—	—	—	6. 8	—	6. 8	13. 6
	中专及高中以下文化	115	21. 7	14. 8	6. 1	5. 2	0. 9	—	13. 9	10. 4	5. 2	21. 7
	合计	159	26. 4	18. 9	5. 7	3. 8	0. 6	—	11. 9	7. 5	5. 7	19. 5

续表

		人数	可以比自己小			可以比自己大			同岁或比自己小	年龄相仿	比自己大或小均可	不详
			1~4岁	5~9岁	10~14岁	1~4岁	5~9岁	10~14岁				
女	大学以上文化	71	1.4	—	—	8.5	54.9	14.1	—	4.2	1.4	15.5
	中专及高中以下文化	66	—	—	—	15.2	50.0	10.6	—	13.6	3.1	7.6
	合计	137	0.7	—	—	11.7	52.6	12.4	—	8.8	2.2	11.7

资料来源：1984 年 5 月至 1986 年 12 月《中国妇女》杂志。

女性对男性年龄的要求正好与男性对女性年龄的要求相应，76.7% 的女性征婚者要求男性至少要比自己大 1 岁，提出“年龄相仿”、“比自己大或小均可”的占 11%，认为男方可以比自己小的仅有 1 人，但也只能小 1 岁。

从文化层次来看，中专及高中以下文化的女性更重视男方的年龄，92.5% 的人对此提出了要求，高于高学历女性的同一比例（84.5%）。不过，高学历女性的要求比中等以下学历的女性更为明确，只有 5.6% 的人提出了“年龄相仿”、“比自己大或小均可”这样比较含糊的要求，而中等以下学历的女性的同一比例却占 16.7%。

综上所述，无论男性还是女性，在人们的意识中，“男大女小”已经成为一种普遍的婚配模式。那么，究竟男与女的年龄差距是多少呢？这则是由求偶者根据自身年龄的大小及择偶标准来确定的。

一般来说，25 岁以下的男女青年尤其是男青年在择偶时，要求对方与自己同龄或比自己小 1~2 岁的人较多，也就是说，不希望双方年龄相差太大，因此，我国男女的平均初婚年龄一般差距只有 2 岁左右。这是因为 25 岁以下的青年大都步入社会不久，社会阅历较浅，容易在年龄相仿的人中找到知音，他（她）们多与自己年龄相近的同学、同事、朋友成婚。尤其是女性，常因自己涉世不深而对年龄差距大的男性怀有一种畏惧感，不愿与自己年龄相差太大的男性为偶。事实上，从世界范围看，一般也是结婚越早，夫妻年龄差越小，结婚越晚，夫妻年龄差越大。

人们随着年龄的增长而日益成熟，对婚龄差的要求也相应地发生变化。女性越来越喜欢阅历丰富而成熟，特别是有所成就的男性。如表 5 所示，高学历的女性中认为男方可以比自己大 5 岁及以上的比例高达

69%，其中认为男方可以比自己大10~14岁的比例为14.1%。中等以下学历的大龄未婚女性为了觅得佳偶，也把年龄放得较宽，60.6%的人认为男方可以比自己大5岁及以上，其中认为可以大10~14岁的占10.6%。愿意找与自己年龄相差较大但较为成熟的男性为偶，不仅是30岁以上大龄未婚女性的要求，近年来一些年纪较轻的未婚女性中也出现了这种倾向。

城镇大龄男性的择偶趋向与女性相反，年龄越大，越喜欢选择年轻、阅历浅的女性为偶。如表5所示，30~49岁的男性征婚者中近1/4（24.6%）的人要求女方比自己小5岁及以上，尤其是高学历的男性中，1/3的人有这一要求。

"男大女小"的择偶模式必然导致城镇女性年龄越大，择偶范围越小，这种现象在城市尤其是高学历女性中特别突出。例如，1987年我国城市男33~50岁、女28~45岁的未婚人口，如按男大女5岁的"年龄差"分组计算，各个文化层次的性比分别为：大学毕业35，高中文化33，初中文化119，小学文化729，文盲、半文盲989。仅从年龄选择来看，大学毕业的大龄未婚女性如果一定要选择大学以上文化的未婚男性为偶，每3个人中就将有2个人没有可供选择的对象。高中文化层的女多男少现象虽然也比较严重，但是她们除了能够在本文化层的男性中择偶外，还可以在大学毕业文化层的男性中选择，其男少女多的性比不平衡状况会得到一定的缓解。

三　学历与职业

对方学历的高低与所从事职业的种类，也是城镇未婚男女择偶时所注重的条件，但是男女重视的程度又有所不同。

先来看女性的态度。1982年的一项调查（陈科文，1983）表明，被调查的女大学生中79.5%的人希望未来配偶至少也是大学生，甚至有25%的人希望男方与自己同学科、同专业，也有人干脆注明"必须比自己强"。女大学生不仅对未来配偶的学历要求很高，而且对其职业也有很高的要求，希望是科技人员的占38.5%，是高校教师的占15.5%，是医生的占15.5%，是同专业理论工作者的占23%，只有15%的人对男方的职业种类持无所谓的态度。同时，没有 1 人明确希望未来配偶是工人、军人、文艺工作者或中学教师。

女性即使过了“结婚适龄期”，择偶变得比较困难，多数人也没有放弃或降低对男方的学历和职业的要求。如表 6 所示，大龄女性征婚者中有 59.1% 的人对男方的学历提出了明确的要求。女性自身文化水平越高，对男方的学历越重视，大专以上文化的女性中有 46.5% 的人明确要求男方也须具有大专以上学历，认为男方须有真才实学，高中及中专以上文化也可以的占 21.1%。中专及高中以下文化的女性中要求男方具有大专以上学历的占 16.7%，要求具有高中及中专以上学历的占 30.3%，只有 3.0% 的人明确表示男方初中以上学历也可以。女性征婚者中虽然有 40.9% 的人对男方的学历没有提出具体要求，但是也有不少人提出“男方要有一技之长”、“有一定文化修养、“知书达理”，也就是说，不是所谓的“粗笨愚昧”之人。

表 6　我国城镇 30～49 岁征婚者对未来配偶文化程度的要求

单位：人，%

		人数	初中以上	高中或中专以上	大专以上	不详
男	大学以上文化	44	9.1	22.7	6.8	61.4
	中专及高中以下文化	115	22.6	1.7	0.9	74.8
	合计	159	18.9	7.5	2.5	71.1
女	大专以上文化	71	—	21.1	46.5	32.4
	中专及高中以下文化	66	3.0	30.3	16.7	50.0
	合计	137	1.5	25.5	32.1	40.9

资料来源：1984 年 5 月至 1986 年 12 月《中国妇女》杂志。

从职业要求来看，过了 30 岁的高学历女性已不像在校大学生那样苛刻，约半数的人没有对男方的职业提出具体要求，但是提出具体要求的 50.7% 的人却一律要求男方是干部即脑力劳动者。中等以下学历的女性中有 57.5% 的人对男方的职业有具体要求，其中绝大多数（48.5%）也要求男方是干部，选择工人的仅有 3.0%，认为工人、军人或干部均可的仅占 6.0%（参见表 7）。

表 7　我国城镇 30～40 岁征婚者对未来配偶职业的要求

单位：人，%

		人数	工人	干部	演员	工人、军人均可	工人、干部均可	有无职业均可	不详
男	大专以上文化	44	—	6.8	2.3	—	—	11.4	79.5
	中专及高中以下文化	115	0.9	1.7	—	—	—	10.4	87.0
	合计	159	0.6	3.1	0.6	—	—	10.7	84.9
女	大专以上文化	71	—	50.7	—	—	—	—	49.3
	中专及高中以下文化	66	3.0	48.5	—	3.0	3.0	—	42.4
	合计	137	1.5	49.6	—	1.5	1.5	—	46.0

资料来源：1984 年 5 月至 1986 年 12 月《中国妇女》杂志。

女性的这种希望未来配偶尽可能是高学历的脑力劳动者的倾向，首先与女性对未来配偶的才干要求有关。高学历女性一方面希望自己能够有所作为，另一方面更期望未来的丈夫事业成功，并且把丈夫是否有事业心看作夫妻生活能否和谐的基础。在《中国妇女》杂志的征婚者中，高学历的女性中有 42.3% 的人明确要求男方须“有事业心，”在提出的 12 项要求中居第二位。中等以下学历的女性由于自己出人头地的希望渺茫，因此期望未来丈夫有所作为的心情比高学历的女性更为迫切，48.5% 的人提出男方要“有事业心”，在 12 项要求中与“健康”一项并列第一位（参见表 2），她们往往把自己未来的抱负和希望寄托于未来的丈夫身上。其次，还与视脑力劳动为“高雅”、视体力劳动为“低贱”的社会观有关。自身文化水平不高而对男性文化水平要求高的女性，骨子里还是男尊女卑和对男人的依赖思想在起作用，是一种弱者的心理。

相反，男性对女性的学历和职业的要求却不高。159 名男性征婚者中只有 28.9% 的人对女方的文化程度提出了明确的要求，其中大专以上文化的男性中仅有 6.8% 的人要求女方也具有大专以上学历，中专及高中以下文化的男性中只有 2.6% 的人希望女方有高中或中专以上学历（参见表 6）。男性对未来配偶的职业更为宽容，10.7% 的人明确表示女方有无职业均可，没有提出具体要求的人达 84.9%，远远高于女性持同一态度的比例（46.0%）（参见表 7）。

然而，男性却深知自己的学历和职业是婚配时的一个重要砝码。从征婚启事上看，一般有大学学历的男性的自我介绍都很简单，而中等以下学历的男性的自我介绍则详细得多。这是因为女性重视男方的学历与职业，所以，大专以上文化的男性无须用更多的笔墨来表白自己。学历低且工种差的男性就不得不特别费些笔墨来描述自己，力图给人这样一种印象：自己虽然学历不高、工种不好，但仍是有事业心、有才干、有理想的男子。

当前，我国城市未婚大龄男女择偶难，主要就是集中在男女对异性的文化和职业的选择上的意向与实际状况的矛盾：选择意向是“男高女低”，而未婚人口的实际文化和职业状况却是“女高男低”。用社会学的语言说，就是两性角色的实在与两性的角色期待的悖反。

四　性格与人品

性格与人品也是人们择偶时所重视的条件。当然，由于自身的教养、价值观念、思想境界不同，对于不同性格和人品的评价与喜好也是各异的，有时评价会正好相反。但是同一时代、同一文化层，甚至不同时代、不同国度的人们，仍会有程度不同的共性，即共同的喜好、共同的审美情趣。例如，从男性来看，在一项以研究生为对象的调查中，希望未来妻子“温柔、娴静、心地善良”的最多，占 58.2%，而希望其“果断、泼辣、大度、有魄力”的仅占 5.9%（流凝等，1986）。《中国妇女》杂志的男性征婚者中也有 45.3% 的人明确要求未来配偶“温柔、善良”（参见表 1）。可见，很多男性把“柔”看作女性之美。然而，这并不是现代中国男人的特殊喜好，18 世纪的卢梭就认为：女人最重要的品质是“温顺”。马克思最喜欢的也是女人的“温柔”。

与男性对女性的要求相反，女性则认为“刚”是男性之美。在前面提到的以研究生为对象的调查中，70% 的女性说她们喜欢“自信、刚毅、果敢、豁达和有力量感”的男性。

男女在择偶时对对方品德的要求主要是看其生活作风是否正派。《中国妇女》杂志的城镇大龄征婚者中明确要求对方品德好（生活作风正派）的比例，男性为 15.1%，女性为 29.9%，似乎女性比男性更重视这一点。

实际上，男性对这一点的重视程度远远超过女性，大多数未婚的男性不仅要求未来配偶生活作风正派，即婚后忠实于自己，而且对其过去是否有过婚史甚至是否谈过恋爱也是相当在意的。即使是过了30岁的“大男”，甚至寻偶困难的男性，也十分忌讳找“二婚”的女性为妻。如表8所示，城镇30～49岁没有婚史的男性征婚者中，89.9%的人明确要求女方也无婚史，仅有10.1%的人认为女方有婚史也可以，尤其大专以上文化的男性，要求女方无婚史的比例高达93.2%。

女性特别是没有恋爱经历的女性，自然也希望自己是未来丈夫的第一个也是唯一的恋人，可是并不十分在意男性的“童贞”。尤其是过了“结婚适龄期”的大龄未婚女性，尽管自己没有结婚甚至恋爱的经历，但是只要男方的其他条件合适，许多人并不很计较其有无婚史。当然，其中的绝大多数人是以男方无子为前提的，这是因为考虑到婚后的家庭关系和经济负担等实际生活问题。在城镇30～49岁没有婚史的女性征婚者中，要求男方也无婚史的仅占36.5%，没有提出要求者达43.1%，明确表示男方有婚史也可以或有无婚史均可的合计占20.4%。大专以上文化的女性似更为开通，要求男方无婚史的比例只有33.8%，比中专及高中以下文化的女性的同一比例低5.6个百分点（参见表8）。

表8　我国城镇30～49岁征婚者对未来配偶有无婚史的要求

单位：人，%

		人数	无婚史	有婚史无子	有婚史有一子	有无婚史均可	不详
男	大专以上文化	44	93.2	4.5	2.3	—	—
	中专及高中以下文化	115	88.7	7.0	4.3	—	—
	合计	159	89.9	6.3	3.8	—	—
女	大专以上文化	71	33.8	19.7	1.4	1.4	43.7
	中专及高中以下文化	66	39.4	10.6	3.0	4.5	42.4
	合计	137	36.5	15.3	2.2	2.9	43.1

资料来源：1984年5月至1986年12月《中国妇女》杂志。

五　家境、民族与居住地

择偶者对对方家庭状况的要求，总的来看，一方面是经济上的要求，另一方面是政治上、文化上的要求。

在经济上，男女相比，女性比男性更重视对方的个人收入和家庭经济状况。在《中国妇女》杂志上刊登征婚启事的女性很少说明自己的收入情况和有无家庭负担，而男性特别是学历不高、从事的职业又不甚“高雅”的男性，却有相当多的人说明了自己的收入及家庭经济状况，声明自己有住房的人（主要是住在县城里的人）也不少，有的人甚至亮出了存款数目来吸引姑娘。不过，同是未婚的姑娘，文化教养不同，对对方家庭经济状况重视的程度也不一样。教养较高的女性，一般仅希望男方无家庭经济负担；教养较差的女性，不仅要求男方无家庭经济负担，还要求男方家庭为自己未来的小家庭做好种种物质上的准备。

在文化上，学历较高的择偶者很重视对方家庭的文化背景。前面提到的以研究生为对象的调查中，有20%的男性和34%的女性明确要求未来配偶出身于知识分子家庭（流凝等，1986）。在《中国妇女》杂志的征婚者中，既有表明自己出身于知识分子家庭的人，也有要求对方出身于知识分子家庭的人，我想，人们提出这一要求的原因主要有三点：第一，自己出身于知识分子家庭，认为双方生长的环境相同，志趣及人生观会相近；第二，认为知识分子家庭出身的人比较有教养；第三，认为对方的父母如果是知识分子，将来的婆媳关系或翁婿关系会比较好处。

对对方家庭政治背景的重视，在“文化大革命”期间曾十分盛行。“文革”以后，找对象先看家庭出身的做法已成为笑谈。

除了家庭状况外，择偶者还相当注意对方的民族和生长地。从民族来看，人们一般都希望在同一民族中通婚。从生长地来看，粗略地划分，一般是南方人希望找南方人，北方人希望找北方人。

另外，我国城乡之间以及城市之间的户口限制，也不得不使择偶者现实地对未来配偶目前的居住地提出具体要求。《中国妇女》杂志上的城镇大龄征婚者中，男性中有10.7%的人对女方的现居住地提出了具体要求，尤其大专以上文化的男性，提出这一要求的占34.1%，在11项要求中仅次于“容貌”与“健康”，居第3位。与此相反，中等以下学历的男性中只有1.7%的人对此有明确的要求（参见表1）。女性提出这一要求的比例为41.6%，尤其大专以上文化的女性，52.1%的人对此有明确要求，占12项要求中居第1位，中等以下学历的女性中也有30.3%的人对此提出了要求，在12项要求中居第5位（参见表2）。

征婚者对居住地的要求有三个特点：第一，绝大部分人首先要求对方有城镇户口，只有少数男性提出如果女方的容貌等符合自己的要求，可以城乡不限；第二，居住在大城市的征婚者一般都要求对方也住在大城市，以便于将来的工作调动，特别是本人住在北京的征婚者，大都要求对方也居住在北京，如果对方目前不在北京工作，那么则希望其父母住在北京，因为这是对方调进北京的有利条件；第三，有一部分人对对方的现居住地提出限定，是为了改变自己目前的居住地，即力图以婚姻为媒介到大城市生活。

综上所述，不难看出，我国城镇大龄未婚男性与女性的择偶标准有着明显的差异，男性的理想妻子模式是：漂亮，健康，温柔，贞洁，年龄比自己小，身高比自己矮，学历比自己低，职业声望比自己低。女性的理想丈夫模式为：五官端正，健康，刚毅，年龄比自己大，身高比自己高，学历比自己高，职业声望比自己高。正是这种择偶标准的差异，形成了我国城镇的“大男大女”队伍的特点：一边是相貌一般、事业心强的高学历女性找不到理想的丈夫；另一边是个子矮、学历低、职业声望不高的男性寻不着合适的妻子。无论是多么能言善辩、善解人意的媒人，都无法使处在这两极的男女结为夫妻。而且，随着女大学生比例的不断上升，这种因男女择偶标准的差异而产生的婚配矛盾还将越演越烈。

附表1　中国28～49岁未婚人口状况

单位：人

年龄（岁）	合计	男	女	差（男－女）	性比（女＝100）
1982年					
28	1750214	1552424	197790	1354634	785
29	1278228	1159764	118464	1041300	979
30～34	3590203	3349331	240872	3108459	1391
35～39	2002831	1930048	72783	1857265	2652
40～44	1515172	1471088	44084	1427004	3337
45～49	1132714	1092904	39810	1053094	2745
总计	11269362	10555559	713803	9841756	1479

续表

年龄（岁）	合计	男	女	差（男－女）	性比（女＝100）
1987 年					
28	1121600	987500	134100	853400	736
29	1179100	1069100	110000	959100	972
30～34	3942500	3665100	277400	3387700	1321
35～39	2284500	2172400	112100	2060300	1938
40～44	1551400	1496600	54800	1441800	2731
45～49	1284000	1251300	32700	1218600	3827
总计	11363100	10642000	721100	9920900	1476

资料来源：1982 年人口普查 100% 汇总资料；1987 年 1% 人口抽样调查资料。

参考文献

陈科文，1983，《女大学生选择对象的条件》，《社会学通讯》第 1 期。

流凝等，1986，《研究生的恋爱婚姻家庭观》，《婚姻与家庭》第 9 期。

中国社会学十年概观*

王育民

中断27年之久的中国社会学，在党的十一届三中全会正确路线的指导下，从1979年3月开始重建，到现在，已经走过十年的路程。这十年正值我党的战略重点转移，我国社会迎来历史上少见的大改革、大变动、大发展的新时期。因此，中国社会学的重建和发展必然反映这一时代特点。十年的历史已经证明，社会主义需要社会学，新中国的社会学必须沿着社会主义的方向发展。如今，新中国社会学的学科建设，已从初创阶段进入巩固、发展阶段，教研队伍日益扩大，为适应不断变化的客观情况，为在世界社会学之林中独树一帜，我国社会学正在迈着坚实的步伐，开拓自己的发展道路。

一　重温历史教训

新中国成立后，一些接受马克思主义的老社会学家曾经积极努力想使社会学在马克思主义指导下，在研究我国的社会生活、社会问题和社会发展方面发挥应有的作用。可是，由于“左”的思想的影响，否认社会学是一门科学，所以在高等院校院系调整中，用行政命令的手段撤销了社会学专业和社会学课程。1956年，一些学者在党的“百花齐放，百家争鸣”方针的鼓舞下，重新提出社会学问题。1957年2月20日《文汇报》刊载了费孝通同志的《关于社会学，说几句话》的文章，在群众中引起了强烈反响。学者们对于社会学研究的一些问题，如恋爱、婚姻、家庭、节制生育、民族问题等，都开展了热烈的讨论，并提出了不少有益的建议。社会

---

* 原文发表于《社会学研究》1989年第2期。

学似乎出现了复苏的苗头。但是好景不长，到了1957年，社会学又一次遭到“围剿”，被当作异端邪说，成为哲学社会科学领域的最大禁区。于是，社会学再次从学术领域中消失。

新中国成立后，各大学社会学系不再招生。做出这一决定的理论根据是，既然学校设有历史唯物主义课程，就不必要再设社会学这门学科了。其实，历史唯物主义是社会科学的基础，对社会学起指导作用，但并不意味着可以用历史唯物主义溶解和取代社会学。

新中国成立后大学里停止教授社会学的另一个根据是，认为社会主义社会没有社会问题。社会主义社会不是从天上掉下来的，它是从旧中国的社会胚胎中诞生的。而新的社会制度的建立和完善，是个长期的、艰难的历史过程，存在着主客观之间、新旧之间的矛盾。老的社会问题解决了，还会出现新的社会问题。社会问题是客观存在的，任何社会、任何时候，都存在着各式各样的问题。由资本主义社会发展到社会主义社会，并不意味着由有矛盾、有问题的社会变成了无矛盾、无问题的社会，任何社会都有它自己的矛盾，都存在着社会问题，都应该科学地对待。掩盖矛盾，对国家、对人民都是极为有害的。

所谓社会问题，就是社会关系或环境失调，致使社会全体成员或部分成员的正常生活乃至社会进步发生障碍，从而引起了人们的关注。我国当前的社会问题很多是由失调引起的，如农业和工业的比例，农林牧副渔之间、轻重工业之间的比例，煤电油运和其他工业的比例，积累和消费的比例失调等。还有一个重要的比例失调，就是经济发展和教育、科学、文化、卫生发展的比例失调。有些社会问题是由于对社会主义的基本经济规律缺乏认识引起的。

长期以来，我们对社会主义的基本规律认识不足，对社会主义生产的目的和手段的关系、生产和消费的关系处理不当，重生产轻消费，重工业轻服务，导致社会经济结构和劳动结构比例失调，造成大批人民生活服务所需要的事业无人去干。

产生许多社会问题的直接原因是现有的生产力水平较低。由于我国现在的劳动生产率很低，生产、交换、分配、消费等经济关系的各个环节不能不受到落后生产力的制约。为了发展生产力，发展商品经济是我国社会发展的不可逾越的阶段。在公有制基础上实行有计划的商品经济，就要在社会经济生活的广泛领域内发挥价值规律的调节作用。社会主义商品经济虽然和资本主义的商品经济有着本质的区别，但是它的广泛发展也会产生某种盲目性。商品交换所蕴含的一些固有弊端还会长期存在，成为影响人们正常社会关系的不利因素。一些人会在商品交换中投机倒把，倒买倒卖，侵占他人、集体和国家的利益，“拜金主义”还会有相当大的市场，成为一些人处理自己与他人、集体、国家关系的准则，由此导致种种不正之风和经济犯罪问题。在消费品分配方面还不可避免地存在着种种差别和不平等现象。分配方面的不平等，又将导致人与人之间的关系不协调。

随着我国社会主义事业的发展，特别是“文革”时期我国经济一度濒于崩溃边缘的严酷现实，使人们逐步清楚地认识到，社会主义需要在历史唯物主义的指导下的社会学，需要运用社会学的观点、方法和理论解决我国社会发展中的各种社会问题。1979 年邓小平同志提出社会学需要补课，从此，重建社会学被提到党和国家的议事日程，并引起全国人民的关注。

二　适应改革的需要　重建中国社会学

社会学可以满足社会上三个层次的需要。一是满足基层的需要，就是为社会主义社会的公民提供必要的社会基本知识，充实社会主义的精神文明；二是满足第二层次的需要，就是向负责社会管理的政府部门和人民团体提供所需的社会工作方面的基本知识；三是满足最高层次的需要，就是运用社会学是一门综合性社会科学的特点，对国家社会经济发展的重要问题进行综合性的研究，为国家制定政策提供咨询，为政府决策服务。

社会学作为一门学科在我国虽然中断近 30 年，但对我国社会进行科学探讨的工作并没有完全中断。可以说，在我国恢复社会学是有基础的。首先，我们党具有理论联系实际的社会调查的优良传统。其次，我国在长期的革命和建设中培养造就了一批懂马列主义和毛泽东思想的理论工作者，他们是我国社会学赖以开展的主力和骨干。党的十一届三中全会拨乱反正，恢复了实事求是的光荣传统和马克思主义的思想路线。处于改革时期的中国社会有许多急待解决的问题，这些问题只有从社会学角度，运用社会学的方法，方能妥善地加以解决。因此可以说改革促进了社会学的新生和发展。

1979年3月13日至18日，全国哲学社会科学规划会议筹备处召开了有60余人参加的座谈会。会议的主题是研究如何在马克思列宁主义、毛泽东思想的指导下，开展社会学的研究工作，为我国社会主义现代化建设做出贡献。会上，胡乔木同志代表党中央为社会学恢复了名誉。这次会议决定成立中国社会学研究会，并通过了《中国社会学研究会工作条例（草案）》，选举由50人组成的理事会，推选费孝通教授为会长。1979年3月中国社会学研究会的成立，标志着中国社会学的恢复重建。

中国社会学研究会成立后不久，中国社会科学院组建社会科学研究所，所会结合，开始了中国社会学整体重建工作。首先抓了社会学师资和研究人员的培训，在一些重点大学建立社会学系。1980年5月，在北京举办了重建社会学后的第一届社会学讲习班，来自全国各地的40名研究人员参加了学习。第一期学员毕业以后，第二年夏季又在北京举办了第二届讲习班（以后几年，分别在天津、武汉、上海举办了这种讲习班）。随之，社会学研究和教学组织蓬勃发展起来，仅三年多的时间，就有上海、黑龙江、湖北、吉林、天津、北京等省市建立了社会学学会（或研究会），许多省市也先后建立了社会学研究所或研究室。复旦大学分校（现改为上海大学文学院）、北京大学、中山大学、南开大学建立了社会学系，许多院校相继开设社会学课程，积极筹建社会学研究室。这些组织促进了社会学研究工作的发展，激发了各地社会学理论工作者和实际工作者开展实地调查的积极性。

在广大科学工作者激起了研究热潮的时候，需要解决的问题是：如何重建中国社会学？其指导思想是什么？在这种情况下，1982年5月22日至26日，中国社会学研究会在武汉召开了年会，会上着重讨论了社会学如何为我国社会主义现代化服务的问题。这次会议进一步明确，必须在马克思主义的哲学和方法论指导下开展社会学的研究，要正确对待西方资产阶级社会学和旧中国社会学，洋为中用，古为今用，建立中国社会主义社会学的理论体系。会议决定将中国社会学研究会易名为中国社会学会，并修改了会章。

就社会学学科建设来说，头三年主要是搭架子，组织队伍，零零星星地搞了些调查。1983年4月1日至8日在成都召开了全国社会学"六五"规划会议。这是我国社会学恢复重建以来的第一次规划会议，也是新中国成立以来第一次把社会学研究课题纳入国家规划。这次会议的召开，标志着我国社会学学科建设进入了新的阶段。这次会议明确指出，要把我国社会主义建设中的重大理论和实际问题作为社会学研究的重点课题。会议确定了列入“六五”规划的三个重点课题，那就是“江苏小城镇研究”、“我国城市家庭现状及其发展趋势——五城市家庭研究”、“中国人口问题研究”。

除此之外，各省市的社会学研究和教学组织根据本地区的特点，进行了广泛而深入的社会调查和研究，涉及的领域有：社会学理论、社会学研究方法和社会调查、人口问题、劳动问题、社区研究、工业社会学、经济社会学、社会心理学、医学社会学、教育社会学等。这些研究项目勾绘出一幅全面建设的蓝图，为社会学学科建设打下了初步基础。

为建立具有中国特色的社会主义社会学，深入研究经济体制改革中的社会问题，1985 年 11 月 27 日至 12 月 1 日，中国社会科学院社会学研究所、《光明日报》理论部和广西社会科学院在南宁市联合召开了“经济体制改革与社会变迁”学术讨论会。这次学术讨论会着重讨论了体制改革引起的所有制结构变化和价值结构变化、经济体制改革与社会协调发展、经济体制改革与价值观念的变化和精神文明建设的关系、经济体制改革与生活方式变化的关系等问题。1985 年 12 月 14 日至 17 日，国家教委一司在广州中山大学召开社会学专业教改研讨会。会议分析了当前我国教育战线的形势和任务，回顾了社会学事业恢复重建以来的情况，并针对培养目标、专业设置、知识结构和培养途径、教材建设以及如何建立马克思主义社会学理论系统等问题进行专门讨论。1986 年 4 月 26 日，中国社会学会常务理事扩大会在北京召开。这次会议的主要议题是交流经验，讨论“七五”期间的工作设想，关于学会的学风、会风以及组织机构改革的问题。科研系统、教学系统和学会系统相继召开的这三次会议，客观上为“七五”期间社会学学科建设奠定了基础。

1986 年 9 月 20 日至 24 日，由中国社会科学院社会学研究所、内蒙古社会科学院和内蒙古社会学学会联合召开的全国社会学工作会议在呼和浩特市举行。这次会议的主要议题是交流“七五”期间社会学科研工作设想，提出“七五”全国社会学科研项目的建议。同年 10 月 29 日至 11 月 4 日，全国哲学社会科学规划会议在京召开，评议了各单位推荐的研究课题，最后以无记名投票的方式确定了“七五”期间社会学学科的首批 13 个国家重点课题，它们是：①小城镇与城乡关系研究；②农村家庭功能的变化及其对社会发展的影响；③中国社会发展战略研究；④我国现阶段的阶级和阶层结构研究；⑤社会学基本理论研究；⑥社会、经济、科技协调发展模式研究；⑦中国现代社会结构模式研究；⑧精神文明建设中的价值观念变化和社会问题；⑨我国城乡居民生活方式研究；⑩“七五”期间社会保障问题研究；⑪我国城市老龄问题及对策研究；⑫社会发展指标体系研究；⑬香港社会研究。1987 年 10 月 30 日至 31 日，国家社会科学社会学学科规划小组在北京召开会议，评审了 1987 年社会学学科国家重点项目和使用国家社会科学基金项目。确定使用社会学学科基金的项目有：①马克思主义社会学研究；②三城市发展比较研究；③中国体育的社会学研究；④四川农村婚姻现状及对策；⑤蒙古族生活方式研究；⑥西方学术思想与当代中国大学生；⑦新时期的改革、开放与人口心理；⑧户籍管理制度与经济体制改革的关系。

随着社会学研究和教学工作的开展，对这门学科感兴趣的人越来越多，并且引起了各级政府有关部门的重视。据不完全统计，目前全国已有 35 个省和大中城市成立了社会学学会，大多数省市都成立了社会学研究所或社会学研究室等专业机构。全国已有 12 所大学建立了社会学系或社会学专业，有将近 50% 的高校设立了社会学教研室，给文、理、工科大学生、研究生开设社会学理论课。中央和各省区市的党政部门陆续建立了主管社会发展、社会问题研究的机构，把社会发展、社会进步和解决社会问题列入议事日程。如今，中国社会学这支队伍拥有 1000 多名专业研究人员和教学人员（其中有近 200 名正、副研究员或正、副教授），近千名在校的社会学专业本科生，还有近 200 名攻读社会学硕士和博士学位的研究生。1985 年 12 月 1 日，中国社会学会、中国社会科学院社会学研究所、北京大学社会学系、北京市社会学学会和北京市社会科学研究所社会学研究室共同创办了中国社会学函授大学，在全国范围内招生。目前已有两万名首届函授大学毕业生，分布在全国 29 个省区市，遍及工、农、商、学、兵各行各业。

1988 年 8 月 5 日至 9 日，由中国社会学会、中国社会科学院社会学研究所、国家教委社会学系所、《光明日报》理论部、黑龙江省社会科学联合会、黑龙江省社会科学院、黑龙江省暨哈尔滨市社会学学会和中共伊春市委联合发起召开的“全国社会主义初级阶段理论与社会学学术讨论会”在黑龙江省伊春市举行，来自全国各地（除四川、安徽、河南、新疆、西藏、青海外）的196名代表参加了这次盛会。会上着重讨论了社会主义初级阶段的阶级和阶层问题、社会主义初级阶段的生活方式问题、社会主义初级阶段的经济与社会协调发展问题、当前农村中的社会问题、社会学恢复重建九年来的回顾与展望。会议期间，学会、研究所和教学系统还分别召开了工作会议。这次会议的召开，对社会学今后的发展将产生积极的影响。

三　时代特点

中国社会学恢复重建十年来，初步建成了一支遍布全国、专业和业余相结合的社会学科研和教学队伍；社会学研究逐步深入我国政治经济生活的各个领域，在理论探索、调查研究和普及社会学知识方面都取得了一系列重要成果，社会学在社会研究中为我国现代化建设服务，发挥着越来越大的作用，引起党和各级政府有关部门的重视。这十年，是艰苦创业的十年，是辛勤耕耘的十年，是开拓探索的十年，锻炼了队伍，积累了经验，闯出了路子，为社会学今后的巩固发展打下了基础。中国社会学十年的发展，具有以下时代特点。

1. 在马列主义指导下，弃旧创新，走自己的路

在中国社会科学中恢复社会学这门学科的地位，在大学里重新设立社会学课程和社会学系，并不等于恢复这门学科旧有的内容。我们现在要建立的是具有中国特点的马克思主义社会学。新中国的社会学和旧中国的社会学是有着质的区别的。从这个意义上讲，我们现在不是恢复旧的，而是创建新的为社会主义现代化服务的马克思主义的社会学。

立足于中国社会实际，社会学必须从科学地调查中国社会入手。我们要在中国的泥土里生长出反映中国社会实际、具有中国特点、为我国社会主义现代化建设服务的社会学，必须以马列主义、毛泽东思想为指导，理论联系实际，对我们中国进行系统周密的调查研究，在反映我国的实际情况和特点、提炼本国经验的基础上建立社会学的理论体系。我们必须在马

克思主义社会学理论和实践方面有新的建树，当然，这绝不是说我们不要了解和研究西方社会学。我们要实事求是地、有分析有鉴别地吸取西方社会学中适合我国国情的精华的东西。新的内容是通过对旧有东西的改造、发展而来的，这里有个批判继承的过程，应当古为今用。我们应当立足于当前中国的社会实际，吸收一切有利于我们学科建设的养分，逐步发展我们自己的马克思主义社会学。

2. 坚持独立自主、全面发展、为中国社会主义现代化服务的方向

中国社会学研究会一成立，就明确地指出了社会学要为四化建设服务的方针。在贯彻这一方针的过程中，我们始终坚持独立自主、全面发展、为我国社会主义现代化服务的方向。社会主义现代化是在现代化科技革命条件下的特殊变迁，是社会生活各个方面，包括经济、社会、思想等在内的全面发展过程。我国曾是一个半殖民地半封建的国家，虽然经过30多年的努力，社会经济和文化教育事业、科学技术还很落后，现在仍然是一个发展中国家。很明显，我国的现代化具有与其他国家现代化根本不同的特点。我们所要实现的现代化必须是符合我国社会特点的、独立自主的、以提高我国人民物质和精神生活水平为宗旨的现代化。在社会主义制度下，经济发展和社会发展的目的，都是为了巩固和发展社会主义制度，为广大人民造福。正是在这一点上，表现着我国现代化建设的社会主义特性。

3. 联系我国实际，把改革中出现的重大理论问题和实际问题作为研究课题

我国正在进行一场广泛、深入、艰巨而复杂的社会变革。这次改革，从根本上说，就是改革一整套不适应生产发展的旧体制，建立充满生机和活力的新体制。改革是我国的第二次革命。联系我国实际，就是要联系伟大变革的实际，对改革中出现的重大理论问题和实际问题，从社会学角度做出回答。

社会学是一门综合性的社会科学。它是把社会作为一个变动着的整体来研究其各个组成部分及其相互间的联系，探讨社会的发生、发展及其规律，研究社会的协调发展和良性运行。它与其他社会科学的区别不在于研究的客体全然不同，而是对同一客体的研究角度不同。社会学主要是从社会整体的角度来研究社会的全面改革情况，吸收经济学、政治学和其他学科研究的成果，探索经济与政治、经济与科技、经济与思想文化协调发展

的途径，特别注意改革过程中出现的不协调现象及社会问题。在深入的、科学的调查研究的基础上，分析和论述社会问题产生的原因及其对社会的影响，科学地提出解决这些问题的对策，供决策部门参考。这就是社会学在这场改革中肩负的重要的历史使命，也是社会学要着力研究的社会主义现代化过程中的重大理论问题和实际问题。

4. 从我国国情出发，大力加强社会调查研究

要有效地进行四化建设、实行改革，就必须认清当前所处的社会主义初级阶段的基本特征，掌握国情。我国的基本国情：一是人口众多，是十亿人口的大国；二是生产力水平低、底子薄；三是资源供给能力制约较大。

社会学是以长于社会调查立足于世的科学。为了完成新时期的历史任务，更全面、正确地了解国情，我们要整体地、综合地、系统地调查中国社会。社会学这门学科面临的一个重要任务，就是要开展对社会问题的调查研究，以便为扫除实现社会主义现代化的社会障碍、探索社会主义社会的发展规律提供依据，同时也在实践中创立我国科学的社会学理论。

四　任重道远

回顾十年走过的道路，成绩喜人，但社会学在前进中面临的问题也是严峻的，核心问题是如何提高研究质量问题。一是社会调查如何突破一般化描述性框框，深入改革实际，对社会动态进行细致、连续、整体性调查，并在充分占有材料的基础上加强社会学理论分析；二是如何运用社会学的理论去论证和阐明改革中出现的和必将出现的社会问题，并对其进行规律性全方位的探讨。我国当前改革中出现的一些失误，从社会学角度看，主要是对事物的发展缺乏整体、综合、全局性的分析研究。质量问题是个综合性指标，应当从学科建设上全面分析，整体考虑加以解决。总之，有中国特色的马克思主义社会学体系的建立，还有许多工作要做，任重道远。具体地说，社会学研究和学科建设中的以下几个问题必须引起重视并妥善解决。

1. 理论研究和经验研究相结合

在社会学研究过程中，经验研究与理论研究是同一研究课题或同一研

究过程的两个方面。在任何社会学研究中，都包括理论研究和经验研究两个方面，经验研究具有一定的实证性和检验性，可以为理论研究提供充分的材料，并在理论初步形成后，用来充实、完善和检验理论。社会学的理论研究则是通过对经验事实的研究来认识和预测社会发展规律，揭示社会机体的整体联系及其规律性。以整体综合为根本目的的理论研究，为局部分析和调查提供方向、方法。没有社会学理论前提指导的经验研究，很难说是社会学研究。社会调查是社会学活的灵魂，是社会学理论研究赖以生存和发展的根本，是决定经验研究能否正确向理论研究前进的桥梁。因此，理论研究也好，经验研究也好，都必须建立在科学的社会调查的基础上，在总结实践经验和掌握大量资料的基础上进行理论探索。

恢复重建后的中国社会学，曾经偏重于经验研究，经验研究和理论研究脱节。其表现是，很多社会调查只限于对社会生活现象进行一般性描述，缺乏社会学理论构架和方法的分析；只注重应用、注重历史经验的积淀，局限于各自的经验范畴，不注意从更广阔的社会背景去考虑，不能提升到理论层次去思考。社会学的理论研究则往往在自我封闭的环境中构筑所谓的理论体系，追求“理论体系”的自我完善。社会学在我国恢复重建以后，理论研究与经验研究的结合问题一直是人们关注的问题。为了在我国社会经济体制改革的实践中探索和研究社会发展进程中出现的新情况、新问题，科学地预测社会发展的前景，在注重经验研究、社会调查逐步深入的同时，研究者也已开始重视理论研究；理论研究工作者开始走出书斋，注重联系四化建设的实际，逐步向经验研究与理论研究相结合的方向迈进。

2. 宏观研究和微观研究相结合

宏观研究的着重点是社会有机整体各部分之间的联系及其与整体的联系，其立足点则是在辩证综合指导下对社会机体各部分进行详尽深入的局部分析，即微观分析。强调宏观研究，是强调研究的综合性。它要求把视野放开，综观全局，在分别研究各社会现象和社会问题时始终贯穿整体综合的观点。通过综合的宏观研究，产生统一的、具体的社会整体图景。微观研究可以对局部的社会现象和过程进行比较准确和全面的描述、分析，是进行大范围的宏观研究的基础。由于社会学能够突破学科之间的传统界限，引入其他学科的方法来研究该领域的问题，能从普遍联系中把握特殊现象，有时能比该专门学科对其现象领域中某一问题的研究，进行更深入、细致的微观研究，能具体入微地分析某一细小的社会现象，解剖社会机体的一个细胞。宏观研究与微观研究结合的意义在于：在宏观研究时，可以把它分成不同层次、比较微观的领域分别加以研究；在微观研究时，则应站在宏观研究的高度来统帅微观研究。从宏观研究来说，由于它覆盖面较广，概括程度较高，能够从现象的整体上去发现事物运动的规律。微观研究则具有在人们的经验基础上进行测量的描述的特点，可以精细地观察现象的变化过程。宏观研究与微观研究的结合可以充分发挥两者的特点。宏观研究离开了微观研究，就很难准确地描述事物的特征，脱离了宏观研究的微观研究则难以发现事物的本质和规律。

社会学恢复重建以来，我们偏重于微观研究，研究的重点主要放在应用社会学和分支社会学的理论建设方面。这些局部的或微观的理论在应用于对社会的研究时也只能在一定范围内进行，不能推及整个宏观领域。30年来的实践告诉我们一个真理，制度问题解决了，绝不等于其他社会问题都解决了。要解决一个又一个具体的社会问题，就必须对具体问题进行深入、细致的了解和研究，并把对具体问题的微观了解同对社会问题的宏观研究结合一起。

社会学的研究对象要求把社会作为一个动态的整体来分析。如果我们只注意以分支社会学理论为指导的微观研究，只注意个别事物之间的联系，社会学就不能为我们全面的体制改革及有关全局的决策提供建设性的咨询意见，更不能设计出种种行之有效的抉择方案。社会学必须研究科学决策问题，以便对改革措施的制定和改进提出意见，供党和国家参考。科学研究不是政策的注脚，它应当在占有大量材料的基础上对政策进行实事求是的分析。社会学必须对有关科学决策的问题进行认真的探索，并对解决现实中的诸种社会问题提出切实可行的见解和方案。

3. 定性研究和定量研究相结合

任何事物都是质和量的统一，这种统一体现在对事物的具体分析上可分别去把握，既可以从事物的质的方面，也可以从量的方面，还可以从两者结合的角度去分析。定性研究主要是对研究对象性质的分析，通过对研究对象的变化发展过程及其特征进行深入研究，对研究对象进行历史的、纵深的考察，揭示研究对象的本质和变化发展的规律。定量研究则是用数学方法对研究对象进行数量分析，分析变量之间的相互关系，预测研究对象的发展趋势。定性研究必须以定量研究为基础，没有一定的量就不可能确定事物的性质。定量研究必须以定性研究为前提，如果对事物的性质都不能把握的话，就无法对该事物进行测量和计算。

在社会学研究中，由于学科刚刚恢复，百废待兴，加上研究经费不足、原有的人类学和哲学研究传统的影响，以及社会学教学和科研队伍中多数人员只有单一的非社会学的社会科学知识，定性分析就成了一种极为重要的研究方法。面对社会科学发展的崭新的趋势，如新技术的迅猛发展，特别是计算机的出现，理论不能仍然停留在对事物的定性描述和解释上。对事物的分析要求逻辑化、定量化、精确化。我国社会学必须从以往偏重于定性分析走上定性分析和定量分析相结合的道路。在前一阶段的研究中，定量分析或社会统计分析已在一些分支社会学领域得到了应用，但相对整个社会学来说这仅仅是开始。

4. 普及与提高

社会学研究具有广泛的群众性，因为它和千百万群众的生活血肉相连；它又有显著的实践性，因为千百万群众每时每刻都在实践着社会学提出的课题和结论。这表明，社会学不能只由少数专家、学者来研究，不能只在研究所或是课堂上研究，而要普及到广大群众中去，不断解决社会生活所提出的各种问题，从直接应用中得到发展。社会学自恢复重建以来，为了尽快地培养出较多的社会学人才，弥补大学社会学系培养人才之不足，老一辈社会学家把整个社会作为实验室，通过举办各种讲座来普及社会学知识，从 1980 年起，通过举办各种短期速成的讲习班，培养了一批教研骨干。随后各地分别根据需要与可能举办各种专科的进修班，比较集中地讲授一门或两门课程，培养专业的师资。这些学员中有一些已成为社会学这门学科的骨干。但是，我们也应当看到，经过几年的学习和实践，他们的理论水平虽然有所提高，但由于起步晚，原来的基础差，就整体来说，这支社会学队伍的素质还不是很高。而当前社会学的科研项目已由个人（单位）分散研究发展到个人（单位）、地区和国家课题三结合，多学科、多系统、多层次的协作研究，研究的课题也由单一的社会问题逐步向探索某一社会领域的发展规律的方向发展，因而对科研人员的知识及专业素养要求越来越高。当务之急是加速提高社会学队伍的整体素质，特别是提高业务骨干的理论水平，使其具有多学科知识和现代化调研手段；否则中国社会学的研究很难有什么突破。调研质量问题，归根结底是研究人员的素质问题。我们应当认真、系统地学习和研究马克思列宁主义、毛泽东思想，学会运用马克思主义的立场、观点和方法分析和解决中国的实际问题。重视和加强对马克思主义社会学理论问题的研究，不断提高我们的马克思主义社会学理论水平，以便对我国现代化建设中的若干重大理论问题和实际问题进行综合性的考察，给予科学的说明和解释，指出解决办法，进而创建有中国特色的社会学理论体系。不仅重视研究西方社会学的理论、方法，也要加强对苏联、东欧国家马克思主义社会学的理论、方法的研究。

5. 建设与服务

社会学既要从整体角度综合研究社会，也要从整体角度综合研究自身的建设和为四化建设服务的问题。两者是一致的，是相辅相成的。社会学应在为四化建设服务中加速自身的建设，如果只注重服从社会实际需要，忽视社会学自身建设，那么社会学的学科水平将不能很快提高，必然影响社会学为四化建设服务的质量。

社会学研究组织应有个合理的布局。任何社会组织都不是孤立存在的，每一个组织不仅与更大的社会环境联系在一起，而且也与其他组织联系在一起，从而构成一个更大的组织体系。社会学的研究领域十分广阔，几乎包括社会政治经济生活的方方面面，任何一个研究组织的人员配备都不可能覆盖全部内容。实际上，社会学的研究组织，应当是由中央到各省、市许多小型研究组织联结而成的组织体系。面对广阔的战场，各个研究组织之间应有相对的分工和协作，每个组织的目标都是特殊的、单一的，但是地位大致相同的组织互相联结，却可以建立起各有侧重又互相配合、互为补充的横向关系网，形成社会学的总体布局。只有在横向组织体系中进行积极的、有效的合作，各个组织才能较好地实现自己的社会目标和总体目标。社会学恢复重建几年来，几乎各省、市都建立了社会学组织，但是纵观全局，无论是在学科的配套上，还是在队伍的组织上，都缺乏总体规划，各自为战，造成某些领域投入力量过多，研究项目重叠，而在另一些重要分支学科还没有人涉猎、缺门、缺环，不利于全面满足社会实际需要。就一个具体的社会学组织而言，多数也没有形成自己有特色的重点研究方向。社会学界这种组织状况，不利于社会学整体效益的发挥，需要从全局出发，加强总体布局，分工协作，形成有机的整体。

我国正在进行的社会变革，迫切需要科学的社会学的指导和帮助，我们的社会变革，也必然会培育出具有中国特色的马克思主义社会学。重建中的中国社会学，正以矫健的步伐，在改革中沿着具有中国特色的社会主义方向前进。

社区研究十年*

王　颉

社区理论是社会学理论体系的重要组成部分，社区研究是社会学从整体上认识社会、把握社会的重要视角。一个国家或民族乃至整个世界都是由若干类型的社区相互联系与制约构成的，作为社会最小细胞的个体又无不生存于社区环境之中，因而社区研究作为宏观与微观研究社会的桥梁，在社会学的发展过程中扮演了不可取代的重要角色。19 世纪末 20 世纪初，社会学一传入中国，社区调查与研究便成为社会学与中国社会实际相结合的主要标志和途径。由于历史的原因，社区研究在当时发展缓慢，大都表现为少数知识分子在狭小地域内进行的小规模实地调查，加之当时的知识分子大都缺少或根本没有参与社会决策与管理的权力，所以社区研究在社会经济、政治与文化的发展中所起的作用也是极其微小的，离开了社会实践，社会学与社区研究便失去了成长与发展的根基。50 年代前后，社区研究本应该有长足发展的机会，但是由于社会学被宣布为“资产阶级的伪科学”，被禁止存在、发展与传授，以社会学基本理论为主导并具有社会学理论构架主体特征的社区研究从此在中国销声匿迹了。直到 1979 年重建中国社会学之后，以社会学理论为指导、采取社会学研究方法与技术对社区进行调查研究才重新起步。社区研究的科学性及其可操作的特点决定了它的强大生命力，在短短的十年中社区研究取得了丰硕的成果，对中国的改革发挥了巨大的促进作用。

一　十年回顾

中国的社会学是在“文革”之后恢复重建的。说它“恢复重建”几乎

* 原文发表于《社会学研究》1989 年第 3 期。

只体现在历经一次次坎坷磨难之后生存下来的寥寥无几的社会学家与他们掌握的业已陈旧的社会学知识。社会学尽管获得了生存的权利，但是它的发展及其学术地位的确立依然面临巨大的困难与挑战，在集结队伍、普及知识与建构组织的过程中，不得不仓促上阵。首先，面对严峻复杂的社会问题，青少年犯罪问题、就业问题、家庭婚姻问题、道德教育问题等一时成为社会学研究的热点问题。在拥挤着众多学科与各种实际工作部门、群众团体的熙熙攘攘的狭路上，社会学很难表现出自己的特色，在多数人对社会学一无所知或知之甚少的情况下，社会学无力承担综合研究的骨干角色。于是，来自各方面的误解困扰着社会学工作者，似乎社会学只是“什么问题都研究”的“万金油”、“专门研究社会问题”的“问题筐”和“研究其他学科不研究的问题”的“帮闲学科”。值得庆幸的是，这一徘徊的时间并不很长，我们很快便冲出了困境，走出了低谷。引导我们走过初创阶段的关键是什么？那就是紧密地结合社会改革的实际，从宏观的视角研究社会，其中很重要的一招便是开展社区研究，改变人员分散、单兵作战、孤立研究“短平快”热门课题的状况。小城镇问题、人口控制与流动问题、社会发展与社会结构问题、城市发展问题、农村社会发展问题、边区开发问题，一批紧密与社区调查、研究相结合的课题的上马，使社会学领域的面貌焕然一新。此阶段的就业问题、婚姻家庭问题、青少年犯罪问题、改革的社会心理承受问题、老年青年妇女问题以及生活方式的研究也无不具有前所未有的新的特色。这种状况的出现既是以社会问题研究为开端的社会学学科进一步深入发展的体现，也是改革的社会条件与环境为社会学发展提供的优越条件促成的结果。社区研究的普遍开展为社会学的发展注入了活力，拓宽了社会学的研究领域。纵观近年来社区研究的历史及取得的大量研究成果，我们可以将具有典型意义和社区研究特点的课题归纳为以下几个方面：①社区研究理论与方法；②宏观社区研究，例如农村社区研究、城市社区研究、城乡协调发展及城市化问题研究等；③中观社区研究，例如小城镇研究、边区开发研究、少数民族地区研究、西部地区研究、沿海地区研究、不同类型城镇和农村的发展研究；④微观社区及具体社会问题研究，例如街道居委会研究、乡村社会研究、工矿企业社会研究、乡镇企业问题研究，以及城市乡村的环境、交通、住房、犯罪、通讯等方面的综合研究，等等。

社区研究正是通过上述四个方面的研究显现出与中国经济社会发展紧密结合的主要特点，因此目前出现的社区理论及理论方面的探讨，具有鲜明的中国特色。尽管这些理论尚需进一步完善与发展，同时在社会学界还存在着不同的意见与争论，但是从总体上看社区理论研究已经有了进一步发展的基础。我们将近年来社区理论研究的状况概括如下。

“社区”是个内涵极其宽泛、弹性极大的概念，十年来我国的社区研究几乎涉及所有具有“社区”含义的各个领域。本来“社区”的界定就十分模糊，多向度、多层次的社区研究实践使“社区”的内涵更加复杂化。在宏观的社区研究中，有人以民族、国家、地理位置等因素为分类标准将世界划分为不同的社区；有人以政治、经济、文化特征作为分类标准，跨国度、跨洲，将世界划分为不同的社区。比如，东西方的分类、南北方的分类、社会主义国家和资本主义国家的分类、发达国家与发展中国家的分类、石油输出国与石油输入国的分类、内陆国家与沿海国家的分类、按照洲际界限的分类、海湾国家、加勒比地区、环太平洋地区以及汉字文化圈，等等，不同的研究对象和迥异的研究理论方法使宏观社区研究的领域日趋扩大，研究的深度达到前所未有的水平。这种繁荣景象是改革开放带来的结果。中国正在走向世界，社区研究特别是中外社会、经济、文化对比研究的蓬勃开展为中国人了解世界从而更加深刻地了解自己提供了极其优异的条件。以整个中国作为不同发展水平的地区的共同体进行的宏观社区研究，十年来取得的丰硕成果同样是前所未有的，在制定我国的农村发展战略、城市发展战略以及城市化道路的选择过程中，社区研究都发挥了“从整体上研究社会”的优势，调查了国情，提出了建议，开展了讨论，发挥了重要的作用。这些研究大都从经济、社会、科技协调发展的高度出发，对社会政治、社会组织、社会民主、社会文化、社会控制管理、社会心理诸方面及其协调发展问题进行了广泛深入的研究与探讨，同时，对新中国成立后前30年出现的种种偏差和失误进行了深刻的反思。宏观的社区研究以及对历史的反思使社会的主流价值观念在协调经济与社会发展的关系方面发生了巨大变化，尽管在具体工作与实践中人们还会看到种种忽视社会发展的现象存在，但是从整个国家到社会组织的各个部门、各个层次的社区，人们对社会发展的重要性的认识无疑是加深了，这在以往的历史中是不曾发生过的现象。

如果说宏观的社区研究的主要作用在于解放人们的思想，打开人们的眼界，拓宽人们的视野，引发了观念与思维上的变革的话，那么，中观社区研究则是这种观念与思维变革的重要实践，其研究成果与实际效益则在更深层次上支持和促进了人们观念与思维变革的发展。小城镇研究、边区开发及少数民族地区研究、西部地区研究、沿海地区研究、不同类型城镇与农村的发展研究等，都与中国的实际、改革的实践更紧密地结为一体，同步研究与超前研究并举，使得中观研究具有鲜明的可操作性，因而得到有关部门及各级政府的高度重视和大力支持。

微观社区研究及具体社会问题研究，在社会学刚刚重建的时候便占据了社会学的主战场。随着宏观、中观社区研究的发展，微观社区研究与具体社会问题的研究走上了学科化的道路，在与其他学科的共同研究中日益显示出社会学的特色，而社会学地位的确立又使其在综合研究中充当协调各个学科关系的骨干。

综上所述，我们可以将社区研究大致划分为三个阶段：第一阶段（1979～1981 年），以微观社区研究及具体社会问题研究为主的两年，严格讲这一阶段从主观上讲还没有意识到社区研究的重要价值。社会学还没有确立起在社会科学舞台上不可替代的角色地位。第二阶段（1982～1985 年），宏观社区研究与中观社区研究蓬勃发展的四年。这一阶段起始于 1982 年 5 月中国社会学研究会年会的召开，这时全国已有 7 个省市建立了社会学会，南开大学、复旦大学分校、中山大学和北京大学都设立了社会学系。在武汉市召开的这次社会学年会重点总结了社会学重建以来的工作，明确了今后的发展方向。起步于 1981 年的“小城镇研究”经过两年多的发展，使人们对社会学的崛起这一历史性的事实倍加瞩目。社会学界亦开始重视社区研究的重要价值。在 1983 年 4 月全国社会学“六五”规划会议上，社会学研究课题第一次被纳入国家计划。第三阶段（1986 年至今）是社区研究全面发展，在多层次、多向度的各个方面取得丰硕成果的时期。

二　社区研究的理论概述

近年来，我国蓬勃开展的社区研究是在理论准备不足、社会要求十分强烈的背景下起步的。理论的欠缺与密切结合中国的实际成为社区研究的两个突出特点。

社区研究是在老一辈社会学家费孝通、雷洁琼等的指导与参与下起步的。这些热心于社会学事业的老专家已经中断了近30年的社会学研究，而在这30年中社会学在世界范围内已经有了突飞猛进的发展。尽管国外的当代社会学理论方法与传统社会学之间存在着承袭的关系，但更多的是大踏步地发展了传统社会学，二者之间已经存在相当大的差距。这首先是经济发展的结果；其次是科学技术的巨大刺激，尤其是电子计算机、数理统计方法、不同学科之间的相互渗透对社会学的发展起到了巨大的推动作用。我们自己的理论尚未创立，更谈不上完整的理论体系了；引进国外社会学理论又遇到学派林立、抓不住要害的复杂问题。同时社会学刚刚恢复重建之初，像是一个长期受着饥饿威胁的人，饥不择食，将各种各样的学说统统拿来，以致一些在国外影响甚小甚至只有几个人拼凑起来的东西也给引进来了。所以引进国外社会学理论尚有一个消化吸收的必要过程。如果从较高的标准来看，我国的社区研究尤其是在第一阶段与第二阶段前半期，基本上是30年代老一辈社会学工作者所进行的社区研究的继续。进入第二阶段之后，现代社会学理论在我国影响最大之处主要体现在一些具体的操作计算方法的运用上。近年来，我国社会学界在进行社区研究时基本上是以区位学理论、功能主义理论、社会互动理论与比较社会学理论等为理论基础的。由于社会学理论（其他社会科学学科也同样如此）内部存在着不同的梯度层次，越是抽象的高层次理论，其适应程度越强，因而本土理论薄弱的现状不仅没有对引进国外社会学理论产生排异，反而使本土理论的成长得到了促进。在社区研究发展的第三阶段，一批具有中国特色的本土社区理论产生了，这些理论既是社区研究普遍深入开展的结果，反过来又进一步促进了社区研究迈向新的高度、新的水平。

上述评价是不是过于悲观？笔者认为是适度的，尽管我国的社区研究在10年中取得了相当可观的成就，但是要构造完整的中国式的社区理论体系依然需要较长的时间，而且需要众多的理论工作者及实际工作者的不懈努力与探索，因为完整的社区理论体系乃是一项极其复杂、庞大的系统工程。社会中各种活跃的驱动力可以造就理论与思想上的繁荣，却难以使理论与思想稳定发展，因而目前生长并发展起来的种种社区理论还要遇到新的挑战与考验。

10 年来社区研究究竟出现了哪些具有中国特色的理论呢？

（1）“城乡一体化”理论。在中国这是首先由实际工作者提出的、经张雨林概括的具有鲜明的社会学味道的理论（张雨林，1988）。对“城乡一体化”可以有两个层次的理解，广义地说即是把城乡视为一个整体，这在今天已经不是什么新鲜的事情了。然而在中国特别是在新中国成立后的前 30 年中，城乡之间却始终处于隔绝状态，潜在的与显在的城乡对立严重地制约着城乡两方面的发展。近年来，在苏南地区城乡关系朝着协调发展的方向不断变化。首先是乡镇工业产值突破性地超过了农业产值，一大批乡镇企业从农村传统手工业和简单机械加工业转化为现代化或比较现代化的工业企业，而这些工业企业大都与城市工业关系密切，初步形成了乡镇工业与城市工业间的有机的、统一的工业体系。城乡关系在结合点上率先协调起来。其次，城乡间的交通、电讯、邮政诸方面联系日趋密切，科技、文化、信息往来增多。在此基础上乡镇工业的蓬勃发展极大地提高了乡村人民的生活水平，农村生活水平和生活方式日趋接近城市。城乡人口在社会地位和身份上的差异正在缩小。再次，改革以来推行的市管县行政管理体制，使地方政府开始对所辖地区施行统一的管理。“城乡一体化”首先在实践中推开，而后逐渐形成为一些理论工作者及决策部门接受的理论。在沈阳、重庆、郑州、成都、襄樊、宝鸡、淄博等不同规模类型的城市中，人们都在探索“城乡一体化”理论及其实践。对于目前中国城乡发展的实际状况来说，“城乡一体化”理论更为重要的作用在于它是一种新型城乡关系的目标模式，其理论框架中还包容着在实现目标的过程中城与乡作为一个整体协调发展的渐进手段这种类似可操作的理论构件，即“城乡一体化”既是终极目标，又是实现目标的手段。这一认识来之不易，在近 30 年中我们正是以城乡发展的相对停滞与绝对停滞的代价换来了对城乡发展关系的正确科学的认识。

（2）生存体系论。这一理论是由董天佳在《阶级与生存体系》（董天佳，1987）一文中首先提出来的，董文将生存体系界定为：“特定民族、特定地区、特定时期人们生产生活各要素互相配合、有机联系构成的任何一个独立发展的民族都有的自成体系的生产方式的结构，是人与以生产力水平为标志的社会存在结合的具体形态，一方面反映人的待定需求，一方面反映满足或制约这需求的特定社会存在。”生存体系论是以社会学理论为基础，试图探求作为社会关系总和的人具有的“阶级”本质之外的其他性质及特点，尤其是对人的社会关系总和的宏观环境的研究使我们从传统的阶级抽象向前跨进了一步。因此，生存体系论的提出突破了作者原来对阶级研究的初衷，而扩展到社区研究的更大范围。生存体系论认为：①无论是生产力还是生产关系，在具体作用于各阶级时都有其具体形态。在各时期特别是在各民族、各地区，生产力、生产关系的具体形态多种多样，绝不是同一模式，没有抽象的生产力，更没有抽象的生产关系。如：原始生产力可以有采摘、狩猎、收获、捕鱼等多种具体形态；奴隶制下可以有罗马的商品经济发达的生产力，也可以有游牧的或是农耕的；封建的生产力有庄园自给自足的，有小农个体独立生产的，等等；资本主义社会的生产力也存在着形形色色的差别；社会主义制度下生产力也应该具有多种具体形态。在生产力发展不平衡的中国，不同发展水平的社区是其生存体系各方面因素的作用结果，应该表现为相应的生产力形态。②生存体系的作用不是单因单果的线性作用，满足着、规定着人们生存发展特定需求的客观因素是有机多面体存在，像人的五官一样不可分割，其作用乃是各因素的整体效应，多维立体地作用于各阶级，不存在机械性的相互作用、谁决定谁的问题。③生存体系是人群生存发展的直接条件，直接明确地规定了各阶级生存发展的特定需要，各阶级直接依此为生，在这样的生产、这样的生活中产生具体利益要求，其经济关系和经济活动、政治关系和政治活动、家庭关系和家庭活动等都在这体系中，受其规定，阶级的利益由此具体化，阶级的社会行为由此固定化。在阶级社会里不同地区的奴隶主阶级、奴隶阶级、地主阶级、农民阶级，对各地区、民族的社会面貌及社会发展的作用是不同的，这一切无不源于特定的生存体系，特定生存体系规定了他们的利益要求和社会行为，导引他们以不同的速度、向不同方向将自己所在的社会向前推进。

生存体系论向我们展示的是作为社会与自然的主体“人”与整个社会环境之间的关系，也可以说是各个层次的社区对人的影响与作用，因而人的基本内涵不仅仅表现为阶级，生物人与社会客体的结合点也不仅仅体现在阶级上，只讲固有的阶级本性，整个社会就会被抽象为空洞的阶级本性的空洞骨架。生存体系论对于我们把握不同层次社区的特点及差异，以及微观、中观与宏观社区间的制约关系及协调发展等问题提供了新的思路。从生存体系的角度对各个层次的社区进行具体的分析，我们得到的将是具体的、特性各异的、由多种因素制约和决定的形形色色的社会环境。在当今世界的现代化潮流中，不同国家和民族所处的具体环境是不同的，现代化道路的选择也应该是有别的。在中国不同地区、不同城市、不同社区及乡村之间也存在着极大的具体差别，因而在不同的生存体系的作用下，现代化的道路也应该是存在差别的。

（3）二元城市体系论。这一理论是印证（1988）首先提出来的，这是在江苏苏南小城镇不断发展的基础上对其现状的描述与总结，对于宏观上把握改革的方向、制定科学化的措施大有裨益，从某种意义上讲“二元城市体系论”的提出具有一定的超前研究价值。在客观分析小城镇的产生及发展上，“二元城市体系论”具有独特的见解：①由于农村非农产业的崛起及其在农村市场的迅速扩张，由于农村和城市改革的不同步、不配套造成的二者经济运行机制的显著不同，由于城乡长期隔绝所造成的两个完全不同的社区的文化、心理差异的逆反，由于城乡在分配、就业、福利等一系列政策上的不同所形成的城市、农村两大利益集团在改革的动机和目标等方面的差异，这一切，一方面使过去主要依靠工农业产品剪刀差的积累而发展起来的现有城市体系，其整个基础的各个部分都受到程度不同的动摇；另一方面，农村系统内部在出现以非农产业为主体并且有聚落和组织功能的小城镇后，开始出现了整个结构完整化的倾向。在一定意义上，意味着农村系统可以不依赖城市自我循环运转，形成了“二元城市体系’。②近年来城乡关系有了某种改善，但是由于主要动力来自农村，改善的进程是在城乡力量对比格局逐渐不利于城市的倾斜中发展的。这一现象在世界发展史上是奇特的。③“二元城市体系”的出现，将对我国现有城市体系结构的合理化及功能的转化产生有力的推动作用。现有城市中聚集着大量低层次产业，而本来作为文化、信息、金融、科技等中心已具备的功能却远未发挥出来，第三产业的全面发展至今仍缺少很强的动力。知识和智慧大量积压，科学技术得不到充分发展和应用，从而导致创造能力的萎缩，无法对消费市场提供足够实现替代的新产品。“二元城市体系论”认为，迅速打破上述局面的最直接的办法是在供给方面产生足够而有组织的竞争，唤醒城市对其独有的种种优势的意识，在不断的追求中完成功能转化。只有某“一元”积极介入这种供给竞争，并赢得这场竞争，“另一元”才能真正实现功能转化。

“二元城市体系论”的成功之处在于它及时地抓住了改革以来城乡间出现的一些质的变化，认清了乡的一方在极力进行自我循环方面的转化，在巨大的内驱力的作用下小城镇及乡镇企业正在实现与大中城市“同构”。针对这一发展态势，“二元城市体系论”提出了唤醒城市、在城乡间开展公平竞争的构想。这方面的探讨，特别是上升到理论层次之后，对于人们认识农村改革的实质与发展趋势、总结改革的成败经验、科学发展城乡之间共同进步的协调关系，无疑是大有裨益的。

（4）优化经济环境论。这是由李汉林、方明等人组成的城市研究课题组在阶段性成果《经济发展与社会变迁》一文中首先提出来的。该课题组对中国各种类型的城市的经济与社会发展状况进行了大量的调查与研究，对城市经济与社会协调发展，城市改革的发展与深化，城市的区位结构、区位位置、区位距离、区位移动、区位模式等问题进行了宏观与微观相结合的深入调查与超前研究。通过对转变时期不同类型城市社区的研究，他们大胆地提出，在改革开放取得了举世瞩目的经济进步的同时，我国的社会发展存在着严重的滞后现象，这种状况已经并将继续影响经济的持续发展。当前最重要的问题是“忽略了在深化经济改革的同时不失时机地推进社会变迁，很多同志至少在思想认识上还没有把社会变迁放在与经济发展同等重要的位置上，从而造成了全国性的社会变迁滞后、经济改革与社会改革不同步的失调状况”（李汉休、方明等，1988）。优化经济环境论把上述种种失调概括为社会体制变迁滞后、社会组织变迁滞后、人的价值观念和行为规范的变迁滞后、社会结构变迁滞后以及对改革的社会变迁研究滞后。同时又进一步指出，社会变迁滞后、社会改革处于一种事实上的虚置状，使得目前和今后的改革将遇到更大的社会阻力，经济改革的深入和社会结构的矛盾日趋激化，各种不同利益集团的冲突将不断尖锐起来。在旧体制的某些部分衰退、新体制相应部分尚未发育的时候，社会变迁滞后的状况还将引起整个转变时期宏观社会秩序的混乱。如果我们不尽快改变这种超前和滞后的畸形状态，我们的改革就会面临前功尽弃的危险。

这在实质上已经较早地提出了优化经济环境的重要问题。优化经济环境论是社区研究的优秀成果，同时这一具有很强的实践性的理论又对社区的发展、社区建设以及城市改革的顺利开展发挥了很好的社会影响。

10年来我国的社区研究在理论上的成绩是十分显著的，这只是从密切结合中国的国情与投身改革开放的意义上得出这一结论的，尽管如此，一些研究成果诸如中国的城市化道路问题、小城镇的发展问题、沿海地区的开放与开发问题等已经引起国外研究机构及社会学界同仁的重视。中国的社区研究要走向世界依然有一个相当长的时期，这既取决于中国的经济、政治、文化实力的壮大，同时也取决于中国社会学水平的提高。在社区研究的理论方面尤其是在具体问题研究方面，10年来的成果是相当丰富的。由于中国的社会变迁尚在发展之中，一些理论尚不成熟，在社会学界也存在许多不同的见解与分歧，笔者没有将它们单独列在此节里，在以下的论述中将把其中的主要观点及不同见解按问题所涉及的不同方面予以说明。

三　社区研究的主要课题及其发展状况

10年来，中国社会学界在社区研究领域进行了多层次、多向度的广泛深入探索与研究，这里只能提取出影响较大、成绩突出或曾展开过争论、意见分歧较大的主要问题做一简要介绍。

（一）小城镇研究

在恢复重建社会学的初期，费孝通力主开展小城镇研究，并亲自深入村镇进行实地考察，在三年多的时间里访问江苏10多次，写出了《小城镇　大问题》、《小城镇　再探索》、《小城镇　新开拓》等著名文章。在有关方面特别是江苏省委的鼎力支持下，以中国社会科学院社会学研究所、江苏省社会科学院及省市县有关部门的人员为主组成的小城镇研究课题组开展了6县1区的所有小城镇经济、社会状况普查，参与普查工作的人员有1000多人。小城镇研究课题组针对小城镇的地位和作用、影响小城镇发展的因素、小城镇的人口和农村剩余劳动力的转移、小城镇的合理经济结构及社会发展模式，以及小城镇的规模层次、如何构筑中国的城镇体系等问题，进行了全面研究。这种对某一类社区进行的大范围、持久、广泛、深入的调查在中国社会学发展史上是空前的，在“文革”

及社会学被取缔的年代里更是不可想象的，即使将其丰富的成果放置一边，调查本身的意义与作用也是值得在社会学发展史中大书一笔的。此外，在时间顺序上，社会学对小城镇的研究也是在各门学科中率先开展的，是诸学科综合研究中的骨干。小城镇的研究成果受到中央有关部门及江苏省委的高度重视，江苏省委书记称小城镇研究“在一定程度上发挥了决策支持系统、咨询系统、监督系统和反馈系统的作用，提高了决策民主化、科学化的水平”。

农村改革的步步深入，农村生产责任制的全面推行，引发了剩余劳动力的转移及产业结构、所有制结构的急剧变革，导致小城镇及乡镇企业蓬勃兴起。对小城镇的研究也形成了前所未有的高潮，各地报刊登载了大量有关论文及调查报告，开展了多学科、多层次、多方面的综合研究探索，涉及的内容主要有以下几个方面。

（1）小城镇的概念及其在城乡格局中的位置

关于小城镇的界定标准存在着不同意见，有人认为小城镇应包括20万人口以下的小城市、工矿区、县城、建制镇和农村集镇；有人认为小城镇专指那些与农村有着密切联系、衔接城乡两端的县城及县城以下较发达的集镇和公社所在地；有人认为小城镇应包括两三万至5万人口的小城市和3000～5000人或稍小于这个数字的小城镇，包括小城市、卫星城、工矿区、县城、建制镇和集镇等；有人认为小城镇就是国家批准建制的镇一级单位。

对小城镇在城乡格局中的归属问题大致有四种意见。有人认为小城镇应属于城市范畴；有人主张小城镇属于农村范畴；有人为小城镇设计了一个“城乡结合部”的概念，将其独立于城乡之间；有人则主张对小城镇做具体分析，按照县城、建制镇、工矿区和农村集镇分为两类：一类属“城”的范畴，另一类属“乡”的范畴。

（2）小城镇的作用

第一，发展小城镇是解决农村剩余劳动力转移的重要途径。有人认为，发展“大农业”向农业的深度和广度挖潜，可以就地消化一部分剩余劳力，但从长远考虑，我国的农业资源与人口相比还是有限的，从而主张主要依靠发展小城镇来安置农业剩余劳力；有人对不同层次、不同类型小城镇吸收农业剩余劳力的能力和发展前景提出了不同看法，认为大部分农业人口向低层次小城镇转移缺乏稳定性，并未完成人口转移，农业人口的转移还要依赖小城镇向高层次发展及向高层次城市转移；有人认为，小城镇的大规模发展弊多利少，而且困难重重，主张发展集镇，建立起面宽量大的集镇网络，使大批农业剩余劳力就地转移。

第二，许多人从城市发展的角度认识小城镇的作用，将小城镇作为人口的“蓄水池”、“节流闸”，其功能在于防止农村人口大量涌入城市，同时又有利于疏散已经过分膨胀的大城市人口。

第三，将小城镇作为城乡的联结纽带，沟通城乡信息，促进双方各自的发展。蔡德蓉认为，没有小城镇这一联结大中城市和农村的纽带，大的经济中心就很难独立存在（蔡德蓉，1983）。

第四，小城镇的发展可以促进农村的物质文明与精神文明建设。小城镇是农村社会一切经济与社会活动的中心。我国的乡村社会具有人口多、地域广、生产力水平低、区域性差异大等特点，仅有城市这种高级形态的活动中心无法满足广大农民的要求，而需要形成多层次的活动中心（吴大声、邹农俭、居福田，1988）。我国广大农村与城市相比，科技、教育、文化、卫生事业比较落后。一些本来就十分落后的机构及设施在产业结构变革之后纷纷解体或名存实亡，小城镇的繁荣及日趋完善，将会为扭转这种状况发挥作用。

第五，小城镇在农村产业结构的合理化、促进农村商品经济的发展方面起到了不可替代的重要作用。首先，小城镇是农村商品交换最基层的商品交易场所；其次，乡镇工业的异军突起，使小城镇成为农村工业化的主要基地。协调农村的各种生产力要素，通过发展乡镇工业、强化小城镇的经济、社会发展作用，这是我国农村现代化的基本特点。

（3）小城镇的建设与发展

在小城镇建设与发展方向问题上，目前存在较大的意见分歧。一部分对普遍发展小城镇持批评意见的同志主张限制小城镇的发展，这些人的意见，笔者将选择其中具有代表性的观点在“城市化道路”问题中加以介绍。应该指出的是，在赞成和极力主张发展小城镇的一部分人中存在着某些过热情绪，因而存在忽视国情和国力的问题，同时存在对小城镇及乡镇企业中的问题估计不足的倾向。

第一，有的同志主张在建设发展小城镇的过程中，政策上要“全面松绑”。目前许多具体的政策阻碍着小城镇的发展，亟待改革，“对于工商、税收、信贷、价格、劳动、工资、交通、文教、卫生等各部门来自上面的限制和关卡，都要认真地、全面地、系统地进行清理”（徐士典，1984）。

第二，大城镇的功能向何处发展。有人主张小城镇向两个方面健全自身的功能：一是由少功能向多功能转化，把城镇建设成一定区域范围内的政治、经济、文化中心；二是从封闭性向开放性转化，使物资、人流、信息流流动畅通，把小城镇和国民经济全局、市管县大局联系起来（朱通华，1984）。有人则主张小城镇应突出其经济功能，实现其功能转变首先要从“政治、经济和文化中心”的传统思想中解放出来，从强调几种功能的平行重要作用转变为突出小城镇的经济职能；改变过去用小区域范围内小城镇的产值比重和就业比重评价小城镇经济职能的观念，重视小城镇在疏通经济信息方面的特殊内在功能（孙晓光，1984）。有人认为小城镇经济要以工业为支柱。也有人认为，我国许多农村不具备像苏锡常地区那样大规模发展乡镇工业的条件，目前应主要发展商业，搞活流通，在此基础上逐步带动其他行业。还有一种意见是，小城镇的应有作用主要是带动周围地区的经济发展，优先发展各类优质种子、种苗、种禽、种畜等基础产业以及食品工业、饲养产业、小能源产业、建筑产业等，为农业产前、产后服务（薛葆鼎，1984）。

（二）我国的城市化道路

关于城市化道路问题是近年来社会学研究领域的一个热门课题。首先在城市化的含义与规律问题上就存在着重要的分歧。一种意见认为，我国的农村集镇化并不是城市化，而是农村现代化的一个重要组成部分，社会主义国家出现工业化——城市化现象，是没有按照社会主义有计划平衡布局规律要求办事的结果（陈可文、陈湘舸，1982）。另一种意见认为，“人口向城市集中并不是乡村城市化的普遍规律”，城市化应该是乡村人民和城市人民共同创造和分享经济增长的利益；共同享用人类数千年来积累起来的科学、文化宝藏，无论在什么地方居住其生活都是无差别的。我国的乡村城市化道路应该以多核分散型空间为模式，通过在全国大体均衡地建立和发展中小型经济中心和完善的交通运输网络，促进城乡融合，协同发展，使乡村人民不离开乡村就可以参与创造和分享经济增长的利益，分享城市文明（税尚楠、吴希翎，1984）。还有一种意见认为，以大城市为特征的城市化是资本主义社会特有的规律。我国应该走非城市化道路，要使大城市转化为中等城市，中等城市合理的发展趋势将是转化为小城市。在农村应逐步把古老零散的村落转变为相对集中的类似城市居民小区的村民聚居点，以工厂集镇为中心，用辐射状的交通线把新型村民聚居点联结成网状体（汪巽人，1982）。

近年来，在社区研究方面，多数人是把现代化与城市化联系在一起的，但是在城市化道路的选择上存在着较大的意见分歧。一种意见认为，大力发展小城镇构成了我国社会主义城市化道路的一个重要特征。它意味着：①我国的城市化绝不是大城市化，更不是人口高度集中；②城市数量的大发展，小城镇人口在市镇人口中所占的比重成倍地增长，经济的加速发展和小城镇建设的逐步完善（杨重光、廖康玉，1984）。另一种意见认为，在逐步改造和完善城市体系的前提下，大力发展新型小城镇，可以打破世界城市化自上而下发展的定规，在农村人口占 80% 的国家中走出一条自下而上、上下结合的城市化道路，从而在城市化进程中不失时机地赶上和超过世界先进国家（方明、叶克林，1986）。还有一种意见认为，我国城市化的主要任务，就是要变多数农业人口为非农产业人口，并使多数非农业人口从农村向不同规模等级的城镇转移。到 2000 年全国将有 4 亿农业人口从耕作业中转移出来，从我国城市化的进程和发展趋势来看，不同等级的城市能接纳从农村转移出来的人口的能力是有限的，大部分脱离农业的人口要由小城镇来接纳（吴大声、邹农俭、居福田，1988）。

在中国的城市化道路问题上，一些同志持有与上述观点不同或不完全相同的意见。有人认为，在我国城市化进程中，除了大力发展小城镇外，在人口布局相对分散的情况下，可适当再增加一些 50 万 ~100 万人口的城市，以促进城市化的实现（丁贻声，1984）。有人认为，小城镇是城市化的预备阶段，在有条件的地方，小集镇必然发展为小城镇，小城镇必将发展为小城市，甚至中等城市，个别的还能发展为大城市。“集镇化是城市化的过渡形式。”（胡国雄，1983）

以李迎生为代表的一种观点，对把“遍地开花”发展小城镇作为实现我国城市化基本模式的观点持坚决否定态度。他认为，根据城市化发展的一般规律和我国现阶段的基本国情，在现阶段必须选择以大城市为主体的城市化模式。李迎生认为：①城市化并不单纯是一个变农村人口为城市人口的过程，城市化是工业化的必然结果。工业化的发展，大大加快了人口向城市集中的过程。作为工业化主体的大工业生产与农业生产不同，与以前的各种工业形式的生产也不同。它是社会化大生产，规模大、分工细、协作广、生产过程连续性强。一个工厂不能单独存在和发展，而要同其他工厂相互依存、彼此分工、密切协作。同时，大工业还必须依赖在工厂之间进行经济联系和商品交换的交通运输和市场，以及为生产和生活服务的各种辅助设施，这样就在客观上要求工厂在空间上尽可能地集中。伴随着生产及其辅助设施的集中，必然引起人口从第一产业向第二产业的大规模转移和在一定空间地域范围内的迅速集结。因此，工业化过程必然是城市数目及人口增加、城市规模扩大的过程，城市化的发展有其内在的客观必然性。②与一定历史条件下的社会经济发展水平相适应，城市化呈现出明显的阶段性特点。城市化的初级阶段即实现国家工业化阶段是以人口向城市持续地、大规模地集中为特征的。只有大城市的发展才能极大地提高经济和社会效益。在大城市得到充分发展之后，以大城市为中心的城市解体的发展成为城市化发展的必然趋势，导致这一趋势的是社会经济的高度发展和世界新技术革命的兴起。李迎生认为，在工业化的初期阶段，城市化具有突破人为控制的自然冲动，以人口向大城市的聚集为基本模式；而在工业化实现以后，城市化则表现为集中度相对分散化。这种相对分散化产生的前提条件是工业自动化、交通高速化、通讯现代化的实现和具有相当规模的大城市的充分发展。③经济体制改革在农村率先进行，而在城市暂未全面展开，客观上为小城镇的勃兴创造了一个前所未有的历史夹缝，加之执行严格控制大城市规模、积极发展小城镇的政策，近几年小城镇的数量有了相当大的发展。但是，产业结构低度化、经济效益低下、公共设施不健全使吸引农村过剩人口的目标遇到重重阻碍，缺乏资金、原材料使这种状况很难改变；小城镇及其周围环境污染问题严重；小城镇发展规模小、分布广、大量占用农田的问题日趋严重。李迎生认为，我国城市化的现阶段必须选择以大城市为主体的城市化模式（李迎生，1988）。

还有一种值得注意的意见是，马侠针对近年来我国城市化进程提出，应该重视从我国城镇发展的沿革和现有国力出发，探讨城镇发展速度和城镇分布。新中国成立以来城镇数量、城镇规模、城镇人口比重都有相当大的增长，相对于经济发展水平来说城市化速度有些快了。1984 年国民生产总值人均 400 美元，而城镇人口比重达 33%；1980～1984 年城镇人口平均增长率高达 14.59%，超过国力允许且违背常态。不应离开国力去与世界城市发展水平高的国家攀比，急于求“城”是不切实际的（马侠，1987）。

对于发展卫星城疏散大城市人口的问题，钟荣魁持否定意见，他通过对国外卫星城建设的近百年历史及国内近 30 年的实践研究得出结论——我国不宜再建设新的卫星城，主要原因是：①卫星城建设并未实现疏散大城市人口的目的；北京最大的卫星城通州镇 15 年所增人口只有 4.2% 来自市区。上海 7 个卫星城有 16 万来自市区，而安家卫星城的仅 4 万，约占市区人口的 0.6%。②卫星城经济效益极为低下，上海市区迁往 7 个卫星城的企业，工人不安心，班次开不足，设备利用率低，百元固定资产创造的价值不及市区企业的一半。松江镇各市属厂每年支出职工上下班的租车费高达 500 万元，同时还要花费大量资金盖集体宿舍、解决环境污染和文化生活等问题。他认为，解决城市“膨胀病”还是以延伸老城区为好（钟荣魁，1989）。

（三）城市社区研究

这里所说的城市社区研究系指城市自身的经济与社会协调建设、协调发展，完善自身的良性循环。当然城市的建设与发展绝不是孤立的，必然涉及城乡关系、乡村发展、小城镇建设、城市化道路选择以及城市网络结构的合理布局等。但是城市社区研究与这些问题的研究在具体问题上还是有所区别的，所以我们把城市社区研究单独提出来。我们还应该看到无论大中城市，还是小城市及城镇，在经济与社会、科技发展上又都面临着一些共同的问题，从这层意义上讲城市社区研究又包含着不同层次、规模、性质的各类城市，甚至可以把小城镇的一些方面网罗进来。10 年来城市社区研究涉及的问题十分广泛，诸如城市社区的组织、区域分类、人口规模及发展、经济建设、政治文化发展、社会心理、交通、通讯、住房、环境保护以及犯罪问题等，从不同角度多方位、多层次的研究形成了“百花齐放，百家争鸣”的研究局面。

第一，现代城市是工业化大机器生产的产物，同时也担负着农业、科技和国防现代化建设的重要使命，城市自身的发展及进一步实现现代化在很大程度上也将依赖自身的工业、科学技术的不断进步。因此，城市自身如何协调发展自然成为城市社区研究的一个主要问题。许多同志认为，我国的大中城市面临的主要问题是政企不分、条块分割、产业结构不合理、广就业低效率等。近年来我们虽然做了些局部的改革，有些改革措施关系到全局，但是新旧体制更替出现了相互交叉、抵触，甚至胶着状态，因而城市社区的配套改革仍是一个较长的过程。

有些同志指出，党的十二届三中全会所确定的以搞活企业为核心的城市经济体制改革方案，初步改变了政府部门直接控制企业的管理方式。从宏观层次看，我国的经济运行机制发生了深刻的变化，长期以来形成的带有自然经济色彩的产品经济正向建立在公有制基础上的有计划的商品经济转变，从中观层次看，用行政办法，按行政系统管理经济的传统做法正在改变，横向经济联合迅速发展；从微观层次看，企业的自主权日趋增大，企业朝着相对独立的实体方向发展。但是城市社区整合新模式尚未建立起来，我国的企业大都无法摆脱多元化职能的束缚，具有经济职能、职工生活职能和大量的社会职能，企业已经成为一个职能和设施相对完备、能满足企业内部成员各方面需要的社会实体——一个从事多种社会活动的综合性社会单位，使企业以一个扭曲的形态在社会分工体系中运行。

企业的多元职能形成了对城市社区内部分化——一体化趋势发展的严重障碍，影响了社区的发育成长。社区结构的松散性使社区的凝聚力降低，企业缺乏对社区的认同感，社区也因之缺乏由于承担整合功能所产生的整合效应，使社区发展活力大大降低，这对社区的长远发展形成了潜在的威胁。

解决上述问题的办法就是进一步解除企业在非经济职能上的束缚，彻底恢复企业独立的商品生产者的社会地位：一要大力发展第三产业，为企业生活服务职能的转移创造条件；二要转变政府行为，加强社区基层政权组织的建设，为企业社会管理职能的转移创造条件。只要政府从繁重的经济责任中解脱出来，把更多的精力放在服务、协调与组织功能的实现上，把更多的力量投入维持和改善企业经济活动所依赖的环境和秩序上，企业职能一元化才可能最终实现，企业和政府行为的改革与完善才可能真正获得较为宽松的条件（孙炳耀、方明等，1988）。

第二，城市社区研究的一个热点是城市人口问题，涉及的问题大致有城市人口规模、城市人口发展及对策、城市人口流动以及社会保障、人口老龄化等问题。

我国城市人口增长很快，每年以一千万人口的速度转移到各个层次的城市及市镇中，北京、上海人口都突破一千万，成为特大城市。一些同志针对这种情况，提出采取紧急措施限制大城市人口过猛增长的趋势。

由京、津、沪、蓉四城市和北京大学社会学系、中国城市科学研究会发起的“大城市人口问题和对策讨论会”于1984年11月24日至30日在成都召开，参加这次会议的有全国25个百万以上人口城市的代表。有的同志认为我国50年代末提出的城市发展基本方针在新形势下仍然是正确的，同时也认为应该做些必要的补充，可以改为“充分发挥大城市经济作用，严格控制特大城市规模，适当控制大城市，合理促进中等城市发展，积极扶植小城镇”。这些同志把坚持控制大城市规模的基本方针的主要理由概括为：①控制大城市的人口规模符合目前我国的国情，体现了中国式城市化道路的要求，人口城市化是经济发展和城市发展的客观规律，但人口城市化不等于人口大城市化。②控制大城市的人口规模有利于合理地发挥经济、社会和环境三个方面的综合效益。当前在大城市市区人口超负荷、超容量的情况下，如果继续盲目地大量增加城市人口，就会加剧城市的社会问题和环境问题，从而不利于城市经济效益的不断提高。③实践证明控制大城市的人口规模是行之有效的，对人口规模，“大控制就小发展，小控制就大发展，不控制就乱发展”，所以必须予以控制。多数同志认为我国城市发展的基本方针应该补充新的内容，要体现以下几个方面：①控制大城市人口规模不是消极的，而是积极的。控制人口要服从于更好地搞活经济，全面提高大城市的经济效益、社会效益和环境效益，以充分发挥大城市的优势和大城市在现代化建设中的积极作用。②控制大城市人口不能搞“一刀切”，在控制人口机械增长的数量时，应根据城市的不同性质、功能、自然资源、经济社会发展条件和人口超负荷的程度等实际情况而有所区别。③控制大城市人口规模并不是控制一切要求迁入和流入城市的所有人口，而是控制大城市市区常住人口的规模，有计划地进出，促进人才合理流动。④在控制市区人口的同时，还要注意城市人口的合理分布，积极扶持市郊卫星城、小城市、县镇和乡镇的发展，充分发挥其“疏散”大城市市区人口和截流农村人口转移的作用。⑤控制不能单纯依靠行政手段，应该深入研究和逐步改变实际上鼓励人们进入大城市市区的经济管理体制和政策措施，自觉地利用各种经济杠杆来调节人口的合理迁移和分布，把行政、经济和立法等手段有机地结合起来。

赞成对大城市规模进行控制的同志在论及这一问题时基本上是将大城市控制归结为控制人口与占地两个方面。

10 年来在城市社区研究领域内始终存在着一派“百花齐放，百家争鸣”的喜人景象，各种意见都受到人们的尊重，给予平等的讨论机会。即使在一些已经被人们称为“基本国策”并且在实际工作中普遍推行的情况下，社会学界仍在进行探讨，而且这些探讨还将继续下去。有的同志认为，“控制大城市规模”的方针是“违背城市发展规律的”、“脱离中国国情”，在新形势下应该予以否定。有的同志提出，过去我们夸大了大、中、小城市的比例失调，实际情况并没有那么严重。大城市 30 年来辖区多次扩大，由于把郊县划入市管辖区，城市人口骤然增长。如上海市在新中国成立初期只有 500 万人，1982 年市区统计的数字为 632 万人，再加上郊县 34 个直属城镇人口，共 700 多万人，而两次扩大辖区后上海人口一下高达 1185 万人。这种城市人口的统计与别的国家相比就存在不可比成分。按人口比例，我国并不是大中城市多了，而是相反。有的同志认为，1980 年全国城市规划工作会议制定了“控制大城市规模，合理发展中等城市、积极发展小城市”的城市发展方针，使我国城市建设和发展走上了新的阶段，但是我们对城市化发展是社会化大生产发展的必然性，以及城市发展由小到大的趋势等问题还有估计不足之处：第一，对大城市优于中等城市、中等城市优于小城市的经济作用估计不够；第二，对居住分散、松散和占用过多耕地估计不足；第三，对城市规模最佳划分的合理依据估计不足；第四，对近年来农村商品经济迅猛发展估计不足；第五，对改革城市户口的管理政策认识不足（麦夷，1985）。

有的同志认为，在经济发展的现阶段，大城市存在一个“超前”发展的规律，即大城市人口占全国人口的比例和占城市总人口的比例都增大，不仅已有的大城市要发展，一部分具备条件的中等城市或小城市也要迅速变成大城市。“集聚”所产生的经济效益是大城市发展的根本动因。大城市的发展情况代表了整个地区的经济发展情况，大城市是地区生产、流通的中心，是地区经济发展的组织者和领导者，是地区经济不可缺少的部分。由此可见，次发达地区和不发达地区的部分城市，随着经济的发展也将发展为大城市。大城市“超前”发展是客观经济规律作用的结果，是不以人的意志为转移的（胡兆量、刘红星等，1985）。

有同志认为，认为只有“控制大城市发展”才能消除或避免“大城市的弊端”，实际上是人类还处于现代化幼龄阶段的浅近认识。大城市在中国的特殊地位可以概括为：第一，大城市在全国经济特别是财政上缴中占有举足轻重的地位。第二，大城市在一般情况下具有比中、小城市高出几倍、几十倍甚至更多的经济效益。上海的非农业人口只高出沈阳1倍、齐齐哈尔6倍、北海56倍，但上海的财政收入却高出沈阳8倍、齐齐哈尔134倍、北海1774倍。第三，从中国“人口特多”的国情出发看中国的大城市发展是否过多、过快，我国大城市的非农人口只占全国总人口的7%，全国非农人口占全国总人口的20%，不但远远低于发达国家40%～80%的水平，而且低于若干发展中国家30%～50%的水平。担心中国的大城市发展过多、过快、过大，采取片面“控制”政策，不但是脱离中国国情的，而且是自己设障碍，阻挡自己前进（王元，1985）。

在城市社区研究的大量论文中，对于“大城市问题”及“城市病”讨论得比较充分。主张控制大城市发展特别是特大城市发展的文章大都论及了近年来随着经济发展而日趋尖锐的城市问题，诸如交通、住房、环境污染、文化教育、卫生设施等问题，企望通过限制大城市的发展规模使这些问题得到缓解。也有一些同志对此持否定意见，有人认为，必须分清这些问题中哪些是大城市发展所固有的，哪些是不反映大城市的固有属性，可以通过一定的规划和工程技术措施加以解决和治理的。有人认为住房紧张与大城市就没有必然的联系，这些人无论在哪都要住房，只是由于建设没有跟上而已。大城市占地过多这种理由更是没有根据，从全国人均用地来看，大城市远低于中小城市，如果增加1000万城市人口，建成大城市比中小城市可少占土地52万亩至65万亩。从国土资源的观点看，在大城市附近占用一亩耕地与在中小城市附近占一亩同等质量的耕地对农业生产的影响没有实质性区别，而大城市占用一亩耕地所提供的产值往往比中小城镇占用一亩耕地所提供的产值高出数倍。对于环境恶化和交通拥挤这样的问题，实际上是大城市发展中的消极因素，在一定阶段完全可以通过交通网的系统规划、环境保护的规划和技术措施得到解决。当采取这些措施的花费远远小于集聚产生的效益时，就不能将它作为反对集聚发展的理由，而是想办法如何解决问题（胡兆量、刘红星等，1985）。

近年来研究大中城市存在的“城市病”所涉及的问题主要有：交通运输拥挤；住房严重短缺；就业困难；地皮紧张，城市规模盲目扩大；水资源开发过量；油、电、煤等能源短缺；邮电、金融、信息条件不完善；商业、服务业、旅游等设施不配套、超负荷；科学、教育、文化、娱乐、体育等设施严重不足；医疗卫生、托儿、养老等福利保障部门及设施发展缓慢；市政设施的清洁卫生、排水排污、治理环境污染等方面建设缺乏资金及长远规划，老城市改造普遍遇到了需要与可能的尖锐矛盾；日用品、生活必需品及副食品供应紧张；等等。

针对上述日趋严重的城市问题，主张积极发展大城市、充分发挥大城市优势的同志指出，可以通过积极措施予以解决：①大城市走向高效益综合利用的高空化。如果大城市的房屋能有三分之一是二三十层以上的超高层建筑，大城市的容量还可以提高几倍。②大城市的高效益综合利用地下化。发展地下工厂、地下市场、地下文化教育设施、地下交通等，把某些人口密集、劳动密集、知识密集，而耗用能源和资源很少、占用固定资产不多、货运量不大、和城市综合联系十分密切的产业活动，由地上转入地下，比之发展卫星城能获得更大、更明显的微观和宏观效益。③走高效益的“昼夜城市”之路，改变我国大城市的超负荷拥挤主要集中在白天的现状。④实行“弹性工作时间”，错开上班、公休的措施。⑤发挥家庭优势，采用家庭联产承包责任制和分散作业的无厂房家庭生产、无商店家庭门市、无课堂家庭教学、无病房家庭病床等。⑥交通运输实行“高效利用供油售价优待制”、“低效利用供油售价惩罚制”。⑦水、电、煤气实行“标准耗用定额奖惩制”。⑧住宅商品化和房租多级化。⑨把治理环境污染列入生产指标。⑩积极发展为老年人服务及有利于青少年健康成长的事业及部门。⑪积极发展卫星城市。

第三，10 年来城市社区研究涉及大量前所未有的问题，譬如改革以来大量农村人口流入城市问题、个体企业和个体劳动者的发展及管理问题、城市中小学生大量流失问题、犯罪率增高及社会治安管理问题等；也涉及大量伴随着社会发展而不断变化的一直未能很好解决的旧问题，譬如城市政权建设问题、城市街道组织的建设问题、家庭邻里功能及作用的发挥问题等。这些问题的研究一般都综合了社会管理、经济学、伦理学、社会心理学、犯罪学、教育学诸方面的理论，近年来社会学知识的普及与社会学地位在中国的提高对这些综合研究起到了极大的推动作用。

（四）边区开发及人口流动

10 年来围绕边区开发及人口流动问题社会学界做了大量探索与研究，涉及的问题主要有：历史上的人口迁移及企业迁移的功过、改变边远地区落后状况的途径等。

在如何评价人口迁移在历史及现实中的作用问题上存在较多的分歧意见。有的同志以历史上出现过的三次大规模向青海移民为例，说明大量人口迁移不利于边区的开发。青海省的自然条件、生态条件不允许大量农民移民。海拔 3000 米以上生物生长受到限制，4000 米以上没有无霜期，只能生长牧草，而草原的牲畜放养量也受到自然条件的限制。因此，粮食亩产只有几十斤，牲畜数量反而退回到解放前的水平。从实质上看，导致移民失败的根本原因是缺乏科学指导，一味蛮干。在移民过程中提出的“在青海建设祖国重要的粮食基地”完全是主观主义的（陈伯敏、蔡文眉，1988）。

有的同志认为，近年来开展的关于西北移民问题的讨论中心议题是西北需不需要和能不能大规模移民的问题，而不是主张和反对移民西北的两种对立看法之争。历史上的移民促进了西北的开发，西北的进一步发展也需要移民。但是西北开发环境的变化和西北自然环境的限制却规定了西北不需要大量移民，也不能大规模移民。1978 年内罗毕世界沙漠会议提出了干旱地区每平方公里 7 人、半干旱地区每平方公里 10 人的环境承载力指标，是从土地的生产力及对土地的合理利用出发的。西北的现有人口早已超出了这个科学限定。今天科学技术的发展和劳动生产率的提高，已降低了劳动力数量的作用，西北的开发可由过去的手工开发转变为科技开发，大规模劳动力型移民可为少量的科技型移民代替，开发西北矿产资源所需的劳动力完全可以由当地农村剩余劳动力充当。中外历史上的移民都促进了移入地区的开发与发展。但是今天西北人口已逾 7000 万，这是美国开发西部时所不可比拟的（1850 年美国西部人口只有 17.9 万）（原华荣，1988）。

对于向不发达地区进行科技移民问题，社会学界不存在太多的分歧意见，争论的焦点在于有 10 亿人口的大国人口密度由西北向东南倾斜，东部特别是东南沿海地区人口过密的状况该不该通过移民的方法进行疏散？有的同志提出采取多种形式进行移民，要做到以智力迁移为主、劳力迁移为辅，以小规模的移民为主，以自愿迁移为主，以就近就地迁移为主，同时提倡短期的、轮换的移民方式。迁移人口以西北地区为重点，还可考虑向黑龙江、海南岛进行移民。各省区市内也应考虑通过移民的办法调整人口密度，逐步做到人口分布合理（王强，1988）。

王勋认为“我国由东南向西北移民”有着“客观必然性”，在实践上也存在可行性。我国东南地区“面积小、人口多、人口密度高；而西北地区正相反”，“对我国人口的地区分布进行适当的调整是势在必行的。调整的办法之一是由东南地区向西北地区移民”。“随着人口的自然增长，农业机械化程度的不断提高，农业结构从以粮为纲的单一结构向农林牧副渔并举的多样性结构发展，农村劳动力剩余的现象将会日益明显，而这种状况在我国东南地区表现尤为突出。就目前情况看，不仅工矿企业内部人浮于事，而且城市中还存在着大批待业青年，要解决这个问题，除了依靠建设小城镇和发展劳动密集型行业吸收部分劳动力外，让众多的农村剩余劳动力转变成为工业劳动力现在是难以做到的。因此，只能采取移民的办法。”（王勋，1984）

费孝通在提出“小城镇、大问题”、积极倡导对小城镇进行综合性研究之后，又提出“边区开发”，所谓与小城镇研究一起成为下棋的两个“眼”，希图通过走好这两个“眼”搞活一盘棋。当然，中国的现代化建设面对的绝不仅仅是“小城镇”和“边区开发”问题，两个“眼”也绝不是社会学研究对象的全部，但是作为两个极其重要的课题社会学界是不能避开的，尤其是在具体的社区内从事社会学研究的同志更负有不可推卸的责任，很难设想江苏的同志丢掉小城镇问题，西北五省的同志放弃西部开发问题。在边疆开发问题研究中大致都经历了历史上边疆开发的回顾及现状调查、对自然环境及人文环境的综合性研究、在国土开发大背景指导下的规划研究及国际上国土开发的比较研究。将边疆开发问题研究纳入宏观的国土开发研究甚至将其置于世界大环境中进行研究，标志着边疆开发课题研究正在深入，我国与毗邻国家关系的变化也将为边疆开发研究拓宽思路，带来新的气象。

有的同志对黑龙江省的人口移动与经济发展进行了研究。黑龙江省历来是全国人口移动十分突出的省份，仅1970～1978年8年间就有178万人流入黑龙江的农村、矿区、林区和城市。由于近年来黑龙江省采取了限制人口迁入的政策，加之关内省份农村实行责任制较早吸引了一部分移民返回原籍，近年来移民数量有所减少，但是移民数量仍在40万以上。人口的迁移促进了黑龙江省经济的发展和资源的开发，因而人口封闭政策不利于黑龙江省的开发和建设。同时也应看到，在黑龙江人口迁移过程中涌入了大量自流人口，确实存在着一定的盲目性，对计划经济有着冲击破坏的一面。所以，如何看待黑龙江省的移民问题，一些同志存在疑虑，在认识上也存在矛盾。李德滨认为，在经济开放的新的历史条件下，应抛弃那种自流人口没好人的陈腐观念。从一个省或地区的意义上看，无论是自然增长，还是机械增长，其人口总量相应地发生了变化。而省际迁移并不导致全国人口总量的增长，这种人口迁移有助于人口布局趋于合理。因此，从一个国家的全局来看，每个省或地区控制人口增长，限制的应是自然增长，而不应限制人口的迁移和流动。因为离开了这种人口移动，全国早已形成的人口分布不合理的结构就难以改变。显然，正是大量外省人口的迁入，既改变了黑龙江人口密度太低的状况，又在某种程度上减轻了迁出地人口的负担，正是在接受迁入人口这一点上，黑龙江为全国做出了自己的贡献。若从社会经济效益看，移民给迁入地带来的利往往大于弊——使缺乏劳力的地方得到补充；大批人才迁入等于使迁入地节省了大笔抚养费和教育费。从宏观意义上说，今天的黑龙江同700万迁入人口的贡献息息相关，充分肯定黑龙江人口迁移的作用和贡献对于黑龙江的建设和发展、对于综合治理我国人口问题都是有重要意义的（李德滨，1985）。

许多同志在边区开发研究中将人才问题放在十分突出的位置，这是因为在经济普遍不发达的边疆地区存在着严重的科技人才不足的问题；这些地区内部也同样存在科技人才分布不均的问题，有限的科技人才大都集中在有限的几座城市内；40年来大批科技人才支援边疆，大批工厂企业整建制地迁移边疆，但是由于科技人才大都集中在科研、文教卫生以及一些企业内部，迁移边疆的工厂企业与当地社会相对隔绝，对于边疆地区的开发没有发挥出预期的效果。一些同志提出了边疆开发必须注重人才流动的观点，有的同志提出要建立一个人才流动的良性循环系统的设想，这个人才流动循环系统可分为大、小两部分。大循环系统主要包括沿海、内地对边远地区进行的放射型人才流动，即省际的人才流入和流出；小循环系统主要包括地区内城市之间、城乡之间、行业部门之间的人才流动。人才流动循环系统不论大小，其性质和目的是一样的，都是使边远地区内的人才在数量、比例、结构、层次等方面尽量趋于合理，以产生最佳的社会经济效益。国家对于支边人才应该采取富有弹性且行之有效的政策。对于不同类型的人才，可以根据边远地区的需要在时间上、空间上给予更大的活动余地，支边人员应该有永久性、半永久性和临时性区别，同时在待遇上应该给予优惠，帮助支边人员解决后顾之忧（赵明宇、张星明，1985）。

四　社区研究存在的差距及对策

回顾10年来社区研究在中国恢复发展及其在社会学重建过程中的重要作用，使我们看到了社区研究所取得的重要成就，同时也看到了社区研究存在的问题与差距，这便为社区研究今后的健康发展奠定了基础。笔者认为，社区研究存在的差距与对策大致有如下几个方面。

第一，社区研究在体现社会学学科自身特色上存在严重不足，其根本原因在于缺乏稳定的、科学的、独立的理论体系的指导。大量的滞后研究、随波逐流的研究淹没了少数极具个性、卓有预见性的超前研究。10年来，社会学界在引进国外社会学理论上做了大量的工作，引进的大多是在适用于各个国家的高度抽象意义上的普遍理论及仅仅适用于特定条件与环境的具体理论，这本来是不足为怪的，社会学的理论从整体上看也就是这样两个方面，问题在于我们在引进的过程中存在着严重的生吞活剥现象，没有突出主体性。社会学重建仅仅10年，我们不应该强求建立自己完备的理论体系，那是脱离国情的，但是有意识地自觉地为建立中国社会学研究的理论体系去扎扎实实地工作却是可以做到的。然而在10年之后，我们看到的却是这方面的成果寥寥无几，这不能说不是一种宏观决策上的失误。社会学要在中国获得长足的发展必须抓紧理论建设，离开了基础理论体系的指导，社区研究很难做出突出的成绩，很难在众多学科对社区的综合研究中体现自身的特色。因此，笔者认为应该在深入实际、面对改革的同时，协调各个社会学研究、教学及实际工作部门的研究力量，开展基础理论研究，扭转以往那种忽视基础理论研究的被动局面。目前我们已经初步具备了各方面条件，主要表现在以下三个方面：一是对社会学的发展历史及理论有了较透彻的研究；二是对当前世界社会学的现状进行了广泛的研究，对美国、日本及苏联东欧国家的社会学理论及著作的引进已经有了一定的基础；三是对中国的国情有了较为深刻的认识，尤其是我国的改革进入了一个稳步发展的新阶段，人们对10年改革正在进行反思，使社会学发展环境得到了优化。社会学发展的历史向我们展示了某些具有规律性的启示，社会剧烈的变动往往给社会学注入在常态社会环境中难以得到的活力，而理论的升华与确立往往难以在动荡社会环境中形成，具有相对稳定性的科学理论体系的形成往往取决于人们稳定的、大致相同的价值判断标准的形成，人们对理论体系的认同对于理论体系的形成是必不可少的条件。中国社会学理论的建立以及不同学派的生成已经具备了条件，社会学界应该看清这一局面，积极投身到基础理论研究中去。

第二，社区研究存在着严重的不平衡现象，主要表现在宏观、中观与微观研究脱节，也可以说，我们对世界各地区、民族、国家的现状研究得不深入，了解得不透彻，这一问题在社会学界尤其严重。一些同志大谈美国、日本、“亚洲四小龙”，谈及的内容不过是二三手材料或是通过各种渠道得来的一些皮毛，在这种前提下谈论比较研究只能是隔靴搔痒；同时对宏观范围的国情把握不准也是宏观、中观与微观研究脱节的原因之一。近年来，社区研究在某些范围内将社会学的特点体现得较为充分，但是放到更大的范围内进行考察，我们便会发现这些研究恰恰违反了社会学把社会作为一个整体进行研究的主要特征。由于“只见树木不见森林”，一些在特定时空条件下才能存在的规律被不切实际地夸大为带有普遍意义的规律。造成这种状况的原因：一是社会学自身的发展还处于探索阶段，很难避免某些失误；二是社会环境对学科发展的干扰，许多社会科学工作者没有意识到社会学作为一门科学有其自在的发展规律，在外力的限制或诱惑下，一些研究课题还不得不扮演着拾遗补阙、可有可无、阐释政策或专事帮闲粉饰的角色，结果使这类研究不仅缺乏科学性，反过来又对经济失调、社会发展失控等社会与经济发展问题起到推波助澜的作用。

科学不是应时应景的摆设，来不得半点虚假与偷懒，更不能置学科的健康发展于不顾而一味屈服于外界的压力。要改变宏观、中观与微观研究脱节的现象，必须以研究对象、研究目的和学科自身建设规律为协调中心，把社会当作一个整体，把学科发展当作一个整体。即使是那些现实性特征十分强的课题，也要在研究过程中自觉地突出社会学的特征。

第三，社区研究缺乏预见性的现象应该在今后研究中得到改观。10年来我们开展了大量的滞后研究和同步研究，而大量的同步研究也往往带有浓重的滞后色彩，卓有远见的、预见性的超前研究则成果寥寥。这是社区研究的一大缺陷，也是社会学至今尚未发展为雄踞社会科学之林的主干学科的原因之一。究其原因主要有如下四点：其一，没有适时地加强对具有战略决策意义的重大社会现实问题的研究，在诸如经济、社会与文化发展问题上处于没有发言权或发言权不足的境地。其二，一些关系到中国经济、社会发展的大问题，一些关系到社会学发展的关键领域，我们还没有主动开展研究。例如，农村社会学目前还是空白，只是在小城镇研究、城乡发展研究、集体个体企业研究中涉及一小部分，而我国农村问题的研究领域是极其广阔的，远非我们所研究的那一部分。以为研究了农业人口转移、小城镇建设等问题便可代替对广大农村社区的研究，只能是一种空想。其三，对一些卓有远见的、预见性的超前研究，社会学界缺乏横向联合性的深入研究，致使这些成果显得势单力薄，难以对社会产生重大影响，同时也很难使这些超前研究向纵深方向发展。这也是我们的一些很有特色的研究难以发挥社会发展导向或警报作用的原因之一。其四，非学科化倾向及不恰当地拉长战线，加之某些将社会学学科庸俗化的倾向，削弱了社会学的影响，延缓了学科自身的发展。

社会学要在我国的经济、社会发展中发挥更大的作用，从而更加稳定、健康地发展，必须加强对具有战略决策意义的重大社会现实问题的研究，必须完善学科自身建设，填补至今尚属空白且必不可少的研究领域；加强横向联系，拓宽研究深度，增强感召力，以独特精辟的超前研究扩大对社会的影响；对影响学科健康发展的不良倾向应该坚决制止。

第四，提高社区研究的科学性和研究人员的业务素质。由于各种因素的影响，社区研究还存在许多明显的违背科学的现象。要改变这种状况，就必须提高研究人员的素质。目前许多从事社会学研究的同志所掌握的社会学理论知识及研究方法极其有限，知识老化或缺乏实践经验的问题至今还没有解决好，固守书斋，缺乏艰苦奋斗的精神也是发展社会学学科之大敌，因此，加强队伍建设，提高业务素质仍然是我们今后的主要任务。

参考文献

蔡德蓉，1983，《略论我国城市化道路与城乡管理体制》，《求索》第5期。

陈伯敏、蔡文眉，1988，《青海农业移民调查》，《社会学研究》第4期。

陈可文、陈湘舸，1982，《试论城市化不是唯一的道路》，《求索》第5期。

丁贻声，1984，《关于我国人口的城乡分布》，《人口研究》第4期。

董天佳，1987，《阶级与生存体系》，《社会学研究》第4期。

方明、叶克林，1986，《改革与新型城乡关系模式的建立》，《社会学研究》第1期。

胡国雄，1983，《也谈城市化道路》，《建设经济》第8期。

胡兆量、刘红星等，1985，《大城市人口的“超前”发展规律》，《社会调查与研究》第2期。

李德滨，1985，《黑龙江省的人口迁移与经济发展》，《社会调查与研究》第6期。

李汉休、方明等，1988，《经济发展与社会变迁——转变时期中不同类型城市社区发展的社会学分析》，《社会学研究》第5期。

李迎生，1988，《关于现阶段我国城市化模式的探讨》，《社会学研究》第2期。

马侠，1987，《中国城镇发展模式初探》，《社会学研究》第4期。

麦夷，1985，《城市化是社会化生产的共有规律》，《社会调查与研究》第2期。

税尚楠、吴希翎，1984，《试论我国的乡村城市化道路》，《经济地理》第1期。

孙炳耀、方明等，1988，《企业职能的改变与社区整合新模式的建立》，《社会学研究》第1期。

孙晓光，1984，《浅谈小城镇功能的转变》，《城市问题》第1期。

汪巽人，1982，《论我国的非城市化道路》，《求索》第5期。

王强，1988，《试论我国人口的迁移问题》，《社会学研究》第4期。

王勋，1984，《试论我国由东南向西北移民的客观必然性》，《人文杂志》第1期。

王元，1985，《充分发挥大城市优势》，《社会调查与研究》第2期。

吴大声、邹农俭、居福田，1988，《论小城镇与城乡协调发展》，《社会学讲究》第2期。

徐士典，1984，《事在人为，路在人走——滁州市乌市镇试点工作介绍》，《江淮论坛》第3期。

薛葆鼎，1984，《小城镇需要新政策》，《江淮论坛》第3期。

杨重光、廖康玉，1984，《试论具有中国特色的城市化道路》，《经济研究》第8期。

印证，1988，《论“二元城市体系”及城乡格局的全面改革》，《社会学研究》第4期。

原华荣，1988，《论西北的环境与移民》，《社会学研究》第4期。

张雨林，1988，《论城乡一体化》，《社会学研究》第5期。

赵明宇、张星明，1985，《人才流动与边区开发》，《社会调查与研究》第6期。

钟荣魁，1989，《卫星城带来的种种问题》，《社会科学报》1月5日。

朱通华，1984，《对一个江南文化古镇的总体建设规划的初步研究》，《小城镇 大问题》，江苏人民出版社。

我国社会发展水平居世界第七十位*

中国社会科学院“社会发展与社会指标”课题组

用一定数量的有代表性的主要社会指标和科学的方法，对每个国家的社会发展水平进行综合的定量分析，从国际比较中找出本国在社会发展中所处的位置和差距，这是一项很有意义的国际比较研究。例如，美国宾州大学社会学教授埃思蒂斯用36个社会经济指标对全世界124个国家和地区做出了定量评价，评出我国1983年社会进步指数为74.4分，居世界第77位；又如，美国海外开发署戴维·莫里斯博士仅用3个社会指标算出生活质量综合指数，我国1977年得69分，居161个国家的第73位；美国斯坦福大学社会学家英克尔斯教授用10个指标定出了现代化标准，我们据此标准计算，以现代化标准为100分，我国1986年为62分，高于低收入国家平均水平（41分），低于中等收入国家平均水平（74分），处于中等收入国家水平，与西方发达国家的216分相比，差距还很大，相当于苏联、东欧国家132分的一半。

国外专家给我们计算的位次和水平，都有一定的科学性和理论根据，而且基本符合我国情况，可供我们参考。但由于国情不同和研究的目的不同，外国专家选用的指标和标准也有一些不尽合理与值得商榷之处。例如，在埃思蒂斯教授选择的指标中，用“自然灾害发生率、灾害死亡人数、可耕地面积”等由自然条件决定的指标，计算出我国“地理”为－3分，“人口”是－1.3分，实际上我国在计划生育、节制人口方面是很有成效的，好于大部分发展中国家，因此这一标准是欠合理的。此外，他计算的各国排列名次中，波兰、罗马尼亚、保加利亚的进步指数和名次高于美国，意大利居世界第二位，美国排第27位，苏联排第58位，似乎有些不

---

* 原文发表于《社会学研究》1989第3期。

可信。

因此，有必要根据我国社会发展的实际情况和评价标准，对世界各国的社会发展水平另行计算，用我们自己的尺度来衡量我国的社会发展水平的实际状况和处于世界的位置，找出与先进国家的差距究竟有多大，落后的是哪些指标。

由于收集国外社会指标的统计资料比较困难，并要求具有可比性，我们选择了世界银行《1987 年世界发展报告》中人口在百万以上的 128 个国家中，有数据可比的 116 个国家的 16 项社会指标，进行综合评价（16 项指标中包括了现代化的 10 项指标）。据了解，由于各国统计方法、口径有所不同，世界银行已付出了巨大努力对口径进行调整，基本上求得了统一，但各国统计资料的准确性和可比性仍存在一定的局限性，尤其是发展中国家的数据存在问题较多，因此，我们采用的方法是综合评分法，[①] 以求得大致可比的分数进行比较和排列名次（见附表 1）。

据我们对 1985 年 116 个国家 16 项社会指标综合评分的结果，评分标准为 100 分，世界平均为 77 分，我国为 64 分，居世界第 70 位，高出 31 个低收入国家平均 52 分的 23%，低于 55 个中等收入国家平均 73 分的 12%，苏联、东欧七国平均为 111 分，23 个市场经济工业国平均为 142 分，分别高出我国 73% 和 122%。我国在世界 116 个国家中大致相当于中等偏下水平。从位次看，居世界第一位的是比利时，得 149 分，10 位以内的名次是比利时、荷兰、美国、加拿大、瑞典、丹麦、挪威、瑞士、法国、日本。居世界末位的是索马里，得 31 分。

从表 1 中我国的各项指标得分情况看，人均国民生产总值得分较低，1985 年为 310 美元，居世界第 93 位。我国国民生产总值总量并不低，1985 年居世界第 6 ~ 7 位，但按 10 亿人口平均就居世界百位左右了，如按购买力比较法进行换算也不过 500 美元左右，仍为世界低水平。

---

① 综合评分法是先确定 16 项指标满分为 100 分，根据每项指标的重要程度（权数）定出分数，每项指标分为 10 组，最低为 1 分，最高为 10 分，然后根据各国 16 项指标中各项指标的最大值与最小值确定全距进行分组，标准是以各指标的平均值为中等水平，评为 5 分，再依次参照各指标的性质，按上下幅度划分各组得分。例如，人均国民生产总值 250 美元以下为 1 分，250 ~ 500 美元为 2 分……1 万美元以上为 10 分，婴儿死亡率、人口增长率等逆指标比例越高，分数则越低，16 项指标相加便得出总分。这种评分法可以消除一部分数字不准和不可比等因素，求出大概的综合分。

表 1　16 个社会指标的综合分值

单位：分

指标	评分标准	低收入国家		中等收入国家	苏联及东欧	市场经济工业国
		合计	其中：中国			
综合分值	100	52	64	73	111	142
1. 人均国民生产总值	8	2	2	4	5	10
2. 农业产值在国民生产总值中的比重	6	3	3	6	5	10
3. 第三产业产值在国民生产总值中的比重	6	4	2	8	3	10
4. 出口总额在国民生产总值中的比重	6	2	2	5	4	3
5. 城市人口占总人口比重	7	2	1	5	8	10
6. 非农业就业人口占就业人口比重	6	3	3	6	8	10
7. 教育经费占国民生产总值的比重	6	3	3	6	6	9
8. 中学生占 12～17 岁年龄人口的比重	6	4	4	5	9	9
9. 大学生占 20～24 岁年龄人口的比重	6	1	1	3	5	8
10. 人口自然增长率	6	4	6	3	8	9
11. 平均预期寿命	7	6	8	6	8	10
12. 婴儿死亡率	6	3	4	3	5	8
13. 平均多少人有一名医生	6	2	6	2	9	8
14. 人均每日摄取热量	6	3	5	5	9	9
15. 1980～1985 年平均通货膨胀率	6	8	10	1	9	9
16. 人均能源消费量	6	2	4	5	10	10

从社会结构五个指标（农业产值在国民生产总值中的比重、第三产业产值在国民生产总值中的比重、出口总额在国民生产总值中的比重、城市人口占总人口比重、非农业就业人口占就业人口比重）来看，我国仅得 11 分，低于低收入国家平均 14 分的水平。这主要是我国城市化水平较低，根据非农业人口比例，1985 年仅占总人口的 20%，1987 年也只占 21%（按市镇人口计算，1985 年为 36.6%，1987 年为 46.6%，但其中包括了大量的农业人口在内，不能确切反映城市化水平），这一比例，仅得 1 分，为最低分。第三产业产值在国民生产总值中的比重仅为 25%，仅高于布隆迪，居世界倒数第二位，低于低收入国家 35% 的平均水平，1987 年也仅占 25.5%，按第三产业劳动力计算，也居世界倒数第 13 位。第三产业比重是反映现代化水平的一个重要指标，我国第三产业比重低，反映了我国社会

生产力水平、科技发展水平和社会化程度都比较低。此外，我国出口比例、非农业劳动力比例也较低，农业产值在国民生产总值中的比重还较高，这说明我国的社会结构还不尽合理，影响整个社会发展水平和社会效益的提高。因此，在今后深化改革过程中，必须进一步优化社会结构。

从反映人口素质、生活质量的10个社会指标（大学生就业率、人口自然增长率、平均寿命、婴儿死亡率、医生拥有数、教育经费占国民生产总值的比重、中学生占12～17岁年龄人口的比重、大学生占20～24岁年龄人口的比重、人口自然增长率、平均预期寿命、婴儿死亡率、平均多少人有一名医生、人均每日摄取热量、1980～1985年平均通货膨胀率、人均能源消费量）来看，大多数指标都超过了低收入国家，甚至超过了中等收入国家，我国得51分，高出低收入国家和中等收入国家36分和39分的水平。首先，这主要是由于1980～1985年物价平稳，通货膨胀率较低，得分最高；其次是由于生活条件和医疗条件得到改善，平均预期寿命、医生拥有数、婴儿死亡率、人均每日摄取热量等指标得分都较高，不仅高于低收入国家，而且也高于中等收入国家，由于控制人口政策取得显著成效，人口自然增长率也低于大部分发展中国家。反映教育水平的三个指标，大致相当于低收入国家水平而低于中等收入国家的水平，与发达国家的水平差距仍较大。这说明我国大多数社会指标都已达到甚至超过了中等收入国家水平而高于低收入国家水平。正如世界银行的考察报告所说："中国在减轻贫困方面取得了卓越成就。其他国家的最贫困阶层所遭受的饥饿、疾病、高出生率和高婴儿死亡率、文盲普遍，随时可沦为赤贫和饿殍的恐惧，在中国已经基本消除"，"公民相当普遍地享受到基本教育和基本医疗卫生服务，保证必要的最低限度的食物摄取量，所有这些条件都使中国在减少不公平分配和减少贫困方面，比其他发展中国家做得更好。"

但是，值得引起注意的是，近三年来，我国几个占优势的社会指标已呈下降趋势。例如，在1980～1985年平均通货膨胀率只有3.9%，是世界较低水平，得了满分；但1986～1988年间，通货膨胀率逐年上升，1988年已急剧上升到18.5%，人口自然增长率也从11‰上升到14‰以上，婴儿死亡率和平均预期寿命数字还需要进一步核实，教育经费占国民生产总值的比重和大中学生就学率没有什么增长，人均每日摄取热量和人均能源消费量也保持原有水平，社会结构指标变动也不大。我们初步测算，1988

年的16项社会指标有升有降，总得分仍然是64分左右，这就是说，近三年我国社会发展中的一些社会指标呈停滞状态，而世界却在加快发展，这就意味着我国占世界位次呈下降趋势。

总的来看，改革10年来，我国社会发展已取得了显著的成就，使我国从一个落后的低收入国家跻身中等收入国家行列，但与世界发达国家比较，差距还很大，距现代化水平的标准还很远。要加快社会发展必须进一步优化社会结构，提高人的素质，使经济社会获得协调发展，发挥最大的社会效益，这就要求涉及政治、经济、科技、教育、卫生等各个方面的改革相互配套。尤其要采取有力措施制止通货膨胀，制止经济过热的现象，为社会发展创造良好的社会环境。

附表1　128个国家和地区的社会指标得分和名次排序（1985）

名次	国别	得分	名次	国别	得分	名次	国别	得分
1	比利时	149	44	智利	92	87	玻利维亚	5[illegible]
2	荷兰	142	45	牙买加	89	88	喀麦隆	4[illegible]
3	美国	142	46	毛里求斯	86	89	阿拉伯也门共和国	4[illegible]
4	加拿大	142	47	马来西亚	84	90	巴基斯坦	4[illegible]
5	瑞典	141	48	阿尔及利亚	84	91	中非共和国	4[illegible]
6	丹麦	141	49	西非	84	92	塞内加尔	4[illegible]
7	挪威	140	50	墨西哥	83	93	海地	4[illegible]
8	瑞士	138	51	哥斯达黎加	81	94	肯尼亚	4[illegible]
9	法国	135	52	叙利亚	79	95	扎伊尔	4[illegible]
10	日本	133	53	阿曼	77	96	尼日利亚	4[illegible]
11	澳大利亚	133	54	埃及	76	97	加纳	4[illegible]
12	联邦德国	133	55	哥伦比亚	75	98	马达加斯加	4[illegible]
13	奥地利	133	56	秘鲁	75	99	贝宁	4[illegible]
14	英国	130	57	巴西	75	100	苏丹	4[illegible]
15	芬兰	128	58	厄瓜多尔	75	101	尼日尔	4[illegible]
16	爱尔兰	128	59	伊拉克	73	102	马拉维	3[illegible]
17	新西兰	124	60	突尼斯	72	103	埃塞俄比亚	3[illegible]
18	意大利	124	61	伊朗	68	104	不丹	3[illegible]
19	民主德国	123	62	土耳其	67	105	几内亚	3[illegible]

续表

名次	国别	得分	名次	国别	得分	名次	国别	得分
20	保加利亚	123	63	泰国	66	106	马里	37
21	新加坡	122	64	多米尼加	66	107	塞拉利昂	36
22	捷克斯洛伐克	121	65	摩洛哥	66	108	莱索托	36
23	以色列	121	66	萨尔瓦多	66	109	尼泊尔	34
24	科威特	120	67	刚果	65	110	卢旺达	34
25	中国香港地区	118	68	也门民主共和国	65	111	莫桑比克	34
26	西班牙	118	69	斯里兰卡	64	112	坦桑尼亚	34
27	匈牙利	117	70	中国	64	113	孟加拉国	33
28	苏联	115	71	菲律宾	62	114	布基纳法索	32
29	阿拉伯联合酋长国	112	72	巴拉圭	62	115	布隆迪	32
30	特立尼达和多巴哥	108	73	尼加拉瓜	62	116	索马里	31
31	希腊	106	74	博茨瓦纳	60	数据暂缺的国家（12 个）		
32	利比亚	104	75	洪都拉斯	59	阿尔巴尼亚		
33	韩国	102	76	津巴布韦	57	古巴		
34	乌拉圭	102	77	毛里塔尼亚	56	朝鲜民主主义人民共和国		
35	罗马尼亚	101	78	赞比亚	56	蒙古		
36	波兰	100	79	危地马拉	56	黎巴嫩		
37	约旦	100	80	巴布亚新几内亚	54	安哥拉		
38	沙特阿拉伯	100	81	印度	54	阿富汗		
39	南斯拉夫	98	82	利比里亚	54	乍得		
40	阿根廷	98	83	印度尼西亚	52	柬埔寨		
41	委内瑞拉	98	84	多哥	52	老挝		
42	巴拿马	96	85	科特迪瓦	51	乌干达		
43	葡萄牙	95	86	缅甸	50	越南		

资料来源：主要根据世界银行《1987 年世界发展报告》，所缺数据根据中国统计出版社出版的《1987 年国际经济社会统计资料》做了补充。中国数据根据《中国统计年鉴》中的数据进行了调整。

（朱庆芳 整理）

我国各省区市社会发展的比较与评价*

中国社会科学院“社会发展与社会指标”课题组

衡量一个地区的发展水平，过去往往单纯用经济指标，但实际上一个地区社会发展水平的提高并不完全取决于经济的发展，还取决于社会结构优化，人口素质、生活质量的提高和社会环境、社会秩序的安定，也就是说，一个地区的全面发展必须使经济和社会协调发展。为了全面衡量社会发展水平，有必要选择一套能反映社会发展水平的有代表性的社会指标进行综合评价。它是一种尺度，能对每个地区的社会发展水平进行测量分析，不仅能评价各地区总的发展水平，进行地区间的横向对比，找出各地区所处位置，还能找出各地区在社会发展中各个主要方面的薄弱环节和差距。

我们根据各地区 1987 年的社会统计指标，选择了有代表性的主要社会经济指标 40 个，包括社会结构、人口素质、经济效益、生活质量、社会秩序五个方面，用综合评分法算出各地区的总分，进行评价和排序。

这一评价方法的特点是用有代表性的主要社会经济指标全面概括各地区的社会发展水平，40 个指标体现了以人的发展为中心这样一个衡量标准，除个别指标外，绝大多数指标是用人口和劳动力计算出人均数和比例数，能反映人的积极性和潜力发挥程度以及人的需要满足程度，同时也反映了人的发展是否适应社会的发展。

根据 40 个社会经济指标评价的结果如下。

上海市为全国之首，总分 162 分；天津 159 分，居第二位；北京 158 分，居第三位。居十位以前的地区都超过了全国平均 100 分的水平，其排序依次是辽宁 124 分、江苏 118 分、浙江 114 分、广东 107 分、吉林 106

---

* 原文发表于《社会学研究》1989 第 3 期。

分、黑龙江 105 分、山西 101 分。在 90～100 分之间的有河北、内蒙古、湖北、宁夏、福建五个地区。居全国最后三名是湖南 72 分、云南 69 分、贵州 63 分。（详见附表 1）

过去只用经济指标衡量，处于末位的一般是西北五省区。而用社会指标评价，位次已发生很大变化，如宁夏、青海、新疆等地区，由于人口少，工业不发达，环境污染相对减少，因此生活质量、环境保护指标相对较好，得分并不低，位次上升到第 14、17、18 位。而广西、河南、四川、湖南等地区因人口较多，社会结构不够合理，人口素质偏低，经济效益不高，因此得分较低，居第 23～26 位。

从分项综合指标来看，地区之间存在较大差别。

（1）社会结构综合指标由 7 个指标组成，有第三产业产值比例、非农业劳动者比例、脑力劳动者比例、享受社会保障人口覆盖面、城市人口比例、社会投资比例、城镇待业率。这 7 个指标大致反映了现代化水平、城市化水平和社会化、福利化水平。社会结构优化是经济社会协调发展的基础和前提条件。分数越高，表明社会结构优化程度越高，全国平均为 18 分，京津沪三市最高，分别为 34 分、28 分、27 分。辽宁、黑龙江、新疆、吉林也较高，都达到和超过了全国平均水平；广西、山东最低，分别为 9 分和 7 分。

（2）人口素质综合指标。力求能体现居民的文化教育水平、健康状况和人口增长情况，有平均寿命、人口自然增长率、初中以上人口和文盲占总人口的比例、人均医生数和残疾人口比例 6 个指标。人是社会发展的核心，人口素质的高低对社会的发展起着决定性作用。全国人口素质以上海为最高，得 29 分，北京 24 分，天津 21 分，均大大高于全国平均水平（18 分）；辽宁、吉林、黑龙江、浙江、广东、山西、内蒙古等省份也较高，都在 15 分以上；湖北、青海、甘肃、云南等省人口素质得分较低，均不满 10 分，其中以云南 4 分为最低。

（3）经济效益。经济是社会发展的物质基础，经济效益的提高又取决于人口素质的提高和社会结构的优化。我们选择了能反映宏观经济效益的人均国民收入、社会劳动生产率、工业企业资金利税率、固定资产交付使用率、人均地方财政收入、财政收支差额 6 个指标。为评价各地区经济发展总水平，还选择了国民收入增长率（以适度增长获高分，过高或过低速度获低分）共 7 个指标。全国平均为 18 分，全国以江苏为最高（达 34 分），其次是天津（32 分），上海 31 分，北京 28 分，辽宁 27 分也较高。在 20 分以上的还有浙江、黑龙江、湖北三省，最低的是贵州（仅得 8 分），河南、四川、陕西也较低，在 10 ~ 12 分之间。

（4）生活质量。生活质量一方面体现了社会发展的结果，满足居民物质需要的程度；另一方面，生活质量的提高又能促进社会进一步发展。因生活质量范围很广，我们选择了包括物质生活和文化生活在内的各方面的指标，有反映居民消费、收入、吃、穿、用、住、物价、劳保福利、环境保护等的指标，共 15 个指标，全国平均为 36 分。以沪、津二市为最高（达 66 分），北京 63 分，比全国平均 36 分高近一倍。其次是浙江（达 53 分），辽宁、广东、吉林、宁夏、山西、青海在 44 ~ 48 分之间，黑龙江、江苏、湖北、山东、新疆、河北、福建等地区也都在 38 分及以上。以安徽为最低，只有 26 分，江西、广西、湖南、河南、甘肃、贵州等地区也比较低，均在 30 分左右。

生活质量中的环境保护选择了三个指标（废水、废气、废渣“三废”处理率）。评价结果是：工业发达地区的“三废”处理率均低于不发达地区，如京、津、沪、吉、黑、苏、粤、湘都只有 3 ~ 4 分，低于全国平均 6 分的一半左右，而宁夏、青海、陕西、贵州等省份均为 10 ~ 12 分。

（5）社会秩序。为保证社会稳定健康发展，必须有安定团结的政治局面和正常的社会秩序。根据公安部、劳动部的统计，我们选择了刑事案件立案率、治安案件发案率、交通事故死亡率、工伤事故死亡率、火灾发生率、火灾人均损失 6 个指标，全国平均为 10 分。社会秩序最好的省为山东、河北、安徽、江苏，在 16 ~ 18 分之间，这些省主要是刑事案件立案率和治安案件发案率均较低。京、沪二市由于人口过于密集，刑事案件立案率、治安案件发生率和火灾发生率都比较高，均得 0 分。社会秩序总分最低的是新疆和青海，分别为 4 分和 6 分。

从以上五类社会指标综合得分的相互关系来看，除社会秩序指标没有什么规律性外，一般规律是社会结构合理、人口素质高，则经济效益和生活质量也较高；反之则低。但也有一些地区例外，如新疆、宁夏、青海、山西、河北、山东六个地区的社会结构不太合理、人口素质不高，经济效益较低，但生活质量得分都较高。各类指标是相互联系、相互制约的，如果各类指标得分差距过大，则在一定程度上反映了经济和社会发展的不协调，如果对每类指标能进行动态分析，便能从各类发展速度中找出不协调处和薄弱环节。这有待于今后对社会经济指标进行动态比较。

在地区比较中，为什么河南、四川、湖南等省总得分低于安徽、甘肃等省？据分析，主要是这些地区人口多，大多数指标平均数均低于全国平均数，尤其是社会秩序得分差别较大，如湖南、四川由于刑事案件立案率、治安案件发生率大大高于甘肃和安徽。也就是说，只有经济和社会获得全面发展才能提高本地区总的社会发展水平。

附表 1　1987 年各地区社会发展水平名次排序

单位：分

名次	省市区别	总分	社会结构	人口素质	经济效益	生活质量		社会秩序
						小计	其中：环境保护	
	全国平均	100	18	18	18	36	6	10
1	上海	162	27	29	31	66	3	9
2	天津	159	28	21	32	66	4	12
3	北京	158	34	24	28	63	4	9
4	辽宁	124	21	20	27	48	5	8
5	江苏	118	15	15	34	38	4	16
6	浙江	114	13	16	23	53	6	9
7	广东	107	16	16	17	46	3	12
8	吉林	106	19	19	16	44	3	8
9	黑龙江	105	21	17	20	38	3	9
10	山西	101	17	16	15	45	7	8
11	河北	95	14	11	15	38	5	17
12	内蒙古	94	17	16	17	33	8	11
13	湖北	94	14	9	22	40	6	9
14	宁夏	92	13	11	14	46	12	8
15	福建	90	13	10	17	38	8	12
16	山东	89	7	12	13	39	5	18
17	青海	89	14	8	16	45	11	6
18	新疆	88	20	11	15	38	5	4
19	陕西	80	15	11	12	33	10	9

续表

名次	省市区别	总分	社会结构	人口素质	经济效益	生活质量		社会秩序
						小计	其中：环境保护	
	全国平均	100	18	18	18	36	6	10
20	安徽	79	10	12	15	26	7	16
21	江西	77	14	10	13	29	5	11
22	甘肃	76	14	7	13	30	8	12
23	广西	74	9	11	14	30	7	10
24	河南	73	10	10	10	31	7	12
25	四川	73	12	10	12	33	8	6
26	湖南	72	12	11	14	28	4	7
27	云南	69	12	4	14	32	7	[illegible]
28	贵州	63	10	7	8	31	11	[illegible]

注：西藏因指标数据缺得太多，未计算总分，暂缺。海南省因建省晚未单列，原数据包括在广东省内。台湾省亦暂缺。综合评分法，先确定40个指标的满分为100分，每个指标分为6个组，最低分为0分，最高分为5分。然后根据全国各省、自治区、直辖市40个指标中各指标的最大值与最小值确定其全距并进行分组。标准是以各指标的平均值为中等发展水平，评定为3分，再依次参照各指标的性质按上下幅度划分各组分数，并结合权数（根据指标的重要程度确定）进行计划。例如，人均国民收入400元以下为0分，400~500元为1分……1200元以上为5分。文盲率、待业率等逆指标则比例越高，分数越低，以40个指标得分相加便得出总分。

资料来源：根据1988年《中国统计年鉴》和有关部门年报整理。

（朱庆芳 整理）

婚姻家庭研究十年概述*

马有才

婚姻家庭研究，是社会学研究的传统课题，也常常是社会学研究的热门课题。在世界许多国家的社会学研究中，家庭社会学研究都占有很重要的地位。这是因为婚姻家庭问题和每个人的成长与一生幸福都有关系并关系到国家的安定团结，故而受到各国政府、学者及广大人民的关怀与重视。美国是世界上非常重视社会学研究的国家之一，对家庭社会学的研究更为关注。著名社会学家亚历克斯·英克尔斯（A. Inkeles）早在《社会学是什么》一书中，就把家庭问题作为社会学研究的一个主要内容。美国把家庭问题列为十大社会问题之一。目前每年大约出版 600 种家庭社会学、家政学方面的书刊。早在 19 世纪 60 年代，就在 641 所大学里开设了家庭社会学、家政学课程，甚至总统、副总统也都注意研究家庭问题。前总统卡特在 1976 年竞选总统时曾一度许诺解决家庭问题。1980 年夏天美国政府曾先后在巴尔的摩、明尼阿波利斯和洛杉矶召开所谓白宫家庭会。这在美国历史上还是第一次，可见其对家庭问题的重视程度。苏联自 1956 年（苏共 20 大）开始重建社会学后，家庭社会学也随之复兴发展起来。在一些大学里开设家庭社会学课程，有很多老年人赶去听课。经常举办家庭社会学讲座、召开家庭社会学学术讨论会，大量出版家庭社会学相关书刊。著名社会学家阿·格·哈尔切夫就出版了《共产主义与家庭》、《家庭的进一步巩固》、《结婚动机调查结果》等书。波兰、匈牙利的高等学校把家庭社会学列为基础课，民主德国、捷克斯洛伐克把家庭社会学作为选修课。世界上不少国家设有家庭法院，政府中有家庭部。我国的事实，更充分地证明了这一点。新中国成立初期，在 1951～1952 年全国高等学校院系调整

* 原文发表于《社会学研究》1989 年第 4 期。

时，由于错误地把社会学看成是资产阶级的东西，并认为可以用历史唯物主义取代，结果社会学被禁止、取消了。家庭社会学，作为社会学的一个重要分支学科，其研究工作也随之中断（指作为一门学科的科学研究工作，并非指婚姻家庭方面的问题）。时隔 27 年后，在党的十一届三中全会精神指引下，社会学研究工作于 1979 年得到恢复，家庭社会学的研究工作也立刻恢复并迅速蓬勃发展起来。在 1983 年制定全国社会科学“六五”规划时，社会学列入“六五”规划的重点研究项目只有三个，而《中国城市家庭现状——五城市家庭研究》便是其中的一个。

我国的婚姻家庭研究，从恢复至今虽然只有短短十年的时间，但发展却很快，呈现出一派生机勃勃的局面，形势是很喜人的。这种发展，既表现在科研机构的建立、学术团体的成立、科研队伍的形成及报刊的创办上，也表现在撰、译文章大量发表和著、译书籍的大量出版上，同时还表现在研究的问题广泛深入、社会调查之风兴盛、学术讨论会频频召开、在报刊上对各种问题展开热烈的讨论上。下面请看事实。

一　科研机构、学术团体的建立和科研队伍的培养与形成及刊物的创办

（一）科研机构和学术团体的建立

据目前我们了解到的，已有中国社会科学院社会学研究所、上海社会科学院社会学研究所等四个研究所设立了婚姻家庭研究室。1986 年黑龙江省还建立了一个婚姻家庭研究所，成为我国历史上第一个研究婚姻家庭问题的专门机构。该所为自己制定的科研任务是：以马列主义、毛泽东思想为指导，通过科学研究摸清我国婚姻家庭的现状，研究我国婚姻家庭的过去、现在和未来，找出其存在的共性问题，分析产生的原因，探索其发展规律，寻求解决办法和途径，预测未来的家庭模式、婚姻变化和发展趋势；同时为解决当前社会上存在的婚姻家庭问题搞好咨询服务，为党和政府制定婚姻家庭方面的有关政策提供依据，从而推动我国婚姻家庭领域的精神文明建设，为发展具有中国特色的社会主义家庭学理论而努力，以便巩固和完善社会主义的婚姻家庭制度。以上任务恐怕也是各个婚姻家庭研

究机构应共同为之奋斗的目标。另外，自1981年中国婚姻家庭研究会成立以来，全国各省区市（不包括台湾）纷纷成立婚姻家庭研究会，到目前为止，除西藏外，都成立了婚姻家庭研究会，甚至有的个别县也成立了婚姻家庭研究会。

（二）刊物的创办

目前创办的婚姻家庭专门刊物已有《婚姻与家庭》、《家庭》、《恋爱、婚姻、家庭》、《爱情婚姻家庭》、《家庭生活指南》、《社会、家庭》、《现代家庭》、《家庭、育儿》八种。还有很多报刊，或大量发表婚姻家庭方面的文章，或开设婚姻家庭问题专栏。如《人生、伴侣》、《父母必读》、《生活百事通》、《中国妇女报》、《中国法制报》，以及社会学、精神文明、生活方式、妇女、青年、老年等有关报刊。

（三）婚姻家庭问题的讲授

部分大学的社会学系开设了家庭社会学和家政学的课程，向学生讲授婚姻家庭问题。中国社会学函授大学，也把婚姻家庭问题作为函授内容之一。各地开办的社会学及有关问题的学习班，也多将婚姻家庭问题列为一项讲授内容。至于专门开办婚姻家庭问题讲座的就更多了。

（四）科研队伍的形成

据《中国社会学研究机构及人员名录手册》统计，在收集到的168名（不全，个别单位没收集到）社会学专业研究人员中，从事婚姻家庭研究的有22人，占总人数的13.1%，是各类研究人员中所占比例最高的。其他类所占比例：从事“理论”研究的占11.9%，从事“分支社会学”研究的占12.5%，从事“城乡、社区”研究的占10.7%，从事“社会心理学”研究的占7.7%，从事“青年问题”研究的占7.1%，余者均占6%以下。[①] 而且在从事青年、老年、生活方式、城市问题乃至国外社会学研究的人员中，有些人也或多或少地搞一些婚姻家庭问题研究。至于并非专业科研人员，但兼搞一些婚姻家庭问题研究的人就更多了。如经济、法律、

① 见《社会学研究》1989年第2期，第13页。

伦理等学科的部分人员，各个婚姻家庭研究会的会员，婚姻家庭专门刊物的编辑与记者，从事妇女工作和计划生育工作的某些实际工作人员，从事婚姻法研究的研究人员，法院里从事离婚案件审理工作的个别人员，以及其他某些有关的实际工作者，等等。总之，在婚姻家庭问题研究中，专业人员虽然不多，兼业的人员却不少，关心的人就更多了，是很有群众基础的。当然，现有的科研队伍与我们这样一个大国的需要还是很不相称的。

二　文章发表和书籍出版情况

（一）发表的文章数量可观

据我们不完全的统计，1979～1988年底，发表著、译文章达400篇，作为刚恢复不久的新学科，数量是相当不少的。在社会学类文章中占多大比例，没有计算比较，但据周贵华同志对《全国报刊目录索引》的统计，1979～1987年，全国各报刊上发表的婚姻家庭问题文章共350篇，占整个社会学类文章（2562篇）的13.7%，居各类社会学文章之首。此外，所占比例较高的有社会学“总论”占10.97%，“生活方式”占10.7%，其余各类文章均在9%以下，最少的“犯罪”问题只占0.9%（周贵华，1989：10）。以上文章大都是有一定价值，且篇幅较长，一些篇幅较短的文章并没有包括在内，而篇幅较短的文章的数量要比这多得多。

（二）出版的书籍为社会学各分类之首

据我们不完全的统计，1979～1988年已达135种，其数量是很大的，在社会学类书籍中所占比例多少未做计算。同样据周贵华同志对《新书通报》的统计，1979～1987年共出版婚姻家庭书籍114种，占出版的社会学类书籍总数（417种）的27.3%，居第一位。其他各类比例：“社会分析”占9.1%，“青年、老年”占6.7%，“社会学介绍、概论”占6.7%，其他占23.3%，余者均在5%以下（周贵华，1989：12）。可见，婚姻家庭方面出版的书籍，比社会学其他各类中比例较高的还要高出两三倍，表明目前在我国，家庭社会学是社会学中最热门的分支学科。

在出版的婚姻家庭书籍中，除译著外，虽然宣传性、普及性的通俗读物占大多数，但也出现了一些专著或系统论述、介绍某一方面专门知识的著作，从一个侧面反映了我国家庭社会学研究的进展状况与发展水平。现选介几部如下。

1.《中国城市婚姻与家庭》，潘允康主编，山东人民出版社出版（1987 年 12 月）。该书是我国部分社会学研究和教学工作者，在对北京、上海、天津、南京、成都五城市家庭进行调查的基础上，撰写的一部专著。它是目前我国出版的唯一一部全部以调查资料为依据写成的颇具特色的婚姻家庭专著。全书共分十九章，对家庭理论、婚龄、婚姻择偶、婚姻结合途径、婚礼、婚后居住形式、家庭结构、家庭网络、家庭生命周期、家庭功能、家庭发展的未来趋势等做了分析论述。《中国城市婚姻与家庭》的出版，对于通过调查进行研究来说，是一次较好的尝试。

2.《家庭社会学》，潘允康著，重庆出版社出版（1986 年 2 月），是目前我国出版的第一部家庭社会学专著。全书包括绪论、家庭的本质、婚姻制度、家庭结构、家庭关系、家庭功能、家庭伦理、家庭管理、家庭问题、家庭的起源和发展，共十章。它的出版，对普及家庭社会学知识、指导婚姻家庭问题的研究起到了一定的积极作用。它既可作为大学社会学系本科生的教材，还可作为理论工作者、实际工作者和对社会学有兴趣者的自学参考读物。

3.《家庭问题种种》，邓伟志著，天津人民出版社出版（1983 年 1 月）。该书系作者研究家庭社会学的论文集。它是自 1979 年我国家庭社会学的研究工作恢复后，出版最早的一本理论色彩较浓的家庭社会学方面的著作。论述的问题涉及：研究家庭社会学的必要性、家庭社会学的任务、内容和研究方法；中国家庭制度的优越性、存在的矛盾及家庭改革之内容；家规、家庭道德；家庭观念淡化；父子关系与做父亲的艺术；优生与婚姻；老人、女性问题；婚礼及其改革；国外家庭社会学研究状况；国外家庭解体；家庭未来展望；母权、群婚、对偶婚；多妻制与多夫制；家长制的演化；生育观、贞淫观、嫉妒观、离异观；等等。作者把家庭社会学的某些理论与中国社会家庭的具体情况紧密结合起来，具有一定的说服力。

4.《婚姻社会学》，刘达临著，天津人民出版社出版（1987 年 2 月）。该书是从社会学角度来考察和研究人类婚姻关系、婚姻行为及其发展规律的一部专著。全书系统地介绍了婚姻社会学的重要理论和知识。作者对婚姻的基础、婚姻的缔结、婚姻关系的调适、夫妻性生活、家庭生活的管理、婚姻观念、婚姻关系的变异等问题做了探索和研究。这部书理论与实际相结合，颇富时代色彩，是近些年来婚姻家庭研究的收获之一。

5.《家庭管理学》，刘达临著，上海人民出版社出版（1984 年 10 月）。该书深入浅出，系统而简明地阐述了家庭管理学研究的对象、现状、意义、方法及具体内容。尤其是对家庭管理学的内容——家庭结构、家庭职能、家庭关系、家庭管理、家务劳动、家庭生活、家庭教育、家庭立法等，包括每项所含具体内容，都一一做了介绍，使人对家庭管理学的知识有一个明确概括的了解。

6.《日本的婚姻与家庭》，张萍著，中国妇女出版社出版（1984 年 12 月）。该书是目前我国出版的研究日本婚姻与家庭的唯一的一部专著。全书分上下两编，对日本的婚姻与家庭，从上古直到今天，做了系统而概括的介绍和论述，对于我们研究日本的婚姻与家庭，并加以借鉴，推动我们的家庭社会学研究，是一部较好的参考书。

此外，十年来还出版了一些从不同学科、不同角度研究婚姻家庭的专著。如从经济学角度研究的有《家庭经济学》、《家庭消费经济学》，从历史学角度研究的有《中国婚姻小史》，从民俗学角度研究的有《中国婚俗》，等等。

与此同时，也涌现出了一批有影响的专家、学者。在此介绍几位（以姓氏笔画为序）。

邓伟志：上海大百科全书出版社副主编，已出版《家庭问题种种》、《家庭的明天》、《中国家庭的演变》（与人合著）、《唐前婚姻》、《家庭面面观》、《婚姻史话》（与人合作）六本书，还发表了婚姻家庭方面的论文与文章若干，在家庭社会学界颇有影响。

刘达临：《社会》杂志副主编，已出版《婚姻社会学》、《家庭社会学漫谈》、《家庭管理学》、《性社会学》、《应当学会怎样爱——婚姻学漫谈》、《当你步入老年》等著作和译著《社会学与你》，发表的文章和论文也不少，是近年来在婚姻家庭研究领域著述较丰的作者。

潘允康：天津市社会科学院社会学研究所所长，已出版了《家庭社会学》、《生活方式》（与人合著），主编了《中国城市婚姻与家庭》，参与编写了《中国城市家庭——五城市家庭调查报告及资料汇编》等书，还发表了大量学术论文，在学术界有影响。

陈一筠：中国社会科学院社会学研究所研究苏联家庭社会学的学者，已出版了她主编的《婚姻家庭与现代化社会——苏联社会学概览》、译著《夫妻冲突》两本书，还发表了论文若干。

张萍：中国社会科学院社会学研究所研究日本家庭社会学的学者，已出版著作《日本的婚姻与家庭》、《大龄未婚研究》，编译《日本的卖淫问题》，译著《女性学入门》等书，还发表了论文若干。

魏章玲：中国社会科学院社会学研究所研究美国家庭社会学的学者，已出版著作《家庭——美国模式》（英文在美国出版），译著《家庭》（美国著名社会学家 W. 古德的家庭社会学名著）两书，还发表论文若干。

三　研究问题的广泛性和深入性

十年来，婚姻家庭领域研究探讨的问题很广泛，涉及各个方面，既有很多理论问题，也有大量实际问题，而且对某些问题的研究探讨越来越细，越来越深入。就拿《婚姻与家庭》杂志发表的文章来说吧，便足以证明这一点。我手头有该刊 1986、1987 年和 1988 年三年的 30 期杂志（缺一小部分），大略统计了一下，涉及的问题很多。归纳起来，可分为爱情、婚姻、早恋与同居、贞操观与婚外爱情、性、老年人与老年再婚、家庭、女性角色、农村婚姻家庭、外国婚姻家庭 10 个方面的问题。下面介绍几个方面的情况。

1. 关于婚姻方面的有：青年择偶条件的变化、婚姻结合途径、男女社交与婚姻幸福、门当户对的婚姻、光有漂亮是不够的、婚姻角色的个性魅力；婚姻基础讨论、婚姻的稳定与婚姻基础的关系；应建立自主婚约制、婚姻关系中当有别居制；传统婚恋观剖析、封建婚姻观念的种种表现、传统婚姻思想对现代婚姻的影响、婚姻的梯度观、婚姻观形成的机制；民族婚姻、大龄青年的婚姻、大学生的恋爱问题、引进型婚姻纠纷、“凑合型”婚姻、未来婚姻；婚姻满意度调查分析、婚龄问题；青年婚礼新仪式、操办心理分析、婚俗改革；等等。

2. 关于家庭方面的有：①家庭结构。从妻居的生命力、主干家庭的生命力、城市家庭的核心化趋势、妇女生命周期与家庭结构类型变化的关系、农村专业户的家庭结构、无血缘关系的模拟家庭。②家庭教育。家庭是教育后代的阵地、独生子女家庭家长角色异化问题、独生子女家庭关系及其造成的社会后果、帮助孩子摆脱孤独、不要对孩子的无理要求让步、注意儿童的心理卫生。③家庭关系。学会夫妻相处的艺术、“相敬如宾”不见得好、夫妻平等不是要等同、如何看“妻管严”、如何防止夫妻关系破裂、猜疑是夫妻关系的大敌、夫妻矛盾的特点与调适、夫妻间允许保留隐私、夫妻发生不和睦后应多想对方的好处；家庭代际关系、平等——两代人才能沟通思想、代沟的填平；婆媳争端心理分析；如何消除家庭紧张关系、家庭冲突的调适、产生和维系家庭的力量、家庭成员个性补差、家庭民主化趋势；等等。④家庭管理。家庭管理的科学性和有效性、家务劳动体制改革讨论、学点家政学提高家庭管理水平和生活质量、家庭服务公司大有作为。⑤其他。家庭优生优育、家庭继承法、生育与家庭、文化与家庭、两代消费水平下沉、建立家庭消费账、知识分子家庭的特色和矛盾、怎样提高对家庭的满意度等。

3. 关于女性角色方面的有：女性家庭角色与社会角色的冲突、女性在家庭中的作用、女企业家的家庭生活、女性男性化与家庭幸福的关系；改革与妇女、当代女性面临的挑战、阻碍妇女解放的因素、第三产业与妇女解放、妇女在就业方面是进还是退、现代知识女性的追求与失落；当今女性的参与意识、女性的解放与自我觉醒；新女性应是什么形象、女性的伦理美、女大学生心目中的男性美、男性妇女观的变革、两性平等；等等。

4. 关于农村婚姻家庭方面的有：农村婚恋观念的新变化、农村婚恋观念的特点及问题和对策、先富起来的农民家庭道德观的进步、富起来后家庭生活方式的变化；农村婚姻活动两极发展、高价婚姻、赡养与买卖婚姻；订小亲盛行；个体户、专业户婚姻纠纷；重婚犯罪问题；农村女教师的婚姻与家庭；等等。

当然，从整个婚姻家庭的研究来讲，涉及的问题比以上还要多得多，有些问题研究得也要更深入些。不过，也有不少问题尚未触及，还有的问题虽然提出来了，却没有深入下去。

四 社会调查之风大兴

要研究中国的婚姻家庭问题、发展中国的家庭社会学，关键的问题之一，就是要向中国社会做调查，了解掌握中国社会婚姻家庭的实际情况，在马克思主义指导下将理论与实际紧密地结合起来进行研究。只有这样，才能真正解决中国婚姻家庭方面存在的客观实际问题，也才能从对实际问题的分析、概括与探讨中，总结、升华自己的理论，创造具有中国特色的家庭社会学，否则是绝对不会有什么好成效的。目前在我国的婚姻家庭研究中，调查之风大盛，是人所共知的。其中尤其是抽样调查、定量分析方法的运用，显得更为突出。长期以来，在我国的社会问题研究中，重视的是抽象思辨、定性分析，采用的调查方法是典型调查、“解剖麻雀”。对于抽样调查、定量分析，还是在民国时期，我国老一代社会学家如李景汉、潘光旦等曾运用过，新中国成立后很少有人使用。在国外，随着电子计算机的普及和社会实证研究的发展，定量研究的地位越来越高。在美国等一些国家的社会学研究中，如果忽视定量分析，该研究就很难得到社会的承认。我国的婚姻家庭研究，自 1979 年恢复之时起，专业工作者们就采用抽样调查、定量分析的方法，对北京、上海、天津、南京、成都 5 城市、8 个居民委员会的家庭进行了调查。此后，在婚姻家庭研究领域，抽样调查、定量分析之风逐步兴盛起来。到目前为止，差不多所有从事婚姻家庭研究的专门机构和人员，甚至包括从事婚姻家庭研究的学术团体及个人，凡是有条件的，大都曾用抽样调查、定量分析的方法，对自己所研究的问题进行调查，并在调查过程中，对单纯随机抽样、机械随机抽样、类型（分层）随机抽样和整群随机抽样等方法都有采用，还有的将几种抽样方法合起来使用。如今抽样调查、电子计算机处理、定量分析，已成为时髦的术语。在报刊上，经常可以看到关于婚姻家庭问题的调查报告，或利用大量调查数据对问题进行定量分析的文章，并且很受欢迎。因为定量分析，搞得好会提高研究成果的精确度和科学性。在婚姻家庭研究中，大量运用调查资料进行定量分析，无疑是一大进步。十年来全国各地做了大量婚姻家庭抽样调查。为使人们有个概略而具体的了解，在此选择几次规模较大、有一定代表性的介绍如下。

1. 1982～1983年，北京、上海、天津、南京、成都5个城市9个单位的社会学研究和教学工作者，对以上5个城市8个居委会的居民家庭做了调查。这次调查采取立意整群抽样（选取有代表性的居委会），以已婚妇女为调查对象，采用问卷与访问相结合、以访问为主的方法进行的。调查的内容包括婚龄、择偶标准、结合途径、婚礼形式、婚后居处（夫居、妻居、独立居）、妇女地位、家庭规模、家庭结构类型（单身家庭、核心家庭、主干家庭、联合家庭）、家庭生命周期、家庭网络、家庭消费、家庭生育、家庭教育、家庭老人赡养等方面的情况，共访问调查了4385个家庭5075名已婚妇女。调查问卷经过电子计算机处理，取得单变量统计数据119项，双变量与控制变量统计数据1500多项，为研究我国城市婚姻家庭的现状及历史发展情况提供了第一手材料。此次被调查的已婚妇女年龄最小的20岁，最大的94岁，结婚年代最早的1900年，最晚的是1982年，前后相距82年。基于调查材料，可以对半个多世纪以来我国城市婚姻家庭的状况有个大概的了解，不仅可以了解被调查的已婚妇女的家庭情况，还可以了解其上一代婆家和娘家家庭的一些情况。这次调查收获不小，并得到了社会上的好评，已出版调查资料集、研究论文集和专著三本书。

2. 1987年下半年，我国一些省市的部分社会学工作者协作，在14个省市内对农村家庭做了一次问卷调查。这次调查采取的是“多段分层定比随机抽样”的方法，即在全国选择14个省市，再在每个省市按经济发展情况选上、中、下三个县，或在一个经济发展处于中等水平的县中选上、中、下三个乡，也可以在这样的县中选一个经济发展处于中等水平的乡，再选上、中、下三个村。到村后则用按比例随机抽样的方法确定具体调查户，每个县调查500户。实际上，这次共调查了7258户。调查的内容包括：被调查者的一般情况、婚姻情况、择偶条件、家庭结构及家庭成员情况、劳动力情况、住房情况、耐用消费品拥有情况、生产资料拥有量、家庭收入、家庭支出、家庭关系、时间安排、活动方式、家庭生命周期及子女安排情况、家族及其他一些问题共15大项400多个小问题。目前调查资料上机处理已经完成，取得了大量数据，为研究改革开放以来我国农村婚姻家庭各方面的现状及发展变化提供了丰富的资料。

3. 1983年10月中旬至11月上旬，天津市人民政府组织天津市社会科学院社会学研究人员和市区的区、街两级干部，在市内9个区35个街道抽选了1000户不同类型的家庭做了一次调查。这次调查在天津市全市80万户居民中抽取了1000户。为了保证样本对总体的代表性，首先采用“分类定比抽样法”，按居民职业分类比例，确定各类职业应抽取的样本数（以户主的职业作为确定样本的比例）；其次采用“多段抽样法”，从全市9个市区中抽取35个街道，每个街道确定一个居民委员会，每个居委会抽30户；最后采用“等距抽样法”，将每个居民委员会的全部居民按户主职业分别编号，再分别按样本分配数计算出间距进行抽样。这次调查的内容包括城市居民家庭人口、职业、文化、住房、经济生活状况以及家庭结构、家庭关系、家务劳动、家庭教育等共40个问题227个必填和选填答案。该调查已出版了一批调查研究成果。

当前，在我国的婚姻家庭社会调查方面，还存在着不少问题。首先，电子计算机还未普及，会用电子计算机处理调查资料的人才也还不多，定量分析研究的方法尚不能推广普及，不少人还没条件使用。其次，抽样调查、定量分析本身，也还有许多值得改进的地方。

五　学术讨论会频频召开

每一个学科要想得到振兴和发展，都必须大力开展学术交流和学术讨论。某一学科的学术讨论开展得广泛与否、热烈与否，既是该学科的研究兴旺发达的标志，又是其兴旺发达必不可少的条件。适时而有效的学术讨论会，有以下一些作用：①造成声势，扩大影响，引起人们的重视；②使与会者了解每一个阶段的研究情况和重点问题，从而指导研究的方向；③不成熟、不适宜公开发表的学术观点，在会上也可以展开讨论，开阔思路；④通过争鸣使与会者得到启发，把研究工作推向深入；⑤通过会前征集论文和会上讨论，可促进多出一些较好的成果。十年来，我国召开的婚姻家庭讨论会很多，这里仅就比较重要的、全国性的学术会议加以介绍。

1. 1984年5月中旬，《家庭》杂志社在广州、深圳召开了我国第一次家庭学术讨论会。全国17个省市的70余名专家、学者出席了会议。会议讨论了关于家庭研究的理论问题。与会同志指出，家庭学不是社会学或伦理学的一部分，而是一门独立的学科。应当弄清家庭学研究的对象、范围、概念和方法。多数同志认为家庭研究应在马克思主义指导下揭示家庭领域的特殊规律，要有自己的基本概念和范畴，因此要建立家庭研究的中层理论。此外，会上还就家庭结构、家庭职能、婚姻基础、婚姻道德、离婚、老年人、家务劳动、家庭教育等问题各抒己见，展开了热烈讨论。[①]在这次会上，与会者经过讨论，发表了“家庭宣言”。“家庭宣言”包括：①中国家庭在两个文明建设中的重要地位和作用。②在建设社会主义家庭的过程中，既要反对封建主义家庭观，又要反对资产阶级家庭观。③婚姻质量决定家庭质量。婚姻要以爱情为基础、法律为准绳。④家庭成员间应当平等，保护妇女、儿童的合法权益，做到人人相爱，家家和睦。⑤增强家庭管理的科学性，不断改进家庭生活方式，使家庭生活与新技术革命相适应。⑥父母应加强对子女的教育，充实教育内容，提高家庭教育艺术水平。⑦家庭成员都要承担家务劳动。全社会都应当关心并逐步解决家务劳动的现代化和社会化问题。⑧家、国利益是一致的，国家应保护家庭利益，家庭也应服从国家利益。⑨重视家庭理论研究，普及家庭学知识，加强对青年和新婚夫妇的教育。⑩积极慎重地改革家庭的结构和职能，努力建设和发展文明家庭（《家庭》编辑部，1985：3~4）。很显然，做好以上十条，我国的家庭制度就会不断得到改进与完善，并对世界做出贡献。交大会的论文，最后选编出版了《婚姻家庭探索》一书。

2. 1984 年 12 月 4 日至 8 日，中国婚姻家庭研究会、中国社会科学院社会学研究所、中国法学会联合在北京召开了第一次（全国第二次——笔者注）婚姻家庭问题学术讨论会，来自全国各地的许多专家、学者和实际工作者参加了会议。该次学术讨论会的主题是研究我国新时期婚姻家庭领域中存在的新情况和新问题。具体探讨的问题如下。

（1）关于家庭生活方式的变革。与会者指出，我国正在进行的经济体制改革，使每个家庭成员在思想上、行动上、道德规范上都发生了变化，从而影响了家庭关系的变化，最终导致家庭生活方式的变革。在城乡家庭形态发生的重大变化中，家庭经济形态率先发生了显著变化。家庭经济形态经过新中国成立后 30 年的酝酿，在十一届三中全会以后，以突变的方

① 参见《人民日报》1984 年 7 月 9 日。

式、崭新的面貌显现在人们面前，它不仅是中国家庭发展史上前所未有的，还代表着中国家庭发展的未来，也是社会主义条件下家庭的重建过程。当前中国家庭生活的一个重要变化是：文化的因素正在更深入地渗透到两性关系中，成为维系与发展爱情的重要因素。另一个比较大的变化则是：现代科学技术进入中国家庭。几年前在农村还是稀罕的缝纫机、风扇、收音机、自行车和手表，如今在城镇和大部分农村都普及了，“新三机”——电视机、洗衣机、录音机——也已在城市中基本普及，陆续进入农村家庭。展望2000年达到“小康”时，必将有更多的现代科学技术进入家庭，提高家庭生活方式的现代化程度。

（2）关于离婚问题。与会者指出，对离婚现象的历史考察发现，无论是资本主义国家还是社会主义国家，随着工业化的进展，离婚都是呈正相关增长趋势。差不多同时在许多不同社会制度的国家出现离婚率上升的趋势，比较合理的解释只能是当今的工业化使然，不能简单地把离婚率高低作为衡量一国社会制度优劣与否的标准。关于离婚对子女身心健康的影响问题，正确的态度应是：既要反对那种全然不顾子女利益，只图满足一己私欲而闹离婚的夫妻，又要反对把子女利益强调过头，反倒忽视了当事者双方自身的利益。

（3）关于性教育问题，与会的部分代表，热烈而认真地讨论研究了性教育与“性解放”等有关性的问题。有的同志认为，重视和加强性教育可以从以下几个方面来探讨：性是一种自然现象，生理现象。应在可接受的范围内，向儿童、少年、青年讲解生殖器官的构造和功能、青春期发育的自然进程等生理卫生知识；性又是一种社会现象，是个体社会化的主要方面之一。应在可接受的范围内，向儿童、少年、青年讲解有关性别差异、性道德方面的知识；性教育为身心健康所必需。女性的月经、怀孕、分娩，男性的遗精，两性的性生活，都有许多生理卫生知识，如果不懂，就会导致生殖系统的炎症和其他疾病；性教育为增进个人幸福、家庭稳定、社会安定所必需。对性教育一定要以严肃、科学的态度进行，要有步骤、有选择、有针对性，防止各种偏向。要把性知识的教育和性道德教育结合起来；把性生物学知识和性心理学、性社会学知识结合起来；把性知识教育和社会主义精神文明建设结合起来。有的同志还分析了资产阶级“性解放”思潮的形成、发展及其产生的后果。此外还讨论了农村家庭的变化、大龄青年婚姻等问题。[①]

这次婚姻家庭学术讨论会收到300多篇论文，最后选编出版了《当代中国婚姻家庭》文选。

3. 1987年12月下旬，中国婚姻家庭研究会在北京召开了第二次（全国第三次——笔者注）婚姻家庭学术讨论会，来自全国27个省、自治区、直辖市的100多位代表出席了会议。这次讨论会是在党的十三大以后召开的。十三大确定的社会主义初级阶段的理论和党在社会主义初级阶段的基本路线，为会议的讨论提供了最根本的指导思想。在会议的论文和发言中，绝大多数同志不仅深刻地阐述了我们民族的历史、传统、文化对婚姻家庭的影响，而且集中研究了我国现实的国情，研究了在面临繁重的经济和社会发展任务的社会主义初级阶段，我们国家婚姻家庭的特点问题和发展趋势。

这次学术讨论会讨论的范围，涉及婚姻家庭的各个方面。像社会主义社会的婚姻家庭制度、当代青年的择偶标准、夫妻关系及其调适、计划生育和两代人之间的关系、离婚分析、婚姻与家庭的文明建设、婚姻家庭中的法律和道德问题等，[②] 不仅范围广，且对问题的分析也比较深，表明我国婚姻家庭的研究进入了一个新的层次。

例如，对夫妻关系及其调适，有的同志指出，随着人们的物质生活水平日益提高，对精神生活的要求也越来越高。思想是否一致、性情是否相投、心理能否共鸣、精神能否和谐，是现代家庭中夫妻是否发生冲突的关键因素。为防止夫妻冲突发生，使相互之间协调与适应，一要学会异质嵌合，二要注意相互满足需要，三要加强互相理解和信任。还有的同志指出，夫妻关系调适的目标，就是要达到和谐。“和谐”是调适要达到的最佳境界。和谐中包含稳定，但又不等同于稳定。不断追求高水平的稳定，才是调适的目标，而不是为了稳定和避免冲突，使心灵保持一定的距离。所以要谋求的是动态的稳定，即夫妻双方及他们在结成这种亲密关系的过程中，互相的交换（物质的和精神的），都以一种协调的方式进行。这种状态就是“和谐”。它是诸因素的一种综合，是一

① 参阅《青年研究》1985年第1期，第52~57页。

② 参阅《说不完的话题》，中国妇女出版社，1988，第1~2页。

种很高的艺术境界。①

这次会议的论文，经过精选，出版了《说不完的话题》一书。

大量学术讨论会的召开，既满足了广大研究者的需要，也起到了沟通信息、交流研究成果、进行切磋、开展学术争鸣的目的。它对于活跃婚姻家庭研究的学术气氛、推动这方面的研究向纵深发展、加强家庭社会学的学科建设，无疑是有很大促进作用的。但是以往召开的一些婚姻家庭学术讨论会，也存在一些缺点和不足。主要是有些会议规模过大，准备也不够充分；会议的中心议题不突出，讨论的问题很多，而时间有限，无法深入展开。这既给会议的组织者带来很多困难，也在开支方面造成很大的经济浪费，同时也影响了学术讨论的效果。今后除十分必要的大会外，应多召开些小型的、有充分准备的、每次只讨论一两个问题的学术会议。对于所讨论的问题，不怕意见有分歧，应充分开展争鸣，让与会者把话说透说够。只有如此，才能提高婚姻家庭学术讨论的水平。

六　报刊对各种问题展开热烈讨论

十年来，不只在学术会议上，而且在各个报刊上，就婚姻家庭领域的许多问题展开了热烈讨论。有些讨论，范围广泛，时间也比较长，断断续续进行了几次，颇有影响。有些讨论虽然发表的意见不多，却很新鲜，反映出一种新的动向。这些讨论，一方面可以使人们对近年来婚姻家庭研究的活跃气氛有个较深的印象，另一方面也可以使人们对婚姻家庭研究在理论上的某些进展有个大致的了解。现介绍几次讨论的具体情况。

1. 关于婚姻基础的讨论，有四种意见：第一种意见是爱情基础论（也叫唯一基础论）。持这种观点的同志认为，婚姻基础是婚姻关系建立、存续发展和解除的根本依据。这是由社会的经济基础决定并为其服务的。自人类进入文明社会以来，它是由阶级的意志决定的，反映统治阶级对婚姻的基本要求，并受法律保护的。社会的经济基础变了，就要求建立新的婚姻制度来与其相适应。社会主义制度的建立，公有制战胜了私有制，无产阶级成为统治阶级，婚姻以爱情为基础也就取得了“前提”。所谓以爱情

① 参阅《婚姻与家庭》1988年第1期，第26～27页。

为基础，就是双方的爱慕在婚姻中有最后决定权。说中国现阶段的婚姻以爱情为基础，是指整个社会中婚姻的本质和主流而言。到“普遍实现”了以爱情为基础，也就说不上什么基础了。他们强调，在社会主义的婚姻中，爱情只能是“唯一”的基础，而不能是两个基础或多基础。一个社会只能有一个婚姻基础，不能把在一个阶段里出现的某些现象，作为整个社会的婚姻基础。如果那样，当这些现象基本消失以后，中国现阶段的婚姻基础又如何表述呢？第二种意见是两个基础论。持这种观点的同志认为，在现阶段，所谓爱情是男女双方基于一定经济基础，在性格、品行、体态、志趣等方面互相爱慕的心理情绪。现阶段的分配制度导致人们实际经济地位在事实上的不平等，这就直接决定了现阶段的婚姻基础，除了爱情因素以外，还不能排除“一切经济考虑”。爱情还不可能是构成婚姻的唯一基础，而只能是基础之一；经济因素是现阶段婚姻基础的重要成分。第三种意见是多基础论（也叫混合基础或综合基础论）。持这种观点的人认为，婚姻基础是男女两性结合选择配偶的条件或因素。当我们谈某一社会的婚姻基础时，是指这个社会大多数男女选择配偶的条件或因素。但是这种条件或因素，绝不是由当事人个人“自由决定”的，而是要受到一定社会的历史条件的影响和制约。社会发展的各个阶段，婚姻基础各不相同，但无论在哪个阶段，男女选择配偶的条件或因素并不是单一的，而是多种多样的，但主要的是：性爱或爱情的因素，如容貌、体态、风度等；经济或物质的因素，如财产、工资等；政治的因素，如出身、成分、职业、级别等。这些因素之间又是紧密联系、互相渗透、互相作用的。第四种意见是“前提基础论”，持这种观点的人认为，婚姻基础应该体现社会两种再生产的职能的物质关系，而爱情作为一种精神关系，是决定于物质关系的第二位因素，因此物质关系是婚姻的社会本质和根本前提，由此决定婚姻的道德基础、政治基础、经济基础、文化基础等具体的影响婚姻的因素。①

2. 关于“家庭本质”的讨论，有五种不同的观点。第一种观点认为家庭的本质是人口生产关系。这种观点认为家庭是以一定形式的经济为基础的人口生产关系。人口生产关系是一切家庭所共有的、最基本的、最常见

① 参阅《中国百科年鉴》（中国大百科全书出版社，1983 年），第 532、533 页；《婚姻与家庭》1988 年第 5 期，第 2 页。

的、最普通的、最本质的东西。没有人也就没有人类社会，为了生命的延续和人类社会的延续，就必须进行生命的生产和再生产，也就是进行人的生产和再生产。人口的生产和再生产是以经济为基础，所以人们首先必须建立一种经济组织，才能维持人口的生产和再生产。家庭便是人们进行人口生产和再生产的一种社会组织形式。建立“经济组织”并非人们的目的，而是手段。目的则是进行人口的生产和再生产。因此，家庭的本质，归根结底是人口生产关系。第二种观点认为，家庭的本质是经济关系。这种观点认为家庭既是一个经济组织，又是一个人口生产组织，同时还是一个思想文化组织。这三个方面交叉联系，辩证统一地反映在家庭这一社会细胞之中。经济关系和人口生产关系是家庭建立的基础，经济关系是其中的物质基础，人口生产关系是其中的自然基础。思想文化关系则是基于家庭经济关系和人口生产关系存在的，构成了家庭的上层建筑。思想文化关系是派生的，它不能说明家庭的本质。人口生产关系也是以经济关系为基础的，所以家庭的本质归根结底只能是经济关系，是社会生产关系在家庭中的本质体现。第三种观点认为，家庭的本质是感情关系。持这种观点的人认为，在社会主义中国的今天，家庭是以一定感情为基础的生活组织。大多数人主要是因为彼此有感情，要共同生活在一起，才组成家庭的。这既包括一般的夫妻性爱、父母子女之间的血缘关系，又包括领养、同性恋、独身、互助等特殊家庭。有无感情、是否互爱是家庭建立、组成或离开、分裂的决定性因素，是家庭的本质；共同生活则是家庭形成的基本特征。随着社会物质生产和精神文明的发展，感情在家庭中的决定作用越来越大。第四种观点认为家庭是一种社会关系。这种观点认为家庭一产生就包含着两种关系：一方面，它体现了人类的自然关系。家庭是由人组成的，人有自己的自然属性，有自己产生、发展和变化的规律。人口的生产和再生产，只是人的一种天性，是自然规律的一种表现。另一方面，家庭又体现了人类的社会关系。在家庭本身所具有的双重属性中，自然关系是社会关系的基础，而社会关系又决定了自然关系的社会本质，两者互相依存，不能分割。与家庭的两重性相适应，人们组织家庭不但是为了进行人口生产，更重要的是为了进行社会生产。第五种观点认为家庭的本质是多层次的。这种观点认为通常事物都不只有一个本质，而是常常有许多种本质，人们对家庭本质的认识一般有三个层次：①社会关系是家庭的本质；

②物质关系是家庭的本质；③人本身的生产关系是家庭的本质。把家庭本质看作社会关系、物质的社会关系、人本身生产的生产关系，都互不矛盾。但无论从哪个层次去认识家庭的本质，都不能割裂同其他属性的联系，否则就难以得到更全面的认识。[①]

3. 关于“第三者插足”的讨论。对“第三者插足”的概念，第一种观点认为，“第三者插足”主要是指与有配偶者通奸、同居的行为。它有四个基本特征，即故意、喜新厌旧、保持非法两性关系或暧昧关系、所侵犯的是合法婚姻。第二种观点认为“第三者插足”这个概念不确切、不科学，有些“第三者”很难确定，难以划分谁是“插足者”，这一概念还有把婚姻破裂的原因完全推给“第三者”的含义，不合理。再者，有些“第三者”也是受害者，故改称“婚外恋”为好。第三种观点认为，对“第三者”要具体情况具体分析。第四种观点认为，“第三者”应受谴责，第二者（即搞婚外恋的已婚者）同样应受严厉谴责，就是第一者（受害者）也应吸取教训。对“第三者”的惩处，一种观点认为“第三者”介入的行为是违法的行为，违背了婚姻法所确定的一夫一妻制原则。已婚者与“第三者”通奸甚至公开姘居，是变相的重婚行为，故对“第三者”应予以法律制裁，刑法应增加“破坏婚姻家庭罪”的条款。另一种观点认为“第三者插足”不造成人身伤害，不构成犯罪，不应以法律来制裁，应以教育为主。

少数人认为，“第三者”没错，他（她）是追求爱情的，爱情胜过一切。“苍蝇不叮无缝的蛋”，“第三者”的存在，可以引起第一者的反思，考虑自己的家里为什么能插进“第三者”，从而加深夫妻间的爱，不给“第三者”插足余地。[②]

4. 关于同居问题的讨论，有三种观点。一种观点指出，从 60 年代开始，西方发达国家和苏联、东欧民主国家的未婚同居之风日益兴盛，至今大有同传统婚制平起平坐之势。从他们的实践来看，有利有弊。中国目前未婚同居虽不能说已成“风”，但在群众中已经不再“少见多怪”了。然而，中国当前的“土壤”还不适宜同居发展：①我国的生产力还远远落后

① 参阅《社会科学战线》1985 年第 3 期，第 336 ~ 338 页。

② 参阅《社会》1985 年第 1 期、1986 年第 1 期和第 3 期。

于发达国家，物质条件和社会福利较差，非婚同居关系是不稳定的，不仅无法赡老抚幼，而且许多妇女分居后后生、老、病、死都可能成问题。社会主义制度和道德观念，也绝不允许青年只贪图个人享受而不顾家庭和社会义务。②同居没有法律保障，加上我国传统观念的影响，妇女非婚同居和流产将受到非议，今后婚恋势必遭到歧视。③我国发展没有达到发达国家的水平，家庭的生产职能在农村并未改变，生育职能在全国范围内也未改变，这就需要有个比较稳定的家庭形式，而同居的特点恰恰是不稳定的。④我国科技水平不如发达国家。发达国家用来把性、婚姻、生育三者分割开的条件，我们还不具备或不充分具备。发达国家有大量私生子、性病，我们发展水平低，产生的问题会更多。如果我国青年在当前经济和文化条件下盲目模仿发达国家的非婚同居，恰恰是取其弊而不得其利。不过，对于老年人以及中年未婚、离婚、丧偶者的同居，可以采取既不提倡也不反对的态度，他们同居不会有青年同居那些弊病。

另一种观点认为，随着改革开放的深入，随着人民文化水平的提高，同居已成为一种日益增多的社会现象，它不同程度上标志着人们尤其是女性对自主能力的把握。从反封建的意义上讲，它是积极的，它是对贞操观念的一种反动。处女观念是男子特权的一种表现，是视妇女为附属品和私有财产的一个标志，是妇女受压迫的一个见证。试问，为什么社会上不强调“贞操男子”呢？随着经济地位的提高、文化水平的提高，妇女可以和自己心爱的男子结合，也可以和自己不再爱恋的男子分手，不必再仰男人的鼻息。男人的好恶、任何感情以外的约束，外界的舆论，一概干涉不着。处女贞操已经是男子无权拥有的财产了。从事实来看，各地男女青年由于反对买卖婚姻而出现的逃婚、事实婚以及城市青年的一些“试婚”，已经比过去增多了。

还有一种观点认为，对于某一种社会现象或观念，不应简单地以应不应提倡来决定其性质，而要从总体上进行剖析，把握其发展变化趋势，方能有科学的结论。实际上，同居现象在我国已存在，我们应当正视这一客观事实，并通过对这一现象的分析，把握我国婚姻家庭观念变化的趋势。同居在一定意义上讲，是对传统婚姻家庭观念的否定。在今天的中国，许多传统观念正在发生着根本性变化。人们的观念变革不一定完全与社会发展同步，在特定情况下，观念变革会超前发展。在各种观念变革中，婚姻与家庭观念的变革尤其引人注目。就同居而言，虽然目前还难以被接受，但它作为一种客观存在的出现，则说明中国宣传的婚姻家庭的观念又受到了新的挑战。同居问题合理与否，今后将会有长时间的争论。①

此外，还展开了对家庭结构、家务劳动、“爱情排他性”、对“爱情更新”的理解、家庭观念淡化、家庭伦理、家庭的稳定、“二保一”、妇女回家去、贤妻良母、贤内助、婚姻的道德基础、性道德评价等的一系列讨论。这些讨论涉及婚姻家庭领域的许多实际问题和理论问题，有些过去是人们所不知道或不太熟悉的，今天有了一定的了解。同时在讨论中，都能依据客观实际，提出自己不同的看法，进行争论。每种观点，大都有一定的道理，无法完全否定。没有一种观点能得到所有人的公认，只是赞成支持者多点少点罢了。这对问题的深入研究是很有好处的，可以从不同的观点中得到启发，避免片面性、简单化，纠正了某些武断性结论。与此同时，当然也就推动了研究理论的发展。意见不一致，是正常的，是与婚姻家庭领域内各种问题本身的复杂性分不开的。它有助于促使研究者们更进一步去探求，更辩证地去对待问题。当然，也有些讨论还停留在就事论事的水平，没有深入展开。

参考文献

《家庭》编辑部编著，1985，《婚姻与家庭探索》，广东人民出版社。

周贵华，1989，《重建后中国社会学的研究选题的倾向分析》，《社会学研究》1989 第 2 期。

① 参阅《婚姻与家庭》1988 年第 9 期。

中国社会保障改革述评*

张力之

我国是社会主义国家，一贯重视社会保障工作。我国宪法为建立和发展社会保障事业提供了法律依据。新中国成立以来，在城市逐步建立起以高就业、高补贴为基础的城市社会保障体系，在农村建立了以国家救济和群众互助为主体的社会保障制度。这些社会保障制度，对保障群众的基本生活及发展生产、巩固政权、保障社会安定都起到了重要作用。但是在经济体制改革不断深入、引发了一系列改革的形势下，原有的社会保障体制，不论在城市还是在农村都出现了与新经济体制不协调的现象，所以，社会保障体制的改革就提到日程上来。因此，近年来，尤其"社会保障事业"作为"七五"计划的一章公布以来，理论界和政府有关部门对此问题进行了理论探讨和改革实践。

社会保障是关系国计民生的大事，其改革要有充分的理论准备，又要在理论的指导下制订切实可行的方案去实践。今年是我国开始改革以来的十周年，也是社会学恢复重建以来的十周年，现就社会保障改革的研究和实践概况做一简介。

一　研究简况

1979 年社会学这一学科恢复重建以来，逐渐开展了老年社会学的研究。1982 年，在北京、上海召开的有关老年问题的会议以及对老年问题进行的调查都开始涉及老年的社会保障问题，社会保障的研究提上了日程。

社会保障在古代社会已有所萌发，如我国古代有关军官退休和伤亡军

* 原文发表于《社会学研究》1989 年第 4 期。

人及其家属的抚恤等制度。不过，现代意义上的社会保障却源自欧洲，19世纪80年代在德国开始实行。第二次世界大战结束后，西欧、北美等国的社会保障进一步发展，宣传对其国民实行的是“从摇篮到坟墓”的一切都包起来的社会保障，宣布建成了“福利国家”。而后，西方保守派经济学家又把世界经济危机带来的各种困难统统归咎于实行社会保障制度，这说明西方的社会保障制度有其缺陷。但事实证明，西方实行的社会保障对这些国家起到了保障人民基本生活需求、稳定社会、保障经济发展的作用。所以，西方国家社会保障制度的经验与教训对我国的社会保障改革都有借鉴的意义。

我国的社会保障制度，不少借鉴自苏联，当然现在与苏联已有所不同。今天，改革我国的社会保障制度，还需借鉴西方国家的经验，取其精华，去其糟粕。1984年11月，中国西欧学会的首次学术讨论会就对西欧的社会保障制度展开了探讨。目前，除在《中国民政》、《社会保障报》、《中国劳动人事报》及《社会学研究》、《中国社会科学》等报刊上发表文章介绍、探讨国外的社会保障制度和港台地区的社会保障制度外，还出版了论文集、专著和译著，现介绍数种如下。

《各国经济福利制度》：赵立人、李憬渝编著，四川人民出版社1986年7月第1版。该书介绍了西方“福利国家”的福利制度及苏联、东欧和我国的社会保险制度，指出了各国社会保障制度中的问题，最后对中国社会保险制度的改革提出了建议。该书对各国的社会保障制度进行了比较研究，提供了理论与事实，有助于对社会保障的系统研究。

《美国的社会保障制度》：朱传一主编，劳动人事出版社1986年11月第1版。

《西欧的社会保障制度》：杨祖功选编，劳动人事出版社1986年12月第1版。

以上两书选编了有关美国和西欧各国社会保障制度的论文若干篇，既有助于对这些国家社会保障制度的了解，也对其问题进行了理论上的深入分析。

《各国的社会福利》：国际社会福利协会日本国委员会编，张萍译，华夏出版社1988年1月第1版。该书介绍了欧美和亚太国家的社会福利与社会保障制度的沿革、内容、结构、主要课题和主要领域的概况，并以80年代的最新信息，对这些国家的社会福利面临的问题和发展趋势进行了预测。该书对于完善我国的福利体系很有参考价值，特别是有关社会福利的立法是值得我国借鉴的。

对于国内社会保障制度及其改革研究，到现在，研究队伍已形成，研究人员除来自大学有关系科和社会学研究所等有关科研机构外，还来自国家体制改革委员会、民政部、劳动人事部、卫生部、财政部、国家计划委员会、中国人民保险公司、国务院国际技术发展研究中心等部门及其研究机构和所属院校等。研究人员与实际工作者近年来就社会保障问题多次召开会议，共同研讨。国家体改委 1985 年年初曾就社会保障改革问题召开了由劳动人事部、民政部、卫生部等部委参加的会议。而后，科研人员多次与劳动人事部门主要就养老社会保险、退休金统筹等问题召开研讨会；与民政部门召开研讨会，主要研讨农村的社会保障改革、社会福利事业和福利生产及社区服务等；卫生部则是医疗保险的改革问题。科研人员与实际工作者还成立了研究组织，如“中国民政理论和社会福利研究会”，安徽、浙江、四川、上海、黑龙江、辽宁、广州等省市也成立了社会保障理论研究组、社会保障协会等。为开展社会保障工作，必须发展现代的社会工作教育，1988 年 12 月，召开了亚太地区社会工作教育研讨会[①]。会议交流研讨了社会工作教育中的模式和经验，探讨了社会工作教育中存在的问题，并对社会工作教育发展趋势做了展望。为开展社会工作，北京大学社会学系新增了“社会工作与管理”专业，定于 1989 年招生，为社会工作培养高级研究与管理人才，并为民政部建立社会工作学院做准备。民政部成立了“社会工作教育研究中心”，承担为社会工作教育提供咨询、培养师资、编写教材、开展研究等任务。近两年，民政部还与国外社会工作教育机构，如挪威的奥斯陆社会工作学院、美国的哥伦比亚社会工作学院、加拿大的卡尔加里大学社会福利学院、瑞典的斯德哥尔摩大学社会工作学院建立了联系。[②]

1986 年，国家“七五”计划公布，提出了“有步骤地建立起具有中国特色的社会主义的社会保障制度雏形”[③]。于是，“中国社会保障问题研

① 《光明日报》1989 年 1 月 11 日。

② 《社会保障报》1988 年 9 月 16 日。

③ 《中华人民共和国国民经济和社会发展第七个五年计划（1986—1990 年）》，人民出版社 1986 年版，第 193 页。

究”课题也列入了社会学学科“七五”国家重点课题。该课题通过对中国社会保障发展模式的研究和对国外社会保障的比较研究，并着重研究经济发展与社会保障的关系、城市社会保障、农村社会保障、家庭和社区在社会保障中的地位和作用等问题，为建立具有中国特色的社会主义社会保障制度雏形提供科学的理论依据。课题主持人是社会福利与社会进步研究所张一知。社会保障理论和发展模式研究由张一知和中国社会科学院社会学研究所朱庆芳负责；国外社会保障比较研究由中国社会科学院美国研究所朱传一负责。该课题的“妇女的社会保障”子课题，研究对妇女生育、哺育和教育子女的社会保障的理论和现实问题，由全国妇联书记处王德意负责。

对我国社会保障制度的研究，也作为北京大学袁方主持的社会学学科“七五”国家重点课题“中国社会发展战略研究”的一个专题，由北京大学社会学系郭崇德负责组织研究。

有关中国社会保障的研究成果，目前主要以论文、调查报告、社会保障改革方案等形式发表于报刊上，如《中国社会科学》、《社会学研究》、《中国民政》、《社会工作研究》（1989 年创刊）、《社会保障报》、《中国劳动人事报》等。这些文章涉及社会保障改革的理论和实践的诸多方面，在以下具体论述社会保障改革的内容时将予阐述。专著，目前有《中国民政史稿》一书，孟昭华、王明寰著，黑龙江人民出版社 1986 年版。该书内容包括民政部门所辖的优抚、救济等社会保障内容。

以上简介了社会保障的研究概况，以下着重阐述社会保障改革实践。

二 改革的必要性

（一）社会保障改革是体制改革的配套工程

人类社会是一个有机整体，具有自我调节和自我完善的功能。关于我国的经济体制改革，论者指出，我国现行的经济体制改革，就是社会主义社会的自我调节和自我完善。它不是一种纯经济行为，而是覆盖面广、触及度深的全面改革，改革现行的社会保障体制，确立新的社会保障制度，是全面配套改革的一个大头，是自觉进行社会调节的重要手段。如果说经济体制改革要建立一个充满生机和活力的动力机制，那么社会保障体制改革就是要建立和完善社会的稳定机制。两者互为条件、互为因果，相互作用、相互促进，共同推动生产力的发展，提高社会主义的文明程度，增强社会的有序性和自组织性，使社会有机体得以持续、稳定、均衡、协调地发展（陈良瑾，1987）。

（二）社会改革需要安定的社会环境

社会保障的主要功能是其社会稳定机制作用，在西方称之为“安全网”、“社会内稳定器”。对“社会保障”（Social Security）的另一译法“社会安全”也可说明社会保障的作用。实现这一作用的办法，就是实行以国家为主体，通过国民收入的分配和再分配，依据法律规定对社会成员因年老、疾病、伤残而丧失（包括暂时丧失）劳动能力，或因失业、灾害和不幸事故以及曾为社会尽过义务而生活面临困难者，提供物质帮助以保障基本生活的制度。由于保障了基本生活，从而达到了稳定社会的目的。所以，19 世纪 80 年代在欧洲的德国开始实行社会保险以来，目前世界各国都程度不同地建立了社会保障制度。

新中国成立以来，我国开始实行社会保障，可划分为社会保险、社会福利、社会救济、优待抚恤等方面。体制改革以前，社会保障中已存在不少问题；体制改革以后，问题更加突出，如社会保障的社会化水平低、城乡社会保障差距大、人口老龄化突出了养老问题、当前收入差距拉大带来的社会公平问题等，都不利于安定。具体分析起来有如下几方面。

（1）多种经济形式、多种用工制度的出现，使保障同职业开始分离。我国城市的社会保障制度，实质是一种就业保障。与就业相联的社会保险，开始只在国家机关、全民所有制企事业单位实行，而后扩大到部分集体所有制单位。经济体制改革打破了单一的社会主义公有制的一统天下，又出现了中外合资、私人经济、个体经营等多种经济形式和固定工、合同工、临时工等多种用工制度，但社会保险仍局限于全民与集体企业。这不仅使部分劳动者没有社会保障，潜伏着不安定的因素，而且使端着“铁饭碗”的干部、职工，因怕失去已有的社会保障不敢改换职业，阻滞了人才流动和社会竞争，不利于经济体制改革。

（2）竞争机制的引入，加剧了企业之间的竞争，也必然导致有的企业亏损或破产倒闭。但是我国企业的社会保险，1969 年以前保险基金是按工资总额 3% 提取，由全国总工会在全国统一调剂使用；“文革”中，总工会停止工作，不得不改由各单位自行支付，现支现付。这就把“社会保险”推向了“企业保险”。新老企业由于退休人员相差悬殊，使企业担负的退休费用畸轻畸重，在竞争的形势下，老企业处于劣势。企业急需改革企业办保险这一做法。又由于企业亏损和倒闭等原因，一些退休职工领不到退休金或无处去领取退休金，生活无着，造成退休人员上访上告。这不仅严重影响退休职工的晚年生活，也严重影响了在职职工的生产积极性。

（3）竞争机制的引入，就必然出现优胜劣汰。为解决被裁减职工的生活问题，就必须建立失业保险，否则就只能把他们继续留在企业等单位中，影响单位其他职工的工作积极性，达不到通过竞争优化劳动组合、提高劳动生产率和工作效率的目的。

（4）农村的社会保障水平改革前就低于城市，实行家庭联产承包责任制以后，农村原有的集体保障功能有所减弱。这是因为缺少集体积累，据浙江统计有 25% 的村庄没有村级经济。[①] 浙江是我国经济较发达的省，尚且如此，何况落后的地区。一方面，旧的保障有所减弱；另一方面，在商品经济的新形势下，又产生了新的需要与可能。比如，竞争中因优胜劣汰落入困境者。再如随着人口的老龄化和家庭的核心化，我国养老问题突出；我国人口的绝大多数在农村，农村的养老又以家庭赡养为主，而农村的青壮年又大批离开农村，使农村养老问题成为今后社会保障的一大难点，必须极早着手建立。同时，商品经济的发展，农民有了一定的经济力量，可以依靠集体与国家，实行互助合作的小社区社会保障。对农村社会保障，既要看到存在问题，但也要看到以一个村或镇为依托，把敬老院、社会福利企业、扶贫扶优经济实体、社会保障基金会等联结成基层社会保障网络的可能性以及由“救济型”向“互助保险型”过渡的可能性，从而建立适合我国现阶段农村的社会保障。

（5）社会保障没有统一的管理部门，没有社会保障基本法规，单项法规也十分缺乏。

从上可知，原有城乡社会保障从总体到局部都需要进行一定的改革，

① 《探索农村基层社会保障制度十分必要》，《中国民政》1988 年第 2 期。

才能实现既有利于生产发展又能保证人民基本生活的社会稳定机制作用。

三　城市社会保障改革

（一）职工退休费用社会统筹

我国职工的退休养老社会保险开始于50年代初。1951年，国家颁布了《中华人民共和国劳动保险条例》（以下简称《条例》）。《条例》规定：男职工年满60岁、一般工龄25年、本企业工龄满5年者，退休可享受工资的50%～70%的养老退休金。女工人年满50岁（女职员年满55岁）、一般工龄满20年、本企业工龄满5年者，可享受同男职工一样的养老待遇，直到本人死亡。《条例》除个别修正和补充外，一直是全民所有制单位职工退休养老社会保险的主要依据。

集体所有制职工退休养老问题，1977年有关部门规定，手工业部门的集体单位可参照国营企业有关规定实行老年保险。1983年，国务院指出：集体企业要根据自身经济条件建立老年保险制度。目前，集体单位多参照全民单位办法办理职工的退休养老社会保险。

中外合资企业的职工劳动保险，1980年7月国务院发布《中外合资企业劳动管理规定》，要求中外合资企业按照国营企业的标准支付职工劳保费用。

这一养老社会保险的问题，是把社会保险办成了企业保险，由企业直接支付退休金，而且是现支现付，毫无积累。目前养老保险的改革，首先是在管理体制方面改“企业保险”为“社会保险”，实行职工退休费用社会统筹，改革企业负担的退休费用畸轻畸重的弊病。

职工退休费用统筹，80年代初在一些部门和地区已经开始实行。1986年，“七五”计划要求“全民所有制单位要逐步推行职工退休费用社会统筹的办法，根据以支定收、略有结余的原则，统一提取退休基金，调剂使用”，有力地推动了这一工作。到1988年8月，全国已有1700多个市、县（已逾全国市、县总数的一半）实行了退休金统筹。其中，北京、上海、天津、广东、河北、江西、黑龙江、河南、辽宁等省市的市、县已全部或绝大部分实行了退休金统筹。有17个省区市建立了省一级退休费用统筹管理委员会。各地、各级劳动部门所属的保险机构也建立起来，配备了专职干部。[①]

目前的退休费用统筹范围，还只限于全民与部分集体企业，未能扩展开来。论者认为，限于统筹基金的性质，还不能成为社会保险的基础。因为“统筹基金是各企业按在册固定职工工资总额的一定比例提取的，是各企业创造的价值的一部分。但必须明确，统筹基金不是国民收入中劳动基金部分（v），而是企业创造利润（m）中归留企业的部分。它具有二重性，一方面它是企业基金的一部分，而不是劳动基金；但另一方面它是按工资总额的一定比例提取的，有与劳动基金相联系的一面。这样，它与企业的经营效果势必密切相关，搞统筹将这部分资金集中起来统一支配，会与部分企业的经济利益发生矛盾”。“要实行社会统筹，向社会保险过渡，就应该把这部分资金归于社会总产品的必要扣除部分，归于社会保障基金；或者部分地属于企业基金，部分地归于社会保障基金。这样，才有利于从企业保险向社会保险过渡，最终实现养老制度的社会化”（杨继明，1986）。

目前退休费用的统筹办法是“现收现付”制，而不是“基金积累”制。论者指出：现收现付制的优点仅是退休金制一建立就能支付老年职工的退休金，并且可以不必担心基金的保值问题。从当前看，50、60年代出生的人现正进入劳动力队伍，因此用“现收现付”的办法在今后一二十年内不会发生经费困难。但是我国现行的人口政策将在21世纪20年代以后，造成老龄人口比例大大上升、青壮年劳动力相对减少的状况，那时一名职工要负担一名以上退休人员的退休金。这将成为他们极大的负担，以致无法承受。在职工无法负担的情况下，只能由企业或国家来补贴。由企业承担则最终将转嫁到消费者身上。如由国家负担就会产生许多西方国家面临的问题；为了补贴福利费之不足而削减其他开支或增加税收。无论哪一种做法，都会引起各方面的不满。还有些国家以印钞票和借外债来解燃眉之急，这显然不是解决问题的办法。我们要在下个世纪有足够的资金支付社会保障中的养老金部分，唯一可行的办法是从现在开始逐步由现收现付过渡到预先积累，经过30年时间，到人口老化高峰到来时才有可能应付。这

① 《经济参考》1988年8月30日。

一过渡，必须在今后5年内把方针定下来，因为我们真正面临严峻的挑战将在下个世纪的20年代至30年代，而如果没有30年的时间，就不能积累足够的资金去应付老龄高峰所带来的困难，如果优柔寡断，缺乏远见，那么就可能像人口问题一样，等严重局面已经形成再采取措施，那就为时过晚了（贾霭美，1988）。

这里提出的基金积累制与现行的退休金征集办法的主要不同之点是：增加个人缴纳保险金。我国城市职工现行的退休养老保险，一直是一切费用由单位支付，职工本人不缴纳任何费用。在1985年10月召开的“社会保障问题座谈会”上，有人提出退休费用应该由国家、单位和个人三方面负担，个人也要缴纳一部分。其理由是：从理论上讲，就是从必要劳动中扣除一部分储存起来，到职工年老退休时再返还给本人。这样，既体现了自力更生精神，又开辟了资金来源，起了积累资金的作用，可以减轻国家财政的一部分负担，同时又有利于处理国家、集体和个人的关系。这样还能增强人民参加养老保险的观念，使其关心养老保险事业。这样做，对社会保障标准过分提高有制约作用，可以防止因社会保障过多而产生的懒惰。但有人不同意个人缴纳，理由是：我国是低工资制，目前很难有钱缴纳，从长远看，可以交纳；又因30多年没有缴纳，已成习惯，对习惯力量不可低估，要防止由此引起的骚动，要做细致的工作。①

有人认为个人缴纳一部分保险金的做法不如实行征收个人所得税制度以积累保险金。论者指出：根据世界各国征收个人所得税制度的情况，在发展中国家很难使绝大多数人正确申报其所得税，如这个国家拥有众多的集体与个体经营者时更是如此（朱传一，1988）。

实行基金积累制，也就是职工在职期间由职工和企业共同向社会保险机构缴纳养老保险基金。企业缴纳按每个职工月工资的一定比例交付，职工也是按工资一定比例交付，分别计入每个职工的账户上，费用计入成本。每个职工保险金账户上的保险金和利息逐年积累，到职工退休后逐年支付。但目前有一通货膨胀问题，这是基金积累制的大敌，必须有妥善的解决办法。基金不仅有保值问题还有增值问题，这是社会保险实行基金制的最大问题。关于保值，人们提出如美国根据生活费指数按期调整等。关

① 《北京社会保障问题座谈会纪要》，《社会学研究》1986年第1期。

于增值，人们提出最好由政府负责安排准备基金的投资，以确保增值。

职工退休费用统筹必须抓紧实行，除解决因企业亏损倒闭而领不到退休金问题外，还需解决因通货膨胀带来的原有退休金贬值问题。1984 年以来，各省市先后采取了一些措施来提高退休职工的收入，大部分是提高退休费占工资的比例，由占工资的 65% ~70% 提到 80% 以至 100%，[①] 但是没有根本解决问题。所以退休金与物价上涨指数挂钩，以保证退休职工的基本生活是退休金统筹中也需解决的一个问题。

（二）养老社会保险向基金积累制过渡

目前一些乡镇集体企业的养老社会保险向基金累积制迈进。如北京市政府制定的《北京市乡镇集体企业职工养老保险实施办法》，对此做了规定。[②] 北京乡镇集体企业职工养老社会保险由北京市保险公司承保。由企业与个人缴纳保险费，个人缴纳部分不得低于投保金额的 10%。这种由国家、集体和个人共同负担的基金积累制是还没有建立养老保险的集体企业应采取的方式，也是私人企业应采取的方式，即由雇主与所雇的职工共同缴纳保险费；个体户也可以采取个人缴纳全部保险费的做法，为自己晚年生活预做准备。目前有些农村试行的合作养老保险，大多也是采取基金积累的养老保险，只是保险范围以村为单位。

目前实行“现收现付”制养老保险的全民和集体单位，也应向基金积累制过渡。论者设想这一过渡应是：已退休职工和所有在册固定职工，实行现收现付无积累的传统退休制度，新召合同制职工实行投保积累、个人负担部分保险费的新制度。这个过渡有个时间指标，到 21 世纪初我国人口开始老化时，新老制度交替应该有个眉目。因此，无论固定工还是合同工，只要 2004 年以后退休的职工，应该一律实行投保积累的新制度；2004 年以前退休的职工仍然沿用老制度。这批人退休后的最大期望余生为 25.8 岁，按最后一批老职工从 2003 年退休算起，老制度最长延续到 2030 年前。这样人口严重老化到来之前，老制度全部过渡到新制度是有望的（杨继明，1987）。

---

① 《经济参考》1988 年 8 月 29 日

② 《北京晚报》1988 年 12 月 31 日。

（三）医疗保险改革

我国自50年代开始实行的公费医疗和劳保医疗制度，对象是国家干部和全民企业职工，办法是免费医疗，个人仅负担挂号费和营养滋补药品的费用。集体企业职工的医疗保险，一般也照此办理。这一制度经几十年的运行，暴露出不少弊病，如惊人的药品浪费；一些无病呻吟、小病大看以至长期住院的公费病人加重了医院和医生的负担；医院本身经费不足，医疗设备陈旧；医生工资低，工作累，进修机会少；等等。这一制度不改不行，但如何改革却十分不易。目前医院自身的改革开始了，一些医院实行经济承包责任制。对实行承包制，各方看法也不一。有的列举事实说明承包后医院面貌一新，增添了设备，医生工作责任心增强，职工收入增多；有的却举出相反事例说明不应搞承包。但是，不管用承包制还是其他方法，医院必须改革，公费费疗与劳保医疗必须改革。

医疗保险制度的改革，直接关系全体干部和职工的切身利益，必须找到一条既保证职工医疗，又杜绝浪费，并能促进医疗卫生事业发展的道路。近年来，各地都在探索。如上海市1988年起普遍推行公费医疗享受者个人自付部分医药费用的办法，且所付金额不大。[①] 又如河北省鸡泽县1987年开始试行公费医疗保险制，即全县行政事业单位与承保医院签订医疗保险合同。这一改革，由于签有合同，增强了医院和医生对入保人员的责任心；又由于关系到医院的经济利益，医生开“大方”、“人情方”得到控制；入保人员因自付10%药费也不愿滥要药品，减少了药品的浪费；医院因入保人员和单位可自选承保医院而努力提高医疗服务质量，增加医疗设备。[②] 鸡泽县的改革不仅对公费医疗的享受者有所限制，而且对公费医疗的承担者医院有所限制，即入保人员与单位可以自选承保医院，但也给予了经济上的权利。

以上上海市、鸡泽县的改革都有个人承担部分医药费的内容，这与养老保险改革中个人缴纳部分保险费的精神是一致的，即要改革由国家包揽全部费用的老办法。所以，今后各地的医疗保险改革都将以此为方向之

① 《社会保障报》1988年4月15日。

② 《光明日报》1988年10月15日。

一。当然，医疗保险的总体改革还需要在争论中探讨、实践中去寻找。

（四）其他社会保险项目的建立

1. 失业保险亟须建立

由于优化劳动组合，企业冗员中有1500万~2000万将由隐性失业变为公开失业。因为实行破产法，破产企业的职工也就进入了失业行列。还有私人企业、合资企业等雇用的职工解除合同后也将进入失业行列。在他们待业期间，都须给予必要的失业救济，所以作为劳动制度改革的配套工程——失业社会保险——必须建立。

在这里人们可能提出，对企业冗员目前提倡的做法是在企业内部消化安置，而不是推向社会。但是由企业内部消化冗员之法，带来了消极影响。论者指出：一是优化劳动组合是为了达到企业劳动组织合理化的目的，但由于无法辞退冗员，精简下来的人员还由企业安置，就无法充分达到提高效率的目的。二是冗员由企业自我消化不利于调动企业开展优化劳动组合的积极性。因精简后还要自我安置，十分不易，领导者不愿自找麻烦，也怕被被精简者"放血"。三是冗员由企业自我消化会产生一种新的"马太效应"。最需优化劳动组合的是那些不景气的企业，但是却开展不起来，因为这些企业无力开辟就业门路。精简和安置冗员工作较好的是那些效益较高、财力雄厚、易于开辟就业门路的企业。四是企业自我消化冗员加重了"小社会"痼疾。企业自我消化安置冗员，主要途径是兴办一些服务项目，而长期以来就业就与保险福利捆在一起，企业"小社会"问题十分严重，现在企业自我安置冗员，迫使企业兴办第三产业，不仅经济效益不高，又进一步加重了"小社会"痼疾，于搞活企业十分不利（信长星，1989）。所以，应走冗员由社会解决的路，在冗员离开企业重新就业的时间内，除组织就业、转业训练等，还要向失业人员提供失业保险。

在各地优化劳动组合过程中，大企业内部对冗员已发放待业金。工业城市沈阳已准备从1989年10日起向国营企业征收职工失业保险金，一年有800多万元，可供一万多人的失业救济金。沈阳市已准备从工厂接收几千冗员到社会上待业。[①] 河北省廊坊市已规定私营企业劳动合同制工人，

① 《三十万冗员大转移》，《经济参考》1988年9月4日。

其业主要为他们缴纳养老金和待业保险金，当解除合同后由有关部门发给待业救济金。[①] 山东青岛市也于 1988 年 10 月对全市临时工、季节工、私营企业职工实行退休养老保险和待业保险。[②]

由上可知，一些地方已开始实行失业保险，尽管叫做待业救济金等。目前的做法是由企业缴纳失业保险金，今后可以考虑个人也缴纳一部分。失业保险工作刚刚开始，还需多方借鉴与研究。

2. 实行女职工生养基金统筹

企业不愿要女工，单位不愿要女大学生，学校招生女生分数线也高于男生等对妇女的歧视，除其他原因外，也有妇女负担人类再生产的职责，从而影响物质财富的再生产，也就是直接影响妇女所在单位的工作这一原因。但是妇女生育是对社会的贡献，为了维护社会的利益和妇女的权利，为了不使女职工因生育给所在工作单位造成的经济损失由该单位独自承担，江苏省南通市决定实行女职工生养基金统筹。

江苏省南通市于 1988 年 9 月开始实行女职工生养基金统筹，企业按每个职工每年 20 元向生养基金会缴纳统筹金。规定女职工凡按计划生育孩子，由基金会一次付给企业 1000 元补偿费。[③] 这一改革说明人们认识到妇女生育的社会意义，有助于改变人们把妇女生育看作个人家庭私事的观点。这一改革也解决了实际问题，减轻了女职工多的单位的负担，维护了妇女的特殊利益，促进了女职工的劳动保护。这一社会保障是有利人类自身的再生产的，应在国内有条件的地方推广。

（五）社会福利事业与社区服务

新中国成立以来，国家兴办了城市社会福利事业，主要针对无依无靠、无生活来源的孤老残病人员，除给予定期救济外，还兴办了社会福利院、儿童福利院、精神病人疗养院等给予妥善照顾，同时兴办了一些社会福利生产单位，使一批有劳动能力的盲聋哑残人员走上了自食其力、残而不废、为国家创造财富的道路。改革以来，这一事业在不断发展，实现了指导思想的三个转变：①由单一的、封闭的、国家包办的体制转变为国

① 《经济参考》1988 年 11 月 8 日。

② 《中国劳动人事报》1989 年 2 月 25 日。

③ 《人民日报》1989 年 2 月 10 日。

家、集体、个人一起办的体制；②由救济型转变为社会福利服务型；③由单纯供养型转变为供养与康复相结合。

在这一思想指导下，国家兴办的福利事业单位的服务水平逐步提高，不仅生活服务水平有提高，尤其对儿童以至老人进行康复治疗，使他们获得一定的劳动能力和生活能力，而且福利事业单位还兴办实业，增加收入，减轻国家负担。对残疾人的特教事业也在开展，尤其是为残疾人就业组织的福利生产，不仅依靠国家，还发动社会力量，实行多渠道、多层次、多形式办福利企业，使大、中城市有劳动能力的残疾人，90%得以就业。[①] 福利事业基金，目前开展有奖募捐，为基金的筹集找到了一条路。城市的社区服务，近年也蓬勃发展起来，使城市社会福利事业又向前发展了。

我国社区服务，是城市综合体制改革的配套工程，是在政府指导下，依靠基层政权——街道办事处和群众自治组织——居民委员会，发动所在街区的企事业单位和居民群众等各方面力量，来筹集资金、物资等来兴办社区服务事业。目前城市社区服务的发展，又与其服务方式的改革有关，即由单纯福利服务向福利服务与经营服务相结合转变。但这里有一个与第三产业的区别问题，要明确第三产业的目的是经济效益，而社区服务的本质是它的公益性，所以不要把兴办第三产业的工作也算作社区服务工作。

关于社区服务的发展，论者认为：第一，今后五年要建立完善的组织管理体系；第二，建立系统化的服务项目；第三，建立稳定的社区服务发展基金；第四，建立一支义务和专职相结合的服务队伍；第五，制定较为完善的政策和法规。以上五要素相互关联，构成社区服务的有机整体。其中，服务基金是基础，管理效能是关键。这两者对社区服务开展好坏、发展快慢影响最大，应十分重视（振新，1988）。

目前，社区服务已在广大城镇粗具规模，部分城镇已有不少街道实现了社区服务网络化，全国各城市已成立社区服务协调机构 2700 多个。[②] 1988 年，对社区服务的研究也取得了不少成绩。6 月，武汉市召开了社区服务理论讨论会，讨论了社区服务的需求、依据和发展状况，社区服务的

① 《社会保障报》1988 年 11 月 8 日。

② 《社会保障报》1988 年 11 月 15 日。

组织结构、功能特征和运行能力；论证了社区服务的必要性、可行性和有效性；研究了社区服务的发展原则、方法与途径；探索了社区服务的基本模式；等等。[①] 10 月，北京召开了十城市社区服务信息交流会，加强各市城区的横向联合，共同研讨有关社区服务的理论并交流经验。[②] 同时，在重庆召开的 16 城市部分街道社区服务交流会上成立了“全国部分街道社区研讨会”。[③] 11 月，武汉市社区服务研究所成立。社区服务研究的兴起，将有力地推动社区服务理论的发展并有利于社区服务工作沿着正确的轨道发展。

四　农村社会保障改革

（一）建立救灾扶贫互助储金会

1982 年冬，在江西这个易灾、多灾的省份，在鄱阳、临川、丰城三县农村开始成立自然灾害互助储金会（后改称救灾扶贫互助储金会）以来，到 1988 年 6 月，江西省已办会 19600 个，占全省村民委员会总数的 96%，入会农户 426 万户，占农户总数的 77%，集资总额达 1.18 亿元，平均每县拥有资金 122 万元，每会拥有资金 6000 多元。江西互助储金会的资金投向，据统计，1984～1987 年累计投放资金 2.1 亿元，扶持 235 万户次，其中用于抗灾救灾和解决灾民生产生活困难的资金 8079 万元，用于扶贫的资金 6258 万元，扶贫 80.4 万户，已有 34.2 万户摆脱贫困。此外，投资 1265 万元扶持兴办经济实体 2200 多个，安排从业人员 5.7 万人，其中贫困户 3.8 万人；借给贫困农民治病 800 多万元，治疗 16 万多人次；全年至少有 8000 万元储金在会员中周转。[④] 从其资金投向可以证明互助储金会较好地实现了它的办会宗旨——救灾扶贫。

现在互助储金会已向全国推广，到 1988 年 6 月，已有 20 多个省市建立了 7.4 万个储金会，收储资金 3.22 亿元，入会农户 1300 多万户。[⑤] 在救

① 《社会保障很》1988 年 7 月 8 日。
② 《社会保障报》1988 年 11 月 1 日。
③ 《社会保障报》1988 年 11 月 8 日
④ 《社会保障报》1988 年 11 月 18 日。
⑤ 《社会保障报》1988 年 11 月 18 日。

灾、扶贫、应急解难等方面，各省的储金会发挥了重要作用，成为民间合作互助解决资金短缺问题的主要经济组织形式。在云南这个多灾贫困省，缺粮比较严重，他们把互助储金会发展成互助储金储粮会来帮助解决吃饭问题。

互助储金会是以村为本位的基层群众的经济自治组织，属互助合作性质。它的资金开始是把分散在会员手中数量不等的部分零散资金集聚起来帮助会员抗灾救灾，现在其资金由国家、集体、个人三方汇集。国家是从救灾款的有偿部分中拿出一部分，集体是从乡村提留中拿出一部分，个人闲散资金则自愿入会。资金由会员民主选举的管理委员会管理，采取有偿投入、有偿使用、有借有还的形式。借贷原则是：有灾救灾，无灾扶贫，发展生产，治穷致富。因而，它不以营利为目的，所以它实行低息，并可根据不同情况实行不同的利息，对一些特困户甚至于无息。储金会的这种低息的扶危济困做法，是冒着较大风险的。这也就是互助储金会与一般金融组织追求资金增值做法的不同之处。

互助储金会是农民社会保障经济组织，可以从它在农村基层社会保障中的作用得到证明。江西省民政厅的干部认为：第一，一旦灾害发生，储金会的资金便可立时贷款救灾，避免了“远水难解近渴”的矛盾。随着资金规模的壮大和互助储金会的普及，它还利用其资金组织会员兴修小水利，疏通渠道；有了灾害及时购买救灾物资和器材，应急解难，发挥灾前“防”、灾来“抗”、灾后“救”的作用，从而大大增强了群众自我救助能力，弥补了国家救灾款的不足。第二，无灾扶贫。其资金有计划、有重点地用于扶持贫困户发展生产，兴办扶贫扶优的经济实体，尤其是开展科技扶贫。储金会选拔有文化的会员参加专业技术培训，学费由储金会垫付，待学成后再归还。这一做法对改变农村贫困面貌有深远意义，这笔投资不仅肯定可以收回，而且会有力地推动当地经济的发展。第三，储金会还积极参与发展福利生产和福利事业。储金会办的福利厂（场）大都在村一级，小型多样，就地、就近、就便，宜种则种，宜养则养，宜加工则加工，适合残疾人生理特点，很受欢迎。第四，储金会帮助群众解决“无钱看病”的问题。目前有的储金会已由借钱给会员看病，发展到与医疗站签订合同，统一解决会员“看病难”的问题，有了合作医疗的萌芽。第五，储金会为会员借支或垫付保险金，帮助他们参加房屋和牲畜合作保险，促进了农村保险事业的发展。第六，储金会有农村基层“社区服务”的性质。储金会管委会成员是一支活跃在农村基层的庞大的“社区”义务服务队伍，是协助政府在基层组织生产、解决社会问题的能手。[①]

以上储金会的作用，说明储金会在农村小社区达到了保障基本生活、促进生产的社会保障目的。在今日农村收入差距拉开的形势下，以其互助互济精神，使在同一储金会的不同经济状况的农户的矛盾，得到调节和缓解，发挥了社会稳定机制的作用。

互助储金会现已推向全国，目前急需一个章程，明确其所有权、经营权、管理权等有关规定，建立严格的财务制度等，以便加强管理，使互助储金会得以巩固。在推广的过程中，还要坚持储金会的民办性质，坚持增加社会保障项目要量力而行，一定要根据储金会的经济实力，在会员的授权下实施管理，以免储金亏损，从而挫伤群众互助互济的积极性。

（二）实行救灾合作保险

救灾合作保险属社会保险事业。为了改革我国的救灾救济事业，民政部门把保险机制引入了救灾工作诸办法中。1987 年在安徽、浙江、江苏、黑龙江等 7 省 9 县开始试点，试点范围是以县为单位，实行农作物、房屋、大牲畜、劳动力意外伤害的合作保险，保险基金由国家扶持，个人和集体多渠道筹集。到 1988 年底，全国 84 个实行救灾合作保险试点的县（试点县中有 22 个县 1988 年遇到了特大自然灾害）已全部理赔兑现，收支相抵后，资金节余 200 多万元，保障了农民的基本生活和简单再生产。[②]

救灾合作保险的特点如下。

第一，保险范围以县为单位，大于以村为本位的互助储金会。这是与其保险的对象分不开的，只有保险达到一定的面，才能承担得起灾害的风险。目前试点的县：一是有救灾的需求；二是经济发展水平一般可达中等，才有可能实行合作保险，在十分贫困的地区还只能实行国家救济。

第二，救灾由国家统包的救助型向社会保险型转变。救灾工作一贯由国家统包，近年来已开始变革，实行了无偿救济与有偿救济相结合、保障

① 《以储金会为依托，发展农村基层社会保障事业》，《中国民政》1988 年第 6 期。

② 《社会保障报》1988 年 12 月 30 日。

户中的一半未脱贫，所以任务还很重。据分析，随着扶贫工作的深入发展，难度也在逐渐增大。首先是扶贫对象起了变化，原来仅缺资金、技术的贫困户通过多种形式的扶持，相当部分已解决温饱，剩下的贫困户大部分是家中主要劳力丧亡的孤儿寡母户、主要劳力长期生病的家大人多户、主要劳力残病户。其特点是家中没有全劳动力，或缺乏独立经营的能力。如湖北省，1986 年以前累计脱贫率为 65%，而 1987 年的脱贫率只有 30.6%，随着时间的推移，今后脱贫率还将呈下降趋势。这个趋势是扶贫难度加大的反映（崔延平，1988）。对这样的户看来应以发展扶贫经济实体为主，把扶持经济实体与分户扶持结合起来，还应兴办福利工厂，才能使这些老弱病残有一个稳定的劳动场所和经济收入，得以解决温饱问题。

我国农村不仅存在贫困户，而且有的地区本身就很贫困，必须也从宏观上扶持一个地区摆脱贫困。1986 年国家开始集中扶持贫困地区开发资源，以期解决各地区经济发展的不平衡问题。这种集中开发模式对于从宏观上打破区域性自然经济格局，形成分区大方位开发、利用自然资源和社会资源以至于形成一个能启动商品经济运行的社会环境，起到了较好的作用，但必须避免出现扶持贫困地区而忽视贫困户的现象。

贫困问题是当今世界性的社会问题，即使发达国家也有。在我国社会主义初级阶段，贫困户在相当时期内将长期存在，因此扶贫工作是一个长期的战略任务。

残疾人一般与贫困相联结。我国残疾人有 5000 万以上，其中绝大多数在农村。改革以前，这些人由生产队负责。改革以来，农村以发展福利企业帮助其中有劳动能力的人就业，作为扶助残疾人的主要手段，在农村的扶贫经济实体和乡镇企业也吸收了部分残疾人就业。但由于残疾人不仅体力不如正常人，而且文化素质也十分低下，给就业造成了更大的困难。在城市社会福利企业在竞争中都有重重困难的情况下，农村社会福利企业的发展更是十分不易。今后农村残疾人的就业、康复、教育仍是农村社会保障中亟须探索的一项。

（四）五保供养实行乡镇统筹

农村孤寡老人养老原由生产队给予“五保”（保吃、保穿、保住、保医、保葬）供养。生产队取消后，五保老人生活一度出现困难，目前各地开始实行乡镇统筹五保资金，以乡镇敬老院为依托实行集中或分散供养，以保障孤寡老人的生活。到 1989 年初，我国已有云南、河北、广东、山西、北京、天津、江西、河南、湖南、湖北、山东、江苏、宁夏、浙江、陕西、辽宁、吉林等 17 个省区市的人大或人民政府颁布了五保工作地方法规。多数县、市也发布了五保工作法规或实施细则[①]，使各地的五保工作逐步走上了法律化、规范化和制度化道路。当然，一些地方因统筹工作不力，五保老人生活无着的也有，所以今后要认真落实五保法规，确保五保老人的晚年生活。

（五）建立社区型合作养老社会保险

农村养老，目前以家庭赡养为主。有的地方为了确保子女承担赡养父母的职责，推出了父母与子女签订“赡养协议书”的形式，试图以契约的形式来保证子女履行赡养职责。这可以作为一种社会干预家庭赡养的办法，但从社会发展的角度看，应由家庭赡养过渡到社会养老，由社会保障老年人生活。

近年，民政部门在经济较富裕、集体企业兴旺的村庄乡镇开始进行合作养老保险的试点。农村养老社会保险，上海市郊县 80 年代初已开始。据统计，1986 年上海市务农老人中约 77% 的人有养老金，养老金额最高达 40 元，最低 5 元（李立奎，1987）。上海农村养老保险的缺点是养老费用由集体包下来，与养老社会保险改革的方向不一致，所以，上海农村养老保险开始向国家、集体和个人共同负担的制度迈进。关于个人缴纳部分，对从事集体经济活动的劳动者规定了统一的标准，而个体户、专业户缴纳标准要高一些。保险以乡镇为统筹的范围。现在养老金的发放，务农老人的标准低于企业退休职工，今后将逐渐缩小差别（桂世勋，1989）。

目前全国实行合作养老保险试点的乡，据《社会保障报》1988 年 6 月 3 日报道，全国有 104 个村实行合作养老保险。这些试点乡村主要分布在经济富裕地区。这些试点本身都是集体经济兴旺，劳动力大量投向工、副、商、运、建等业，商品经济发达的乡镇。这些试点都实行集体、个人共同缴纳保险金的筹集办法，即实行基金制。养老金的领取，现在一般已经给 60 岁以上老人发放养老金，数额一般 20 元左右，也就是同时实行现

---

① 《社会保障报》1989 年 3 月 7 日。

收现付制；但现在未到养老年龄的人，将随缴纳保险金时间的延长而养老金增加。限于经济实力，养老金不可能再高，现在的金额还不能满足老人的全部物质生活需求，还需家庭赡养的补充。因而一般实行合作养老保险的村镇，多规定给五保老人较多的养老金，以保证五保老人的基本生活，对村干部一般也规定给予一定的补充养老金。养老保险的管理，是建立村民自治性质的保险管理组织；实行乡一级统筹的，在乡一级也建立保险管理组织。有的乡虽然建立了社会保障委员会，但是只起指导作用。

当前合作养老保险的共同特点如下。

（1）保险范围小。合作养老保险多实行“村本位制”，即各村自我储备、自我保障、自我服务。这也就是实行社区型社会保障，而且多限于村一级社区。这种小社区保障的社会化水平低，但这是由农村各地区之间经济发展的不平衡，以至于一个乡的村庄之间发展的不平衡决定的。若扩大其保险范围，就必须使该乡的多数村庄在同一经济发展水平上，若人为扩大，就可能影响经济富裕村庄群众的生产积极性。

（2）保险水平低。目前合作养老保险发放的养老金标准低，与城市职工退休金之间还有很大差距，实属养老津贴。随着时间的推移、基金的积累，以后发的养老金标准将提高。

（3）保险费用由国家、集体、个人共同负担。这就避免了城市职工保险由国家包下来的缺点。现在实行的是现收现付与基金积累相结合的办法，目前问题是基金的保值与增殖如何解决。这一问题若解决不好，将不利于农村养老保险事业的发展。

农村合作养老保险试点乡村还有一共同之点，即不仅经济发展，主要是有兴旺发达的集体经济作为依靠。这就同时提出了个体经济发达之处的养老保险应如何办的问题。温州市民政局针对瑞安市梅头镇提出，这里农村养老保险要坚持个人自筹为主，国家、集体适当补助的原则，采用储蓄基金保险办法。①

合作养老保险试点，是建立农村社会保障的重大课题，对其实施的条件、办法、管理等还需继续深入研究。

---

① 《瑞安市梅头镇养老储蓄保险方案》，《中国民政》1987 年第 7 期。

(六) 建立计划生育养老保险

近年来农村的计划生育工作目标难以达到，与农村居民要儿子养老有密切关系。所以要搞好计划生育工作，就要解决养老问题。在还未建立合作养老保险的地方，为了推动计划生育工作，有的建立了计划生育养老保险。这一工作首先在福建省建瓯县小松乡开始，而后在建阳地区展开。保险对象是领取了独生子女证的独生子女父母和生了二女但做了结扎手术的夫妇。保险办法是乡村行政组织出资向保险公司为享受计划生育养老保险的夫妇保险，到被保险人55周岁时保险公司按月发给养老金（田文光，1988）。1989年初北京市大兴县的芦城等6个乡也开始实行计划生育养老保险。[①] 在实行计划生育养老保险的地方，超生数量普遍下降。这也从一个侧面说明养老由家庭赡养过渡到社会养老的重要性。

(七) 合作医疗保险

这是农村社会保障的一个项目。在实行社会保障试点的单位，多实行“保大病不保小病”的原则，即规定一定的补贴起点，医疗费在起点以内的由个人自理，超过起点的，分档次按不同比例给予补贴，医疗费花得越多，补贴比例越高，高限可达80%。这套“保大不保小”的制度，主要为了防止“一人患病，倾家荡产”的情况发生，鲜明地体现了合作医疗保险互助共济的特点。医疗保险费来自农民缴纳和集体经济的提取。

总之，到1988年，全国农村建立的以敬老院、社会福利厂、优待五保统筹、社会保障基金会“四个一”为主干的农村社会保障网络的乡镇数有1万多个，占全国乡镇总数的18.27%。建立各种形式的社会保障基金会达715万个，筹集金额6.9亿元。乡敬老院的覆盖率达48.30%。全国每百个县设有光荣院56个，每百个乡有社会福利企业46个。[②] 农村社会保障成绩不小，经验也不少，需进一步追踪调查并进行理论研究，以推动它继续发展，稳定农村社会，控制农村人口，促进经济发展。

---

① 《北京晚报》1989年3月9日。

② 《社会保障报》1989年4月14日。

五　优待抚恤改革

优待抚恤属于社会保障，是一种特殊的社会保障。优抚的保障对象是烈属、军属、伤残军人、复员军人、退伍军人。中华人民共和国成立以来，国家曾制定了有关优抚的法规，但是在改革的形势下，这些条例从原则、内容到形式绝大部分已不适用，迫切需要制定新的优恤法规。

改革以来，人民的生活水平普遍有了提高，相对于此，全国约5000万优抚对象的抚恤标准也应提高，并且应使抚恤对象的生活与国民经济的发展相联系，随城乡人民生活水平的不断提高而有所改善。据此，国家把烈士、因公牺牲和病故军人的一次性抚恤标准，由固定金额改为与上述三类死亡人员的生前工资挂钩。这样，不仅拉开了档次，体现合理差别，而且抚恤标准可以随着工资的调整而调整，使之趋向合理，有规律可循。对遗属的抚恤，由定期定量补助过渡到定期抚恤，抚恤标准也与城乡人民生活水平挂钩，这对保障遗属的生活有重要作用。对伤残军人的伤残抚恤，除根据伤残性质和伤残等级外，还参照一般职工的工资收入来确定。这就不仅提高了抚恤标准，还实行了全面抚恤。

在实行“国家抚恤”、发挥国家主导作用的同时，我国一贯有“群众优待”的传统。所以，我国优抚制度的特点是国家、社会、群众三结合的制度。目前这一制度较好地保障了优抚对象的生活和权益。社会与群众在优抚工作中的作用，充分体现在拥军优属活动中诞生的优抚服务组织和农村的义务兵优待金统筹上。优抚服务组织在城乡各地开始形成服务网络。

在近年抚恤优待工作的基础上，国务院制定了《军人抚恤优待条例》，于1988年7月颁布，8月1日起正式施行。这部条例是新中国成立以来一部较为完整的基本优抚法规。它是对此前优抚工作的总结，也是今后开展优抚工作的法规依据。因此，《军人抚恤优待条例》的颁布实施，是我国优待抚恤社会保障法制化、制度化、社会化建设达到一个新阶段的标志。

六　结束语

我国的社会保障改革，在新中国成立40周年之际，已取得了不少成绩，为继续改革做了准备。今后社会保障改革，要在研究借鉴外国经验的同时，进一步加强理论研究，发展适合我国国情的社会保障制度。社会保障不论城乡都要逐步实行由国家、集体、个人合理负担的基金制，为今后人口老化做好准备。实行基金制就有一个基金的保值与增殖的问题，这是一个必须妥善解决的问题。社会保障的管理体制，目前仍是多部门的多头管理，今后须向统一的社会化管理迈进。社会保障立法，现只有《军人抚恤优待条例》，而基本的社会保障法和单项的社会保险法、社会救济法、社会福利法、残疾人法等都还没有颁布。而要达到以上目标，需要一大批各种层次的、有理论、懂管理的社会保障专门人才，目前这方面的人才很欠缺，要重视培养。

我国的社会保障，社会化和普及化水平低，城乡社会保障差距大，短期内难以拉平。今后只有随着经济的发展，才能逐步提高全民的社会保障水平。

参考文献

陈良瑾，1987，《社会发展机制与社会保障功能》，《社会学研究》第 1 期。

崔延平，1988，《扶贫工作的回顾与思考》，《中国民政》第 7 期。

桂世勋，1989，《新的探索》，《社会保障报》2 月 17 日。

贾霭美，1988，《对改进我国退休金制度的几点建议》，《社会保障报》8 月 5 日。

李立奎，1987，《上海郊区务农老人养老保障的现状和意愿》，《中国民政》第 6 期。

谭俞雄，1988，《对救灾合作保险“稳态”运行问题的思考》，《中国民政》第 9 期。

田文光，1988，《大力推行农村计划生育养老保险》，《人口研究》第 4 期。

信长星，1989，《劳动制度改革呼唤着失业保险》，《工人日报》2 月 3 日。

杨继明，1986，《企业保险向社会保险过渡的重要一步》，《社会学研究》第 1 期。

杨继明，1987，《我国老年社会保险制度的历史沿革和改革方向》，《社会学研究》第 1 期。

振新，1988，《城市社区服务的发展战略目标》，《中国民政》第 12 期。

朱传一，1988，《人人都应该缴纳一部分社会保险金》，《经济参考》8 月 30 日。

十年社会学理论、方法研究的回顾和反思*

张宛丽

中国社会学在被取消了约26年之后，终于在1978年底获得了新生之机。短短十年，它以“民意调查”的独特优势，影响了社会决策系统；以“定量研究”的体系特色，坚实地立足于一场社会大变革的现实之中。它开始以整体透视、系统分析、动态考察、实地研究的理论之光，在社会科学之林，与哲学、历史学、经济学等传统“重头学科”平分秋色。然而，在改革大潮中，哲学以其“实践是检验真理的唯一标准”的大讨论，开启了改革开放的时代大门；历史学以其对中国封建社会“超稳定结构”的探索，吹响了科学理性的社会号角；经济学以其对“所有制”的反思，掀开了中国社会主义现代化进程中的历史一页；而我们的社会学却还没有能够以其独特的学科参与能力，有重大的社会作为。自然，恢复社会学研究不过才十年，不应对它的“幼稚”过于苛求，况且它毕竟是一门科学，仅以“社会参与”的功利标准去衡之，也欠公允。正因其为幼稚，作为一门重要的社会科学，才更需要我们认真反思其理论和方法研究的轨迹。

一 社会学的理论研究及其反思

“理论研究”这一概念本身就是未经严密论证的、不明确的，它可以指“理论社会学”的研究，也可以指社会学研究中的理论问题。区分、界定之类非本文所为，在此假借“模糊性”原则，含上述二者之义，对十年来的社会学理论研究，做一番探讨。

---

* 原文发表于《社会学研究》1989年第4期。

十年来，理论研究主要涉及以下八个方面的问题。

（一）关于社会学本土化（“中国化”及对西方社会学的态度）

就一般认识原则而言，借鉴、扬弃的方针是得到认同的（雷洪、范洪，1986b），争论的焦点主要是怎样认识和把握西方社会学的学科体系，其实质是中国民族文化与西方特定文化的认同问题。一种意见认为，西方社会学的合理内核主要在它的经验部分，如社会调查方法、技术和理论，社区理论、科层制理论、核心家庭理论等一些局部理论，可为我们参考（雷洪、范洪，1986b）。另一种意见则认为，中国社会自有其特点，许多具体的社会问题在外国的社会学理论中找不到现成的答案，生搬硬套，有可能削足适履，是行不通的。[①] 有的研究者进一步指出，西方社会学的概念工具是西方特定社会生活的认识抽象，原样照搬，用以解释我国的社会生活是不科学的，很可能产生认识偏差（叶小文，1985；张宛丽，1986）。

如果进一步深究，社会学本土化问题牵涉这样一些学术关系：一是学科和学派的关系。西方社会学有孔德、马克思各为鼻祖之说，二者的社会学思想各为一路也是公认的。从社会学本土化的角度谈论西方社会学，势必要遇到两个问题，即：是指包容二者在内的全部西方社会学学科整体，还是从学派角度区分是马克思主义的或孔德一系的某一学派的社会学？一是传统文化与现代化的关系。社会学本土化（中国化）是化在中国传统文化的母体上，还是植根于中国的现代化文化？而现代化文化与传统文化的关系又是怎样的？于此，有人提出了独到的见解，即“社会学的中国化，就是建立以中国社会为研究对象，体现中国现实文化民族主体性特色、反映和促进中国社会主义现代化进程的现代化社会学体系”（袁阳，1988）。在这一认识中，包含着将“社会学本土化”这一命题转换为建立“本土社会学”的思想。

（二）关于社会学与历史唯物主义的关系

社会学与历史唯物主义的关系问题在1982年及1986年便有人先后对

---

① 李庆云：《学会工作的近期回顾与展望》。

当时的不同认识做过综述，主要有以下五种观点（雷洪、范洪，1986b）。

一是指导论的观点，认为历史唯物主义是社会学的理论基础和指导思想，二者之间是一般与个别的关系。在坚持指导论的思想前提下，有人又特别指出，“社会学又是独立的学科”，二者“在内容上不要截然分开，要允许部分重叠”（潘允康，1986）。“历史唯物主义是社会学的理论升华，而社会学是历史唯物主义的具体体现。”（陈树德，1985）“唯物史观是哲学，它包括一系列的原理、观点、范畴和概念。它们对一切社会科学包括社会学都具有指导作用。”（常向群，1989）

二是继承论的观点，认为社会学是继承马克思主义关于社会调查的理论与方法并使之学科化。

三是兼容论的观点，认为历史唯物主义既是社会哲学又是社会学。

四是时代论的观点，认为历史唯物主义和社会学是两个不同时代的最高成就，前者为后者创造了“历史可能性”，而新的社会条件和科学技术条件则是后者产生的“决定性要素”。二者是人类对社会进行定性认识和定量认识这两个层次在理论上的总结，社会学研究又是对历史唯物主义原理的全面展开和深化（时宪民，1985）。

五是层次论的观点，认为从研究的对象和领域出发，唯物史观学说的基本内容属于普通社会学第一层次理论。从研究目的看，都是“为了揭示适用于人类一切社会的最普通的整体发展规律，并也对人类社会的存在和发展做出了自己的（横向和纵向两方面的）回答”。所不同的是，“唯物史观学说是普通社会学第一层次理论中的马克思主义学派”（陈烽，1986）。

社会学与历史唯物主义的关系问题，实际上一直困扰着我国社会学的研究。历史唯物主义思想在西方社会学的发展中，是一种理论现象，且在有关学术探讨中，因其所具有的真理性而逐渐为其他学派接受。然而在我国，历史唯物主义不仅仅是一种理论现象，其真理价值是和社会生活的划时代巨变紧密相联的，具有至关重要的社会实践性质。这也许就是一直困扰着我国社会学学术研究的一个重要原因。假若将历史唯物主义还原为学派思想，可能会大大减少我们在理论社会学研究中遇到的困惑；而另一方面，面对其社会实践性质，试用包括这一理论在内的不同理论，认识和分析中国社会及其发展趋势，我们有可能彻底地、科学地发现历史唯物主义的真理价值。

（三）关于社会学与科学社会主义的关系

社会学与科学社会主义的关系问题在近几年逐步广泛地引起了人们的关注，追究这一关系与创造马克思主义社会学的努力有着一定的联系。于此，可归为以下三类认识（雷洪、范洪，1986b）。

一是从学科角度分析相互间的关系，主要有两种看法：第一种看法认为社会主义社会学是科学社会主义的一个组成部分，但又具有相对独立性，是一门相对独立的学科。第二种看法认为科学社会主义不是学科名称而是一个学说名称，是以无产阶级革命实践为对象的一种综合性专题研究，其中的无产阶级革命学说主要属于政治学，而有关社会主义建设的学说主要属于社会学；若除去政治学的内容，“科学社会主义”则属于形态社会学的理论范畴。

二是从研究领域的角度分析，也有两种不同的看法：第一种看法是确认二者的研究领域的一致性，区别二者不同的研究目的、方法及层次，并认为二者分别为两个学科，是并列关系而非从属关系，具有相互依存、相互渗透、相互补充的交叉性（郑杭生，1986）。第二种看法明确指出二者研究领域不同，社会学有其特定的研究对象、内容和独特的研究方法；它与历史唯物主义及科学社会主义的关系是分属于不同层次的三门学科；历史唯物主义属于最高（或最基础的）层次，在此基础上建立了科学社会主义理论，社会学则同时接受这两种理论的指导（陈烽，1985）。

三是“中间理论”说，认为社会学是在历史唯物主义与科学社会主义之间的一个“中间理论”，它为科学社会主义制度提供协调发展理论原则及指标体系，为科学社会主义建设提供克服弊端的参考系数。

（四）关于马克思主义社会学传统

关于马克思主义社会学传统问题，在我国社会学界的争论与在西方社会学界的有关探讨是有区别的。在这里，我们关注这一问题自然是与以马克思主义为指导的中国社会主义革命和现代化建设实践的社会背景分不开，而在西方同行那里，这一问题不具有社会实践的历史背景（马克思主义的社会观从来没有像在中国这样结出民族社会实践之果），基于一种“价值中立”的理性态度，或着眼于当代资本主义社会发展问题，这两点构成了他们对这一问题的关注。当然，近十年来，随着国内有关学术活动的深入发展，出现了视马克思主义不仅为一种行动指南，而且为一门科学的“理性态度”的萌芽，从而使有关的争论具有了新的意义。

十年来，对于这一问题的争论，主要有两种倾向性态度及认识（雷洪、范洪，1986b）。

一是持肯定态度的认识，认为马克思主义中具有社会学学术传统。如从马克思主义经典作家关于自然历史过程中一定社会形态的整体及其各个方面所做的综合考察及其理论成果中，从其对社会现象的考察所使用的独特的社会学研究方法中，都可以看到其在理论体系和基本方法上所具有的社会学性质。不能因为马克思主义经典作家们从未使用或极少使用“社会学”一词而否定其社会学的学术性（张向东，1986）。有的同志则从西方社会学发展史的角度，肯定地指出马克思是科学社会学的创始人，“他不仅创立了科学的社会学基本理论原理，还提出了科学的社会学的一系列范畴、概念”（吴铎，1983）。还有人在对马克思主义社会学思想做了系统的研究后，得出结论：“在马克思主义体系中不仅存在着大量的社会学思想，而且自成体系，形成了与其他社会学派所不同的鲜明的特色。”“马克思主义社会学把社会看作一个过程，以现实的人为其分析社会学的逻辑起点，以社会经济形态为其基本的社会分析模型，以唯物史观为其主要的社会分析工具，以人与社会和自然及其关系为其社会分析对象，构成了其唯物史观社会学的基本思路。”（常向群，1989）

另一种是持区别态度的认识，认为在马克思主义的理论体系中，包含大量的科学社会学思想，但在马克思、恩格斯的著作中，从未使用过“社会学”这一名称，也没有提出过建立一门社会学。历史唯物主义理论不能代替对社会生活各方面的具体研究。

上述不同的认识，实际上涉及对社会学学科性质、研究对象及方法论的认识问题。如果认为以缓解社会矛盾的手段促进社会协调发展是社会学的基本属性，那么马克思主义理论体系显然以其所具有的批判性、革命性而难以在逻辑上得到社会学的认同。如果认为社会发展规律是社会学的研究对象，那么便不可否认马克思主义以把握社会进程所具有的整体性、宏观性和系统性对于社会学的理论贡献是独树一帜的。

（五）关于毛泽东思想与社会学

对此问题基本上也是两种倾向，即：一种是充分肯定并论证了毛泽东的社会学思想，并指出其特点是具有无产阶级革命性的，对各种社会现象、社会问题做出全面分析的社会学（雷洪、范洪，1986b）；另一种认识则强调毛泽东社会思想与毛泽东社会学思想的原则区别，并指出“毛泽东同志把自己毕生的精力都放到了关系革命和建设全局的实践活动和理论活动上，而不是放在某些具体学科的建设上。他是伟大的无产阶级革命家，而不是专业的社会学家”（雷洪、范洪，1986b）。

（六）关于社会学的研究对象与范围

关于社会学的研究对象与范围，对这一问题的讨论，是近十年来最热烈也是最具歧义之争的。这些不同的认识大致有以下几种（雷洪、范洪，1986b）。

（1）社会学是研究社会结构及其发展规律的。于此主张者还有一些差异：一是主张通过人们的社会关系和社会行为，研究社会结构、功能及发展规律（《社会学概论》编写组，1984：5）；另一主张是将社会视为一个整体，研究它的各个组成部分及其相互关系，以探讨社会的发生、发展规律（孙立平，1985）。还有的以社会结构作为主要研究对象，探讨社会在其发展变化过程中各种社会因素相互作用的一般规律，等等（雷洪、范洪，1986a：17）。

（2）社会学是研究社会协调发展的条件和规律的。对此又有几种不同的认识。有的认为应研究现代社会良性运行和协调发展的条件和机制（郑杭生，1986：68）；有的则认为应以社会整体化过程和社会各层次中各个侧面相互协调而构成的整体运动规律为研究对象（袁亚愚、詹一之，1986）；还有的认为应研究各个社会形态中生产力与生产关系、经济基础与上层建筑相互作用的社会总体结构的协调发展的条件；等等。

（3）社会学的研究对象是社会现象及其相互联系。有的直接界定为“社会现象关系学”，指出社会学研究社会现象之间的动态关系（崔树义，1988）；有的则强调一方面是研究综合性的社会现象，另一方面则是综合研究某一社会现象，并提出社会学的研究领域是研究社会科学中的“空白点”及“跨学科”的研究（张乐宁，1987）。

（4）社会学应研究社会生活以及社会生活与其他人类生活之间的关系。在这一认识中，研究者将社会生活解释为除政治生活、经济生活、文化生活以外的人类生活，分为三个方面，即劳动生活、婚姻、恋爱及家庭生活、闲暇生活（陈树德，1986）。

（5）社会学研究一定的社会关系及其发展规律。包括研究的逻辑起点是一定社会关系的形成、性质及分类；研究的主要内容是一定社会关系的结构与变动；研究的最终目的是寻求一定社会关系的协调发展（刘祖云，1985）。

（6）社会学研究社会的整体发展规律。一种观点认为“普通社会学的研究对象是社会整体的基本构成及各部分的相互关系，它的任务是揭示社会整体发展的规律”。这一认识将“社会整体”解释为三类，即一般社会整体（如“人类社会”）、特殊社会整体（如社会主义社会）及个别社会整体（如中国社会主义社会）（陈烽，1985）。另一种观点则认为：“社会学的研究对象是社会整体及其各部分之间的相关状态与管理协调的机制。”其对“社会整体”的解释包括三个内容：“一是纵向社会整体，即相对独立的各种社会活动领域；二是横向社会整体，即相对独立的各种社会共同体；三是总和社会整体，即一定地理范围内各种社会活动领域的系统。”（宋林飞，1987）还有一种观点认为：“社会学是从变动的社会整体出发，以多种角度和多种层次综合研究人们的社会活动和社会关系为内容的社会整体的形式、模式、组成、构成、运动和规律，及社会各方面（或各种社会活动、社会关系）之间相互性的科学。”（雷洪、范洪，1986c）

关于社会学的研究对象是社会整体发展规律的认识有人提出异议，认为社会学不是或不可能是研究社会整体的，主要理由是：社会整体框架通常就是社会经济形态，而这是历史唯物主义的研究对象。社会学不同于社会哲学，社会学不可能包含意指全部社会关系和社会生活的社会整体这一广阔而丰富的研究领域。社会学不是百科全书式的学科；如果把社会整体研究归结为综合分析，那么这仅仅是一种方法，不能构成为社会学的研究对象。不应将社会学降低为一种方法（雷洪、范洪，1986b）。

（7）社会学是研究人们的社会性行为规律的科学。“因为社会学是综合地研究人们共同的社会生活中所产生的一切社会现象和社会问题，而这

些社会现象和社会问题都是由人们的社会性行为造成的。”（杨心恒、宋力，1986）

（8）社会学以人类的社会生活及其发展为研究对象。这一认识是在赞同《辞海》中社会学词条有关界定的基础上发展的（陈树德，1986）。与此认识接近的另一种观点是“所谓社会学，简要地说，就是关于人类社会的系统理论，关于人类社会的系统学说，关于认识社会和改造社会的综合性的具体科学。”（彭立荣、王训礼，1987）

（9）社会学研究人的社会活动的固定化过程及其形式。持这一观点的同志认为：“社会学应该着重研究人的社会活动的固定化过程和固定化形式。具体说来，就是要研究个人的一定的行为怎样形成一定的关系，一定的关系又怎样形成一定的制度，进而研究行为、关系、制度三者之间的结构关系。”（庞树奇、蒋雅容，1986：31～32）

（10）社会问题是社会学的研究对象之一。“社会学除了研究社会发展规律和社会结构外，还要研究社会问题。社会问题是社会学的研究对象之一。”（雷洁琼，1980）

（11）也有的认为生活方式是社会学的研究对象（雷洪、范洪，1986b）。有人认为社会学是研究模糊社会现象的（雷洪、范洪，1986b）。还有的认为社会学研究“人—社会”的双向运动的机制及其发展规律。

（七）关于社会学的学科理论体系

社会学的学科理论体系主要是指社会学的理论框架及其结构层次，还有社会学的一般理论及具体理论。

1. 关于社会学的理论框架及其结构层次，对此主要有四种认识（雷洪、范洪，1986b）

一是“两部分”的结构认识。许多人认为社会学应分为“理论社会学”和“应用社会学”两部分。前者是对社会总体进行理论研究，亦称宏观社会学，包括一般理论和专门理论；后者是研究个别的、具体的社会现象并解决实际问题，亦称微观社会学，包括研究方法和应用研究；两部分之间既有相对的独立性，又具有内在联系；既具独特的方法论和理论体系，又有共同的方法论和理论联系。另有一种“两部分”的结构认识认为：一部分是关于社会整体的总体模式、构成、规律——称之为本体理论

（或称基本理论）；另一部分是关于社会的各种分体的模式、构成、规律——称之为专门理论（雷洪、范洪，1986c）。

二是“统一性”的认识，认为将社会学划分为理论社会学和应用社会学两部分不妥当。应用性是社会学的本质属性之一，包含了理论与应用的统一。

三是“层次性”的认识，认为研究社会整体的普通社会学可划分为三个层次，即研究一切社会形态的整体发展一般规律的“一般社会学”；研究某种社会形态的整体发展特殊规律的“特殊社会学”，或称“形态社会学”（如社会主义社会学）；研究某一特定社会的整体发展个别规律的“个别社会学”（如“中国社会主义社会学”）。在这三个基本研究层次之间，存在着从个别上升到特殊，从特殊上升到一般，以及一般指导特殊、个别的双向关系（陈烽，1985）。此外，另一种划分三个层次的认识是：第一层次，研究社会总体结构的总论；第二层次，研究社会分体的部门社会学分论；第三层次，研究社会问题的社会调查专论。

四是“主线论”的认识，这主要是在研究社会主义社会学的理论体系时提出来的，即这条主线应是社会主义社会的社会生活、社会矛盾、社会管理、社会发展据以运转的轴心；而人民内部矛盾贯穿于社会主义社会生活的各个领域，是社会主义社会发展的动力，因而人民内部矛盾即是这条主线（高平，1987）。

2. 关于社会学的一般理论

社会学的一般理论，亦指社会学最高层次的理论。于此主要有三种认识（雷洪、范洪，1986b）。其一，认为是历史唯物主义所阐明的规律在社会主义条件下的展开形式，它构成特殊形态的社会规律，即社会主义社会学规律；其二，认为唯物史观和关于社会结构、社会行为、社会变迁的理论是社会学的一般理论；第三种认识指出，社会学的基本理论应是一个独立的、完整的、具有特殊性的理论体系，而不是历史唯物主义的理论及其展开。

3. 关于社会学的具体理论

社会学的具体理论泛指社会学非最高层次的理论，如分析社会学、部门社会学、应用社会学、实用社会学等（雷洪、范洪，1986b）。何为专门理论？于此有三种认识。

第一种认识是从应用社会学与部门社会学的关系入手的。这种认识认为二者都是以解决实际社会问题为主旨，内容上有交错、重叠，可以合称为“实用社会学”或“实践社会学”；二者的区别是，应用社会学是以社会问题为中心的社会学理论和方法的具体应用，而部门社会学则是以学科为中心的研究社会某一方面现象的社会学具体知识和理论。

第二种认识是从研究对象及理论层次入手，得出结论认为应用社会学是研究社会问题的，其研究对象的层次低于理论社会学，因而它既是微观社会学，又是分支社会学。

第三种认识是从社会主义形态社会学的角度出发，认为关于社会主义社会生活各领域中的发展规律及其表现特征的理论是社会学的专门理论。

此外，有人注意到了有关研究的方法论原则，提出了两点：一是首先应科学界定理论社会学、应用社会学、宏观社会学、微观社会学等概念；二是遵循“学科理论自身的逻辑规定性，例如同一律、层次性、科属关系、归纳和演绎等”（雷洪、范洪，1986b）。

（八）关于社会学的学科特点

社会学的学科特点有一定的模糊性，这是和其学科性质分不开的。从理论上讲，怎样界定社会学的研究对象，就应当得出怎样的社会学特点的认识。

关于社会学的学科特点主要有以下七种认识（雷洪、范洪，1986b）。

一是两性论，认为现实性和相关性是社会学的两大特点。

二是八性论，认为社会学具有理论性——它揭示社会生活的一系列规律；具有应用性——可以解决社会生活的实际问题；具有阶级性——它为不同阶级服务；具有群众性——它面对所有的人；具有地区性——反映地域社会的特点；具有民族性——体现民族特征；具有国际性——各国社会学界之间都建立联系并进行比较研究；具有时代性——变迁、发展的观点。

三是五特点论。第一个特点是把社会作为一个整体来进行分析；第二个特点是广泛地研究社会生活中人们相互之间的社会关系和社会行为；第三个特点是它在研究方法上的综合性；第四个特点是坚持把社会这个整体以及各种社会关系、社会现象，放在运动和变化中进行研究；第五个特点是非常注重社会的实地调查研究（《社会学概论》编写组，1984）。

四是三特点论。第一个特点是其“发展历史短，自身变化大”。从纵的方面看，现代社会学同孔德社会学相比已面目全非；从横的方面看，各国社会学不统一，学派差异很大。第二个特点是“研究范围广，具有综合性”。第三个特点是“结合现实紧，具有敏感性”。

五是六特点论。第一，对社会的主体——人的研究最全面；第二，把社会作为整体，进行多种因素、多层次、多角度的综合研究；第三，有一套科学的研究方法，可以运用某些自然科学方法以至某些现代技术手段；第四，能与每一门社会科学学科甚至一些自然科学学科相联系，共同研究社会；第五，信息灵通、反应敏捷；第六，具有研究社会问题的专门理论和方法，能对社会问题做出科学的分析、解释，提出科学的、合理的解决措施（雷洪、范洪，1986b）。

六是在着眼于社会学发展史，在充分肯定社会学的时代性基础上，提出了社会学的三个理论特点：“它不等同于纯粹的实证的枝节分析和经验研究，但又必须以这种研究作为理论的依据；它也不是作为哲学对社会本质及其规律的抽象描述的理论延伸，但又必须以对社会的科学准确的定性结论为理论上的逻辑指导；它通过建立科学的社会研究理论模型，对各种社会现象的共性提出科学的理论假设，对社会的发展进行精确的理论预测，从而建立一个科学的社会研究网络。”（时宪民，1985）

七是四性论的认识。“社会学的特点主要有四个方面：整体性、动态性、现实性和综合性。”整体性——社会学把人和社会作为一个整体来研究；动态性——从人的行为活动和社会运行过程上分析、描述社会行为与社会关系；现实性——注重对社会现实的研究；综合性——对人和社会等，进行多种有关因素的考察，并运用现代科学技术的方法和手段进行研究（奚从清、沈赓方，1988）。

以上对十年来社会学的理论研究做了一个粗略的综述。依笔者所见，十年来中国社会学的理论研究是在由浅入深地发展着，它得益于中国改革开放的社会条件，同时又生存于中国传统文化的潜在的社会氛围中，以致在有关研究中，传统的思辨色彩使社会学的研究特色产生了某种“中国化”的变异。例如，一方面在概念上兜圈子，经常处于“务虚”状态。如果中国社会学的发展已具有了相当雄厚的经验研究资本，或者学者们都已对理论逻辑驾轻驭熟，具有一种理性自觉，那么这种“务虚”将可能导致在社会学理论研究上获得令人振奋的学术成就，然而不尽如人意的事实告诉我们，“务虚”的结果远非这样理想。无怪乎外国人发出如此这般的惊叹：“自一九七九年重新讲授社会学以来，中国一直在努力弄清这个学科的界限，目前仍在讨论社会学的范围以及社会学同其他社会学科的关系”。“最近，‘发展’这个概念在中国成了热门话题。这个领域里的许多学者就各种理论争论得不可开交，但却很少有人注意建立一套关于中国发展情况的可衡量的指数。”① 当然，事情并非完全这样，如“发展”指标问题，现在已有人在做深入研究，但这不过是最近才发生的事情，且还未形成一种群体行为。这是“中国化”变异的一个方面。另一个方面的变异却令人鼓舞，毕竟中国人的综合思维方式及其独特的思辨因素并非一无是处。因为社会学的理论特色之一便是其整体视角及综合功能，而其在今后的发展，又面临着哲学意义上宏观体系的挑战。如果我们能够坚持理性态度，能够把握住理论逻辑准则，能够搞清楚西方社会学的发展脉络及其构架，那么，传统思维方式带给我们的则可能是建构社会学宏观理论体系的独特优势。在同仁的一些有关的理论质疑中，这种变异的优势已经显露出来。

由于社会学根源于西方文化，自 1978 年恢复重建社会学以来，我们又不得不首先通过引进当代西方社会学，在借鉴、扬弃的过程中创建当代中国社会学。基于这种背景因素分析，十年来经历的由学习、借鉴再到扬弃的过程，难免不产生学习者的“模仿效应”，即囫囵吞枣而难得自觉。随着不断深入地学习、借鉴，尤其是对西方社会学发展史进行系统研究，我们越来越有可能摆脱“模仿效应”之囿，逐渐步入独特的理论研究之道。

回顾这一过程，有一种现象引人深思。西方社会学在不到两百年的历史发展过程中，形成了诸种理论模型，不同的民族文化历史传统及思维特性，使这些理论模型各具特色。探寻这些社会学理论各自不同的历史根源，联系到我们引进、借鉴过程的一些客观倾向，似乎出现了一种矛盾。按照一般的逻辑，引进、借鉴外来文化及理论，不外乎两种情况：一种是与本民族文化特性接近、对路的理论；另一种是与本民族文化历史传统相悖的反路的理论。从引进者一方来说，如果外来理论的真理性及本民族的

① 《香港虎报》1989 年 3 月 26 日。

相应条件兼备，那么上述任何一种方式都可能产生积极的社会效果。问题的关键在于引进者的把握能力。从西方社会学理论的历史根源看，有英国的功利主义、法国的实证主义、德国的历史主义及美国的实用主义等（约翰逊，1988）。如果按照“对路”原则做一番社会学理论引进及借鉴，那么应当对源于德国历史主义传统的社会学模型及其理论成果（如韦伯的社会学思想）表现出浓厚的理论兴趣。当然，在学术界包括社会学界曾经出现过“韦伯热”，但是与近十年美国社会学对我们的影响相比则非主流。另一方面，在引进、借鉴美国社会学的初期，我们更多地表现出的是方法兴趣而非理论兴趣。正如一位研究者指出的：“学习美国社会学定量分析的研究方法，是中美社会学初期交流的主要内容。”（邓方，1989）出现这种现象，也许和下述原因有关：初期，对当代社会学的特点具有近似于定量研究的肤浅理解；社会学定量研究方法本身显示出的科学性优势；活跃的中美文化交流带来的便利条件；老一辈社会学家与美国社会学界较为广泛的联系；美国当代社会学与定量研究方法的独特关系；等等。上述两方面的现象也许是“模仿效应”所必然具有的盲目性反应，或许是与我国社会科学研究中反思中国传统文化，从当代西方文化中寻找建设现代化新文化理论武器的文化探索有关。从另一个角度看，也许具有实用主义、个人主义、乐观主义特征的美国社会学与具有历史主义、强调文化独特性的德国社会学，甚至具有实证主义传统的法国社会学及功利主义倾向的英国社会学，在我们这个处于改革开放时代的社会生活中，都有其现实土壤，在社会学理论研究中，都有可能嫁接出独特的理论之果，也就是说，在我们走过了一段引进、借鉴之路后，社会学理论研究很可能会出现一个多元化的探索局面。

此外，十年来，关于社会学理论研究的方法论原则，讨论得不够充分，也是令人深省的一种现象。如果说我们擅长理论“务虚”及整体思维，就绝不应忽略方法论方面的探讨。然而，热衷于一些概念之争而冷落了“方法论”的实际情形，与理应重视“方法论”的逻辑结果恰恰相反，表现出了类似于“丢了西瓜而拣芝麻”的悖论行为。或许对这种行为的解释，客观上仍应归于“模仿效应”的盲目性，但是另一方面也反映出我们自身在理论修养方面的“先天不足”。若追究其深层原因，也许又要推论到老祖宗的经验理性与西方文化的科学理性的差异上去。喜欢“刨根问底”，也许是我们从老祖宗那里继承下来的一份经验理性的遗产，也许导致我们“丢了西瓜拣芝麻”的悖论行为，但是也许在一旦打开国门、面向世界之时，又生成了强烈的反思欲及批判精神，并且成为通向科学理性的行为动力。这些“也许”，并非仅仅是一些理论假设，在最近两三年的社会学理论研究中，在一些同仁的研究活动中，已经有所实践。1988 年 8 月在伊春召开的“全国社会主义初级阶段理论与社会学学术研讨会”及 1988 年 10 月在北京召开的“马克思主义社会学理论研讨会”，关于社会学研究中“价值无涉”（value free）① 原则的争论，已经反映出一种追求科学理性的方法论倾向，而在有关的社会学理论中，也反映出一种追求科学理性的方法论倾向，出现了坚持理性原则的学派倾向。当然，西方社会学理论研究也并未因其具有的科学理性传统而逃脱悖论行为——哲学意义上的社会学宏观理论至今未能站立起来，这无异于说明经验理性与科学理性各有其优势，也各有其掣肘之处，也许二者之间通过“杂交”，方有可能取得重大的社会学的理论突破。

二 社会学的方法研究及其反思

论及社会学的方法问题，首先便遇到方法论的问题。方法论既属于理论研究范畴，又可以归入方法系统。为方便起见，在此权将方法论包括在方法研究部分中。

（一）关于方法论的研究

如前所述，我们关于方法论的研究是很不够的。如对西方社会学主要存在的实证主义方法论与人文主义方法论，我们有何认识？在创建当代中国社会学时，我们的方法论是怎样性质的？它与多元化的理论探索是一种什么样的关系？……尽管如此，还是有人涉猎了马克思主义分析社会的方法论与西方社会学两大方法论体系的关系问题，并指出马克思主义分析社会的方法论很多，如有唯物辩证方法论、理论逻辑方法论，更重要的是创

① “价值无涉”系西方社会学研究中引起激烈争论的一个观点。主张此说者认为，在从事社会学研究时，研究者应尽量避免价值评价，保持“价值中立”，以避免由于研究者一定的价值观念的影响，导致研究偏见。

立了唯物史观方法论，从而克服了西方社会学两大社会分析方法论的缺陷，“使社会历史分析和功能分析构成了互为条件的统一体，使人们既能通过对社会历史的分析把握社会中互为条件的因素和进程所构成的体系，又能通过对社会功能的分析把握社会历史的发展进程”（常向群，1989）。

有人认为马克思主义哲学是社会学研究的指导思想，“要以辩证唯物主义和历史唯物主义作为自己研究方法的第一个层次”，并提出了七个观点和范畴：物质第一性观点；社会现象具有规律性；社会是矛盾的统一体；社会现象之间具有普遍联系、互相制约及作用；运动变化的观点；社会现象中质与量的关系；社会学研究中的阶级性（戴建中，1988）。

有人在坚持以辩证唯物主义与历史唯物主义为方法论的前提下，提出了不同于前的五个观点：实事求是的观点、辩证法的观点、系统的观点、社会基本矛盾的观点及群众观点（水延凯，1988）。

有人在研究并肯定了唯物辩证法、逻辑方法及系统方法的方法论意义的基础上，提出了十三项方法论原则：真实性原则，多向性原则，准确性原则，整体性与层次性相结合的原则，动态资料收集与静态资料收集相结合的原则，调查与研究相结合的原则，量的解析与质的研究相结合的原则，宏观研究与微观研究相结合的原则，横向考察与纵向考察相结合的原则，社会矛盾分析与阶级分析相结合的原则，归纳方法与演绎方法相结合的原则，分析与综合相结合的原则，方法上的更新与继承相结合的原则（于真、许德琦等，1985）。

有人认为构成科学方法论的是唯物辩证法（矛盾分析法）、历史辩证法（阶级分析法）、信息论、控制论及系统论（严家明，1986）。

有人在界定了何为方法论之后提出，“社会调查的方法论是由不同层次、相互联系的三个方面组成的，即马克思主义的哲学方法论，社会学的学科方法论以及逻辑方法论”；并进一步指出，马克思主义的哲学方法论亦即辩证唯物主义和历史唯物主义的方法论；社会学的学科方法论，主要是指各种专门社会学理论在社会调查中的指导地位和作用；逻辑方法论，是科学研究具体方法和技术的一般理论或学说（仇立平，1985）。

（二）关于社会学的方法体系

关于社会学的方法体系，主要有五种不同的认识。

第一种认识认为，“方法体系的主要特点应该是以马克思主义的哲学方法论为基础，以社会学的学科理论为指导，以辩证逻辑为思维方法，并且不断批判地吸收其他学科包括自然科学的研究方法。”而“社会调查研究的方法体系主要是由社会调查研究的方法论、社会调查研究的一般方法和特殊方法、社会调查研究的具体技术和工具等三大层次构成”，三大层次之间及每个层次内部都是相互联系、相互制约的（仇立平，1985）。

第二种认识认为社会学研究方法，分为两个层次。第一层次是指用辩证唯物主义与历史唯物主义指导研究，是带有根本性的哲学基础；“第二层次是指具体的研究方法、技术和工具”（戴建中，1988）。

第三种认识将方法体系解释为方法论、社会科学理论知识、调查研究方法系统、技术工具系统等的方法科学（于真、许德琦等，1985）。

第四种认识认为社会调查学研究的方法包括三个层次：“一是科学的方法论，它是最高层次的方法，包括最一般的哲学方法和各门社会科学的研究方法；二是社会调查的基本方法，它是中间层次的方法，包括调查材料的方法和研究材料的方法；三是社会调查的程序和各种具体方法，它是最低层次的方法，包括社会调查的一般步骤和使用调研工具的各种方法。”（水延凯，1988）

此外，有人提出了建立社会调研学的设想，并认为：“方法科学，或方法学，是各门学科方法逐步丰富起来后必然要出现的。从体系上它有四部分，即：（1）自然科学方法（自然辩证法是它的核心部分）；（2）技术科学方法；（3）社会学方法；（4）思维科学方法。四者是相互依存、相互促进的。社会调研学就是社会领域内的方法学。”（于真，1987）关于社会调研学的理论框架，亦分为4个层次：（1）哲学基础；（2）方法论层次；（3）方法层次；（4）技术、手段、工具的层次。

关于社会学的方法体系，尽管有上述不同的认识，但有两点是共同的，即都坚持辩证唯物主义方法论的指导地位，都充分注意到现代社会调查研究的方法与技术。

（三）关于调查研究的具体方法的争论

关于调查研究的具体方法的争论，见诸文字的很少，但在各种场合学者们却不时地各抒己见，主要集中在问卷调查方法及有关问题上。围绕这一问题的争论涉及如下几个方面的关系。

1. 问卷调查法与社会现象复杂性的关系

一种意见是充分肯定对社会现象可以使用问卷调查法做定量研究，并认为我们过去的一些决策失误，就是因为对社会现象没有以一种科学的、客观的定量研究为方法基础，结果导致主观化的错误。

与此相反，另有一种意见认为，面对复杂、多变的社会现象，使用问卷调查法是很难揭示其内在的本质联系的，甚至很可能陷入主观性、表面性及机械性的泥潭。

还有一些同仁针对“问卷热”及仅仅依靠问卷调查便得出某一调查结论的现象指出，问卷调查法仅仅是社会学诸种调查研究方法之一；在大型的社会调查研究项目的调研实践中，还必须借助于访谈法、文献调查法、观察法等不同方法，否定“问卷调查法”和夸大“问卷调查法”都是不可取的。

2. 问卷调查法与中国国情的关系

10 年来，问卷调查法从开始时的不被接受，到迅速传播，以至于后来每搞调查必不可少，出现了“问卷热”，这期间，在一些人的头脑中似乎形成了一个公式：问卷调查 = 定量研究 = 科学研究。与此同时，定性研究的科学价值变得少有问津了。然而，问卷调查法的产生背景是西方现代科学技术和现代都市化社会生活，这意味着活跃的社会流动、较高的人口文化素质及语义认同能力、合法的有保障的隐私权等社会发展条件，而所有这些，与我国的现实社会生活都还是有相当大的距离的。

由此，有些人便提出了“问卷调查法适合中国现在的国情吗”之疑问。他们认为，依中国现在的国情，不适合用问卷调查法。一是调查对象很难搞清楚问卷的语义；二是受“舆论一致”的习惯左右，虚假成分很大；三是没有法律保障合理的隐私权而难以合作。有人主张仍应走费孝通先生所实践的以区位法、访谈法为主，辅之以问卷调查法的路子。

固然，“不适合”自有其道理。但是，若从心理学、行为学的角度分析，则可能得出与之不同的认识。依据这些学科的有关原理，人类对于外界的客观刺激，不是一个被动的受体，而是具有适应能力及创造性的行为主体。试想随着问卷调查的多次实践，被调查者自然会在一定程度上接受它、理解它并产生一种“自我改造”效应，这一点，已经在笔者的有关实践中得到了一定程度的验证。当然，城市生活的职业者比农村生活的种田人，在接受能力及配合能力方面都要胜一筹。因此，我以为，一定的社会条件加上一定的试验及实践，特别是调查研究者坚持实事求是的科学态度，适当地使用问卷法是可行的，并且是有益的。再者，我国社会发展呈现出一种城乡二元结构，城市发展的现实水平和问卷调查法产生之时的城市化水平相差不大；而我国目前改革开放的社会生活及社会问题，具有近似于问卷调查法产生时的转型期的社会特点；我们的城市化发展也不可能脱离现代化的一般规律。因此，问卷调查法在我们这里具有一定的适用性及社会根据。

最后，有一点我认为是我们以往注意不够而需今后认真研究的问题，即方法现象的社会根源和理论根源及其背后的文化传统。方法是人们在认识社会的过程中产生的，又是人们认识社会的一种特殊抽象物。有什么样的理论，就有什么样的方法。如美国社会学的发展，在本世纪曾有两大学派，一个是芝加哥学派，另一个是哥伦比亚学派。芝加哥学派所创造的参与法、访谈法等，是随着当时农村社会向城市社会变动中产生的诸多社会问题展开社区实地研究及社会问题研究而形成并逐渐完善的。同样，作为哥伦比亚学派的研究方法标志的社会统计法、问卷法等，也是随着城市化的深入发展，由城市社会问题转向个人行为问题并展开市场研究而出现的。论及我们的方法实践，就不能不考虑到具体方法赖以生存并发挥积极作用的社会条件，就不能不研究方法系统的相对独立性及功能问题。再以马克思主义的阶级分析方法与西方社会学分层理论的方法为例，前者具有阶级冲突的理论背景，后者则是以阶级调和为其理论支撑。如果想在一项有关研究中同时借鉴这两种截然相反理论的研究方法，就应首先研究导致它们之间相互过渡的“接口理论”（如同在计算机技术研究中，不仅要分别研究软件与硬件技术，还要研究软、硬件的接口技术），否则，便很难避免认识结果上的逻辑矛盾，从而丧失科学性。

十年来，社会学的理论研究和方法研究，已经迈出了探索性的一步。有人认为，十年来，各家的观点都“见了面”，在下一个十年的发展中，很可能会在此基础上，出现学派活动及其成果。如果能够坚持以科学的态度对待学术争鸣，那么这一预言将可能成为现实，我们将会迎来当代中国社会学的繁荣发展。

参考文献

常向群，1989，《论马克思主义社会学的基本思路》，《社会学研究》第3期。

陈烽，1985，《社会学的研究对象及其学科地位再认识》，《中国社会科学》第5期。

陈烽，1986，《社会学——对社会做整体性研究的科学》，《社会学研究》第1期。

陈树德，1985，《对社会学研究中两个问题的认识》，《社会调查与研究》第5期。

陈树德，1986，《评（社会学的研究对象及其学科地位再认识）的若干观点——兼论社会学的研究对象》，《社会科学评论》（简报）第11期。

崔树义，1988，《社会学：社会现象关系学——社会学研究对象之我见》，《社会学研究》第4期。

〔美〕D. P. 约翰逊，1988，《社会学理论》，南开大学社会学系译，国际文化出版公司。

戴建中，1988，《社会调查研究方法》，人民出版社。

邓方，1989，《中美社会学的十年交流对中国社会学的影响》，《社会学研究》第3期。

高平，1987，《中国特色的社会主义社会学初探》，《社会学研究》第6期。

雷洪、范洪，1986a，《社会学简论》，华中工学院出版社。

雷洪、范洪，1986b，《我国社会学若干理论问题讨论综述》，《中国社会科学》第3期。

雷洪、范洪，1986c，《试论社会学的研究对象和理论体系》，《社会学研究》第5期。

雷洁琼，1980，《有关社会学的几点意见》，《上海社联通讯》第12期。

刘祖云，1985，《试论社会学的研究对象》，《华中师范学院学报》（哲学版）第3期。

潘允康，1986，《社会学和历史唯物主义》，《中国社会科学》第6期。

庞树奇、蒋雅容，1986，《社会学概论》，上海大学文学院（校内用书）。

彭立荣、王训礼，1987，《继承、坚持马克思主义社会学传统》，《济宁师专学报》（社科版）第2期。

仇立平，1985，《论社会调查研究方法的现代化》，《社会调查与研究》第3期。

《社会学概论》编写组，1984，《社会学概论（试讲本）》，天津人民出版社。

时宪民，1985，《从社会学的产生和发展看历史唯物主义和社会学的关系》，《社会调查与研究》第4期。

水延凯，1988，《社会调查教程》，中国人民大学出版社。

宋林飞，1987，《现代社会学》，上海人民出版社。

孙立平，1985，《论社会学的学科性质及目前面临的几个问题》，《社会调查与研究》第1期。

吴铎，1983，《马克思与社会学》，《社会学通讯》第1期。

奚从清、沈赓方，1988，《社会学原理》，浙江大学出版社。

严家明，1986，《现代社会调查方法》，华中师范大学出版社。

杨心恒、宋力，1986，《社会学概论》，群众出版社。

叶小文，1985，《社会结构分析中的几种社会学角度和概念工具》，《贵州大学学报》第3期。

于真，1987，《社会调查研究学科化刍议》，《社会学研究》第6期。

于真、许德琦等，1985，《当代社会调查研究科学方法与技术》，工人出版社。

袁亚愚、詹一之，1986，《社会学——历史、理论、方法》，四川大学出版社。

袁阳，1988，《试论社会学的中国化与现代化》，《社会学研究》第1期。

张乐宁，1987，《论社会学的性质及其研究对象》，《社会学研究与政务决策》，天津人民出版社。

张宛丽，1986，《浅议我国目前理论社会学研究遇到的三个问题》，《中国社会学函授大学校刊》第2期。

张向东，1986，《马克思主义社会学理论辨析》，《社会学研究》第4期。

郑杭生，1986，《社会学对象问题新探》，《社会学研究》第1期。

中国社会心理学十年回顾与展望*

石秀印　刘卫平

一

我国的社会心理学自 1979 年重建以来，已经走过了十个年头。

这十年是它复苏的十年，也是它迅速发展的十年，我国社会心理学的研究取得了可喜的初步成果。

由于政治与社会的原因，新中国成立后我们一直没有自己的社会心理学，以致 30 年内，很少有人知道这一学科。1978 年，一本杂志的目录上出现了“社会心理学”的字样，但那篇文章是对社会心理学进行批判。时间仅过一年，《光明日报》于 1979 年 5 月 31 日发表《建议开展社会心理学研究》（王极盛）一文，揭开了中国社会心理学发展的序幕。

此时，社会心理学在发达国家已经有了 71 年的历史。自 1908 年美国社会学家罗斯（E. A. Ross）与英国心理学家麦独孤（W. McDouganll）分别出版他们的《社会心理学》以来，社会心理学已经在世界范围内取得了长足的进展和辉煌的成就。美、日、英、法、意、澳、德、加等国家的社会心理学工作者们做了众多的研究，出版了大量学术著作与教科书。仅在美国，从 1908 年到 1980 年，先后有约 150 本社会心理学著作出版，从事社会心理学研究的学者有一万余人。在社会主义国家的苏联、保加利亚、波兰等国家，社会心理学自 20 世纪 60 年代以来，也有了新的飞跃。

重建后的社会心理学走着一条学习、移植、模仿、消化、改造的道路。

---

* 原文发表于《社会学研究》1989 年第 4 期。

1981 年，苏联 E. C 库兹明和 B. E 谢苗诺夫主编的《社会心理学》一书由卢盛忠最先翻译，由杭州大学心理学系向全国发行（内部）；1984 年，苏联 Г. M 安德烈耶娃主编的《社会心理学》由蒋春雨翻译，由南开大学出版社公开出版；美国克特·W. 巴克主编的《社会心理学》由南开大学社会学系翻译，由南开大学出版社出版；美国 J. L. 弗里德曼、D. O. 西尔斯、J. M. 卡尔史密斯的《社会心理学》由高地、高佳翻译，由黑龙江人民出版社出版。以后，又陆续有十余种国外著作被翻译出版。同期，全国报刊发表了几百篇译作或介绍性文章。在翻译与学习的基础上，我国学者也陆续编写出版了自己的社会心理学著作或读本，如周振明、孙松屏编著的《社会心理学概论》（1984、1986），全国八院校编写组的《社会心理学教程》（1986），时蓉华编著的《社会心理学》（1986），陈纪方著的《社会心理学》（1986），孙晔、李沂主编的《社会心理学》（1987），沙莲香著的《社会心理学》（1987），孔令智、汪新建、周晓虹著的《社会心理学新编》（1987），乐国安、钟元俊主编的《社会心理学》（1988）等十余个版本。与此同时，我们还翻译、编写了 30 余种分支社会心理学、应用社会心理学等方面的著作与读本。向国外学习和社会心理学书籍的翻译、编写、出版，缩短了我国与国外发展水平之间的差距，开阔了我们的眼界，为我国社会心理学理论体系的建立和科学研究的开展打下了良好的基础。

讲学、培训活动与翻译出版同步进行。1982 年春，北京大学邀请吴江霖讲授社会心理学，系统介绍了社会心理学的性质、方法论、社会化、社会知觉、人际影响、跨文化心理学、舆论和态度、团体（集体）行为、社会心理学应用等内容。这是社会心理学在讲台上首次出现。1982 年 5 月，中国社会学会开办第二期讲习班，邀请美籍华人陈郁立讲授社会心理学。从 1983 年 9 月起，南开大学社会学系举办为期一年的社会心理学进修班，请国内著名专家讲学，全国高校和科研单位的 40 余名学员参加学习。以后，以社会心理学为主题的培训班、讲习班、进修班接连不断地举办，比较有代表性的是中国社会心理学会 1987 年春在北京举办的社会心理学培训班和中国社会心理学会理论与教学专业委员会 1988 年暑期于青岛主办的社会心理学讲习班，在各单位普遍经费紧缩的情况下，仍有大量学员报名参加这些班。讲学、培训活动推动了社会心理学知识的普及，扩大了社会心理学的影响，壮大了学科队伍，对社会心理学的十年发展起到了有利的促进作用。

与此同时，正规的社会心理学教育也开展得生气勃勃。1982 年，华东师范大学心理学系开设了社会心理学课，1983 年，武汉师范学院教育行政管理专修科开设社会心理学课。此后，社会心理学在高等院校的心理学系、社会学系、管理学系和其他系，在一些党政干部院校和成人院校，被列为必修课或选修课。1983 年以后，我国陆续招收了社会心理学专业的硕士生和博士生，开办了社会心理学研究班。正规的社会心理学教育为我国培养了一定数量的专业人才，其中不少人已经在科研与教学工作中发挥骨干作用。

1982 年 4 月 22 日，中国社会心理学研究会（同年 9 月改名为“中国社会心理学会”）成立。全国专家、学者 170 余人出席大会，选举出 44 人的理事会，选举陈元晖为会长，通过了《中国社会心理学研究会暂行章程》，吸收会员 186 名。中国社会心理学研究会是我国第一个研究社会心理学的群众性学术团体，也是指导社会心理学研究和学术交流活动的全国性学术团体，它的成立标志着社会心理学在我国的正式确立，对于促进我国社会心理学研究事业的发展有着积极的作用。此后，北京、广东、上海、湖南、广西、江苏、黑龙江、天津等省区市相继建立地方性社会心理学会。中国社会心理学会自成立以来，召开了两次全国性学术会议，所属的“理论与教学”、“军事社会心理学”、“民族心理学”专业委员会和“青年社会心理学工作者委员会”召开了多次专业讨论会，各地方性学会举办了年会等多种多样的学术活动。仅 1983 年，中国社会心理学会第一届年会就收到理论和实际调查方面的论文 98 篇，内容广泛，选题众多，讨论了社会心理学发展方向等方面的重要问题，确定了 3 个方面的研究重点。社会心理学会在团结和组织我国的社会心理学工作者，坚持理论联系实际和“百花齐放、百家争鸣”方针，开展学术研究活动，协调各地的研究工作和教学工作，促进社会心理学繁荣与发展方面，发挥了重要的作用。与此同时，由于成立了学会，充分调动了广大非社会心理学专业研究人员的研究热情，从而壮大了我国社会心理学研究力量，形成了一个日益壮大的研究体系。

1982 年 12 月 10 日，第五届全国人民代表大会第五次会议批准《中华人民共和国国民经济和社会发展第六个五年计划（1981—1985）》（以下简称《计划》)。《计划》明确提出“……社会心理学等,也要加强研究”。全国人大这一决定标志着政府对社会心理学科的正式肯定。这种肯定和加强研究的意向改变了30多年来人们对社会心理学的偏见,解除了社会心理学工作者从事研究的顾虑,有力地推动了我国社会心理学的振兴。

1985年3月,中国社会科学院社会学研究所正式组建“社会心理学研究室”,集中了7名研究人员;广州师范学院正式设立“社会心理学研究室”。此后,南开大学社会学系、中国人民大学社会学研究所、北京大学心理学系、北京师范大学心理学系等科研院所和高等院校系所相继设立了社会心理学研究室或教研室(在有些系所内,社会心理学与其他学科联合组室,如北京大学心理学系的“发展心理、社会心理与心理学史教研室”)。1988年,北京社会科学院和中国管理科学研究院分别设立了社会心理学研究所。这些研究和教学机构集中了国内较高水平的社会心理学工作者,成为社会心理学发展的重要基地,推动了研究与教学工作的开展及水平的提高。

社会心理学十年的发展大致可以分为三个阶段。1979~1981年为酝酿期,1982~1984年为学习和初建期,从1985年开始进入发展和研究期。经过前两个阶段的酝酿、学习和机构组建,我们对社会心理学的理论和体系有了基本的了解,培养了科学研究的基本素质和部分青年专业人员,建立了相应的研究组织,为开展研究准备了理论工具和方法方面的条件。同时,教学工作、对外交流工作和民族自尊心呼唤自己的研究成果,许多社会实际问题催促社会心理学界提出解决方案,这些都促进了第三个阶段的到来。

进入发展和研究期的主要标志,是学术活动的增多和有关研究成果的发表。一些水平较高的研究报告,如《我国中小学生自我意识发展调查研究》(中小学生自我意识发展研究协作组,1985)、《青年择业倾向与社会经济生活基本态度》(白南风,1985)、《人在集体组织中行为动机的研究》(胡寄南,1985)、《非言语沟通的视觉信息在电视教学中的作用》(王二平,1986)、《群众对物价变动的社会心理反应》(物价心理课题组,1987)、《党内不正之风繁衍的社会心理分析》(陈纲,1987)等,都是这一阶段产生的。据不完全统计,全国报刊在1979~1984年间只发表社会心理学方面的研究报告和调查报告73篇,而从1955年至1988年10月即发

表 375 篇；1984 年以前的报告主要集中于社会化和个性方面，1955 年以后的报告则涉及社会化、个性、态度、自我意识、人际关系、团体集体、社会认知、社会比较、社会促进、人际影响、群体行为、社会风气、环境心理等各个方面。这些研究填补了我国的许多空白，丰富了教学和著作内容，使社会心理学真正走上了发展的道路。

随着学习、出版、培训、研究及其他学术活动的开展，社会心理学在我国社会生活中得到了广泛的应用。出版应用社会心理学书，刊登有关应用社会心理学的文章，在实际工作中运用社会心理学的原理和知识，一时间形成了不大不小的潮流。从报纸杂志刊登的有关文章看，应用社会心理学解决实际问题的活动渗透到各个方面，如政治工作、司法工作、劳改工作、机关管理工作、安全保卫工作、民政工作、青年工作、工会工作、妇女工作、军事工作、市政建设、企业管理、商业销售、旅游服务、新闻广播、图书馆工作、情报工作、秘书工作、科研管理工作、教育及学校管理工作、体育训练、卫生和医疗工作、计划生育工作、经济与政治改革、恋爱过程、社会交往、家庭与婚姻关系处理等。而且，这些方面文章的数量有成倍增加的趋势，仅 1988 年即有 1000 余篇。

十年来，全国有多种报刊刊发社会心理学方面的研究报告和论文，其中主要有《社会学研究》、《中国社会科学》、《心理学报》、《心理科学通讯》、《心理学探新》、《心理学动态》、《四川心理学动态》、《行为科学》、《青年研究》、《哲学研究》、《光明日报》等及多家大学学报。这些报刊在推动社会心理学的研究和学术交流方面发挥了重要作用。目前，中国社会心理学会正在积极筹办《社会心理学》会刊。

“十年树木，百年树人。”社会心理学在十年内取得了如此的成绩和进展，不能不令人感到高兴和欣慰。

二

我国社会心理学十年的发展带有哪些特点呢？它有哪些长处与不足呢？

1. 关于学习与独创

民族的发展最忌闭关自守，科学的发展最忌故步自封。社会心理学从它重建之日起就没有犯忌。它大胆地、毫无保留地向外国同行学习，特别是向苏、美、日、加拿大、澳大利亚及西欧的先进国家的社会心理学学习。我们翻译出版了12个国家的社会心理学著作，介绍了它们较高质量的专业论文，请国外学者来华讲授他们的经验和理论，派留学生、进修生到国外学习。我们的学习不像新中国成立前那样只学美、日，不像新中国成立初那样只学苏联，而是向一切先进的国家学习。我们的学习是公开的、大胆的、全面的、坦然的、毫无虚伪做作的。这是我们十年发展的一大特点。

我们的社会心理学起步很晚，缺乏理论的和方法论的基础。在研究和教学工作中，对先进国家的有关情况做深入了解，分析地、批判地吸收他们对我们有用的东西，从中找到可以借鉴的经验，使自己及时跟上世界潮流和发展水平，避免从零开始，少走弯路，这无疑是有积极意义的，是完全必要的。

然而，学无止境。国外的社会心理学日新月异，新研究、新成果、新理论不断涌现，为了不致掉队，必须步步紧跟。于是，就造成了这样一种情况：引进了一批著作，将它们翻译出来，充实了自己，启发了别人，就赶快回过头去进行下一次的引进，下一次的翻译，而来不及思考一下自己的问题，从事自己的研究。因而，社会心理学界的知名人士首属翻译家，较少著名的研究者。

我们也出版了一些国内学者的社会心理学著作。作为向国外学习的成果，它们在人才培养和应用工作中发挥了重要作用。但是，只要将它们与国外的著作对比一下就可以发现，很多书从体系、观点到材料大部分是国外的东西，而且它们之间大同小异，或者是美国的翻版，或者是苏联的翻版，或者是日本的体系，或者是几家的混合。有人说，社会心理学的十年是“来料加工”的十年，是“拼装组合”的十年。这一说法尽管有些偏激，却在一定程度上反映了实际情况。“翻版”国外著作，在我国社会心理学发展的特定条件下是正常的、不可避免的，是一个必经阶段。但是，起始往往决定着未来，如果长此以往，把重点放在“搬运”工作上，那无疑会束缚自己的思考，成为人家体系与框架的奴隶。那样，我们将会没有创新，没有自己的发现，没有自己的理论体系和著作。对当前的这一势头，我们应该有足够的警觉。

当然，我们并不全是原封不动地照搬，不少学者在引进国外的理论与观点时，注意到对它们的评价与批判，注意到吸收其精华，抛弃其糟粕，也注意到它们对于我国的适用性，反对“外国的月亮比中国的圆”。这种态度和做法对于外来疾病的传染无疑具有免疫作用。不过，我们在这样做时，时常缺乏科学的态度。对于外来的理论和观点，我们往往不是用自己的实验、调查去检验它，不是用严密的科学论证去反驳它，不是用大量的资料、数据去说明它，而是用我们的传统思想做尺度去衡量，用一成之见做武器去批判，用某些大人物的言论去推翻。其结果，不是用不科学批判了不科学，就是用不科学批判了科学。前些年流行的对马斯洛（A. H. Maslow）需要层次论的评价和争论，就不能不说存在这方面的问题。

任何学科的发展都离不开其研究方法的进步，“科学是随着研究方法所获得的成就前进的”（巴甫洛夫语）。社会心理学的发展同样依赖其研究方法和研究工具的进步。比起社会心理学的理论来，我国的方法论基础和具体研究方法基础更显得薄弱（我国古代即有不少朴素而精辟的社会心理学思想，却没有科学的社会心理学研究方法）。因此，我们在学习国外的社会心理学知识时，也不倦地汲取其得出这些成果的方法和工具。一些有志于社会心理学研究的学者更是如此。几年来，我们学习了国外的实验法、观察法、社会调查法，学习了实验设计，翻译、修订了量表等测量工具，学会了统计处理并进口了计算机和软件包。在此基础上，做了一些研究和实验，取得了不少成果，不但锻炼了队伍，而且增强了自己的研究意识，在科学地进行研究的道路上迈出了重要的一步。

学习国外的研究方法推动了国内的研究，也在一定程度上束缚了自己的手脚，抑制了自己的创造性。一些人看到国外的东西那么先进，认为自己再怎么绞尽脑汁也搞不到人家那种程度，或者觉得自己搞设计费时费力，不如搬来人家的省事，就全盘接受人家的东西，利用人家的理论构想和假设，模仿人家的研究设计和程序，移植人家的量表和观测指标，在中国国土上用中国人做测验和实验。其结果无异于在本国建立起他国的实验室，用中国人的数据和资料去验证人家的假设和结论，或者说明中国人的心理与其他国家的有哪些细微的不同。照这条路走下去，我们的研究无疑会跟在人家的屁股后面爬行，不可能有自己的独创和特色，不会有较大的建树和贡献。前几年，国内用柯尔伯格（L. Kohlberg）的道德认知发展阶段概念及研究工具，重复他的研究设计及结果，就多少带有这种色彩。

我国传统的价值观是重知识，轻能力，这一倾向也反映在学习和引进上。具体表现是：引进知识、观点多，学习人家的科学意识、科学精神少；引进研究方法与工具多，学习人家的思维方法和论证方法少；只注意“社会心理学是什么”，不重视“社会心理学如何才是什么”。拿来了馅饼，没去学人家怎样考虑去做馅饼，这似乎是导致上述诸问题的原因之一。

潘菽于1984年指出：“无论在学习苏联心理学上，还是在学习欧美心理学上，我们都曾有过照搬的不良后果的深刻经验。今后，我们要坚决避免向外国学习的照搬办法。”这是老一代“过来人”的由衷之言。社会心理学是一门世界性的学科，我们任何时候都不能停止对外交流和学习，但是在学习的时候，我们有必要记住以往的教训，记住应该坚持的方向。

2. 关于务虚与务实

十年的社会心理学发展，在很大程度上得益于社会各界人士的提倡，特别是社会心理学界的社会宣传。我们的不少翻译工作、出版工作、研究工作、学会工作及分支社会心理学的建立，都是从宣传开始的。“文化大革命”后社会心理学在社会上得以出头露面，即开端于《光明日报》所发的《建议开展社会心理学研究》一文。以后，我们的发展又得到著名专家的多次讲话和数百篇宣传文章的提倡与推动，如《要研究青年的“需要”》（柳松，1980）、《研究读者心理学》（洪祥，1980）、《不要忽略了人》（费孝通讲话，1981）、《政治工作者要懂点心理学》（程学超，1981）、《研究点消费心理学》（张岩，1981）、《家庭、社会应重视我国社会心理学的研究》（王亚林，1982）、《大国在准备军事心理战》（王健刚，1982）、《发展我国的社会心理学研究》（吴江霖，1983）、《社会心理学与建设社会主义精神文明》（陈元晖，1983）等。这些文章的作者（或讲话者）高瞻远瞩，思想敏锐，善于提出问题，开阔人们的眼界，启发人们的思考，引发人们的兴趣和研究热情。同时，他们也为学科和分支学科的重建造了舆论，使得后继者得以大胆地学习和研究，使得社会心理学迅速普及并得到社会的承认。重视宣传工作，借宣传为学科发展打通道路，是我们的一个特色。在我们这样一个传统思想浓厚的国家里，这方面的工作无疑是非常重要的。在我们社会心理学的发展史上，应该记下这些宣传者、提倡者的功劳。

另外，在报刊文章中也不难发现，某些宣传过后，能够及时跟上来的文章很少，扎扎实实的研究报告更为少见。具有代表性的例子，是不少刊物上接连发表关于“要研究读者心理学”的文章，可读者心理究竟应该怎样研究，读者心理究竟有哪些方面的特点，却很少有人提及并加以研究。当然，从提倡、宣传到研究成果的取得需要一定的时间。可是，在社会心理学的某些方面也确实存在呼吁多、响应少，提倡多、行动少，风声大、雨点小，甚至有人专司呼吁、提倡之职，而不愿脚踏实地干点实事。这不能不说是我们的欠缺之处。

任何学科的发展都有一个由简到繁、由浅到深、由不成熟到较成熟的过程。从这个角度可以说，“初探”往往预示着本学科有了长足的进展，“初探”众多可能是学术繁荣的征兆。纵观近几年的报刊文章，所得印象之一即是其中的“初探”、“浅淡”众多。例如，“社会心理学刍议”、“军事心理学最测”、“消费心理初探”、“赌博心理浅析”、“赛场心理浅谈”、“谈谈人事心理学问题”、“后进生心理浅析”等。这些“初探”、“刍议”等不但发挥了重要的宣传作用，而且还就某一方面的问题做了初步的讨论，为进一步的深入研究开辟了道路。

可是，在某些方面的“初探”、“浅析”、“简析”、“略论”、“刍论”、“漫谈”背后，也或多或少地隐藏着一种危险，那就是，“刍议”之后缺乏“熟议”，“略论”之后较少“详论”，“浅析”之后较少“深思”，初论之后没有再论、三论、四论。报刊上发表的文章不少（据不完全统计，从1979 年到 1988 年 10 月，全国报刊共发表社会心理学方面的文章 3480 余篇），有力度之作却很少。不少文章或者就事论事，或者泛泛而谈，或者牵强附会，没有自己的中肯见解，更缺少透彻的问题说明和系统的理论建树。只满足于“初探”，只停留在“刍议”的水平上，社会心理学的繁荣是不可能到来的。

当然，初议大多数是初学者所做，这与他们的研究能力和素质有关。一些专业工作者正在勤奋地研究，深入钻研某一方面的问题，力争就所研究的问题有所发现。他们不但力图认识各种各样的社会心理现象及其变化特点，而且力图认识社会心理学学科本身，对于社会心理学自身的理论问题（社会心理哲学）做了较多的探讨，写出了一些高水平的研究论文。如《心理学的心理学与心理学的社会学》（高觉敷，1982）、《不能简单地把社会心理看作是社会意识的低级层次》（王海成，1985）、《论社会心理学的研究对象》（冯长荣，1985）、《论社会心理学的理论基础和总体框架》（沙连香，1986）、《论文化人类学对社会心理学的历史贡献》（周晓虹，1987）、《社会心理层次结构体系建构的新设想》（李海荣，1988）等，就是其中的代表。在近几年的一些专业学术会议上，社会心理学工作者们对社会心理学的学科性质、对象、任务等都提出了独到的见解，对社会心理学的发展道路和方向发表了较深入的见解。在学科发展之初就能从总体和深层上把握这些问题，无疑是难能可贵的。

然而，远见卓识的学者在我国尚不够多，既能务虚又能务实的学者也不够多。在中国传统的治学方法的影响下，我们在做学术工作时往往习惯于先抠概念，论定义，从抽象的层次上考虑问题，而较少"一竿子插到底"。要研究社会心理学的某一个问题，必须先弄清什么是社会心理学，明确社会心理学的学科性质，划清它与其他学科的界限，圈定它的研究对象。可在学科发展的初期，人们对这些问题的看法又难以达成一致。于是，就左思考、右探讨，埋头于从经典著作中寻找答案，而很少直接抓住社会中的总体心理现象，积极行动起来，扎扎实实地研究几个实际问题。因而，也就较少务实性的研究成果，较少再论、三论的出现，较少为社会心理学学科理论的建立提供资料基础。

另外，从近几年的文章标题中还可以看到这样一种现象：有些学者先后发表了不少文章或研究报告，但每篇文章都更换一个新的内容，每一研究都重新涉猎一个领域，自我意识、归因、社会化、人事、消费、犯罪各个方面。我们很难说这一特点是长处还是欠缺。"打一枪换一个地方"的"游击战"研究，似乎有助于全面收集资料，待将来从总体上把握其间的本质联系，但也显得零碎、肤浅，难以有较深入的认识和高水平的建树。

3. 关于理论与应用

从理论研究与实际应用的角度看，十年来的社会心理学在哪一方面更活跃一些呢？似乎可以说，是应用。

这一特点可以从各出版社所出版社会心理学类书籍中看到，因为出版社出哪些书反映了社会和读者的热点。从 1979 年到 1988 年 12 月，《全国新书目》共刊登社会心理学方面的书目 346 种，其中社会心理学理论方面的 34 种，占 9.8%，其余 90.2% 均与应用有关。其中，个人生活方面的

（如《人际关系的艺术》《教你能说会道》《祝你社交成功》等）最多，有65种，占18.8%；爱情、婚姻、家庭与两性方面的（如《爱情心理学》《夫妻相处的艺术》《夫妻心理沟通艺术》等）有52种；管理方面的（如《管理心理学问答》《应用管理心理学》《组织管理心理学》等）有49种；商业贸易方面的（如《消费心理学》《现代销售窍门》《商业心理学》等）有38种；教育方面的有31种；法律方面的（如《犯罪心理学》《青少年违法犯罪心理分析》等）有17种；军事方面的有11种；政治思想工作与宣传方面的有10种；医疗卫生方面的有8种；旅游服务方面的有7种；劳动人事与文化新闻方面的各有5种；科技情报方面的有4种；政治、交通、财经、体育、改革、残疾及其他实用方面的共有10种。

而且，社会心理学应用类书籍在同年出版的书中所占的比例自1984年以后呈现上升趋势：1984年为88.9%，1988年1月至10月为94.9%。

在报纸、杂志中，有关社会心理学应用的文章更是多得难以计数。

与实际应用有密切关系的书籍的大量出版和文章的大量刊载，反映出社会各界对于社会心理学知识的迫切需要，反映出社会心理学在社会生活中得到越来越多的应用，反映出社会心理学较强的生命力。应用有助于解决社会生活中的实际问题，有助于在社会上扩大影响，有助于研究者从实际中发现问题，收集资料，促进理论研究的开展。正如恩格斯所说："社会一旦有技术上的需要，则这种需要就会比十所大学更能把科学推向前进。"①

然而，与应用的热点相比，我们的理论研究却显得比较落后，比较薄弱。我们的专业理论研究者数量较少，难以对如此众多的社会实际问题进行理论研究。一些人反应迟钝，对大量实际问题和社会需要漠不关心，埋头于纯而又纯的理论问题的探讨，所得出的结果流于玄虚，较少实用价值。一些人急功近利，忙于引进外国的东西，迎合读者和出版社的需要，较少着手社会心理学的理论研究。一些人侧重于追求研究成果的数量，侧重于研究社会中的各类心理现象和思想动向，不大动脑筋做深层的探讨。一些实际工作者缺乏系统的理论背景知识和足够的科学研究能力，难以将研究所得上升为理论。所有这些，都造成了理论研究滞后，造成了一定程

---

① 《马克思恩格斯全集》第39卷，第198页。

度的理论与应用脱节，影响了基本理论和应用学科的发展。

由于这种情况，我们的应用就表现出某些特殊性质，潜藏着某种危机。第一，应用多是被动的、急于立竿见影的应用，应用者不是在具备一定理论基础的前提下融会贯通地解决问题，而是在遇到难题时求助于社会心理学。因而，难免出现不管有用没用、适用不适用，拿起来就用的现象。第二，我们的应用很多是“舶来品”的直接推销，国外有用的东西不一定适合中国国情，“照葫芦画瓢”难免有较大的盲目性。第三，理论界缺乏对实际问题的了解，所提供的知识、方法等不一定符合实际工作者的需要，应用起来难免“隔靴搔痒”。第四，由于缺乏科学的研究和理论的指导，应用领域难免鱼目混珠，一些不科学的东西乘虚而入，对实际问题的解决起到反作用。如果长此以往，人们很可能就会在哪一天发现社会心理学解决不了问题，高喊上当，骂它是江湖骗子。

令人欣慰的是，近两三年来这种状况有所改善，其标志是一些专业工作者开始深入实际，从理论与应用结合的角度研究现实问题。例如去工厂研究人的管理和工作积极性调动问题，去工商企业研究广告宣传问题，等等。仅在改革和管理方面，目前已经发表了一些水平较高的研究报告，如《价格改革的社会心理反应》（杨冠三等，1985）、《社会保障体制改革的社会心理反应》（杨冠三等，1985）、《激励职工工作积极性方式的比较研究》（李昌煌，1986 年）、《劳动制度改革的社会心理障碍》（吴玲会，1987）、《改革中职工的行为心理及其对策》（肖焕新，1988）、《企业中职工需要和激励问题的初步研究》（李小云，1988）等。这些研究使政府、管理者和民众对社会心理问题有了更多的注意，对实际影响工作的社会心理现象进行了较深入的探讨，为改革方针政策的制定和管理方式的选取提供了一定的科学依据。沿着这条道路走下去，我们的社会心理学会大有希望。

应该指出，在这条有希望的道路上也存在某些不可忽视的障碍，其中最重要的是“唯上倾向”和不善于系统地观察问题。唯上倾向即是按照上边的意思进行研究，通过揣测上边的想法确定课题，通过了解上边的意向进行资料收集，通过调查结果验证上边的决策正确，而不是真正实事求是地探讨实际问题，得出结论。科学研究一旦失去了认识真理的功能，受到权力与财力的作用发生偏斜，它就失去了理论与应用的意义。这种现象在某些政策研究机构时有出现。“不善于系统地观察问题”，即只依据几个数据就提出观点，而不考虑这些数据与其他现象的联系；只抓住某些社会心理问题就提出对策、建议，而不考虑政治、经济等方面的需要和条件。这类研究也较少具有理论和应用的价值，在对策研究特别是改革问题研究中值得注意。改革是一个规模宏大的系统工程，社会心理学在这方面的研究还刚刚开始，人员素质不是很高，资料积累较少，在这样的基础上轻易提出对策和建议，难免给改革出馊主意。

4. 关于研究重点

社会心理学是介于心理学与社会学之间的边缘性学科，重点研究个体或若干个体在与他人或群体相互作用过程中的心理活动规律，有着广泛的研究领域。在美、苏、日等国家，社会心理学的研究已经深入人的社会心理与社会生活相互作用的各个方面，如社会知觉、归因历程、人际吸引、人际沟通、人际作用、社会影响、利他行为、侵犯行为、社会化、态度与态度改变、群体心理现象等。相比较而言，在理论和应用研究方面，我们更多注意的是哪些问题呢？

重视大型群体的社会心理学研究，是我国十年来社会心理学发展中的一个特点。《改革时期大学生思想状况调查》（吴少春等，1985）、《中国大学生的性格特征研究——人际关系性格特征的考察》（李德伟，1986）、《对贫困地区双村青年几种心理的调查分析》（雷涛，1986）、《关于旅客心理的调查报告》（陈晓萍，1986）、《在民族同化中民族心理素质的持久性——关于西双版纳“帕西泰”生活与习俗研究》（马维良，1987）、《生育观的社会心理态势分析》（王俊群，1988）等，都是这方面有一定水平的研究报告。据不完全统计，从1979年到1988年10月，全国报刊共发表此类研究报告92篇，占总数的23.5%，其中1979～1981年每年1篇，1982～1984年共7篇，1985年8篇，1986年12篇，1987年29篇，1988年前10个月33篇。可以看出，这方面的研究有逐渐增加的趋势。

大型群体社会心理学研究的一个重要方面（第一个特点），是广泛进行的社会调查。如“全国青年工人调查”“全国青年农民调查”“公民政治心理、消费心理调查”“中国公民的生育意愿调查”“报纸、电台、电影、电视受众调查”“全国职工生活、思想、态度调查”等。这些调查一般规模宏大，取样少则几千，多则几万、几十万，最高达到66万。它们为社会心理学的理论研究提供了大量第一手材料。

大型群体的社会心理学研究侧重于大型群体共有的社会心理现象，研究特定社会群体的心理与社会环境变化间的相互关系，探讨社会心理在社会环境中的变化规律。这对于科学地解释、预测和控制社会思潮，对于进一步研究社会变动、社会心理和意识形态三者间的关系，对于社会心理学本身的理论建设，都具有重要意义。沿着这一方向做深入研究，我们的社会心理学有可能走出一条中国化的路子。

但是，这方面的研究也存在一些不足。首先是研究方法比较原始，研究内容比较简单，研究变量比较单一，不能准确、全面、动态地反映特定群体社会心理的状态、结构和变化。其次是大型群体的社会心理现象过于庞杂，决定其特点、引起其变化的社会心理环境多种多样，无所不包，研究中很难找出某一社会心理变化与某一社会变化间的对应关系，确定哪些社会变化引起了哪些人的哪些变化，哪些人的哪些心理变化引起了哪些方面的社会行为变化和社会变化。所以，较难找出规律性的东西。进行小型群体和个体的社会心理学研究有可能弥补这些方面的不足，有助于定性、定量地分析，但目前这类研究较少。

重视需要、动机、理想、价值观的研究，是社会心理学发展中的第二个特点。近十年来，已经发表的研究报告有《国内十省市在校青少年理想、动机和兴趣的研究》（全国青少年理想、动机和兴趣研究协作组，1982）、《大学生择业倾向调查》（吴增基，1984）、《青年工人与文化生活——关于我省青年工人文化生活需求变化的调查》（董鸿博，1986）、《对65名要求入党的大学生信念的形成和特点的研究》（张嘉伟，1986）、《对临床医护人员心理需要的研究》（张聪沛等，1988）、《当代中国青年价值观的变化》（张宛丽，1988）等，共115篇。其中1981年2篇，1982年10篇，1983年12篇，1984年4篇，1985年13篇，1986年26篇，1987年17篇，1988年前10个月29篇。可以看出，这方面的研究也有递增的趋势。

研究理想是我国的传统，研究需要、动机和价值观，是当前世界上的一大潮流，需要、动机、理想、价值观的研究是中西文化影响的结果。它对于探讨人的社会行为动力和活动定向，了解心理动力的结构、作用机制和影响因素，调动人的社会活动积极性，都有重要意义。这方面研究的不足之处，在于测量工具效度较低，对需要、动机、理想、价值观的内在机制及其间的相互关系探讨较少，从总体上把握这些因素与社会因素间关系的研究较为少见。

近年来研究较多的另一方面的课题，是青少年及老年人的社会化（第三个特点）。从 1979 年到 1988 年 10 月，这方面共发表 68 篇研究报告，如《在班集体影响下学生道德品质形成过程的社会心理分析》（朱文彬等，1979）、《国内 81 个地区 5—11 岁儿童道德判断发展调查》（全国儿童道德判断协作组，1982）、《蒙古族儿童公有观念发展的实验研究》（张慕蕴等，1985）、《短期训练对矫正儿童不公正行为的影响的实验研究》（陈会昌，1986）、《城市与农村儿童参照团体的比较研究》（傅宏，1987）、《在退休老年人爱的心理的若干方面代际认识差异的初步研究》（胡君辰，1956）等。其中，1979 年 1 篇，1982 年 6 篇，1983 年 7 篇，1984 年 6 篇，1985 年 11 篇，1986 年 9 篇，1987 年 15 篇，1988 年前 10 个月 11 篇，也呈现递增趋势。

我国的社会心理学工作者大部分就职于学校，很多是从教育心理、发展心理学科“改行”而来，或者横跨社会心理与教育、发展心理各个学科，而且教育心理学与发展心理学的研究在我国有较长的历史。所以，他们从事青少年社会化方面的研究较多一些，所用研究方法的科学性较强一些，所发表的研究报告的水平也较高一些。同时，在课题和方法上模仿国外的东西也较普遍，在社会化规律和研究中国的特有问题方面，近几年没有大的突破。

对于其他方面的内容，如社会知觉、自我意识、归因历程、人际吸引、社会态度、人际作用、社会竞争、社会风气、社会舆论等，近两三年有了一些研究，表现出良好的势头，但仍显得零散。

十年研究发展中的第四个特点，是理论和应用研究所涉及的社会领域方面，目前尚存在较高程度的不平衡。具体地说，对教育、青年、犯罪、企业管理及图书馆方面的社会心理问题研究较多，对党的建设、国家管理、政治组织、科研管理、社区与环境方面的社会心理问题研究较少。似乎可以说，以人为工作对象的领域，集中了较多社会心理学专业人员的领域，与社会心理学知识“距离”较近（如学校、图书馆）的领域，得到了较多研究。

5. 关于研究方法

近十年内社会心理学研究所采用的方法，主要是社会调查和问卷测量。对大型群体社会心理的研究，对需要、动机、价值观与理想的研究，几乎全部采用这些方法。在社会化与企业管理的社会心理学研究方面，较多地采用了标准化的心理学量表。这些量表大部分来自国外，经过国内修订。这几种方法简单易行，能同时对众多的对象施测，收集大量数据，在研究中发挥了主要作用。

被采用较多的另两类方法是经验总结和个案分析，多见于青年、思想政治工作、图书情报工作、犯罪及犯罪矫正方面的社会心理学研究。运用这些方法也取得了一些有意义的成果。但是从总体上看，用问卷法、经验总结法和社会调查法做出的研究报告比运用量表法做出的研究报告的科学性差，学术水平较低。一是因为相当大一部分问卷编制粗糙、不合规范；二是因为人们很少从所获数据中挖掘其内在联系；三是难以对研究中的相关因素进行较精确的定量分析。

运用实验室实验、现场实验所得出的结果，科学性较强，学术水平较高，但使用这些方法进行研究的人并不多，主要是研究生做学位论文时采用。这方面较为薄弱：一是因为实验设计较为复杂，不少人没有受过有关的专门训练；二是因为对社会心理问题进行实验室实验较为困难，现场实验的条件不容易控制；三是经费与实验设备不足。近些年，各单位都做了各种各样的内部改革，这些改革可以说是最好的现场实验，遗憾的是我们的社会心理学工作者很少参与。

研究方法方面存在的更为重要的问题，是对方法论和具体研究方法的研究不够重视，报刊上关于社会心理学研究方法的论文凤毛麟角。人们或者固守于思辨这种习惯的方式，或者什么方法方便就采用什么方法，而较少分出时间来探讨新的、更好的方法。这种状况无疑影响了研究的开展和研究水平的提高。

三

在今后的十年，我国的社会心理学应该向什么方向努力?

成就与问题并存，发展与矛盾齐驱。在即将迈入下一个十年时，研究人的需要与价值观的社会心理学，首先有必要明确自己的“最大需要”，澄清自己的价值观。

1. 激扬科学精神

19 世纪，资产阶级革命成功，机器大工业、航海和交通运输业发展，西方主要资本主义国家掀起了研究一切、探索一切的科学潮流。就是在这一潮流中，孔德创立了社会学，冯特创立了心理学，在这两门科学的基础上，发展起了社会心理学。

苏联十月革命后，大力发展科学，社会心理学即开始作为一门独立学科存在。1936 年后，个人迷信兴起，教条主义滋长，创造精神受抑，科学热情降温，社会心理学也被当作资产阶级的伪科学遭到批判。50 年代末 60 年代初，赫鲁晓夫进行社会改革，解放了思想，重视人的地位，加强了科学研究，社会心理学才因此得以迅速发展。

随着“科学救国”及“中学为体、西学为用”口号的提出，社会心理学于 20 世纪初传入我国。在“五四运动”科学、民主的潮流中，社会心理学得到初步发展。1922 年张耀翔首次进行选举问题的民意测验，接着又进行中国青年的情绪研究、民间迷信活动研究、商人心理研究。陶德怡 1924 年从事“中国善恶学研究”。陈鹤琴进行了婚恋心理研究。抗战期间，中央大学心理学系和“人事心理研究社”进行了“比较民族心理学之研究”，萧孝嵘进行了民族心理研究，朱道俊进行了领导品质实验研究，均取得了一些成果。但是，旧中国的独裁与愚民政策没有给社会心理学多少发展天地。

1949 年以后，苏联对我国的影响增强，左的思想滋长，民主与科学气氛不足，大陆社会心理学被打入冷宫，出现了整整 30 年的中断。

1979 年以后，我国重新提倡实事求是，思想解放，尊重科学，尊重人的本性，社会心理学才得以重建与发展。

历史证明，社会心理学的发展是与民主制度、思想解放及对人的尊重联系在一起的，是与国家、民族及社会成员的科学精神联系在一起的，其发展是由于民主与科学精神的发展，其障碍也主要在于民主与科学精神的不充分。而民主在某种意义上就是对科学的容纳与推崇。所以可以说，社会心理学的发展最需要推崇科学的社会环境和社会的科学精神。它不应该等待这种环境和精神的到来，而应该通过自己的努力争取条件，去创造环境。

科学精神也是学科精神。社会心理学能够诞生、存在与发展，就在于它是一门科学，具有科学精神。我国的社会心理学应该激扬这种精神，明确自己的价值定向，那就是：认识社会心理现象，认识社会心理的结构与功能，认识社会心理与社会环境相互作用的规律。这是社会心理学最根本的价值观。

社会心理学的科学精神源于社会心理学专业人员的科学精神。我国社会心理学十年的发展，就在于专业人员培养起了这种精神，而十年发展的种种不足，在很大程度上也源于科学精神的不充分。喜欢照搬而较少创新，喜欢务虚而较少务实，喜欢“游击”而较少“攻坚”，喜欢追求数量、名气、收入而较少建树和发现，喜欢直接应用而较少扎实的基本理论研究，有大量的粗浅文章而较少高水平的论文，都与科学精神不足有关。那些出众之作则无不凝聚了研究者的科学精神。我们的社会心理学工作者有必要以科学发现作为自己的主要需要，以科学认识作为自己最重要的价值标准，激发科学热情，增强科学意识，提高科学研究素质，丰富科学头脑，淡化权、名、利思想，扎扎实实地做好自己的研究工作。

2. 参与社会生活

社会心理学在明确自己的认识价值的同时，还应该澄清另一方面的价值，那就是联系实际，参与社会生活。

美国是社会心理学发展得最好的国家，也是社会心理学参与生活最积极的国家。20 世纪 20 年代，一些心理学家去工厂帮助改善管理，意外地发现了霍桑效应，引发了人际关系运动，丰富了社会心理学理论。第二次世界大战期间，社会心理学工作者热心于研究军队士气，解决团体偏见、舆论及后方营养摄入方面的社会心理问题，在态度及态度改变和团体动力学的研究方面取得了较大的进展。60 年代，美国人生活方式变化，校园骚乱、黑人运动、妇女解放，风起云涌，社会心理学工作者们为社会寻找解决的办法，开展了社会行为综合研究，提出了认知均衡理论、认知不协调理论、归因理论、角色理论、符号相互作用理论、行为交换理论等一系列著名的社会心理学理论。纵观美国社会心理学的发展史，不难看出许多对社会心理学做出重大贡献的研究，都是从参与社会生活、解决社会实际问题开始的。

苏联的情况同样如此。一些学者热心于解决科技革命和社会变革引起的社会心理问题，由此推动了社会心理学研究。E. Д 巴雷金说过，“社会心理学要敢于大胆地提出与解决社会生活中各种最骇人听闻的问题，不要怕做安宁的打扰者”（1981）。

社会生活是社会心理的载体，是研究课题和资料的来源，是对已有假说提出质疑和修正的根据，是检验、证实已有理论的科学性与真理性的标准，是社会心理学发展的动力和真正归宿。社会心理学必须联系实际，社会心理学工作者和社会心理学学科应该积极参与社会生活。

过去的十年，我们的学者已经意识到了这一点，并且做出了一些努力，但是还很不够。社会心理学所做的事情与社会要求它做的事情还相差很远。我国是占世界人口四分之一的大国，正在经历着经济、政治、文化与社会心理方面的巨大变革，新思潮、新问题、新阻力层出不穷，党风问题，干部腐化问题，不公平感问题，吃大锅饭问题，干群关系紧张问题，怠工问题，犯罪问题，通货膨胀问题，工作积极性低落问题，离婚率增高与家庭关系淡化问题，卖淫、性病、纳妾问题，都在呼唤着社会心理学工作者。社会变动引起了社会心理的失衡，引起了形形色色的心理和行为反应，对于研究社会心理与社会环境之间关系的社会心理学来说，改革中的社会即是一个大实验室。我们的社会心理学家应该同那些政治家、经济学家们一道参加这场实验。

社会心理学参与社会生活，主要是为社会管理和社会决策服务，为改善社会风气、提高社会成员的社会心理素质服务。有些人认为，社会心理学在决策者那里根本不受重视，他们在“摸着石头过河”时根本没有想到社会心理学，社会心理学无能为力。这是问题的一个方面。我们有必要拿出自己的科研成果，透彻地说明一些重要的社会心理现象，配合其他学科和实际工作部门有效地解决一些社会问题，扩大自己的影响，赢得决策的参与权。

3. 加强基本理论研究

社会心理学发展和成熟的标志是理论体系的建立。它的认识价值不仅仅是对社会心理现象加以描述，更应该达到化繁为简的理论层次。它对于社会生活的参与不仅仅是进行观察和提供数据，同时也应该通过那些能够说明社会心理本质联系的理论，来解释、预测、控制社会心理反应和社会行为。社会心理学的认识价值和功利价值应该在理论层次上统一起来。我们有必要加强基本理论研究。如前所述，我国的社会心理学基本理论研究显得相当薄弱，这种情况应该得到改变。

忽视基本理论研究与我们做学问的不良价值观有关，如追求名、利，急于求成等，也与学习美国的社会心理学有关。美国的社会心理学偏重于实用，长期不重视理论，近些年这方面的情况已经有所改善。我们不应该重蹈覆辙。

基本理论研究包括两个方面：一是社会心理理论的研究，即将对社会心理现象的观察和经验上升为理论，形成能说明社会心理现象内在规律的理论；二是社会心理学学科理论的研究，即研究学科的性质、对象、体系、方法、发展方向和战略诸方面的问题，形成关于社会心理学哲学方面的理论。前一类理论关系到社会心理学认识价值与功利价值的占有，后一类理论关系到这两类价值的增值方式。

我们首先应该加强社会心理基本理论的研究。这方面的工作不一定非要等弄清社会心理学的学科性质、对象等问题之后再进行，而可以在现有认识的基础上，先选择一些实际生活中的社会心理问题进行研究。研究时不一定选那些深而又深、大而又大的题目，重要的是要有理论的头脑、理论的准备和理论的敏感性，注意从司空见惯的社会心理现象中发现其内在联系，从众多的现象中发现其共有本质，从现实中发现已有理论不能说明的问题并加以解释。

理论可以分为若干高低不同的层次。在近期内，我们应该着眼于研究并提出社会心理学的低层或中层理论，即与海德的归因理论、凯利的归因理论、达利的责任扩散理论水平相近的理论。待积累起足够的材料之后，再进一步发展高层次的理论。目前，在世界范围内，社会心理学也只是积累起了一些低层与中层理论，而且显得矛盾与分散，只要我们积极努力，在这方面赶超世界先进水平是可能的。

社会心理学学科理论的研究应该随着社会心理理论研究的发展而发展，总结社会心理理论研究方面的经验与教训，借鉴国外的成果和理论，逐步解决社会心理学发展过程中的问题，例如学科性质问题，与社会学、心理学、行为科学的关系问题，研究方法问题，理论研究与实际应用的关系问题，等等，为它的进一步前进扫除障碍，指明方向。在这些方面，我们尽管起步较晚，但国外的进展也较缓慢，只要潜心努力，取得一定的突破也是可能的。

我们应该发展自己的学派，应该有相应的研究中心，有优秀的理论带头人，有不同学派之间的学术争论，百家争鸣，互相促进，争取学术研究的繁荣。在过去的十年，我们的研究多数是各自为战，很少学术争论。我们应该改变这种“各家自鸣”的状态。

我们的社会心理学工作者应该敢于提出问题，敢于标新立异，敢于让人家一辈子不同意。应该知道，“一个新的科学真理的确立，与其说是反对者声明自己搞通了，不如说是它的反对者逐渐死光了，而新的一代从一开始就熟悉这个真理”①。

4. 走中国化道路

陈元晖最近指出：“我们没有也不需要有中国的物理学、中国的化学，但要有中国的社会心理学。”② 这就是说，社会心理学应该走中国化道路。

走中国化道路关系到我国社会心理学的发展。在社会心理学史上，日本是学美国的，至今没有建立起自己的社会心理学体系，基本是跟在美国后面走。我国台湾也是学美国的，同样吃了一些亏。那就是：①研究理论薄弱；②重复过多，许多研究使用同一种工具；③绝大多数未反映中国文化、社会及家庭特色，无从建立自己的理论（杨国枢，1985）。

人的心理同人的生理一样，也存在着普遍性运动规律。但是人的社会心理与普遍心理不同，它更多地受到社会环境及周围他人的影响。我们国家的经济、政治、文化与别国的不同，人的社会心理特点和具体规律就可能也有不同。即便看起来是同一种社会心理现象，其内在结构、变化规律、制约因素也可能十分不同。我们应该着眼于中国国土上的社会心理现象，提出自己的社会心理学理论。

社会心理学要参与社会生活。每个国家内社会生活的具体内容不同，所遇到的社会问题不同，所研究的课题就应有所不同。我们应该研究自己的问题，参与自己周围的社会生活，不能一味跟着人家转。

社会环境不同，人的社会心理的内容和内在层次结构不同，对内容优劣、层次高低的评价就会不同。在中国被认为优秀的品质，在他国却可能被认为是恶劣的品质，在中国被认为发展程度高的，用西方的工具和标准

① 普朗克：《科学自传和其他论文》，1959 年英文版，第 3 ~ 34 页。

② 陈元晖 1989 年 1 月 27 日在中国社会心理学会常务理事会会议上的讲话。

衡量可能被视为不成熟。我们有必要研究自己的内容和层次结构，建立自己的评价标准。

社会心理学的研究方法是以社会心理为对象的方法，其科学性、客观性受制约于对象的特性。对于“你是否急于结婚”这样的问题，西方人爽快地答“是”，中国人却可能答“不”，尽管他急于结婚的心情不亚于西方人。因而，如果不加选择地搬用西方的测量工具，可能会得出虚假的数据和错误的结论。我们有必要探讨对本国人有效的研究设计和测量工具。

社会心理的研究不等于社会心理本身。社会心理是研究对象，社会心理研究是科学反映，科学反映受到反映者主观状态的影响，社会心理学的结果、理论、方法等受到研究者社会心理的影响。对同一个事实，受不同的社会环境影响、具有不向的价值定向的研究者会有不同的理论解释。国外的研究成果很可能受到该国社会心理环境的扭曲，并不完全反映客观实际。因而，对国外的结果、结论、方法等不能完全照搬，而应该通过自己的研究，使理论更具有真理性。

综上所述，不论是对于研究对象、结论、理论、概念还是对于研究方法、研究工具，僵化、懒惰地照搬、移植、跟着人家走，都是没有出路的。我们应该走中国化的道路。社会心理学的认识价值和功利价值应该在中国化道路上得到统一。

走中国化道路不等于闭关自守，盲目排外，不等于夜郎自大，把别人的东西看成一钱不值，更不等于反对接受国外那些使社会心理学研究得以成功的科学态度和认识方法。我们当然应该继续面向世界，加强对外学术交流，虚心学习人家的理论、方法、科学态度与研究经验，但是，在引进的时候，应该考虑到社会心理的特殊性和社会心理学的理论、观点受社会心理影响的特殊性，根据自己的研究对引进的东西进行必要的筛选，去伪存真，吸收那些具有普遍意义的部分。在研究的时候，应该学会独立思考，侧重于研究自己的问题，提出符合中国实际的理论，建立起具有中国特色的社会心理学体系，为中国的社会和老百姓服务。在这一基础上，我们可以会同美国特色的社会心理学、苏联特色的社会心理学、日本特色的社会心理学以及其他国家的社会心理学，找出各类社会条件下社会心理的个性与共性，找出影响研究结果、理论与方法的社会心理因素（社会心理影响社会心理学研究，这本身就是一个社会心理学问题），建立起世界性的、揭示人的社会心理的一般规律的社会心理学，为世界社会心理学的发展做出自己的贡献。

至于走中国化道路应该从哪些方面起步，中国台湾学者杨国枢（1982）提出4个方面的课题：①重新验证国外的研究发现；②研究国人的重要与特有现象；③修改或创立概念理论；④改良旧方法与设计新方法。香港学者杨中芳（1986）提出3个方面的课题：①彻底地从头研究几个目前最重要的，但也最具争论性的研究题目；②研究一些属于中国社会中特有的社会心理及现象；③适合研究中国人社会行为的方法。这些观点都值得吸取或借鉴。

在中国化道路上，台湾学者比大陆学者先行了一步。他们提出以“草根式”研究为主导，把研究重点转向中国固有的问题，采用自己的研究设计与工具，强调“务必使研究成果对本土社会有意义及有贡献”，做出了一些成绩。大陆学者有必要向他们学习。近年来，大陆学者也用土生土长的方法对本土上的社会心理现象做了一些研究，对中国古代的社会心理思想做了不少挖掘和整理工作，发表了一些研究论文。这些方法和成果尽管显得“土里土气”，但作为一种方向和实际行动，却是很值得鼓励的。

5. 加强团结协作

在过去的十年，我们的大部分研究是个人完成的，合作、协作较少。但从成果的质量和水平看，合作、协作明显优于个人。从国际经验看，一些重大的、带有突破性的研究成果也多是通过个人间的合作取得的。社会范畴和社会心理现象很广泛，社会心理运动形式远较机械、物理、化学、生物诸运动高级复杂，社会心理学涉及的社会生活领域几乎无所不至，仅以个人形式进行研究是难以胜任的。因此，在研究方式上，我们有必要发展合作研究，提倡团结协作，精诚攻关。一些情况表明，我国的合作研究开展较少，原因在于合作中存在不少障碍，而这本身又主要是一个社会心理学问题。我们的社会心理学工作者有必要在这方面“一箭双雕”。

在我国从事社会心理学研究的有四支队伍。一是从心理学方向研究社会心理学的专业人员，他们侧重于研究他人和群体影响下的个体社会心理过程与规律，如社会认知、社会态度、人际情感、个体社会化等，多采用实证方法，成果的科学性较强，但对社会结构、社会变化等宏观问题把握不够。二是从社会学方向研究社会心理学的专业人员，他们侧重于研究与社会结构、社会过程有关的群体心理现象，如群众行为、社会舆论、社会心理承受力、社会风气等，多采用经验研究方法，成果涉及面较宽，但对社会心理的内在机制及联系注意较少。三是从应用或交叉学科方向研究社会心理学的专业人员，他们侧重于研究与其他学科有密切关系的社会心理学问题及社会心理学应用问题，如管理中的心理学问题、犯罪行为的心理学问题、政治生活中的社会心理学问题、教育社会心理学问题、消费心理学问题、广告心理学问题、体育社会心理学问题、军事社会心理学问题、政治思想工作中的社会心理学问题、读者心理学问题、情报心理学问题、储蓄心理学问题等。有的采用实证方法，有的采用经验方法，研究成果的层次不同，实用性较强，对社会心理学基本理论涉及较少。四是党政机关及群众组织内的调研人员，他们侧重于研究特定群体的思想和社会心理动向，如不正之风中的社会心理问题、青年的思想动态与观念变化问题、工人的社会情绪问题、自杀的社会心理学问题等，多采用社会调查法，成果的现实性与对策性较强，理论性较弱。

目前，这四支队伍基本上处于各自为战状态，分门别类地研究。这种格局有利于“发散思维”，从不同角度探讨问题，为社会心理学的理论建设准备多方面的资料，在我们这个喜欢大一统而且一统就死的社会中，不能说没有益处。但是，它也带来了比较明显的问题，如信息不畅、思路较窄、研究分散、课题重复、理论与应用脱节，以及相互间进行贬低等。这种情况在发展的初期尽管有其必然性，却也是应该加以改变的。

我们应该提倡不同方面军之间的相互沟通、相互学习、取长补短，更应该促进各方面军之间的相互配合、相互协作，应该通过制定学科发展规划、课题招标、基金资助等形式将各类专业人员聚合在同一课题组内开展研究工作。

增强团结、开展合作的有效途径之一，是发展和健全社会心理学的群众性组织，如社会心理学会和其中的专业委员会等。当前，我国的这类学术组织还不够普及，不少自治区和省尚未正式成立社会心理学会，已经成立学会的地方学术活动开展得也不够，一些学会因为经费问题和内部矛盾问题难以发挥团结、协作与交流作用。我们的社会心理学工作者应该积极解决这方面的问题。

我们各支队伍的本身也应该加强建设：一是扩大人员数量；二是提高

自身素质。我国的社会心理学研究人员不论是专职的还是兼职的，不论在数量上还是在质量上，都表现出严重不足。我们应该继续发展社会心理学教育，培养出更多的学士、硕士、博士。应该大力开展培训工作，吸收更多的兼职研究人员。应该组建更多的专业性研究机构，使它们成为开展理论研究、团结各部门研究人员的基地和中坚力量。兵强马壮，各路人马团结合作，朝着共同的目标前进，就一定会带来社会心理学新的发展、新的繁荣。

• 十年来社会心理学著作选目 •

中国社会学函授大学、人民日报新闻研究班：《社会学与社会心理学》，工人出版社，1985 年 12 月。

全国八院校《社会心理学教程》编写组：《社会心理学教程》，兰州大学出版社，1986 年 1 月。

黄育馥：《人与社会——社会化问题在美国》，辽宁人民出版社，1986 年 3 月。

时蓉华：《社会心理学》，上海人民出版社，1986 年 7 月。

陈纪方：《社会心理学》，河南人民出版社，1986 年 7 月。

周振明等：《社会心理学概论》，贵州人民出版社，1986 年 8 月。

王承璐：《人际心理学》，上海人民出版社，1987 年 9 月。

孔令智等：《社会心理学新编》，辽宁人民出版社，1987 年 9 月。

许苏民：《中国民族文化心理素质简论》，云南人民出版社，1987 年 9 月。

徐凤姝等：《社会心理的认识与调控》，人民出版社，1987 年 10 月。

沙莲香：《社会心理学》，中国人民大学出版社，1987 年 11 月。

姚平：《人际关系概论》，陕西人民出版社，1987 年 11 月。

孙非等：《社会心理学导论》，华中工学院出版社，1987 年 11 月。

孙晔等主编：《社会心理学》，科学出版社，1988 年 1 月。

郑永廷：《人际关系学》，中国青年出版社，1988 年 1 月。

乐国安等：《社会心理学》，中国物资出版社，1988 年 8 月。

陵县人口及其对社会经济发展的影响*

王新玲

人口是人类社会存在的最基本要素，也是经济发展的基本要素。人口数量和结构的变迁对社会经济的存在与发展具有十分重要的意义。

本文试图通过对山东省陵县人口的发展状况及其对该县社会经济发展的影响问题的探讨，为陵县制定社会经济发展战略提供人口方面的依据，同时为与陵县相似的社区将人口发展战略纳入其社会经济发展战略提供一块引玉之砖。

一 陵县人口的变迁与现状

1949 年以来，陵县人口发生了很大变化，主要表现在以下几个方面。

（一）陵县人口的自然增长

陵县人口自然增长呈上升趋势。1949 年，陵县人口总数为 403285 人，到 1988 年已增加到 556952 人。40 年间，人口总数增长 153667 人。人口总数增长的主要原因是人口自然增长率高，年平均为 11.63‰。

从人口自然增长趋势看，陵县人口的发展大体经历了以下四个阶段。

第一阶段，1949～1957 年。这是陵县人口增长的第一高潮期。这一时期，陵县人口出生率基本上稳定地保持在 30‰以上的高水平。其中，1954 年最高，达到 39.13‰。

这一时期，陵县人口一方面维持着高出生率，年平均达 33.78‰，另一方面是死亡率大大下降，年平均为 12.01‰，这必然导致人口自然增长

* 原文发表于《社会学研究》1989 年第 5 期。

率的大幅提高。据统计，这一时期陵县人口年均自然增长率达 21.37‰，平均每年净增近 5000 人，8 年间人口自然增长 4 万多人。

第二阶段，1958～1961 年。这是陵县人口发展的低谷期。这一时期，由于国家经济政策的失误及自然灾害，粮食产量下降，人民生活困难。食物缺乏和营养不良，危及人口再生产的正常进行。这一时期，一方面，陵县人口出生率锐减，1960 年出生率为 7.40‰，比 1957 年的 32.61‰下降了 25.21 个千分点；另一方面是死亡率大增，1960 年竟高达 50.18‰。这使陵县人口的自然增长率从 1957 年的 21.11‰急剧下降，1960 年降到 -42.78‰，年均自然增长率仅为 1.98‰。1961 年比 1958 年人口净减少约 4.5 万人，出现了新中国成立以来唯一一次负增长。

第三阶段，1962～1973 年。由于党和国家采取了一系列重要措施，国民经济开始出现回升的势头，人民生活开始有所改善。同时，由于国家对人口缺乏计划控制，于是形成了长达 12 年之久的第二个生育高潮。同全国一样，陵县人口又开始恢复高增长的趋势，这一时期，陵县人口年出生率从 1961 年的 12.64‰，猛增到 1963 年的 46.14‰，此后虽有缓慢下降，但直到 1973 年仍维持在 20.67‰的高水平上。而这一时期的死亡率则逐年下降，从 1962 年的 13.05‰下降到 1973 年 6.08‰的较低水平上。这 12 年中，陵县人口自然增长率年平均达 23.27‰，为以往任何历史时期所不及。其中最高的 1963 年达到 35.63‰，创造了新中国成立以来人口自然增长率的最高纪录。这一时期是陵县人口发展史上增长速度最快、持续时间最长、影响最大的时期。

第四阶段，1974 至今，陵县人口自然增长率开始进入下降时期。这一时期，人口出生率迅速下降，年平均出生率为 13.60‰，死亡率一般在 7‰以下，年平均自然增长率为 7.42‰，年均净增人数约 4000 人，比前一个阶段年均净增人数下降了 48%。陵县人口自然增长率逐年下降的主要原因是，1973 年以来，党和政府认真贯彻了计划生育政策，从上到下逐层建立了计划生育机构。80 年代开始，又明确提出了“提倡一对夫妇只生育一个孩子”的政策，同时把计划生育工作提高到基本国策的高度。

尽管如此，80 年代以来，陵县人口自然增长率仍有过两次回升。一次是从 1981 年的 4.01‰上升到 1982 年的 5.40‰，增长了 1.39 个千分点。另一次是从 1985 年到 1987 年，人口自然增长率由 2.11‰增到 5.90‰，增长了3.79个千分点。出现这两次回升的主要原因是：①50年代和60年代两次人口生育高峰出生的妇女已进入结婚、生育期，出现了第三次生育高峰。②近年来农村实行独女户可以有间隔地生育二胎的政策。1986年二胎率比1985年增加15.5个百分点，1987年比1986年亦有所上升。③新婚姻法实行后，由于结婚年龄比提倡的晚婚年龄提前了，结婚年龄呈下降趋势（见表1），早婚导致早育。在陵县，初育年龄较初婚年龄晚一两岁。此外，早婚进一步加剧了第三次生育高峰。④农村实行家庭联产承包责任制后，计划生育工作遇到许多新情况、新问题，原有的一些办法有的已不适用，计划生育工作有所放松，致使计划外二胎率、多胎率有所上升（见表2）。

表1　陵县妇女初婚人数及平均初婚年龄

单位：人，岁

年份	1980	1981	1982	1983	1984	1985	1986	1987
女性初婚人数			3292	3581	3276	4486	4337	3978
平均初婚年龄	23.7	23.1	22.9	22.2	20.7	21.3	20.6	22.8

表2　陵县计划生育情况

年份	出生人数（人）	出生率（‰）	二胎数（人）	二胎率（%）	多胎数（人）	多胎率（%）
1981	5655	10.65				
1982	6284	11.72	482（447）	7.7	82	1.3
1983	5139	9.51	410（389）	8.0	23	0.45
1984	4789	8.81	204（164）	4.3	2	0.04
1985	4523	8.27	320（179）	7.1	5	0.11
1986	5512	10.04	1247（233）	22.6	11	0.20
1987	6591	11.90	1558（214）	23.6	9	0.13

* 括号中为计划外二胎数。

以上情况表明，实行计划生育、控制人口增长，仍是一项十分艰巨的任务。

（二）陵县人口的年龄结构

在人口学中，通常把总体人口划分成0~14岁的少年人口，15~64岁的成年或经济生产年龄人口及65岁及以上的老年人口三个基本组成部分，并按三部分的比例将人口的年龄结构划分为年轻人口型、成年人口型和老年人口型。按目前国际通用的人口类型划分标准，陵县人口年龄结构属成年型，并有向老年人口型发展的趋势（见表3）。

表3　陵县人口年龄结构类型与国际标准的比较

		少年人口系数	老年人口系数	老少人口变化	年龄中位数
国际标准	年轻型	>0.4	<0.05	<0.15	>20
	成年型	0.3～0.4	0.05～0.1	0.15～0.30	20～30
	老年型	≤0.3	≥0.10	≥0.30	≥30
陵县	1982年	0.34	0.056	0.18	22.4
	1988年	0.24	0.064	0.27	25.3

由表3可见，1988年陵县人口中0～14岁少年人口的比例明显下降，由1982年的34%下降到24%，下降了10个百分点。这说明，尽管陵县在1986～1987年出现了人口回升，自1982年以来，陵县的生育水平还是较低的，到1988年，15～64岁经济生产年龄人口约为38.8万人，与1982年相比，占总人口比重由60%上升到69%，上升幅度较大，这主要是由于1949年后两次生育高峰出生的人口已全部进入经济生产人口层。与此同时，65岁及以上的老年人口比例也有所上升，由1982年的5.6%上升到1988后的6.4%，年龄中位数为25.3岁，比1982年的22.4岁提高了近3岁。与1982年的成年型人口结构相比，1988年陵县人口的年龄结构已开始向老年型发展。

反映人口年龄结构最形象的方法是人口年龄金字塔。从图1可见，1982年陵县人口年龄金字塔的特点是出现了两次外凸、两次内凹。两次外凸是指25～34岁年龄阶段和10～19岁年龄阶段，它们对应着1949年前后和1963～1973年的两次人口出生高峰期的人口；两次内凹是指20～24岁和0～9岁两个年龄阶段对应着“三年困难时期”的人口增长低谷期和70年代中期后实行计划生育人口出生的下降时期。

如上所示，陵县人口的年龄结构决定了陵县正处在一个历时十余年的人口生育高峰期。图1中10～19岁年龄阶段的妇女已陆续进入婚龄育龄阶段，据测算，从1987年起至1995年，陵县平均每年约有7000名妇女进入婚育年龄。如果按现行生育政策（平均每个妇女生1.5个孩子）严格控制

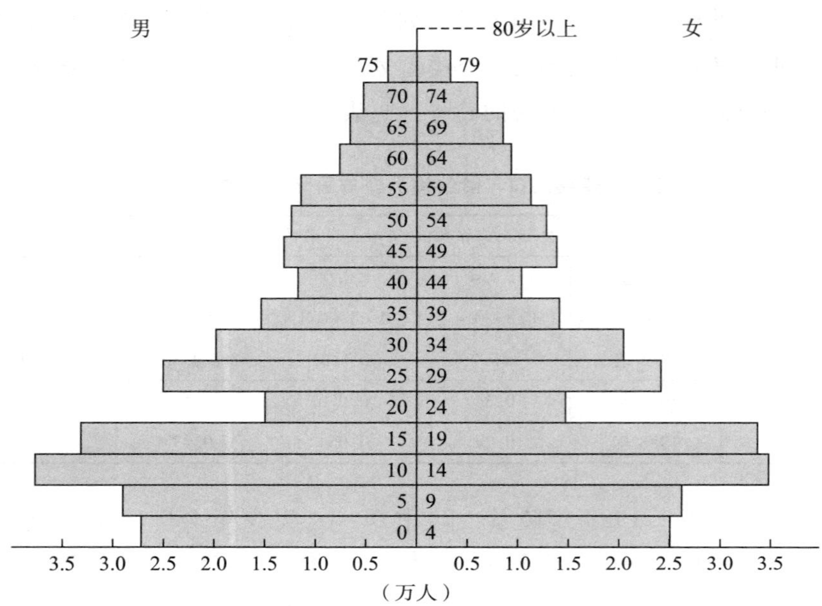

图 1　1982 年陵县人口年龄结构

人口，每年仍要出生 1 万多个孩子。如果控制不严，每个妇女平均生 2 个孩子，每年就要增加近 1.4 万个孩子。无论怎样，事实说明陵县正处在第三次人口生育高峰期。

（三）陵县人口的文化结构

本文中人口文化结构指不同文化程度的人口占总人口的比重。人口的文化结构表明一个国家、地区、县人口的文化素质，是现代化建设的基本条件之一。

从表 4 可以看出，80 年代以来，陵县具有各种文化程度的人口都有了很大增长，每 10 万人中拥有各种文化程度的人数已达 59596 人，比 1964 年的 30230 人增加 29366 人，增加 97%。其中以初中和小学文化程度的人口比例增长最快，分别提高了 13.5 和 11.9 个百分点，高中文化程度的人口比例提高了 3.9 个百分点，同时，文盲、半文盲的比例下降了 25.3 个百分点。

表 4 陵县具有各种文化程度的人口数及比例

单位：人，%

	1964 年	1982 年	构成	
			1964 年	1982 年
总人口	392272	536442		
大学、大学肄业或在校	182	494	0.05	0.09
高中	1491	22847	0.38	4.26
初中	7664	82919	1.95	15.46
小学	109247	213437	27.85	39.79
文盲、半文盲	209820	151269	53.49	28.20

值得注意的是，文盲、半文盲人数虽然减少，但这些文盲人数中，12～24 岁的青少年却占相当大的比例，占文盲总数的 8.6%，占 12～24 岁青少年总数的 8.3%。女青少年文盲比例更高，占同龄文盲总数的 85.9%，占同龄女青少年总数的 14.2%。到 1982 年，尚有 21.3% 的 6～12 岁儿童没有入学。

陵县人口的文化水平虽有一定程度的提高，但同山东省和全国相比，仍存在很大差距（见表 5）。

表 5 每 10 万人中拥有各种文化程度的人口数

单位：人

	大学	高中	初中	小学
陵县	91	4263	15470	39820
山东	353	5881	17758	33733
全国	617	6784	17884	35377

由于陵县人口文化程度普遍较低，科技人员的比例也较低。在业人员中各种专业技术人员仅有 9084 人，占在业人口的 3.11%，其中农林牧渔业技术人员有 57 人，占该业人口的 1.4‰，医疗卫生技术人员有 1750 人，其中医生只有 126 人，平均每千人中只有 0.28 名医生。这个比例远远低于全国每千人 0.85 名医生的平均水平。

因此，狠抓基础教育和中等专业技术教育，迅速提高陵县人民群众的文化水平，是摆在陵县人民面前的一项刻不容缓的任务。

值得欣慰的是，近年来，陵县各级干部的文化素质有了较大提高，特别是具有中专文化程度的人员比例有了明显提高，从1980年的29.4%提高到1986年的36.9%，其次是大学学历人员比例从7.6%提高到10.3%，分别增加7.5和2.7个百分点（见表6）。

表6　1980～1986年陵县干部文化程度统计

单位：人

年份	总计	大学	中专	高中	初中
1980	4816	367	1414	548	2487
1981	4763	406	1470	610	2277
1982	5111	462	1900	560	2189
1983	4953	472	1932	631	1918
1984	5721	495	1972	918	2336
1985	6094	570	2217	1021	2286
1986	6565	674	2421	1095	2375

（四）陵县人口的城镇化水平

人口城镇化是指人口由农村向城镇的转移趋势。根据世界各国经济发展的一般规律，伴随着国家现代化的发展，必然会出现农业人口向非农业人口、乡村人口向城镇人口转移的人口城镇化过程。因此，非农业人口、人口城镇化水平表明一个国家、地区的工业化、城市化的发展水平和现代化程度。

历年来陵县非农业人口及其比重变化情况见表7。

表7　陵县非农业人口及其比重

单位：人，%

年份	总人口	非农业人口	比重	年份	总人口	非农业人口	比重
1949	403285	9592	2.4	1980	528119	17064	3.2
1956	438548	12618	2.9	1981	533624	19523	3.7
1958	444890	18366	4.1	1982	538984	20548	3.8
1962	399687	8141	2.0	1983	541457	22126	4.1
1965	406041	9491	2.3	1984	545742	23842	4.4
1970	470776	8787	1.9	1985	547848	33645	6.1

续表

年份	总人口	非农业人口	比重	年份	总人口	非农业人口	比重
1975	503535	12321	2.4	1986	550109	33262	6.0
1979	522835	17029	3.3	1987	554170	36311	6.6

从表7可以看出，按户籍制度统计的陵县非农业人口比重，近40年来特别是近10年来发生了很大变花。从1949年的2.4%提高到1987年的6.7%，提高了4.3个百分点。

从表8（见下页）可见，陵县非农业人口的增加以非农业人口迁入和农转非为主要形式。自理口粮进镇经商的人数只占很小比例。按1987年统计，上述三项分别占当年增加的非农业人口总数的59.5%、30.1%和1.2%。

由此可见，陵县农村人口的城镇化虽已有一定的发展，但发展水平偏低。

从上述分析可以看出，陵县人口的基本特点是：人口基数较大，增长速度较快，年龄结构属成年人口型，并有向老年型发展的趋势；人口的文化结构较落后，城镇化水平偏低。因此，进一步执行计划生育政策，严格控制人口增长，迅速提高全体人民的文化教育水平，正确利用和引导年轻的劳动人口，逐步提高城镇化水平，将是陵县走向现代化所面临的重要课题。这些问题解决得好，将会有力地促进陵县社会经济的发展。

二　人口对社会经济发展的影响

人口发展受社会经济因素的影响，它本身又影响着社会经济的发展。对于前一方面，本文已在上一节中做了概要分析，下面将着重探讨后一方面，并将重点放在陵县目前的人口状况对其今后社会经济发展的影响上。

人既是生产者，又是消费者。人口作为消费者主要是通过人口数量和人口结构（包括年龄结构、文化结构、城乡结构等）来影响社会经济的发展；人口作为生产者对社会经济的影响，主要是通过劳动力的数量与素质等因素发生作用。此外，人口素质，特别是人口的文化素质对社会经济的发展也起重要作用。没有人口素质的提高，就不会有社会经济的发展，人口的素质不同，对社会经济的影响亦不同。

表 8　陵县非农业人口增加情况统计表

单位：人

年份	年末非农业人口数	增加原因																	
					农业人口转非农业人口														
	合计	合计	出生	非农业人口迁入	小计	招生	招工	征用土地	随军家属	科技干部家属	职工居民家属	落实政策	煤矿井下工人家属	其他	由港澳台和国外迁入	复员转业	刑满释放解除劳教	自理口粮常住人口	其他
	1P	2	3	4	5	6	7	8	9	10	11	12	13	14	15	16	17	18	19
1980	17064	2060	183		657	179	173		1	159		16		129		86			1134
1981	19523	3466	181	2441	808	133	508		26		42			101		36			
1982	20548	3202	227	2523	362	126	129		11		39	54		3		89	1		
1983	22126	2878	244	1709	749	182	456		13	44	10	40		4		9			167
1984	28382	7587	194	1629	5746	132	37		71	54	9	490		4953		16	2		
1985	33645	7177	256	1761	3367	206	215		6	1079	26	1767		68		28	3	7.6	168
1986	33262	5104	267	2815	1683	422	131		3	635	66	426				152	2	185	
1987	36311	4989	367	2969	1501	163	249		1	473	67	405		143		89	1	62	

（一）人口数量对社会经济发展的影响

适量人口促进社会经济的发展，过量人口阻碍社会经济的发展。陵县的社会经济发展充分说明了这一点。

首先，由于人口增长过快，人均工农业总产值的增加缓慢。从 1952 年到 1986 年，陵县工农业总产值（按 1980 年不变价格计算）增长了 12.4 倍，年平均增长 7.9%，其速度是不低的。但由于人口增长过快，人均工农业总产值的增长却十分缓慢。1952 年陵县人均工农业总产值为 120.6 元，1986 年按可比价格计算的人均工农业总产值为 1216.5 元，增长了 9.1 倍，年平均增长 7%。由于人均国民收入增长缓慢，陵县始终处于低收入的困境。

其次，人口增长过快，将减慢经济发展速度。这是因为人口增多，迫使政府拿出更多份额的国民收入改善人民生活，于是消费比例增长，积累下降，导致生产性投资和教育投资减少。

再次，人口增长过快，使自然资源受到更大压力。以土地来说，在陵县，由于人口增长，人多耕地少的矛盾越来越突出。从 1949 年到 1987 年，陵县总耕地面积由 180.95 万亩减少到 110 万亩，减少了 39%。与此同时，人均耕地亦从 4.60 亩减少到 2.12 亩，减少了 54%，比总耕地面积多减少了 15 个百分点。虽然陵县 1987 年人均耕地面积高于山东省和全国的人均耕地面积（分别是 1.31 亩和 1.39 亩），但从长远看，陵县的人均耕地面积只会越来越少。这是因为从现在起，陵县每年人口自然增加 7000 多人，而土地仅住房占地一项每年就减少 500 亩，因此，人多耕地少的矛盾只能是越来越突出。人均占有耕地的日益减少，将影响陵县的经济发展，特别是农业的发展。此外，它还会带来一系列其他问题。如：随着农业生产力的不断提高，将出现大量农业剩余劳动力，他们的出路何在？为确保人均粮食占有量不致下降，必须在有限的耕地上精耕细作，大大提高土地的利用率和土地生产率，努力提高单产。这将是一项十分艰巨的任务。

最后，人口数量过大，会与生活资料不相适应。人作为消费者是无条件的，无论男女老少，还是病弱伤残，都要吃穿住用，都要消费，以维持生存和发展的需要。另一方面，生活资料却是有限的。因此，人口数量和生活资料必须保持一定的比例，如果人口过多，与生活资料比例失调，人们的消费需求就得不到满足，生活水平就得不到提高。陵县当前的人口和粮食比例就不很协调。据统计，1949 年陵县粮食总产量为 18025 万斤，1986 年为 71263 万斤，提高了 2.95 倍。而人均粮食占有量从 447 斤增加到 1295 斤，只增长了 1.90 倍。这就是说，平均每年有 513.26 万斤粮食被新增人口吃掉了。人均粮食占有量少，就不可能拿出更多的粮食投入其他生产，以满足人们日益增长的物质需要。

公正地说，陵县人口的自然增长率已降到较低水平，但由于人口基数较大，因而每年增加人数仍然不少。此外，陵县当前正处于第三次人口生育高峰期。人口增长过多，陵县经济发展所创造的财富就会被新增人口抵消。

总之，人口过多，不但影响人均收入的提高，而且粮食和住宅的供应、教育和劳动就业需要的满足，都将成为严重的问题，甚至可能影响社会的安定。所以，控制人口增长，确实是关系到陵县社会经济发展全局的大问题。

（二）人口年龄结构对社会经济发展的影响

人口的年龄结构反映一个国家、地区中劳动人口和非劳动人口的比例。劳动与非劳动人口的比例不同，对社会经济的影响不同，所要求的社会经济政策亦不同。少年人口和老年人口多，社会负担指数就高，每个劳动人口养活的人数就多；反之，劳动人口多，社会负担指数就低，但就业问题会相对突出。

目前，陵县人口年龄尚属成年型，老龄化的程度不算高，少年人口比重也有明显下降，适龄劳动人口的比重较大。这种人口年龄结构对陵县社会经济发展的影响表现在如下两个方面。

（1）1988 年与 1982 年相比，少年人口系数明显下降，对今后控制人口增长和加快经济发展将产生有利的影响。同 1982 年相比，0～14 岁组人口比例由 34% 下降到 24%，人口绝对数由 183411 人降到 133668 人。这意味着当这个年龄组人口进入婚育年龄时，婚育龄人口的增长势头将减弱，即使妇女生育率不变，仅由于这一因素也会使那个时候的人口自然增长率下降。如果妇女生育率再有所下降，婚育年龄有所提高，那就将加快人口自然增长率的下降，延缓人口的增长趋势。0～14岁年龄组绝对值和比例的下降，也意味着当这个年龄组进入学龄和就业年龄时，将会减轻对学校教育和就业的压力。这样，就会有更多的力量用于加快经济、文化教育事业的发展，提高人民的生活水平。

（2）陵县人口虽属成年型，但老龄人口比例处于上升趋势。从少年人口系数和老少人口之比这两项指标看，陵县人口年龄结构已接近或进入老年型人口结构（见表3）。特别是待两次生育高峰时出生的人进入老年时（在2010～2030年），人口老龄化问题就会格外突出，这意味着，为赡养不断增长的老年人口，适龄劳动人口的负担将日益沉重。

由于今后老年人口数量增加，与老年人口有关的经济、社会问题将变得突出起来。在陵县，由于农村人口占90%以上，因此，老年问题主要是农村老年问题。农民到晚年便失去劳动能力，主要靠子女赡养，众多的老年人口将成为一个重大的社会问题。要做到老有所养、老有所乐和老有所为，就需要加大对老年人口的投资力度，逐步建立起一套社会保险体系。该体系至少要向老年人提供三个方面的照顾：养老金、医疗保健服务和社会福利服务。

（三）经济生产年龄人口就业对社会经济发展的影响

经济生产年龄人口在总体人口中居于多数（陵县目前在60%以上），而且，这部分人是真正的生产者和消费者的统一，他们不但要生产满足自身消费需要的财富，还要生产满足老、少人口消费需要的财富，社会积累和公共需要的财富，因而构成全部人口的主体。他们的劳动就业对社会经济的发展是至关重要的。

受年龄结构的影响，陵县今后相当一段时间内，经济生产年龄人口将大量增加。据统计，到1988年底，陵县全县人口已达55.69万人，其中经济生产年龄人口达38.83万人，占总人口的69.7%。另据测算，从现在起到本世纪末，平均每年将出现约1.1万人的新劳动力。如此众多的新劳动力，虽然可以为陵县的经济发展提供充足的劳动力资源，但是，如果劳动力供给过快增长，超过各种社会经济资源的支撑能力，也会形成巨大的就业压力，给社会经济发展带来一系列难以解决的问题。

1. 城镇经济劳动人口的就业。随着陵县人口城镇化的发展，非农业人口正在迅速增加，加之年龄结构的影响，陵县城镇经济劳动人口随之猛增，超过了该县经济发展的需要，因此，近年来，尽管每年都安排大量城镇新劳动力就业，待业人数仍以平均136.8%的速度增长（见表9）。

表9　陵县非农业人口及其就业情况

年份	1980	1981	1982	1983	1984	1985	1986	1987	1988
非农业人口	17064	19523	20548	22126	28382	33645	33262	36311	
新就业人数	257	458	24	18	565	1155	790	969	1964
待业人数	180	205	280	400	830	1950	1357	2959	3015

对越来越多的待业人口以及今后每年新增的劳动适龄人口，如不尽早安排就业，就会给社会带来一定的压力，甚至影响陵县社会的安定。但是，硬性安排这些人口就业，对经济的健康发展并不一定有利。主要原因是，新增劳动力的就业需要一定的资金，而国家无法提供。据估计，目前安排一个新的劳动者在全民所有制单位就业，其费用至少要在900元以上，陵县若每年安排1000名就业人员，就需要90万元，这就会给本来就很拮据的财政增加新的负担。在这种情况下，一味扩大就业还会造成冗员过多，影响劳动生产率的提高。

面对今后经济生产年龄人口不断增长的趋势，就业的战略重点必须转变。在所有制上要采用多层次结构，要多发展一些城镇集体经济和个体经济。因为集体所有制企业所需投资少，而容纳的劳动力较多。近几年来，陵县城镇集体所有制企业在吸收劳动力就业方面发挥了重要作用，仅1984~1986年的3年间，就安置了3796人就业，占全部安置就业人数的65%。陵县城镇的个体经济成分虽也有一定的增长，到1987年，个体成分从业人数已达1057人，但它在各种经济类型劳动者中却只占3.5%。从目前的态势看，大力发展集体和个体企业，对解决大量人口就业是十分有效的途径。

2. 农业劳动力的出路何在？随着农业生产率的提高，广大农民将逐步从土地中解放出来，从传统的农业部门转向其他部门。这是已为多数国家的发展所证明的一条客观规律。陵县是一个传统的农业县，农业劳动力占全县总人口和全社会劳动力的绝大部分。它的每一变动都会极大地影响陵县的整个社会经济状况。因此，如何正确把握农业劳动力的转移，对陵县经济现代化具有极为重要的意义。

（1）农业劳动者对农业生产的影响。在陵县，由于农业机械化水平不高，总的来说，劳动力的投入和农业生产成正相关。但是，随着农业生产技术的进步，以及其他一些因素的影响，这种正相关的关系正在逐渐减弱。根据陵县统计局资料计算，1952～1979 年该县农业产值与劳动力的相关为 0.93，1980～1987 年这种相关仅为 0.87。

为了进一步说明农业劳动者对整个农业生产的影响，下面对影响农业产值的几个主要因素做一考察（见表 10）。

表 10　农业产值与几个因素的相关（1978～1986 年）

	农村劳动力	农业机械化	化肥施用量	农作物总播种面积
农业产值*	0.60	0.92	0.90	0.91

* 按 1980 年不变价格计算。

由表 10 可以看出，农村劳动力、农业机械化、化肥施用量以及农作物总播种面积几个因素对农业产值的影响是不同的。就 1978～1986 年的情况来看，农业机械化与农业总产值的相关最高，其次是农作物总播种面积、化肥施用量，农村劳动力与农业产值增加的相关极低，这说明农业劳动力数量对整个农业产出增加的影响远不具有决定性的作用。因此，对农业劳动力实行有效的转移是陵县面临的一项迫切任务。

（2）陵县农业劳动力的转移状况。从表 11 可以看到，1982～1987 年，虽然陵县农村劳动力的总数增加了 1.6 万人，增长 8.0%，但真正从事农林牧副渔业第一产业的人数却减少了 0.21 万人，占农村劳动力的比重从 1982 年的 92.2% 下降到 1987 年的 84.4%，下降了 7.8 个百分点，其中种植业劳动者的比重也由占农村劳动力总数的 91.4% 下降到 82.1%，与此同时，从事乡村工业、建筑业等第二产业的农村劳动力比重则由 2.9% 上升到 6.9%，上升的幅度是三个产业中最大的；从事商业饮食服务业等第三产业的农村劳动力比重则由 4.9% 上升到 8.7%。由此可见，仅 1982～1987 年的 6 年间，陵县农村中已有 1.81 万人转移到非农业产业就业。随着农村劳动力的内部转移，农村劳动力的就业结构也开始向着新的更合理的方向转化。陵县农村三大产业就业比重的变化，说明陵县农村的经济发展正在开始向现代化迈进。

表 11 1982~1987 年陵县农村劳动力的就业结构

单位：万人，%

年份	农村劳动力总计	第一产业		第二产业		第三产业	
		人数	比重	人数	比重	人数	比重
1982	20.02	18.45	92.2	0.58	2.9	0.99	4.9
1983	20.44	18.72	91.6	0.64	3.1	1.08	5.3
1986	21.44	18.26	85.2	1.51	7.0	1.67	7.8
1987	21.62	18.24	84.4	1.50	6.9	1.88	8.7

注：第一产业指农村中的农林牧副渔业；第二产业指乡村工业、建筑业；第三产业包括交通运输邮电业、商业饮食服务业、文教社会福利、科学研究、服务管理、外出临时工及其他。

（3）对农村劳动力转移出路的探讨。实现农业现代化，必须解决剩余劳动力的出路问题。因为将这些劳动力全部滞留在农业生产领域中既不必要，也不合理。转移农业剩余劳动力所遇到的问题之一就是转移的规模与速度。已有的研究表明，转移的规模和速度并不是越快越好，它应遵循下列几条原则：

①农业劳动力向非农产业的转移，应当以农业劳动生产率的持续提高为前提。在我国，应保证农业生产，特别是种植业的生产不致因劳动力的转移而下降。

②它应当有利于推动工业化的发展。

③它应当有利于各种资源的合理配置，使社会经济效益随着转移过程而逐步提高。

④它应当以国家（地区、县）财力所能承受的支撑力（包括财政、信贷及各方面资源）为限。

根据这些原则，究竟应当保持怎样的转移速度呢？由于资料有限，我们很难估算陵县农业劳动力的转移速度。但国务院发展中心中国宏观经济研究组的研究，认为我国今后农业劳动力的转移速度不应高于 2%，否则将会给整个国民经济带来一系列不良影响。

农业劳动力主要转向哪里？这些劳动力应保持怎样的就业结构？一般来讲，出路只有两条：或是转向大中城市，或是在农村中就地转移。就中国目前情况看，大中城市吸收消化农业剩余劳动力的能力有限，因此，陵县的剩余劳动力只能走后一条路。由于各种因素的影响，近年来陵县农村游离出来的众多劳动力几乎无一流向大中城市，由这两方面可预测，今后陵县农村劳动力向大中城市转移的数量亦不会大。

目前，从陵县农业生产中游离出来的大量劳动力仍滞留在该县。为解决其就业问题，陵县农村中的产业结构在今后十几年内将发生新的变化，在第二、三产业就业的劳动者人数和比重将会继续增长。农村中的第二产业包括制造业、采掘业和建筑业。为了更好地发挥陵县农村劳动力多、劳动力价格相对便宜的优势，制造业应以劳动密集型的产业为主，并以当地的棉花等优势原料为主要加工对象，由初级加工逐步向深加工、精加工发展。此外，陵县距济南、青岛城市近，要大力参加城市经济的分工与合作，在推动、促进大工业发展的协作中求得自身长期稳定的发展。

（四）人口文化素质对社会经济发展的影响

国际、国内的大量研究已经证明，人口文化素质对社会经济的发展影响很大。随着人口文化素质的提高，社会经济发展的水平也相应提高。因此，人口文化素质已被称为社会经济发展过程中最宝贵的“人力资本”。

前面已指出，尽管1949年以来，特别是十一届三中全会以后，陵县人民的文化水平及科技人员比例有所提高，但仍明显低于山东省和全国的平均水平。陵县人口文化程度和技术水平对社会经济发展的影响十分明显。

一定的文化程度和技术水平是发展商品经济、提高生产力水平和人民收入的重要条件。城镇、农村各类专业户的发展是陵县商品经济发展、生产力水平提高的重要动因和突出表现。陵县专业户的文化程度与全县水平相比，有两个明显特点：一是专业户中小学及以上各文化程度的人员比例普遍高于全县水平（如表12所示）。二是专业户中懂技术的人较多（见表13），225名专业户中，懂得非农技术的有145人次，具有一定农业技术水平的有131人次。

表12　225名专业户的文化程度与全县水平比较

单位：%

	大学	高中	初中	小学	文盲和半文盲
专业户	0.4	8.0	32	52.9	6.7
全县	0.007	5.2	20.9	40.1	34.2

表 13　225 名专业户掌握技术专长人次

	种植业	养殖业	加工业	服务业	建筑建材	拖拉机及汽车驾驶
人次（276）	83	48	41	61	20	23

城关镇素有兼营工商的传统，是陵县商品经济比较发达的地区。对该镇专业户的调查也证明，专业户文化素质较高。例如，城关镇南街村运输、加工、摊贩三类专业户经营者的文化程度普遍高于本村人口的文化程度（见表 14）。

表 14　城关镇南街三类专业户的文化程度与全村水平比较

单位：%

	高中及其以上	初中	小学	文盲
专业户	24.0	40.0	32.0	4.0
南街村	13.6	25.9	40.1	20.4

相反，文化素质不高，则在一定程度上限制了陵县社会经济的发展。这种限制作用至少表现在三个方面：首先，文化素质低，不利于提高农业的经济效益。陵县袁桥乡张文成村的文化水平较低。据统计，农业劳动力中文盲、半文盲人数占 41.8%，而具有初中以上文化程度的人仅占 25%。他们的农业技术水平普遍较低，懂得农业技术的人也较少，全村只有 2 名农民技术员，占总人口的 1%，无力对农民进行技术培训和指导，因而该村虽然农业投入较多，效益却往往不好。1980 年，全村小麦播种量多达每亩 30 斤，超过正常用种量的 1/3；氮肥施用量有的高达 200 斤，由于施量过高，反而造成小麦倒伏减产。有人对袁桥乡袁桥村的调查也反映出这种情况。如表 15 所示，抽样调查 69 户的棉花、粮食生产与该村科技户、一级农业技术员袁成龙户相比，投入高、产出低、农业效益差。显然，要提高农业经济效益，首先要提高农民的文化技术水平，加强对农业技术的指导。

表 15　袁桥村技术员农业投入产出与全村水平比较

棉田			粮田		
	69 户平均	袁龙成		69 户平均	袁龙成
单产（斤）	548	617	单产（斤）	1230	1518

续表

棉田			粮田		
	69户平均	袁龙成		69户平均	袁龙成
农药费用（元/亩）	12.8	9.4	种肥农药费（元/亩）	77.1	75.7
种肥药费用（元/亩）	56.8	52.4	物质费用（元/亩）	128.3	123.0
物质费用（元/亩）	114.8	102.7	每元费用产值（元）	1.8	1.8
每元费用产值（元）	4.3	5.4			

其次，人口文化素质低，还影响到陵县工副业的发展。例如，1984年全县总产皮棉108万担，可产籽棉1.7亿斤，棉柴4亿多斤，但棉籽不能全部榨油，饼皮大部分直接做了肥料，棉柴除当柴烧外，其余的都还田了。陵县虽有一些农副产品加工企业，但只能进行初加工、粗加工，加工半成品的多，加工成品的少，综合利用更少。出现这种情况，除资金缺少外，主要原因是人才缺乏，人口文化素质较低。

最后，人口文化素质低，还影响商品经济的发展。前面讲到的陵县专业户的情况实际上从反面论证了文化技术水平低对商品经济发展的严重制约性。

由此可见，陵县人口的文化素质远不能适应其社会经济发展的需要，因而造成了一方面人口数量多、劳动力出现剩余，另一方面技术人员严重匮乏的状况。人口文化素质的提高是发展经济的重要条件。对陵县来讲，人口文化素质的提高，是将众多人口变为发展优势的关键。要迅速改变陵县劳动力人口文化技术素质落后的状态，就要大力发展各级各类教育，这是陵县的当务之急，各级领导必须像重视经济那样重视教育事业。

从以上分析可见，人口对社会经济发展的影响是巨大的。人口的数量、素质、年龄结构等，都对社会经济发展有促进或制约作用。这种作用，不仅是多方面的，而且是长期的。因此，制定社会经济发展战略时，不仅要看到经济发展对人口的作用，而且要看到人口对社会经济发展的作用；不仅要看到人作为生产者的一面，而且要看到人作为消费者的一面，不仅要重视经济发展计划，而且要重视人口控制和智力开发。要把人口政策和发展战略纳入国民经济和社会发展战略之中，使人口的发展目标、指导思想、客观依据、实施步骤和措施、实现的可能性等与本地区、本县的社会、经济、自然资源、环境生态等更密切地结合起来，使人口与社会经济发展相适应。

就陵县目前的情况看，要达到人口与社会经济的协调发展，今后的任务是：在发展经济的同时，迅速控制人口数量，提高人口质量，进一步实现“人口转变”，即将陵县人口再生产类型由高出生率、低死亡率、高自然增长率的过渡型进一步转变为低出生率、低死亡率、低自然增长率的现代型，最后达到人口的零增长，以缓解人口与经济发展的矛盾，为陵县发展创造一个较好的人口环境，以促进陵县工业化、商品化、现代化的逐步实现。

参考文献

《农村发展研究》1985 年第 1 期，中国社会科学院陵县农村发展研究组。
《山东省陵县第三次人口普查资料汇编》，山东省陵县人口普查办公室。

城市发展与犯罪问题探略*

谭　深　李　楯

一　城市发展与犯罪的相关性

不管是已发达国家还是现今的发展中国家，在其现代化初期，都伴随着犯罪率的急剧上升和其他犯罪指标的剧烈变化，这是工业化与城市化的代价之一。恩格斯曾在《英国工人阶级状况》一文中描述了工业革命时期英国的犯罪情况和城市生活的腐化堕落，指出“随着无产阶级人数的增长，英国犯罪的数字也增加了”。他认为工人可怕的居住条件是造成犯罪率空前增长的原因。恩格斯等的研究提供了一种角度，它对于今天的意义在于，犯罪威胁着现代化和社会生活，反过来现代化的进程及由此发生的社会变动也影响着犯罪，而对于后者的研究有助于历史地把握犯罪的走向，从而进一步为治理提供相应的预测。

中国是1979年重新走上现代化之路的。10年间，经济、社会的状况发生了相当大的变化，处于变化主导地位的城市发展速度也很快。到1986年底，全国城市已达353个，比1970年增长1倍，城市人口也增长了1.5倍，达2.3亿多人，① 如果加上暂住人口和流动人口，实际上生活在城市的人更多。在占全国总人口20%多的城市中，每年刑事案件和治安案件发生数约占全国总数的40%。由此可见，城市是犯罪的集中地，这和世界各国是一致的。

但是，当我们把城市的发展和犯罪率对比，结果却令人迷惑（见图1、

* 原文发表于《社会学研究》1989年第5期。

① 这里的“城市人口”包括非农业人口和城市行政区划内的农业人口（数据见朱铁臻，1987）。

图2）。

1970年以后，特别是1979年以后的犯罪率并没有随着城市人口的直线上升而上升，出现了不规则的曲线，似乎看不出犯罪率和城市的发展有直接关系。另外，中国的犯罪率，低到几乎无法同世界多数国家相比的地步。

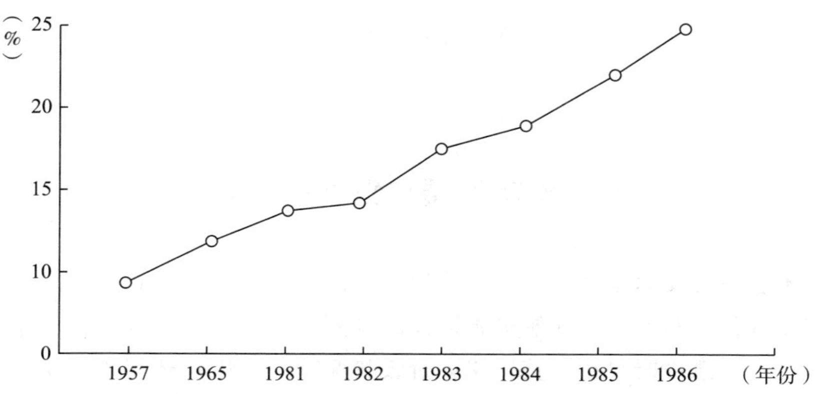

图1　全国城市总人口占全国总人口的比重

资料来源：朱铁臻，1987。

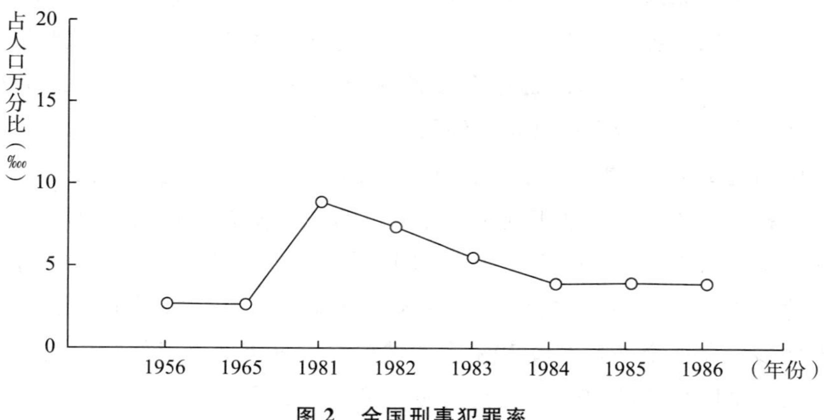

图2　全国刑事犯罪率

资料来源：数字摘自国家统计局社会统计司（1985，1987）；1986年数字见《中国法律年鉴》编辑部（1987）。

（以下为万分比）

联邦德国：707.4

法国：C55.8

英国：619.1

美国：515.9

日本：128.9（以上为1983年）①

匈牙利：169.7（1965年）

苏联：106.4（1976年）

民主德国：95.6（1963年）

保加利亚：40（1963年）②

中国：5.2（1987年）（郑天翔，1988）。

出现上述结果的原因是值得深入研究的。目前，我们可以说，它可能包括了诸如城市化进程尚未进入高速发展阶段，城市管理及犯罪统计的方式与各国不同，以及在制度文明、文化及社会心理、现代化道路等方面与其他国家相比具有不同特质等因素。而需要引起研究者特别注意的是问题的另一个方面，即：在统计数字上的犯罪率低并不意味着这方面的社会问题是不足为虑的；相反，中国的社会治安和经济秩序正面临着十分严峻的问题。当前，从与中国的城市发展和犯罪相关的一些方面来看，从犯罪的类型、方式、性质，以及犯罪人的构成等方面分析，中国的犯罪既具有发达国家城市化之初和一般发展中国家、社会主义国家犯罪的特点，同时，还具有中国在当前特定发展阶段上的一些较为独特的情状。

二　近年犯罪趋势

（一）趋势之一：指向人身的犯罪朝指向财产的犯罪转移

早期的犯罪学家把工业革命的出现看作犯罪类型转变的分水岭。19世纪，由于工业化和城市化，犯罪越来越向城市集中，经过一段时期的暴力犯罪和财产犯罪同时激增后，在工业化的全盛期，暴力犯罪相对减少，财产犯罪继续增加，因此认为财产犯罪是贫富悬殊的现代城市的自然结果。而中国的情况有所不同。中国现代化的起步在农村而不在城市，是从农村进展到城市。但尽管如此，中国农村的变化本身却带有某些工业化和城市化的特点，

① 资料来自日本警察厅的统计。

② 以上摘自谢利，1986。

它的总趋势是越来越多的农民离开种地营生，而转向工业和流通领域。

与这样的历史进程相对应，中国的犯罪也可划分为以下三个阶段。

第一个阶段是1979年至1984年，是以农村改革为主的时期。在农村实行承包经营、乡镇企业大发展之时，城市改革刚刚从扩大国营企业自主权开始。具有城市特征的经济犯罪有所冒头，但威胁城市的主要是治安问题，即暴力性犯罪。从1979年1月中央有关部门年年召开城市治安工作会议，直至1983年由人大常委做出严厉打击严重危害社会治安的犯罪分子的决定，开展“严打”运动三年。10年中全国刑事案件发生率最高的是1981年，为8.9‱，北京市为15.4‱，正是处在这一时期（见图3）。

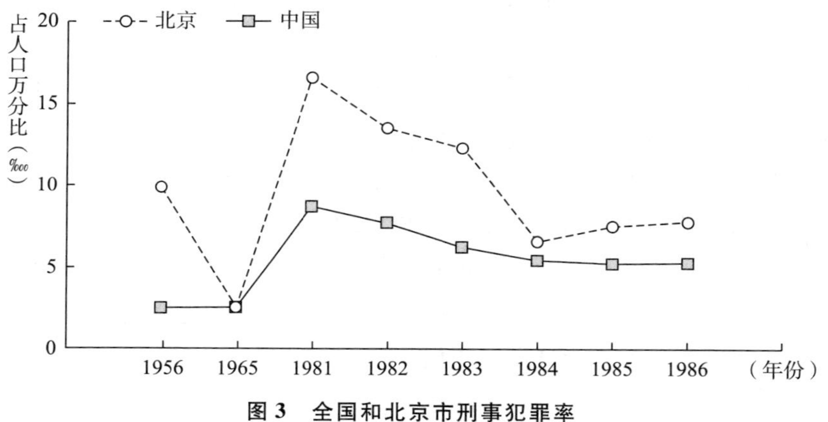

图3　全国和北京市刑事犯罪率

第二个阶段是1984～1988年。1984年城市经济体制改革全面铺开，国家对企业和地方“简政放权”，一部分原来由国家控制的权力下放给了企业和地方，还有的由市场支配，如银行信贷、产品价格、生产资料分配、财政管理“分灶吃饭等。集体经济和个体经济的发展尤其迅速，据统计，1986年的工业总产值中，集体经济所占比重从1978年的不到20%上升到29.2%，个体经济从没有到2.1%。遗憾的是，改革的形势并没有像所设计的那样按部就班地发展，一旦城乡之间、各种体制之间、国家计划与企业自主行为间的壁垒被打破，各种蕴积的能量如决堤之洪，很难再人为地控制。经济上很快形成“过热”增长，消费资金失控和通货膨胀，并出现中国特有的“经济犯罪”的大幅增长现象。从统计上看，1986年是经济犯罪绝对数量很高的一年，而这一年审理的案件，绝大多数发生在1984年下半年和1985年上半年（见图4），正是城市体制改革之初的时期。

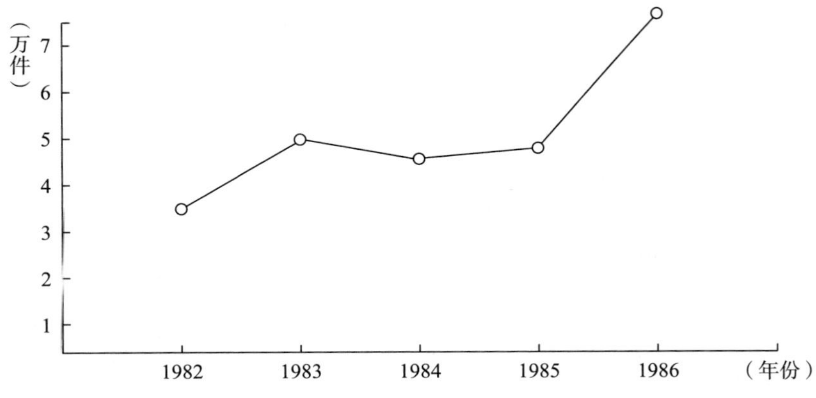

图 4　全国法院受理的经济犯罪案件绝对数

资料来源：引自《人民日报》1986 年 1 月 15 日、1987 年 4 月 10 日。

比较图 3 和图 4，可以看出经济犯罪的增长趋势要比刑事犯罪高得多。即使是刑事案件中，盗窃、抢劫、诈骗等类犯罪也远远高于其他犯罪，这一点可以从各种犯罪的构成比例中得到说明。以 1986 年为例，图 5 和图 6 的统计中，明显以侵占财产为目的的犯罪占犯罪总数的 70% 以上。

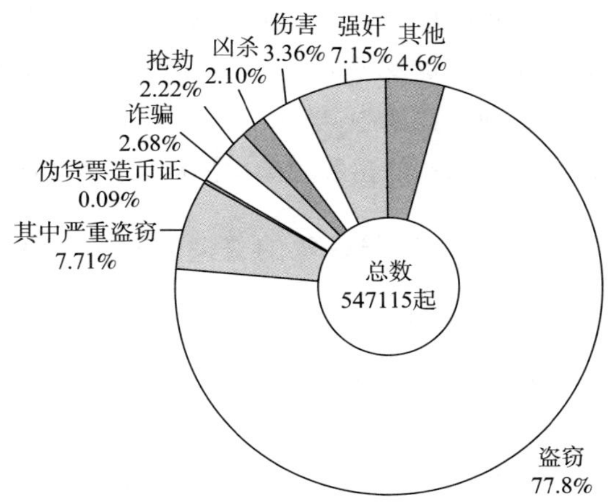

图 5　1986 年全国公安机关立案的刑事案件构成比例①

从 1989 年起，犯罪状况似乎又进入了一个新的阶段，除了经济犯罪继续严重外，一度好转的治安形势突然严峻起来。第一季度，全国法院受理

① 图 5、图 6 数据源于《中国法律年鉴》编辑部（1987：885、886）。

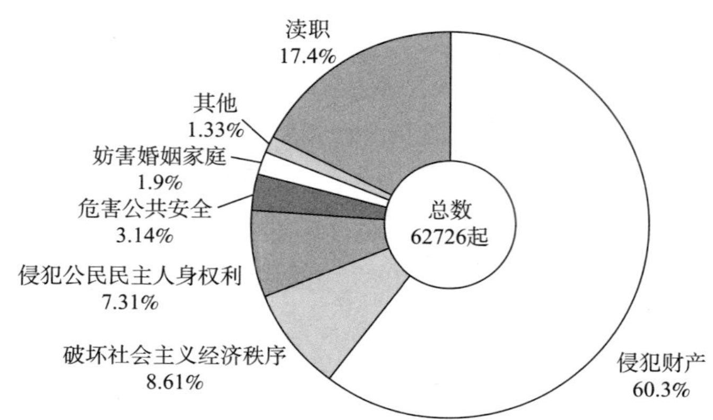

图 6　1986 年全国检察机关自行侦查案件构成比例

的一审案件与上年同期比，重大盗窃案上升 78.9%，抢劫案上升 59.98%，故意杀人案上升 13.05%。[①] 上海市重大刑案增加近九成。[②] 引人注目的是，列车上行凶抢劫屡见报道，令旅客忧心忡忡。这类犯罪仍主要是指向财产而不是人身，但其中暴力成分的增加是近年所罕见的。

1988 年 8 月以后的物价上涨引起的通货膨胀，使中国的改革进入了一个艰难的时期。随后出现的银根紧缩、基本建设大批下马、企业经营面临困境、大批农民工失业被迫返乡等情况，将几年中运行的某些秩序再次打乱，人们感到怀有的各种利益期望破灭，社会内部矛盾激化起来，这可能是以极端形式向社会索取利益的犯罪现象增加的原因之一。

（二）趋势之二：违法犯罪现象的普遍化和公开化

犯罪学，尤其是犯罪社会学所研究的犯罪与刑法学所研究的犯罪不同，当犯罪被看作一种社会现象时，犯罪社会学认为：犯罪并不是特定的人生来具备的行动，而是一般人都具有的攻击性——这种攻击性既可以表现为对人或物的暴力行为，也可以表现为诈骗钱财，要求贿赂等行为——与他周围的状况发生联系从而具体化的结果，这种结果被社会（在形式上也就是法律）判定为犯罪（间庭充幸，1987）。由于一种行为，尤其是一种行为到达什么程度才为法律具体规定为犯罪，是可以改变的，所

① 《人民日报》1989 年 5 月 9 日。
② 《人民日报》1989 年 5 月 3 日。

以犯罪社会学所研究的对象，不仅包含那些为刑法所规定而在实际上未被追究的行为，甚至还包含那些在更广泛的意义上属于犯罪或是与犯罪有关的行为。

在中国，自1983年8月至1986年底的三年“严打”中，被判决有罪的犯罪人共172万，[①] 平均每万人中曾出现过十几名犯罪分子，如果加上“以罚代刑”、未立案和立案未破的，数字将更大。而如果再加上我们所说的从犯罪社会学的研究意义上的犯罪行为，数字则可能会令人吃惊。

一类是直接侵犯公共财产的犯罪，特别是侵犯国有财产的犯罪。国家的公款被个人侵占，国营企业的财物成为许多人公然随意偷拿的对象。在一些国家项目的建筑工地周围，往往形成一个“吃工地”的“黑圈”；在国家的铁路运输线上，偷拿哄抢的现象严重；国有（包括军队）的通信设施，时常遭到偷盗；国有的森林被偷伐，矿产资源被偷采，国有文物被偷掘、盗窃、走私的现象也极为严重。以上种种，既有职业犯罪分子所为的大案，而更多的，则是有较多人参与其中的普遍的行为。

个人的行为是这样，法人的行为也如此。国家几乎年年要进行税收、财务和物价检查，而被查的法人和个人则屡查屡犯。在1988年10月开始的又一次检查中，仅半个月就查出违纪金额11亿元。[②] 从1988年初到1989年1月底，全国共查出各种违纪金额123.1亿元[③]，是1988年国内财政总收入2457.8亿元的1/20。在整顿公司中，国家工商行政管理机关查处的违法案件达94.56万件，其中大案6万余件，罚没款6亿余元，而其中被追究刑事责任的极少。[④] 在一次全国贷栈商品交易会上，应征印花税款为33万元，而实际上只征得21.7元，偷漏税者不但未受刑事制裁，且无一受到税务机关的行政追究和处罚。[⑤]

另一类是其他以非法牟利为目的的犯罪。1988年，仅河南、北京5省市查处的假冒商标案件就有3800多起，[⑥] 而且还出现了工厂成批非法生产

---

① 郑天翔1987年4月6日在第六届全国人大五次会议上所作工作报告。

② 《人民日报》1988年11月25日。

③ 《人民月报》1989年3月23日。

④ 《人民日报》1989年3月7日、3月8日。

⑤ 《人民日报》1989年5月4日。

⑥ 《人民日报》1989年3月12日。

名牌商标的情况和非法买卖商标的市场。① 同年，消费者协会受理的投诉检举案达 12.9 万起。② 1989 年春节前 10 大城市市场商品突击检查，结果极为严重，北京被查的罐头、粮油、白酒、电热毯等 16 种商品，有近半数不合格。③ 一些厂家，包括未注册而非法经营的企业，大量生产伪劣化肥、农药、酒类、食品和假药，造成他人死亡、伤残和巨大的经济损失。

一个时期，在社会上出现了各种身份的人纷纷卷入的经商热潮，无照经营、炒卖外汇、倒卖批文和紧缺物资的现象十分严重，而与此相关的，则是公职人员利用职权贪污受贿，以致国家检察机关确定的 1988 年的打击重点就是此类犯罪。同年，全国检察机关立案的此类案件有 45700 多起，④ 在各类举报机构收受的 14.7 万多件控告材料中，有 1/3 以上是反映贪污受贿问题的。⑤ 可以肯定，实际贪污受贿数字远远不止这些，尤其是企业间或企业与政府机关间的行贿受贿，由于双方有共同的利益，查处尤为困难。香港一家政治经济风险咨询公司对亚洲各国的调查中，把中国和印度尼西亚排在贪污受贿项下的首位，调查报告说："在这两个国家中，办事时重要的不是你是干什么的，而是你是谁和你认识谁。"⑥ 河北省城市调查队对 142 个厂长进行调查时，厂长们反映深感困惑的两大问题之一就是被迫行贿，他们说：按原则办事，企业就等于自行关门。⑦

（三）趋势之三：青少年犯罪和犯罪的低龄化

青少年犯罪，是现代社会犯罪的特殊现象，它不分国界，是一个世界性的严重问题。50 年代以来，一些发达国家出现了青少年犯罪人数上升，引起政府和犯罪学家的关注，他们通过加强青少年立法、改革司法制度、加强犯罪研究和增加经费来解决这一问题。但是几十年时间，青少年犯罪势头并没有被压下来，反有愈演愈烈之势。类似情况在苏联和东欧国家也

---

① 见《法制日报》1989 年 3 月 11 日照片。
② 《人民日报》1989 年 2 月 24 日。
③ 《北京日报》1989 年 1 月 21 日。
④ 《人民日报》1989 年 3 月 30 日。
⑤ 《人民日报》1989 年 3 月 30 日。
⑥ 引自 1988 年 12 月 14 日法新社英文电。
⑦ 《光明日报》1988 年 12 月 2 日。

出现了，那里的青少年犯罪1979年比1941年几乎增长了10倍。[①]

西方一些学者认为，青少年犯罪现象是随着工业化和城市化的发展带来的社会结构、经济结构和家庭结构的急剧变化而加剧起来的。

中国青少年犯罪从70年代中后期开始日益突出。以北京为例，50年代，青少年犯罪占总刑案的20%左右；60年代，占50%～60%；70年代和80年代，占70%～77%。

再看全国和北京1979年以后部分年份青少年罪犯占刑案成员的比例（见表1）。

表1　青少年罪犯占刑案成员比例

单位：%

年份	1979	1980	1981	1982	1986
全国	47.6	61.2	64.0	65.8	77.5
北京		76.4	77.9	76.6	72.9

资料来源：马结，1986：1～2。

最高人民法院院长任建新在1989年的人大会议上再次指出这一趋势，他说，近几年在刑事案件中值得注意的一个问题是青少年犯罪不断增多。

在青少年罪犯中，14岁至18岁的未成年人所占比例也呈明显的上升态势，也就是说，犯罪的年龄趋于低龄化。任建新院长在前述报告中公布，1988年经法院判处的罪犯中，14岁以上不满18岁的未成年人占8.9%，比1987年增加13.8%。青少年犯罪年龄，比“文革”前提前了2～3岁，一般是从10～12岁开始有劣迹，十三四岁就走上社会犯罪，14～17岁为犯罪的高峰年龄。北京市1984年破获一个盗窃团伙共9人，最小的才7岁，15岁以下的有6人。[②]

关于青少年犯罪的现状及原因，已有很多学者在从事专门研究，这里所要谈的，是由青少年犯罪引出的“综合治理”及其与城市发展相关的一些问题。

1984年，联合国在北京召开世界“青少年犯罪与司法”专题会议，会上，中国代表提出了“综合治理”的方针，被列入会议的正式讨论日程。

① 其中1979～1982年数据引自康树华，1986：44。

② 转引自康树华（1986）。

这一方针的提出，受到处于青少年犯罪困扰中而又找不到根本治理办法的各国代表的高度赞扬。联合国预防和控制犯罪委员会特别代表阿迪道昆·阿迪耶米在开幕式致辞中说："中国的'综合治理'方针，为世界范围内的预防犯罪做出了贡献。""中国'综合治理'已普遍为联合国成员国所接受。"联合国预防犯罪和刑事司法地区间顾问彼得罗·大卫也说："中国'综合治理'的经验是独创的。'综合治理'经验无论是发达国家还是发展中国家都可分享。"（谷迎春，1986）

无疑，"综合治理"的思路是具独创性的，它在高度组织化的社会中是行得通的。然而，近几年青少年犯罪并没有减少，究其原因，除了"综合治理"并没有完全按设计时那样实施外，最主要的在于城市改革的推进已经使"综合治理"的实施逐渐失去了原有的基础。

原有的"综合治理"方案要求社会处于静态，一切社会组织和个人都被纳入可以统一指挥、一致行动的行政管理体系之中，包括企业在内的相当多的行为可以不计成本。而改革开放使地方和企事业单位有了各自的利益，一些社会组织和个人的行为已相对游离于可以统一指挥的范围之外。因此，只要中国继续改革开放，"综合治理"如不顺应现代社会的特质做方法上的根本改变，是很难见实效的。

三　犯罪的外部环境及内部因素

（一）分析角度之一：游离于城乡之间的流动人口

国外的学者在研究文化与犯罪的关系时指出：由心理压抑而导致犯罪行为的原因可以从三个层次进行分析，即从内部制约主体的性格因素、直接影响主体的社会性状况因素和作为背景制约它的体制因素。由于一种与气质、个性、思想和意识密切相关的主体认识——犯罪动机——是明显由它所处的社会状况决定的，所以研究社会状况的结构就成了探讨犯罪所必不可少的课题（间庭充幸，1987：17）。

当前中国的犯罪除了具有一般发展中国家的特征和一般的社会主义国家的特征外，更具有在经过了1949年后30年的发展，形成了自己特有的新制度文明后，突然打开国门，并以相当高的速度进行改革开放后所出现的特征。

1985年，中国城市人口占总人口的22%，而同年美国是74%，日本是76%，苏联是66%，就连印度也比中国高，是25%（世界银行，1988）。另一方面，自1800年起，世界城市人口占总人口的比例，是大约以每50年提高一倍的速度增长的，而中国在1970年至1986年的十几年中，城市数量增长了一倍，城市人口（即中国的非农业人口）增长了两倍（北京大学社会学系，1986：45）。

中国自50年代后期形成了严格的区分农业人口和非农业人口的户籍管理制度，其间又经历了60年代初的压缩城镇人口、减少城镇建制，使得城市和乡村基本上成为两个相互隔绝且各自生息循环的系统。农业人口和非农业人口不仅仅具有统计上的意义，更具有身份上的意义。严格的户籍管理制度与人事档案制度，使人们在绝大多数情况下难以逾越自己身份划定的范围而进行流动。而这种社会管理方式与人的行为方式又是与旧体制和封闭静止的社会状态相适应的。在当时的情况下，它能够起到稳定社会秩序和实现社会控制的作用。当然，由于限制了人的自由，影响了人的创造力的发挥，也造成了经济的僵滞和衰退。改革开放之后，户籍管理和档案制度都有所松动，城乡之间和城市范围内部都开始出现部分流动，但是，这种新的"放开搞活"政策与原有的户籍、人事制度并存，却导致中国与其他国家在工业化、城市化上走上了不同的道路。

经过三年的农村家庭联产承包责任制，农民基本解决了温饱问题后，开始寻求进一步的发展。据统计，到1986年，已有9000万农民从农业转移出来从事第二、三产业的工作（高尚全，1987：22）。建设在乡村或集镇上的乡镇企业迅速成长起来，吸收了大量从土地上富余出来的农民，加速了农村城市化的进程。有一部分人进入城市寻找工作机会，这些没有固定户口和居住地的人形成中国城市特有的流动人口。据公安部部长王芳讲，现在估计有5000万人大流动，北京几年来流动人口数量也猛增，城市改革前的1982年是30万人，到1988年已达131万人。①

这些流动人口形成了一股很强的冲击波。他们对于活跃市场、缓解居民家务压力、填补社会用工空缺确实起了不可忽视的作用，从某种意义上

① 《人民日报》1988年10月、1989年3月15日。

说，城里人的工作、生活已经离不开他们。但另一方面，城市既没有接纳他们的机制，也不具备安置他们的能力，百万人的进驻对北京等大城市来说，是措手不及和难以管理的。这无疑使本来就不佳的城市状况进一步恶化了。混乱的生活环境和不良的社会情绪往往是犯罪的催化剂，尤其是治安案件。

北京市1987年抓获的刑事犯中，外地人员占18.6%，[①] 重点繁华地区抓获的违法犯罪人员，外来人口则始终占80%左右。[②] 有的大中城市和沿海开放城市，外来作案的占犯罪分子总数的40%左右。[③] 流动人口的犯罪也成为当前一个突出的问题。这一方面与他们自身的特点容易施行犯罪有关，另一方面也与他们的特殊境遇所形成的心态有关。

流动人口的特点就是“流动”。他们无论是干什么，怎么干，最终都不可能指望摆脱农民身份，进入城里人的圈子，他们所能做的，只是挣钱，然后回家。这些都不可能激发他们对城市的认同感和责任心，并必然导致他们的短期行为，赚一笔是一笔，不顾及社会后果。而且他们的流动性使他们可能做到作了案，卷包就跑，来无踪，去无影，各种社会控制手段对他们的作用不大。近年有不少犯罪集团的作案方式是逃窜作案。陕西有个睢宏猷盗窃集团，流窜了18个市县，盗窃94次之后才被抓获。

这些流动人口多是单身在外，缺乏正常的家庭生活。西方犯罪学家对日本和瑞士低犯罪率的研究表明，对控制与现代化有联系的犯罪率增长的最有效的社会条件之一是亲密的家庭纽带。与此相关的是流动人口没有相对稳定的居住地。中国的城市，尤其是大城市住宅问题已经是严重的社会问题。以北京为例，1986年人均居住面积为每人6.2平方米，缺房户占全市居民的46.9%。[④] 大量的流动人口除部分公司经商者常年包租旅馆房间外，建筑工人、餐馆雇工、小摊贩、木工，以及其他打零工的人，居住条件是相当差的。《中国妇女报》记者在采访了北京火车站附近餐馆雇工后写道：“一排碎砖搭盖的小平房淹没在一幢幢林立的高楼之中。几间破屋子住着好几家餐馆的女工。……一张大铺顶着门扉，前一拨人的汗臭气尚

① 《北京日报》1988年5月28日。

② 《法制日报》1989年4月26日。

③ 《最高人民法院公报》1987年，总137页。

④ 参见国家统计局，1986，北京市统计局，1982。

未散去，这一拨人又要睡下。”① 有些没有找到工作的睡在火车站、立交桥下，甚至河沿的露天处。

据说，北京的一些流动人口的月收入比一般城里人要高，但他们除此之外一无所有，要在城里定居下来，必须经过办理户口的“农转非”手续，而在中国，城市接纳农村人不是城市化、工业化的自然结果，而是政府的行政行为。中国的流动人口始终像油一样在水的外缘游离。当他们将僻冷的家乡生活与繁华喧嚣的城市生活相比，尤其与为数不少的经济富裕、生活优裕的人相比，内心很容易产生不公平和相对剥夺感，那种早已有的城乡对立情绪被强化。在这种情况下，容易诱发出报复行为，以非法手段取得财富，或从事其他犯罪活动。

进入 1989 年春以来，流动人口问题在中国城市骤然突出。新华社记者报道：“今年一个突出的动向是，近千万务工经商农民面临新的就业选择，农村剩余劳力转移遇到新难题。据有关人士估计，目前，已从农业转移出来从事二、三产业的 9000 万农民，今年将有 1000 万面临新的就业选择。特别是进城务工经商的农民，因城市基本建设规模的压缩、计划外用工的减少等原因，将有几百万返回农村。”② 但是农民并不了解这种紧缩政策，仍按习惯外出找工作，形成了春节后膨胀的“盲流”。广州最高峰时每天流动人口达 250 万，海南半个月涌进了 20 多万人，北京站旅客洪峰 2 月 26 日创纪录，为 4.2 万人。各大城市车站频频告急，电视新闻几乎每天都播送“盲流”信息。为此，国务院办公厅发出紧急通知。要求各级政府严格控制民工外出工作，对已外出的要动员返乡。③ 北京市劳动局也发出紧急通知，禁止本市擅招农民工。市政府决定在 1989 年压缩和清退外地务工农民 20 万到 25 万。④ 到了 4 月，“盲流”暂时退潮了。香港《信报》3 月 7 日载文，认为大规模“盲流”暴露出：（1）人口膨胀无法控制；（2）剩余大量劳动力难得出路；（3）东西部贫富悬殊。这且不说，从社会治安角度说，大量找不到出路的民工返乡，并不意味着社会治安问题的解决。开阔眼界几年后又复归原处，农民们的绝望和对城里人的仇恨会加剧，这也

① 《中国妇女报》1989 年 2 月 13 日。

② 《人民日报》1989 年 3 月 13 日。

③ 《人民日报》1989 年 3 月 6 日。

④ 《人民日报》1989 年 3 月 16 日。

可能是社会深处的隐患。4～5月份铁路恶性治安案件迭出，也许与此有内在联系。

随着这股“盲流”的涨潮与消退，中国的工业化和城市化之路也许走到了转弯处，今后面临着一个两难境地：继续发展，现实问题的配套解决方案不可能一步到位，问题将越来越多，超过社会承受能力和解决速度；用计划来集中管理和控制，又牵涉政府行为的最大能量能否达到预期效果。现在需要的恐怕是全面和认真的反思。

（二）分析角度之二：干部的地位、作用，以及“不正之风”和“腐败”问题

到目前为止，以党员干部为主的干部队伍仍然在中国社会中起着作为整个社会的骨架和神经的特殊作用。

法律规定：国家工作人员，是指一切国家机关、企业、事业单位和其他依法从事公务的人员。[①] 这一规定表明中国干部队伍的数量之大和包括范围之广，它在实际上不仅包括各级国家权力机关、行政机关、司法机关和军队中从事领导和管理工作的人，还包括在工商企业中从事领导和管理工作的人，以及在教学、科研、文化艺术、医疗卫生单位和其他各种群众团体、社会组织中工作的大部分人，此外，还有党的机关干部和党在农村中的干部，因为他们在某种情况下，也是“依法从事公务”的人。

在原有的体制下，这个干部队伍负担着传导中央指令、组织社会管理和领导具体社会运作、收集反映这种情况和问题的职能。它要求这个队伍中的每一个人服从分配，完成任务，做到与整体思想和行为统一，不计个人和局部利益。

干部队伍是作为中国社会结构中实实在在的组成部分存在的。在改革开放以后，实行“简政放权”，有人误认为它的功能会减弱，但实际上在改革过程中，一个时期内干部队伍的功能是增加了，它不仅负担着一般的管理功能，由于“双轨制”、计划与市场并存，承包、租赁、股份制等多种改革形式与部分实行专管及实行原管理方式的企业并存，干部队伍又负担了协调新旧体制的功能。此外，在实现社会控制方面，干部队伍本身承

① 《刑法》第八十三条。

担着监督社会的功能，同时它的部分部门——如司法、审计、监察、纪检等部门——又承担了监督这个队伍自身的功能。最后，随着对个人和局部利益的承认，以开办公司等方式直接为自身牟利益也成为一些行政部门的工作之一。

由于干部所管之事涉及整个社会的管理、生产经营和生活的方方面面，所以干部队伍的整体有众多的权力，每个干部也有大小不等的权力，而这些权力的运用，既可以维护社会秩序、制止和制裁犯罪，又可能导致本身的犯罪——尤其是在权力缺乏制约的情况下，后一种现象更容易发生。1979 年以来，从反“不正之风”到反“腐败”，所表现出来的正是这种情况。

在现代化过程中，新旧体制的转换，可能导致以往的集团制约已经消失，而新型的市民规范尚未形成的状况出现。这时过高的欲求产生了，但面对现实障碍，无法简单地实现，于是，这些障碍成为欲求得不到满足的祸根，压抑、引出攻击的起爆力，最终导致犯罪（间庭充幸，1987：10）。在中国，改革开放使人们的收入差距扩大了。反映收入差距的基尼系数先是在农村从 1978 年的 0.2124 上升为 1984 年的 0.2577，继而是在城镇从 1984 年的 0.168 上升为 1987 年的 0.236[①]。在中国，收入差距的扩大并没有带来普遍的效率提高，原因是在这种收入差距扩大的背后是机会的不均等。于是，它使人们看到利益，产生了急剧膨胀的获利欲望，但又深感通向获取利益的道路是极为狭窄的。一部分由于所处地位尚未“放开搞活”而不能直接进入市场，或由于有顾虑不愿完全放弃“铁饭碗”而没有直接进入市场的人，很难合法地、公平地参与获利竞争；而少数因所处地位不值得留恋的人——如待业或编余人员、劳改劳教释放人员，和部分较容易获得第二职业或能独立开业的专业人员在直接进入市场后，在相当程度上又必须和负有管理、监督经营活动职权的干部，负有掌握进出口审批权、紧缺物资、紧俏商品分配权的干部打交道。在这种情况下，往往出现金钱与权力的结合，出现国家工作人员利用手中的权力敲诈勒索、贪污盗窃、行贿受贿、倒买倒卖、走私贩私，及党和国家干部经商办企业，公司政企不分，官商不分，牟取暴利等现象。

---

① 陈定（1989），以下亦参见该文。

从“不正之风”到“腐败行为”，是新旧体制转换的代价和现代化进程的伴生物，这种在特定时期内收入分配的不公平和无规则是有制度上的原因的。负有调控社会经济秩序，制止、制裁犯罪职责的干部队伍，其中一部分走向犯罪，正反映了这种问题。马克思和恩格斯说，“犯罪和现行的统治都产生于相同的条件”①；法律社会学认为，犯罪，有的是为了实现利己的目的而单纯地脱离了现存的道德和关系，有的则尖锐地揭露了应予遵守的道德和关系本身。

干部队伍中部分人的经济犯罪，及与这部分人相关的经济犯罪，还说明了在一种符合现代社会的秩序、关系、产权制度和法律意识形成之前，在新旧体制交错中，一方面，以非法方式取得财富比以合法方式取得财富的成本要低，另一方面，以非法方式取得财富受到法律制裁的概率却并不大。研究证明，行为人在从事犯罪活动时将考虑到代价，即成本，这成本包括时间、资金、精力的支出和法律风险——被查获可能性的大小、惩罚的轻重。外国学者在研究这个问题时指出：“刑罚就是社会向犯罪行为索取的价格。”② 如果刑事法律制度及其实施效力不能保证使得犯罪得不偿失的话，那么，犯罪所得收益就会显现出破坏现有秩序行为的极大诱惑力。

（三）分析角度之三：刑事政策及其理论依据

刑事政策，即国家对它所认为是犯罪的行为的反应和对策。刑事政策是整个社会政策的一个组成部分。一个国家的刑事政策的制定，至少要考虑到三个因素：第一，对犯罪原因的认识；第二，倡导和保护某种为国家所确认的价值；第三，文化、物质、技术条件的限制。

中国有过 30 年在一种成体系的独特的法政策指导下进行刑事诉讼的历史。继而，在 1979 年，一部新的刑法典制定出来了。此后，随着形势的发展、变化，刑法又经过了一系列的修改和补充，刑法和刑法的实施体现了这 10 年来的刑事政策。

在不同的历史时期、制度和文化条件下，国家在确认什么行为是犯罪

① 马克思、恩格斯：《德意志意识形态》，《马克思恩格斯文集》第三卷，第 379 页。

② 〔美〕R. A. 波斯纳：《法律的经济分析》，中文本待出。

和给犯罪行为以什么样的刑罚上显现出差异。中国的刑法分犯罪为反革命罪，危害公共安全罪，破坏社会主义经济秩序罪，侵犯公民人身权利、民主权利罪，侵犯财产罪，妨害社会管理秩序罪，妨害婚姻、家庭罪，渎职罪，军职罪和传授犯罪方法罪 10 个罪种 143 个罪名。中国的刑法重生命刑、自由刑，而轻罚金刑。在除去军职罪的 117 个罪名中，最高刑可判处死刑的有 44 个，占 37.6%，最高刑可判处无期徒刑的有 5 个，占 4.3%，最高刑可判处三年以上有期徒刑的有 36 个，占 30.8%，最高刑为三年以下有期徒刑的有 31 个，占 26.5%。刑法及全部刑事法律对量刑的一系列规定——如有关法定可以或者应该从轻、减轻或免除处罚的规定，法定应该从重处罚的规定，以及有关加重处罚和“可在法定最高刑以上处刑，直至判处死刑”的规定，体现了刑法对各种罪行的态度，反映了刑法可以宽容的和最不能容忍的是哪些行为。刑法制定以后，10 年来其他法律对刑法的补充和修改在内容上都是增加罪名和加重处刑的。目前，国家重点打击的走私、套汇、投机倒把牟取暴利、盗窃公共财物、盗窃珍贵文物和索贿受贿等经济犯罪，以及杀人、纵火、爆炸、投毒、强奸、抢劫和重大盗窃等严重危害社会治安的犯罪，均可判处死刑。

中国的刑事政策是建立在这样一种文化背景基础之上，它的基本认识是一种延续了多年的理论，即：社会主义社会本身并不产生犯罪，在当代中国，犯罪源于资产阶级影响和封建残余的作用，以及国内外反动势力的敌对行为。中国刑事政策体现了它首先强调维护无产阶级专政制度和保护公有财产的一种价值取向。而近 10 年来，随着社会发展中的种种变化，它显出了某些不适应，在发展中针对一些犯罪现象的表象变化，对刑法进行了一系列补充、修订，又显出了在整体结构上的考虑不足。一种法律的实施，从它的实际效力和社会效果上看，必须靠着一种民众的认同，而这种认同又源于它在法哲学、法文化上的坚实依托。近百年来，中国自废弃了通行千年的中华法系，而学习外国、制定新律以来，制定的法律中所规定的内容、原则和中国人在既有制度文明下形成的法律观念、法律行为模式之间的矛盾问题，一直未能很好地解决，这是我们研究发展与法律之间关系的重要课题。

参考文献

北京大学法律系国外法学研究室编，1981，《国外青少年法规与资料汇编》，群众出版社。

北京大学法律系刑法教研室，1976，《刑事政策讲义》。

北京大学社会学系主编，1986，《城市学讲座》，北京大学出版社。

北京市统计局编，1982，《北京市统计年鉴（1982）》，中国统计出版社。

北京市统计局编，1984，《欣欣向荣的北京》，北京出版社。

陈定，1989，《论我国收入不平等的制度特征》，《光明日报》3月4日。

复吉先，1987，《犯罪源流与对策》，上海社会科学院出版社。

高地血，1984，《歪曲形态论》，群众出版社。

高铭暄主编，1983，《刑法学》，法律出版社。

高铭暄主编，1987，《新中国刑法研究综述》，河北人民出版社。

高铭暄主编，1988，《新中国的刑法理论与实践》，河北人民出版社。

高尚全，1987，《九年来的中国经济体制改革》，人民出版社。

谷迎春主编，1986，《青少年犯罪综合治理概论》，群众出版社。

国家统计局编，1986，《中国统计年鉴（1986）》，中国统计出版社。

国家统计局社会统计司编，1985，《中国社会统计资料（1985）》，中国统计出版社。

国家统计局社会统计司编，1987，《中国社会统计资料（1987）》，中国统计出版社。

〔日〕间庭充幸，1987，《文化与犯罪》，高增丕译，群众出版社。

〔英〕杰克·D. 道格拉斯等，1987，《越轨行为社会学概论》，张宁等译，河北人民出版社。

康树华，1986，《青少年法学》，北京大学出版社。

〔美〕理查德·昆尼等，1988，《新犯罪学》，陈兴良等译，中国国际广播出版社。

〔美〕路易丝·谢利，1986，《犯罪与现代化》，何秉松译，群众出版社。

罗大华等编著，1982，《青少年违法犯罪心理分析》，知识出版社。

马结等编著，1986，《中国青少年犯罪学概论》，燕山出版社。

任涛，1983，《中国现代化的几个问题》，中国展望出版社。

世界银行，1985，《世界发展报告》，中国财政经济出版社。

世界银行，1986，《世界发展报告》，中国财政经济出版社。

世界银行，1987，《世界发展报告》，中国财政经济出版社。

世界银行，1988，《世界发展报告》，中国财政经济出版社。

王银主编，1988，《经济犯罪探因》，兰州大学出版社。

严景耀，1934，《中国的犯罪问题与社会变迁的关系》，北京大学出版社。
〔日〕伊藤滋，1988，《城市与犯罪》，夏金池等译，群众出版社。
于真主编，1988，《经济犯罪防治研究》，中国政法大学出版社。
张承安，1985，《城市发展史》，武汉大学出版社。
张少侠等编著，1983，《青少年犯罪向我们提出的问题》，群众出版社。
张燕玲主编，1985，《联合国预防犯罪领域活动概况及有关文件汇编》，法律出版社。
郑天翔，1988，《最高人民法院工作报告》，《人民日报》4 月 18 日。
《中国法律年鉴》编辑部编，1987，《中国法律年鉴（1987）》，法律出版社。
《中国法律年鉴》编辑部编，1988，《中国法律年鉴（1988）》，法律出版社。
中国农村发展问题研究组，1984，《农村经济变革的系统考察》，中国社会科学出版社。
朱铁臻主编，1987，《中国城市手册》，经济科学出版社。

社会学在中国的复兴*

——《现代中国社会学·序》

张　琢

自1891年中国向西方学习的先驱者康有为在广州万木草堂以“群学”之名开讲社会学以来，社会学在中国历尽坎坷，延续至今已近一个世纪了。

社会学最早以“群学”命名，取意于战国时期大思想家荀况（活动年代约在公元前298年至前238年之间）的《王制》篇。荀子（荀况的尊称）在这篇文章中简洁地阐述了生物有机体与非生命物质、动物与植物、人与禽兽三个层次的区别所在，从而抓住作为社会的主体——人类群体，分析了人类之所以能结成一定的群体、形成一定的社会结构、发挥群体结构的社会功能的原因。他写道：

> 水火有气而无生，草木有生而无知，禽兽有知而无义，人有气有生有知亦且有义，故最为天下贵也。力不若牛，走不若马，而牛马为用，何也？曰：人能群，彼不能群也。人何以能群？曰：分。分何以能行？曰：义。故义以分则和，和则一，一则多力，多力则强，强则胜物，故宫室可得而居也。故序四时，裁万物，兼利天下，无它故焉，得之分义也。
>
> 故人生不能无群，群而无分则争，争则乱，乱则离，离则弱，弱则不能胜物；故宫室不可得而居也，不可少顷舍礼义之谓也。①

---

* 原文发表于《社会学研究》1989年第5期。

① 据王光谦《荀子》集解本。

王制就是帝王时代的政治，所以康有为把群学与“政治学原理”、“中国政治沿革得失”、“万国政治沿革得失”、“政治实际应用学”等课程并列为“经世之学”。[①] 如果说康有为的“群学”课至今我们只能见到他的弟子梁启超留下的这个课表，那么严复在他的论文《原强》中便把他为什么要把斯宾塞的《社会学原理》译作《群学肄言》以及译介的目的说得明明白白了。他写道：“其书于达（尔文）氏之《物种起源》为早出，则宗天演之术，以阐人伦治化之事。号其曰‘群学’犹荀卿言人之贵于禽兽者，以其能群也，故曰群学。”并强调指出，“学问之事，以群学为要归。唯群学明，而后知治乱盛衰之故，而能有修齐治平之功。呜呼！此真大人之学矣！”可见康、严所见是相通的，体现了下述三方面的意义。

（1）证明了中国悠久的社会历史和社会思想史中包含了丰富的社会学内容，这是中国社会学内在的思想渊源；

（2）中国近代社会学的先驱从开始引进西方社会学之日起，就力图使其与中国固有的社会思想相衔接，以熔铸出中国化的或具有中国特色的社会学；

（3）西方社会学在19世纪与20世纪之交由维新启蒙思想家引进来便抱着“经世致用”的目的，因而具有强烈的实用性，即用以变革中国的社会，以图中国之富强。

斯宾塞的实证主义社会学产生的社会经济基础是英国工业革命，科学基础是实验科学尤其是生物进化论，哲学基础是经验论，正好适应了中国维新志士们向西方学习、“经世致用”变法图强的需要。社会进化的观点和实证的精神，对克服中国传统的“天不变道亦不变”的形而上学观点和士大夫玄虚缥缈的陈腐学风起到了革新作用，在中国近现代社会学发展史上影响深远。

20世纪初流亡日本的维新派和革命派的学者不仅是资产阶级社会学的最早引进者，也是最早介绍马克思主义社会学说的中国人。从1902年起，梁启超就在他办的《新民丛报》上介绍了马克思和他的社会主义学说。1906年同盟会机关报《民报》刊登了朱执信节译的《共产党宣言》。当时各刊译介的重点都是《共产党宣言》中关于现代资本主义社会中的两大对

① 梁启超：《康南海传》，上海广智书局，光绪三十四年十月十五日三版刊行。

立阶级“资产者和无产者”、现代资本主义社会的革命主导力量“无产者和共产党人”以及社会主义学说。1908 年刘师培、何震在他们创办的《天义报》上还刊登了恩格斯所写的马克思主义社会学的经典著作《家庭、私有制和国家的起源》的节译。

在 20 世纪上半叶，西方人（主要是美国人）在华办的教会学校在传授西方社会学上起到了重要作用，尤其在 1916 年中国自己的社会学教授登上大学社会学讲台以前，中国的社会学教育主要是由西方学者在教会学校进行的。他们有自己的兴趣和目的，但毕竟原原本本地把西方社会学的理论和方法搬到中国来了，同时西方国家还吸收了不少中国留学生到西方国家去学习社会学。这样，在国内外造就出了中国第一批社会学专门人才。

1919 年五四运动后，随着政治斗争的发展和分化，学术有了更强烈的政治功利的色彩。在社会学方面，出现了以社会革命为己任的马克思主义社会学与以社会改良为主要的共同特征的种种非马克思主义社会学多元发展的局面。而且，都开始以各自的理论为指导开始了对中国社会实际的分析和调查，这样就导向了三四十年代社会学中国化走向深入、富有成果的时期。关于这一段历史，孙本文的《当代中国社会学》（1948 年）及近年大陆出版的两本《中国社会学史》均做了重点介绍，此不赘述。

1952 年，在中国大陆取消了社会学，各大学的社会学系和研究机构均被撤销。但是社会生活本身并未停止，客观的社会存在、社会矛盾、社会问题是无法取消的，不管你有多大的权力。正确的做法只能正视社会现实，正视矛盾，正视问题，去进行科学分析，并因势利导加以正确、妥善的解决。毛泽东关于社会主义社会中两类矛盾的学说就是对这种客观存在的社会矛盾和解决这些矛盾的社会实践的理论概括。事实上，对中国社会的实际调查、分析和理论研究一直没有停止，只是没有以社会学的名义，而是在哲学、政治及其他社会科学名义下进行的。从这个意义上，我们也可以说，中国大陆，社会学在这一时期（1952～1978 年）是名亡实存——虽然由于极左的教条主义、主观主义的严重影响，理论与实践被大大扭曲，牺牲了调查与研究的科学性和学术性，留下了许多痛苦的教训。然而，这些痛苦的教训恰又正是中国大陆社会学重新崛起的宝贵财富和反推力。正如恩格斯在《英国工人阶级状况》1892 年德文第二版序言中所说：“无论从哪个方面学习都不如从自己所犯错误的后果中学习来得快。”笼统地把社会学称为资产阶级伪科学加以摒弃和否认马克思主义社会学的存在，同样都是有害于社会学全面健康发展的褊狭观点。

1979 年，中国大陆的社会学以解放思想和理论上的拨乱反正为契机，恢复重建后便如雨后春笋般破土而出、节节上长。一是社会改革和社会发展的实践提供了最肥沃的土壤和发展动力；二是费孝通、雷洁琼等老一辈社会学家以老骥伏枥的精神为社会学学科的复兴所做的开道工作；三是一批具有不同程度的其他学科的基础和实践经验的中青年学者转向社会学，通过速成学习，形成了社会学恢复初期的基干队伍，较快地见了成效，从而弥补了一些过去耽误的时期里的损失；四是得益于开放的条件，国际社会学界热情友好的支持、协助和学术交流。

不过，与此同时，相应地也使重建后中国大陆的社会学队伍和他们提供的成品具有其恢复重建初期难以避免的一些弱点：老一辈社会学家，多遭磨难，专业被搁置 27 年后重新上马，便不能不受到年龄和知识两方面的老化和力量单薄的局限，重新开放后，放眼世界，进行国际学术交流，对国际同行这一时期的长足进展，不能不有隔世之感；中青年学者从别的专业或实际工作部门转到社会学队伍中来，固然带有各原学科的专长，能产生多种学科直接杂交的复合结构的优点（这一点对于综合性很强的社会学具有特别重要的意义，有人说，这也许会成为中国大陆社会学的一个影响深远的特质，是不无道理的），但是，这些人还来不及进行严格扎实的社会学专业的培养训练，就要边干边学参加教学、调研甚至著书立说的急行军，难免出现杂乱、肤浅乃至乱贴“××社会学”标签的现象，幸好这种现象已引起及时注意，并在近年已有所改变，科学化与学科化都在与日俱进；还有，脱离中国的历史和现在的实际，对历史唯物主义不了解也不认真学习，生吞活剥、照办照抄外国社会学的结论和方法的倾向，在一部分青年学者中相当突出，这也须得在中国社会学和这些青年学者自身逐步走向成熟的过程中去克服。

“草鞋没样，边打边像”。中国大陆的社会学经过这十年的“编织”，已逐渐显露出了一个模糊的雏形，无论它怎样不成熟，都已在中国的科学园地上立住脚了。现在中国大陆已拥有近百个社会学的教学和研究单位（各种社会学会、社会学系和教研室、社会学研究所和研究室等）、千余名从事社会学教学和研究的专业工作者、四万多名社会学的学员（包括本科生、硕士生、博士生和函授生），在国内外大学新培养出来的取得了社会学学士、硕士、博士学位的新生力量正成批充实到社会学的教学、研究和实际部门的社会工作岗位上去，预示着中国社会学明天的希望。十年来，尤其近几年已出版了上千部社会学或与社会学密切相关的著作和通俗读物，这里面具有一定学术性的著作也有百余种，其中包括纳入国家“六五”社会科学计划的八个社会学和青年问题重点研究项目的终期成果和“七五”国家十三个社会学重点项目的阶段性成果。由于社会学学科化（专业化）程度尚低，有相当多的著作和文章，还处于似是而非和似非若是的“准社会学”状态，外延模糊，因此很难精确统计社会学著作和更大量的文章的数量。另外，各社会学研究和教学单位还先后创办了十来种社会学研究、教学和普及性刊物，其中刊登的有些优秀论文已引起国际社会学界的重视。

为了积累成果、及时总结经验、克服缺点，使中国社会学在下一阶段和长远的未来得到健康的发展，同时为教学和科研提供一部较为系统的参考资料，为国内外关心中国社会学的同仁和朋友们提供一个当代中国社会学的概观，我们组织编写了这本《现代中国社会学》（1979～1989年）。这是一本在尽可能汇集十年来中国社会学有关资料的基础上，分门别类进行综合分析写出的史论结合的述评性、历史性著作。

由于社会学领域极为宽泛，据有人统计，国外发达国家的社会学分支学科已有数百种。在中国许多还是空白，有些学科（甚至是很重要的学科，如农村社会学）或尚处在襁褓之中，或仅刚刚起步；还有些分支学科星星点点，已有人在那里披荆开拓，但尚未见显绩，本书都暂且不论，以待来年收获的时候。这里，仅就在我们看来比较重要、比较“热门”、资料也比较丰厚、大体已有个眉目的一些方面加以整理，编写了此书。还有些属于社会学领域的重大问题，如人口和青年的研究，由于在中国这两个方面数量的异常庞大和问题的极端重要性，受到政府和社会各方面的特殊重视，有关研究和工作部门已自成体系，这方面的统计和研究成果，报刊、书籍所载很多，本书篇幅难以全面概括，其中关于人口问题和青年问题方面的实证研究我们将在《当代中国的社会问题》中分专章论述，本书也未纳入，仅此说明。

本书是在统一学术设计规范下，由各章撰稿者从其掌握的有关方面的资料的实际出发写成的。各章大体上都包括了各有关方面恢复的历史过程、机构的建设、人员的培训、调查和研究的主要课题与主要成果、有关领域讨论的主要学术问题及代表性观点。各章都注意了理论与实际的结合，述评尽可能客观、公允，但是由于各分支学科的性质、特点不同，发展也不平衡，有的偏重理论，有的偏重应用，各章撰稿者各有自己的见解和风格，所以，各章在基本结构大体一致的情况下，也尽可能保留了各章撰写的特色，使全书不至于太刻板。

全书共十个单元。章目和撰稿人如下：序，由中国社会科学院社会学研究所张琢撰稿；第一章中国大陆社会学的复兴，由中国社会科学院社会学研究所王育民、王颉、方明撰稿；第二章理论与方法的更新，由中国社会科学院社会学研究所张宛丽撰稿；第三章社区的调查与研究，由王颉撰稿；第四章阶级阶层结构研究，由上海大学文学院社会学系庞树奇、仇立平撰稿；第五章发展理论与中国现代化研究，由张琢撰稿；第六章社会心理学的引进与运用，由中国社会科学院社会学研究所石秀印、华夏出版社刘卫平撰稿；第七章家庭与婚姻的调查与研究，由中国社会科学院社会学研究所马有才撰稿；第八章社会保障改革的探索，由中国社会科学院社会学研究所张力之撰稿；书末还附有王育民编写的中国社会学重建以来的大事记和中国社会科学院社会学研究所杨雪萍编辑的十年中国社会学主要著作目录。

各章的述评和书后所附的成果目录及大事记，均系编撰者一己所见，没有也不可能详尽，若有重大遗漏和错误，敬请各位读者批评指正，以便在有机会时补过。我们希望中国大陆的社会学在走向下一个十年时，能登上一个新的台阶，更希望已有近百年历史的中国社会学在下一个百年能繁荣、成长为国际社会学之林的一株参天大树。

职工参与意向的调查分析*

李庆善

现代企业管理的一个重要特征是动员广大职工参与企业管理，实行企业管理民主化。企业管理民主化进程，不仅受制于企业领导人的民主素质，而且还受广大职工参与意向的影响。

本调查的目的在于弄清我国职工的参与意向，并对其做出量的估计，从而为深化企业改革，确定企业管理民主化进程的方针、策略，提供客观依据。调查分析所引用的数据，取自 1988 年全国 48 个大中型国营企业 15472 名职工劳动积极性调查统计资料。

笔者通过对调查所获数据的分析，认为目前我国职工的参与意向比较弱，参与行为比较消极，导致企业民主化的进程可能是极其缓慢的。因此，在深化企业改革、推进民主管理过程中，对职工参与管理期望过高，脱离职工实际，操之过急，可能会使改革遇到一定困难和挫折。

一　职工的参与需要状况

职工的参与意向，系指职工对领导管理权力和地位的需要。对权力和地位没有需要，也就不会有参与的意向和行为。职工对领导管理别人的权力和地位需要越强烈，其参与意向越强烈，参与行为亦越积极、主动。相反，职工对领导管理别人的权力和地位需要不强烈，那他们就不会有强烈的参与意向，表现出积极、主动的参与行为。

调查结果表明，目前，我国职工对权力和地位的需要并不强烈。起码可以认为，它不处于优势需要地位。从统计数据来看，仅有 34.2% 的职工

* 原文发表于《社会学研究》1989 年第 6 期。

对“领导或管理别人”感到“有乐趣”，而高达57.8%的职工则感到“无趣”和“说不准有趣或没有趣”；仅有40.5%的职工对“进一步提高自己在本单位的地位”感到“十分渴望”和“比较渴望”，而高达59.5%的职工则感到“不渴望”和“说不准”是否“想提高自己的地位”。职工对权力和地位的需要平均值分别为3.107和3.100，均处于“说不准”状态（见表1）。

表1　职工对领导或管理别人及渴望提高在本单位中地位的需要

单位：%

需要对象命题	1	2	3	4	5	平均值
领导或管理别人，是否是一件没有乐趣的事？	完全无趣 7.9	无趣 15.9	说不准 41.9	有些乐趣 26.0	没有乐趣 8.2	3.107
你是否渴望进一步提高自己在本单位中的地位？	十分渴望 16.0	比较渴望 24.5	说不准 14.8	较少想 22.9	从未想过 21.8	3.100

职工不想更多地直接参与企业领导和管理活动，并非意味着职工不需要任何参与，连间接参与或局限参与也不需要。另一组问题的回答结果表明，职工很需要通过一个富有民主精神的好领导人，实现其间接参与或局限参与。也就是说，职工希望有个民主作风好的领导人，通过民主管理，接受职工“咨询”，而间接达到自己参与管理和领导决策的目的。从职工填写问卷的情况看，有72.5%的职工认为“企业好不好，责任在领导”，而不完全同意这种说法的职工仅占20.0%；有78.7%的职工“十分渴望”和“比较渴望”“领导听取你对本单位问题的意见”，而“不太希望”和“很不希望”的职工仅占6.0%；“意见和建议没被领导采纳”，有63.4%的职工“不太满意”和“很不满意”，持相反态度的职工仅占9.7%；有84.0%的职工不“拥护缺乏民主作风的领导”，而持相反态度的职工仅占6.5%（见表2）。

表2　职工对有民主精神的领导人的需要

单位：%

需要对象命题	1	2	3	4	5	平均值
“企业好不好，责任在领导”，对吗？	十分正确 36.7	比较正确 35.8	说不准 7.5	不太正确 16.7	很不正确 3.3	2.141

续表

需要对象命题	1	2	3	4	5	平均值
你是否希望领导听取你对本单位问题的意见？	十分希望 34.6	比较希望 44.1	说不准 15.3	不太希望 4.2	很不希望 1.8	1.946
你的意见和建议没被领导采纳，你感受如何？	十分满意 2.4	比较满意 7.3	说不准 26.9	不太满意 52.6	很不满意 10.8	3.619
你是否拥护缺乏民主作风的领导？	十分拥护 2.7	比较拥护 3.8	说不准 9.5	不太拥护 30.2	很不拥护 53.8	4.287

二　对参与关心度不高

职工对参与的关心度，受制于他们对参与的需要，这是确认职工参与意向的重要标志。职工对参与的关心度越高，表明其参与意向越强；相反，职工对参与的关心度越低，则表明他们参与的意向越弱，参与行为越消极。

调查结果告诉我们，当前，职工对参与的关心度是不高的。就总体上看，接近于中度关心状态。统计数据表明，仅有 11.1% 的职工对自己在本单位“所拥有的权力”持关心态度，而持“无所谓”和消极态度的职工高达 71.0%；仅有 46.1% 的职工对自己在本单位“当家做主”的情况持关心态度，而持“无所谓”和消极态度的职工高达 55.0%；仅有 42.6% 的职工对自己“参与领导决策”的情况持关心态度，而持“无所谓”和消极态度的职工高达 57.5%；仅有 50.8% 的职工对本单位“民主管理和民主监督制度”持关心态度，而持“无所谓”和消极态度的职工高达 49.3%；仅有 42.4% 的职工对本单位“上下级间沟通的渠道和办法”持关心态度，而持“无所谓”和消极态度的职工高达 57.6%；仅有 52.8% 的职工对本单位“工会和职代会建设”情况持关心态度，而持“无所谓”和消极态度的职工高达 47.2%。职工对以上各种关心对象的关心度分别为 2.938、2.639、2.764、2.644、2.811 和 2.595，虽然均处于“比较关心”状态，但平均值都大于 2.500，偏向或接近于“无所谓”的中度状态（见表 3）。

职工对表 3 最后一个关心对象的关心度平均值为 2.452，它小于以上 6 个关心对象中任何一个关心度的平均值，处于“比较关心”的较高位置。这说明，职工对直接参与的关心度不及对间接参与的关心度高，也就是说，职工对企业领导人是否具有民主作风的关心要胜过其对自己直接掌握一定权力、参与领导决策、参与管理的关心。

表 3　职工对参与的关心度

单位：%

关心对象命题	1 十分关心	2 比较关心	3 无所谓	4 较少关心	5 很不关心	平均值
你在本单位所拥有的权力	8.5	2.6	49.1	12.5	9.4	2.938
你单位上下级间沟通的渠道和办法	9.8	32.6	31.5	18.9	7.2	2.811
你在本单位参与领导决策的情况	10.7	31.9	35.2	14.9	7.4	2.764
你单位的民主管理、民主监督制度	12.2	38.6	27.5	16.3	5.5	2.644
你在本单位当家做主的情况	12.3	33.8	37.1	12.5	5.4	2.639
你单位工会和职代会建设情况	14.1	38.7	26.1	15.9	5.2	2.595
你单位领导民主作风	18.4	42.0	20.2	14.9	4.5	2.452

三　对参与的相对满意度较高

职工对参与的满意度，一方面能反映企业实行大众参与的客观状况是否令职工满意，另一方面也能反映职工主观参与意向的强弱。如果职工对参与的需要强烈，有较强的参与意向，那么，他们对企业实行大众参与的实际状况，一般不会轻易满足，甚至会表现出较强烈的不满；相反，如果职工对参与的需要较弱，没有较强的参与意向，那么，他们对企业实行大众参与的实际状况，一般不会产生不满的情绪，甚至会表现出较高的满意度。

在采访和座谈中，我们得知，企业内部改革刚刚起步，围绕职工参与问题，不仅有许多思想理论问题没有弄清，而且在参与制度方面也极不健全，因此，就职工实际参与的情况看，并不令人满意。然而，正是对这种不能令人满意的现状，职工倒做出“比较满意”或中度满意度的反应。这种满意度，相对地说是较高的。由此可见，当前我国职工的参与意向是比较低的。

调查统计得知，有 35.8% 的职工对自己在本单位“当家做主”的情况感到“十分满意”和“比较满意”，而感到“不太满意”和“很不满意”

的职工仅占20.7%。职工对“当家做主”情况的满意度平均值为2.855，处于“比较满意”的等次。有28.5%的职工对自己在本单位“所拥有的权力”感到“十分满意”和“比较满意”，而感到“不太满意”和“很不满意”的职工仅占15.5%。职工对自己“所拥有权力”的满意度平均值为2.868，处于“比较满意”的等次。有41.6%的职工对本单位“工会和职代会建设”情况感到“十分满意”和“比较满意”，而感到“不太满意”和“很不满意”的职工仅占27.5%。职工对“工会和职代会建设”情况的满意度平均值为2.878，仍处于“比较满意”的等次。有27.5%的职工对自己“参与领导决策”的情况感到“十分满意”和“比较满意”，而感到“不太满意”和“很不满意”的职工仅占19.6%。职工对自己“参与领导决策”情况的满意度平均值为2.944，也还处于“比较满意”的等次。职工对本单位“民主管理、民主监督制度”，对“上下级间沟通的渠道和办法”，虽然满意度较低，达不到“比较满意”的等次，但还处于“无所谓”的中度等次，没有进入“不太满意”或“很不满意”的状态（见表4）。

表4　职工对参与现状的满意度

单位：%

满意体验对象	1 十分满意	2 比较满意	3 无所谓	4 不太满意	5 很不满意	平均值
你在本单位当家做主的情况	5.1	30.7	43.6	14.9	5.8	2.855
你在本单位所拥有的权力	3.9	24.6	55.9	11.7	3.8	2.868
你单位工会和职代会建设情况	4.5	37.1	30.9	21.1	6.4	2.878
你在本单位参与领导决策的情况	3.7	23.8	52.9	13.4	6.2	2.944
你单位的民主管理、民主监督制度	3.6	28.1	37.3	23.7	7.3	3.029
你单位上下级间沟通的渠道和办法	3.2	26.4	40.3	22.9	7.2	3.045

四　对参与被剥夺呈中性反应

一般地说，凡是人们需要的东西，由于被剥夺或轻视而不能使人们及时获得满足，会引起人们一定程度的消极反应，人们的需要越迫切，想获得满足的意向越强烈，被剥夺之后的消极反应越强烈。拿这个道理用于解释职工参与意向就是，当职工迫切需要的参与权力和地位遭到剥夺，使其不能及时获得参与满足时，则职工会表现出强烈的消极反应。如果职工对参与的需要不强，参与意向弱，那么，当它遭到剥夺时，职工的反应就不一定是消极的了。因此，分析职工对参与被剥夺后的反应，有助于我们进一步了解职工参与意向的强弱。

调查结果表明，当前，职工对参与被剥夺后的反应并不是完全消极的，就总体来看，它呈中性反应。“当企业领导干部由上级任命时”，仍然有 16.2% 的职工产生积极反应，而呈消极反应者仅占 23.3%。职工对得不到选举权利的反应平均值为 3.109，呈中性反应。“当自己的意见得不到领导重视时”，仍然有 20.1% 的职工产生积极反应，而呈消极反应者仅占 32.0%。职工对自己的意见被忽视的反应平均值为 3.389，呈中性反应。“当本单位民主管理和民主监督有名无实时”，仍然有 18.0% 的职工产生积极反应，而呈消极反应者刚刚过半，占 55.3%。职工对民主管理和监督无价值状态的反应平均值是 3.435，呈中性反应。“当自己在民主管理和监督中没有发言权时”，仍然有 18.0% 的职工产生积极反应，而呈消极反应者只占 55.4%。职工对自己参与管理和监督的民主权利被剥夺的反应平均值为 3.558，呈中性反应。“当领导人大事小事都一人做主时”，仍然有 24.5% 的职工产生积极反应，而呈消极反应者只占 44.6%。职工对领导人专权的反应平均值为 3.754，呈中性反应。“当职代会不起作用，等同虚设时”，仍然有 7.5% 的职工产生积极反应，而呈消极反应者仅占 65.1%。职工对职代会不起任何作用的反应平均值为 3.826，呈中性反应。即使出现“领导以势压人”的情况，仍然有 10.3% 的职工产生积极反应，而呈消极反应者还不到 80%，仅有 73.4%。职工对平等权利遭剥夺的反应平均值为 4.024，还未达到最消极的程度（见表 5）。

表 5　职工对参与被剥夺情境的反应

单位：%

剥夺情境	1 干劲十足	2 比较有劲	3 说不准	4 劲头不足	5 根本不想干	平均值
当企业领导干部由上级任命时	3.8	12.4	60.5	15.8	7.5	3.109
当自己的意见得不到领导重视时	5.3	14.8	27.9	23.6	8.4	3.389
当民主管理和监督制度有名无实时	3.5	14.5	26.7	45.8	9.5	3.453

续表

剥夺情境	1 干劲十足	2 比较有劲	3 说不准	4 劲头不足	5 根本不想干	平均值
当自己在民主管理和监督中没有发言权时	4.4	13.6	26.6	32.7	22.7	3.558
当领导人大事小事都一人做主时	7.0	17.5	30.9	32.3	12.3	3.754
当职代会不起作用，等同虚设时	2.9	4.6	27.5	37.3	27.8	3.826
当领导以势压人时	3.5	6.8	16.3	30.4	43.0	4.024

五　对领导者接纳参与的评价高

笔者曾在本调查分析的一、二两节中指出，职工用较强的间接参与或局限参与意向，补偿了他们较弱的直接参与意向的部分事实，认为职工总期望通过那些民主作风较好的领导人，虚心接受职工的“咨询”，以达到职工自己参与管理的目的。在这种参与过程中，作为参与主体的职工，在心理上把自己的主体地位转让给接纳职工参与的领导人，自己却宁愿做个消极的“咨询”者，甚至做个等待领导人恩赐民主、退出参与的旁观者。在这一节里，我们将通过对职工给企业领导人接纳参与行为的高度评价，进一步揭示职工的这种心态，以揭示其较弱的参与意向。

我们在企业领导行为的价值量表中，设计了与职工参与相关的 15 种领导行为，它们均获得了职工高度评价。评价这 15 种领导行为均“很重要”和“较重要”的职工人数占 70% 以上。有 11 种领导行为获得 80% 以上职工的高度评价，有 4 种领导行为获得 90% 以上职工的高评价。从职工对领导行为评价的平均值看，15 种领导行为中有 14 种的平均值都小于 2，只有一种领导行为的平均值为 2.066，稍微大于 2（见表 6）。由此可见，领导者接纳参与行为在职工心目中处于何等重要的地位，职工的参与心态对领导者的行为依赖到什么程度！

根据以上分析，笔者认为，在企业内部深化改革、推进大众参与过程中，领导者应注意以下五点。

（1）对职工参与企业管理的积极性及其效果，不能期望过高，否则将因期望难以实现而遭受那些不必要的困惑和挫败感，从而丧失对改革的信心。

（2）推进大众参与、民主管理的目标要坚定，但步子不宜过快过大。要适应职工参与意向的实际状况，循序渐进，否则大众参与的措施，可能会遭到来自职工本身这样或那样的抵制，也可能会使参与措施流于形式，收不到实效。

表 6　职工对领导者接纳参与行为的评价

单位：%

领导者接纳参与行为	1 很重要	2 较重要	3 说不准	4 不太重要	5 很不重要	平均值
激发职工主人翁责任感	60.8	31.0	6.3	1.5	0.4	1.498
发动职工共同剖析企业存在的问题	59.9	31.2	7.0	1.5	0.5	1.515
虚心听取职工意见	48.5	42.6	6.9	1.5	0.5	1.628
发动职工提合理化建议	47.9	43.4	6.8	1.5	0.4	1.632
经常与职工直接对话	50.3	37.5	8.2	3.2	0.7	1.665
让职代会有职有权，真正起作用	46.2	38.8	11.4	2.7	0.9	1.734
让职工了解企业的全部“家底”	46.2	36.0	10.4	6.7	0.6	1.794
发动职工学管理知识	39.1	45.0	9.7	5.2	1.0	1.841
发动职工监督领导干部	37.8	44.7	13.4	3.5	0.6	1.844
让职工民主评议干部	38.4	40.2	10.6	4.0	0.8	1.855
经常向职代会报告工作	35.5	41.6	15.4	6.3	1.1	1.958
组织职工讨论企业建设	31.9	47.6	13.6	6.2	0.7	1.963
提高职工民主意识水平	29.9	49.6	15.3	4.5	0.7	1.965
经常向职工讲企业面临的困难	31.8	42.2	12.5	8.3	1.2	1.968
凡重大问题决策先征求职工意见	34.7	36.9	17.5	9.1	1.9	2.066

（3）要把启迪和培养职工参与意识的工作贯穿于推进大众参与过程的始终。民主管理，大众参与的一切努力，只有植根于广大职工成熟的民主参与意识，才能避免形式主义，而收到积极的效果。这就需要强化培养教育工作，加大教育投入力度，经常不断地向职工灌输民主观念，提高其参与意识水平。

（4）当前，应特别重视企业领导干部的民主作风建设。要选拔那些群众观念强、民主作风较好、欢迎职工参与的人出任企业领导职务，把不讲民主、不重视民意、独断专横、心目中根本没有群众的人从领导岗位上撤下来。领导的民主作风不仅是职工直接参与的必要条件，而且它本身也是对广大职工参与行为的一种强化和激励。

（5）宣传舆论工作，要坚持从实际出发、实事求是的原则。对大众参与的宣传报道，要冷静，不要任意拔高调门做些与企业实际不着边际的文章。不切实际的宣传报道，不仅为广大职工所厌恶，而且还会挫伤职工本来就比较脆弱的参与积极性。

重新认识农民问题*

——十年来中国农民的变化

陆学艺

“不了解中国农民，就不了解中国社会”。这句话有几位政治家、思想家讲过。实践证明，他们是对的。那么现在还适用不适用？我认为，现在还适用。因为直到现在，11亿中国人口中，农业人口还占79%，另外的21%非农业人口中，有相当一部分工人、职员和干部，他们有的本人就是从农村来的，有的父辈还是农民，所以都同农村有千丝万缕的联系。在国民经济中，从统计表上看，农业产值在工农业总产值中的比例已从50年代的70%，降到现在的30%，但这里有价格问题和统计上的问题，我国目前的工农业产品剪刀差比较大，相当多的农产品价值转到工业上实现了。在国民收入中农业所占的比重在40%以上，轻工业的原料70%来自农业，在出口产品中，农产品和以农产品为原料的工业产品占60%以上，农业仍然是国民经济的基础，在国民经济中起着重要的决定性作用。所以，农村的情况怎样？农民的生产生活怎样？农民在做什么、想什么？农民意愿的向背，仍然直接间接地决定着我们国家政治、经济、社会形势，这是我国目前的基本国情。

新中国成立初期，由于实行土地改革，农民的生产积极性高涨，农业发展很快，农民生活也有了很大改善，但是由于1958年以后，农村实行了很多“左”的政策，加上天灾，1959～1961年农业连续减产，出现了三年困难，农村经济退到了解放初的水平，有的地方倒退到解放前，大伤元气。经过调整，农村经济略有恢复，又遇上“文化大革命”，农业长期徘徊，少数地区有所发展也是很缓慢的。1978年，党的十一届三中全会决定

---

* 原文发表于《社会学研究》1989年第6期。

农村率先进行改革，实行了一系列改革开放的政策。十年来，农村发生了历史性的变化。可以说，新中国成立 40 年，这个十年农村的变化是最大的。十年来，8 亿中国农民这个世界上最大的社会群体发生了深刻的变化，而且还在继续发生着更大的变化，对此，我们有重新认识的必要。重新认识农民，正确引导农民，使 8 亿多农民这支伟大的力量，在我们的四化建设中，充分发挥主力军的作用，是我们当前面临的一项重大的历史任务。

十年来，中国农民发生了哪些变化呢？

第一，农民的经济地位变了，同土地的关系变了，农民的身份变了。

原来 8 亿多农民都是人民公社社员，名义上是集体经济的成员，是集体所有制经济的主人，但实际上，生产、经营、分配都是由集体的领导做主，社员连赶个集、走一次亲戚都要向队长请假，获准之后才能去。首先，实行了家庭联产承包责任制，农民成了土地的主人，虽然所有权是集体的，但农民有长期的经营权，可以支配土地和自有的农机、农具、耕畜等生产资料，其次，农民可以自主支配自身和家庭的劳力去从事各种生产、经营活动，可以从事农业和农业以外的各种行业，可以去乡镇企业当工人，也可以做小买卖，甚至可以从事长途贩运，可以自主生产、自主交换、自主分配和消费。农民成了独立的商品生产者。现在全国 20859 万个农户，实际上成了 2 亿多个小小企业。要说变化，这是最本质的变化，农村的一切变化，都是由此而来。农民成了独立的商品生产者，就会与市场发生越来越密切的联系，就会加速农村自给半自给的自然经济解体，向有计划的商品经济转化。农民作为商品生产者，就会自觉不自觉地适应价值规律的要求，调整自己的产业和经营形式，什么作物利益比较大，他们就会种什么；什么产业利益比较大，他们就会经营什么产业，再不会像以前人民公社时那样，上级规定种什么就种什么，上级指示经营什么就经营什么。对 8 亿多农民这个本质的变化，我们许多同志认识不足，估计不足，常常还用老的行政办法去领导，结果常常引起决策的失误。这几年全国各地出现了粮食大战、棉花大战、蚕茧大战、茶叶大战、生猪大战，农产品一会儿多了，一会儿少了，有许多同志把握不住自己管了多年的行业商品，感到迷惘，不知所措，这都是没有充分认识、没有适应这个变化了的情况引起的。

第二，农民的职业结构变了。

按常识，农民是长期参加农业生产的劳动者。农民的职业就是从事农业，怎么说农民的职业结构变了呢？当今中国的相当一部分农民，正在从事工业、商业、运输业、服务业等的各种职业，这是中国特有的现象。从1953年开始，实行粮食统购统销制，把全国居民分为非农业户口（国家供应平价商品粮）和农业户口。1960年以后，加强了对非农业户口的管理，严格限制“农转非”，政策规定，每年各地“农转非”的指标不得超过1.5%。这样就人为强化了城乡界限，把农民限制在农村。在十一届三中全会以前，农民只能务农，不准务工经商，农民成为单纯的农业劳动者，务工经商被视为搞资本主义的越轨行为。农村改革开放以后，随着农村经济的发展，随着农村产业结构的变化，虽然农民的农业户口没有变，但很多农民已从农田里走出去，从事工业、商业、运输、服务等行业活动了。

据《中国统计年鉴》统计结果，1988年全国有农民20859万户，农业人口86725万人，农村劳动力40067万人。实际上这只是说，我国现在有86725万农业户口的人不能买国家供应的平价商品粮，而不是还有8.6亿多农民和4亿多农村劳力在从事农业劳动。另一方面的统计表明，1988年，全国4亿多农村劳动力中，有9545万乡镇企业职工，[①] 有1727万个体工商户，从事商业、饮食、交通运输等服务行业，有309万民办教师和文艺工作者从事农村教育文化事业，有129万农村医生和从事农村社会福利工作的工作者，有100多万农民在县乡两级政府或各种机关当干部或做其他工作，他们的身份叫半脱产干部或曰合同制干部、合同制工人，现在全国约有300多万农村妇女在城市里当家庭保姆（国家统计局，1989：16）。这1.2亿多农村劳力已经从事或已多年从事非农产业的劳动并从该产业获得大部分或全部收入。他们有的已经离开农村，长期在城市中生活，大部分是在乡镇企业比较集中的集镇里工作和劳动。可是，国家认定他们的身份还是农民，是农业户口。他们中的绝大多数还保留着农村的责任田经营权和农村住房。他们担心现在从事的职业不保险，一旦国家政策变了，他们可以有一个退路。当然，这方面国家至今还没有关于责任田转让等方面的明确政策。

这1.2亿已经从事非农产业的劳动力，有700多万户，约占全国总农

① 据农业部统计。

户的35%（在商品经济发达地区约占70%，有的占50%，大部分中等发达地区占20%~30%，不发达地区约为10%）。他们全家或家庭的主要劳动力已从事非农产业的劳动和工作，从那里获得收入，成为家庭生活的全部或主要来源。存在决定意识，这些占总农户35%的家庭的成分或个人身份实际上已经不是农民了（我国《土地改革法》有三、五年改变成分的规定）。他们有着自己的特殊利益和要求，国家理应采取相应的政策，将他们同继续从事农业劳动的农民区别开来，这样就会产生好的经济和社会效益，目前，这种简单笼统地只区分农业户口和非农业户口的做法是很不利的。

第三，农民分化了，分成8个有不同利益要求的阶层。

新中国成立初期，我国农村人口中，贫雇农占70%，中农占25%，地主富农约占5%。经过土改，农民分得了土地，成为商品生产者，那几年农村商品经济有所发展。但没多久，1955年合作化高潮，农民带着土地、牲口、农具入社成为高级农业生产合作社的社员，1958年又都成为人民公社社员。虽然在名义上社员仍保留原来的阶级成分，人民公社严格执行阶级政策，但实际上在人民公社集体经济内部，实行统一领导、统一经营、统一分配，社员个人在劳动生产、交换分配上没有自主权，在同一基本核算单位中，按工分分配，农民收入差别很小。吃了20多年的人民公社大锅饭，社员之间的差别逐渐被拉平了，只有地区之间、队与队之间的差别，在同一地区、同一生产队内部，社员之间的经济生活状况基本上是相同的。所以到1978年，中国7.9亿农民用社员这个名称基本上就可以概括了。

农村实行以家庭联产承包责任制为中心的一系列改革开放政策之后，中国8亿多农民这个世界上最大的社会群体分化了，不仅是他们所从事的职业分开了，他们各自拥有的财产也不同了，贫富之间的差距拉开了，而且随着农村商品经济的发展，随着农村产业结构的多元化，农民还在进一步分化。

1980年前后，农村刚刚实行家庭联产承包责任制，那时农村几乎“家家分田、户户种地”，经过一两年，农民的温饱问题基本解决之后，就逐渐向兼业户、专业户和非农产业转化了。据我们在山东陵县一个镇办村的典型调查，1988年，纯农户占25%，以农为主兼事工商业的占50%，以非农产业为主兼事农业的占20%，从事工商等非农产业而不再搞农业的占5%，这是一个经济上属中等偏下地区的情况。据上海大学庞树奇等同志的调查，1987年，上海嘉定县纯农户只占9.54%，以农为主的兼业农户占5.25%，以非农为主的兼业农户占9.38%，纯非农户占75.83%，这是上海郊区商品经济很发达地区的情况。在经济不发达地区，纯农户的数量还在80%以上。这主要是从农民收入来源这个角度来分析的，可以看到农户从纯农业户到以农为主的兼业户，到以非农业为主的兼业户，再到非农业户这样一个发展趋势，但要用其来分析8亿多农民这个大的社会群体目前正在分化的状况、指导我们进一步认识农民并考察农村发展趋势及其规律是很不够的。因为目前中国的农民实际上已经分化成若干个利益不同、愿望不同的阶层，而且正在进一步分化之中。

根据我们的农村调查和其他兄弟单位的调查，笔者认为，目前，中国农民已经分化为以下8个阶层。

一、农业劳动者阶层。他们承包集体的耕地，从事种植业、养殖业劳动，全部或大部分依靠农业获得收入作为自己家庭的生活来源。农业劳动者阶层在目前是我国大部分农村的主体劳动者。他们对国家的农业政策反应最敏感，诸如农产品的价格双轨制，化肥、柴油和贷款同交售定购粮棉挂钩的政策，化肥、农药等农用生产资料的价格政策，减轻农民负担政策，等等，都对他们的生产生活有直接影响，所以他们是最关心的。近几年他们对粮食、棉花等主要农产品收购价格太低，农用生产资料价格上涨过多，三挂钩政策兑现不好等意见很大。

目前，除经济发达地区外，这个农业劳动者阶层人数是最多的，大体可以分成4个部分：一是农业专业户或承包大户。他们人数很少，由于各种原因承包集体的大片耕地、山林、果园、水面，有较强的劳动经营能力，有比较多的农机、农具和运输机械，有相当的资金，有国家贷款，能向社会提供较多的商品粮和其他农副产品，收入比较多，一般生活都很富裕。这些专业户，除自己及家庭成员外，一般都雇请一些帮工或农忙时请一些临时工。二是比较富裕的农业劳动者。他们的劳动力比较强，有一定的文化技术和经营能力，农用生产资料齐全，耕种承包集体的耕地产量都比较高，除了完成国家定购任务外，还能向市场出卖一部分议价粮和其他农产品，主要是从农业获得收入，农闲时还能兼干一些非农产业获得收入，所以生活比较富裕、比较安定。三是温饱型农业劳动者。他们只是耕种集体耕地，只有牲口和简单的农具，生产资金也不足，年成好，国家政策好，他们除完成国家任务外，还能向市场出售一小部分农产品，生活略有节余，如遇天灾人祸，则连温饱也难维持。四是贫困农户。这有两类：一类是在我国西北、西南等部分贫困地区，这里自然环境和生产条件特别恶劣，大部分农户虽然终年劳动却得不到温饱；另一类则在非贫困地区，由于这些农民家庭缺少劳动力或主要劳力有病或呆傻，资金严重不足，农具不全，承包土地种不熟，收成很少，要靠本地社会的救济和帮助才能勉强度日。

农业劳动者阶层目前人数最多，但分化和减少也最快，随着农村经济的发展，许多农民向非农产业转化，特别是上述第二类农民，他们一有机会和条件就会从农业上转出去。

二、农民工。这是中国特有的一个阶层，产生于70年代和80年代。一方面，城乡的第二、第三产业需要发展，需要劳动力，而且农业上劳动力也有较多剩余，需要寻找出路；另一方面，国家的户籍管理制度又严格限制“农转非”，于是就产生了“农民工”这样一个阶层。他们常年（有的是十几年）在厂矿或商店等第二、第三产业劳动，从那里获得个人及其家庭的全部或大部分收入，但户籍还在农村，他们的身份是农民，在农村实行责任制时，还分有承包田，拥有自己的农村住房。他们同城市的正式职工相比，不吃国家的平价商品粮，不享受城镇居民的各种补贴；他们是临时合同工，不是“铁饭碗”，不享受公费医疗等劳保待遇。

农民工有两类：一类是离土离乡的。他们在城市的厂矿、机关、商业、服务行业劳动，现在全国的很多大煤矿，下井的大部分是农民工，大中城市的建筑工人大部分也是农民工，据调查，仅北京市就有40多万。另有一些农民工流动到经济发达地区的乡镇企业去劳动，在广东、苏南、浙南、辽南及大中城市郊区、乡镇企业发达的地区，外地来的农民工是很多的。今年春天我到南方调查了解到，仅广东一省，外地农民工就有400万。这些在城市国营企业或集体、乡镇企业劳动的农民工，类似于欧洲的外籍工人，本地人不愿干、不肯干的脏活、累活、险活和污染严重的活由他们干，待遇又低，而且因为他们是临时工，遇有经济紧缩、企业不景气时，首先解雇的是外地农民工，挥之即去。当然，因为我国目前城乡差别、工农差别较大，这些农民工在城市里的待遇虽低，但比起在农村里种田，在收入和生活上还是比农村好，而且到城市还可以学点技术，见见世面，所以他们只要一有机会，就闻风而动，招之即来。

还有一类农民工是离土不离乡的。他们在本乡本村的乡镇企业里劳动，或者在附近城镇的工厂、商店、机关等单位里劳动，早出晚归，住在农村的家里。他们中的多数还耕种着原集体经济的口粮田，不过，他们主要的精力已经放在工厂里，主要收入也是来自工厂，务农只是副业而已。

农民工这个阶层的人数已经很多，在农村中仅次于农业劳动者阶层。1987 年，全国有乡镇企业职工 8776 万人（国家统计局，1988），其中除少数经理、厂长等管理人员外，其余都是农民工。农民工中大部分是离土不离乡的，离土离乡的在全国有近 2000 万人。随着经济继续发展，城乡进一步开放搞活，这两部分农民工还会继续增加。

三、雇工阶层。这是现阶段农村的工人阶级，他们在很多方面同农民工相似，不过，农民工是受雇于乡镇集体企业或国营企业，而雇工则受雇于私营企业或个体工商户。农民工为集体、为国家劳动，而雇工则直接为私人雇主干活。当然，雇工与在资本主义制度下受雇于资本家的工人也是不同的。他们在农村仍拥有足以谋生的承包土地和其他生产资料。他们之所以愿意受雇于私人，多数不是由于生活无出路，而主要是因为当雇工的收入要比在家种田高。

雇工的收入，一般说不会比农民工低，但他们的劳动强度要比一般乡镇企业的农民工高，所承受的心理压力要比农民工大得多。农民工至少在名义上是和乡镇企业的管理者是平等的，有些确也有参加民主管理的机会；而雇工则明确是私人雇主的伙计，在企业里一切要听从雇主的，经营决策当然无权过问，至于收入，则相差非常悬殊。《解放日报》在今年 2 月 9 日曾报道过上海市个体户雇工的情况，称之为“雇工的三无世界”：一是工作无日夜，日平均劳动的时间在 10 小时以上；二是医疗无保障，雇工伤病，雇主概不负责；三是雇工进退无手续，约有半数摊店的雇工是未经工商行政管理部门审核批准的。《北京晚报》报道过北京市妇联调查的女雇工情况，大多数女雇工的合法权益受到侵害，有 78% 的雇工劳动在 10 小时以上，95% 没有休息日，雇主随意打骂处罚女雇工的现象几乎是普遍的，有的还受到雇主的侮辱。虽然如此，大量的青年农民还是在向城市和集镇移动，他们希望在那里找到一个能挣工资的地方，今年春天数百万民工大流动就是证明，中国农村现在剩余的劳动力实在太多了，面对农村的就业门路又是如此狭窄！

现在全国的雇工有多少？据统计，1987 年受雇于私营企业的雇工有 360 万人，[①] 而受雇于个体工商户的雇工数要多于此数。所以全国的雇工约有 700 万 ~900 万人。

四、农民知识分子阶层。在农村从事教育、科技、医药、文化、艺术等智力型职业的知识分子，有两类：一类是有非农业户口，属于国家全民所有制或集体所有制的干部和职工，他们的政治、生活待遇同其他干部职工一样，只是在农村工作；而另一类同他们做一样的工作，但因为是农业户口，身份是农民，其政治和生活的待遇，就很不一样。如在农村的中小学里，同样教课，同样当班主任，但一部分教员是国家正式职工，而另一部分则是民办教师。民办教师的职业是教员（有的已从教 20 多年），但其身份还是农民，家里还种着承包田。在乡镇医院里，有农业户口的医护人员。在村里的乡村医生，一度曾叫赤脚医生，虽然有些是数代行医，医术高明，但身份还是农民。在乡镇的农业技术推广站、在乡文化馆也有一部分农民身份的农业技术员和文化艺术工作者。

据国家统计，1988 年从事农村文化教育事业的农民知识分子有 309. 3 万人，从事卫生、福利事业的有 129. 1 万人，从事农村科学技术事业的有 17. 1 万人（国家统计局，1989）。我国农村的文教、科技、卫生、福利事业亟须发展，现在的机构和人员远远满足不了农民群众生产、生活的需要，而且农村这样的人才也是有的，初步估算，现在全国在农村、具有高中以上文化水平的人有 2000 多万。但是近几年，农村的这种智力型劳动的事业发展得很缓慢，有很多地区处在徘徊和萎缩中。如从事文化教育事业的农民知识分子，1982 年是 358 万人，1986 年是 315 万人，1988 年只有 309 万人（国家统计局，1987，1989a）。减少的一个原因，是因为按国家规定，有一部分民办教师转为国家的正式职工了。但总的来说，是因为我们针对农村智力型事业的政策不完善，从事农村智力型事业的知识分子得不到应有的政治、经济、社会待遇或保障，所以农村的科技、文化、教

① 国家工商行政管理局估计数。

育、医药等事业发展不起来，一部分从事这些事业的农民知识分子转而从事工业、商业等经济活动了。

五、个体劳动者和个体工商户阶层。这个阶层是农村里拥有某项专门技术或经营能力，自有生产资料或资金，从事某项专业劳动或经营小型的工、商、服务行业的劳动者和经营者。他们是农村里的木匠、瓦匠、石匠、铁匠、弹花匠、裁缝、理发匠以及前些年才有的司机、钟表匠、无线电修理者等个体劳动者以及个体商贩和小商店、小饭铺、小工厂的经营者。农村里的能人有两大类：一类向政治方面发展，当了乡村的干部；另一类向经济方面发展，成了个体劳动者和个体工商户，这类人原来大多是农村里的能工巧匠。实行家庭联产承包责任制时，他们同样承包村里的责任田，但两三年后他们就把主要精力转到专业技术劳动或个体经营上去了。特别是国家的农村政策进一步开放，他们就把兼业变为主业，正式成为农村的个体工商户。个体工商户这几年发展是很快的（见表1）。1981年还只有95.8万户，1986年就有920.1万户，1988为1070万户。而实际上还远不止此数。因为有一部分农村的木匠、瓦匠、裁缝等劳动者，他们如果不开木匠店、裁缝铺，不搞经营活动，一般是不申请个体工商业户执照的。

表1　农村个体工商户发展情况

单位：万户，万人

年份	个体工商户		工业（包括手工业）		商业		饮食业		运输业		其他行业	
	总户数	从业人数	户数	从业人数	户数	从业人数	户数	从业人数	户数	从业人数	户数	从业人数
1981	95.8	121.6	12.5	17.2	37.8	44.4	18.6	27.7	0.8	0.9	26.1	31.4
1984	708.2	1012.0	97.4	170.4	380.4	492.4	64.2	105.6	52.1	83.9	114.1	159.7
1985	891.6	1382.3	124.9	254.9	464.5	636.3	77.1	139.3	88.1	139.9	137.0	211.9
1986	920.1	1438.3	126.3	268.4	480.9	664.0	89.1	148.9	89.9	138.9	133.9	218.1
1988	1070.4	1776.5	148.5	342.9	557.6	798.8	95.1	175.6	125.6	181.8	143.6	277.4

资料来源：国家工商行政管理局统计汇编。

现在各省、地、县都成立了个体劳动者协会。个体劳动者和个体工商户一般都参加这个协会。但二者还是有一点区别。个体劳动者一般都散居在农村里，而个体工商户多数集中在集镇和交通、道口、码头等适于营业的地方。个体劳动者主要是靠自己劳动，而个体工商户除了自己参加劳动经营外，还雇有不超过7个人的帮工。在这一点上，个体工商户同私营企业主有相同之处。

六、私营企业主阶层。私营企业主是指企业的生产资料私有，自主经营，以营利为目标，且雇工在8人以上的企业主。私营企业主在1978年前是完全没有的。农村改革后的头几年也还没有，那时只有个体工商户和专业户。1980年广东出了个养鱼专业大户，雇了几个工。在《人民日报》上展开了一场大讨论，争论雇工是不是剥削等问题。从那以后，雇工经营就逐渐多起来。1984年国务院发布了《关于农村个体工商业的若干规定》，明确规定："农村个体工商户，一般是一人经营或家庭经营，必要时，经县、市工商行政管理机关批准，可以请一二个帮手，技术性强和有特殊技术要求的，可以带二三个，最多不超过五个学徒。"就是在做这个规定的时候，由于个体经营的发展很快，所以实际上已经有了不少雇工人数超过8个人的企业。对此，初时，国家采取了不提倡、不宣传也不取缔的方针。直到1986年私营企业已经有了相当的发展，有关方面专门讨论了这个问题。在1987年中央5号文件《把农村改革引向深入》中明确提出了对私人企业实行"允许存在，加强管理，兴利抑弊，逐步引导"的方针，还指出："几年来，农村私人企业有了一定程度的发展。事实表明，它作为社会主义经济结构的一种补充形式，对于实现资金、技术、劳力的结合，尽快形成社会生产力，对于多方面提供就业机会，对于促进经营人才的成长，都是有利的。私人企业有同公有制经济矛盾的一面，本身也存在一些固有的弊端，主要是收入分配上的过分悬殊。"争论了多年的私人企业雇工问题，至此有了一个结论。文件发布之后，私人企业迅速发展起来，有的本来就已存在，只是国家承认了合法之后公开而已。1988年，国务院发布了《私营企业暂行条例》，正式确立了私营企业的法律地位。据1987年统计，全国已有12.5万家私营企业，而且还有10万家名为集体挂靠企业实为私营企业，所以，1987年的私营企业为22.5万家。[①] 其中，大部分在农村，按80%计，则农村有私营企业18万家。因为国家对私营企业管得

① 国家工商行政管理局估计数，由1988年12月中新社报道。

严、征税多，对个体工商户管得松、征税少，再加上一般人仍有怕冒尖露富、怕当老板的顾虑，所以，各地出现了“七不上八要下”的情况。有些个体企业可以扩大生产能力，但怕成为私营企业，所以满 8 个就不再增加了；有的是事实上已超过 8 个雇工了，也用各种办法只报 7 个。

私营企业有三种类型，大多数是独资经营，也有联户经营和合股经营的。按上述 18 万家计，私营企业主有 20 多万人。这些人是近几年随着农村改革开放涌现出来的风云人物，他们有的原来就是乡村干部，有的是原来乡镇企业的负责人或乡镇企业中跑供销的业务人员，有的是专业大户，有的则是一些曾被判过刑、坐过牢的特殊人物，其中有部分是在非正常时期被错捕、错判的，也有确有劣迹而改造后浪子回头的。上述这些人都有很强的商品经济经营意识，有冒险创业精神，有较强的组织管理能力。他们在各自有利的条件和机遇下办成了企业，经过艰苦的努力，几年工夫，就积聚了数十万、数百万乃至数千万元的财富，雇用数十数百人乃至超过千人。他们都是本村/本乡/本县的新闻人物。他们在经济上取得的成就对很多人有吸引力，激励很多人去效仿。他们为了巩固已取得的经济地位并获得进一步的发展，也在向政治方面发展，他们有的向县区主管科局挂靠，或者是聘请地方的党政领导到企业担任荣誉职务，或者是吸收这些干部的子女进厂就业，或者是投资办地方公益事业，资助文教福利机构。他们中有的已当上各级人大代表、政协委员，有的还在竞选当地的行政职务。总之，私营企业主这个阶层正在农村崛起，是很值得我们注意的一支力量，我们要以正确的政策，把他们的活动纳入社会主义建设的轨道。

七、乡镇企业管理者阶层。乡镇企业管理者是指乡村集体所有制企业的经理、厂长及主要科室领导和供销人员，他们虽然没有名义上的所有权，但有集体企业的经营权、决策权，是乡镇企业的管理者，同农民工的关系是管理者与被管理者的关系。乡镇企业的供销人员有特殊地位和特殊作用，乡镇企业经营产品的供销，都不被列入国家计划。乡镇企业需要的原材料，要通过供销人员利用各种渠道和手段采购来，乡镇企业的产品要靠供销人员通过各种渠道和手段推销出去，供销人员的采购和推销对乡镇企业有着生死成败的重要作用，一个或几个供销人员掌握着整个乡、村办工厂的命脉，在相当多的乡镇企业里，供销人员的收入也往往高于厂长和经理。因此，供销人员也应是乡镇企业管理者阶层。

乡镇企业的管理者有两类。一类乡镇企业进行传统经营，这类企业直接隶属于乡或村的行政领导，其管理干部同乡或村的干部有密切的联系，直接受他们的领导和指挥，这类企业的管理者的地位与国营企业的领导相类似，他们的工资水平只略高于本企业的职工。另一类乡镇企业采取租赁、承包的方式，这类企业的领导干部有较大的自主权、决策权和灵活性，所担负的责任和风险也大，经济收入也多，这类乡镇企业的厂长和经理在不少方面同私营企业主有相似之处，当然前者在名义上是没有所有权的。

乡镇企业管理者阶层有多少人？这是个很复杂的问题。因为目前乡镇企业这个概念很庞杂，界限不清，因而调查统计很困难，据 1987 年国家乡镇企业局统计，1986 年全国有各类乡镇企业 1515.23 万个。其中：乡办 42.55 万个，村办 109.11 万个，村民小组办 21.03 万个，联户办 109.34 万个，个体办 1233.2 万个。一共有五种形式，所谓五个轮子一起转。其中联户办、个体办两种同个体工商户、私营企业互有交叉，有重复计算的部分。乡村两级办的企业共有 151.74 万个，每个企业的管理干部平均按 5 ~ 6 人计，全国乡镇企业管理者当有 800 万人。就全国范围来说，分布很不均匀，在珠江三角洲、长江三角洲、胶东、辽南和大中城市郊区等商品经济发达地区，乡镇企业多，乡镇企业管理者也多，厂长、经理、供销人员成群，也就是通常所说的农民企业家群。他们在当地的经济上、政治上都很有地位，很有影响。随着农村乡镇企业的继续发展，这个阶层的人数和势力正在迅速发展之中。

八、农村管理者阶层。主要是指乡、村两级的农村基层干部。农村干部是党和政府联系广大农民群众的纽带和桥梁，党的方针政策要通过他们宣传贯彻，党和政府在农村的各项任务需要通过他们组织农民来完成，农民群众的意见和愿望需要通过他们反映上来，农村干部是农村政治、经济、社会生活的组织者、管理者。1988 年全国有 20859 万农户 86725 万农业人口，组织成 56002 个乡镇 740375 个村（国家统计局，1989a）。这样一个庞大的社会群体，政治的安定，经济的发展，社会秩序和治安的维护，靠着这几十万个农村基层党政组织，靠着几百万农村干部的工作。

我国的农村基层组织是随着我们党领导的革命运动、废除了旧政权而逐步建立起来的，历经战争、土改、合作化、公社化、农村改革等政治经济运动，目前的基层组织则是由人民公社政社合一的组织直接演变而来。我们的农村干部也是在农村历次政治经济运动中逐渐成长起来的。现在，战争年代的干部已经极少了，土改、合作化时期的干部还有一些，大多数是人民公社化时的干部，农村改革之后，强调干部要年轻化、革命化、知识化、专业化，又有一大批有文化的年轻农民充实到农村干部队伍里来。

农村干部有四类。第一类是脱产干部，他们是乡镇党政经机构里的主要领导和专业干部，例如乡镇党委的书记、委员、乡镇长和各专业助理员，以及粮站站长、供销社主任等，他们属国家编制，领国家工资，有非农业户口，本人已不是农民，但他们的任务就是做农村工作，领导农民实现农村现代化建设的各项任务，他们是农村各项工作的决策者，起承上启下的关键作用。这部分干部的总数，占当地农民总数的1%左右。

第二类是半脱产干部，他们是乡镇党政经机构里的业务干部和工作人员，例如乡镇党政办公室的办事员、助理员的助手，以及粮站供销社等机构的工作人员等，有少数突出的也有担任领导工作的，但他们都是农业户口，身份是农民，由乡镇政府参照干部工资和本地的经济发展情况发给补助工资。他们都是本地人，是辅助乡镇党政机构领导干部工作的，虽然不属于决策层，但在当地是很有影响的。这类干部人数与第一类干部人数大致相当，在经济发达乡镇，由于各项事业的发展，这类干部的人数大大超过了第一类干部。

第三类是享受常年固定补贴的干部，他们是村党支部书记，村民委员会主任、副主任以及会计等村级组织的主要领导干部。他们是不脱产干部、农业户口，本人身份是农民，家里承包有土地，但他们是村里各项工作的承担者、决策者，是我们党和国家最基层组织的负责人。他们同时也是集体经济的发展及集体财产的组织者、管理者，他们的工作如何，对当地、全局的影响是很大的。所以，他们是农村管理者阶层的中坚力量。按国家规定，村级主要干部数里一般是3～4人，大村和经济发达的村也有5～6人的，全国当有300万～400万人。

第四类是村里享受误工补贴的干部。这是指村团支部书记，妇联主任，民兵连长，治保、调解委员会主任，以及村民小组长（原来的生产队长）等村干部，他们都是农村里各群众团体的负责人，协助村党支部、村委会开展各项工作。这类干部的人数是不固定的，各地区差别很大，就在同一地区，由于各村开展工作的水平不同，这类干部的人数和作用也不相同。但这类干部往往是村级主要干部的后备力量，所以，这类干部的影响力也是很大的。

这四类干部组成农村管理者阶层，他们是党和国家与农民之间的中介，党和国家的政策、任务靠这批干部去贯彻实现，农村的各项建设和各种工作靠这些干部去组织和领导。他们既代表国家利益，也反映农民的意愿。因为我们的干部，特别是党的干部（包括村党支书）基本上都是由上级任命的，所以现任的农村主要干部更多的是代表国家利益。农村改革的头几年，农民得到了生产经营的自主权，农业生产迅速发展，国家提高了农产品的收购价格，那几年农民对国家的政策很满意，农村的干群关系也很好。近几年，由于工农业产品剪刀差扩大，定购农产品价格太低，农用生产资料供应紧张，价格猛涨，农民有意见，农村里特别是以农为主的地区，干群关系有些紧张，这是很值得注意的。

我国农村经过改革，8 亿多农民逐渐分化成上述 8 个阶层，就目前来说，他们的组成大致如表 2 所示。

表 2　中国当今农民阶层结构

单位：%

阶层名称	农业劳动者	农民工	雇工	农民知识分子	个体劳动者和个体工商户	私营企业主	乡镇企业管理者	农村管理者
该阶层占农民总数的%	55～57	24	4	1.5～2	5	0.1～0.2	3	6

表 2 是根据我们的典型调查及国家统计资料推算、编制成的，只是反映目前我国农民的概况。各地的经济发展状况不同，各个阶层的组成情况就很不相同。在经济发达地区，农业劳动者的人数就少，而农民工、雇工、个体劳动者和个体工商户、私营企业主和乡镇企业管理者就多。在经济落后地区，农业劳动者就多，上述五个阶层就少。就整个国家来说，随着农村改革进一步深入，农村产业结构继续调整，农村商品经济的发展，农业劳动者这个阶层会继续减少。而农民工、农民知识分子、个体劳动者和个体工商户、乡镇企业管理者等阶层会继续增多，而且还会分化出新的阶层，雇工和私营企业主这两个阶层则要看我们国家对私营经济的政策，如容许继续发展，则会增长得很快；如加以限制，则会相应减少。

总体来说，中国的传统农民，在农村商品经济发展的条件下，正在向兼业农民和非农民方向转化，其转化的速度，决定于当地城乡商品经济发展的水平。在目前的农村，农业劳动者和农民工是两个主要的社会阶层，他们的人数约占农民总数的 80%。因此，我们的农村政策应该较多地考虑这两个主要社会阶层的利益和要求，他们是农村经济社会发展的基本力量。他们安定了，农村社会就安定了，他们积极了，农村的政治经济形势就好了。

第四，农民收入增加了，农民的生活普遍得到改善，一部分农民已经先富起来，农民之间收入差距拉大，仍有一小部分农民还没有解决温饱问题。

新中国成立以后，农民收入增加，生活改善较快的时期主要有两个时期。一是新中国成立初和第一个五年计划时期，那 8 年农业生产连年增长，生活一年比一年好。第二个时期就是农村改革这 10 年。因为 1958 年以后，由于“左”的路线错误和自然灾害，出现了三年困难，许多农村伤了元气，农民生活很困难，有的甚至倒退到新中国成立初的水平。1962 年后经过调整，生产恢复，生活略有改善，但 1966 年后又折腾 10 年，农业生产长期徘徊，农民收入和消费水平停滞不前。直到 1978 年全国农民的人均年纯收入才有 134 元，有 33.3% 的农民在 100 元以下，连基本温饱都得不到。

农村改革 10 年，随着农业生产的增长，农村产业结构的多元化和农村商品经济的发展，农民收入增长很快，1988 年农民人均年纯收入达到 545 元，比 1978 年增长 3 倍多，平均每年递增 15.6%，扣除物价上涨因素，实际每年增长 11.8%，超过了“一五”期间平均每年递增 4% 的速度。经过这 10 年，农民的生活水平上了一个新的台阶，表现在以下几个方面。

吃饭问题，这是我们各级人民政府经常为之操劳的大问题。我国只有占全世界 7% 的耕地，要养活占世界 22% 的人口，这确是个困难的问题。直到 1978 年，我国 8 亿多农民的平均口粮才达到每人 248 公斤。按说是能吃饱了，但这是平均数。当年有 33.3% 的农民年均纯收入在 100 元以下，其中有 20% 的农民还在 70 元以下，在当时的物价条件下，这部分农民的吃饭问题也还解决不了。到 1988 年，农民平均口粮达到 260 公斤，人均收入达到 515 元，人均 200 元以下的占 5.3%，150 元以下的占 2%。所以我们说，经过改革，农民的吃饭问题是解决了，或者说，基本解决了。农民不仅是吃饱了，而且吃的质量也提高了。1978 年人均 248 公斤口粮中，细粮只占 49.6%；而 1988 年人均 260 公斤口粮中，细粮占 81.2%。1978 年农民人均消费的肉禽蛋鱼只有 7.65 公斤，1988 年增加到 16.15 公斤，增加 1 倍多。食油从 1.96 公斤增加到 4.76 公斤，酒从 1.22 公斤增加到 5.93 公斤。

住房改善。1978 年，全国农民每户平均居住 3.64 间，人均居住 8.1 平方米，其中 63% 是土房和草房。农村改革以后，农民收入增加，解决了吃饭问题之后，农民把精力放到改善居住条件上，全国掀起建房热，10 年来，全国农村共新建住房 67 亿平方米，有 75% 的农民住进了新房。户均住房 5.45 间，人均住房提高到 16.58 平方米，比 1978 年增长一倍，在住房面积中，大多数是砖木结构或钢筋混凝土结构，砖瓦房所占比重由 1978 年的 37% 上升到 1986 年的 58%。1978 年时，农村很少有住楼房的，1983 年已占 13%，1988 年增加到 23%。[①] 在商品经济发达的地区和大城市郊区，农民住房基本上已实现了楼房化，少数富裕农民建造了别墅式洋房，堪与城市的高级住宅媲美。

消费结构发生了很大的变化。1987 年时，农民的收入很少，消费的重点是满足生存的基本需要，吃占的比重最大。农村改革后，农民收入增加，不仅吃饱吃好了，而且吃在整个消费支出中的比重下降，增加了住房和耐用消费品以及文化生活、生活服务等方面的支出，详见表 3。

表 3　农民消费结构的变化

年份	生活消费总支出	吃	穿	用	住	烧	文化生活支出
1978	100	67.7	12.7	6.6	3.2	7.1	2.7
1984	100	59.0	10.4	11.0	11.7	5.5	2.4
1988	100	53.4	8.6	12.8	14.9	4.6	5.7

资料来源：国家统计局（1989a，1989c）。

农民的消费结构的排列原来是吃、穿、烧、用、住、文化，现在是吃、住、用、穿、文化、烧。这 10 年，吃、穿、烧所占比重逐年下降，而

① 本页数据来源：国家统计局（1989a，1989c）。

住、用、文化三项则是逐年增加的，这表明农民的生活质量确实提高了，农民的生活上了一个新的台阶。

表3反映的是全国的平均情况，总体表现了我国农民经过10年改革，生活得到了改善，但也不能忽视另一方面的情况，那就是地区之间的收入差距拉大了，同一地区内部、农户之间收入差距也拉大了，有的甚至相当悬殊。由于自然条件和商品经济发展程度不同，我国农民的纯收入自西向东呈阶梯形增长。东部沿海诸省农民的收入多，增长快；中部次之；西部诸省农民收入少，增长慢。以全国收入最高的上海农民与收入最低的甘肃农民相比，1988年上海农民纯收入1301元，比1978年的290元增长3.5倍；1988年甘肃农民纯收入340元，比1978年的98元增长2.5倍。收入差距从1978年的2.96∶1扩大到1988年的3.83∶1。

而更加值得注意的是，在同一地区、同一县、同一乡、同一村内，农民之间的收入差距拉大了。开始实行家庭联产承包责任制时，农户间分得的承包土地和生产资料是基本相同的，但由于农户间的劳动力多少、强弱不同，主要劳力的文化素质、经营能力不同和社会关系不同等原因，经过几年之后，农户间的收入差距拉开了，特别是一部分兼营或专营第二、第三产业的农民，诸如私营企业主、个体工商户和乡镇企业的一些厂长、经理、供销人员等，率先富裕起来，成了万元户、几十万元户、几百万元户；而那些家庭劳力弱小、单一经营农业、缺乏资金和门路的农民，则连基本的温饱都难以维持。在商品经济发展的条件下，农民中各个阶层的收入差距拉开有一定的必然性，改变了原来平均主义吃大锅饭的状况，有利于开展竞争和提高效率。但目前有一部分人并不是靠正当经营、勤劳致富，而是靠非法经营、偷税漏税而暴富起来的，这就应该加强市场和税收等方面的管理，对他们加以限制。而且，农户间收入差距过分悬殊，也会造成农民心理上的不平衡，引起新的社会矛盾和冲突，不利于整个社会的稳定和发展。

第五，农民的文化素质提高了，农民的价值观念有了很大变化。

新中国成立初，我国农业劳动力中70%～80%的人是文盲半文盲，在农村里，识文断字的人很少。合作化时，生产队找个会计都很困难，那时一个高小毕业生，回乡就被称为知识青年。经过30多年的努力，特别是改革10年来的发展，农民的文化素质大大提高了。据全国农村抽样调查总队的统计，1987 年，每百个农村劳力的文化程度如下：大专程度 0.06 人，中专 0.37 人，高中 6.79 人，初中 29.39 人，小学 38.40 人，文盲半文盲 24.99 人。按 1987 年全国农村劳动力 39000 万推算：现在农村有高中程度的劳动力 2648 万人，初中程度的劳动力 1462 万人，这是一支很巨大的力量。1988 年，我国农村有高中 5933 所、初中 60389 所，毕业的高中生 64 万人、初中生 755 万人，还有农业职业中学 4500 所，每年毕业 30 多万人。另外还有 500 多万成年农民参加广播、函授、业余等各类学校学习，提高文化和技术。据 1989 年《中国统计年鉴》的资料推算，全国农村现有 1.08 亿台收音机、6558 万台电视机，还有 8025 万户有有线广播喇叭。广大农民通过广播和电视获得各种信息，增长知识，开阔视野，潜移默化，文化素质正在不断提高之中。

存在决定意识。农村改革 10 年，由于生产关系的调整，商品经济的发展，生产的增长，生活环境条件的改善，广大农民群众的思想观念发生了很大变化。中国农民长期受重本抑末的思想束缚，长期生活在自给自足的自然经济的圈子里，合作化以后，又生活在集体生产、统一分配的产品经济的条件下，农民的商品意识很差，鄙薄商业，认为从商下贱、无商不奸。农村改革开放，农民投身到商品经济的洪流中，商品经济的观念逐渐树立起来，就是种田，农民也开始学会计算成本，注意投入产出，注意市场动向，比较种什么作物赚钱多、利益大。如果说在人民公社条件下，农民只是劳动农民，实行包产到户以后，农民是生产农民，那么，现在很多农民已是经营农民，有的还直接从事商业活动。不仅东部沿海地区有很多农民从商，而且中、西部地区也有很多农民从商，连少数民族地区的农、牧民也纷纷上街摆摊卖货，玩起秤砣来了。1988 年，我们在山东陵县边临镇调查，有 90% 的农户表示，只要有资金、有机会，他们都想出去做工、做买卖。

重土轻迁、恋乡恋家，这也是中国农民的传统观念。所谓“在家千日好，出门一日难”，农民不肯轻易出门，更不肯迁移外居。但是在商品经济的冲击下，由于比较利益的诱导，农民特别是中青年农民不离故土的传统观念淡薄了。只要能跳出农门，只要能进城，只要能赚钱，哪里都去，现在涌到城镇去做工经商，涌到边远地区去淘金、挖矿的农民，已超过 2000 万人，还有更多的农民在寻找机会出来。工农差别、城乡差别的客观存在，成为农民离农倾向的推动力。农民离土离乡，现实的希望是通过做工从商，获得更多的利益，更高的目标是能“农转非”，得到城市的居民户口，成为正式工人或干部，有工资，有公费医疗，有铁饭碗。有些农民为此而奋斗终生，生前得不到，临死了，叫子女在他灵前火化专门绘制的城市户口准迁证、工作证、公费医疗证，企求到阴间成为城里人。更多的农民则比较现实，自己跳出农门无望了，就把希望寄托在子女身上。我们对陵县边临镇165户农民进行调查，有83%的农民希望自己的子女考上中专或大学，因为这是现在唯一可以“农转非”的可靠通道了。

传统的中国农民是爱国守业、视耕地为命根的，但经过近40年的土地所有权和经营权的不断更迭，农民对土地的感情淡薄了。实行包产到户，农民对承包耕地有了经营自主权，并且明文规定15年不变，经营权可以继承，也可以转让。但农民总觉得耕地不是自己的，不愿在土地上下工夫，普遍不愿进行力所能及的农田基本建设，有钱也不对土地投资，普遍少施/不施有机肥，就是很明显的例证。但为什么有很多地方的农民，从事工业、商业的经营或劳动，收入也足以保障生活的需要，仍不肯把承包耕地交还给集体或转让出去呢？这是因为这些农民仍怕政策多变，一旦不准从事工商业或经营失败了，仍可有承包土地作为安身立命之所，所以不肯转让土地。但这不是农民爱惜土地的表现，一旦这些农民感到国家政策稳定，经营的工商业收入也比较稳定，要他们放弃土地是不困难的事情。

第六，农民的政治观念、政治态度正在发生变化。

我们党是通过农村包围城市的路线夺取政权、取得民主革命的胜利的。在反帝反封建的长期革命斗争中，我们党同农民建立了密切的关系，农民在民主革命斗争中获得了解放，获得了土地，农民对长期的民主革命斗争做出了巨大的贡献。新中国成立以后，广大农民群众在党和政府的领导下，在社会主义革命和社会主义建设中同样做出了巨大的贡献。毛泽东同志说过，“中国的主要人口是农民，革命靠了农民援助才取得了胜利，国家工业化又要依靠农民的援助才能成功”①。实践证明，在整个社会主义革命和社会主义建设时期，农民都是跟着党走的，是工人阶级可靠的同盟军，是社会主义革命和建设的一支伟大力量。

---

① 《毛泽东选集》第五卷，第26页。

在50、60年代，农民同党的关系，可以用那时农民在自家门上普遍贴的对联“听毛主席话，跟共产党走”来概括。土地改革、统购统销、合作化、公社化、农业学大寨，这一系列大的政治、经济运动，农民都是跟党走的，那时，毛主席和共产党在农民中有崇高的威信，即使在上述运动中，有些人在政治上、经济上的利益受到损害，农民也还是跟着党走的。

70年代后期，农民强烈要求进行农村改革，党和政府顺应民心，率先领导农民进行农村第一步改革，在全国普遍实行了家庭联产承包责任制，农民是衷心拥护的。这个时期农民同党的关系，可以用安徽凤阳县农民在大包干中提出的三句话来概括：“先交国家的，留足集体的，剩下是俺自己的。”这本来是农民针对人民公社吃大锅饭的体制提出来的分配原则，但在这里也明显地反映了农民的政治态度，表明农民是拥护党和国家的，国家观念和集体观念是很强的，把对国家和集体的贡献放在第一位，表明农民十分通情达理，顾全大局，支持国家的四化建设和集体经济。

80年代，农民政治态度是怎样的呢？实行了包产到户，农民成为商品生产者，农民同市场逐步建立起各种联系，市场的波动，物价的升降，都与农民的利益息息相关，会对农民产生深刻的影响。近几年国家对粮、棉等主要农产品实行合同定购，收购价格基本未变，而工业品价格却上涨了很多，特别是化肥、农药、薄膜等农用生产资料上涨了一两倍。明文规定给农民平价供应的化肥、柴油又往往不能兑现，这都直接损害了农民的利益，农民特别是主种粮、棉的农民对此反映强烈。近几年，各地农民通过各种形式表达他们的意见，有些农民还通过贴门联的形式来表示。其中有一对是这样写的，上联：高价化肥我不买；下联：平价粮食我不卖；横批：请政府原谅。据了解，这样的门联在湖北、湖南、安徽、河北、吉林省农村都有发现，说明这类意见比较普遍。这幅门联既反映了农民对乱涨价的不满情绪，也反映了农民要求等价交换的强烈愿望。公平交易、等价交换，这是发展商品经济的起码条件。农民要求等价交换，要求平等地对待他们，公平交易，这是80年代农民的特征，也是他们目前的基本要求。

据我的调查，现在农民家庭也是核心家庭日趋增多，农村青年一结婚，多数就同父母分家，另立门户。以前的三世同堂、四世同堂已经很少了。现在的农村里，70%以上的户主是40岁以下的农民，他们都是在红旗下长大的，土地改革、合作化时，他们还未出生或还不懂事，他们大多是在60、70年代以后成长起来的。他们的文化素质和政治素质同50年代的老农民是不一样的。对此，我们要有足够的认识。

另外，前面说过，农民这个社会群体已经分化成了8个阶层，他们所处的经济地位、社会地位已经很不相同，他们有各自不同的政治和经济的要求。因此，我们的农村政策，应该针对这些改变了的情况做相应的调整。

我国农村目前正处在一场重大的变革之中，自给半自给的自然经济正在向有计划的商品经济转化，传统的农业正在向现代化农业转化，传统的农民正在向非农民和现代农民转化。本文论述的六个方面的变化，只是勾画了一个轮廓，远不是这场伟大变革的全貌。这场变革是我国8亿多农村人口的大规模社会变革运动，从经济体制改革开始，必然会引起政治领域、社会结构、思想传统等方面的相应变革。这场变革对我国整个四化大业具有极其重要的意义，同时也具有极其伟大的世界意义。研究这场变革的来龙去脉，总结变革中不断出现的新情况、新问题、新经验，研究这场变革发生、发展的规律，协助党和政府按照运动发展的规律，有计划地、有步骤地领导好这场变革是我们社会科学工作者义不容辞的责任。

农村改革伊始，正是社会学重建的时候，在费孝通教授亲自带领下，一批社会学工作者首先深入农村，研究小城镇等农村问题，写出了《小城镇　大问题》等一批很有价值的研究报告，为农村这场大变革做出了贡献。可是这个中国社会学注意研究农村问题的好传统，后来并没有很好地沿续下来，研究农村问题的人越来越少了。我们有将近百人的中国社会科学院社会学研究所，能长期坚持下乡、认真研究农村问题的寥寥无几。近几年，社会学的几个刊物上，很少有研究农村社会问题的文章发表，这方面的来稿也不多。出版社也很少出版农村社会学方面的书。几个大学的社会学系开不出或不开农村社会学的课。所有这些，同我们国家农村正在进行的这场伟大变革是很不相称的。

社会学工作者应该重视研究当今的农村问题。诸如：中国农村社会变革的方向、趋势和规律是什么？中国农村社会结构怎样？农村经济社会如何协调发展？中国农民如何分层？中国众多剩余农业劳动力如何向非农业转移？中国农村的社会保障体系如何建立？中国现有的城乡二元结构如何改变？……这些都是亟须调查和研究的重要课题。有志于农村事业的社会学工作者，特别是青年社会学工作者要积极地深入农村改革的实际中去，调查研究，掌握第一手材料，为完成这些课题而努力。这些课题的研究成果，都将对农村社会的发展、国家经济社会的发展、国家的长治久安起很重要的作用。同时，也就是在这个过程中，有中国特色的农村社会学这门学科就会建立和完善起来，中国农村社会学的专业队伍也会逐步形成和发展起来。

参考文献

国家统计局编，1987，《中国统计年鉴（1987）》，中国统计出版社。
国家统计局编，1988，《中国统计年鉴（1988）》，中国统计出版社。
国家统计局编，1989a，《中国统计年鉴（1989）》，中国统计出版社。
国家统计局编，1989b，《中国统计摘要（1989）》，中国统计出版社。
国家统计局编，1989c，《奋进的四十年（1949～1989年）》，中国统计出版社。

新中国成立四十年社会发展指标的评价*

社会发展和社会指标课题组

中华人民共和国成立40年，历尽艰辛，已把贫穷落后的旧中国建设成为繁荣昌盛的社会主义新中国。经过40年，我国的经济实力大大增强，科学技术获得很大发展，人民的物质文化生活和精神面貌也都发生了深刻变化。特别是党的十一届三中全会以来的10年，社会和经济各方面发生的变化更为显著，其速度大大超过了前30年。为了科学地展示这40年的社会发展状况和社会经济的相互关系，我们拟采用社会指标体系的评价方法，对40年社会发展进行综合评价和简要的分析。

社会指标体系是用一系列有代表性的数量指标衡量监测社会经济发展状况、研究社会经济发展各要素的相互关系和发展趋势。通过这些数量关系来反映经济和社会发展是否协调，并揭示社会发展过程中的社会问题、社会矛盾，剖析其原因。它具有描述、评价和预测的功能。过去按照传统的做法，反映发展的综合指标一般只用经济指标（国民生产总值、国民收入、工农业总产值等），或用单项指标来评价，而忽略了经济和社会的全面、协调发展。这次我们根据科学性和可行性的原则，参考了国内外已有的社会指标体系的理论和方法，结合我国国情和现有统计基础，从现行的数千个社会经济指标中筛选了重要的、有代表性的社会指标41个，组成了社会指标体系，分成社会结构、人口素质、经济效益、生活质量、社会秩序五个子系统，各子系统可进行相互之间的横向比较，也可进行历年的纵向比较。这套指标体系体现了以人为中心的衡量标准，因为人是社会发展的中心，又是社会发展的推动者，社会发展的目的是提高人的物质和精神生活的需要，所以，发挥人的积极性和潜力是社会发展的核心。因此41个

* 原文发表于《社会学研究》1989年第6期。

社会发展指标中有33个指标是用人和劳动力计算的比例数。

指标体系的计算方法是使用较简便的加权平均指数法，根据每个指标在社会发展中的重要性确定权数，先计算出41个指标的分项指数，乘以权数得出分类指数和综合指数，然后进行纵向的历史比较。以货币表现的指标，均扣除了价格上涨因素，使历年具有可比性。

一　综合指标的分析

为便于比较，将新中国成立后36年分成两个时期。以1953～1978年这26年作为一个时期，以1979～1988年党的十一届三中全会后的10年作为一个时期。两个时期的比较结果是：改革后10年无论是综合指标还是分类指标的增长速度都明显快于改革前26年的增长速度。综合指标36年平均每年的增长速度为3.7%，前26年平均只有2.8%，改革10年平均为5.6%，比前26年平均增长速度快了一倍。

表1　1952～1988年全国社会指标体系

指标名称	单位	权数	绝对数			平均每年增长%		
			1952年	1978年	1988年	1953～1988（36年）	1953～1978（26年）	1979～1988（10年）
综合指数（41个指标）		100				3.7	2.8	5.6
（一）社会结构（9个指标）		20				2.1	1.5	4.3
1. 非农业人口占总人口比重	%	3	14.4	15.8	20.9	1.0	0.4	2.8
2. 非农业劳动者占就业人口比重	%	2	16.5	29.3	40.5	2.5	2.2	3.3
3. 脑力劳动者占就业人口比重	%	2	2.4	6.5	8.5	3.6	3.9	2.7
4. 第三产业劳动者占就业人口比重	%	2	9.1	11.9	17.9	1.9	1.0	4.2
5. 享受社会保障者占就业人口比重	%	2	7.7	22.7	27.7	3.6	4.2	2.0
6. 城镇就业率	%	2	86.8	94.7	97.9	0.3	0.3	0.3

续表

指标名称	单位	权数	绝对数			平均每年增长%		
			1952年	1978年	1988年	1953～1988（36年）	1953～1978（26年）	1979～1988（10年）
7. 社会投资占总投资比例[①]	%	2	7.6	4.3	10.0	0.8	-2.2	8.8
8. 教育经费占国民生产总值比例	%	3	1.8	2.0	2.5	0.9	0.4	2.3
9. 出口总额占国民生产总值比例	%	2	4.0	4.7	12.8	3.3	0.6	10.5
（二）人口素质（7个指标）		20				4.0	4.2	3.1
10. 人口自然增长率（逆指标）	‰	3	20.0	12.0	14.2	1.0	0.6	-1.7
11. 平均预期寿命	岁	3	35[⑤]	68.2	69[④]	2.0	2.3	0.1
12. 婴儿死亡率（逆指标）	‰	3	139[⑥]	47	35	4.1	4.6	2.1
13. 初中以上文化程度人口比例	%	3	6.4[⑦]	25.0[⑧]	28.6[④]	6.4	7.9	2.7
14. 每万人口大学生人数	人	3	3.3	8.9	18.9	5.0	3.9	7.8
15. 每万人口拥有医生数	人	3	7.4	10.8	14.9	2.0	1.5	3.3
16. 每万职工中拥有自然科技人员	人	2	269	594	962	3.6	8.1	4.9
（三）经济效益（7个指标）		20				2.6	1.6	3.6
17. 人均国民收入[⑨]	元	5	125	339	721	5.0	3.9	7.8
18. 每百元国民收入的财政收入	元	2	31.2	37.2	22.4	-0.9	0.7	-5.0
19. 社会劳动生产率[⑨]	元	3	345	818	1465	4.1	3.4	6.0
20. 每吨能源消费生产的国民收入	元	3	1506	567	853	-1.6	-0.8	1.2
21. 企业资金利税率（全国）	%	3	25.4	18.3	14.5[④]	-1.6	-1.3	-2.6
22. 固定资产交付使用率（全民）	%	2	83.6	74.3	71.1	-0.4	-0.5	-0.4

续表

指标名称	单位	权数	绝对数			平均每年增长%		
			1952年	1978年	1988年	1953~1988（36年）	1953~1978（26年）	1979~1988（10年）
23. 每一农业劳动力生产的粮食	公斤	2	958	1037	1231	0.7	0.3	1.7
（四）生活质量（12个指标）		28				5.3	3.8	10.1
24. 居民平均消费水平	元	3	76	175	634	3.6	22	7.6
25. 人均收入（住户调查） 城镇职工家庭生活费收入 农民人均纯收入	 元 元	 2 2	 235⑪ 73⑪	 316 134	 1119 545	 2.6 4.5	 0.8 2.4	 6.5 11.5
26. 人均居住面积⑫	平方米	3	5.8	7.5	15.0	2.7	1.0	7.2
27. 恩格尔系数（吃占消费支出%）	%	2	64.9⑪	65.9	53.4	0.6	-0.1	2.1
28. 人均能源消费量⑬	公斤	2	91	598	845	6.4	7.5	3.5
29. 10种耐用消费品占消费零售额比重⑭	%	2	0.5	3.6	15.2	9.9	7.9	15.5
30. 平均每万人口有商业网点⑮	个	2	96	13	116	0.5	-7.4	24.5
31. 平均每万人口有电话机	台	2	7	39	87	7.3	6.8	8.4
32. 全民职工人均劳保费⑩	元	2	60	71	282	1.9	-0.2	7.7
33. 平均每百人每天有报纸	份	2	0.8	3.7	5.2	5.3	6.1	3.5
34. 人均储蓄余额（城镇）⑩	元	2	12	90	487	8.2	7.1	11.1
35. 零售物价指数（比上年）（逆指标）	%	2	99.6	100.7	118.5	-0.5	-0.1	-1.6
（五）社会秩序（6个指标）（逆指标）		12				0.8	-0.2	0.4
36. 刑事案件立案率	1/万人	4	4.2	5.5	8.3	-1.9	-1.0	-4.0

续表

指标名称	单位	权数	绝对数			平均每年增长%		
			1952年	1978年	1988年	1953～1988（36年）	1953～1978（26年）	1979～1988（10年）
37. 青少年犯罪占犯罪数比例	%	3	25.0	47.6[19]	74.4[4]	-3.1	-2.5	-5.4
38. 治安案件发案率	1/万人	2	7.5[16]	9.8[17]	13.0	-1.6	-0.8	-9.0
39. 交通事故死亡率[18]	1/万人			2.09	5.04			-8.4
40. 工伤事故死亡率（全民）	‰	3	0.36	0.20	0.09	3.9	2.3	8.3
41. 火灾发生率[18]	1/10万			6.97	2.6			10.4

注：①指文教卫生、科研社会福利投资；②包括基建投资；③逆指标用倒算法计算（以下同）；④为1986年数；⑤为新中国成立初期；⑥为1954年；⑦为1964年；⑧为1982年；⑨绝对数为1980年固定价，速度为可比价；⑩绝对数为现价，速度为可比价；⑪为1957年；⑫为城乡加权平均数；⑬包括生产和生活消费量；⑭自行车、缝纫机、收录机、手表、电扇、冰箱、电视机、收音机、照相机、洗衣机；⑮包括零售业、服务业、饮食业；⑯估计数；⑰1985年；⑱缺1952年，未算入总指数中；⑲1979年。

资料来源：根据国家统计局（1989）及有关资料加工整理。

从分类指标看，除人口素质和社会秩序外，社会结构、生活质量、经济效益三类指标均是后10年快于前26年的递增速度。首先，从横向比较的速度看，社会指标略快于经济指标的增长。36年平均经济效益每年增长2.6%，而其他四类社会指标增长3.9%，尤其是改革10年社会指标每年增长6%，大大快于经济效益平均每年增长3.6%的速度。增长速度最快的是生活质量指标，36年平均每年增长5.3%，改革10年每年增长10.1%，超过前26年增长3.8%的6.3个百分点，值得注意的是，无论是前26年还是改革10年，生活质量的增长速度均大大超过了经济效益的增长，尤其是改革10年生活质量是每年增长10.1%，超过经济效益每年增长3.6%的5个百分点，这两者速度差别过大，说明生活质量提高的速度和经济效益的增长两者很不协调，反映了确实存在消费需求膨胀的现象。其次是社会秩序指数中除工伤事故死亡率（全民）有所好转外，其他社会治安指标均呈上升趋势，尤其是近10年社会治安指标上升较多，说明社会治安情况很不稳定。

二 分类指标的分析

1. 社会结构。社会结构是社会关系的总和，优化社会结构是改善社会机制、促进社会经济发展的前提。我们选择了产业结构、城乡结构、智力结构、就业结构、投资结构、出口结构等9个指标。社会结构36年综合指数每年平均为2.1%，主要是改革前26年由于僵化的体制和受“左”的影响，重经济、轻社会、先生产、后生活，片面发展重工业、忽视人民生活，形成了社会与经济发展很不协调的畸形社会结构，致使26年平均每年仅增长1.5%，城市化速度缓慢，非农业人口的比例26年间几乎原地不动，第三产业发展缓慢，26年间仅从9.1%上升到11.9%，社会投资比例下降，出口萎缩。改革开放10年来，社会结构已逐步趋向合理化，平均每年递增速度由前26年的1.5%上升为4.3%，其中非农业人口占总人口比重由1978年的15.8%上升为20.9%，[①] 非农业劳动者占就业人口比重也由29.3%上升为40.5%，标志着农业人口和劳动力转移到非农业的城市化速度明显加快了，第三产业劳动者占就业人口比重也由1978年的11.9%上升到17.9%，用于文教卫生、科研、福利等方面的社会投资占总投资比例也由4.3%提高到10.0%，出口总额占国民生产总值的比例由4.7%上升到12.8%，标志着我国正向外向型经济发展，脑力劳动者比例也由6.5%上升到8.5%。在社会结构中发展较为缓慢的：一是享受社会保障者占就业人口比重上升缓慢，由1978年的22.7%上升为27.7%，至1988年底尚有72.3%的社会成员仍处于社会保障安全网之外，这主要是98.0%的农民还缺乏安全保障措施，这对农业生产力的稳步发展和农村计划生育的推广是不利的。二是教育经费占国民生产总值的比例，30多年来一直在2%上下徘徊，至1988年仍只有2.5%，居世界100位之后，造成我国教育滞后于经济的局面，也是社会发展缓慢的主要原因之一。总的来看，社会结构虽比以前有所改善，但距社会发展的要求差距仍很大，仍需进一步改善和优化。

---

① 反映城市化水平是用“非农业人口比例”，即以户籍制度来划分，未用“城镇人口比例”，因城镇人口包括大量农业人口，1988年占63%，不能真实反映城市化水平。但在非农业人口中未包括农业人口转移到非农业人口的8000多万人，占全国人口8%左右。

2. 人口素质。人口素质的高低是实现社会主义现代化的重要条件，同时提高人的精神文明程度也是社会发展的重要目标。现选择身体素质、文化素质、科技素质等 7 个指标，人口素质的综合指数 36 年平均每年增长 4.0%，前 26 年增长 4.2%，快于改革后 10 年 3.1% 的速度，这是因为新中国成立初期提高较快，到 70 年代已达到世界中等国家水平，人口素质在已经提高的基础上再继续提高，速度就缓慢了。另外如平均预期寿命、婴儿死亡率、初中以上文化程度人口比例，这三项指标是社会指标中既反映人口素质，又反映生活质量的综合性指标，但这三个指标的提高都有一定限度，如平均预期寿命从 1952 年的 35 岁提高到 1978 年的 68.2 岁，平均每年提高 1.3 岁，属于恢复性质，从 1978 年的 68.2 岁提高到 1987 年的 69 岁，则速度明显减慢，平均每年只提高不到 0.1 岁；初中以上文化程度人口比例从 1952 年的 6.4% 提高到 1978 年的 25%，每年提高 1 个百分点，而近 5 年每年只提高 0.7 个百分点；人口自然增长率从 1952 年 20‰降为 1978 年的 12‰，1984 年降到历史最低点 10.8‰，说明计划生育工作成效显著，但自 1985 年以来又有回升，到 1988 年已回升到 14.2‰，这是因计划生育工作有所放松和进入生育高峰期所致；每万人口大学生、医生人数两个指标，后 10 年的增长均快于前 26 年的增长。总的看，人口素质的提高是我们今后面临的长期而艰巨的任务。

3. 经济效益。一切社会活动都离不开经济基础，因此广义的社会发展应包括经济发展，经济是一切事业发展的物质基础，过去单纯用经济指标来衡量社会的进步是片面的，如果单纯用社会指标而忽视经济指标来衡量社会的发展也是不全面的。但经济指标繁多，我们选择了最能概括反映人的物质生产活动水平和体现经济效益的 7 个指标，36 年平均增长率为 2.6%，改革 10 年平均增长 3.6%，大大快于前 26 年平均 1.6% 的速度。经济指标中最能全面概括人的生产活动的应该是人均国民生产总值，它包括了物质和非物质生产部门的总价值，由于缺少 1952 年资料，故我们改用人均国民收入指标，它反映每人在物质生产部门所创造的价值，也大致能综合反映国民经济总的发展水平，并考虑了人口因素，按可比价格计算，它从 1952 年的 126 元增加到 1988 年 721 元，按当年价格计算已达 1081 元。36 年平均每年增长 5%，改革 10 年每年增长 7.8%，不仅快于各个历史时期，而且是前 26 年 3.9% 的一倍，这个指标可以概括说明改革 10 年我国经济增长速度是非常快的。社会劳动生产率是平均每个社会劳动者所创造的国民收入，其增长速度略低于人均国民收入，发展趋势大致相同，其他五个效益指标发展缓慢，甚至出现了负增长。如每百元国民收入的财政收入，是反映国家能集中和分配的国民收入中的部分资金。由于财政收入近 10 年增长慢于国民收入，因此财政收入占国民收入的比例越来越低，由 1978 年的 37. 2 元降为 1988 年的 22. 4 元，还低于 1952 年的 31. 2 元，出现了负增长。这说明国家能掌握的资金比例降低了。而财政支出却增多了，以致 10 年中有 9 年出现了财政赤字，累计 670 多亿元。每吨能源消费生产的国民收入是反映能源利用效益的指标。工业化初期，由于现代化耗能企业少，因此能源消耗较低，1952 年每吨能源国民收入达 1506 元，1978 年降至 567 元，近 10 年能源利用率逐年提高，1988 年又回升到 853 元，10 年平均增长 1. 2%。企业资金利税率是综合反映全民企业经济效益的综合指标，历年下降幅度较大，由 1952 年的 25. 4% 降为 1988 年的 14. 5%，下降了 10. 9 个百分点。固定资产交付使用率（全民）是反映投资效果的，由于基建规模大、战线长，投资效果也是下降的，从“一五”时期的 84% 降为 1988 年的 71%。每一农业劳动力生产的粮食，这一指标的选择是考虑到我国是 8 亿农业人口的大国，粮食仍是牵涉国计民生的大问题。粮食产量在近 10 年出现了徘徊不前的局面，加上农业劳动力增长过快，因此每一农业劳动力生产的粮食增长缓慢，1988 年只有 1231 公斤，近 10 年每年仅增长 1. 7%，稍快于前 26 年每年增长 0. 3% 的速度，36 年平均每年增长 0. 7%。这说明我国农业劳动生产率低下，还满足不了人口和国民经济发展的需要。

由于主要经济效益指标增长缓慢或下降，所以总的经济效益不佳，这说明单纯求速度、忽视效益的倾向还没到得根本扭转。值得注意的是，近 10 年经济效益的增长慢于社会结构和生活质量的增长，已出现了不协调现象。

4. 生活质量。生活质量一方面体现了社会发展的结果，满足居民物质和精神需要的程度；另一方面，生活质量的提高又能促进社会进一步发展。生活质量的稳步提高必须与经济效益相适应，只有在经济效益提高的前提下，提高生活质量才能有物质保证。反映生活质量的指标很多，我们选择了 12 个主要指标，包括居民消费、收入、吃、住、用、能源消费、生活方便程度、精神生活和物价指数等。收入和消费等货币指标均扣除了物价上涨因素而具有可比性。生活质量综合指数36年平均增长5.3%，它是各类指标中增长最快的一类，尤其是改革10年，每年增长高达10.1%，比前26年的3.8%增加了6.3个百分点，增长较快的原因，一方面是前26年忽视人民生活，提高较慢，1978年以后头几年具有还欠账的性质，此外，也确实存在消费增长过快和超前消费的现象。例如后10年居民消费水平超过了社会劳动生产率的增长水平。在12个指标中10年平均增长最快的是平均每万人口有商业网点（每年增长24.5%），这一指标反映了个体摊点增多，居民生活方便程度有了很大提高，10种耐用消费品（自行车、缝纫机、收音机、手表、电视机、冰箱、洗衣机、电扇、照相机、录音机）占消费零售额比重每年增长15.5%，城镇人均储蓄余额（11.1%）、农民人均纯收入（11.5%）增长都较快。影响生活质量提高并出现负增长的是物价指数，在1978年以前，物价相对处于稳定，从1988年开始比上年上升18.5%，突破了历史最高水平，尤其是副食品的价格1988年上升30.4%，价格的猛涨不仅影响了居民实际收入水平和消费水平，而且还因超过居民的承受能力引发居民的不满情绪。

生活环境也是生活质量的重要方面，改革以来，环境保护工作受到各级政府重视，1979年颁布了《环境保护法》并加强了监测工作，在防治工业污染的“三废”处理方面取得了初步成效。但就总体而言，环境保护存在问题较多，当前工业污染还相当严重，已严重危害了居民的健康，据有关部门1989年公布的一项全国性调查，有79%的居民饮用水遭到不同程度的污染。经济发达地区的乡镇工业企业“三废”污染尤为严重。如果不引起重视，将会成为严峻的社会问题。但由于缺乏历年环保监测资料，难以做出历史评价。因此本指标体系中暂缺环保资料。

5. 社会秩序。社会秩序与安全是表明人们对社会关系和行为的调控能力，正常、稳定的社会秩序与安全，是生产和生活的保证。我们选择了刑事案件立案率、治安案件发生率、青少年犯罪占犯罪数比例、交通事故死亡率、工伤事故死亡率（全民）、火灾发生率六个指标，这些指标是衡量精神文明、社会风气、社会秩序的主要标志。以上六个指标的综合指数是各类指标中增长速度最慢的（因为是逆指标，以倒退指数表示，均为负增长），除工伤事故死亡率（全民）是下降趋势外，其他安全指标均是上升的趋势，如每万人口刑事案件立案率1952年只有4.2件，1978年上升到5.5件，1988年上升为8.3件，由于各地统计不实，实际立案率远不止此数，据有关部门估计约在15件以上，已超过1981年历史高峰期，青少年犯罪在全部犯罪案件中所占比例越来越高，由1952年的25%上升到近几年的70%以上，大案要案的比例也由4.0%上升到24.5%，每万人治安案件发案率也由1985年的9.8件上升到1988年的13件。1978年以来交通事故逐年上升，死亡人数由1978年2.5万人增加到1988年的5.5万人，平均每万人口死亡率由2.09人上升到5.04人，其他城乡居民非正常死亡率近几年也高于1979年，只有工伤事故死亡率（全民）比1978年有所下降，但乡镇企业的伤亡事故死亡率是上升趋势。火灾发生率也是下降的。从社会秩序总的情况看，治安情况日趋恶化，居民安全感下降。

纵观新中国成立后社会经济发展的历史动态比较，大部分指标都增长较快，尤其是改革10年取得了突破性的进展，说明我国改革开放的方针是正确的，在取得显著成就的同时，社会经济发展中也出现了一些不协调现象，除上述分析中已指出的外，还有一些未列入本指标体系中而在警报指标体系中反映出来的经济和社会问题，主要是：1984年以来社会总的供求失衡，供需差额由1983年的200多亿元扩大为1988年的2200多亿元；基建投资压缩不力，消费需求膨胀，居民消费水平超过了社会劳动生产率的增长；集团购买力居高不下，财政补贴逐年增加，10年累计额高达4000亿元；财政入不敷出，赤字加大，10年有9年赤字，累计达670亿元，如包括内外债和地方财政结余抵消的赤字，实际赤字接近2000亿元；货币发行量比上年的增发量由1978年的17亿元上升到1988年的680亿元，达到了历史高水平；货币流通量与商品供应的比例很不协调，每元货币流通量相应的社会商品零售额由过去正常年份的8~9元降至1988年4.4元，是历史最低点，通货膨胀的结果是物价上涨，1988年零售物价指数上升了18.5%，超过了1961年16.2%的最高点，达到了历史最高水平，物价的猛涨使三分之一的居民实际收入水平下降。值得注意的是，1989年上半年在治理整顿中情况仍没有好转，零售物价指数比去年同期上涨了25.5%，失业率有上升趋势，消费需求居高不下，滥发钱物仍未得到有力控制，1989年上半年职工平均工资（包括奖金、津贴等）比1988年同期增长18.8%，扣除物价上涨因素后，实际工资下降5.9%，居民生活必需品库存下降，市场供应紧张，经济效益呈下降趋势，据财政部统计，上半年工业企业每百元销售收入实现的利润比1988年同期下降26.7%，可比产品成本上升18.6%，上缴利润比去年同期减少41.4%，亏损额比去年同期翻了一番多，财政支大于收的状况没有改变。

此外，社会分配不公的利益矛盾比较突出，虽然城乡贫富差距总的平均数并不悬殊，但是部分高收入户和暴发户，他们人数虽不多，影响却极大，据有关部门统计，年纯收入万元以上的户有437万户，占全国总户数的2%左右，其中百万富翁已有4000多个，而1988年全国城乡生活在贫困线以下的仍有1亿人左右，不能解决温饱的特困户也仍有3000万人左右，贫富的悬殊导致强烈的攀比效应，它将影响大多数人的劳动积极性。

上述指标反映了社会发展的客观情况。人们对于客观发展结果的判断，一般表现为主观感受，即表现为人们对需求满足程度的主观评价，主观评价往往受到每个人不同的经济条件、文化、习俗及社会心理、政治态度等因素的影响，人们对当前各项政策和生活质量的满意度，是政府各项社会政策实施结果的反馈，抽样的问卷调查方法是社会指标中测量居民对社会物质和精神生活满足程度的主观评价的较普遍使用的方法，只有主观指标和客观指标相结合才能全面评价社会发展的总成果。所以，这里再就主观评价指标做如下分析。

近年来各单位做了许多问卷调查，针对当前的政治社会生活反映了不少意见，尤其在党风、物价、治安等方面意见比较集中。中国社会调查系统对40个城市2800人的调查表明，对物价上涨不满的比例已由1987年10月的80%，上升到1988年的92%，社会指标课题组和国家统计局社会司1988年8月对1万名职工的调查，对物价上涨不满的比例已高达94%，1989年上半年《半月谈》3735份问卷调查认为“物价上涨幅度比上年涨得最猛”、“更大了”和“差不多”的比例占75%，这说明物价上涨已超过了居民承受能力。在1万名职工的问卷中，在“会引起社会矛盾冲突”的7问中，第一位是“物价进一步上涨”，占64%；第二位是“收入差距扩大、贫富悬殊”，占35%；认为当前社会安全中最突出、占第一位的是“贪污受贿”；认为政治生活中最急需解决的第一位问题是“党风不正和社会风气不良”；在个人生活中占第一位的是“收入太低”，占第二位的是“住房紧张”，第三位是“劳保福利太少”。在《半月谈》的调查中人们当前最关心的、占第一位（78%）的是要求“从严治党、克服腐败现象”，在问及对“克服腐败现象”的看法时，有66%的人认为是“雷声大、雨点小”，有21%的人认为“问题越来越严重”。1989年对北京172名知名人士和离休的高层官员的调查中，也把“深化改革推进民主政治，消除腐败现象”列为中国当前最迫切需要解决问题中的第一位，第二位是“从各级官员着手，自上而下推行廉政制度建设”，第三位是“控制通货膨胀”。

此外，居民对社会治安状况的恶化深感忧虑和不安。据公安部公安研究所1988年12月在15个省市对1.5万城镇居民进行的“公众安全感”调查结果，目前安全感处于“一般偏下”水平。这是对五项指标（社会治安的评价、自我感觉、深夜是否敢走夜路、女职工是否要接送、一人在家是否怕生人来访）的综合测评，安全感均不到50%。《半月谈》1989年上半年的问卷调查，对当前社会治安状况的评价，认为有好转的只占20%，有80%的人认为是“老样子”和“更坏了”，许多人现在有“三怕”——出差不放心，怕遭抢劫；上班不放心，怕家里被偷盗；行路吊着心，怕出车祸。

以上几家的问卷调查结果大致相同，当前群众最关切的问题是反对腐败、控制物价上涨、对社会分配不公表示不满和要求整顿社会治安。主观感受指标和客观统计指标之间是存在一定差距的，如人民生活，从客观指标看，改革10年改善速度很快，但问卷调查结果，群众却不够满意和很不满意，说明人们对改革的期望越来越高，对改革的满意度有所下降，这是因为主观感受与人们的主观愿望和追求目标相比，总是会有差距的，但差距不应过大，如过大，就会导致人们的不满情绪，还因为自1988年以来，物价上涨过快，确实抵消了居民所得的一部分好处，从而引起了群众的不满情绪。

从以上所反映的情况看，当前的经济形势和社会环境是相当严峻的，经济和社会已出现了不协调现象，存在着一些不安定因素，但大部分群众对改革是抱有热切希望的，如果能在今后治理整顿、深化改革中认真地整治腐败、抑制通货膨胀、合理调节收入分配、整顿治安等方面取得实质性进展，重振党的威信，理顺民心，就能调动广大群众建设社会主义的积极性，巩固建设和改革的成果。

此外，从主观调查和客观统计指标的比较中可以看出，由于主观调查真实地反映了民意，因此它反映社会和经济不协调的现象更为明显，问题更为突出，由此可见，完整的社会指标体系应该是客观统计调查、主观问卷调查和典型调查相结合。由于本文是社会发展的综合指标体系，反映的是宏观数量关系，对有些问题未能做深入的分析，这就有待于建立专题指标体系来解决，例如要详细分析社会结构是否合理、生活质量的内在关系等就要在社会结构和生活质量的专题社会指标体系中去分析；对于社会发展中较敏感又有重大影响的社会问题的分析。有必要建立一套警报指标体系，定出警戒线，通过对数据的动态分析及时预警，以防止突发事件的发生，避免不必要的损失。早在60年代，一些发达资本主义国家就运用社会指标体系和警报（先兆）指标为社会发展服务，并已取得了较好的效果。在我国，社会指标工作刚刚起步，还缺乏经验，我们只是力求以新中国成立以来的社会实践为基础，做一些探索性的研究。社会指标是一把“尺子”，我们希望运用这把“尺子”能准确地、及时地测量我国社会经济发展的现状、趋势和发现一些问题，促使我国的社会经济获得健康稳步的发展。

参考文献

国家统计局编，1989，《中国统计年鉴（1989）》，中国统计出版社。

（朱庆芳 整理）

（本文经过课题组集体讨论，由吴寒光教授、李培元同志在理论、方法上做指导和修改而成。）

发展理论与中国现代化研究述评*

张　琢

一　发展与发展理论研究

（一）世界两大主题：和平与发展

和平与发展问题，是当今世界的两大主题。自80年代中期以来，国际关系有了转折性变化，由紧张显著趋向缓和，这两大主题中，发展问题便显得更为突出了，同时也为发展中国家的发展创造了更有利的国际环境。

今天，任何国家、任何民族都已不可能隔离于国际环境之外孤立地自我发展。所以，发展问题是全球的共同问题，只是已发达国家和不发达国家在发展内容上有着阶段性差异：对于已发达国家来说，主要是回答工业化实现以后社会生活中出现的种种新变化和向后工业社会、信息社会发展的问题；对于不发达国家（即发展中国家）来说，当务之急仍是如何实现工业化和全面现代化的问题。而这两方面的任务又是相互关联的，是发达国家和发展中国家的共同任务。

广义的现代化的客观历史进程无论从时间上还是从空间（地理）上看，都是从西方开始的。相当多的学者认为18世纪70年代英国工业革命是现代化的始点，世界现代化的历史已经历了两个多世纪。有些学者则把14世纪地中海沿岸一些城市的资本主义商品经济的萌芽和意大利文艺复兴的开始作为现代化的起点，至今已近7个世纪。还有些权威性的学者把16世纪在荷兰和英国开始的世界性资本主义的兴起作为世界性现代化发轫的

* 原文发表于《社会学研究》1989年第6期。

标志，那么也有500年的历史了。在西方涌动的这一现代化的潮流跨洋越洲波澜壮阔地推进，现在占世界陆地总面积[①]的40%、占世界总人口25%的欧洲、北美、大洋洲和东亚日本已属发达地区；其他占世界陆地总面积的60%、占世界总人口75%的地区为发展中国家。从人均国民生产总值看，1987年最发达国家瑞士为17680美元，是最低的发展中国家埃塞俄比亚120美元的147倍。[②] 发展中国家之间的发展，亦呈梯度水平差，最先进的与最落后的相差也很悬殊。按中国社会科学院"社会发展指标体系课题组"综合16个具有代表性的社会经济发展指标进行的测算，中国在有数据可比的116个百万以上人口的国家中居第70位。[③]

（二）国外发展理论的产生与发展

我们现在通常所说的发展理论主要是研究非西方的不发达国家如何由不发达状态向发达状态发展的理论。在这个意义上的发展理论中，"发展"（Development）一词特指一个国家或社会由落后的不发达状态向先进的发达状态的过渡和转化，其内容包括经济、科技、政治、社会、文化和教育等多方面的发展。研究这种由不发达状态向发达状态过渡和转化的条件、动力、方法和途径的学说即为发展理论。由于发展如上所说是涉及社会生活的多层面的问题，发展研究也就必然要涉及哲学、经济学、政治学、社会学和历史学等多门学科，事实上发展理论也正是包括发展哲李、发展经济学、发展政治学和发展社会学等多门分支学科的跨学科的综合性理论。社会学中的发展理论通常叫作发展社会学（Sociology of Development）。

严格意义上的发展理论在国外产生于第二次世界大战以后。第二次世界大战后，殖民地国家纷纷获得了独立，这些国家的人民和国家领导人看到了与发达国家在发展上的巨大差距，产生了强烈的发展要求，从而努力在实践上和理论上摸索实现现代化的途径；同时战后两大阵营的形成和对峙，资本主义发达国家也力图将第三世界不发达国家纳入资本主义发展的轨道和体系。这样，一些西方发达国家的学者便利用他们的优越条件首先开始了对第三世界不发达的原因及解决的途径的探讨，接着发展中国家本

① 不包括南极洲。

② 据世界银行《1988年世界发展报告》计算。

③ 《社会学研究》1989年第3期。

民族的学者成长起来也开始了对这一问题的研究，从而汇成了一个发展研究的世界潮流。

从学科看，发展理论最初是从经济学发轫的，它以研究发展中国家如何使人均国民生产产值快速增长以赶上西方发达国家为主旨，以后迅速扩展到其他相关学科。国外社会学界对发展问题的研究始于 20 世纪 50 年代末，大体上经历了三个阶段：（狭义的）现代化理论兴起于 20 世纪 50 年代末，盛行于 60 年代；代之而起的依附论产生于 60 年代末，衰落于 70 年代中期；接着是世界体系论在 70 年代中后期的兴起，并取得了优势地位；现在的热门话题是后发展效应问题。

我们说严格意义上的国外的发展理论产生于第二次世界大战以后，但是它的理论来源却要久远得多，它可以追溯到 19 世纪中叶以来的马克思、E. 迪尔凯姆（Emile Durkheim，1858～1917）和 M. 韦伯（Max Weber，1864～1920）的著作，他们的有关理论被称为古典的现代化理论。

从社会学的产生和发展的历史看，社会学本身可以说就是社会现代化的产物。社会学的每一步发展都是适应社会发展的需要、社会发展所提出的最紧迫的课题以及社会发展所提供的解决这些课题的条件而发展的。19 世纪三四十年代，马克思、恩格斯和孔德（August Comte，1798～1857）、斯宾塞（Herbert Spencer，1820～1903）在产业革命的发源地西欧分别创立了以马克思主义唯物史观为理论基础的社会革命论和资产阶级改良主义的社会学。这是社会学的草创期。19 世纪末 20 世纪初，资本主义在整个欧洲、北美、大洋洲和亚洲的日本的量的扩张和质的变化，把资本主义推到了一个新的阶段。与此相对应，马克思主义发展到列宁主义阶段，并在实践上以马列主义的社会革命论为指导取得了俄国十月社会主义革命的胜利；资产阶级社会学在西欧出现了滕尼斯（Ferdinand Tonnies，1855～1936）、迪尔凯姆、齐美尔（Georg simmel，1858～1918）、韦伯、帕累托（Vilfred Pareto，1848～1923）五大理论巨匠，把资产阶级社会学推向了第二个高峰。第二次世界大战后，中国和一系列社会主义国家的出现，把马克思主义社会学推向社会主义建设时期的新阶段；而在西方，美国上升为资本主义的超级大国，资产阶级社会学的中心也相应地移向美国，形成以帕森斯（Talcott Parsons，1902～1979）、默顿（Robert king Merton，1910～　）等为代表的社会学理论多元化发展的社会学发展的第三个时期，这个时期无论在东方还是在西方都已成为过去。在当今世界最大的两个互相关联的课题——和平与发展问题——中，和平问题是政治学研究的课题，发展问题是一个跨学科的课题。具有综合性特点的社会学在跨学科的发展理论研究中处于十分重要的地位。中国作为世界上最大的发展中国家，辽阔的疆域、庞大的人口规模、悠久的历史、独特的文化，构成了复杂的国情，使中国现代化道路的探索举世瞩目。中国社会主义现代化建设的成败无论对中国还是对世界的发展都有十分重大的意义。因此，吸引了各国社会学家及其他学界的学者普遍关注以中国的现代化为典型的发展理论的研究，也许这正是呼唤世界社会学发展第四个时期的最大理论热点，其意义是可想而知的。

（三）中国的现代化与发展理论的探索

中国自 1840 年被动地走上了现代化的坎坷道路，迄今已近一个半世纪了。其间内忧外患，动荡不已，现代化步履艰难，代价巨大，而积累甚少。几经挫折，在 1978 年底召开的十一届三中全会确立了改革开放的方针，中国现代化的历史又揭开了新的一页。当十年前中国经过长期封闭，尤其经过“文革”，重新走上被称作“第二次革命”的现代化征途的时候，从经济、法制、文化、教育等社会发展的各方面看，起点都很低。

从中国的发展理论的历史看，中国自 1840 年鸦片战争后，尤其自 19 世纪 60 年代“洋务运动”以来，就开始了通过学习西方自强图存的理论探索，并逐步深化，到 20 世纪 30 年代初已提出现代化的概念和现代化的基本方面。正如历史学家罗荣渠经过对中国现代化思潮演变的历史考察后指出的：“近年来西方流行的一种现代化理论，是二次世界大战后美国学术界提出来的，对中国人来说是一种舶来品。实际上中国从自己的实践中提出现代化的概念和观点，早于西方的现代化理论约 20 年。”（罗荣渠，1989）但是，当时的人们不但对国外的发展理论知之甚少，就是新中国成立前本国有关现代化的文献也被尘封在故纸堆中被人遗忘了。所以，当 1985 年各有关学科开始酝酿提出“七五”期间社会科学发展理论研究的课题时，竟很难找到新中国成立以后出版的有关书籍做参考。然而，实践迫切呼唤着理论，作为跨学科综合研究对象的发展问题同时吸引了哲学、经济、社会、历史、政治、文化、教育和科技等多学科的学者与有关部门的实际工作者的广泛兴趣。短短几年工夫，便获得了可喜的收获：国外发展理论的著作和资料被翻译介绍到了中国，有关学者接着进行讲学、考察、研究；中国近、现代的历史及有关现代化探索的文献被重新审视；大量有关现代化的论文、考察报告、发展方案和各种探讨现代化问题的报刊，令人目不暇接；综合的和部门的，全国的和地区的，不同层次、不同方面、不同规模的有关现代化的讨论会、报告会热闹非常；有一定分量的研究现代化的专著和系列丛书也开始陆续问世。而且，这种研究热潮方兴未艾，正日益向深广发展。

（四）中国现代化的社会学研究

社会学是在19世纪与20世纪之交由维新派引进中国的，目的就是用以认识和革新中国的社会，所以也可以说，就是适应中国的社会现代化的需要引进来的。在新中国成立前，中国社会学经历了约半个世纪的发展，在对中国社会调查的实证研究和教学与研究队伍的培养等学科建设方面都取得了可观的进展。中国近代第一位西学大师严复把西方的社会进化论介绍到中国，打破了中国守旧的“天不变道亦不变”的形而上学世界观，为中国仿效西方和日本进行革新与现代化提供了理论基础。以后，除了孙中山这样一些政治领袖人物为实现中国现代化进行的理论和实践的探索外，像陶孟和、吴泽霖、金仲华和陈序经等社会学家在关于中国现代化的探索中都是相当著名的代表人物。① 新中国成立以后，中国获得了进行现代化的有利条件，但是由于在1952年取消了社会学，社会学界关于现代化问题的研究也因此而中止。

1979年，中国的社会学借着改革的机运从废墟中复兴，一开始就把中国的改革和现代化的实践作为自己的立足点，从实践和理论两个方面开展中国现代化的调查与研究。费孝通领导的小城镇研究就是中国城市化、现代化之路的实证研究的一个典型代表。1986年全国哲学社会科学规划会议上确定的第七个五年计划（1986～1990年）社会学学科的十三个国家重点课题的中心也正是社会发展和中国现代化问题：社会发展理论，社会发展

① 参见1933年7月《申报月刊·中国现代化问题专号》和1935年7月《独立评论》第160号关于“西化”问题的讨论。

战略，社会、经济、科技协调发展模式，社会发展指标体系，改革中的社会结构的变化，社会发展中的观念变化和社会问题，城乡社区发展与城乡关系，家庭功能的变化对社会发展的影响，等等。

社会学界关于发展理论的研究（指“纯”理论方面的研究）是80年代中期从译介国外发展理论开始的，由翻译到综述，到有自己见解的初步分析，到有一定深度的论文，到论文集和专著的问世，清晰地呈现了发展理论在中国社会学园地迅速向纵深发展的轨迹。其中已出版的、具有代表性的有：孙立平的专著《社会现代化》（华夏出版社，1988年），陈一筠、严立贤、冯钢、李路路、方宏进、吴忠民、张静、姚刚等人发表在《社会学研究》、《中国社会科学》和论文集《现代社会发展研究》（新华出版社，1987年）以及其他一些学术刊物和大学学报上的有关论文。来华讲学的日本社会学家富永健一和十时严周也分别在《社会学研究》上发表了《马克斯·韦伯论中国和日本的现代化》（1988年第2期）和《现代化进程的比较研究——论日本和中国的现代化》（1989年第2期）。各种有关学术研讨会的综述有《“社会发展研讨会”第一次会议纪要》（《社会学研究》1986年第3期）、《“发展理论与中国现代化”研讨会在京召开》（社会学研究》1987年第5期）、《“迟发展理论与中国现代化”研讨会纪要》（《社会学研究》1988年第2期）、《首届全国现代化理论研讨会社会学组理论座谈会纪要》（《社会学研究》1988年第6期）和《首届全国现代化理论研讨会综述》（《理论与现代化》创刊号，1989年天津出版）。这些综述已大致反映了近几年有关现代化理论的研究情况和基本观点，本文不拟赘述。下面仅就理论讨论中形成的五个“热点”做一些介绍和分析。

二　理论讨论中的五个热点

（一）社会发展的共性与个性

社会发展有没有客观规律？如果没有，它就不能成为科学研究的对象，而至多只能作为非理性的信仰对象；如果有，作为科学研究的对象和科学研究的任务，就要求对这个规律做出深入、精确的分析和阐述。中国在1978年以后的思想解放运动中，学术界特别是史学界对过去被视为

“定论”的人类社会发展都必然经历原始共产主义社会、奴隶社会、封建社会、资本主义社会、社会主义社会到共产主义社会五个阶段提出了质疑，成为史学理论争论的一个热点。这个问题是由对中国社会的历史与现实和对马克思的亚细亚生产方式的观点的重新认识引发的。现在多数人对原有的“定论”已持否定意见。但是，否定东西方社会发展的“五阶段共同论”，承认东西方社会发展各自的特殊性，并不意味着否认人类社会发展的更普遍的、总趋向的一致性。如历史发展到近现代，东西方各国都存在由传统的、落后的农业社会或其他前现代社会发展为现代社会的可能性和现实性。这就是以社会现代化为研究对象的发展理论的前提。那么，已经、正在或将要先后走上现代化道路的东西方各国的现代化是否具有共同的特征、共同的规律呢？如果有，是否就只存在一种现代化模式呢？这便是我国社会学界关于发展理论讨论的第一个热点。

现代化是以商品经济的发展为物质基础的，而现代商品经济的发展就其本质和必然趋向就是世界性的，它要求开拓尽可能广阔的原料来源和产品市场。16 世纪以来的世界资本主义商品经济的发展，航海、探险事业的延伸，把原来不相往来的人类群体和地区一个个沟通起来。19 世纪工业化的扩张，交通和各种信息传播媒介的发展，各种地域的、民族的以及政治的和意识形态的壁垒与界限不断被打破。尤其近几年区域的和全球的一体化，各国经济、社会、政治、文化发展的互动日趋紧密，誓不两立的两大阵营军事对峙的严峻局面已大为缓解，两种社会制度和意识形态的斗争采取了新的斗争形式，出现了第二次世界大战后从未有过的新格局，正在形成国际关系的新秩序。从世界各大区域来看，在北美，美、加两国的市场已经融为一体；在中小国家林立的西欧，经过长期发展组成的共同体即将进一步实现市场的统一；东南亚、南美、阿拉伯世界……也各自加强了其地域性的经济、政治、文化以及军事的整合。同时，各地域之间的相互交流也越来越频繁。就我们中国而言，不仅已提出了“一国两制”的设想，而且大陆和台湾的人员、物资、思想文化及其他各种信息的交往的增加，港澳指日可待的回归，使海峡两岸的中国人、海内外的华人正在现代化的大道上重新聚合、重新认同。

发达国家和发展中国家的实践证明，尽管世界各国和地区的现代化起步的时间先后不一，内外条件也不一样，但是当其现代化发展到一定阶段的时候，从经济、政治、社会、文化到个人的思想观念都会出现类似的现象。例如，虽然早发达国家与后发达国家的不同历史条件、沿海地区与内陆地区的不同地理环境、东方民族与西方民族的不同文化传统、社会主义国家与资本主义国家的不同政治制度，使现代化的过程和特色呈现很大的差异，然而在现代化的准备、起步、发展和实现的各个阶段上，在科学技术、生产力和经济发展水平方面，在社会结构和社会变迁方面，在政治、法律、民主制度的完善方面，在社会成员的教育、文化素质和价值观念方面，到了一定时期都会出现一些相似现象，有些甚至是惊人的相似。而且，许多方面发展程度的接近和差距，都可以用社会经济发展的指标体系来进行相当精确的计量和比较。世界各国，哪怕现在看来是最没希望的国家，如果它不在现代化的竞争中被淘汰（如我们所说的被开除“球籍”），就或迟或早必定要走现代化之路。而任何一个国家或地区，一旦实现了现代化，就必定呈现出现代化社会的一些可以量度的共同的基本特征，这就是现代化的共性和普遍性。由于现代化是从西方开始的，经过几个世纪的发展，西方在经济、政治、文化等方面远远超过了东方，使相当长的时期在西方盛行只有西方适合工业化和建立民主政治，而东方则注定只能永远停滞于农业社会、实行君主专制的观点。但是近一个世纪以来，尤其20世纪80年代以来，东方一些国家和地区现代化的成功和迅速发展，已使这种西方优越论日趋衰落。

事实上，每一国，或一类地区，或一类国家的现代化进程，由于其时代、地域、民族、文化传统、政治制度、意识形态等内外条件、因素和机遇不同，或多或少都会呈现出各异的特点。不仅西方欧美现代化的过程和特点不同于东方后发达的日本及“亚洲四小龙”，就是最先发达的西欧国家英国与同属西欧的早期后发达国家法国也有明显的时代和民族的差异。可以说，每一地区、每一国家的现代化的成功，都会创造出一种新的模式，只是差异大小不同罢了。这就是现代化具体模式的多样性、变异性和个性。现代化的生命力、人类社会历史的生命力，恰在于这种多样性和变异性，现代化理论研究的无穷韵味也正出于这种丰富多彩的实践。

还要指出的是，这种共性和个性的区分本身也具有相对性。如西方早发达国家各国都具有自己的个性，它们又具有与非西方后发达国家不同的共性。这种共性就西方发达国家的范围来说是共性，而就世界范围内先后发达起来的所有国家来说又是一种特殊性。反之，如东方“汉文化圈”中的日本和“亚洲四小龙”的现代化，亦具有西方较先发达的国家的发展过程所不具有的共同的特性。社会主义国家与资本主义国家在现代化的过程中自然也有其共同性，然而，社会主义国家在改革中却碰到了资本主义发达国家所没有的一些经济、政治和社会难题；而资本主义国家也有自己的社会矛盾和困扰。可见，现代化模式的共性和个性的区分，也是相对的、具体的，具有多层次性和特定范围。

我们研究现代化理论的任务就是一方面要找到先后发达的国家、东西方不同民族和文化传统的国家最一般、最普遍的规律，共同必备的条件、手段和基本要素；同时要找到作为后发展国家、改革中的社会主义国家、汉文化圈中的东方国家这几种不同类型的特点和规律，就更要特别花力气具体研究我们中国这样一个最大的东方社会主义国家的现代化的特殊性。

这一现代化的共性与个性的关系，正是发展理论的精髓所在。

（二）现代化的整体性与分层次推进

从一般发展理论进到中国现代化的具体历程和理论的研究，人们集中地讨论了现代化的内涵、现代化模式的选择和现代化的实施程序。

由于中国是在帝国主义列强侵略的冲击下被动地走上现代化的道路的，对现代化的内容不可能从一开始就有全面认识，也不可能自为地选择切实可行的理想模式有计划地实施。中国的第一个现代化运动是洋务运动，它是从器物层、现象层入手的。先学洋人的船坚炮利，致力于枪炮火药和船舰等军事工业；以后进一步扩大到交通、纺织、食品等民用工业。由于没有相应的政治、文化改革的配套，特别是由于政治的腐败，导致军事的失利。洋务运动虽然以 1894 年中日战争失败为标志破产了，但是它的影响并没有随洋务运动的宠儿——北洋舰队——一同沉没于海底。相反，正是洋务运动引进了近代新的生产力，孕育了中国第一代产业无产阶级并催生了中国新兴企业家阶层——尽管为数甚少而且很不成熟，从而开始了中国旧的社会结构解体，新的阶级、阶层，新的社会结构的形成过程；同时，正是从洋务运动派遣出国留学、办洋务的人员中，产生了维新运动乃至资产阶级民主革命的先驱，引进了近代思想文化新风。甲午战败的巨创深痛，引起了举国上下的剧烈震动，于是，维新志士便把改革政治制度的历史任务提上了日程，酿出了悲壮的百日维新的史剧，标志着中国的现代化运动推进到了第二个层次——政治制度层。维新变法不但是政治改良运动，更是中国近代思想文化启蒙运动的先导。不过，维新变法的思想启蒙运动正如它在政治上还戴着皇冠、穿着朝服、采取托古改制的形式一样，在思想文化宣传上，也是以我注“六经”的形式来达到“六经”注我的目的，力图在“旧瓶里装新酒”。维新变法的失败、义和团对维新的反动、辛亥革命后闹得乌烟瘴气的封建军阀的复辟活动，证明了中国旧的社会基础和封建政治伦理文化的惰性力量的强大，甚至连像维新变法时期康有为、严复那样的思想先驱，也一头扎进旧瓶子里爬不出来了。一幕幕历史悲剧引起中国先进知识分子更进一步的反思，这进一步的反思便把文化的变革正式推上了前台。“五四”新文化运动标志着中国人的现代化的真正开始。“五四”以后，中国又经过了 70 年的政治、经济、文化变革，但始终未达到对现代化的科学的、全面的认识。经过对历史的反思、对实践的总结和对各种发展理论的综合研究，当今中国学术界对现代化的理解正逐步从世俗的常识性理解上升为较为科学的全面的理解，大体已达成这样一种共识：现代化是包括经济、政治、社会、文化、教育、科技在内的整体性系统工程。从中国的实践看，现在还未把各方面的配套改革和发展协调好，但比起十年前无论在实践上还是在认识上都已有了显著的进步和提高。1987 年中国共产党第十三次全国代表大会总结了改革九年来的经验，通过决议：在社会主义初级阶段，中国共产党建设有中国特色的社会主义的基本路线是“领导和团结全国各族人民，以经济建设为中心，坚持四项基本原则，坚持改革开放，自力更生，艰苦创业，为把我国建设成为富强、民主、文明的社会主义现代化国家而奋斗”。既明确规定了中国现代化的目标和性质，也确定了实现这一目标的操作手段。

现在我们已认识到经济、政治、文化等各大子系统的协调改革和发展的必要性。可是反观我国现代化的历史进程，经济、政治、文化、社会的发展，在不同时期、不同地域和不同社会阶层中的推进都很不平衡。

就人的现代化来说，从中国社会各阶级和阶层看，先是得新风之先的知识分子阶层（先驱），而后是以不成熟的近代商品经济为基础的不成熟的资产阶级和同样不成熟的无产阶级（都受着封建压迫，发育很不健全），最后是地主阶级和农民。中国的地主阶级小部分在新中国成立前已经或正在向工商业者转化，大部分在新中国成立后被消灭（多数转化为被专政的农民，改革以后这部分人获得了合法的公民权利）。中国农民是随农业自然经济的解体而逐步转化为工人及其他非农业劳动者的，这个转化的速度如同中国的现代化速度一样缓慢而曲折。1978 年以后，中国大陆农民才开始大量地从传统农业自然经济的承担者向商品生产者转化。中国社会各阶层的现代化最根本、最艰巨的任务就是最贫困、最落后、最分散而又人数最多、几千年来作为中国封建宗法社会最广泛的社会基础的农民的现代化问题。今后随着现代化的发展、社会分工的发展，需要而且必然会出现社会结构和功能的进一步分化。因此，重要的不是简单地宣布事实上存在的阶级和阶层差别的“消灭”，也不能止于取消“以阶级斗争为纲”，而是要使作为社会分工载体的社会各阶级、阶层在现代化的过程中逐步到位和整合，以实现全社会的和谐发展和社会现代化的有序推进。这一点对于经济、政治、文化的现代化都很重要，尤其对于政治改革更是一个根本问题，亟须进行深入调查研究以做出科学的决策。

就地域看，中国是一个幅员辽阔的国家，各地自然环境存在很大差异，经济发展很不平衡，近代的商品经济是由东南沿海逐步向内地推进的。新中国成立以后我们不切实际地企图很快实现各地经济发展的平衡，结果原来的落后地区虽然打下了一些工业基础，但并没有达到预期的发展效果，而原来基础较好的沿海工业基地则由于过量“抽血”，得不到应有的补偿和增长动力，又伤了后劲，从而影响了全国整体的发展速度。直到 1978 年以后，特别是近几年，我们才较为自觉地承认差别，分层推进，确立了由不平衡逐步达到较为平衡的辩证发展的战略。第七个五年计划明确把中国分为东部、中部、西部三大地带，加快沿海地区的发展，带动内地滚动式前进。这是认识上和实践上的一个很大提高。这种大的地域的分层推进，自然也需要较长的时间。其实，不仅全国的现代化须分层推进，就是像江苏、安徽这样一些面积仅十来万平方公里的小省，苏南、苏中、苏北、皖南、皖中、皖北的经济发展水平和经济结构也都存在明显的差异，也得在承认差别的前提下分层推进。如日本那样的国家，也是先集中力量于本州东南太平洋沿岸和濑户内海沿岸的发展，形成生产密度[①]很高的临

① 生产密度：现代经济学概念，指可居住面积每一平方公里平均人口、产值和能源消耗量。

海工业地带，待力量具备的时候，再向北部、西北部等生产密度低的地区大力投资，以达到全国生产密度的进一步增大，从而逐步缩小地域的差距。

经济、政治、文化、教育、科技等各子系统大体同步的改革和协调发展与在社会各阶级、阶层和不同地区的分层推进，这就是中国的发展战略与具体发展步骤的辩证理性。

（三）西方文化与中国传统文化的关系

作为社会学研究对象的非经济因素——文化问题，在近几年现代化讨论中是一个特别“热门”的问题，这是因为中国特有的根底深厚的主体文化在现代化过程中与西方文化发生了最强烈、持久的碰撞。

相对于东方世界，西方早发达国家即先实现现代化的国家首先形成了现代化的基本特性，非西方后发达国家和发展中国家的现代化都是由西方引发的，这是一个不可否认的历史事实。无论是近代的科学技术、生产力还是民主主义等，都是由西方传播过来的，不能把西方文化仅仅褊狭地理解为西方资产阶级文化。

但是，即使对待马克思主义我们也不可全盘照搬。因为我们在地域上是东方国家，现代化就只能是东方式的。日本在一个多世纪以前就已提出“脱亚入欧”的口号，刻意学欧，而且第二次世界大战后在美军占领和管制下进行了美式的强制性改革，但是它实现的却是“青出于蓝而胜于蓝”的日本式现代化。我们是后发展的社会主义国家，我们不能走靠侵略、掠夺别国来发展资本主义的老路。我们有我们时代更好更多的国际经济、科技、交通和信息交流的条件与较为和平的国际环境，因此，我们后发展的现代化就必然具有不同于早发达国家及其他已发达国家的特点。特别是像我们中国这样一个自古以来形成了自己深厚的传统文化、人口众多的文明古国，在现代化过程中就不能不更具特色。

我们不可能“全盘西化”，也不能一切守旧。对于西方在资本主义文明开创以来几百年间积累的科学文化、经济等成果，我们吸收和掌握得还很少、很浅。我们以现代观念去对我们固有的传统文化进行分析批判和吸收的能力也很有限。我们无论对马克思主义还是对资本主义的经济、政治或是文化的研究和理解都尚处于一知半解、似是而非的状态。西方文化不与中国的实际结合、不本土化不行，但是由于传统文化根底深、势力强大，“中国化”也存在被旧文化“俘虏”的危险。正如鲁迅痛切指出的：“每一新制度，新学术，新名词，传入中国，便如落在黑色染缸，立刻乌黑一团，化为济私助焰之具”。“此弊不去，中国是无药可救的。”① 现在有些人常以日本、“亚洲四小龙”以及海外华人的成功为例来论证“儒家资本主义”的成功，却忘了一个根本事实，那就是这些地区恰处于沿海和海外，传统上本非儒家文化的发祥地，而是“汉文化圈”的边缘地区和外辐射地区，近代又得西风之先，“西化”对这些地区的影响比中国大陆更早、更快、更大。而且，即使像新加坡、中国台湾当局如何提倡儒学和传统道德，日本如何维护民族文化，在价值观念和生活方式上不管老一代怎么不安和警告，依然是一代比一代更西化。自然，发展到极端，这种倾向也会向反面转化。

由于东方的现代化毕竟是在东方的土地上由东方各国人民在其固有的文化基础上的创新，对于以往的文化积累自然不可采取虚无的态度。尽管从整个文化形态看，相对于西方文化，它有其落后性，但毕竟是创建新文化的基础。拥有较发达的旧文化基础的地区，比旧文化基础落后、单薄的地区又具有较为有利的进行现代化的文化条件，因此，这些地区的现代化发展较快。事实上，在西方，近现代文化正是脱胎于高度发达的传统文化。在后发达的东方国家和地区，也是原有的经济文化发达的地区更宜于接受近现代西方文化。如中国封建末期，经济文化比较发达的东南沿海和长江、珠江下游地区吸收起西方新文化来快些；相反，经济文化相对落后的西北、西南地区，要进行现代化就更困难。

同时，对传统文化的批判继承也只有站在更高的境界，才能进行更科学的分析和择取，承转于新文化中，使有价值的东西放出新的异彩。因此，对西化与传统文化的关系只强调“不破不立”是片面的，这忽视了人类文化的积累和承转的发展规律；同时，否认文化的时代性，看不到文化的功能和价值随着时代和社会的变迁而发生的变化，企图用旧文化的僵尸来充塞新时代的空间，甚至用来对抗、排斥和取代外来文化的输入与新文化的建设，则是反现代化的。中国和世界文化的唯一出路是东西文化的结

① 《花边文学・偶感》，《鲁迅全集》第5卷，第48页。

合。这两大文化体系空前深广的交汇，其撞击力、聚合力、放射出的能量、后果和影响，都将是空前的，它必将导致真正的世界文化的壮丽日出。

（四）进向工业社会与后工业社会的矛盾

作为一个东方的后发展国家，我们在发展条件上不仅与西方早发达国家存在地域和民族的差别，而且存在着几个世纪的时间差，这种后发展条件便带来了一系列后发展效应。我们可以吸取和借鉴早发达国家的经验和成果，同时以发达国家的弊病为戒，尽可能少走一些弯路，这是我们追赶发达国家的最有利的客观条件。

但是，早发达国家的弊病又使我们增添了顾虑——当我们被动地进向现代化时，早发达国家已走上侵略道路，甚至已进入帝国主义时代，资本帝国主义内在的弊病与向外的作恶日益显露出来。因此，在中国人学习西方的同时，又往往对西方资本主义怀着恐惧和仇恨的感情，产生出民粹主义和主观社会主义的空想。这是后发展国家，尤其是农业文明根基深厚的后发展国家走上发展道路时，经常出现的普遍心理障碍，也是“迟发展效应”中最重要的不利因素之一。在俄国以东的后发展地区，这种民粹主义的、主观农业社会主义的空想的幻影一直迷惑着许多人①，我们社会主义现代化理论的探索的任务，就是要从这种幻想中脱出，实事求是，认清我们所处的“社会主义初级阶段”的实情，找到我们的现实的路。

今天，在我们的现代化重新上马、舆论大作的时候，我们又看到了一种类似的文化“超越”与复归的现象：在已实现工业化的发达国家，现在面临的是工业化以后的问题，即后工业社会的新问题。历史的螺旋式前进，要求在丰富的物质文明的基础上建立更高的精神文明，而为了构建这种文明，发达国家的学者又把搜寻的目光重新投向了古代，投向了东方。在发达国家，人们对本国现代化的追求和理论探索的热情已经逐渐消歇，如日本在五六十年代热衷于现代化研究的许多人，现在除少数外，已转移了自己的兴趣，甚至不无遗憾地对日本式的现代化的实现发出叹息，衷心希望中国不要搞日本式的现代化为好。

中国和已发达国家处于显然不同的发展阶段。在已工业化的国家和地

① 参见列宁《中国的民主主义和民粹主义》等论文。

区，吸取一些东方古典文化思想资料，对丰富其文化生态、构建新文化当然是有所裨益的；然而在封建宗法势力仍然相当浓厚、儒家文化的发源地中国来唱尊孔崇儒的老调子，确实不合时宜。这就是为什么“新儒家”今天在国内虽有人应和却遭到了更激烈的反对的缘故。我们要清醒地认识前工业社会与后工业社会的不同历史阶段的不同任务，坚定不移地首先努力完成现代化特别是工业化的任务，同时要认真研究现代发达国家的社会实际，更自觉地迎接后工业社会的来临。中国近现代出现过多次复古倒退的逆流，也做过多次试图超越历史发展阶段的美梦，我们要记取这些教训，先踏踏实实地走好工业化这一步，同时注意精神文明建设，然后再奔向后工业社会，不能再开倒车，不能再企图主观地超越历史，也不能犹豫徘徊。当代中国现代化所需要的文化的主旋律应该是现代化的进行曲，而不是旧文化的挽歌。

现代新儒家的理论背景是流行于西方发达国家的文化相对主义。虽然如前所述，对历史上特别是东方究竟经历过哪几种社会形态，在国内外学术界都颇有争议，但是站在发展中国家的立场上来看待社会发展问题，天然地首先会从最实际的物质生活出发来看科学技术、生产力、经济发展水平和生活消费水平等方面与发达国家的明显差距，容易承认社会形态有先进与落后之分。正因为承认现代工业社会比传统农业社会先进，并且传统农业社会可以进发到现代工业社会，才提出了前工业社会国家进向现代化的发展任务。对于文化的先进与落后之分，本来在进化论和辩证法（按列宁的说法，马克思主义的辩证法就是最新的科学进化论[①]）行时的时候，也是不成问题的。但是，由于西方殖民主义曾经以社会达尔文主义做武器去侵略、压迫、欺凌落后的民族，于是，一些人便起而以文化相对主义来反对和抑制殖民主义的文化优越论，反对殖民主义的民族压迫、奴役、歧视和灭绝政策；同时，世界各国，特别是非西方国家的经济和文化的现代化显示出了各民族多样化的成功的发展模式，使思想文化呈现出相应的多元发展趋势；还有自然科学中的相对论取代进化论的勃兴；再加上发达国家在实现现代化之后现代化（包括文化的现代化）的新的弊病（即“现代化病”，包括现代化的文化病）显露出来了，出现了对现代化感到厌倦甚

① 《列宁全集》第21卷，第212页。

至反现代化的情绪和思潮，与这种思潮相伴的便是文化上、精神上向自然主义、古典主义、东方文明的回归和反顾。由于上述诸方面原因的共同作用，在文化人类学和文化哲学的学术研究上便出现了颇有影响的相对主义思潮，如日本在19世纪明治维新以来的相当长的时期内，文化进化论本是相当盛行的，但是近几十年随着日本科技、经济的高度现代化，文化相对主义在日本也有了市场。这种文化相对主义思潮近年也被介绍到了中国。

无疑，社会文化具有不同于自然科学的特性，进化与退化、先进与落后也都是相对的。但是，社会文化与整个社会经济生活及人们对自然和社会的认识（科学便是其正确认识的结晶）又是不可分的。文化自身与一切其他事物一样都有其二重性，文化的先进与落后也有相对性，但是相对中有绝对。只承认文化的相对性而不承认相对中有绝对的形而上学观点，显然是与经济、文化的整体性，文化与整个社会的科学技术、经济及政治发展相关的事实不符的。在实践上，尤其与处于我们这样一个文化、观念落后的发展中国家进向现代化的努力是相悖的。因为否认这种相对中的绝对，否认文化的先进与落后之分，逻辑的结论就意味着取消任何文化改革的必要性和文化改革的任务与目标，放弃文化上的进取。我们提倡宽容的现代精神，主张文化的多样性，以涵养现代文化意识，自然要尊重（至少应该容许）包括儒家文化在内的一切结果的与不结果的花朵的存在。但是如果幻想出现什么儒学的第几期的繁荣时代，以“新儒学”作为中国式的现代化的代表性的文化形态，至多是一厢情愿。基于文化相对主义导向否认社会发展的规律性，进而否认现代化的必要性和历史的进步性，甚至借此搞复古倒退，就只能使未实现现代化的国家放弃现代化的努力，永远停滞于不发达状态，这是违背38亿不发达国家的人民的利益的，是与正在为实现社会主义现代化而奋斗的中国人民的伟大进军背道而驰的。

（五）“后发展效应”的二重性

“后发展效应”或曰“迟发展效果”，系指在早/内发国家已实现现代化的背景下，后/外发国家在发展时所产生的特殊效应。这个问题一直是发展理论研究中的热门话题。由于在中国“后发展效应”体现得尤为集中、突出，在当前中国现代化问题的讨论中也更为热烈，既有专题讨论会，也有专论。

这些讨论提出了许多有理论和实践意义的见解，对于中国的现代化是有裨益的。但是，这些讨论笔者认为也有共同的、形而上学的片面性，即对“后发展效应”多仅仅从消极方面理解。如有的论者归纳出落后国家走向现代化的十大难题，即是一个典型。这“十大难题”是：①发展道路和战略目标难以选择；②先进文化输入所引起的社会机体的功能紊乱难以调理；③日益严重的“急性病”难以克服；④传统重负难以摆脱；⑤落后心理难以清除；⑥经济发展不平衡难以改变；⑦消费膨胀难以抑制；⑧人才外流难以控制；⑨政治上难以安定；⑩旧世界经济秩序的“马太效应”难以克服。[①] 这十点都是有一定事实根据的，作者花力气做了这样系统的归纳是应该肯定的。但这毕竟仅是事物的一面。凡事都有其二重性，后发展效应也是如此，它除了有上述困难的一面外，与此对应的还有其积极的、有利于发展的一面，而且，在我们看来，这对于力图赶超早发达国家的后发展国家来说是更为要紧的一面。唯其如此，后发展国家才可能在一定时期赶上，甚至后来居上，超过发达国家。世界各国、各地区现代化的历史进程本身就是最好的证明：最早实现现代化的是英国，接着是法国和美国，然后是德国，再后是俄国和日本，现在是“亚洲四小龙”，发展起步后一个比一个发展快。从全球宏观大趋势看，当今环太平洋地区正在超过现代化的摇篮环大西洋地区。世界历史发展的天平是怎样发生这种倾斜的呢？正是“后发展效应”的积极面的体现。即以上述“十大难题”为例，我们也可以分析出相对应的十大有利因素。

1. 可以借鉴早发达国家的经验，少走弯路。越是后发展国家，可供比较选择的模式和经验越多，可取众家之长，为己所用。正如孙中山所说：例如，西洋人最初航海到东方来，要经过探险，绕道非洲好望角，艰难曲折，而我们却可以选择现成的最近的航线，通过苏伊士运河直达欧洲。因此，他提出了后来居上、“迎头赶上”的著名论断。这已经和正在被一系列的发展事实所证明。有可借鉴与无可借鉴是大不一样的。

2. 有先进文化的输入，可缩短文化更新的过程，并能形成文化杂交的优势。外来文化的输入造成或长或短的“社会机体的功能紊乱”是难免的，这里面确有痛苦，但它是新文化受孕、怀胎、分娩的痛苦而又欣快的

① 参见《理论教育》1989 年 1 期。

过程，而且所产生的新文化具有本土文化与外来文化结合的杂交优势。中国近现代文化的发展、社会的进步，日本及其他东方国家和地区的现代化的成功和进步，都得益于这种文化的输入。

3. 打破了夜郎自大、故步自封的迷梦，才能立起直追。在西方资本主义挑战扣关之前，中国的统治者长期沉醉于“天朝帝国”自大的迷梦中，正是资本主义列强包括日本的崛起，给我们一次一次振聋发聩的教训，才使中国人逐步清醒过来，救亡图存，走上了民族自新的现代化之路。诚然，在实现中国现代化的过程中，我们一代代人都有过急于求成、欲速不达的失误。但激发起来的这种进取精神是十分可贵的，正是现代化的动力。而对于现代化的规律的认识，也只有在这种百折不回的奋斗过程中，逐步认识，从而逐步克服“急性病”，从失败和挫折的教训中走向成功。

4. 为克服“传统重负”提供了日益强有力的冲击力量。正如近现代许多革新者所指出的那样：像中国这样具有悠久的历史的国家，传统重负的确很难撼动，若不是近现代以来外来的新的进步力量的冲击（如马克思主义的输入），自己是很难改变的。而现代化恰是一个世界性的现象，对于后－外发国家来说，外来的冲击力对打破这种传统状况起到了突破作用，而随着国际交往范围的扩大，尤其是信息时代的到来，将加速这种“传统重负”的解体，促进现代化的发展。

5. 在奋进中有利于克服落后、消极的心态。“消极悲观、无所作为”的落后心理，既然是“因落后”而形成的，那么，随着发展的每一成绩的取得、每一个进步的实现，这种心理便会逐步消除。“无所作为的心态”正是“无所作为”之故；有了发展的“作为”，“无所作为的心态”也就会得到改变，成为有作有为、积极进取的心态。这也可以说是一个“马太效应”的心理转换过程。

6. 有利于加速由不平衡到平衡的经济增长。无论是早－内发国家，还是后－外发国家，各地区的经济发展都是不平衡的。英国工业革命首先起于英格兰东南部泰晤士河流域，然后才向威尔士和苏格兰推进，至今这三大地区的经济密度仍存在明显的差距。日本经济的地域分层推进和地区差已如前述。苏联的西部与东部、南部与北部的差距更大。美国由东向西的推进、加拿大南北的悬殊差距、澳大利亚内陆与东南沿海的天壤之别，都是尽人皆知的事实，都只能因地制宜，一部分地区先发展起来，逐步带动全国的经济发展。各部门经济结构的合理配置，也都有一个完善过程。重要的是先要有一部分地区、一部分产业部门先启动起来；由不平衡逐步实现较为平衡、协调的发展，对此前已论及，不再赘述。

7. 可以把急于提高生活水平的强烈欲望转化为发展生产的动力。发达国家与落后国家生活水平的巨大差距，在落后国家的确容易引起强烈的消费欲望，如果不恰当地放纵这种消费欲望，形成超前消费膨胀，是有害于发展的。但是如果像我们在五六十年代已经做过的那样，或像第二次世界大战后相当长时期内日本、韩国等国那样，把争取更美好的生活作为激励发奋图强、艰苦奋斗的动力，这种提高生活水平的欲求就会转化为创业的积极力量。在这个问题上，国家的政策控制和教育宣传导向很重要。

8. 可以借助发达国家的教育设施和提供的人力、物力培养人才。中国的近现代新式教育是在打破闭关自守、开放以后才有的。中国近现代的许多优秀人才，从科学技术到社会文化到政治领袖人物，是从国外留学归来或接受过外国学者教育的。当然，“人往高处走，水往低处流”，人才外流又的确是落后国家的一大损失和在发展过程中难以解决的难题。但是，从开放的总效果看，从人才培养方面看，也是利大于弊（更有利于人才的培养），而不是得不偿失。因此，我们要坚持开放，还要进一步扩大人才交流。当然，我们应尽可能地改善我们的工作、生活和政治等各方面的环境，同时加强社会主义、爱国主义和民族自信心的教育，以吸引更多的人才回归，提高我们的人才“回收率”和外籍人才的引进率。

9. 有助于加速社会的革新和社会进步。不发达国家在受到现代化的外力影响之前，在踏上现代化征途之前，都处于前现代社会（封建社会和前封建社会）。随着现代的新生产力、科学文化和政治法律制度的输入，现代化发展过程的开始和深入，旧的传统经济、社会、政治、文化结构逐步解体，新的经济、社会、政治、文化因素逐步成长。这个由传统的经济、社会、政治、文化结构体系向现代结构体系的转化过程是一个充满矛盾斗争甚至激烈冲突的复杂变革过程。其间在发展中国家会长期存在经济、社会、政治、文化等各方面的动态的二元结构。这就是发展中国家政治上及社会生活方面难以稳定的根本原因（它是由内外因素相互作用形成的）。这种新陈代谢的过程就是社会发展的过程，社会进步的过程，走向现代化的过程，其中包括像中国旧民主主义革命和新民主主义革命那样激烈的革命，舍此，落后、腐朽的封建王朝统治的结束和社会现代化的快速发展是不可能的。在殖民时代的殖民地半殖民地国家，人民还须通过斗争取得民族的政治独立，才能自主地发展经济文化。其实西方发达国家在由传统社会走向现代社会的过程中，也经过了激烈的变革，经过了内部和外部的无数次战争（其中尤以两次世界大战为烈）。不过，像中国这样在一个半世纪内经过那样多内忧外患，战争和政治动乱那样频繁，规模之浩大，破坏之惨重，在其他国家是不多见的。现在在我们已经取得了民族独立、主权在握，并且已确定了自己的发展战略和路线，走上了发展之路以后，确保一个长期的、稳定的发展环境就成了最要紧的条件，这就要求在改革和发展过程中因势利导，处理好各种社会矛盾、利益关系。尤其要坚决地克服相反相成、互为因果的两方面的致乱因素：一是要坚持不懈地清除腐败和官僚主义；二是要时刻警惕和防止具有相当广泛的社会基础的无政府主义、极端民主化等“自由化”倾向。解决的途径就是加强民主与法制建设并不断调适，而这本身就是政治改革的任务，是政治现代化的任务。

10. 事物向对立面转化是比“马太效应”更强有力的、长期起作用的普遍规律，这是为无数事实证明了的，保罗·肯尼迪（Paul Kennedy）的《大国的兴衰》提供了新的、系统的、令人信服的分析。而且，当今世界经济秩序的天平恰正处在向有利于东亚和太平洋区域倾斜的转变期。20 世纪 80 年代以来到下个世纪相当长的时期将是“亚洲太平洋世纪”，这不是幻想，而是科学的预见和正在演化的事实。作为后发国家，可以利用先发国家既有的各方面的经验和成果，节省大量人力、物力，大大缩短探索时间；因落后而激发起的变革、艰苦创业、发奋图强、努力赶超的进取精神则是后发国家克服“马太效应”的内在动力。中国这十年的发展速度无论与中国过去的发展速度比，还是与当今世界同一时期其他任何国家的发展速度比，抑或是与历史上其他国家在同一发展阶段上的发展速度比，都是较快的。这就是中国将在下个世纪的某个时刻进入发达国家的行列、实现现代化的历史任务的征兆。

参考文献

阿·汤因比，1986，《历史研究》，曹未风等译，上海人民出版社。

阿·汤因比、池田大作，1985，《展望二十一世纪》，荀春生等译，国际文化出版公司。
安德鲁·韦伯斯特，1987，《发展社会学》，陈一筠译，华夏出版社。
奥尔利欧·佩奇，1985，《世界的未来——关于未来问题一百页》，王肖萍等译，中国对外翻译出版公司。
巴勒克拉夫主编，1982，《泰晤士世界历史地图集》，毛昭晰等译，三联书店。
保罗·哈里森，1984，《第三世界——苦难、曲折、希望》，钟菲译，新华出版社。
保罗·肯尼迪，1988，《大国的兴衰》，王保存等译，求实出版社。
C. E. 布莱克，1988，《现代化的动力》，段小光译，四川人民出版社。
丹尼尔·贝尔，1986，《后工业社会的来临》，高铦等译，商务印书馆。
范业强等，1988，《寻求发展的社会》，华夏出版社。
弗朗索瓦·佩鲁，1987，《新发展观》，张宁等译，华夏出版社。
胡格韦尔特，1978，《发展社会学》，白桦、丁一凡编译，四川人民出版社。
吉尔伯特·罗兹曼主编，1989，《中国的现代化》，陶骅等译，上海人民出版社。
林毓生，1986，《中国意识的危机》，贵州人民出版社。
陆象淦，1988，《发展——一个受到普遍关注的全球问题》，重庆出版社。
陆一主编，1988，《球籍：一个世纪性的选择》，百花出版社。
罗荣渠，1989，《从“西化”到现代化》，《人民日报》2月26日。
马家骏、汤重南，1988，《日中近代化の比较》，六兴出版。
马克斯·韦伯，1986，《新教伦理与资本主义精神》，黄晓京译，四川人民出版社。
奈比斯特，1984，《大趋势》，梅艳译，中国社会科学出版社。
秦麟征，1987，《后工业社会理论和信息社会》，辽宁人民出版社。
让-雅克·塞尔旺-施赖贝尔，1985，《世界面临挑战》，朱邦造等译，三联书店。
森岛通夫，1986，《日本为什么“成功”》，胡国成译，四川人民出版。
宋书伟等编，1987，《现代社会发展研究》，新华出版社。
孙立平，1988，《社会现代化》，华夏出版社。
谭崇台，1985，《发展经济学》，人民出版社。
托夫勒，1984，《第三次浪潮》，朱志焱等译，三联书店。
萧功秦，1986，《儒家文化的困境》，四川人民出版社。
许涤新等主编，1985，《中国资本主义发展史》，人民出版社。
姚亮，1988，《发展：寻求再生之路》，学术出版社。
姚鹏等，1987，《改革·探索·选择》，人民出版社。
赵德馨主编，1988，《中国近代国民经济史教程》，高等教育出版社。

1990 年

评价农民生活水平的综合指标体系及其应用*

李培林　丁少敏

1949年以来，特别是改革十年以来，我国农民的生活水平发生了令人瞩目的变化。但是，如何评价农民的生活水平，目前尚没有一套成熟的科学方法。我们认为，对农民生活水平的分析不应只凭经验的估计和统计数据的直观结论，而要建立一个较为完备的衡量指标体系，这对我国这样一个农业大国来说，尤为重要。本文拟以山东陵县①县情调查为背景，对建立这一指标体系做一探索。

调查分析表明，目前比较适合于我国国情的衡量农民生活水平的综合指标体系应该包括这样五个指标：口粮水平；收入水平；消费水平；消费结构；食品结构和营养水平。

一　口粮水平

在过去相当长的一个时期，我们对农民生活的估算有一个质朴的标准，就是以农民的口粮水平来计算。所谓口粮水平，就是指农村居民人均主食用粮的数量。这是因为长期以来，农村经济处于自给半自给状态，绝大多数农民经济来源的主体是实物收入，其中主要是粮食，直接的货币收入微乎其微。农民日常生活所需的零钱一般来自家庭小副业，如养鸡、鸭等；稍大一点的花销如买衣、盖房之类则仍要依赖卖口粮所得货币的累

* 原文发表于《社会学研究》1990年第2期。

① 陵县地处鲁西北，具有黄淮海平原农村的主要特征，其经济、社会、政治等各方面的状态在我国农村都具有相当的代表性。中国社会科学院农村调查组自1983年以来在此设置农村发展研究基地，已连续追踪调查7年。

积。因此，口粮水平就成为通行的衡量农民生活水平的主要标准。这个指标不论在横向上（即不同地区之间）还是在纵向上（即不同年份之间），都具有可比性，能比较客观地反映当时条件下农民生活的水准及其变化。加之自合作化以来，农民人均口粮易于统计，具有简单明了、易于操作的优点，因此，新中国成立30多年中一直沿用口粮水平作为衡量我国农民生活水平的主要标准。例如陵县在新中国成立初期，人均口粮只有150公斤左右，这个水平一直延续到70年代末（不包含1960年前后三年的特殊时期），其间，丰年时有175公斤左右，歉年时维持在125公斤左右，体现了这30年中陵县农民生活水平提高不大的总体评价。

1979年以后，家庭联产承包责任制逐步推开，粮食连年增产，陵县1984年人均口粮达到246公斤，1985年达到266公斤。1985年以后，由于农业出现徘徊，1987年人均口粮降为249公斤，1988年又降为236公斤。但这时已不能简单地用口粮数量之比来说明生活水平的变化。这主要是因为农村经济结构的变化使得农民的经济来源已不再是单一的口粮部分，而呈现出多元化结构的格局。随着农村经济向商品经济转化，粮食作为农民经济来源的主体地位下降了，许多经济发达地区的农民转向务工、务副、经商等，口粮水平对于他们已不是生活水平的唯一标志，而是像城镇居民一样只是满足吃的“定量”而已。在多数地区，除口粮以外的经济收入大大增加，即使是陵县这样一个地地道道的农业县，据1988年对农村600户的分段取样调查，在农户全年总收入中，粮食收入仅占28%，其中口粮收入又仅占粮食收入的37%，年末尚有18%的当年粮食结余，加上上年结存，共占粮食总收入的61%。1988年，人均余粮391公斤，扣除饲料粮和种子粮，年末人均结存口粮221公斤，足够吃一年多（由于农民在自报余粮时都打了折扣，估计实际余粮数还要多一些）。这说明，1985年以后虽然人均口粮有所下降，但农民的温饱是有保障的。

由此可见，口粮水平只是在农村处于生产力低下、农民尚未解决温饱阶段时，可以低层次地反映农民的生活水平。随着农村经济的发展，多数农民温饱有余，考察农民的生活水平，还要引入新的指标。

二　收入水平

收入水平，指平均每个农村居民的全年纯收入额，它是一个货币指标。在我国，1979 年以前用人均分配收入表示收入水平，1979 后则用人均纯收入来表示收入水平，二者有不同的内涵，有必要加以区别。

人均分配收入，是指农民从集体分配中所得的那部分可以自由支配的收入，即集体总收入减去生产和管理费用、国家税收以及集体扣留后的余额与参加分配人口的比值。人均分配收入在账面上是货币指标，分配到农民手里由口粮、蔬菜等实物和现金两部分组成，实物按国家牌价折款。在多数年份里，陵县农民只能分到口粮，自 1972 年开始才有现金分配，当年人均 3.8 元，最高的 1979 年也不过 50.7 元。

人均纯收入是适应农村生产责任制的新形势而产生的指标，在形式上与人均分配收入基本一致，是总收入在扣除家庭经营费用、国家税收、集体提留和生产性固定资产折旧后与参加分配人口的比值。人均纯收入以价值指标的形式衡量农民经济状况，比较符合我国现阶段农民经济来源多元化的状况，也便于与城市居民或国外农民的生活水平进行比较。但是，在对人均纯收入与人均分配收入进行历史比较时，必须注意三点：①人均分配收入没有包括自留地和家庭副业的收入，因此它与人均纯收入的包容范围是不一样的；②人均纯收入现在实际上有一小部分要用来上交临时性的“社会统筹金”，这部分在计算人均纯收入时没有被列入集体提留从中扣除；③1982 年以前人均纯收入中自产自用农产品的计价基础是农业部制定的《集体分配法》（当时一斤小麦折 0.14 元）。1982 年统计部门对此进行了调整，规定按国家收购牌价换算（现在一斤小麦折 0.27 元），比较时应注意按可比价格计算。调查中我们发现，过去多数调查文章把二者不加分析地进行简单比较，例如认为 1988 年的人均纯收入比 1978 年增长了十几倍，而事实上是增长了 3 倍多。

考虑到上述几点，我们就会对这几年人均纯收入的高速增长有一个科学的、全面的认识。例如，陵县 1988 年农民人均纯收入达 574 元，而 1980 年只有 110 元（均是当年价），这种高速增长一方面是农村改革促进生产大幅增长的结果，另一方面也带有很强的补偿性质。改革以后，国家为了缩小剪刀差，对许多农副产品实行了提价。1980 年中央规定北方棉区在价格补贴基础上提价 20%，在此基础上以三年产量为包购基数，超基数加价 30%。据估算，陵县 1979 年仅棉花一项就得提价款 81.6 万元，人均 1.6 元，1980 年得提价款 341.5 万元，加价款 950 万元，两项合计 1291.5

万元，人均 25.3 元。因此，在运用这一指标说明问题时，应注意到这种补偿因素的作用。

国家统计局于 1985 年制定了一个用农民纯收入衡量农民生活水平的标准，即四区段划分标准：200 元以下为贫困区间，200 ~ 500 元为温饱区间，500 ~ 1000 元为宽裕区间，1000 元以上为小康区间。这是有史以来我国第一个衡量农民生活水平等级的统一量化标准。依据这个标准，1988 年陵县 40% 的农民过上了温饱生活，57.8% 的农民过上了较宽裕生活，6.7% 的农民步入了小康水平，但仍有 1.3% 的农民尚未脱贫。这个标准的制定为正确评估我国现阶段农民生活水平提供了较好的参照坐标。

但是，人均纯收入指标也存在三个缺陷：一是无法反映农民消费结构的变化，而了解这种变化对评估农民的生活状况至关重要；二是不能反映物价对农民生活的影响，而随着农民生活用品商品率的提高和计划价格向市场价格的转化，生活耐用品市场价格的波动对农民生活的影响越来越大。因此，在进行纵向比较时，需要剔除物价因素的影响；三是仅从收入方面考察农民的生活水平，缺乏从支出方面进一步具体评估，为此，需要增设消费水平等三个指标。

三　消费水平

随着人均纯收入的高速增长，人均总支出也有较大的增长，但是，由于支出结构的变化，农民用于生活消费的支出并不是与总支出同步增长，因此，还必须根据生活消费水平指标考察农民的生活水平。

表 1　陵县农民生活水平指标

年度	口粮水平（公斤）	收入水平（元）		消费水平（元）
		人均分配收入	人均纯收入	
1965	161	39.5		
1966	157	38.3		
1967	152	41.5		
1968	81	23.9		
1969	159	40.8		
1970	151	39.3		

续表

年度	口粮水平（公斤）	收入水平（元）		消费水平（元）
		人均分配收入	人均纯收入	
1971	185	32.9		
1972	141	37.0		
1973	146	38.0		
1974	169	32.2		
1975	140	33.9		
1976	130	32.3		
1977	125	31.0		
1978	167	43.0		
1979	181	50.7		
1980	171		110	
1981	239		220	
1982	271		286	
1983	417		511	
1984	246		559	
1985	266		501	401
1986	251		557	350
1987	249		570	359
1988	236		574	393

消费水平指农村居民平均每人年生活消费支出额，一般包括生活消费品支出和非商品支出两大类。其中，生活消费品支出包括食品、衣着、住房、燃料、用品及其他方面的支出，食品又可细分为主食、副食、其他食品、在外饮食；非商品支出包括文化服务和生活服务两个方面的支出，文化服务又可细分为学杂费、技术培训、文娱费，生活服务可细分为医疗费、交通邮电费。

据调查，1985～1988 年，陵县农民人均年总支出增长了 21.9%，但是同期人均生活消费支出却由 401 元下降到 393 元，下降了 2 个百分点。导致这种状况的原因：一是农民家庭经营费用和购置生产性固定资产的支出增长较快，1988 年与 1985 年比较，分别增长了 78.2% 和 208.3%，这显然是农民增加生产投入和农业生产资料涨价两个方面合力作用的结果。二是集体提留的份额大大增加，1988 年比 1985 年增长 30.4%。值得注意的是，这几年不仅原有的集体提留增长较快，而且各种名为集资实为提留的花样也不断翻新。1988 年，陵县袁桥乡袁桥村集体提留共有 9 项，人均 68.6 元，占人均总支出的 17.1%；集资 13 项，人均 52 元，占人均总支出的 13%；两项合计 120.6 元，占人均总支出的 30.1%。因此，若不从消费水平加以考察，单纯从人均纯收入看问题，是不全面的。在运用消费水平指标进行纵向比较时，同样要注意剔除物价变动因素的影响。

此外，农民的现金生活消费支出和存款也是评估农民消费水平的一个方面。现金生活消费支出反映了农民生活消费品的商品率，反映了农村从自给半自给经济向商品经济的转化；储蓄存款则可以反映农民的消费潜力。据对陵县抽样调查，1988 年样本户生活消费品支出 27.5 万元，其中现金支出 18.8 万元，商品率已达 68%。1988 年全县农村居民存款额达 16048 万元，比 1978 年的 108 万元增长了 148 倍。

四　消费结构

如果说消费水平指标从数量上反映了生活水平，那么消费结构指标则可以从质量上反映生活水平。这个指标在国际上有个通行的标准，即恩格尔系数。所谓恩格尔系数是指食品支出在家庭生活消费支出中所占的比重。联合国根据恩格尔系数制定了衡量生活水平的参照标准：恩格尔系数在 0.59 以上是绝对贫困；0.5～0.59 为勉强度日；0.4～0.5 为小康水平；0.3～0.4 为富裕；0.3 以下为高度富裕。

对于恩格尔系数是否适用于我国，我国理论界一直是众说纷纭。我们认为，恩格尔系数作为衡量生活水平的通行标准具有概括性、可比性和能反映消费结构的优点，特别是便于进行国际比较。但由于我国的具体国情不同和统计方法的误差，其结论有时与事实存有出入。例如，陵县农村居民生活消费的恩格尔系数，1984 年为 0.43，1985 年为 0.47，1986 年为 0.49，1987 年为 0.45（见表 2），超过全国农民的平均水平（全国农村居民生活消费的恩格尔系数，1984 年是 0.5，1985 年是 0.58，1986 年是 0.56），按联合国参照标准，达到了小康水平。这个结论，一方面说明近几年陵县农民的生活水平确有较大改善，另一方面也因国情和统计方法的不同而有某种程度的失真。因此，这一标准在我国使用时有以下不足和应注意的地方。

表 2　1984～1987 年陵县农村居民人均消费支出构成

单位：%

年份	1984	1985	1986	1987
食品	42.7	47.4	49.0	45.2
衣着	9.9	10.9	11.4	11.9
住房	26.3	20.5	15.8	17.9
燃料	2.7	4.7	6.0	4.6
用品	16.5	12.8	12.9	13.3
文化服务	0.9	1.9	2.5	3.9
生活服务	1.0	1.8	2.4	3.2
食、衣、住合计	78.9	78.8	76.2	75.0

第一，恩格尔系数在某些特殊情况下会造成假象。我国农村历来视住宅为家庭的物化象征，是家庭兴衰富贫的一块招牌，多数农民辛辛苦苦一辈子，节衣缩食也要完成盖房子、娶媳妇两件大事。近几年，农民经济收入增加，对造房成本不断升高的担心、宅基地的紧张，以及相互攀比的心理等更促使农民的消费偏好向住房倾斜，形成了近几年农村的“造房热”现象，不仅收入高的农民盖房，而且纯收入在 200 元以下的贫困户借钱也大造其房，其住房支出占生活费用支出的 37.5%，使其消费总支出超出当年纯收入的一倍以上（见表 3）。过高的住房支出比重必然将食品支出比重挤得较低，表 3 说明，各收入组的恩格尔系数均在 0.4～0.59 之间，即使是纯收入在 200 元以下的贫困户，其恩格尔系数也只有 0.45，而 200～300 元组为 0.59，反而高于贫困组。由此可见，由于传统习惯和特定历史条件下的消费偏好的倾斜，使得恩格尔系数所代表的原意失真。再如，从我国历史上看，1957 年的恩格尔系数是 0.66，到 1962 年“三年困难时期”反而降到 0.61，1965 年又升到 0.68。显然，1962 年恩格尔系数的降低并不是由于生活水平的提高，而是食不果腹的饥荒这种特殊情况造成的假象。

表 3　1985 年陵县农村居民不同收入组的消费构成

单位：%

收入组（元）	150～200	200～300	300～400	400～500	500～600	600～800	800～1000	1000～1500
食品	44.9	59.0	50.0	45.0	45.8	44.5	43.5	42.6
衣着	3.7	10.3	10.8	10.3	10.3	12.3	13.0	12.5
住房	37.5	13.7	15.8	23.7	23.6	18.9	16.8	12.3
燃料	5.2	4.1	5.2	4.2	3.9	6.9	6.5	7.2
用品	6.1	10.3	14.7	13.2	13.4	13.0	15.7	20.6
文化、生活服务	2.6	2.9	3.5	2.7	3.0	4.3	4.7	4.8
生活消费支出占纯收入的比重	202.0	96.2	95.7	99.2	71.9	57.9	56.6	53.7
食、衣、住合计	86.1	82.9	76.6	79.9	79.7	75.8	73.3	67.4

第二，我国对生活消费支出的统计分类以及类别内容与西方国家一些通行的做法有一定差别，所以在我国运用恩格尔系数时应考虑到这种实际情况，并通过其他方法的分析进行误差校正。如农民私人住房费用一项的统计，按国际通用口径，应当是把与房租内容相对应的房屋折旧费（一般以 50 年为折旧期）算作当年的住房支出，也就是说，应当把建房费用按 50 年期分摊在每年的住房支出上。但在目前农村住户调查中，多把新建房屋的费用全部列入当年的住房支出，这就势必影响其他各项在总消费支出中的比例。

第三，直到目前，我国的医疗、交通、邮电等费用都带有国家补贴的性质，农村土地的使用也带有社会保障和福利性质，这原是同个人低收入分配相对应的。近几年，个人收入大幅度增加，而上述费用并没有同步增长，这使得在个人消费支出中，用于医疗、交通、邮电等的福利性消费支出比重过低，这也会影响恩格尔系数的准确性。

由于以上原因，我们认为，在我国考察农民的消费结构时，不能仅看恩格尔系数的值，还应该从以下两点进行综合分析。第一，要分析食、衣、住三项总费用占全部生活消费支出的比重。这是因为我国农民一般只要吃饱肚子，便把消费倾向转向住、用、衣等，待这一切都达到一定水平后，方才转回头投向“吃好”，而这中间存有很大的消费水平区间，所以只有当食、衣、住总费用的比重下降时，才能说明生活水平的提高。从表

3 也可以看出这一点，三项总支出的比重，150～200 元组为 86.1%，随着收入水平的提高，该比重逐渐下降，至 1000～1500 元组，该比重只有 67.4%。经调查分析，我们得出，农民食、衣、住总费用占全部生活费用支出的比重可以作为从消费结构上衡量我国农民生活水平的一个标准。一般来说，0.85 以上为贫困区，0.85～0.75 为温饱区，0.75～0.70 为富裕区，0.70 以下为小康区。第二，要分析消费序列的变化。随着生活水平的提高，农民的消费序列也呈现有规律的变化。在 1979 年以前，我国农民的消费序列一般是吃、穿、烧、用、住、文，有的地区“烧”排在“穿”之前居第二位。进入 80 年代，“住”和“用”的位次提前。目前，一般贫困户的消费序列是吃、住、用、烧、穿、文，“穿”居倒数第二位；中等户的消费序列是吃、住、用、穿、烧、文，这时“烧”的问题已基本解决，“穿”的位次提前；富裕户的消费序列变为吃、用、穿、住、烧、文，这些户“住”的问题基本解决，“用”和“穿”提到日程上来。因此，可以从消费序列的状态分析消费结构。

此外，在我国，由于食品对于农民的生活仍具有举足轻重的意义，因此评价农民生活水平时，仅仅考察食品支出的比重还不够，还要考察反映农民营养水平的食品结构。

五 食品结构和营养水平

食品，一般可分为主食和副食两类。主食包括不同的粮种，可分为细粮和粗粮两种，副食包括肉、禽、蛋、菜、油、糖、果。食品结构，指各类食品支出占全部食品支出的比重。亦可从各类食品人均消费量的变化分析食品结构的变化，这样可以避免副食价格变化的较大影响。

近几年农民食品结构的变化首先表现在主食支出与副食支出的比例上，主食支出的比例有所下降，而副食支出的比重上升。1981 年陵县农民主、副食支出的比例为 1∶0.71，1985 年提高为 1∶0.89，1988 年为 1∶0.87，说明农民的副食消费水平大大提高。其次表现在粮食方面，不仅是口粮增加了，而且在 1985 年前后，60% 的农户实现全年吃细粮，40% 的农户全年吃 1/4～1/3 的粗粮（主要是玉米），过去曾被农民当作主食的地瓜干和其他杂粮已从农民饭桌上消失。1985 年以后，农民口粮中的细粮比重有所下降，但多数农民仍以吃细粮为主。再次，副食方面也有了很大变化，过去多数农民极少问津的肉、禽、果等也进入日常消费范围，同样在1985年左右达到高峰。1988年，陵县农民人均消费副食量，肉类7公斤，禽类0.8公斤，蛋类1.7公斤，油类8公斤，糖类0.7公斤，蔬菜102公斤，水果5.2公斤，除禽类、水果外，均比1984年略有下降。总的来看，农民食品结构的变化在主食方面比较明显，副食方面尚没有突破性改善。从国际上农业国的发展过程来看，人均粮食超过400公斤以后，食品结构才会发生根本性转变，即动物性食品激增，目前我国农民实现食品结构根本转变的条件尚未成熟。

食品营养结构，主要指食品中所含碳水化合物、蛋白质、脂肪这三大营养素的比例，以及动物性蛋白质占蛋白质总摄取量的比例。三者的合理比例在国际上有不同的标准，比较流行的是5∶1∶2，通行的营养标准规定动物性蛋白质应占蛋白质总摄取量的33%。据调查，陵县农民营养三要素的比例是7∶1∶0.6，食品中动物性蛋白质只占蛋白质总摄取量的5.5%，说明农民的主要营养来自碳水化合物，所以，尽管农民日膳食的热卡（2345千卡）与正常标准（2600千卡）相差不是太远，但重要的是食品质量还较低，热量的83%、蛋白质的87%都来自谷物，农民的食品供应仍基本处于自给状态。

综上所述，我们认为，评价农民实际生活水平的综合指标体系应由口粮水平、收入水平、消费水平、消费结构、食品结构和营养水平五个指标构成。用这个指标体系衡量，改革十年来，陵县农民的生活得到很大改善，绝大部分农民不仅已解决温饱问题，而且主食结构转向细粮化，副食消费也有明显增加，农民的消费倾向正在向衣食以外的其他部分特别是住房转移。但是农民的生活消费与其他社会阶层相比，仍然处于较低水平，特别是1985年以后，部分农民生活水平略有下降的趋势，对此，我们必须有清醒的认识。

上述指标体系我们只是从静态角度建立的。如果把农民的生活视为一个动态的过程，也就是说，要反映农民生活状况的发展趋势，那么至少还要考虑到以下三点。第一，农民生活消费和生产积累的比例。改革以来，农村家庭不仅仅是生活消费的基本单位，而且成为社会生产的基本单位，成为生产性投资的基本单位。农民家庭生产积累的比重对于来年甚至未来的生活水平都有很大的影响。过低的积累率可能使当年生活消费水平较高，但会制约未来生产的发展，从而影响未来的生活水平。前几年农民中存在的超前消费，如贫困户借钱也要盖房子，以及生产行为的短期化等，都是造成近几年农民生活水平徘徊甚至略有下降的原因之一。所以当我们动态地考察农民生活水平时必须考虑到生活消费与生产积累的比例。第二，人口的增长对农民生活水平的影响。显然，人口过快增长时，会影响人均收入的增长。因为我国本来就是人多地少，这些年耕地的锐减、人口的剧增已经对生活水平的提高构成威胁。第三，智力投资的影响。智力投资对未来生产力的发展进而对生活水平的提高有显著的影响，这是毋庸置疑的。但由于教育周期较长，奏效较慢，加之农民手中的现钞仍不宽裕，因此农民家庭的智力投资仍占较小份额，随着生活水平的提高，农民对智力投资的比重将会加大，进而给未来的生活水平带来积极影响。这一点，在考察动态生活水平时应充分估计到。此外，还需要指出，以上所讨论的只是狭义的农民生活水平，即农民自身的物质生活水平。如果从广义上也就是从社会的角度评价农民生活水平，还需要考察农民的精神享受、生态环境，需要考察农民阶层与其他社会阶层生活水平的差别。尽管近些年来农民的生活水平有了很大的提高，但在经济收入、劳动保险、福利待遇以及社会地位、政治待遇、生活环境等方面较之城镇居民仍有相当大的差距，唯有从社会的大环境出发全面地考察农民生活，才能做出科学的、实事求是的评价。

社会研究中的量度误差问题*

沈崇麟

将社会调查取得的各种社会现象的资料进行统计分析，然后据统计分析的结果就所研究的问题得出结论，是社会研究所采用的最基本同时也是使用最普遍的方法。但研究结论的产生并非社会研究过程的终结，将研究得到的结论用于社会过程，指导社会过程的发展才是它的真正终结。并非所有的研究结论都会对社会过程产生积极的影响，只有那些符合客观实际的结论才会对社会过程有指导作用；反之，则有害无益。因此，控制和消除社会调查和统计分析过程中的各种误差以提高社会研究的质量、确保研究结论的客观与正确，便成为社会研究中的一个基本课题。本文拟结合我国社会的具体情况，对社会研究中存在的最大量也是最基本的误差——量度误差——的各种类型，就其产生的原因、控制方法及其对统计分析可能产生的影响做一些分析。

在社会统计学中，误差一般有以下两个含义。一是指在一给定的维度上，某一研究个体之量度值与真实值之间的偏误。例如，在高度这一维度上，某人身高的量度值为 168 公分，但他的实际身高（真实值）却是 170 公分。那么这 2 公分的差异便是所谓的量度值对真实值的偏误。误差的另一个含义是指样本统计值对总体参数值之偏误，我们仍以高度这一维度为例来说明。假如，我们有一个由 500 名学生组成的样本，该样本学生身高平均值为 160 公分，而实际上这个样本所代表的 500 个学生的总体的学生身高平均值为 159 公分，那么这 1 公分的差异就是样本统计值对总体参数值之偏误。在社会研究过程中，很多原因都会导致上述两种偏误，而由量度活动即由概念构成的维度向操作化的变量转变过程中所产生的上述两种

* 原文发表于《社会学研究》1990 年第 2 期。

偏误就是一般所谓的量度误差。限于篇幅，本文无法就上述量度误差定义所涉及的若干社会统计学基本概念展开讨论，这些概念是量度、量度值、真实值、样本统计值、总体参数值、维度、变量和操作化，它们对于量度误差问题的讨论是十分重要的。为了弄清这些概念，读者可自行参考有关的社会统计学教科书，特别是布莱洛克所著的《社会统计学》（中国社会科学出版社出版，1988 年）。

任何社会研究都以量度为基础，而一切量度方法都是人发明并假人手而实施于社会研究对象的一系列操作指示和操作规定，所以量度活动是人的活动。古语说："人非圣人，孰能无过?" 在这个意义上讲，量度误差是必然的、不可避免的。认识到这一点，对于量度误差问题的讨论很重要。首先，它会使我们避免提诸如彻底消灭量度误差这样貌似科学，而实际上无法也没有必要做到的口号。研究量度误差的目的在于控制——把量度误差控制在研究设计所要求的精度范围内。其次，正因为量度误差在本质上是人为的，因此只有围绕人在量度过程中的各种活动才可能找到量度误差产生的各种原因，进而找到控制和消除它们的方法。下面我们便开始分析各种类型的量度误差。

一　定义误差

一个变量的操作定义，应是一套详细的指示，使我们能根据它精确地对研究个体做量度或分类。所谓精确，是指它必须使所有使用这一套指示做量度的人得出同样的结果。如果变量的操作定义的精确度不能达到这一要求，便会产生误差，这样的误差在社会研究中甚为普遍。例如，五城市婚姻家庭调查的家庭结构类型这一变量的操作定义，单身家庭这一类的定义不够精确，即未明确规定是指未婚单身等，可能也包括已婚丧偶者，致使各个调查点甚至同一调查点由于调查员不同，在填写这一项时因归类标准掌握不一而产生误差。因定义不明确而产生的误差是非系统的，一旦发生，很难纠正，因而对研究工作造成的影响往往较严重。从我们的社会研究实际来看，定义误差多由下面三个原因引起。

理论定义模糊不清是这类误差产生的第一个也是最基本的原因。因为操作化无非是将理论定义转化成操作定义，即将在概念上构成的维度转化成操作化的变量。所以，只有在概念上清晰明了的维度才可能转化成操作定义具体准确的变量。如：家庭结构类型这一变量的操作定义精确与否，首先取决于家庭结构这一维度本身在理论上定义得精确与否。换言之，在任何一项研究设计中，研究人员必须对研究所涉及的所有维度一一给出明确而清晰的理论定义。

有了明确而清晰的理论定义，还不足以完全避免定义误差。为了避免定义误差，我们还必须遵守下一个操作定义所必须遵循的基本原则，这些原则中最基本的是穷尽和互斥原则，违反这一原则也会产生误差。

穷尽是指任何变量的操作定义的定义域必须穷尽该变量所具有的全部值，即在定义的维度上，包含研究涉及的全部个体。例如，家庭结构类型这一变量的操作定义，必须包含全部研究个体，即所有的家庭都可据这一定义分类，归入定义规定的某一类。若有某一个或若干个家庭不能归入定义规定的类别，这一定义便违反了穷尽的原则，误差就要产生。

所谓互斥，是指变量的操作定义所规定的每一个值的值域在概念上不可以有重叠和交叉，而在据此定义对个体做量度时，只可有一个值。例如，以家庭结构类型变量的操作定义对一个个具体的家庭做分类时，每个家庭只可以被归入定义规定的某一类，而不可以产生既可归入这一类，又可归入那一类的情形，这样的情形就意味着变量的操作定义在值域上有交叉与重叠，而交叉和重叠也会产生误差。

违反操作定义所必须遵守的穷尽和互斥原则，便会产生误差。不言而喻，避免这一类误差的唯一途径，是在下操作定义时坚持这一原则。理解是坚持的前提，为了帮助读者理解这一原则，我们把这一原则图解如下。

一、穷尽且互斥

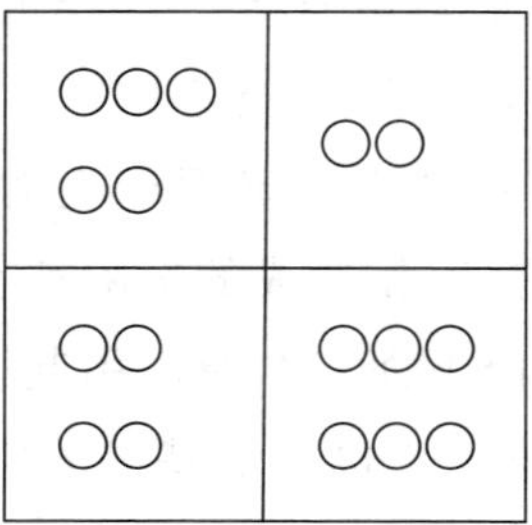

二、互斥但未穷尽

三、穷尽但不互斥

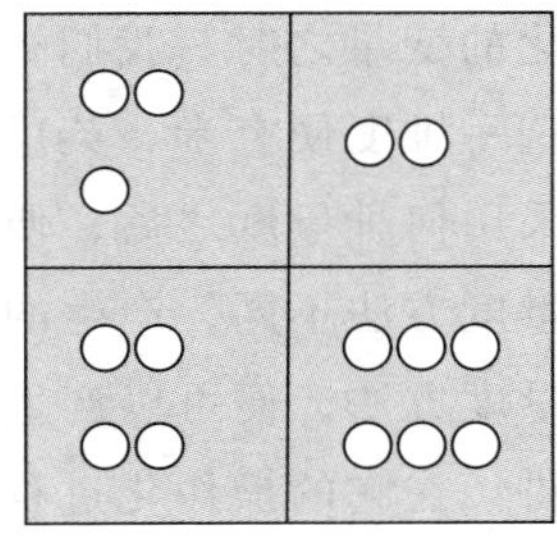

四、既不穷尽又未互斥

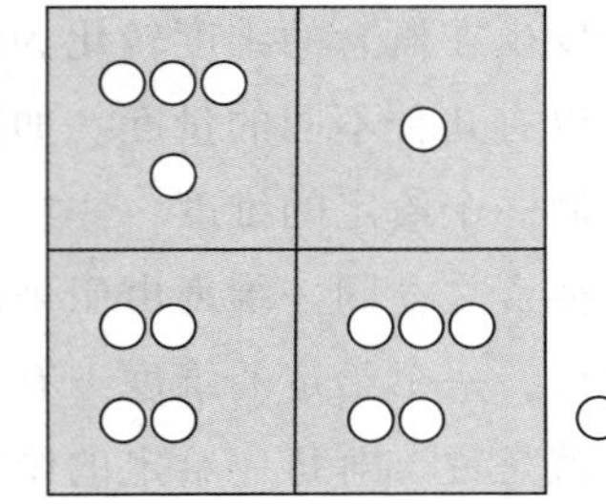

图 1　穷尽和互斥原则

图 1 中大方框表示定义域，小方框表示值域，阴影表示值域的交叉与重叠，小圆圈代表研究个体。

二　量度层次误差

在社会统计学中，依据变量之值的数学性质不同，将变量分成 4 个量度层次，即定类变量（变量之值只能区分个体的类别，数学性质为 = ≠）、定序变量（变量之值不仅能区别个体的类别，而且还能区别类别之高低，数学性质为 < >）、定距变量（变量之值不仅能区分类别之高低，而且还得确定类别间的距离，数学性质为 + －）和定比变量（变量之值不仅可以确定类别间的距离，而且还有真正的零点，数学性质为 × ÷）。由忽略或混淆变量的量度层次而产生的误差，即这里所谓的量度层次误差。

“为了强调任何一种统计方法，都是以一种相应的量度层次为前提的，我们要养成一个习惯，每遇到一个程序，就要指明该程序所要求的量度层次。”（布莱洛克，1988：23）遗憾的是，我们的许多研究人员在选择统计方法时还没有养成考虑每一种统计方法所要求的量度层次的习惯。正因为这样，他们在为一个或一组给定的变量选择统计方法时，常常会出现统计方法与所要求的量度层次不对应的问题。如将定序变量的统计方法用于定类变量，或对定距变量使用了定序，甚至定类变量的统计方法，这样做的结果，轻则使统计分析的精确度受到影响（将低层次的统计方法用于高层次的变量），重则使统计分析完全归于无效（将高层次的统计方法用于低层次的变量）。

量度层次误差，不仅发生在给一个或一组给定的变量选择统计方法之时，同时也发生在概念的维度转化为操作化的变量之时。我们知道，同一维度通常可以有几种不同的量度。如高度这一维度便有米、英尺或市尺等不同量度。而一个给定的维度，一经确定采用何种量度之后，便成了操作化的变量。换言之，同一维度由于采用的量度方法不同，产生的变量也不同。确切地讲，一个给定的维度，有几种量度方法，便可以产生几种不同的变量。也就是说，对每一给定的维度来讲，在它的操作化过程中，都存在着在一组与之相关的可供选择的变量中做抉择的问题。而在做这一抉择时，假如我们忽略了各种变量的量度层次，常常会不必要，或不适当地降低了变量的量度层次。如我们以出生年月来量度年龄，得到的是一个连续的定距变量；而以老、中、青这样的分类量度年龄，得到的则是一个离散的定类变量。这样做的结果便会产生下面两种误差。首先，将一个变量的定距层次降低为定类层次，会丢失许多宝贵的原始资料，从而影响到用以做统计分析的原始数据的精确度；其次，使许多较为精确的可以用于定距层次的统计方法无法使用，从而直接影响统计分析的精确度。

从我国社会学界的实际情况来看，造成量度层次误差的主要原因有两个。第一个是，相当一部分社会学研究人员缺乏为一个社会学研究人员所必须具备的社会统计学基本知识，对量度层次的概念不甚了了，甚至一无所知。因此，我们认为有必要在社会研究人员中特别是在从事应用研究的社会研究人员中普及为社会研究所必备的社会统计知识。使用计算机不够普遍，是量度层次误差产生的第二个原因。我们知道，离开计算机，不用说许多高级统计方法无法使用，即使最普通的统计量，如频数、均值等的计算，对研究人员来讲也是一个沉重的负担。许多研究人员因不堪重负，明知降低变量层次会丢失资料，导致本来可以使用的高级统计方法无法使用，也不得不忍痛割爱。为了改变这种状况，我们必须在我国的社会研究人员中普及计算机的使用，特别要提倡研究人员直接上机分析数据，而不假他人之手。

最后，为了避免统计方法和变量的量度层次不匹配而产生的量度层次误差，我们特将各种常用的统计方法（包括单变量和多变量、描述统计和推论统计）和量度层次的对应关系制或下面的表格（见表1），供读者参考。

表 1　统计方法与量度层次对应表

第一种变量的量度层次	单变量统计法	双变量统计法			
		第二种变量量度层次			
		二项变量	定类变量	定序变量	定距和定比变量
二项变量	比例 百分比 比率	比例差、卡方、 费希尔正合检 验∅、Q、$\tau_b\lambda_b$	…	…	…
定类变量	比例 百分比 比率	卡方 V、C、T、 $\tau_b\lambda_b$	卡方 V、C、T、 $\tau_b\lambda_b$	…	…
定序变量	中位数 四分位数 十分位数 四分互差	曼－威特尼链、 斯米尔诺夫 符号秩	含秩的 方差分析	秩序相关 肯特尔 gama $\gamma_a d_{yx}$	…
定距和定比变量	均值 中位数 标准差	均值差	方差分析 E^2 组内相关	…	相关 和 回归

三　指标误差

在社会研究中，个体的维度往往无法直接量度，因而需要用与这些维度相关的事物进行间接的量度，用来对某一给定的维度做间接量度的相关物即为该维度的指标。一个指标能否对给定的维度做精确的量度，首先取决于该指标与维度的相关程度，即社会统计学中所谓的量度的可信度和有效度。指标缺乏足够的可信度和有效度，便会产生量度误差，亦即这里所谓的指标误差。这里，我们应该注意把指标误差与上面提到的定义误差相区别，因为一个给定维度的相关物选定以后，只有在经过定义之后才可以成为一个指标。指标误差取决于选定的相关物与被量度的维度的相关程度，即产生于选择相关物的过程中。而定义误差则是在适当的相关物业已选定后，对相关物做操作化定义时，由定义不当而产生的误差。例如，在物理学中，水银柱的高度是温度的相关物，因为水银柱高度和温度之间具有某种内在的规律性联系。但是，并非所有的水银柱都可用作量度温度的指标，只有经过定义——按要求精心制作的温度计中的水银柱才可作为量度温度的指标。一把普通的米尺，无论定义得如何精确——制作精良，都不能用作量度温度的指标，因为它与温度无关。

由指标误差的定义可知，控制和降低指标误差的关键在于如何选择和确定与被量度的维度真正相关的相关物，而造成这类错误的决策原因又是各种各样的。从我国的实际来看，似乎主要是对社会指标的特殊性和技术性的认识不足所致。

在物理学中，一种指标一经确定，便可“放之四海而皆准”——一支合乎质量的温度计，无论在美国还是在中国都可用来做量度温度的指标。社会指标却不同，一个在某个国家适用的指标，却未必适用于另一个国家。例如，在美国社会学研究中，都以家庭背景、个人收入和受教育程度做量度个人社会地位高低的指标。由于国情和社会制度不同，适用于美国的这一社会指标便不适用于我国。各国的具体情况不同，使用的社会指标也不同，这是社会指标特殊性的表现之一。

不仅如此，即使在同一国家内，社会研究所用的指标也不同于其他领域使用的各种指标。如劳动经济中职业分类的指标，不可直接拿来做社会研究的职业分类指标；户籍管里中户的指标，也不完全等同于家庭研究中的户的指标。作为一门独立的学科，社会研究有它自己不同于其他学科的指标，即社会指标。这是社会指标的特殊性的又一个表现。一些研究人员，由于对社会指标的上述两个特殊性认识不足，加之我国社会研究起步较晚，至今尚未形成一套既体现学科特点，又适合我国国情的社会指标体系，使研究人员不免在实际研究工作中因“慌不择路，饥不择食”而从外国或相邻的学科借用各种指标，导致指标误差。

上面已经谈到，指标误差的大小主要体现在它的可信度和有效度上。只有严格地按照社会统计学所规定的程序来选定指标，才可能保证指标具有研究所要求的可信度和有效度，这就是我们所谓的技术性。而从我国社会研究的实际情况来看，对制定指标所要求的技术性认识不足者大有人在。这表现在许多指标的选定常常凭主观的感觉，带有很大的随意性，致使在许多研究中大量出现模糊不清的主观指标和区别率很低的客观指标。产生这种现象的根本原因在于，有些社会研究人员不了解指标制定的一般程序，有些人甚至根本不知道还有这样的程序存在。在这里，我们不可能就指标制定的一般程序展开讨论，但我们可以提供两条经验的法则。一条是，在涉及感情、态度和心理活动等维度的量度时，要尽可能不用或少用主观指标；另一条是，要舍弃“其他”这类比例很高的分类指标；因为“其他”类比例过高，便意味着指标的区别率很低。

综合以上有关指标误差产生的原因的分析，我们认为，为了控制和降低指标误差，我们既要下大力开展社会指标体系研究，尽早建立起适合我国国情的社会指标体系，又要大力加强对研究队伍的方法论训练，二者缺一不可。

从社会研究的全过程来看，以上三种类型的误差都发生在研究的设计阶段，且都是研究设计者造成的，因此，我们可以把这三种误差称为设计者误差。为了控制这些误差，我们必须提高研究人员的素质，以保证研究设计的质量。但研究人员素质再高，设计再缜密，也难免会有纰漏，此所谓“智者千虑，必有一失”。为了避免一失，我们应提倡，在社会研究特别是在大规模的社会研究中，要坚持小规模的试验性研究，以找出研究设计存在的不足，减少各种误差。

量度误差不仅会发生在研究的设计阶段，同时也会发生在研究的执行阶段。一般地讲，执行阶段发生的误差主要有以下几种类型。

四　回答误差

被调查人未能按照调查的要求回答问题而产生的误差，称为回答误差。依据造成这种误差的心理动机的不同，回答误差又可分为无意和有意两类。无意的回答误差是指，被调查人由于各种原因，未能正确理解调查人的要求，而造成的答非所问的错误。例如，以虚年龄误作实足年龄，填写怀孕次数时漏掉了死婴，等等。有意的回答误差是指被调查者完全清楚调查的目的和要求，但出于某种需要，故意不以实情相告。以我们的经验来看，回答误差产生的原因主要有以下几个方面。

被调查人文化水平低，甚至根本不识字，因而无法理解问卷所列的各种问题，造成回答误差。例如，五城市调查起初采用纯问卷法，但在回收问卷时发现，错答、漏答很多，有的问卷甚至满篇皆白。我们在深入了解以后，知道这类情形多出现在文化程度较低或没有文化的老年妇女中。于是，我们改进了调查方法，采用问卷与访问相结合的方法，这类误差便因此而大大减少。

社会研究的项目常常是日常生活中的小事，且多发生在过去，随着岁月的流逝，时过境迁，这些事已在人们的记忆中淡薄，甚至荡然无存。这常常是造成回答误差的又一个原因。例如，老人有时会记不住结婚时间、自己孩子的出生年月等。遇有这样的情况，调查人员一定要有耐心，启发帮助被调查人回忆，也可请被调查人的亲友或其他知情人帮助被调查人回忆。

当社会研究的某些项目在定义的内涵与外延上与日常生活中的同一事物不尽相同，而调查人又未向被调查人加以说明时，也会引起回答误差。例如，中国人，尤其是中老年人都以虚岁计算年龄，但几乎所有的调查，凡涉及年龄，指的都是实足年龄。为了避免此类误差，在遇到这些调查项目时，调查人一定要向被调查人解释清楚。

以上三种回答误差都是无意型的，它们在形式上尽管各不相同，但究其实质，都是由于调查人没有使被调查人弄清调查项目的内容和要求。因此，只要抓住、弄清这一关键，问题便迎刃而解。

较之无意的回答误差，有意的回答误差产生的原因要复杂得多，因而也更难以控制。如果我们从社会的而不是个人的角度来看，最严重也是最难克服的有意回答误差是虚报和瞒报。《人民日报》记者郑红深曾对这一问题做过一番分析。他从国家统计局得到如下的材料：

“河北保定地区共查出违反统计法行为 81 件，其中属于虚报的 71 件；邯郸市查出统计不实的 95 件，其中 92 件是虚报瞒报。”（郑红深，1988）

“江苏丹阳市统计局的个别干部，将 1987 年丹阳市秋粮产量抽样调查数 337286 吨篡改为 356657 吨，多报 19371 吨，上升 5.7%；1988 年将夏秋两季粮产抽样调查数 424771 吨篡改为 454854 吨，多报 30083 吨，上升 7.1%……”（郑红深，1988）

“辽宁省盘锦市抽查了 60 家市以上工业企业，有 36 家原报产值有问题，占 60%，虚报的 29 家，瞒报的 17 家……”（郑红深，1988）

“天津通信设备厂 1988 年为追求年度品种计划的完成，采取先开检验单入库报产，到今年一季度再补齐的手段，虚报拨号盘产量 2637 只……”（郑红深，1988）

从以上事实不难看出，虚报瞒报统计数字的现象在我国是多么严重，可以毫不夸张地说，它已成为我国社会的一大顽症。这一顽症不克服，任何试图克服有意回答误差的种种努力都会是徒劳无益的。但这一顽症的克服，绝非通过几个科研人员的努力便能奏效，因为诚如郑红深所指出的，这一顽症的根子在于“一些领导人的思想作风不端正”。

五　信息处理的误差

调查得来的各种资料并不会自动转化为统计图表，这一转化过程通常包括编码、过录和输入等步骤。在这一过程中产生的误差称信息处理的误差。

将调查所得的文字资料转换成计算机能够识别的符码称编码。在这一过程中，误差产生的原因通常有：原始问卷填写字迹不清而产生的误认、编码员误认和编码员本身对编码的要求不甚了了。

将经过编码的资料转登到过录单上，以便计算机输入的过程叫过录。在这一过程中，由于编码本身的错误、转录过程的错录和漏录等原因，也会产生误差。

过录单上的数据必须送入计算机的信息贮存机构后，才可以真正在计算机上进行各种统计分析，将过录单上的数据送入计算机即所谓的输入。在输入过程中由于各种客观（过录单本身错误）和主观（输入员误读、漏读、错按键盘，甚至工作不专心）的原因，也会产生误差。

为了减少信息处理过程中产生的误差，我们固然应提倡认真负责的工作态度和加强对工作人员的技术培训，但必要的检验也是不可或缺的。从我们的经验来看，极值与逻辑检验是控制和降低信息处理过程中的误差的有效手段。

在变量的值域中，最大和最小的两个值称为极值。显然，在数据中大于最大值，或小于最小值的值都是误差。例如，某调查出生年这一变量的最大值为 1982，而最小值为 1900，那么数据中小于 1900，或大于 1982 的值都为误差。利用计算机程序，我们可以找出数据中所有超过极值的值。这就是这里所谓的极值检验法。

通常，一个社会研究要涉及几十个甚至几百个变量，而这些变量间常常存在着某种内在的逻辑关系。例如男子不会生孩子、单身家庭的人数总是为 1 等。假如，某一个体的数据显示，该个体既为男子，同时又有生育子女数，显然，这两个数值中，至少有一个是错误的。依此类推，我们可以将一给定研究所涉及的变量间的逻辑关系全部列出，再用计算机程序对数据加以检验，找出违反逻辑的那些个体，然后一一加以改正，这样的方法就是数据的逻辑检验法。极值和逻辑检验，虽然不能消灭全部信息误差，但相当数量的信息误差可以通过这两种检验来加以消除，则是确定无疑的。

六 抽样误差

在抽样调查中，由各种原因产生的样本值和总体值之间的偏误，称为抽样误差。本文不准备详细地讨论各种可能的抽样误差，然而有一点却必须提及，那就是抽样误差与量度误差的关系。假如我们不能有效地控制和减少抽样误差，到了一定程度，无论我们怎样减少量度误差，总误差也不会减少。因为总误差是这两种独立误差的函数。这一函数关系如图 2 所示。从图 2 可知，只有同时控制这两种独立的误差，才有可能控制总误差。例如，我们的量度非常精确，甚至精确到毫无量度误差，但却抽取了一个完全没有代表性的样本，这时，总误差仍然非常大，因为，它主要取决于三角形底边以外的另一个直角边的长度。

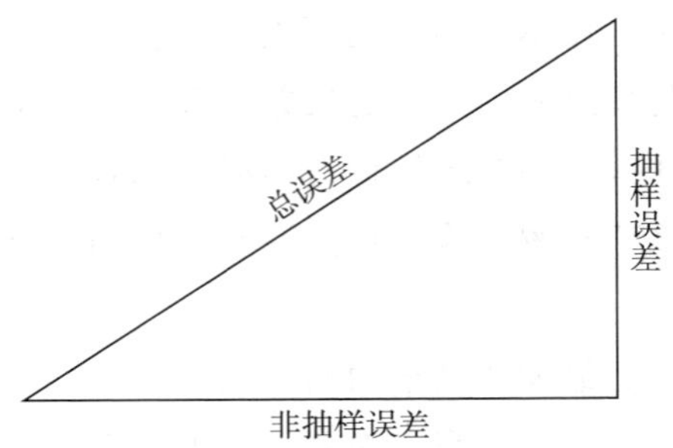

图 2 总误差与非抽样误差、抽样误差的关系

为了有效地控制抽样误差，最重要的一条便是在抽样时，要尽可能科学地随机抽样。但从我国社会学研究的实际来看，这方面的工作却不尽如人意。有关资料表明，1982 ~ 1988 年间发表在《社会学通讯》、《社会调查与研究》和《社会学研究》三个刊物上的调查报告所使用的调查方法中，随机抽样仅占 35.62%（风笑天，1989）。这一比例说明，科学的随机抽样在我国的抽样调查中使用还很不普遍，这就直接影响到抽样误差的控制。

为了改变这种状况，我认为我们必须在社会科学研究人员中，特别是从事社会调查的研究人员中普及抽样的基本知识，以避免抽样过程中的盲目性。与此同时，我们还必须尽快建立起我们自己的高水平的专业抽样队伍。抽样技术是一门很复杂的技术，我们固然可以要求一般研究人员都掌握一些抽样的基本知识，但不可能也没有必要要求他们都成为抽样专家。按照系统的观点，社会研究机构，特别是像中国社会科学院社会学研究所这样的高级社会学研究机构，都应该有一个包括抽样技术在内的方法论研究室。

以上，我们从社会研究过程着眼，对量度误差做了全面的分析。但诚如我们所知，我们控制误差的根本目的在于提高统计分析的精确度，因此考察一下各种误差对统计分析可能产生的影响是十分必要的。一般地讲，依据对统计分析所产生的影响不同，误差可分为以下三类。

七　随机误差

有时量度误差的大小只与个体本身有关，而与个体以外的任何东西，包括其他变量的量度无关，这样的量度误差便叫作随机误差。例如，我们用同一把尺子来量人的身高所产生的误差便是这种性质的误差。随机误差有这样一个特点，即个体间的不同误差，会部分甚至全部相互抵消。例如，我们用一把尺子量一组人的身高，再计算身高的均值，撇开没有量度误差的个体不算，那些量得过高或过低的个体间的误差便会部分或全部相互抵消，因而对统计分析的最终结果身高的均值（一种集中趋势）影响不大，或没有影响。但这样的随机误差，无疑会使标准差（一种离散趋势）增大。统计学家经过观察和分析确信，随机误差对集中趋势的影响很小，但对离散趋势及以离散趋势统计量为基础的相关统计量的影响较大。信息处理过程中的各种误差一般多为随机误差，在其他量度误差中有时也常常会含有某种随机元。

八　常量误差

如果对每一次量度而言，产生的误差的性质和数量都是相同的，这样的量度误差便是常量误差，因为在这样的情况下，误差是或几乎是一个常量。例如，我们以虚年龄量度被调查人的年龄所产生的误差，便是一种典型的常量误差，因为调查得来的年龄总是比实际年龄（实足年龄）大 1 ~2 岁。尽管许多量度误差常常含有某种常量，但纯粹的，即每次量度的误差完全相同（在性质和数量上）的常量误差却不多见。

与随机误差不同，常量误差会使集中趋势统计量产生畸变，对其他统计量的影响却不大，甚至毫无影响。这一点应当不难理解，因为既然每一次量度都会产生一个相应的误差，那么集中趋势统计量如均值也必然会产生一个与每次量度相同的误差，我们仍以虚年龄量度年龄所产生的误差说明之。例如我们在某次调查中以虚年龄来计每个被调查人的年龄，这样每个被调查人的年龄便会比实际年龄大 1 ~2 岁，而所有被调查人的年龄的均值也会因此而比实际值大 1 ~2 岁，但在所有这些被调查人中，任何两个人的年龄之差却仍然与实际年龄之差相同。同样，被调查人中任何两个子群体的年龄均值之差，也与实际值相同。一般地讲，有意的回答误差多属常量误差，而信息误差与无意的回答误差很少含有某种常量。

九　相关误差

如果量度误差随个体的变化而变化，但误差的方向或大小却取决于个体的其他特征，这样的量度误差称为相关误差。例如，我们在调查某一地区的人的收入时，发生了这样的情况：那些收入较低的人，因为害怕丢面子，怕人们嫌自己穷，而有意多报自己的收入；相反，那些收入较高的人，因为害怕别人嫉妒，而有意压低自己的收入。显然，在这样的情况下，量度误差不仅与个体本身有关，而且还与个体的某一特征（收入高低）有关，这样的误差便是一种相关误差。

相关误差对统计分析产生的影响是一个很复杂的问题，我们用一个具体的例子来分析它。例如，我们在某大学进行学生学习时间的调查，由于某种原因男大学生普遍低报了自己的学习时间，而女大学生报告的数字则基本如实。如果实际的情况是男女学生在学习时间上本无差别，但由调查资料的统计分析结果来看，男学生的学习时间却显得比女学生的要少。如果男学生的学习时间实际上比女学生的多，那么统计数字便会低估男女学生之间的差别；反之，如果男学生的学习时间实际上比女学生的少，则统计数字又会夸大这一差别。不仅如此，实际情况也可能是这样，男女学生在学习时间上有差别，但差别却不大。而男学生不仅低报，而且是大大低报了自己的学习时间，这样尽管男学生在实际上学习时间稍多于女学生，但统计数字却显示，男学生的学习时间少于女学生。假如不仅大多数男学生大大报低了自己的学习时间，且大学生中的大多数是男学生，则全体学生学习时间的均值便会大大低于实际数字；反之，如果大多数学生是女学生，这时尽管男学生报低了自己的学习时间，但全体学生学习时间的均值与实际数字相去不会太远。

上面的例子说明，依据实际情况的不同，相关误差产生的原因不尽相同，它们对统计分析产生的影响也不尽相同。具体地讲，相关误差对于统计分析的影响，不仅取决于误差本身的性质和大小，也取决于与误差相关的各种因素及其在研究个体中的分布。统计学家告诉我们，相关误差最可能对那些有关变量或子群体之间关系的统计量产生影响。而一般地讲，诸如此类的关系，已是社会研究资料统计分析的重点。从这个意义上讲，相关误差的控制是社会研究资料统计分析中的重点和难点。为了避免或减少相关误差，我们必须在每一次统计分析中认真确定与相关误差有关的各种因素，及这些因素对统计分析可能产生的各种影响。

参考文献

布莱洛克，1988，《社会统计学》，中国社会科学出版社。

风笑天，1989，《我国社会学恢复以来的社会调查分析》，《社会学研究》第 4 期。

郑红深，1988，《统计数字不实剖析》，《人民日报》8 月 19 日第 6 版。

城乡协调发展与城镇体系的整体优化*

张雨林

一　城乡关系的新格局

城乡关系从产业结构上说，指的是工农两大产业的关系以及城市工商业和乡村工商业的关系；从阶级结构上说，主要是指工农两大劳动阶级的关系。工人阶级领导下的工农联盟是城乡关系的主题，它表现在政治、经济、社会的各个方面，而且随着时代的发展处于变动之中，因而总有其历史阶段性的特征。现在我们研究的，是在社会主义有计划的商品经济条件下城市和农村协调发展、工人和农民巩固和发展联盟的问题。

党的十三届五中全会强调国民经济的长期持续稳定协调发展，城乡的协调与发展当然是包含于其中的一项重要内容。

回顾改革的历程，可以看出城乡协调的重要意义。我国的改革，首先从农村开始，这不只是由于经济改革在农村比较容易起步，更重要的是在改革刚开始的时候，我国面临的最主要的问题是工农两大基础产业的比例关系失调。占全国人口总数 80% 的农村人口生活贫困，生产积极性下降，需要我们改革体制，调整政策，以调动农民的积极性，发展农村经济。这样，才能使党和政府的工作重心较为顺利地转到现代化建设上来。实践证明，这样做，切合我们这个既有一定的城市建设基础又有着广大落后农村的国家的实际。改革的头两三年，我们便打破人民公社中不适应生产力发展的体制，在全国绝大部分地方确立了以农户家庭经营为主的联产承包责任制，进一步解放了农村生产力，带来了连续几年的农业生产大发展。几

* 原文发表于《社会学研究》1990 年第 3 期。

乎与此同时，农村工业和其他非农产业以惊人的速度发展起来。到 1988 年底，农村从事非农产业的劳动者已达 9500 万人，占乡村社会劳动者总数的 24%。其中，在乡办、村办企业务工的劳力有 3507.2 万人，占同期全国工业职工总人数的 56%；直接务农劳力占社会劳动者总数的比重从 80% 下降到 60%，沿海较发达地区则降到 50% 以下。这表明，我国社会经济结构已从以农为主的传统结构向以工为主的现代结构迈出了不小的一步。农村生产力的提高和产业结构的变化，叩击着城市改革的大门，使我们有必要也有可能转入以城市改革为重点的全面改革。随着城市的改革开放，农村工业和商品性农业与城市发生日益紧密的联系，城乡之间各项生产要素的流通日趋活跃，城乡的分割日益为社会的整体性所取代。这种趋势从沿海较发达地区及大城市郊区开始，波浪式地向外扩展，展示出城乡关系的新格局和城乡一体化发展的前景。

城乡关系中新的矛盾及其带来的影响，再一次证明了城乡协调发展的重要意义。

正如江泽民同志在五中全会讲话中所指出的，十年改革的成绩应该充分肯定，“但是回过头来看，在具体工作上，步子走得还不稳，在建设和改革两个方面，都出现了一些急于求成的偏向”。在城乡关系方面，农业现代化的步子偏慢，农业出现几年徘徊；农业劳力向非农产业转移过猛；城市化发展过快。这些都要在治理整顿、深化改革中加以解决。

我国处于社会主义工业化的发展、建设阶段，工业的发展和人民生活的改善使得对农副产品的需求日益增多。我国是发展中的社会主义大国，在工业化过程中，不可能从其他国家取得大量农产品。我们不但不能动用大量外汇购买农产品，还需要出口部分农产品以换取外汇来支持工业建设。因此，工业每前进一步，都需要农业有相应的发展，城市的发展和建设必须建立在农村繁荣的基础之上。而历史留给我们的，却是落后的农业生产方式、膨胀的农村人口和短缺的农业资源。这是伴随我国工业化整个历史进程的一个重大矛盾。解决这个重大矛盾需要实现农业的现代化，这要经过相当长的历史时期，而且要付出巨大的代价。为什么我们在农业情况稍稍好转时就容易忽视农业的战略地位？为什么一些同志常常搬用西方的城市化道路而不重视城乡的协调发展？从认识根源来说，不能不说与对这一重大矛盾的认识不足有关。

长期以来，我们一直在寻求解决这一重大矛盾的途径。土改以后，我们鼓励和帮助农民发展粮、棉等多种农副业生产，广泛组织城乡商品交流，使农民收入增加。在此基础上，主要由农业提供积累，建设国家的工业基础。稍后一些时间，为了支持工业建设和保证城乡人民的基本生活需要，实行了粮、棉、油统购统销。但到后来，统购、派购的范围越来越宽，几乎完全切断了农民和市场的联系，严重阻碍了农村商品经济的发展。我们曾经设想，通过集体化道路将小生产变为社会化大生产，一举克服工业化和落后的农业生产方式的矛盾。实践证明，这种做法在水利建设、推广先进科学技术等方面取得了一定的成绩，却由于压制了农民家庭的积极性，效果很不理想。农业集体化 20 年，农村自然经济、半自然经济的基础没有改变，农业生产增长缓慢，而农业人口增长却很快，城乡矛盾反而更加尖锐。联系改革以来的成功经验进行历史的全面考察，可以认定：第一，一定要发展城乡商品经济，并且在较长的时间内，我国的大多数地区要以农民家庭经营作为农村商品经济的主体。第二，顺应商品经济发展的客观规律，促进分工分业，引导农村劳力以适当的速度向二、三产业转移，并反过来促进农业的现代化。第三，保持和发扬合作化——集体化过程中曾经起过好作用的积极成果。这主要是指，土地的公有制，运用集体力量进行农田水利建设；根据农民自愿，以多种合作经济形式积累资金，发展生产，同时适当发展个体经济和私人经济，这样就可以避免大批农民在农村产业大变动的过程中遭受破产的厄运，走出一条不同于某些发展中国家的发展道路。第四，必须取得城市的支持。没有城市的支持，就不可能有农村的现代化。要实行以城带乡、以乡促城，城乡经济和社会一体化发展。这就是我们所说的新型城乡关系。

新型城乡关系的形成和发展，有赖于城乡商品经济的发育成长，同时也需要由国家（包括各级政府）进行有效的调节。城乡发展的不平衡，是我国经济社会结构的一大特点。改革前夕的 1978 年，农业劳力人均创造的国民收入只相当于工人的 13%。到 1985 年，以江苏省为例，全民所有制工业企业、城镇集体所有制工业企业、乡村工业和农业的全员劳动生产率之比为 13.7∶8.7∶5.1∶1。① 与之相应的是：农业人口的文化素质，农村

① 《城乡发展研究》，湖南人民出版社，第 111 页。

的科学技术、交通、通讯、信息等主客观条件都远不如城市。即使在市场充分发育之后，由于城乡生产力水平在较长时期内仍然存在较大差距，再加上农业和工业生产的条件不同，农业产品的需求弹性小、对市场反应周期长、多数农产品运输不便等，在市场交换中农村仍处于不利的地位。要做到城市和乡村、工业和农业的协调发展，仍然要由代表城乡整体利益的国家（包括各级政府）运用经济的、法规的和必要的行政手段来进行调节。例如，要有保证城市和乡村、工业和农业协调发展的产业政策；要统筹工业企业的布局，把适宜在农村发展的工业企业（特别是农副产品加工业）放到农村或接近农村的小城市和小城镇去；要有引导城乡人口合理流动的政策；要有计划地建设城乡一休的交通、信息、科技、教育、文化、卫生网络和社区网络。这样才能促进城乡协调发展。

在诸多调节手段中，本文将着重讨论城乡社区建设的问题。社区（城、镇、乡等）是经济和社会的综合体。社区的形成和发展，既是经济、社会发展的结果，又反作用于经济和社会。城镇社区的建设，对于产业的合理配置、人口的合理流动、市场体系以及文化、教育、科技网络的形成，有着重要的导向作用。合理的城镇网络，可以引导经济和社会结构向着城乡结合、协调发展的方向发展。我国经济遵循计划经济和市场调节相结合的原则，社区建设应该有计划地进行，作为国家和各级政府调节城乡经济和社会发展的一种重要手段；社区建设应该强调整体优化，摒弃城乡割裂、孤立发展、各自为政。我们就是在这个意义上把城镇体系的整体优化和城乡协调发展联系在一起的。

二　城镇体系的历史考察和整体优化

我国城镇体系的发展变化，可以从表1中反映出来。

表1　1947～1986年城镇体系的发展变化

单位：个

城市规模（人）	1947年	1952年	1957年	1964年	1976年	1978年	1980年	1982年	1984年	1986年
100万以上	6	9	10	13	13	13	15	19	19	23
50万～100万	10	10	18	18	25	27	30	29	31	31

续表

城市规模（人）	1947 年	1952 年	1957 年	1964 年	1976 年	1978 年	1980 年	1982 年	1984 年	1986 年
20 万～50 万	19	23	36	43	53	60	70	70	81	95
20 万以下	34	115	114	95	95	92	108	127	169	204
城市合计	69①	157	178	169	186	192	223	245	300	353
建制镇			3596					2768	6000	10000

注：①1947 年资料包括台湾省，其他年份均不包括台湾省。

联系城乡关系看城镇体系，可以清楚地看出：城镇体系的状况（包括其规模结构、空间分布、社会经济结构和兴衰变化），与城乡关系的性质及其发展变化有着密切关系。

新中国成立以前，我国社会的性质是半殖民地半封建社会，国民经济的构成，现代工业占 10% 左右，自然经济、半自然经济的农业和手工业占 90% 左右。现代工业主要掌握在外国资本和本国官僚资产阶级手中。与此相应的城乡关系的性质是：外国资本、官僚资本和聚集在大城市的封建势力（不在乡地主）残酷剥夺中、小城市和广大农村。反映到城镇体系上，必然是一种头重脚轻的畸形结构。如表 1 所示，1947 年全国建制市只有 69 个，主要分布在东部沿海和长江沿岸。其中，一些沿海、沿江的口岸城市被外国资本和大官僚买办所控制，畸形发展，如上海当时是亚洲第一大城市。其余城市则大多处于停滞和倒退的状态。著名古都西安在 30 年代只有 12.5 万人，不及 1843 年人口的一半。东北名城长春市在 1949 年只有 10 多万人，石家庄市只有私营工业和手工业 700 多家。至于农村集镇，则长期停留在集市水平，且日益衰败。毛泽东同志于 1930 年调查过的江西寻乌县城，全城只有约 2700 人口，除圩期热闹几个小时以外，其余时间则是一片“寂寞的情调”。[①] 苏州历史名镇震泽镇，“市不成市，经济萧条到了极点。”[②] 这就是新中国成立前城镇体系的基本状况。新中国成立使这种情况第一次发生了根本性的变化，新中国成立初到“一五”时期，城乡经济健康发展，城镇体系相应地向合理化方向转变。国家在边疆设市，如新疆的塔城、内蒙古的二连浩特等。国家新建的 156 个大型企业多数部署在内地，

① 《毛泽东农村调查文集》，人民出版社，第 57 页。

② 《小城镇　大问题》，江苏人民出版社，第 110 页。

使内地城市大有增加。到1957年，全国城市发展到178个，比新中国成立前增加了1倍以上。农村集镇达到了当时建镇标准的（常住人口2000人以上，有相当数量的工商业居民）已有3600多个。1957年以后，由于“左”的干扰日益严重，特别是由于农村商品经济没有发展起来，农业剩余劳力被限制在“以粮为纲”的单一经营上，不能顺利地向二、三产业转移，导致我国城镇体系的合理化进程发生了一些逆转。大、中城市虽然有国家的投资，但是却被包围在农村自然经济、半自然经济的“海洋”之中，小城市的发展停滞不前，小城镇在一度兴旺之后重又衰败下来，城市和乡村在相当大的程度上成了两个相对独立的封闭系统，只是通过各级政府运用产品调拨、财政收入再分配以及为数不多的招工、招干、毕业生分配等各种行政和半行政手段保持着联系。这种情况在我国内地城市中表现得特别明显。1978年改革开放，使我国城乡关系和城镇体系又一次发生了根本性的变化。从社会、经济的整体看，农村经济率先向商品经济转化，大批农村劳力向二、三产业转移，城乡经济和社会向一体化方向发展。表现在城镇体系上，具有重要意义的是，城镇形成的机制发生了改变：原来的城市是通过国家投资建设的，现在则是上下结合，即一方面由国家投资建设大、中城市，另一方面由农民以各种形式投资建设小城镇，并使一部分小城镇发展为小城市。从1978年到1986年短短的9年间，小城市从92个发展到204个，小城镇从2000多个发展到1万多个。这就不仅仅是数量上的变化，同时也是城镇体系整体构成的优化。以往那种头重脚轻、根基不固的城镇体系，正在向着整体优化的方向发展。在这中间，“上下结合”和“整体优化”，应被看作我国改革开放以来在城镇建设上取得的重要经验。

在今后一段时期内，整体优化将带有更加自觉的性质。这一趋势在城镇建设实践中已经明显地体现出来。例如，我国城乡建设部门对部分地区城镇体系所做的规划，上海、北京等城市对城乡一体化的研究，一些中等城市和它周围各县对城镇体系的统一构想，都体现了整体优化的意思。笔者认为，我们不必争论优先发展大城市、中等城市还是优先发展小城市、小城镇，而应立足于整体优化，使大城市、中等城市、小城市和小城镇成为一个有机的整体，协调发挥各自的作用，彼此有机地联系起来。大、中城市已经过度外延发展的地区，例如，中国社会科学院市情调查组调查的河南省安阳、新乡、洛阳、开封四市，应该尽快从外延发展为主转变为内涵发展为主，通过内涵发展，使其真正成为区域经济、科技、文化中心，带动农村的发展。与此同时，配合乡镇企业的调整，很好地规划小城镇建设，在小城市和小城镇中认真发展农业的产前、产中、产后服务业，促进农业现代化建设。在治理整顿期间，大、中城市不可避免地要清退一部分农民工，这些人回到农村，一方面可以发展开发性农业，另一方面可以发展农业的加工、服务业，这就必然会促进小城镇的发展。我们应该很好地利用治理整顿、深化改革的时机，使我国城镇体系的整体优化向前推进一步。

这样一个城镇体系和城、镇、乡社区网络，是在我国经济社会发展过程中、在新型城乡关系确立和发展的过程中形成的，其合理性在于它适合于我们的社会制度和基本国情，立足于城乡协调发展，与资本主义国家工业化过程中城镇发展的先后顺序不尽相同，因而不能做简单的类比。当然，我们也应该借鉴国际的经验。西方经济学家和社会学家在大城市过度膨胀因之弊端丛生之后，曾经花费很大精力探讨“最佳城市模式”，但他们发现，影响城市规模的因素太多，难以得出一个确切的结论。同时，不同层次的城镇有不同的最佳规模，因而也不可一概而论。于是一些学者不再孤立地探讨城市最佳规模，而是探讨“最佳城市体系”，探讨整体优化的模式。西方发达国家在城镇建设问题上这种着眼点的转变，很值得我们注意。再看发展中国家：某些发展中国家致力于发展大城市，以为大城市将成为“发展的启动机”。可是在拉美和非洲，这一途径并不成功。因为这样一来，大城市直接面对广大农村而没有中间环节，其“启动”作用是很有限的。我国的实践和国际经验都证明，以大、中城市为中心，以小城市和小城镇为中间环节，以广大农村为基础的城、镇、乡社区网络，是一种有利于城乡结合、协调发展的优化选择。这条路子似乎应该肯定下来。

三　城镇体系整体优化中的若干具体问题

城镇体系的整体优化可以分为三个层次：第一个层次是就全国范围说的，即对全国有广泛影响的城镇布局和规模结构的优化。改革以来，我们对大的经济区的规划（例如上海经济区、长江工业走廊、陇海铁路经济带等），都着眼于全国范围内的生产力布局和城镇体系的优化问题。第二个层次是省的范围内的优化，重点是针对省内大、中城市和交通枢纽城镇搞好布局，控制合理规模，提高质量。第三个层次是大、中城市以及受其影响较大的区域内城镇体系的优化。第三个层次包括为数众多的小城市和小城镇，对于城乡结合、协调发展，具有更加普遍的意义。

以经济比较发达的城市为中心，与周围农村建立紧密的经济和社会联系，这是我国城乡社会主义有计划的商品经济发展的必然结果，是社会主义城乡关系发展的必然结果。组织好这种以城市为中心包括周围农村在内的经济和社会网络，对于城乡结合、协调发展有着重要意义。我国从1983年开始，在全国试行市领导县的体制，其立足点就是建设以城市为中心的经济网络。到1986年底，全国已有150个市实行了市领导县的体制，占中等以上城市总数的88.8%；共领导县694个，占县的总数的34.4%；市领导县区域的人口占全国总人口的40%。尽管对于这种组织形式目前还有争议，对于什么样的市可以领导县、领导的范围大小等具体问题都还要研究，但以城市为中心的经济区域正在形成和发展却是一个客观事实。以城市为中心统筹规划城镇体系，求得在区域范围内的整体优化，是经济和社会发展的客观需要，这也是不容置疑的。今后，不论在行政体制上是否实行市领导县，都应该在“市县一体，紧密结合”上多下工夫。在城镇体系上，更应该统一规划。事实上，许多市领导县的区域，都已经或正在进行本区域范围内城镇体系的整体建设规划。例如，陕西省新兴工业城宝鸡市，1988年市区人口36万人，加上所领导的县，共有人口309万。他们规划除继续发展市区以外，有重点地建设35个小城镇，以带动107个集镇和广大乡村。这个地区有陇海铁路横贯东西，铁路沿线经济发展较快，他们便规划铁路沿线在原有建制镇和车站市场的基础上建设8个重点镇。经过一段时间以后，铁路沿线的镇，有的将发展为小城市，整个铁路沿线将发展为一条发达的城镇带。其余的小城镇分布在4条公路干线沿线。按照这个规划，在宝鸡市及其周围地区就将形成一个比较合理的城、镇、乡社区网络。各个区域的城、镇、乡社区网络有机地结合在一起，并和全国、全省的大、中城市体系相衔接，就将形成全省和全国的城、镇、乡社区网络。这是我们所谈的城镇体系整体优化的重要组成部分。

治理整顿、深化改革，在城镇体系上也应该有所体现。城市要控制规模，提高效益，走内涵式发展的道路。这样就会有一大批劳力回到农村去从事开发性农业和适宜在农村发展的企业，小城镇也应做适当的调整。前一阶段，在小城镇建设问题上，存在两种不合理的倾向：一是遍地开花，几乎乡乡建镇；二是在一个县的范围内，除了县城之外就没有一个镇。第一种倾向是主要的，应该抓住治理整顿的机遇，合理规划布局，加强重点建设。这也有利于解决乡乡建镇所带来的农业服务体系过于分散的问题，有利于促进农业向现代化方向发展。

小城镇一般是由农村集市发展而来的。集市是基于农民赶集的方便自发形成的，不存在有计划地布局和建设的问题。而小城镇则不同，它既是农村的中心市场，又是乡村工业的聚集区和乡村交通、信息、科技、文化、教育的中心，是从农村中生长出来的城镇型社区，不同于传统集市。建设小城镇，在一定的意义上，就是建设小城市，因此要有一定的规模和基础设施，要讲求聚集效益。根据“六五”期间国家课题组在江苏省的研究，① 一般镇要聚居到 2 万人口以上，重点镇要聚居到 5 万人口以上，才能有较好的效益。另据 1986 年 4 月国务院批转民政部《关于调整设市标准和市领导县条件的报告》，非农业人口在 6 万以上，年国民生产总值在 2 亿元以上，已成为该地区经济中心的镇，可以设置市的建制。这就大体勾画出了重点镇的发展前景。因此，需要根据当地交通、资源、经济发展前景等条件，选准镇的位置，确定建设的重点。这样才能把镇的建设和城镇体系的优化统一起来。镇的形成受乡的行政中心所在地的制约，乡政府所在地发展到 2000 多常住人口就可以建镇，这在沿海一些较发达地区很容易达标，于是一些地方就形成了一乡一镇。但是，这样分散的布局，不利于形成农村区域中心，不是一种优化的选择。乡政府是基层政权组织，乡域是行政的区域，不是经济区域。前段时间，乡的企业都办在本乡，村的企业都办在本村，似乎被认为是理所当然。其实，这种以乡、村为单位的“小而全”，是在人民公社原有体制的框架里形成的，不符合经济社会的发展规律。发展下去，会使乡村工业过于分散，给农村现代化建设带来不良后果。乡和村的企业，包括乡、村合作经济兴办的企业，在空间分布上不一定都办在本乡、本村，而应按照经济合理的原则，有的办在本乡、本村，有的办在附近的镇，有的可办在县城，有的还可以办到城市里去。这

① 《城乡建设》1989 年第 11 期，第 25～27 页。

个问题关系着乡镇企业的健康发展。当然，有一些类型的乡镇企业，如服装加工业等，因为不需要空间聚集，可以考虑一直分散到农户；但已经成长起来的骨干企业，或者是在治理整顿中重点支持的企业，就不能过于分散。这些企业对于交通、通讯、信息、供电、供水、供热和相互配套的企业群体都有更高的要求。以交通为例，重要公路只能通到重点镇，如果让它通向布局过于分散的企业，就会造成很大的浪费。再如供电，工业用电和农业用电在供电的时间和供电强度方面都有不同，在我国电力供应紧张的情况下，应该把工、农业用电适当分开，这也要求工业企业尽可能在空间上聚集在一起。至于污染严重的化学工业、冶炼工业、造纸工业，更必须集中起来，对环境进行综合治理。此外，企业适当集中，有利于镇的建设，部分镇将由于企业的适当集中而形成小城市，使城镇体系更加合理。对于农业的发展来说，企业适当集中，有利于吸引一部分劳力彻底脱离土地，促进土地适度规模经营的早日实现。正是由于这些原因，现在一些地方开始建设的工业开发区，由于符合以上各项要求，更有远大的发展前景。

要吸引企业向镇（特别是重点镇）和工业开发区聚集，就要破除限制企业合理选择厂址的阻力。第一，要破除乡、村“小而全”的旧观念，把企业区位分布合理化作为经济社会发展的重要目标之一，列入发展规划。第二，要妥善解决有关方面的利益关系问题。乡办和村办企业是在乡政府、村民委员会的支持和扶持下，靠全乡、全村的集体积累办起来的，因此，乡、村的支农支出和一些社会性支出依靠乡、村企业上缴的利润来解决是完全合理的。要真正做到企业合理分布，就必须找到一条能保证乡、村集体所有权不变，又能使乡、村的收入由于企业的合理选址、提高效益而有所增加的路子。有的企业将现有资产作为乡、村的投入，再根据企业发展的需要和企业横向联合的需要，吸收外单位的投入，企业由董事会管理，乡政府和村民委员会的代表作为董事会的成员，年终按一定的比例分配。这样，企业逐步挣脱乡、村区域的束缚，逐步被纳入行业管理系列，活力增强，效益提高，乡、村的收入就会随之而有所增加。这是一个可以参考的办法。第三，要制定合理的企业土地使用制度。这要从两个方面考虑。一方面，要解决企业办在本乡、本村无偿占用土地的问题。办在本乡、本村的企业，也同样要支付土地使用费，主要交给国家，以削弱本乡、本村土地对企业的黏着力；另一方面，要对企业在迁入地区使用土地给予方便。河南省新郑县为了吸引企业进入工业开发区，由县政府统一征用土地，然后有偿转让给企业使用。土地使用费减免30%，由县财政补足。第四，要适应企业布局状况，合理调整财政包干数量。我们现行的体制是税收由企业所在地征收，财政按乡、镇所征的税收收入包干到乡，超额部分按比例上交。这样，如果企业不办在本乡，本乡的税收就会减少，乡财政的收入也会随之减少。这是使企业不能合理选址的另一个重要原因。从这个角度来看，财政包干到乡的体制是有缺陷的。在这种体制没有改变以前，应由县财政视具体情况加以调节，目的是不让财政包干制度限制企业合理选址。第五，明确规定在电力供应上给工业聚集区以更多的保证。第六，办在外地的企业，要优先吸收本乡、本村的劳力。第七，对严重污染环境的企业，不论其所有制性质如何，都要用行政手段强制它们办在指定的区域，并对环境进行综合治理；严禁随意占地，分散建厂，扩散污染。

城镇体系的整体优化不仅是指规模结构和空间布局的优化，还包括经济社会结构的优化。规模结构和空间布局的优化不是目的，目的在于有利于经济和社会结构的优化，有利于形成城乡结合的交通、通讯、信息、科技、教育、文化网络，形成城乡结合的工业体系和农业服务体系。

以小城镇为例，合理的小城镇经济社会结构应该具有如下特征。

（1）合理的产业结构。对小城镇来说，特别要强化农业产前、产后的社会服务体系。农业服务可以分为两大类：一类是直接生产过程中的服务，如水利设施的建设、供电系统的管理、农机服务等。这一类服务只能由地域性的服务组织，主要是乡、村两级的合作经济组织以及服务专业户来承担。另一类是产前的生产资料供应，产后的产品汇集、加工、储藏、销售以及科技知识的传播推广、技术人员的培训、信息的传播等。这一类服务不应受乡、村行政区域的局限，主要应由作为农村区域经济中心的小城镇来提供。同时，要以小城镇为中间环节，逐步发展为城、镇、乡、村紧密衔接的服务网络。例如，牲畜、家禽、水果、水产、药材、蔬菜等项生产，在市场开放以后获得很大发展，形成了大小规模不等的生产基地，这类基地并不局限在一乡一村的范围，而是基于几个以至多个乡村的集体经济组织和专业户形成。如果仅由乡、村服务组织提供服务，就会有很大的局限性，经济和社会效益都将受到影响。如果围绕小城镇形成专业性或综合性的服务体系，并且和城市有关的企事业联合起来，形成城—镇—乡村—农户紧密衔接、产供销一体化的生产服务网络，效益必将大大提高。不仅使农村生产力进一步发展，而且将使旧的城乡分割格局彻底改变，逐步形成城乡联合的经济社会新格局。我国农村第一步改革之后，第二步改革步履艰难，原因之一是农业的直接生产过程和社会服务这一完整的社会经济流程被人为的行政归属分割，或者由于利益冲突而互相割裂，使得城乡一体的服务网络不能迅速建立起来。小城镇应该在解决这个问题上发挥自己的重要作用，强化这方面的功能。这类服务组织的利润，一般低于工业加工企业，因此需要国家、地方政府和国营工商、金融等系统运用各自掌握的调节手段，给予必要的扶持。

（2）建设农村区域性的中心市场，并加强市场管理。如前所述，小城镇市场不能停留在传统集市的水平上，而要尽快发育成现代意义上的中心市场。传统集市的特征是少量商品的买进卖出，只能解决小范围和小批量商品交换的问题。正因为这样，传统集市虽然已有千年的历史，却未能促进现代商品经济的发展。现代商品经济所需要的市场，不只是简单的买进卖出，还包括商品的汇集、储藏、运输、加工以及与之配套的资金融通、信息、技术和劳动力的提供等，是一个完整的供销体系。我国农村商品是由农户经济、集体经济和乡村中的小型企业生产出来的，量小、“腿短”，直接进入城乡大市场往往力不从心，需要有发育良好的中间环节。这个中间环节，只能是小城镇的供销体系。这种供销体系，对城市，是大、中城市供销体系的可靠依托；对农村，是促使农业和其他产业走向商品化、社会化、现代化的催化剂。现在，一部分小城镇初步发育起来的专业市场，已经起着这样的作用。例如，陕西省岐山县陇海铁路沿线蔡家坡镇的蔬菜专业市场，带动了周围农村的蔬菜生产，蔬菜基地面积从3000亩发展到1万多亩，产品经市场汇集、加工，供应西安、兰州、天水、平凉等大、中城市，这就初步体现了建设小城镇市场的作用。

市场发育和市场管理是一件事情的两个方面。近几年的事实告诉我们：围绕农副产品和乡镇企业产品而流行的投机活动以及伪劣产品的制造、推销，大量地在小城镇发生。因此，不治理好小城镇市场，大、中城市市场的混乱现象就会“按下葫芦浮起瓢”，难以得到较彻底的治理。小城镇面广量大，而目前市场管理力量单薄，管理人员素质不高，因而管好小城镇市场难度很大。这要靠市、县政府，特别是直接领导小城镇建设的县政府加以重视，认真做好培训市场管理人员的工作，提高人员素质，加强市场管理，建立城乡商品流通秩序。

（3）建设合理的科技、教育、卫生组织，形成城乡结合的科技、教育、卫生网络。小城镇应该设有各种咨询服务机构，建立设备较好的完全中学和职业学校，建设卫生院、所，并使这些组织和城、乡相应的组织联系起来。

（4）建立和完善小城镇的各种社会性组织。小城镇的产业结构从农业转向了二、三产业，但是，在社会生活的其他方面大都还没有完成从乡土型社区向城镇型社区的转变。要促成这种转化，就要从完善小城镇的社区组织做起。小城镇居民的血缘关系淡化，地缘关系仍然保留，业缘关系大大加强。从这一实际出发，首先要明确居民的地缘归属。凡常住镇区的，不论是否享受商品粮供应，都应按其实际居住情况，将其归为城镇居民，列入城镇自理口粮户口，编入城镇居民委员会。暂住人口也必须申报临时户口，由镇户籍管理部门进行户籍管理。与此同时，阶级性、职业性的社会组织，如工会、商会、个体劳动者协会、各种专业性协会等也应该逐步建立和完善起来。群众性的治安保卫组织、民事调解组织、物价检查监督组织，行政性的公安、司法、工商管理等机构都要适应城镇型社区的发展需要逐步健全起来。小城镇是农村商品经济发展过程中社会变动的产物，应该不但在经济生活、文化生活上，而且在社区的组织构造上，适时地完成这种变动。

（5）重视小城镇的精神文明建设。我们所要确立的新型城乡关系，其性质是社会主义的，也就是说，是以工农联盟为基础，以实现工农共同富裕、城乡共同繁荣为目的的，因而应该以社会主义精神文明作为精神支柱。小城镇不但是城乡物质文明结合的阵地，同时也是城乡精神文明结合的阵地。城市文明输向小城镇，一般是科技开路，但要使科学技术转化为现实的生产力，就要有科学的管理，要提高劳动者的素质。这里的核心是人的素质即精神文明问题。小城镇要大力吸引城市的人才，培养农村来镇的劳动力，发展这种文化教育事业，为培养小城镇自身和广大农村各方面的人才做出贡献，同时创建小城镇特有的精神文明。这种文明蕴涵着城市的文明因子，也会吸收农村文明的优秀部分，同时抵制封建主义和资本主义的侵袭，这样，新型城乡关系才能在社会主义精神文明的引导下很好地建立起来。以上说的是小城镇，但是，毋庸赘言，其精神对于大、中、小城市也是适用的。大、中、小城市也应根据自己在城镇体系中的地位，优化自己的经济社会结构。

十年来我国各阶级阶层结构演变的分析*

朱庆芳

改革开放以来，出现了多种经济成分和多种经营方式，改变了原有的所有制结构、阶级阶层结构，各阶级阶层的权力和利益分配也发生了新的变化。研究它们的变化规律和发展趋势，对于保持社会的稳定发展，使改革顺利进行，具有重大的现实意义。本文就所有制结构、阶级阶层结构、收入结构、人口文化结构及各阶级阶层内部结构变化做一些粗略分组和简要分析。

一　所有制结构的变化情况

在 1956 年以前，我国存在五种经济成分。社会主义改造基本完成以后，至 1978 年底，只剩下全民所有制和集体所有制两种经济成分。随着改革开放，调整了生产关系，出现了多种经济成分，改变了原有的所有制结构，阶级阶层关系出现了新的变化。各阶级阶层在收入分配、社会地位及作用等方面，呈现明显的差异性。从生产资料占有情况看，全民所有制虽比 1978 年的比重下降，但仍占绝对优势。据有关资料粗略估算，1988 年全国固定资产原值为 1.8 万亿元，其中全民所有制的比重从 1978 年的 79.6% 降为 66.6%，集体所有制比重从 9.4% 上升为 17.6%（城镇集体占 8.1%，农村集体占 9.5%），农民①（1978 年为生产队形式）固定资产占 11.0%，1988 年家庭承包经营和专业户占 12.2%，新出现的合营外资占 1.9%，个体经济和私营占 1.7% 左右。

---

* 原文发表于《社会学研究》1990 年第 3 期。

① 我国农村所有制形式复杂多变，有争论，暂借用“农民”概念。

从全社会劳动者的结构看，十年来，也是全民所有制的比重相对有所下降，城镇集体比重上升，私营和个体经济人数增长迅速。1988 年底，全社会劳动者为 54334 万人，与 1978 年比较，全民职工比重由 18.7% 下降为 18.4%，城乡集体所有制劳动者比重由 13.9% 上升为 19.4%（其中城镇集体职工由 5.1% 上升为 6.5%，农村集体劳动者主要是指乡镇企业和联合体，由 1978 年的 8.8% 上升为 12.9%），农林牧副渔劳动者在 1978 年归属生产队，1988 年变为家庭承包经营，比例由 67.3% 下降为 57.8%，个体和私营从无到有，1988 年占 4.3%，合营外资等占 0.2%。

以上所有制结构的变化表明，社会主义公有制企业的职工人数虽然只占全社会劳动者人数的 25%，却占有全社会固定资产原值的 75%，其中全民所有制企业职工占 18.4%，固定资产却占 66.6%。全民企业拥有最先进的生产资料和优秀的管理人才，在积累资金和现代化建设方面占据主导地位，在国民经济中具有举足轻重的作用。

在社会主义初级阶段的所有制结构中，应以公有制为主体。目前全民所有制以外的其他经济成分和经营方式种类很多，可细分为十多种，按大类可归为五大类，即全民、集体、合营、个体、私营。随着改革的深化，将会出现更多的所有制形式和经营方式。为了充分调动劳动者的积极性，使资金、人才、技术、资源等各种生产要素合理流动和重新组合，提高经济效益，应继续坚持社会主义公有制为主体，发展多种经济成分的方针，发挥个体、私营及合营、合作企业和外资企业对社会主义经济有益的、必要的补充作用。

二　阶级阶层结构的变化情况

在我国，所有制结构与阶级阶层结构有着密切的关系，所有制结构的变化必然引起阶级阶层结构的变化。如在上述各种所有制劳动者中，大致可将全民、城镇集体、合营等企业职工（包括知识分子）视为工人阶级，将农村集体劳动者和家庭联产承包责任制的劳动者等视为农民阶级。从社会分工的角度来看，由于社会生产力的发展在城乡之间还存在较大差别，形成了在城镇社区内以工业劳动为主的全民所有制的工人阶级，在农村社区内以农业劳动为主的农民阶级，还有一个依附于工人阶级、农民阶级的以脑力劳动为主的社会阶层——知识分子。

根据上述分组，1988 年社会劳动者为 54335 万人，工人阶级为 8966 万人，比重由 1978 年的 17.2% 降为 16.5%；知识分子阶层为 4642 万人，比重由 6.5% 上升为 8.5%；农民阶级为 38398 万人，比重由 76.3% 降为 70.7%；农民阶级中乡镇企业和从事非农业的劳动者为 8611 万人（这部分人因不吃商品粮，仍是农村户口，但从社会分工看实际上已从农业中分离出来从事非农业劳动，其中一部分应归入工人阶级，一部分仍是亦工亦农的边缘群体）；城乡个体劳动者从无到有已达 2305 万人，占 4.2%；私营企业主为 24 万人，因人数尚少，形不成独立阶层；雇工为 360 万人，应归入工人阶级中。

从以上各阶级阶层的发展变化看，十年中个体劳动者人数发展最快，增长 154 倍；其次是知识分子增长了 79.2%；工人阶级增长了 29.8%；农民阶级增长了 26.6%，增长最慢，但其中转移到非农业的劳动者猛增了 2 倍多，平均每年增加 580 万人。

三　收入结构的变化情况

按收入水平划分阶层是西方的分层方法之一。我国在消灭了阶级对立意义上的剥削后，居民的贫富差距较小。随着所有制结构和经营方式的转变，打破平均主义“大锅饭”后，各阶层的收入差距又逐步拉开。根据国家统计局 1988 年城镇居民 3 万多户抽样调查，平均每人每月生活费收入在 50 元以下的低收入户比例，由 1981 年的 81.6% 降为 8.3%；60 元以上的高收入户，由 6.5% 上升为 84.1%，其中 100 元以上的户占 36.9%；如扣除物价上涨因素，1988 年的 50 元在 1981 年只值 30 元，60 元在 1981 年只值 36 元，仍然是低收入户比例显著下降，高收入户呈显著上升的趋势。另按五等分法计算，1988 年 20% 的低收入户和 20% 的高收入户比较，收入的贫富差距从 1981 年的 1∶1.69 扩大为 1∶1.88，变化不大。据对农村 6.7 万户住户的调查，也是低收入户明显下降，高收入户急剧上升。农民人均年纯收入在 200 元以下的低收入户，由 1978 年的 82.6% 降为 1988 年的 5.3%；500 元以上的高收入户，已由 1981 年的 32% 上升为 47%，其中千元以上的富裕户已占 8.5%。按五等分法计算，20% 的高收入户与 20% 的低收入户的倍数，由1978年的2.9倍扩大为1988年的4.7倍，贫富差距比城市职工稍大些，城乡加权平均，1988年全国贫富差距为3.8倍（详见表1）。

表1　1978～1988年各阶层收入差距

单位：%

	1978年	1981年	1987年	1988年
一、按收入高低分组占总户数的比例				
（一）城镇人均月生活费收入	100.0	100.0	100.0	100.0
低收入户：50元以下		81.6	15.9	8.3
其中35元以下		39.3	4.2	5左右
高收入户：60元以上		6.5	70.7	84.1
其中：100元以上			19.8	36.9
（二）农民人均年纯收入				
低收入户：200元以下	82.6		8.3	5.3
其中：150元以下	65.0		3.3	2.0
高收入户：500元以上		3.2	35.7	47.0
其中：1000元以上				8.5
二、按五等分法分组				
（一）城镇居民				
20%的低收入户占总户数%		15.6	14.6	14.4
20%的高收入户占总户数%		26.3	26.5	27.0
高收入户为低收入户的倍数		1.69	1.82	1.88
（二）农民				
20%的低收入户的平均收入（元）	75.0		207.7	225
20%的高收入户的平均收入（元）	216.1		876.0	1053
高收入户为低收入户的倍数	2.9		4.21	4.68

资料来源：国家统计局城乡住户抽样调查，1988年城镇为3.5万户，农村为6.7万户。

从上述平均数看，差距并不大，但平均数掩盖了一些突出矛盾，如将社会上最富和最贫的群体做比较，贫富差距还是相当大的。据民政部门统计，近几年全国城乡贫困线以下的人口（生活困难户）有1亿～1.3亿人，到1988年仍有1亿人，占全国总人口的10%左右；其中，农村困难户有8800万人，城镇困难户有1600多万人。另根据城乡住户调查，以城镇人均月生活费收入在50元以下、农民年纯收入在200元以下的比例推算，全国在贫困线以下的人口，1988年仍有6500万人，特困户（城镇月收入35元以下，农民年收入150元以下）有2800多万人，约占全国总人口的2.6%，这部分人还处于不得温饱的状态。目前高收入户在全国尚属少数，据有关部门估计，年收入在万元以上的富裕户有437万户，仅占全国总户数的2%左右，百万富翁估计有4000多家，千万富翁有200家，最高收入户和最低收入户比较，差距可高达数十以至百倍以上，贫富过于悬殊。

对以工资作为主要收入来源者来说，他们对以贪污受贿、投机倒把、偷漏税、走私贩私等违法手段来攫取高收入是深恶痛绝的。那些以非法手段获取高收入户的比例虽不大，但已造成居民心理不平衡，影响劳动积极性，引起群众的不满情绪，进而成为社会的不安定因素。

四　人口文化结构的变化情况

随着教育事业的发展，各阶级阶层人口的文化程度普遍有了提高。据人口普查和抽样调查，初中及以上文化程度的人口比例已从1964年的6.4%提高到1982年的25%，1987年又上升到29.2%。从1987年1%人口抽样调查，各阶级阶层就业人口的文化程度看，文化程度最低的是农民阶级，文盲率高达30.5%，初中及以上文化程度者只占28.2%；工人阶级的文盲率也达5.9%，但初中及以上文化程度者占65.0%，工人阶级中以服务性工作人员文化程度最低，文盲率高达11.7%，初中及以上文化程度者仅占54.5%；文化程度较高的是知识分子阶层，初中及以上文化程度者占89.4%，其中大学文化程度者占14.5%（见表2），各类专业技术人员中大学生占16.3%，高中文化程度者占47.0%。

表2　各阶级阶层文化程度（以总人口为100）

单位：%

	1982年7月人口普查					1987年1%人口抽样调查				
	大学	高中	初中	小学	文盲	大学	高中	初中	小学	文盲
工人阶级	0.2	18.8	39.5	32.3	9.3	0.4	17.9	46.7	29.1	5.9
农民阶级	0.01	5.2	21.1	37.2	36.5	0.01	4.3	23.9	41.3	30.5

续表

	1982 年 7 月人口普查					1987 年 1% 人口抽样调查				
	大学	高中	初中	小学	文盲	大学	高中	初中	小学	文盲
知识分子阶层	10.3	38.1	36.3	14.7	0.6	14.5	41.8	33.1	10.1	0.5

注：工人包括产业工人和商业服务人员，知识分子包括专业技术人员、机关企事业单位负责人和办事人员。

各阶层文化程度的提高，不仅造成各阶级阶层之间、行业和职业之间、脑体之间的社会流动，而且在一般情况下决定了收入水平。如在农村的家庭承包户中，大专和中专文化程度农户的人均纯收入要比文盲户高50%～80%，但在城镇职工中，已出现了脑体收入倒挂，文化程度高的不如文化程度低的收入多等反常现象，进而促发了“读书无用论”、知识贬值、流失生增多等社会问题，这对发展生产力、实现四化是极为不利的，必须引起有关部门的高度重视。

五　各阶级阶层内部结构的变化

1. 工人阶级内部结构的变化

工人阶级的共同特征是以劳动作为谋生手段，以工资作为领取劳动报酬的基本形式。广义的工人阶级应包括各种所有制中以领取工资作为谋生手段的职工，包括从事不同职业的工人、知识分子、乡镇企业职工和私营企业的雇工等。根据 1987 年 1% 人口抽样调查推算，全国为 17040 万人，占就业人口的 29.1%，其中产业工人 9602 万人，占 16.4%。另据 1988 年统计，城镇职工加上村以上乡镇企业职工和私人企业雇工，共计 18862 万人，占全社会劳动者的 34.7%，比 1978 年占 30.7% 提高 4 个百分点，十年间增加 6500 多万人。狭义的工人阶级是指直接从事生产、服务性等劳动的工人，不包括知识分子和属于农村户口的乡镇企业工人。目前习惯上常用的工人阶级是指全部职工人数（全民、城镇集体、合营等），1988 年为 13608 万人，比 1978 年的 9499 万人增长 43%。

工人阶级内部结构的变化主要体现在以下三个方面。

（1）所有制结构变化。自 1978 年以来全民所有制职工比例虽略有下降，由 1978 年的 78.4% 降为 1988 年的 73.4%，但仍然是工人阶级的主体；城镇集体所有制职工比例从21.6%上升为25.9%，它是工人阶级的重要组成部分；合营、外资等其他所有制从无到有，1988年有97万人，占0.7%；私营企业的雇工也是工人阶级的一部分，目前约有雇工360万人，尚未计算在职工人数中，它相当于职工人数的2.6%，而1952年私营职工比例占23%。

（2）经营方式的变化。从1987年起，全民所有制企业普遍实行了生产承包责任制。据1988年底对54000个大型工业企业的调查，已有83%实行了厂长责任制，有17%实行了各种形式的承包责任制，有56%的小型工业企业实行了租赁制，改变了经营方式。在国营商业企业中，有60%以上的大型企业实行了经营承包制，有80%～90%的小型商业企业和供销社实行了租赁和承包责任制。实行承包或租赁后的企业，只是改变了经营方式，生产资料所有权仍属国家，一般来讲都提高了经济效益，存在的问题是：职工的主人翁地位和政治参与作用有所削弱，部分承包、承租人收入过高，影响职工积极性，有的企业还出现了“包盈不包亏”的现象。

（3）职工的文化技术水平有了较大提高。据统计，1978年至1988年，在全民所有制单位职工中，大专以上文化程度者所占比重，由3.1%上升到6.9%；高中、中专文化程度者由40.9%上升到44.7%。在十年中，全国有519万名大、中专毕业生加入职工队伍。1988年有1085万名职工参加了脱产或在职培训学习。职工文化素质的提高，使职工中的操作层比例呈下降趋势，管理层的比例呈上升趋势。全国全民工业企业的职工构成中，工人和学徒的比例由1978年的75.8%降为70.4%，工程技术人员和管理人员的比例由12.1%上升到15.3%，每万名工人拥有的技术人员由389人增加为649人。其中，有不少技术人员和管理人员是从工人中提拔上来的。

根据对首钢实行生产承包责任制的典型调查，企业内部职工分为决策层、管理层和操作层。决策层约占职工人数的3%，其中大专文化程度者占56%，中学文化程度者占44%；管理层约占17%，其中大专文化程度者占36%，中学文化程度者占60%；操作层约占80%，其中大专文化程度者仅占0.9%，中学文化程度者占77%，小学文化程度者占20%，文盲占2%。近几年经过职业培训达到中专文化程度以上水平，从操作层上升到管理层和决策层的约占首钢有职称知识分子的40%以上。

2. 农民阶级内部结构的变化

农民阶级是指以从事农业（包括林牧副渔）生产劳动为谋生手段的社会集团。根据我国实际情况，广义的农民是指吃自产粮的持农村户口的农业人口，亦即农村总人口，包括8000多万已从事非农业劳动的人口。1988年农村总人口共86625万人，占全国总人口的79.0%，农村劳动力40067万人，占全国劳动力的73.7%。狭义的农民是指从事农林牧副渔的劳动者，即按职业划分，将从事工业、建筑业、商业、文教卫生、管理等的劳动者8611万人扣除后从事农林牧副渔的劳动者，为31456万人，确切地说，还应包括全民和城镇集体从事农业的职工852万人，共计32308万人，占全社会劳动者的60%。

农民阶级内部结构的变化主要表现在以下几个方面。

（1）从所有制结构看，乡镇企业比例上升，家庭经营比例下降。我国目前农村实行的家庭联产承包责任制，从性质上讲，是建立在土地和农田基本设施公有基础上的分户经营、按户核算的社会主义经济成分，其中也带有某些个体经营的性质，这种以家庭经营为主的形式在农民阶级中是主要形式，但随着乡镇企业（集体经济）的迅速发展，比例有所下降。1988年农村劳动力40067万人中，从事家庭经营的农林牧副渔劳动力为31456万人，虽比1978年的27446万人增长了14.6%，但占农村劳动力总数的比例由1978年的90.5%降为78.5%；从事乡镇企业、联合体和集体经济的管理、科教人员等非农业劳动力，由2896万人增至6983万人，占农村劳动力的比重由9.5%提高到17.4%；从事农村个体经营和私营的人从无到有，1988年达1670万人，占4.3%。

（2）向非农转移的速度加快。非农化的转移是现代化程度的重要标志。改革十年中，从事非农业的劳动力从1978年的2896万人增加到1988年的8611万人，共增加了5715万人，平均每年增加572万人，比重从9.5%上升为21.5%。详见表3。

表3　非农劳动力变化情况

	1978年	1988年	占农村劳动力%		1988年比1978年增长%	平均每年增长%
			1978年	1988年		
农村劳动力（万人）	30342	40067	100.0	100.0	32.1	2.8

续表

	1978 年	1988 年	占农村劳动力%		1988 年比 1978 年增长%	平均每年增长%
			1978 年	1988 年		
农林牧副渔劳动力（万人）	27446	31456	90.5	78.5	14.6	1.4
非农业劳动力（万人）	2896	8611	9.5	21.5	197.3	11.5

（3）内部分层、分化加剧。1978 年以前，由于生产经营方式单一，农民内部分层亦较简单，且分化较慢。改革后，内部分层、分化明显加剧。按职业和社会分工分层，目前农村劳动力大致可分为 8 个阶层，见表 4。

表 4　1988 年农村劳动力分层

	劳动人数（万人）	构成	说明
农村劳动力合计	40067	100.0	
1. 从事农林牧副渔业	31456	78.5	
其中：兼营户	1300 多	3.2	农闲时外出做工
从事非农业合计	8600 多	21.5	
2. 乡镇企业和联合体农民工	5328	13.3	包括管理人员在内
3. 雇工	700 多	1.8	包括私营企业和个体乡镇企业雇工
4. 个体工商户	1650	4.1	
5. 私营企业主	40	0.1	
6. 农民知识分子	500 多	1.3	农村文教、卫生、体育、科技、金融、保险等
7. 乡务管理	130	0.3	不包括村务管理
8. 其他（临时工、合同工等）	250 多	0.6	外出做临时工和合同工
	（1600 多）	4.0	包括农业户兼营外出做工

据有关部门近几年的调查，在 3 亿多从事农林牧副渔业的劳动力中约有 1 亿多是剩余劳力，其中有 1300 多万人在完成本业外，兼营非农业劳动，如外出做买卖、打短工，从事木工、建筑、修理、缝纫等，加上非农业外出做工人数共 1600 多万人，约占农村劳动力的 4%。因此，实际从事非农业的劳动者已有 1 亿多人。这部分人虽仍是农村户口，属农村劳动力，但从职业分类上应属于第二、第三产业；按阶级阶层划分，应分别划入工人阶级和知识分子阶层及小资产者阶层。

3. 知识分子阶层内部结构的变化

知识分子是指具有技术职称的专业技术人员以及具有中专以上和同等学力的脑力劳动者组成的相对独立的社会阶层。根据上述含义，1988 年全国有知识分子 2300 多万人，占全社会劳动者的 4.2%，加上还不具备中专以上文化程度和没有职称但却从事脑力劳动的 2300 多万人，共有脑力劳动者 4600 多万人，占全社会劳动者的 8.5%。

根据脑力劳动者的职业分类，大致可分为以下四个层次。一是知识劳动者，主要指专业技术人员，据 1987 年人口抽样调查估计，全国有 1746 万人，占脑力劳动者的 39%；高中以上文化程度者占 58%，是脑力劳动者中人数较多、文化素质较高的层次。二是传播知识的教育工作者。1987 年各级学校的教学人员共有 879 万人，约占 22%。三是领导和管理层，主要指国家机关、党群组织和企事业单位负责人，共有 1031 万人，占 23%，其中国家机关有 117 万人，党群组织有 207 万人，企事业单位有 707 万人。这一层次的脑力劳动者处于社会组织的较高层次，起着指挥、协调、管理的作用，但文化素质偏低，高中以上文化程度者仅占 44%。四是行政办事人员，包括行政、政治、保卫、邮电等工作人员，共 802 万人，占 18%，这一层次的文化程度也较低，高中以上文化程度者仅占 49%。

知识分子在对生产资料的占有关系、收入来源和生活状况、服务对象等方面，与产业工人没有多大区别，因此它属于工人阶级的一部分。在十年改革中，这支力量发展很快，从 1978 年的 2590 万人增至 1988 年 4600 多万人，增长了 79%，占社会劳动者的比例由 6.5% 提高到 8.5%。其中，作为知识分子的主体，全民和城镇集体单位中的知识分子约占 70% ~ 80%。改革以来，在农民阶级中也涌现了大量知识分子。据 1988 年的估计，农村中从事文教卫生、科研、金融、保险的脑力劳动者约有 500 万人，乡、村务管理者 130 万人，乡镇企业中的农民企业家和企业管理人员约有 500 万人，三者共计 1100 多万人。私营企业、个体经济中也涌现了一批企业家，按城镇计算，约有 100 万人。此外，分散在各行业中的还有从事个体的民间医生、民办律师、作家、民间艺人及民办科技咨询人员等，他们的文化素质较高，是从事自由职业的知识劳动者，也有数十万人。以上四个方面的知识分子共有 1200 多万人，约占脑力劳动者的 26%。由于所有制不同，他们所处的经济地位、社会地位和利益倾向都存在较大差异，如农村知识分子与农民阶级的利益是一致的，私营和个体经济中的知识分子虽然利用知识来经营和开拓，但经营目的是获取利润，自由职业者也是利用知识和才能为社会服务，但他们没有剥削。各阶层中的知识分子虽比例不大，但对生产力的发展都起了很重要的作用，由于他们比较分散，依附于各阶级，受政策和市场供求关系的影响较大，发展不够稳定，而乡镇企业和私营个体，经营灵活，生存于其间的知识分子的个人知识和才能易与资金、劳力、市场相结合，一般经济收入都比较高，但政治地位和社会参与度却较低。

由此可见，服务于其他阶层的知识分子，其经济社会地位、利益倾向都存在较大差异，很难与工人阶级中的知识分子融合为一个独立阶层。我国知识分子不仅数量少、比例低，而且人才结构和地区分布不合理，文化素质偏低，积极性没有得到充分发挥，今后不仅要加速培养新的知识分子，还要采取措施珍惜和重视现有的知识分子。

4. 个体经济和私营经济的发展及小资产者阶层的形成

个体劳动者是以生产资料为个人所有和自食其力的独立经营者。个体经济在历史上曾三落三起，1978 年以来得到了迅速发展。1988 年底，在工商部门登记的城乡个体户有 1453 万户，从业人数 2305 万人，平均每户从业人员 1.6 人、资金 2147 元，拥有资金 312 亿元，上交税款 92 亿元。其中城镇个体 659 万人，比 1978 年的 15 万人增长 43 倍。1988 年个体经济人数占全社会劳动者的比例为 4.3%，相当于 1952 年的水平。还有合作经营（实际为个体合伙经营）17 万户 183 万人，无经营执照个体户估计约相当于有经营执照的 30%。如果把合伙经营和无经营执照者加上，全国个体经济从业人数有 3500 万人左右，约占全社会劳动者的 6% 以上，这个数据与国家统计局统计的城乡个体从业者 1988 年为 3460 万人、占全国社会劳动者的 6.4% 是基本吻合的。

私营企业主是指生产资料私有和雇工 8 人以上者。据工商部门统计，1987 年全国已有私营企业 23.5 万户，雇工 360.7 万人，平均每户 15.3 人，雇工百人以上的约占 1%，雇工 20 人以下的占 70%。平均每户拥有资金在 8 万元左右，最大的私营企业雇工已达 1700 人，资产近 2000 万元。1988 年在工商部门注册登记的私营企业有 4 万多户，雇工 70 多万人。根据典型调查资料推算，目前私营企业已有 40 多万家。一般规模较小，雇工在 30

人以下的占 70% ~80%，超过 100 人的仅占 1% 左右。

由于个体和私营经济在资金、技术、劳力三方面的结合较好，经营灵活，获利较高，因此发展较快，今后的发展潜力仍然是很大的，1600 多万户个体户经营较好的就可能会发展为私营企业。个体和私营在发展商品经济、提供就业机会、满足人民生活需要方面，补充了社会主义公有制经济的不足，而且还起到了与公有制经济竞争的作用。当然，他们也有不少弊端，如有偷税漏税、投机倒把、质次价高、坑骗顾客等违法行为。个体和私营经济的发展受政策影响而不够稳定，1989 年上半年，由于加强了市场管理、整顿了税收制度，以及市场疲软等，个体户和私营企业的数量都比 1988 年底有所下降，个体户减少了 218 万户，从业人员减少 362 万人；私营企业 1989 年 6 月底注册登记的已减至 6.6 万家，职工减至 108 万人。为促进个体和私营经济稳步发展，既要鼓励和保护他们的合法经营，发挥他们的积极作用，又要运用经济的、行政的、法律的手段，限制其不利于社会主义经济发展的消极作用。

在我国现阶段，个体和私营经济的发展受到公有制经济的制约而处于依附和被支配地位，而且从业人员还没有完全脱离原来阶级，如在 2305 万个体户中，有 1600 多万是从农民中分化出来的，城镇个体户中有 50 万是退休职工，140 万是待业青年，300 多万是社会闲散人员，私营企业主人数尚不多，雇工数量还不算太多，因此个体户和私营企业主还不具备形成独立阶级的条件，暂称为个体劳动者阶层和私营企业主阶层较为适宜。

此外，近几年发展起来的个人开业的律师、民间医生、民间艺人、民办科技人员、房地产出租出售者等，为数不少。按过去的规定应称为“自由职业者”，按其性质是自食其力的独立经营者，应同个体经营者一起被归入“小资产者阶层”。在改革中因经营方式改变而新出现的租赁和承包经营者、持股票较多者以及经纪人、食利者等，是否也应被归入小资产者阶层？这些都是值得研究的问题。

随着经济社会的发展和体制改革的深化，笔者认为，今后各阶级阶层发展变化的趋势大致是：工人阶级队伍将不断扩大，仍然是人数众多、在社会发展中居于主导地位的领导阶级。企业中各种形式承包经营责任制的推行，使职工参与权、管理权、民主权利等得到进一步改善，工人阶级的主人翁地位将不断提高。农民阶级在完善家庭联产承包责任制的同时，根据自愿原则，将逐步发展新的以合作经济为主体的多种经济形式，随着工业现代化和农业劳动生产率的提高及城市化的发展，农民阶级将继续向非农业转移，农民工阶层将逐步转化为工人阶级，一部分将转化为独立经营的个体劳动者和私营企业主，还有一部分将成为离土不离乡、亦工亦农的兼营者，真正从事第一线的农林牧副渔劳动者将逐渐减少。科技和教育的发展，将使体力劳动者逐步转变为脑力劳动者，除了知识分子本身——专业技术人员和教师队伍——不断壮大外，知识分子还包括来自工人阶级、农民阶级、自由职业者等其他阶级阶层因知识结构的改善而向上流动者，因此知识分子阶层将会获得较快发展。在现阶段，个体和私营经济的发展对发展社会生产、方便人民生活、扩大劳动就业，仍具有不可或缺的作用，它将在全民所有制起主导作用的前提下兴利去弊，获得健康发展。

（说明：文中的统计数字主要引自国家统计局和有关业务部门的统计，经加工整理而成。）

美国的“反主流”文化与婚姻家庭发展趋势*

陈一筠

在美国社会中，关于家庭解体的悲观论调和关于家庭复兴的乐观预言不绝于耳，两派相持不下，迄今仍然泾渭分明。在美国人的行为实践中，两派均可为其论点找到依据。60 年代后期，在一股“反主流”文化浪潮的影响下，悲观派的思想观点曾经占据优势，这又进一步助长了一部分青年人在婚姻家庭抉择上的“反叛”心理和行为。反映这类社会思潮和社会现象的著作在 70 年代和 80 年代初大量涌现，其中不乏耸人听闻之作。某些未经调查、缺乏事实根据的结论被当成“普遍规律”，备受那些有“求新”意识的青年人青睐。显然，仅仅根据某些“最新消息”去评说美国的婚姻家庭及其演变趋势是不全面、不科学的。至少从学术研究这个角度，我们应力求比较客观地考察各种不同的理论观点和具体事实。

一　美国的婚姻家庭传统

众所周知，以欧洲移民为主要居民的美国，其文化基础是西欧大陆根深蒂固的基督教文化。在殖民地时期，北美的垦荒者由英伦三岛、法国、西班牙及德国接踵而至；直到 19 世纪 20 年代，美国的大多数移民仍然来自西欧和北欧。他们带来了勤奋、节俭、自我克制、崇尚责任心等“新教主义”价值观，也带来了欧洲社会的家长制家庭传统和严格的一夫一妻制道德准则。非洲人虽然也是美国早期移民的来源之一，但由于他们移居美

* 原文发表于《社会学研究》1990 年第 3 期。

国的非正常性质，使他们在家庭形态及生活方式上很少反映非洲原有部族和种族的文化背景。黑人在非洲受到暴力捕捉，在被押运途中，家人分离，亲友失散，他们单个地作为奴隶进入美国家庭，其家庭生活方式和生活习惯也就很快被同化了。所以，美国的家庭传统实际上是欧洲传统。

在传统的美国家庭中，家长与子女、男人和女人，其地位和角色有严格的区分。男人是一家之主，负责在外挣钱以供养家庭；女人的任务是生儿育女和操持家务，结婚后要改从夫姓。符合基督教箴规的家长权威，在子女求学、社交、择偶结婚和前途选择方面都有很大影响。直到今天，大多数美国人订婚和结婚仪式仍要在家长的陪同下到教堂举行，以表明婚姻的“正统”性。按照《旧约全书》的教义，不“贞洁”的新娘可以被处死。失去了“贞洁”的少女在婚姻市场上的价值和机遇都会大大降低。这种观念仍然使美国一部分出身于“正统”家庭的少女对婚前性关系持否定态度。迄今为止，美国绝大多数州的法律仍规定婚外性关系为非法，夫妻中一方犯“通奸”罪是另一方起诉离婚的最有把握的理由。在美国的政界人士和各级官员中，“桃色事件”是最容易破坏他们政治名声和危及仕途生涯的丑闻。基督教文化也视婚姻为“终身大事”，不赞成“喜新厌旧”的行为。虽然现今美国人中离经叛道者比比皆是，但“白头偕老”的夫妇和三代同堂的家庭仍不在少数，并且受到社会的赞扬和人们的敬佩。南加州大学一组社会学家 1987 年对当地 400 个三代同堂家庭的跟踪调查发现，这些家庭的三代成员仍崇尚稳固、持久而幸福的家庭生活。在美国报刊上，常可见到庆祝银婚和金婚的夫妇举行庆典及接受记者采访的新闻。

美国婚姻家庭传统的稳固和持久还可以从另外三个方面间接地观察到。一是“门当户对”的“同源婚”规范在今天仍然影响着美国人的择偶和成婚。除了在大学生这类特殊人群中，男女交往和结婚在某种程度上跨越了阶级背景、文化圈、宗教信仰、人种、经济条件、社会地位等界限以外，其他多数美国人仍然自觉或不自觉地接受“同源婚”的各种原则，把“门当户对”作为夫妇般配的前提条件。非“门当户对”的交往伙伴很难实现成婚的目的，或者结婚后难以调适彼此的行为和关系，因而导致离婚。这种“同源婚”规范，在很大程度上是靠家庭的传统、亲属的影响和教区的势力得以保持和延续的。

二是男女角色分工仍在继续维持。美国的妇女解放运动已有百多年的历史，它的矛头直接指向男权主义的家庭传统和社会规范；但妇女的家庭角色、就业升迁、经济独立、社会平等和政治参与等问题，可以说是美国社会中最棘手、解决得最缓慢的问题。尽管60年代后期的女权主义运动到了十分激进的地步，不少妇女出于对男权主义的愤怒和对自身地位的不满，曾经提出“不做妻子，不做母亲”和“砸烂家庭”的极端口号，但时至今日，相当一部分妇女结婚生育之后仍不得不回到家庭的樊笼中去做贤妻良母，大部分妇女还得吞下“解放”的又一苦果，即承担事业和家庭的双重担子，这是铁的现实。男女角色有别，男女地位分层，在美国的传播媒介中仍在继续强化，并在若干社会政策中体现出来。

三是性教育的阻力。美国在80年代之前对青年人的性教育是很少的，“性”在社会的“体面”人群中是难以启齿的字眼儿。成立于1964年的美国性教育协会曾几次力图实施全国性的性教育课程计划，但都因遭到宗教界和家长们的反对而搁浅。60年代以来的少女怀孕问题虽引起了道德舆论的惊呼，但对大中学生的性卫生知识讲授仍局限在很小的范围内，并且收效甚微。80年代初，美国性教育协会趁人们观念开放之机再度提出普及性教育的计划，但仍然受到社会各方面的抵制，因而无法顺利进行。特别是在近两年对艾滋病蔓延的恐惧之中，美国社会各界人士，尤其是宗教界和一些保守的民间团体，竭力主张“家庭复兴”，认为只有重建纯洁忠贞和严肃负责的两性关系，并使家庭在管教子女和维护性道德上负起责任，才是解决艾滋病问题的根本途径。

综上所述，在美国的两性关系中，“主流”文化的传统根深蒂固，影响深远，并未在历史的演变中衰亡。那种认为美国人的家庭始终在世界上独树一帜、美国人的“自由平等”与生俱来的观点，是不符合历史和现实情况的。

二　也谈美国的“家庭革命”

关于美国是否有过一场“家庭革命”这个问题，学术界争论甚多。对于“家庭革命”一词，各人有各人的理解：有人理解为家庭观念和家庭模式的变化，有人理解为家庭生活方式、习惯和规范的改变，有人理解为家庭解体现象增加和家庭替代形式的出现，等等。“家庭革命”究竟是指第二次世界大战以来的变化，还是指20世纪以来的变化，抑或是指维多利亚时代或新教时代以来的变化？这种变化达到怎样的广度和激烈程度才称得上革命？人们对此也是众说纷纭。美国研究婚姻家庭的权威人士埃弗雷德D. 戴尔（Everett D. Dyer）认为，美国并不存在真正的“家庭革命”这回事；“家庭革命”一词的流行，主要是大众传播媒介的功劳；第二次世界大战以来的行为科学研究及其著作，也起了推波助澜的作用。戴尔认为，20世纪以来，美国家庭出现了动荡，离婚率明显上升，但这是渐渐变化的，而不是骤变或“革命”，最好是用“演变”一词加以描述。准确地说，美国几十年来在家庭观念、模式、行为准则和家庭稳定性等方面的种种变化，是与美国的经济、社会、文化等领域的变化相关的，并无一场超越其他领域的“革命”。在这里，顺便提一下，人们用以证明“家庭革命”的所谓“离婚爆炸”情况，在统计方法上有不科学之处，其统计数字未免耸人听闻。例如，我们常说美国西部大城市的离婚率达到50%，这是根据特定离婚率统计出来的，即把某个特定年份的结婚数与离婚数相比较得出的结果。但实际上，当年离婚数字是当年和以前各个年代结婚的人们在这一年离婚的总和，并不能反映当年结婚者中究竟有多少已经或将要离婚。所以，特定离婚率是一个大大夸张的数字。

然而，美国家庭的变化又确实是非常明显的，其原因既有一般性，又有特殊性。从历史上看，美国殖民地时期的家庭生活就已有了新大陆居民的创新。早期的垦荒者通常是只身一人或与其直系家庭成员迁移到此，形成了所谓“核心家庭”结构。由于与远在欧洲大陆的家族联系减少，个人自由择偶的权利便易于实现。这些垦荒者一般来自欧洲的下层社会，信仰和规范本来就不那么有约束力，他们在殖民地就更可以享受自由权了。另一个特点是垦荒者男多女少，单身汉们急于娶妻，所以妇女择偶的余地和主动权较大，妇女的地位相对来说要高些。不过，殖民地时期的家庭生活仍沿袭着家长制传统，丈夫、父亲在家庭中占统治地位，妇女的作用大多还局限于家务劳动和生儿育女；孩子也处于从属地位，要在家里或农场为家庭生计而劳动。妇女及孩子均无独立的法律地位。在开发西部的过程中，众多家庭西迁，鉴于边疆及乡村的生活条件，大家庭的团结和忠诚是必不可少的，因而“家庭主义”传统又在那里得到发展。另一方面，在西部家庭中，由于妇女、儿童多半要参加劳动，因而他们有一定的经济地位，这就播下了女权的种子。

美国的工业化和都市化给家庭带来的影响是显著的。由于工业经济的比重增加，“核心家庭”形式变得很重要。在这种家庭里，其成员容易脱离父母和其他亲属的束缚，随时可以迁往职业所需的任何地方，这是有利于工业部门配置和调遣劳动力的。工业革命带来的交通、通讯的发展、城市的建设、文化教育的普及、公众期望的提高、民主和平等思想的传播等，均带动了家庭生活的变革。大城市在工业化期间急剧膨胀，城市家庭生活与昔日的乡村生活大不相同：从农场、乡村移居到大城市的家庭，遇到了稠密的人口、拥挤的邻里、有限的生活空间；与乡村比较，这里人情味淡薄，到处是陌生人，大家互相竞争，并且常常充满敌意；从家庭本身来看，由于工业化要求大量劳动力，夫妇都外出为雇主干活，孩子出去上学，家庭成员整天不在一起，家庭关系自然变得松散些；城市生活还造成了“亚文化群”及其生活方式，与家庭生活“分庭抗礼”；与此同时，职业、种族、思想及宗教背景相同的人又相对集中地住在一起，形成了不同的城市社区，家庭生活方式的差异和“同源婚”传统得以体现和延续下来。

除了经济和技术的进步之外，个人主义、平等主义等意识形态对美国核心家庭的发展也起着重要作用。个人主义宣称自我高于一切，个人的利益和幸福是行为的基本动力。在这种情况下，家庭成员个人的自我实现愿望渐渐变得比传统家庭的目标和稳定性更重要。个人主义价值观借助于现代教育和传播媒介被美国大多数人接受之后，使他们更能适应家庭的淡化、婚姻的灵活性以及离婚自由。因此，可以说，个人主义是对婚姻家庭稳定性的一种威胁力量。平等主义宣称男女均有权决定自身的命运，包括决定其婚姻与家庭的存亡。平等主义对长期以来传统家庭的家长制、男权主义、性别分层、男女角色分工等提出了挑战，因而促进了不受大家族亲属关系约束的独立的夫妻关系的出现和发展。此外，平等主义也是争取妻子在现代婚姻中的合法权益的女权运动的驱动力之一。

宗教影响的削弱、世俗化倾向的发展，也是影响家庭及其有关道德规范的一个重要因素。这一因素在 60 年代以后的“反主流”文化浪潮中得到最明显的体现。

由于上述的种种原因，美国当初那种“恋乡型”的传统家庭渐渐“现代化”了。家庭规模进一步缩小；夫妻关系的平等性增强；家长的权威不像过去那样强，子女的地位有所提高；家庭教育变得宽容，家庭关系较为民主、平等，总之，个人在家庭中的权利受到重视。另外一面则是家庭纽带松弛，家庭关系淡化，家庭的离散变得容易了。在家庭与社会的关系上也有明显的变化。例如家庭的流动性增加，它可以随着经济利益的要求随时迁居；与传统的美国家庭相比，核心家庭较少依赖亲属关系；其次，传统家庭的许多功能渐渐移交给社会：随着社会化程度的提高，经济生产的功能由家庭转移到工厂和办公室；教育、保健、娱乐和传播宗教信仰的功能在很大程度上也转移到各种专门的机构；现代的美国，甚至父母生育和抚养子女的功能也由专职人员代行了。正如美国社会学家 J. P. 拉希（Lash）所说，“现代家庭成了政府及各种社会机构蚕食下的牺牲品”。当然，即使现在，美国家庭仍然保留着一系列重要功能，如绝大部分家庭要养育子女、满足家庭成员的感情需求以及支持个人的发展。在家庭内部的变化方面，不同民族和不同阶层的情形也不尽相同：在犹太人、亚裔移民及来自拉美地区的人群中，传统家庭的色彩仍然鲜明；家庭的演化趋势始终在中、上等阶级中起主导作用，对下层阶级来说，传统家庭的形式和生活方式不仅是可能保留的，而且在某种程度上还是在贫困经济条件和拥挤的居住条件下所必需的。

三 “反主流”文化与婚姻家庭的新潮流

美国婚姻家庭领域中出现的各种各样“革新”现象，确实引起了外部世界的关注；就是在美国社会中，对这些现象也长期争论不休。

一部分美国人对常规的一夫一妻制婚姻提出质疑和挑战，并非始于今日。从美国历史上看，宗教和政治的改革曾促使人们在婚姻家庭领域进行改革试验，他们提出改变传统的婚姻家庭而代之以新型夫妇关系的种种设想和建议，是欧洲历史上乌托邦思想的一部分。古希腊哲学家柏拉图在其论述共和制的《理想国》一书中就曾提出过改革社会的建议。在他所构想的新社会中，取消了常规的家庭、婚姻，实行群婚或混合婚姻制度，男人和女人可以有选择地发生性关系，但要共同承担妇女所生孩子的养育责任。柏拉图主张以公社为单位，在宗教、政治、经济变革的广泛背景下重建社会，革新家庭组织；目的在于消除剥削、歧视、自私、嫉妒等弊端。按照柏拉图的设想，19 世纪的美国曾出现过 100 多个试验公社，其中纽约州的欧奈达（Oneida）公社从 1848 年持续到 1879 年，存在了 31 年之久。这个公社是按照“圣经共产主义”原则建立的，目的在于消灭私有财产，共同分享财富。公社领导人约翰·汉弗莱·诺伊斯（John Humphrey Noyes）是一位非正统的宗教领袖，提出了“至善论”的宗教教义。他激烈地批判一夫一妻制的婚姻，认为这一制度鼓励排他性、自私、嫉妒，应由“混合婚”制度取代。这意味着公社所有男女在原则上均可成为婚姻伙伴，男人有权与公社中的任何一个成年妇女发生性关系，而妇女又有权接受或拒绝男人的要求。公社内的婚姻没有年龄限制，老年人和年轻人结伴受到鼓励；性行为被认为是“爱情的最自然和最美好的形式”，从而受到重视；性生活的排他性遭到反对，更换性伙伴是正常行为。在“混合婚”原则下，尽管成年人均可互为伴侣，但是只有某些经过挑选的男人和女人才有资格做父亲和母亲。公社实行优生政策，由选拔委员会确定“资格”，父母都必须是精神和身体健康者。这一计划似乎实行得很顺利：1869 ~ 1879 年间出生的 58 个婴儿中，只有 13 名在“计划”之外。当时控制生育的办法主要是男性的“体外排精”。欧奈达公社是个纪律严明的宗教集团，其成员有虔诚的信仰，他们的性关系和整个人际关系能够服从于宗教教规；他们的感情、性活动的自由均与他们对公社的忠诚和彼此的责任心相伴随。在这里，妇女获得了较高的地位、较多的自由和权利。公社的集体主义精神很强，但人们都感到其中的生活是浪漫的和令人兴奋的。直到最后的日子，公社仍然团结紧密，抵制了外界的批评和压力。欧奈达公社最终瓦解是由于诺伊斯辞职后，并无任何像他那样有才干和感召力的领袖，外部压力增大，内部支持力减弱，其成员意见出现分歧，等等。美国社会学家古德说，对于欧奈达这类乌托邦性质的家庭试验来说，高度理想主义热情和强有力的领导者是成功的有利条件；一旦失去此条件，试验就会停止，随之出现的势头便是更具传统特点的婚姻家庭形式占上风。

以欧奈达公社为代表的公社婚姻制度，是美国历史上的一种“反主流”现象，它的意义不仅在于体现了当时部分美国人对传统的政治、宗教、婚姻及人际关系领域的“革命”要求，也为后来一系列的婚姻家庭“新潮流”提供了历史的启迪。实际上，在整个 20 世纪，美国的婚姻家庭制度始终处于变迁之中。70 年代以来，美国又出现了数千个公社，80 年代以后公社数量才略有减少。

在美国社会急剧动荡的 60～70 年代，各种革新派势力纷纷登上历史舞台，对美国的社会生活产生了巨大的影响。当时，民权运动席卷全国，妇女解放运动掀起高潮，越南战争使美国公众大为失望和沮丧。在此情况下，相当一部分年轻人怀疑现存一切制度的合理性，开始寻求脱离传统“范型”的政治制度、教育体系和生活方式。他们加入各种运动之中，提出了许多带有革新色彩的主张，并去付诸实践，于是形成了一股引人注目的“反主流”文化浪潮。尽管这些“新潮派”青年男女来自不同的社会阶层，但其中的领导者和骨干却出自受过高度教育的中产阶级，他们反对一贯代表美国文化的那些中产阶级价值观及“道德”观念；他们在抨击美国政治、社会制度的同时，指责婚姻家庭制度，认为核心家庭仍旧束缚着人们去实现个人的目标、抱负和所希望的生活方式，因为这种常规的婚姻制度仍是以一个理想的观点为依据，即一个男人和一个女人结婚，订立一个契约，以满足彼此一生中个性的、感情的和肉体的全部需求。批评者指出，理想化的核心家庭模式使单纯的男女关系附加了过多、过高的要求，对个人自由的各个方面施加了种种限制，例如性生活的排他性。他们认为，离婚率上升、私生子增多、独身者的队伍扩大等，都是常规婚姻不完善、不可靠和失败的证据。

60～70 年代“反主流”文化出现的另一个背景是当时的人口形势。那些对美国传统社会各个方面都失去信心的年轻人，正属于第二次世界大战后生育高峰中出生的那一代。从 1960 年到 1970 年，14～24 岁年龄段的青年大约增加了 1380 万人，即在 10 年内增加了 52%，人们无处不感到这批青年人的存在；正是他们，在动荡与变革年代表现出巨大的冲击力。如果说他们要改变政治、社会和教育制度还有些困难的话，那么最容易改变的则是他们自己，是自己所遵循的生活方式。因此，这种“反主流”文化在涉及个人命运的婚姻家庭领域表现得格外突出，影响也特别大，便是不足为奇的。

在此期间，不少美国年轻人热衷于婚前和婚外性生活，同居和“群婚”成了“标新立异”之举。少女怀孕、堕胎的问题变得十分严重，私生子比比皆是，性病大为流行，这就是所谓的“性自由”时代。到了 70 年代末期，这批年轻人从十几岁二十岁成长到二十几岁三十岁时，“反主流”文化的势头开始减弱；昔日大多数具有反叛精神的年轻人回到了常规婚姻的轨道上，成了受人尊敬的夫妻和父母。然而，他们当初的试验却给人们留下了许多观察与思考，同居、独身等生活方式从此引起了美国内、外的广泛兴趣。

独立核心家庭本身在美国现代城市生活中受到的压力，当然也是人们要求变革的一个因素。在高度工业化、都市化的美国，人们生活之地人口稠密，但却缺乏情感交流，不得不在竞争生活中单枪匹马奋斗的青年男女格外渴望得到心理支持，但他们在远离亲属和家人的城市环境中却恰恰缺乏关爱和亲密朋友。在这种情况下，婚姻和夫妻关系是人们满足情感需求的唯一希望；这无疑给独立的核心家庭带来沉重的感情负荷，不能胜任这种负荷的婚姻就有解体的危险。离婚率的上升，使人们越来越怀疑常规核心家庭的可靠性和生命力，自然就会去思考有无新的“替代形式”。

此外，美国在第二次世界大战后的某些社会变化，也给“新潮流”的出现提供了客观条件。例如，宗教、法律、传统规范都变得“宽松”了，过去有些被认为是不道德、不合法、不正常的生活方式，如今可以通行无阻；个人自由权的增强和物质文化生活的进一步丰富，使当时的男女有更多机会在工作场所、学校、酒吧间、俱乐部同他人交往，寻找志趣相投的人，并且常常可能连续不断地与交往者建立新的友谊或爱情。

那么，反叛常规婚姻的“新潮流”到底有多大的力量？它们是否已经改变了美国的家庭传统呢？美国学者的大量调查研究证明，直到今天，“循规蹈矩”者仍占大多数，他们把自己的行为局限在常规的道德舆论和法律所允许的范围内。据 80 年代初的统计，只有 1% 的美国人选择不结婚的生活方式，社会中绝大多数人并未“中途退出”其婚姻生活而加入“时髦”俱乐部或群婚者队伍中去。从中可以看到，传统道德系统的力量仍在对人们的婚姻家庭行为施加有效的影响和某些约束。

四　各种替代生活方式

“反主流”文化出现以来，在人们对婚姻家庭制度的全面“反思”中，出现了观念进一步开放、行为继续创新的迹象，尝试选择婚姻家庭替代方式的中青年人都有所增加。他们选择的替代生活方式主要有以下几种。

1. 独身。独身者的数量是难以准确统计的，因为许多人是在一定时期这样生活，最终会加入结婚者的行列；而有的人“独身不独”，只不过常常更换性伙伴而已；他们之中相当一部分人是离婚者，独身阶段仅仅是对再婚机会的等待期。越来越多的独身者，尤其是妇女，认为这种生活方式可使她们享有更多的自由、宁静和满足，在税收上也可占些便宜，因而愿意尽量延长独身的时间。据美国社会学家克莱顿和沃斯 70 年代末的调查，在 20～30 岁的人中，18% 的人有过同居行为；另一位学者罗伊的抽样调查发现，只有 1.9% 的成年人正在同居；而美国人口统计资料提供的数据是：1977～1978 年间，同居比例为 19%。[①] 独身者数量增多，首先可以从社会、经济及人口的因素中得到解释。人口统计资料表明，某些年龄段的男女性别比例失衡，造成了“婚姻市场紧张”，使许多人不得不推迟初婚年龄。例如，在生育高峰出生的女性，要找比自己大几岁的男性结婚，可是大几岁的男性恰恰是生育率相对较低的年代出生的那批人，这是 70 年代末期妇女独身者较多的原因；到了 80 年代中期以后，婚姻适龄男性多起来，女性又相对不足，因为 60～70 年代，又是一个生育率相对下降时期。其次，受过高等教育的妇女数量剧增，女性就业者增多，她们能够自食其力，不必依赖婚姻配偶，因而结婚的迫切性降低了。再次，过去的“老处女”名声不好，现在社会舆论变化了，年轻女性首先选择的是职业，而不是婚姻；有的妇女愿意独身是为了有外出旅行和交往的自由，而不甘心在家做贤妻良母，这种女性受到社会的“新道德”赞许，被认为是有勇气和独立自主的“新女性”。不过，这种独立、自由的独身生活，当然是更适合那些受过良好教育、在经济上较为成功的中产阶级男女。对于劳动阶级出身的人来说，如果要保持自己独身者身份的话，是很难在自己与家人共居或相邻的拥挤住房中及习惯势力很强的社区内生活下去的，他们受到来自经济和文化环境等方面的压力。

2. 同居。在美国历史上，下层阶级的男女早已有未经教堂的洗礼就在一起生活或称同居的现象。但是 70 年代以来，同居者数量戏剧性地增加，有的同居是作为“试婚”，即婚前的准备阶段，但多数是作为替代婚姻而

---

① 见 A. Burns, *The Family in the Modern World*, 悉尼，1987 年版。

存在的。1979 年，美国社会学家纽科姆（Newcomb）对同居的定义做了这样的阐述，即同居者是指“每周在一起至少生活 5 天，持续 3 个月，无法律或宗教的结婚仪式，以性生活为目的，具有或不具有将来结婚的打算”的那些人。由此可见，同居是与通常的恋爱、约会及习俗婚姻不同的生活方式。关于同居是否很快会成为一种真正的、永久的婚姻替代形式这个问题，美国和其他西方国家的学术界争论甚多，但对于曾经结过婚或者一些丧偶的老年人把同居作为替代婚姻的生活方式这一点，似乎并无多少歧见，因为这些人大多宁愿同居而不愿再去承担婚姻的风险；尤其是老年人的同居，在经济上也有好处，因为美国的社会保障系统按规定要减少对再婚老年妇女的救济金。同居的“自由度”是人们公认的，但是当同居双方有了孩子或同居关系终止时，财产、债务、子女抚养等问题就会出现，因为同居者的关系是不受法律保护的。所以，很多同居者在孩子出世之前去履行结婚手续，以避免以后的麻烦。近两三年来，随着“无过失离婚”制度的推行，夫妻离异变得简单容易了，因而非婚同居似乎已不如前些年那样必要。对于那些有较长时间同居关系的伴侣来说，分离造成的情感损伤和其他后果几乎与合法婚姻相同。由于美国目前的婚姻已经更加自由、开放和灵活了，所以同居的优越性相对减少。例如，同居关系的最大好处是建立伙伴关系、性生活的满足及经济上的独立，这些优点大多为今天的合法婚姻所具有；而合法婚姻在离散时却没有同居伙伴分手时的那些法律纠纷。

3. 开放的婚姻。这是 70 年代以来流行的一种婚姻改良形式，重点在于夫妇双方保留个人的身份，强调相互支持，鼓励个人发展。这种重新确立的夫妇关系摒弃了传统婚姻对双方个人行为的各种限制。正如 N. 奥尼尔在《开放的婚姻：一种新的夫妇生活方式》一书中所说：“开放的婚姻意味着夫妇之间的诚实和公开的关系，这是建立在双方同等的自由、一致的基础之上。这种婚姻承担着对双方发展权利的口头的、理智的和感情上的义务。开放的婚姻是一种平等关系，其中既没有支配，也无须屈从，更无强迫的占有欲，男女双方都是独立的个人，都可以在社会上自由地发展。夫妻中任何一方都可获得各自在婚外发展的新机会和新经历。”（奥尼尔：1972，39～40）开放的婚姻否定了传统的性别角色，强调尊重双方的自主权。它以个人的自由、灵活的角色、开放而又诚实的交往和对配偶负责、平等和不受拘束的生活为特征，被认为是对传统婚姻的改良。但这种婚姻遇到的一个最棘手的问题是开放的性关系，因为很少会有人在获得满意的婚外性生活之后还能维持稳定而美满的婚姻关系。正如一位家庭问题研究者 R. N. 怀特赫斯特（Whitehurst）所指出的那样，对于那些不能理智地把握自由复杂的两性关系或“占有欲与自主权之间不可避免的对抗”关系的人来说，开放型婚姻是不可取的。后来奥尼尔写了另一本书，名为《婚姻的前提》，她修正了早先的观点，指出这样一个事实，即性生活的开放对婚姻存在着潜在的破坏作用。她认为，即使一些赞成开放型婚姻的夫妇，也期待着其配偶在性方面是忠诚的。

4. 群婚。这是一种与法定婚姻完全不同的婚姻形式，由三个以上的异性在一起，过着类似一个家庭的生活，他们之间的性关系是“多边”的。这种婚姻在任何一个州都不具合法性，因此是秘密或半秘密的，而且往往是暂时的、多变的。一般群婚体由 2 男 2 女组成，最多是 6 人。他们大多是结过婚的夫妇，并且属于中产阶级，受过高等教育。追求性生活的多样化是他们加入群婚体的主要动机，其次是为了强调个人的发展、实现自我以及对习俗婚姻的幻想破灭。群婚生活是复杂的，其成员要花费很多时间和精力去处理各种事务，从决定各自的家务劳动分工到怎样轮换睡觉，以及子女由谁教育抚养。在群婚中常常出现嫉妒、不满，其成员难以长期和睦相处，而且总是担心被发现后受到公众谴责，因而很少能够持续长久。

美国青年人对上述婚姻形式的态度各不相同，只有少数人对它们感兴趣，多数人则不以为然。尽管年青一代都希望他们的婚姻比父母一代更幸福，但并不认为迄今为止的那些“新潮”婚姻符合他们的理想。多数美国社会学者断言，对常规婚姻的迅速“革除”是不可能的，其中的一个主要原因在于，几乎所有的“替代形式”都有暂时性，而人们的愿望仍是要建立一种具有持久性的生活方式，希望夫妇之间有承诺感；其次是替代形式在性生活上混乱，而多数人还是珍惜“纯洁”的性生活和夫妇之间的忠诚。当然，近二三十年里，美国社会的“世俗化”倾向加剧，宗教信仰的力量受到削弱，个人主义价值观盛行，许多人养成了“以我为中心”的习惯。他们在婚姻家庭问题上不愿尽责任，却要别人尽义务，这就很难实现夫妇的合作。这种难以解决的价值观冲突，是导致婚姻危机的根源。如果不能从根本上解决信仰、价值观和道德准则问题，而一味去寻找花样翻新的婚姻模式，那么家庭危机是断然无法解决的。这不仅危及个人的发展和社会的安定，而且对人们的健康与生存都造成了威胁；近年来美国成为世界上精神病、吸毒、自杀和艾滋病等问题最严重的国家，绝不是偶然的。

美国社会学家 B. E. 科格斯韦尔（Cogswell）在调查了各种“替代婚姻形式”之后指出，“那些选择替代婚姻形式、试图逃脱传统核心家庭约束的人们，忘记了这样一点，即如果他们想过‘如意的生活’，一些必要的约束是不可缺少的。缺少约束力恰恰是许多替代模式潜在的危险之一。没有家庭成员之间的责任心，其关系是不会稳定的，家人有困难时，也不能得到及时的帮助”（科格斯韦尔，1975：397）。他认为，人们应当在实现需求和放弃一部分需求之间、在自由与安全之间寻求一种妥协，使两者在婚姻中都有所体现。然而，美国是一个强调满足个人需求和愿望的社会，许多人不肯轻易放弃自己的愿望，因而诸如独身和同居这类常规婚姻的替代生活方式，将会继续存在下去。

五　美国婚姻家庭的某些发展趋势

美国大多数权威人士认为，在美国，一夫一妻制婚姻仍将长期作为一种通行的生活方式，被大多数人采纳；现行的婚姻家庭制度，仍将在各种替代形式的冲击下作为主流继续存在下去；但是当代社会正在经历巨大变化，人们越来越注重自我价值和自我实现，越来越强调平等主义和妇女解放，这就必然促使婚姻与家庭制度在内容上进一步变革，即向着平等、开放、灵活多样的方向演变；不过，像群婚、公社这类极端形式，只能被很少的人接受，影响不了主流和大局。

美国离婚率高是事实，但大多数离婚的人要再婚。美国的高离婚率伴随着高结婚率这一事实，说明美国人还是把婚姻放在非常重要的地位。社会学家 J. R. 尤德里（Udry）在“反主流”文化盛行的 70 年代进行的调查表明：美国人普遍认为婚姻生活能给人带来最大的快乐，婚姻是个人幸福的源泉；在所有工业化国家中，美国的结婚率是最高的，离婚后再婚的人数也最多，而且再婚速度最快；包括一些主张试验各种替代方式的人在内的大多数美国人承认，一夫一妻制是最好的生活方式。一夫一妻制在美国不仅将继续存在下去，而且可能得到繁荣，因为大多数人期待从婚姻生活中获得感情、伴侣关系、性生活的快乐，使个性臻于完善；大多数男女愿意生儿育女，他们认为做父母是人生中的辉煌阶段，它使人成熟、坚定，给人创造感和满足感。所有这些，都使人怀疑“家庭崩溃”和“家庭消亡”的悲观论调。美国妇女运动的著名领导者贝蒂·弗里丹（Betty Friendan）在反思了60年代后期“反主流文化”背景下激进女权主义者们的所作所为之后指出，女权主义攻击家庭是一个严重的错误。

80年代以来，随着西方保守主义重新获得优势，婚姻家庭领域的“新潮流”在某些方面受到抑制。但是，经过60～70年代的一番动荡之后，人们的婚姻观毕竟发生了许多变化。现在，大多数美国人认为，婚姻的主要价值在于它给人们提供爱情和亲密的伴侣关系；他们的确对“白头偕老”的婚姻产生了疑问，认为婚姻关系一经确定就要担负起终身责任，并不是在任何情况下都可能办到的；传统婚姻虽然给人安全保障感，但却要以人们牺牲很多个人自由为代价。人们对个人利益的强调和对爱情及伴侣关系的追求，都大大动摇了传统婚姻的“家庭主义”及其道德基础。如今，人们追求更大的选择自由，而且希望这种选择不必是终生选择，要具有可变性，这也与传统婚姻的“忠贞”观发生矛盾。许多人抱着“白头偕老”的愿望结婚，但是离婚率上升表明，那种坚持“直到死神把我们分离”的夫妻数量在减少。

社会学家们估计，在美国，将来人们会普遍接受一种“灵活的婚姻”，也就是说，即使结了婚的人，也将不断地寻求，因为他们相信婚姻市场上永远有获取新伴侣的可能性；但这样的新伴侣是否一定要取代昔日的伴侣，或者只作为婚外的交往伙伴，充实夫妻间日渐贫乏的情感生活，则要看当事人的观念、准则和具体情形了。就连美国一位对现行婚姻制度持批评意见的社会学者J. 伯纳德（1982：301）也承认：“婚姻继续存在下去是确定无疑的。因为不论是男人还是女人，都将仍然需要亲昵关系，需要感情的共鸣，需要体验昔日被教堂视为神圣结合的那种神秘感。婚姻双方负有的责任不会完全消失，男女之间的关系不会变成一种偶然的、转瞬即逝的肉体关系。”

至于家庭的未来，学者们似乎更有信心地指出：能够给男女老少带来天伦之乐的家庭在美国已经扎下了根，并且在不断地丰富和完善。如今，美国人生育子女的数量大大减少了，但对孩子的重视程度却随之提高；父母在儿童教育方面的投资增加，并且对政府和社会培养下一代的努力抱有较高的期望。离婚使单亲家庭增多，但离婚者仍然愿意自己承担抚养子女的责任，而不愿将孩子交给亲属或其他陌生人领养。就业的母亲逐年增加，但许多调查结果证明，母亲就业并不妨害其与子女的关系，似乎还使母亲成为更合格、更受孩子尊敬的家长。

当然，现代家庭与传统家庭相比，变化也是显而易见的。如今许多夫妇不再把生儿育女当作义不容辞的责任，而是当作自愿的选择。越来越多的夫妇不愿要孩子；有的人尽量推迟生育，以便趁着年轻先做些其他事情。家庭生活周期也较之前有了改变。同上几代人相比，现在正规教育的持续时间较长，青年人结婚较晚；由于孩子少，抚育子女的阶段就提前结束了，但由于人的寿命越来越长，家庭生活的中晚期就大大延长；此时期内的“空巢”阶段也相对长些，这使夫妇，特别是妇女有机会更多地学习或工作；但“空巢”往往也给夫妇的调适增加了一些特殊问题，中年人离婚率上升，与此不无关系。

根据美国婚姻家庭问题专家戴尔等人的意见，美国婚姻家庭大致有如下几个发展趋势。

1. 核心家庭将作为美国主要的家庭关系形式而存在，成年子女与老年父母之间、成年兄弟姐妹之间的关系仍将继续维持。

2. 一夫一妻制仍是占统治地位的家庭制度。同居或独身人数将会增加，但他们终究会结婚，而且希望从婚姻中获得幸福。

3. 男女平等的趋势将在婚姻中越来越明显，夫妻在家庭中完全平等的发展进程是以中产阶级为主导的。

4. 随着妇女就业者增多，家庭中的男女角色分工将趋向消失，未来家庭中的各种角色将是灵活多变的；伴侣型、同事型的家庭会越来越多，夫妻关系和父母与子女的关系会变得更加随便。

5. 未来的家庭还会遇到各种问题，需要经常调整和适应；婚姻趋向男女平等的过程，也就是夫妇不断在矛盾斗争中商量妥协和解决问题的过程；家庭成员的自由度越大，家庭承担的责任就越多。

6. 未来的离婚率仍将保持在一个较高的统计指标上，但随着初婚年龄的推迟和敢冒风险的青年人口比重下降，离婚势头将会缓和下来。

7. 新闻和其他大众传播媒介的作用，将使家庭生活的管理更加趋向规范化。然而不同的宗教团体、民族社区和社会阶层，将保持各不相同的家庭生活方式和道德规范；一些喜欢标新立异、强调个人至上的人还会选择与众不同的婚姻形式。

总之，家庭制度作为社会制度的一个部分，既有稳定性、保守性，又有实用性、灵活性。美国这个鼓励多元文化、多元政治和多元生活方式的社会，将会长期保持婚姻家庭的多元化状态；在这种状态下，人们有较大的自由选择余地。

但是从政府和“主流文化”的代表者方面来说，寻求家庭的稳定，维护健康的性道德，保护儿童、妇女和老人的利益是一贯的立场。他们致力于保护家庭，改善人们生活的微观环境，在这方面做了许多努力，例如，建立婚姻家庭咨询机构，开展家庭生活教育，加强家庭计划的辅导，设立家庭法院，等等。这些措施在改善婚姻家庭生活状况方面收到了良好的效果，并为其他国家的家庭服务工作提供了不少经验。

参考文献

B. E. 科格斯韦尔，1975，《各种家庭形式与生活方式：对传统核心家庭的反叛》，《家庭协调者杂志》第 24 期。

J. 伯纳德，1982，《家庭的未来》，纽约。

N. 奥尼尔，1972，《开放的婚姻：一种新的夫妇生活方式》，纽约。

Dver, E. D. 1983. “Courtship, Marriage and Family”.

Glasser, P. H. 1970. “Family in Crisis”.

Gordon, M. 1978. “The American Family”.

Harrington, M. 1977. The Other America, R. N. Whithurst: “Youth Views Marriage”.

Leslie, G. R. 1979. “The Family in Social Context”.

O’neil, N. 1977. “The Marriage Premise”.

Sagal, L. 1983. “What Is to Be Done about the Family”.

费孝通教授的讲话*

费孝通

今天我主要是来祝贺的，祝贺新一届理事会的工作开始，祝愿大家工作顺利、成功。

今天是我们第三届理事会第一次聚会的日子，是我们学科恢复和建设进入第二个十年的时刻。今后十年是我们国家发展的关键十年，我们这一届理事会的任务、我们同志们肩头的担子是重的，我除去向大家祝贺外，更想为大家鼓劲。

回想十年前学科刚开始恢复的时候，我们也开过这样的会，那时是皓首满座，最年轻的也是60岁左右的人了。现在我们这个会场上绝大多数是黑头发了，我感到非常高兴，对我们老年人来说，没有比后继有人更叫人感到欣慰的。当然，这也说明了我们十年来“补课”的成绩。什么事情，只要有了人，就好办，有了人，有困难也就能找到办法来克服。当然也不是说有了人就全行了，还要讲团结祥和。还是那句老话，“团结就是力量”。

社会是个整体，在这个整体中，谁都离不开谁，你中有我，我中有你，共生互补，学其所长，补其所短。做学问，更应该是这样。特别是今天，我们在进入信息时代的时候，我们要改革、开放，就要打破自我封闭状态，走出去，走上改革开放变革的大舞台。小平同志不是要我们面向世界、面向未来、面向四个现代化嘛！面向世界就是要广交朋友，博采众长，补己之短。让我们每个人辛勤劳动结出成果，作为大家共同的财富，大家共享。

我常说：我们自己实在没有什么高明之处，我们调查研究所取得的成

---

* 原文发表于《社会学研究》1990年第4期。

果，说开了，都是群众的集体创造。以小城镇的经验来说，首先是千万农民，流血流汗，艰苦奋斗干出来的，我们搞调查无非是把人家的劳动成果表述清楚，把其中规律性的东西，通过我们大家的脑力劳动，加工、提炼，表述清楚而已。原材料还是人家农民群众自己干出来的。所以我们也有一个密切联系群众、建立群众观点的问题。这是历史唯物主义最基本的观点。

当然我们的团结不是无原则的团结。江泽民同志在全国统战工作会议上讲了“三个有利于”（只要有利于建设四化、统一祖国、振兴中华，只要有利于民族团结、社会进步、人民幸福，只要有利于挫败国内外敌对势力的渗透、颠覆与“和平演变”，不论哪一个阶级、阶层，哪一个党派、集团，哪一个人，我们都要团结），我觉得很好，当然要做到并不容易，要做到就要有个明辨是非的能力，有个探索追求的精神，对人民内部的不同意见的争论，还得有个包容的胸怀。

我们学科发展还要讲学术民主，我们说社会在变化，社会问题在不断出现，我们要有足够的信息，才能搞出东西来，但是什么是足够的信息？我想一个是数量上越多越好，所包容的方面越宽越好；在质量上，越准确越好；在层次上，越深越好，越是经过研究提炼的深层次的信息就越能接触到事物的本质，自然也就越能解决问题，越能为人民办好事、实事。

从我们学科来说，要扎根在中国的土地上，密切结合中国的实际、中国历史实际，从社会主义四化建设出发，来研究我们国家的各种社会问题。这样我们的研究成果就能为我们的人民服务，也就是从我们的角度为人民办了实事、好事。

小平同志说“四个现代化靠空谈是化不出来的。”所以我们要力戒空谈，力戒浮夸，要脚踏实地，踏踏实实地去做艰苦的调查研究，了解情况，研究问题，提意见，提建议。要敢于争鸣，也要善于争鸣。一得一见可贵，多得多见更可贵，自我封闭不好，自我扩张也不好，还是自我完善好。要自我完善，还是老话，要密切联系群众，善于主动自觉地吸取别人的长处，吸取各方面丰富的营养。

我们学科恢复工作的情况，一会儿请林先生给大家做报告，看来，关起门来说，是可以问心无愧的。因为它才仅仅十年，十岁的孩子，还是仅够佩戴红领巾的，所以还说不上成熟。我们也要像“红领巾”一样，要学习好，工作好，身体好，天天向上。现在我们已经有个可喜的开端，还要努力迈进才有前途。

在这次会上，看到了老朋友，又结交了新朋友，我很高兴，即席讲了这些话，占了大家很多时间，谢谢。

雷洁琼教授的讲话*

雷洁琼

同志们，朋友们：

首先我预贺中国社会学会第三届理事会会议开得圆满成功。

中国社会学会成立已经十一年多了。十一年来，在社科院党委的领导和支持下，在各省社会学界同志的共同努力下，社会学这门学科的重建得到了迅速发展，培养了不少社会学的专业教师和研究人才，开展了社会调查研究工作，出版了社会学专著，编译了国外名著，推动了学科建设。在开展国内国际学术交流、普及社会学知识等方面，做了大量的工作，促进了学科建设的发展，得到社会科学界和社会的重视。

但是，直到现在还有人对社会学是否一门学科提出疑问，也曾经有人把社会学专业办学中的问题，概括为“乱、低、旧、浮”四个字。所谓“乱”，即有些人把社会学庸俗化；所谓“低”，即学术水平低；所谓“旧”，即课程设置、教学内容比较陈旧；所谓“浮”，即基础不扎实，学风不够正。这是值得我们反思的，我们应努力改革，使这种情况得到完全改变。

值得我们庆祝和高兴的是，在这十一年中，社会学的队伍在壮大，涌现了不少年青社会学专业研究和教学学者，他们都富有朝气，努力进行理论研究，加强社会学学科的基本建设，开展社会调查，深入认识变革中的中国社会。这是社会学学科必将健康发展的保证。

目前我国正面临治理整顿、深化改革的关键时期，我们应运用社会学的观点和方法深入探讨当前改革、开放过程中的各种问题，提出解决这些社会问题的方针与政策，供领导参考。社会学学科应参与社会的变革，为

---

* 原文发表于《社会学研究》1990 年第 4 期。

社会主义现代化服务。在理论研究方面应以马列主义、毛泽东思想为指导，结合中国实际，建立马克思主义社会学理论体系，理论联系实际，不断完善我国社会主义制度，这是社会学应该发挥的学科作用。

希望第三届理事会更好地发挥学会的作用，推动社会学学科进一步发展。

胡绳院长的讲话*

胡　绳

今天，中国社会科学院社会学研究所为纪念成立10周年开会。社会学研究所是在老一辈社会学家费孝通教授的领导下建立起来的，10年来，取得了很多成绩。取得的这些成绩，是全所研究人员和其他工作人员一起努力的结果，也是和老一辈社会学家费孝通教授、雷洁琼教授的支持、帮助分不开的，与全国社会学界的学者和专家的支持与合作分不开的。我代表中国社会科学院，向支持和帮助过社会学研究所工作的专家、学者、同志们表示感谢。

刚才陆学艺同志讲，社会学是10年前恢复和重建起来的一门学科，社会学这门学科的研究对象到底是什么，有什么特殊作用？到现在对这个问题恐怕还没有共同的认识。这需要全国社会学界的研究和教育工作者共同努力，在实际工作中予以澄清。我想在此说几点意见。

第一，社会主义社会需要社会学的研究。也就是说，社会主义社会是有各种社会问题的，需要从社会学的角度进行研究，提出解决问题的办法。在旧中国半殖民地半封建的社会里，社会问题成堆。那时候我们认为，在那样的社会里，社会问题是没法解决的，要求得问题的解决，就必须进行革命，根本改变那个社会制度，使中国脱离半殖民地半封建社会，经过新民主主义走向社会主义。这样的看法是对的。但是如果认为，只要社会主义制度产生出来，社会主义社会中就不会有任何社会问题，整个社会就会自然而然地实现良性循环，就会很好地、健康地发展，这是把社会主义说得理想化了。我曾经说过，我们过去有把社会主义社会理想化的看法。现在我们大家知道，这种想法并不恰当。一方面，由于旧社会残余的

---

* 原文发表于《社会学研究》1990年第4期。

影响，另一方面，新社会制度也有一个逐步健全发展的过程，所以社会主义社会在发展中仍然会有许多社会问题，并不因为社会主义制度的建立就使一切问题都解决了。“文化大革命”就给了我们一个教训，说明如果搞得不好要出大乱子。最近的国际形势更使我们感觉到这个问题的严重性。我们今天面临着如何按照中国的特点逐步地、健全地发展社会主义的问题，这里又包含着如何坚决地反对和抵制和平演变的问题。在我们说社会主义社会仍然有各种社会问题时，又要反对另外一种倾向，就是贬低社会主义社会。在社会主义制度范围内，是能够解决一切社会问题的。当然，这不是很简单的事情，需要做许多实际工作，也需要做许多科学研究。我们应当也能够通过社会主义制度的自我完善，不断地解决各种社会问题，使社会实现良性循环。这就是说，对社会主义社会进行科学研究是社会学的任务。

第二，我们所面对的问题，有经济领域的问题，有政治领域的问题，还有属于人们的意识形态的问题。那么，社会学到底是研究哪一类问题的呢？这就涉及在社会学学科建设中难免要遇到的一个问题：社会学的研究对象到底是什么？对此，我想说一点不一定成熟的意见。社会的经济问题、政治问题和其他各种社会问题是互相联系着的，在科学研究中，虽然不能不分门别类，分为经济学、政治学等，但是社会确实是一个综合体，许多社会现象很难说只是一个经济问题或只是一个政治问题。比如说家庭问题，它与经济有很密切的关系，但并不只是一个经济问题，它涉及文化传统，涉及人的思想意识，涉及通常所谓的价值观念、生活方式，因而是一个综合性的问题。又比如犯罪，也是一个综合性的问题。还有宗教问题、民族问题、个人和集体的关系问题等，许多问题都是综合性的问题。费孝通先生研究小城镇问题，这固然可以说是个经济问题，但又不仅仅是经济问题。我们现在常常讲，要解决一个什么问题需要综合治理。这是因为社会是一个整体，各种社会现象是互相联系着的。我们要使社会主义社会实现良性循环，确实要考虑到经济、政治、文化历史传统、人的精神素质、价值观念等各方面的因素。我想，从社会是一个综合体的观点，可以说明社会学是有它的必要性的，即除了要有经济学的研究、政治学的研究等之外，还需要有社会学的研究。当然，这种研究要吸收经济学、政治学、伦理学等其他各学科的研究成果。但社会学是把社会当作一个综合体来研究的，考虑到各方面的因素，以求找到克服我们社会发展中的各种弊病的方法，促进社会的良性循环。

第三，我还想说一下，我们的社会学家也要研究资本主义社会。西方资产阶级的社会学主要是研究资本主义社会，就其总体而言，它是研究在资本主义制度的框架内，如何克服弊病，促进社会良性循环。但是实际上，资本主义由于其内在矛盾而必然产生的许多社会问题，是它自己无法解决的。例如吸毒问题、犯罪问题……我看那里是解决不了的。听说西方的有些学者主张让吸毒公开化、合法化，使走私贩毒无利可图。提出这种解决办法只能证明那里无法解决这个问题。以为资本主义社会就是黑暗的地狱，这是不可取的；但是，反过来说资本主义社会就是好得很，只讲那里生产高度发展，经济高度发展，不讲资本主义社会里的各种矛盾和弊病，也是片面的。对这个问题，我们社会学家不应当只是做一种简单的、粗糙的论述，而要对资本主义社会做科学的分析。比如说，论证资本主义社会的许多矛盾是资本主义社会本身不能克服的，这本身就是一种科学研究。我们不仅要研究发达的资本主义国家，也要研究不发达的资本主义国家。很多落后的资本主义国家，多少年来也发展不起来，陷入政治、经济各种困境中。还有前资本主义社会也要研究。现在世界上有很多发达程度不同的资本主义国家，也还存在许多前资本主义的形式，研究这些国家的社会状况，也是我们社会学家的任务。

第四，讲讲资产阶级社会学。从总体来说，资产阶级社会学是要在资本主义制度的框架内去改善它的社会，这一点和我们用马克思列宁主义的观点、方法研究的社会学不同。对西方资产阶级通过他们的社会学，用他们的价值观和意识形态来影响我们，改变我们的社会主义进程的企图，我们必须给予认真的、科学的批判和抵制。另一方面，社会主义社会也可以吸取资本主义社会的某些经验。资本主义社会采取一些方式来调解它的社会矛盾，采取一些方法企图革除它的一些弊病，这在资本主义范围内只能暂时起作用，不能根本改变资本主义的性质。但是，它的这些经验我们不是不可以参考的，这个情况跟我们过去的革命时期不一样。革命时期，我们主要在农村搞革命，资本主义社会的经验有什么可吸取的？现在我们在治理一个国家，要把我们的社会主义社会搞好，为此，我们就需要利用和参考各方面的经验。随便举例说，资本主义社会里一个很大的行业——保险行业，是大资本家搞的，但这是社会保障的一种形式。对这种经验，社会主义社会是可以和应该吸取的，当然要从社会主义的特点出发来利用这种经验。资本主义社会是阶级社会商品经济发展的最高阶段，资产阶级社会学积累了这方面的经验，我们可以批判地吸取对我们有用的东西。

所以我觉得，我们社会学界的眼光首先要放在研究社会主义社会，特别是中国的社会主义社会上，也可以并应该涉及资本主义社会和前资本主义社会。我们有马克思列宁主义做指导，研究社会主义社会以及资本主义社会和前资本主义社会，是为坚持马克思主义、发展马克思主义所必需的。新中国成立初期，我们曾通过讲社会发展史进行马克思主义的宣传和教育，很有成效。这个工作现在还是要做，而且要比过去做得更深入。研究各种社会形态，联系实际，解剖资本主义社会，论证社会主义的优越性，这对坚持、发展马克思主义和普及马克思主义教育，都是有益的。当然，这个工作不只是由社会学界来做。但社会学界在这方面有许多工作可做。为我们国家的建设，为建设有中国特色的社会主义，为批判、反对资产阶级自由化倾向，为抵制和平演变，社会学界有许多工作要做。希望我们的社会学研究所能够和全国社会学界的研究工作者，和前辈的学者，和许多不断地培养起来的社会学新生力量一起，为社会学的发展做出更多的努力，取得更多的成就。

（据录音整理并经本人审定）

陆学艺所长的讲话*

陆学艺

尊敬的各位领导、各位来宾朋友和同志们：

1979 年 3 月 16 日，胡乔木同志在全国哲学社会科学规划会议筹备处召开的社会学座谈会上，正式提出中国社会科学院要成立社会学研究所。3 月 18 日，社会学研究会成立，在第一次理事会上，与会理事一致拥护在中国社会科学院设立社会学研究所的决定，从此开始了社会学研究所的创建工作。1980 年 1 月 18 日，经国务院正式发文批准，成立中国社会科学院社会学研究所。1985 年原青少年研究所的大部分研究人员调到我所，以后又经过逐步发展，使我们社会学研究所达到了今天的规模。所以今天我们的纪念会有双重的意义，既纪念社会学研究所建所 10 周年，也同时纪念社会学重建和中国社会学研究会建立 11 周年。

我们社会学研究所是在邓小平同志关于社会学要“赶快补课”讲话精神的指引下，在胡乔木、邓力群等领导同志的直接关怀和大力支持下，在费孝通教授等我国老一辈社会学家的亲手筹划和努力工作下筹备起来的，10 年来，在院党组、院领导的正确领导下，得到院内外有关专家、学者的指导帮助，得到院部各厅、局、处和兄弟单位的支持帮助，经过我所全体成员和几届领导的共同努力，迄今已发展为有 100 余科研人员和职工的队伍、在国内外的社会学界有一定影响的学术研究机构，在学科建设、人才培养、组织建设、思想建设等方面，都取得了可喜的成果。在此，请允许我代表社会学研究所的全体人员，谨向关怀和支持我所成长的各位领导，向为推进和发展我所学术事业做出贡献的专家、学者，向院部和兄弟单位的同志们，致以诚挚的谢意。

---

* 原文发表于《社会学研究》1990 年第 4 期。

10 年来，我们社会学研究所坚持以马克思主义、毛泽东思想为指导，坚持为社会主义现代化建设服务，贯彻党的“双百方针”，重视社会学基本理论的研究，加强应用研究，全力搞好科研，进行学科建设，多方面工作都取得了很大的成绩。

10 年来，我所承担了国家“六五”、“七五”重点科研项目和院级重点科研项目共 15 项，大多数项目已经完成或接近完成，这些项目的成果对于四个现代化建设、对于学科建设都起到了很好的作用，得到了社会和学界的好评。例如费孝通教授在建所不久就带领科研人员深入农村调查研究，亲自主持小城镇课题的研究，写出了《小城镇　大问题》和一大批有价值的文章，在国内外产生了广泛的影响。在雷洁琼教授的指导下，我们所组织和开展了五城市婚姻家庭问题的调查和研究，收集了大量资料，写出了一批论文和调查报告，这些论文和调查报告编辑出版后，受到了国内外的好评。此外我们还进行了青少年犯罪问题的研究、精神文明建设中的青年价值观研究、现阶段阶级阶层研究、社会发展与社会指标研究、当前农村社会各阶层分析研究等，所有这些密切联系实际、为四化建设服务的课题，通过我们的科研人员深入农村、工厂、商店、机关，取得了大量第一手资料，陆续写出了著述，为中央和有关部门领导决策提供了社会学的依据，起到了应有的作用。

10 年来，我们社会学研究所在进行现实问题研究的同时，还着重对社会学的基本理论和一些重要分支学科的理论进行研究，经过所内外科研人员的努力，写出了诸如《社会学概论》、《科学社会学》、《文化社会学》、《中国社会学史》、《青少年犯罪学》、《罪犯改造心理学》等著作，对社会学的学科建设起了较好的作用。1989 年我们编辑出版了《马克思、恩格斯、列宁的社会学思想》一书，并且正在此基础上撰写《马克思主义社会学》。

10 年来，我所为了推进社会学这门重建学科的建设，借鉴国外社会学的积极成果，组织编译出版了一批国外社会学家的重要著作，如《家庭》、《苏联社会学》、《发展社会学》、《日本社会结构》、《新教伦理与资本主义精神》等。我们还把费孝通教授于 30 年代在英国发表的著名著作《江村经济》翻译出版了。此外，我们还编辑出版了一批工具书和学术资料，如《社会学词典》、《社会学纪程》、《社会学年鉴》等。

10年来我所共出版了各种专著82本、译著55本，发表论文500余篇，主编和参加编写各类专业词典、工具书和资料集等共176种，编辑出版《社会学研究》等7种刊物334期。在这些学术成果中，获得国家级奖的有2项，获得社会科学各专项奖的有14项。为了总结我所10年来的科研工作，最近我所学术委员会评出了21项优秀科研成果，其中优秀学术专著9本、译著3本、论文集1本、工具书1本、学术论文5篇、调查报告2篇。在今天这个纪念会上，将为这些优秀成果获得者颁奖。

我国恢复重建社会学这门学科，得到了世界上许多国家社会学家的支持和帮助，他们中有的专程来访、面陈建议，有的馈赠图书和资料。已故日本东京大学教授、日中社会学会会长福武直先生，得知中国重建社会学后，专门在日本创建了日中社会学会，开展中日两国社会学界的合作与交流，他还把自己数十年来收藏的书刊共4033册，全部赠给了我所图书馆。10年来，我们积极开展国际学术交流和合作研究，接待了美、日、英、法、德、苏、东欧诸国、澳大利亚、加拿大、印度、泰国、新加坡等30多个国家的社会学家，同他们进行了友好的学术交流，并且通过他们与国外一些大学和科研机构建立了合作关系，共同进行课题研究。在此期间，我们还先后派出学者与青年研究人员共22人赴国外学习和进修，其中一部分同志已学成归来，成为研究所的科研骨干。

建所以后，我们广泛收罗人才，从社会上、从我院兄弟研究所调集了一批科研骨干，同时重视培养中青年科研人员，加紧科研队伍的建设。目前全所已有副研究员以上的科研人员30名、具有中级职称的研究人员48名。可以说，我们研究所的科研队伍已有了一定的规模。我所同研究生院共同创办了研究生院社会学系，已有3届共11名研究生毕业，其中博士生1人、硕士生10人。目前有4名博士生、6名硕士生和19名进修生在校学习。

经过多年的筹备努力，我们在1986年正式公开出版了《社会学研究》杂志，还在内部出版了《国外社会学》、《青年研究》、《社会心理学研究》等刊物，这对推动社会学学科发展、促进社会学队伍成长起了一定的作用。从建所初期，我们就注意社会学资料、书刊的收集和整理，在院领导和有关部门的大力支持下，在国内外友好人士的支援下，我们的图书资料室已拥有中文图书33000多册、西文图书15150册、期刊和资料2030册，成为国内社会学专业图书资料比较齐全的中心之一。

我们在进行学科业务建设的同时，也注意做好政治思想工作和党的建设工作，加强党的领导，加强组织建设，逐步建立了一套行政管理、后勤工作、财务人事、政治思想工作等方面的规章制度，建立了党委、党支部、团支部，10 年来我所共发展党员 13 人、团员 4 人，逐步形成了安定、团结、奋发图强的良好作风，涌现了一批思想作风好、工作积极、认真负责的工作人员，为了表彰他们在 10 年建所过程中的辛勤劳动，在今天的纪念会上，将向 15 名自下而上评选出的先进工作者颁奖。

10 年来，我们社会学研究所在党的领导下，艰苦创业，逐步成长，现在可以说已经粗具规模了。我所的研究工作，为祖国的四化大业、为社会学这门学科的重建做出了一定的贡献，有了一定的成绩。但是，比起院内的兄弟所，比起院外的兄弟单位，特别是与社会主义改革开放实践提出的要求相比，与中央领导同志提出的“社会学要补课”的要求相比，我们的差距还很大。我们社会学研究所还比较年轻，不够成熟，我们的科研、行政队伍的数量和质量都不能适应客观情况对我们提出的要求。当前，我们伟大的祖国在党中央的正确领导下，社会主义建设事业和改革开放事业发展到了一个关键的阶段，实践向我们提出了越来越多的重要课题，社会主义的建设和发展需要社会学，社会主义的改革需要社会学。社会的需要是社会学发展的原动力，具有中国特色的社会学也必将在参与和实现这场伟大变革事业的过程中得到发展和成熟起来。我们研究所的全体同志深刻意识到我们肩负的这个历史重任，今后我们一定要在院党组的领导下，坚持“一个中心、两个基本点”的基本路线，坚持“以马克思列宁主义、毛泽东思想为指导，结合中国实际，为社会主义服务”的方针，继续努力，顽强奋进，为我们社会主义祖国的稳定、繁荣、昌盛，为社会学这门学科的繁荣和发展做出新的贡献。我相信，我们的工作一定会继续得到各位领导、各位专家学者、同志们、朋友们的关心和支持。让我们在党中央的领导下，共同努力，继续奋进！

谢谢大家！

传统文化与社会政策对妇女初婚年龄及生育率的影响*

戴可景

妇女初婚年龄和生育率的变化与妇女所在国家的传统文化、经济发展水平、妇女受教育水平、劳动性质和国家的人口政策有关。从我国的具体情况分析，传统和社会政策起着比较长远的、全局的作用。

早在1400多年以前，我国北周（557～581年）就有诏书规定，男15（岁）、女13（岁）便应婚嫁。明清（1368～1911年）也有男16（岁）、女14（岁）的嫁娶法令。早婚早育是我国数千年来的传统。据统计，我国40年代平均初婚年龄为18.3岁。中华人民共和国成立以后，政府十分重视婚姻家庭，认识到家庭是社会的基本单位和社会变革的潜在要素，政府于1950年便颁布了婚姻法，作为首先贯彻执行的重大改革措施之一。婚姻法禁止包办婚姻，强调男女平等并规定了法定最低结婚年龄，女18岁、男20岁。1950年时全国有41.2%的妇女在18岁以前结婚，到1963年，18岁以前结婚的妇女仅占妇女总数的22.2%。1982年我国千分之一生育率抽样调查表明，妇女平均初婚年龄从1950年的18.7岁上升至1981年的22.8岁。有两点值得我们注意：第一，在这段时间中，妇女平均初婚年龄，城市明显而且持续地高于农村。仅以1980年为例，城市为25.19岁，农村为22.54岁，这种差别反映了农村和城市之间现代化水平的差别、传统行为模式保留程度的差别，以及城市房屋短缺、最低初婚年龄限制较乡村严格等，而其中最根本的是乡村仍然保留着相当程度的传统行为模式。第二，在这段时间中，全国初婚年龄增长，尤其突出的是70年代。从70年代初的20.2岁上升到70年代末的23.1岁，在这短短的10年内上升近3岁，

---

* 原文发表于《社会学研究》1990年第4期。

显然，这与70年代我国提出“晚、稀、少”的婚姻生育政策有直接的关系。当时，为贯彻这一政策，农村许多地区在实际执行中把法定最低婚龄提高到女23岁、男25岁。在大城市中，有些地方甚至提高到女25岁、男28岁。1980年我国修改了婚姻法，把法定初婚年龄提高到女20、男22岁。虽然这一法定年龄比1950年提高了，然而它仍低于计划生育号召和实际执行的法定最低初婚年龄。其结果是，结婚率突然上升，并导致妇女总和生育率从1980年的2.31上升到1982年的2.86。由此也可以看到，政策一有变动，结婚率和生育率很快就有变化。

1982年我国千分之一生育率抽样调查研究还表明，从1945年到1980年的35年中，我国妇女平均初婚年龄从17.8岁上升到22.2岁，共上升4.4岁或平均每10年上升1.26岁，其中近一半的变化是在70年代我国加强控制人口政策的10年中发生的。在这35年中，我国婚龄迅速提高与整个社会、经济的发展有一定关系，然而与其他亚洲及东南亚经济发展较快的地区和国家比较，我国妇女初婚年龄的上升速度更快。在这35年中，日本妇女的初婚年龄平均每10年上升0.82岁，韩国上升1.25岁。从这一比较看来，我国妇女初婚年龄的迅速提高与我国的婚姻法两次提高法定最低婚龄和70年代以来加强控制人口的政策有更为直接的关系，而不是经济发展的直接结果。

“早种稻子早结谷，早生儿子早享福”，是我国几千年来传统的习俗。据国内外学者研究，我国较高的生育率一直保持到1949年以前，没有明显的变化或转折。新中国成立以后，我国经济建设逐步恢复，人民生活相对稳定和改善。1957年以前，有关部门曾明确提出了“节制生育”、“有计划地生育子女”的重要性，但当时还没有完善的人口政策。因此，我国育龄妇女总和生育率从1950年的5.3上升到1957年的6.2，超过了新中国成立前的水平。在1958年“大跃进”开始的“三年困难时期”里，总和生育率从5.5明显下降，到1961年达到最低点3.28。随着1963年经济回升，又恢复到7.4。1966年“文化大革命”开始，社会出现不稳定，随之妇女总和生育率又从1966年的6.2降到1967年的5.3。“文化大革命”中，人口失控，1968年总和生育率又回到6.4。综观1958年到1968年的升降规律，我们不难看到政治、经济和社会因素的影响，而这种社会和经济因素又无一不是以国家政策为转移的。

从70年代初开始，我国大力推行计划生育工作。妇女总和生育率从1970年的5.8%迅速下降到1980年的2.3左右。1982年又上升至2.9，其原因我已在前面提及。从上述不同阶段生育率的变化中我们看到：一方面，我国妇女生育模式已由过去的早育、密育、多育开始转向晚育、稀育和少育。这是我国妇女生育史上的一个历史性变化，是70年代以来我国大力推行计划生育工作取得的成就。另一方面，我国妇女生育模式的这种变迁过程也充分显示出政策因素在全局上、在长远意义上对我国妇女生育率的影响。

总之，我们可以从40年代到80年代我国妇女初婚年龄和生育率变化的进程中追溯到在大致相应的年代里，我国政治、经济、社会政策发生变化的事实。反之，也可以在新中国成立以来我国政治、经济、社会政策发生变化的相应年代里，找到我国妇女初婚年龄和生育率变化的明显反应。

中国农村核心家庭的特点*

刘　英

中国传统家庭制度的主要特征之一是大家庭组织。儿子结婚后不离开父母家庭的全家合住始终是人们的追求与理想。这种传统的家庭观念深深地影响着中国家庭的组成和演变。在中国的历史上，农村长期是以封闭落后的小农经济为主体，农民生活贫困，人口出生率高，死亡率也高，人口平均寿命短，家庭平均人口仅在 4～6 人之间。但是，在家庭组织结构上祖孙三代同堂的主干家庭却占有较高的比例。据马侠、凌仪真 1981 年对北京、福建、江苏、山东、陕西、四川等地农村的调查，1940 年前后，家庭结构类型的分布：核心家庭占 30%，主干家庭占 43%，联合家庭占 23%。三代以上同居的扩大家庭占多数。随着社会生产力的发展，农村社会的变迁，特别是新中国成立后，经济、政治、伦理道德、价值观念等变化的影响，中国农村家庭组织结构发生重大变化。1987 年由中国社会科学院社会学研究所主持，13 个社会学研究和教学单位合作，在哈尔滨、吉林、河北、天津、山东、安徽、湖北、上海、浙江、南京、四川、广西、贵州、福建 14 个省区市进行农村家庭婚姻调查，取得有效问卷 7258 份。问卷资料已经电子计算机处理。关于 14 省区市农村家庭结构类型变化情况见表 1。

表 1　14 省区市农村家庭结构类型变化情况

单位：户，%

结构类型	1986 年		1978 年		结婚时（1960 年前后）	
	户数	比例	户数	比例	户数	比例
核心家庭	4561	63.6	4354	60.9	3583	51.7

* 原文发表于《社会学研究》1990 年第 4 期。

续表

结构类型	1986 年		1978 年		结婚时（1960 年前后）	
	户数	比例	户数	比例	户数	比例
夫妻家庭	365	5.1	253	3.5	135	1.9
单亲家庭	327	4.6	70	1.0	66	0.9
主干家庭	1223	17.0	1684	23.6	2115	30.5
隔代家庭	194	2.7	229	3.2	221	3.2
联合家庭	118	1.6	207	2.9	323	4.7
单身家庭	157	2.2	191	2.7	343	5.0
其他	230	3.2	155	2.2	143	2.1
小计	7175	100	7143	100	6929	100

表 1 中所列夫妻家庭、单亲家庭均属于核心家庭范围，都呈现上升趋势，三项合计，1986 年占 73.3%，比 1978 年的 65.4% 上升 7.9 个百分点，比 1960 年前后的 54.5% 上升 18.8 个百分点。主干家庭、联合家庭处于下降趋势，主干家庭 1986 年比 1978 年下降 6.6 个百分点，比 1960 年前后下降 13.5 个百分点；联合家庭 1986 年仅占 1.6%，比 1978 年减少 1.3 个百分点，比 1960 年前后减少 3.1 个百分点。这一调查表明：第一，核心家庭已是当前中国农村家庭的主要组织模式；第二，中国农村家庭结构类型日趋集中于小型化的核心家庭，三代同堂的主干家庭在减少，联合家庭已所剩无几。这就是中国农村家庭核心化趋势的表现。当然，我们还可以从家庭人口数、家庭的代际层次、家庭中的夫妻对数等诸方面对这种趋势进行考察，但是家庭类型是家庭的总体模式，是家庭人口、代际层次、夫妻对数的集中表现，考察家庭结构类型的变化即可从总体上反映出家庭组织模式的发展趋势。

中国农村家庭核心化趋势的出现，是中国农村社会经济发展综合作用的结果。特别是农村实行家庭联产承包责任制后，家庭的生产功能增强，为适应商品经济的发展和职业流动性增强的需要，为实现家庭经济民主、合理安排家庭生活、增强家庭的团结及内聚力，需要简化家庭关系。但是，中国的经济改革正在发展，农村尚未完全摆脱小农经济的束缚，传统的家庭制度、家族观念、家庭的伦理道德观念等还制约着家庭的发展与变化。因而，中国农村家庭在实现四个现代化的进程中正处于转型期，农村家庭的组织模式尚未定型，虽然核心家庭已占73.3%，是主要的农村家庭结构类型，然而这种核心家庭仍处于血亲观念、亲属网络的氛围之中。

按西方的概念，核心家庭的组成对家族和亲属网络的依赖性很小，受其控制也较弱；新郎、新娘的父母对婚姻很少参与，当事人择偶比较自由；家庭中重夫妻关系、夫妻相互吸引与相爱，同家外发生密切接触的人少，一旦家内得不到爱和快乐，便失去了维持的动机，因而离婚率升高；[①]等等。而当前中国农村核心家庭的组成、家庭内部关系、同亲属网络的联系等都具有显著的特点。

第一，婚姻对父母依赖性大，择偶不能完全自由。

（1）到目前为止，在中国农民家庭中，除特殊情况外，子女在结婚前都同父母生活居住在一起，经济不独立，婚姻不能完全自主。从观念上说，给儿子娶媳妇、送姑娘出嫁是为人父母的人生大事，许多农民操劳一生的目标就是解决儿女的婚嫁问题。加之传统婚姻习俗的种种影响，农村青年的婚姻择偶及结合过程，均受父母及家庭的制约。14省区市农村家庭调查得到下列资料，见表2。

表2　婚姻结合途径统计

单位：人，%

结合途径	人数	比例
换亲[①]	90	1.3
父母包办	399	5.8
媒人说亲（收介绍费）	1273	18.4
亲戚介绍	2591	37.5
邻里或朋友介绍	1667	24.1
自己认识	875	12.7
其他	19	3
小计	6914	100.00

注：①在新中国成立前和当前的边远落后山区，男子娶妻难，有的家庭就将姐妹送到另外有姐妹的家庭互换给兄弟做妻子，以解决娶妻难问题。

这是对调查对象即当家人的婚姻状况统计，平均年龄40.2岁，其中一

① 参见《云五社会科学大辞典·社会学卷》，第146~147页。

部分是在新中国成立前结婚的。新中国成立后，换亲、包办、说媒等封建式的结合方式已大大减少，但并未绝迹。当前，农村青年结婚主要是通过亲戚、邻里或朋友介绍，在表 2 中合计占 61.6%。经人介绍、父母认同、当事人同意这种半自主的婚姻结合方式，是最基本、最普通的方式。据 14 省区市调查，当前农村嫁娶区位是：同村占 23.4%，同乡占 29.5%，同县占 28.6%，合计为 81.5%。同外县、外省发生婚姻关系的很少。因此嫁娶双方在未经介绍人介绍之前都有些了解，但是婚姻当事人只有在订婚之后，逢年过节时才可以到对方家中拜访或相约去赶集、看电影等。

（2）结婚花费以及婚礼主要由父母操办。当前农村结婚有三笔钱男方必须花：①给女方的聘金聘礼，钱数从 2000 元到 1 万元不等，此钱主要给新娘购置衣服及耐用消费品等。②盖房子。随着农民经济收入水平的提高，大部分农民结婚都要盖 3 ~5 间新房，花费 3 万元左右。③办婚礼。中国农民结婚必须有婚礼仪式，据 14 省区市调查 7258 个个案，有婚礼仪式的为 6851 个，占 94.4%。在婚礼仪式中摆酒席的占 76.1%，摆 20 ~ 50 桌，用钱 4000 ~5000 元。这些花费主要是父母的积累，即使经济上已有所收入的青年，自己所能提供的用费也不到 1/3。这就使得青年农民在婚姻上不得不依赖父母和家庭。

第二，婚后第一个居处是与父母同住。农村核心家庭大量存在，因分家而形成。

14 省区市农村家庭调查婚后第一个居处是：独立门户占 38.3%，同父母同住占 60%，其他占 1.7%。北京大学人口所曾毅博士等于 1988 年在湖南、山西调查已婚妇女从居情况见表 3。

表 3　初婚时（公婆仍在）是否与公婆一起生活的百分比分布

年份	与公婆一起生活	不与公婆一起生活	合计	
			%	样本数
1950 ~ 1969	85.2	14.8	100.0	533
1970 ~ 1979	87.4	12.6	100.0	676
1980 ~ 1987	85.4	14.6	100.0	817

两项调查均表明，婚后从夫居仍是“从居制”的主要模式，是中国传统父系家族制度的反映。从夫居从结构上说，结婚并不是一个生殖的核心

家庭的出现，而是父母家庭的演变与重新组合，一般在子女结婚两三年因经济或婆媳不和或第二个儿子要结婚等时，已婚子女即分家出去独立门户组成核心家庭。分家是中国农村核心家庭占多数的重要原因，形成了核心家庭与其他家庭之间千丝万缕的联系，使核心家庭在组成过程中就重重地染上了中国传统家庭的特色。

第三，家庭中亲子关系重于夫妻关系。

核心家庭一般特指夫妻感情处于家庭中的支配地位，夫妻是家庭的轴心。中国的传统家庭则是以亲子关系为轴心，夫妻感情与亲子之间的关系对家庭的稳定来说，后者常常比前者重要。新中国成立后，随着妇女经济、社会地位及文化素质的提高，情况有所变化，但没有根本的改变。

（1）择偶不能按照个人意愿，把爱情关系放在首位。除上述婚姻结合过程说明此点外，14 省区市农村家庭调查，有关择偶条件有两项调查：①“结婚前你对所选对象的个性和能力的要求”。列举了“会过日子”、“勤劳能干”、“身体健康”、“相貌漂亮”等 12 项。6934 个样本中，“会过日子”占 49.7%，“勤劳能干”占 33.2%，“身体健康”占 10.1%，其余皆在 5% 以下。上述三项合计占 93.0%。这三项都是以治家理财为根本，可见当前中国农村青年婚姻的价值取向是成家立业，浪漫主义的爱情所占分量不大。②“结婚前你对所选对象在家庭背景方面的要求”。列举了“经济富裕”、“有知识才能”、“家庭关系好处”、“门当户对”等 7 项。5681 个样本中，“经济富裕”占 35.9%，“家庭关系好处”占 34.8%，两项合计为 70.7%。将经济关系、人际关系放在首位，必然冲淡对夫妻感情的追求。

（2）在当前中国农村，婚姻成立的目的仍以传宗接代、养儿防老为根本。至今我国亲子间抚养关系仍是“双向责任制”，父母有抚养子女长大成人的责任与义务，子女也要赡养父母及祖父母安度晚年。这种“反馈模式”已被载入宪法。为实现这种抚养关系，在经济不发达、社会福利设施很少的农村主要靠家庭内部实现，这就增强了养儿防老的目的。14 省区市农村家庭调查的两项统计（见表 4、表 5）表明：靠子女赡养、同儿女生活在一块是农民对老年生活的主要期望。因此农村家庭特别重视生育，尤其重视生育能接续“香火”、传宗接代的男子。14 省区市农村家庭调查生育意愿有 6733 个样本，愿意生 2 个到 4 个小孩的占 83.3%，愿意生 1 个的只占5.8%，不愿生育的没有。这是计划生育政策在农村执行时遇到许多困难的重要原因。

表4　您认为在条件允许的情况下老年人应该依靠什么生活

单位：人，%

项目	人数	比例
享受退休金	912	12.8
进敬老院	309	4.3
当五保户	70	1.0
靠子女赡养	5379	75.4
享受社会保险	360	5.0
其他	105	1.5
小计	7135	100.00

表5　您年老后打算怎样生活

单位：人，%

项目	人数	比例
单吃单过	1850	26.0
同儿子生活在一块	4559	64.0
同女儿生活在一块	490	6.9
其他	222	3.1
小计	7121	100.00

以繁衍后代、养儿防老为目的组成的家庭亲子关系必然重于夫妻关系。当前中国农村家庭中妇女在家庭中的地位得到很大提高，夫妻间平等合作、互尊互爱的情况日益增多，但并没有根本改变重生育、重亲子关系的状况，家庭仍是“事业集团”，首先考虑的是家庭生活，是生儿养女的事业。夫妻之间不只是讲感情，而且重义务，是感情与义务的统一，甚至义务重于感情。在农民看来，夫妻能相互配合，不吵架，会过日子，儿孙满堂，即是幸福家庭。这样一些思想观念又成为家庭一成立便非常稳固的基础。在农村，离婚率很低，14省区市农村家庭调查7192个个案婚姻状况：未婚占5.3%；已婚占89.7%；丧偶再婚占0.9%，丧偶未再婚占2.9%；离婚再婚占0.7%；离婚未再婚占0.5%。有离婚记录的合计为90

人，占 1.2%。

第四，核心家庭处于强大的亲属网络之中。

中国农村核心家庭由于组成过程的特殊性及家庭中重亲子关系等特点，使得这种核心家庭同其他家庭有着十分紧密的联系，形成了强大的亲属网络。

（1）母子家庭。中国在施行计划生育之前，农村多子女家庭占多数。在以小农经济为主体的农村中，多数父母只能同一个已婚子女或同未婚子女生活居住在一起组成主干或核心家庭，我们称其为母家庭；其他已婚子女则分出去组成核心家庭，为子家庭。母家庭是干，子家庭是枝，枝从干生，枝比干繁茂。这是核心家庭数量多的重要原因。中国是家族观念和家庭伦理道德观念很深的民族。在“反馈模式”的传统下，赡老抚幼已成为中国人民传统的义务和美德。在农民家庭中，父母不仅要抚育子女成人，帮助子女娶妻生子，成家立业，而且在子女分家出去后仍尽所能给予帮助和支持；子女要赡养老人不仅是法律的规定，而且是尽人子之职的义务。分家出去的子家庭一般都承担对母家庭的赡养义务，有的在分家时就做了明文规定。目前农村中的赡养方法有：子家庭负责耕种父母的责任田，将收成所得交给母家庭；按年或按季给父母钱或粮食等实物；帮助做父母承担不了的重体力劳动活；在父母生活不能自理时，请父母回家吃饭或合住在一起。母、子家庭之间无论是经济上、生活上、感情上都有着十分密切的联系。

（2）兄弟姊妹家庭。在兄弟姊妹都成婚组成核心家庭后，其间的横向联系也十分紧密。据 14 省区市农村家庭调查，在本村有同父家庭的 6057 户，占调查总数 7258 户的 83.5%。在问及经常同谁家来往时：同兄弟姊妹家庭在劳动力互助上占 39.2%；在生产资金互助上占 32.1%；在家务劳动互助上占 26.5%。

（3）同宗同族的亲属。农民在长期安土重迁的思想影响下，加之户籍管理的约束，人口流动性很小。人口增长、户数增加都在本村内安排。1986 年我们在河北省定县八里店村调查：1949 年全村仅 700 多口人，不到 200 户家庭，到 1985 年，全村人口达 1843 人 398 户，而这期间由外地迁入本村的有 4 户。这种本村繁殖的结果是亲属关系的增强。据 14 省区市农村家庭调查，一个核心家庭在本村中平均有同父辈家庭 2 户，同祖父辈家庭

2 户，同曾祖父辈家庭 5 户，同高祖父辈家庭 5 户，同子侄辈家庭 2 户。在本村中无亲属的核心家庭基本不存在。

（4）姻亲关系。随着妇女经济、社会地位和文化素质的提高，妇女在家庭中的地位也有很大变化。许多农村妇女不仅抚育子女、操持家务，而且是农业生产和治家理财的主力。据八里店村调查，1985 年有 60% ~70% 的男劳力都做合同工或临时工，耕种承包土地的主要是妇女，一个妇女耕种 4 亩多地，除完成公粮和口粮任务外，仅种蔬菜一项，年收入在 4000 元左右，比在外做工的丈夫收入还多。因此农村中不仅同妻子父母同住的家庭有所增加，而且有的核心家庭同妻子亲属（姻亲）的往来还更多、更密切些。中国已经由只重血亲关系向血亲、姻亲关系的双系并重方向发展。

上述这些纷繁的亲属关系，在血亲观念、宗族观念等影响下，编织成强大的亲属网络。而且农村住房分布多数是：不仅母子家庭、兄弟家庭的住房连接在一起，而且前后院、东西院，甚至邻近一片居住的都是同宗同族同姓的亲属。这就使得已经独立门户的核心家庭，虽然吃住都是单独的，经济独立核算，但仍然似乎是生活在大家庭之中。一些家庭内部关系，如婆媳、妯娌、姑嫂、叔嫂等关系，也都体现在亲属网络之中并起着重要作用。不少人虽然建立了自己的核心家庭，但同父母、兄弟姊妹，甚至其他亲属在心理上、感情上“我们是一家”的观念并没消失。因而，中国农村核心家庭并不孤立，任何时候、在任何问题上都有可凭借的力量，同时核心家庭也受到亲属网络的制约。实行家庭联产承包责任制后，农村经济发生很大变化，职业流动性增强，不少农民投入工业、商业市场，但是大部分农民是离土不离乡，他们的家仍然是在原来的村子里，在父母和兄弟姊妹身旁。无论是作为亲属还是作为邻里，亲属网络内家庭之间的关系都是不容忽视的。

综上所述，一些调查表明，中国农村核心家庭已占绝大多数，出现了农村家庭核心化的趋势。然而，中国农村的核心家庭却具有其独特的、显著的特征。只有认真研究分析这些特征，才能真正了解中国农村家庭，看到它的未来。

论老有所养与中国家庭*

魏章玲

中国人历来具有极强的家庭观念，而这一观念主要是由孝道来维系的。这有好的一面，使中国社会具有养老敬老的优良传统，但也有不好的一面，所谓“不孝有三，无后为大”，至今仍成为独生子女政策的一大障碍。

新中国成立以来，党和国家的各项政策，尤其是计划生育政策对家庭产生了重大的影响，这也直接关系到养老敬老的问题。目前我国盛行的养老方式仍处于一个过渡时期，它是在新中国成立前家庭养老的基础之上增加了社会的扶助，这与未来的“社会养老”还有很大的距离，因而也不可避免地会产生一系列问题。据统计，我国年过六旬的老人已逾9000万，其中只有30%的人享受养老金，即是说，70%的老人仍要依靠家庭养老，只要这一状况继续存在，所谓“积谷防饥、养儿防老”的观念也就不可能消除。

本文共分四部分：（1）中国的老龄化及其预测；（2）中国的养老方式；（3）当前中国的家庭养老；（4）问题与前景。

一　中国的老龄化及其预测

迄今为止，我国60岁以上的人口在9000万以上，占人口总数的8%，其中65岁以上的老人已有5500万，占人口总数的5.5%（国家统计局，1988）。我们从表1中可以看出，1953～1987年，中国老年人的长寿水平并不稳定，而80年代明显高于50年代和60年代的水平。

* 原文发表于《社会学研究》1990年第4期。

表 1　中国老龄人口的长寿水平

年份	1953	1964	1987
长寿水平%	4.5	4.3	6.6

注：长寿水平的计算法：$\frac{\text{80 岁及以上人口数}}{\text{60 岁及以上人口数}} \times 100\%$

资料来源：根据《中国统计年鉴》(1978)［英文版，国家统计局编，朗曼出版有限公司（香港）和中国统计情报与咨询服务中心（北京）联合出版，1988 年，第 91 页］制表。

根据 1982 年的人口年龄构成和近年来的总人口预测，我们可以计算出我国未来老龄人口（65 岁以上）的数据和占总人口的比例。预计到 2000 年，老龄人口将达到 8648 万，占那时候总人口的 6.9%；到 2010 年，老龄人口为 10542 万，占 7.9%；到 2020 年，老龄人口为 15093 万，占 10.6%；到 2030 年，老龄人口为 19816 万，占 13.5%；到 2040 年，老龄人口为 25653 万，占 17.4%。2040 年以后，中国人口的老龄化速度才会稳定下来，到那时候，老龄人口占未来总人口的比例甚至会略有下降。

如果我们将 1982 年的老龄人口数作为基数，则 2010 年就将翻一番，2030 年将翻两番，2040 年的老龄人口将是 1982 年的 5.2 倍，即增加 2 亿人之多。预计 2040 年将是中国老龄人口的高峰年，其人数相当于 1980 年全世界老龄人口的总和，或相当于 2040 年所有发达国家老龄人口的总和，到那时候，中国将成为一个高龄化的国家，仅次于瑞典、联邦德国和日本（届时这三国的老龄人口占各国总人口的比例都将超过 20%）。

根据联合国的一项研究报告，1950 年全世界 65 岁以上的人口占总人口的 5.1%，其中发达国家占 7.6%；发展中国家占 3.9%；预计到 2025 年，全世界 65 岁以上的人口将占总人口的 9.7%，其中发达国家将占 17.4%，发展中国家将占 8.2%。我们从这一预测中可以看到，发达国家的老龄人口比例从 7.6% 上升到 17.4% 共用 75 年时间（从 1950 年到 2025 年），但中国老龄人口比例从 7.9% 上升到 17.4% 却只需 30 年（从 2010 年到 2040 年）。这说明下世纪上半期，中国老龄化的速度将比发达国家高出一倍多。

二　中国的养老方式

我们可将中国的养老方式划分为三个阶段：（1）旧中国的家庭养老；

（2）现时期的家庭养老为主、社会扶助为辅；（3）未来的社会养老。

（一）旧中国的家庭养老

1949 年以前，中国的老年人全由家庭负担，所谓“养儿防老”正是小农经济和封建父权制家庭制度的产物，它促使中国人将亲子关系看得比夫妻关系更重，由此形成的“孝道”观念一直延续了两千多年。“多子多福”，中国人认为，子孙越多，老年就越有保障。但可惜的是，在旧中国，富人钱多，穷人子多，广大人民生活在水深火热之中，很多人的老年生活是没有保障的。一言以蔽之，旧中国的“家庭养老”模式是经济不发达的产物。

（二）现时期的家庭养老为主、社会扶助为辅

这是过渡时期的养老模式，这一过渡时期又可再发展到社会养老为主、家庭扶助为辅。

当前享受离、退休金的老年人主要是党政干部、国营企事业单位和部分集体所有制企事业单位的工作人员，这部分人员占全部老龄人口的 30%。不拿任何养老金的人主要是农民、个体工商业者和城镇无业居民，这部分人占全部老龄人口的 70%。在农村，大多数 70 岁以下的老年男子仍然坚持干一些力所能及的农活，而老年妇女则大多数忙于家务和带孩子。

那些没有亲属赡养而又失去劳动能力的孤老可享受五保待遇，一般由当地政府负责，或住福利院、敬老院，或单住而由街道、乡村、邻居、朋友、志愿服务人员包干，这类老人的生活水平往往比那些虽有子女但家境贫寒的老人要高一些。

一些研究表明，凡是建有较多敬老院的地区，自愿实行计划生育的夫妻也较多，这是因为他们的后顾之忧较少。80 年代，有些农村地区开始实行养老金制度，有 100 多万人定期领取养老金。

（三）未来的社会养老

要达到这一目标，还需相当长的一个历史时期，只有在经济和社会都得到高度发展后，才有可能实现。我们经过努力，可以逐步实行，即先由

社会赡养所有无依无靠的老人，再由社会对那些远离子女的老人实行包干制度，进而发展到社会优先包干独生子女家庭，然后是双子女家庭，再扩大到多子女家庭。

三　当前中国的家庭养老

作为一项国策，家庭养老是受到《宪法》和《婚姻法》的保护的。《宪法》第49条规定：“父母有抚养教育未成年子女的义务，成年子女有赡养扶助父母的义务。禁止破坏婚姻自由，禁止虐待老人、妇女和儿童。”《婚姻法》第2条规定：“保护妇女、儿童和老人的合法权益。”《婚姻法》第15条规定：“……子女对父母有赡养扶助的义务。子女不履行赡养义务时，无劳动能力的或生活困难的父母，有要求子女付给赡养费的权利。”《婚姻法》第22条规定：“……有负担能力的孙子女、外孙子女，对于子女已经死亡的祖父母、外祖父母，有赡养的义务。”以上条款阐述了保护老人合法权益的基本原则和立场，对近几年来一些家庭签订赡养老人协议书起到了良好的推进作用。

1986年5月，中国老年学学会正式成立。接着，一些省、自治区、直辖市也相继成立了地区性老年学学会。报刊、广播、电视和公众舆论对老龄问题越来越关注，各种老年活动中心也纷纷建立。如今，全国已有16个省、自治区、直辖市和相当一部分地方制定了保护老年人合法权益的地区性法规，这将为制定“老年法”提供依据。在当前我国政府实行独生子女政策的情况下，制定一部“老年法”是至关重要的。

目前，95%的老人生活在家庭之中，不少研究表明，中国家庭依然是老年人的活动中心。中国城镇老年人每天在家的活动时间人均在20小时左右，这包括睡眠、家务、看电视、其他活动等，而外出活动的时间人均每日仅4小时左右，这包括工作、学习、体育活动、社会交往、文娱活动等。中国农村老年人每天在家的活动时间更长，高达21.2小时，而在外活动时间仅为2.8小时左右。就广大老年妇女而论，她们在家的时间比老年男子更长（城市为21.5小时，镇为21.4小时，乡村为22.2小时）。

对绝大多数中国老年人来说，家庭不仅是日常生活的场所，而且是保健、医疗、娱乐、接待亲朋好友的场所。许多老年人甚至将外边的活拿到家里去做，这样一来，家庭又成了他们的工作场所。从感情上说，中国家庭更是维护老年人身心健康的中心场所。一些调查表明，中国老年人对晚年家庭生活大多感到满意，这是因为：（1）老年人的期望本来就不高，因而容易满足；（2）多数中国人活得很累，家庭经济也不宽裕，在这种情况下还尽心赡养和照顾老人，老人也就感到满意了；（3）“家丑不可外扬”，尤其是老年人，大多通情达理，即使对子孙不大满意，不到矛盾激化的地步也不会轻易向调查者说不满意的。因此，一涉及婚姻和家庭的隐私问题，是很难调查出真实数据的。究竟中国老年人对晚年生活的满意程度如何呢？这是一个值得认真探讨的问题。

当前中国的家庭养老主要包括以下几种方式。

（一）老年夫妻相依为命，子女亲属从旁扶助

在60岁以上的中国老龄人口中，有配偶的老年人仍占60.27%。由于中国的婚姻状况比较稳定，老年人离婚和分居的比例都不高（其百分比分别为0.64%和1.88%）。随着老人年龄的增长，有配偶的比例逐渐降低，丧偶的比例逐渐上升。此外，寡居的老年妇女人数也大大超过老年男子。

从老年人家庭结构类型来看，“一对夫妇户”占12.9%（城市为20.9%，镇为22.5%，县为7.5%），一般来说，城镇高于乡村，这主要是因为城镇老年人领离退休金的比例较高，其他收入也较多，且大多享受公费医疗待遇，城镇的各种社会服务也远较乡村便利，因此，城镇老年人的“一对夫妇户”高于乡村。在今后，这种状况仍将存在。

（二）老年人与子孙住在一起

在全国60岁以上老年人口的家庭结构类型中，“二代户”占29.2%，“三代户”占50%，“四代以上户”仅占3%。无论是城镇，还是乡村，都以“三代户”所占比例最高，其次是“二代户”。

与已婚或未婚的子孙住在一起的老年人大多生活自理，而较重的家务活以及外出采购等事多由子女或孙子女承担。这类老人在生病时多能得到较好的照顾，在感情上也有较多的寄托。

老年人都是疼爱子孙的，他们大多帮助儿女们料理家务、看护孩子，许多老年人充当了家务劳动的主力军，尤其是老年妇女，从这个意义上

说，许多家庭也离不开老人。

（三）老年人与子孙分住，但保持密切的联系

这类家庭虽然分住，但住地往往离得很近，以便相互看望和求助。这类人的家庭关系并非不好，其中有些人的家庭关系甚至比那些同住者更为融洽，因为他们可以避免一些家庭矛盾，双方都不再为一些鸡毛蒜皮的家务事而争吵，彼此客客气气，处理问题也会冷静得多。近年来，这种家庭养老的方式已成为一种新的发展趋势，如果住房不那么紧张的话，相信会有更多的家庭这么做。有调查表明，天津有16.67%的老年人与子孙分住，上海为19.9%，北京为18.9%。这类家庭更容易建立新型的平等关系，有助于改变重亲子关系而忽略夫妻关系的传统观念，有利于减少父权思想、提高妇女在家庭中的地位，有益于减少摩擦、消除一些代际隔阂。

（四）其他家庭养老方式

最常见的是病中护理，一旦老人生病，家庭成员往往都会轮流守护。

二是经济补贴，倘若子女较多，他们往往分摊老人的生活费用。

三是帮助料理家务，如买菜、做饭、打扫卫生等。

四是给予精神安慰，如庆贺老人生日，带老人出外游玩，经常与老人谈心、拉家常，等等。

表2　60岁以上老龄人口生活料理和求助

单位：%

	全国	市	镇	县
合计	100.0	100.0	100.0	100.0
本人	83.8	86.6	85.6	82.2
配偶	3.5	5.3	5.3	2.4
子女	11.9	6.9	7.8	14.8
亲友	0.5	0.5	0.5	0.5
保姆	0.1	0.3	0.4	0.0
邻居	0.1	0.2	0.4	0.0
社会	0.1	0.2	0.1	0.1

资料来源：中国社会科学院人口研究所，1988。

一般说来，中国老人独立自主的意识是很强的，他们轻易不爱求助于人，即使对自己的子女，也不愿多添麻烦。在日常生活中，遇事靠自己解决的比例高达 83.8%（市、镇更高一些，各为 86.6% 和 85.6%，县为 82.2%）。

不过，除依靠自己之外，老人们求助最多的还是子女，占 11.9% 的比例（城市为 6.9%，镇为 7.8%，县为 14.8%），乡村老人遇事求助子女的比例比城镇更高一些。除子女外，老人们求助较多的是配偶，其比例为 3.5%（城镇均为 5.3%，县为 2.4%），城镇老人遇事求助配偶的比例比乡村老人更高一些。老人们遇事求助于亲友的比例仅为 0.5%，而求助于保姆、邻居、社会的比例各占 0.1%，这说明老人们除主要依靠自己外，求助最多的仍是家庭成员。

四　问题与前景

在现阶段，家庭养老的功能仍显得十分重要，尽管老人们在日常生活中主要依靠自己，他们也还是生活在家庭之中。从这一前提出发，我认为很有必要认真解决下述问题。

（一）老年人的相对贫困问题和家庭负担问题

当前我国的经济形势相当严峻。1988 年离退休职工已有 2115 万人（其中离休 163 万人，退休 1862 万人，退职 90 万人），国家支付的离退休金高达 320.7 亿元，这对国民经济来说，当然是一项沉重的负担，但就离退休人员而言，由于物价连年上涨，而收入相对变动不大，因此，他们的实际生活水平已经下降。例如，1987 年北京市职工年平均工资为 1670 元，奖金为 420 元，两项共 2090 元，人均月收入 174.16 元，而离退休职工月平均收入只有 89.44 元。离退休职工是老年人中生活最有保障的群体，千千万万的老农都用羡慕的目光看着他们呢。在大约 6300 万老年农民中，能享受养老金的只不过 100 多万人而已，即 100 个人中只有一个半人享受养老金。

我们更不能忘记，我国还有 333.6 万孤寡老人，而 1988 年，只有 460895 个孤寡老人生活在敬老院或福利院里。1988 年，由国家兴办的福利院在城市有348所，在县一级有522所，市、县福利院共收养26686名老人；城镇集体办敬老院8133所，共收养老人109493人；农村集体办敬老院28532所，共收养老人324716人。显然，这些数字与实际需要相差太远了。

因此，当务之急是，在大力发展国民经济的过程中，不断提高家庭的生活水平，逐步改善老年人尤其农村老年人的生活条件。

（二）制定一部适用于全国的“老年法”，以保障老年人的合法权益

尽管中国人有尊老爱老的美德，但中国社会仍然存在着一些虐待老人的问题。这类问题虽遭到公众舆论的谴责，但若能制定一部“老年法”，就能更有效地解决这类问题，而且会有利于解决更多的老龄问题。

（三）普遍建立社会保障制度是解决我国老年人问题的根本途径

若与新中国成立前相比，我国人民在生活保障方面已有了明显的进步，但若与其他国家相比，我们的社会保障还是很不完备的，这主要体现在农村。如今世界上已有142个国家建立了社会保障制度，其中93%的国家的制度含有对老年人的社会保障。迄今为止，全球的老年社会保障制度主要有三大体系：（1）福利国家体系，如英国和瑞典；（2）俾斯麦体系，即公办自助式的养老保险体系，如美国、日本、联邦德国；（3）社会主义国家体系，即退休金实行低工资高比例、高工资低比例的办法，从而拉平老年人的收入差距，如苏联和多数东欧国家都属于这一体系，近年来正在改革之中。目前我国农村尚未建立普遍的社会保障制度，这是一个迟早要解决的问题。将来等到国民经济发展水平达到一定的高度时，我们可以兼采上述三种体系之长，建立一种与家庭密切相关的社会保障制度，使家庭养老和社会养老更好地结合起来，为老龄人口提供更可靠的生活保障。

在社会保障体系尚未建立以前，可以鼓励更多的家庭签订有关老年人的家庭赡养协议书，以便作为过渡时期的一项替代性措施。

（四）促进社区服务网络化，减轻家务负担，更好地为老年人服务

在这方面，上海做得较突出。目前，上海已有72.9%的街道实现了社

区服务网络化，在一两年内，争取使90%以上的街道（镇）实现社区服务网络化，同时还要在郊县逐步开展这项工作。

就多数中国老年人而论，当务之急仍是解决衣食住行和医疗保健问题，而实现社区服务网络化有利于帮助众多的家庭更好地赡养老人。对多数中国老人来说，最迫切需要的还不是老年迪斯科或老年时装表演，而是解决温饱问题，这是最基本的老年生活保障问题。

（五）老年安葬问题值得引起各级组织的高度重视

在中国，尤其是在农村，厚葬之风盛行。可悲的是，有些不肖子孙在老人生前并未尽心照顾，却在老人死后大办丧事，而且互相攀比，愈演愈烈，不仅平民百姓如此，就连有些官员和党员也落此俗套。与此同时，迷信活动盛行，有些不法之徒趁此机会敲诈勒索，大发横财。新中国成立后，城市里的火葬越来越普及，但火葬场的设施急需改进，现有的火葬场远不能满足实际的需要，因此出现了进火葬场还要走后门一说，这已成为一个严重的社会问题。

最后我想说的是，新中国成立以来，中国人的家庭观已经发生了很大的变化，越来越多的中国人将国家利益置于家庭利益之上，将国法看得比家规更为重要。在这种情况下，各级政府就更应该体察民情，为家庭养老提供更多的便利。

参考文献

《法律法规选编》，法律出版社，1987。

国家统计局编，1988，《中国统计年鉴（1988）》，中国统计出版社。

《彭珮云——国家计划生育委员会主任在第五次全国人口科学讨论会上的发言（摘要）》，《中国人口报》1990年1月12日。

魏章玲，1989，《论家族主义与集体主义》，载联邦德国慕尼黑青年研究所编《父母与子女的关系》（德文版和英文版）。

杨爱平，1990，《北京市“老有所养”系列报道之三“压力群”的启迪》，《中国人口报》2月5日。

袁方，1987，《中国老年人在家庭和社会的地位和作用》，《北京大学学报》（哲学社会科学版）第3期。

《中国人口报》1990 年 2 月 5 日第 1 版。
《中国社会报》1990 年 2 月 6 日。
中国社会科学院人口研究所编，1988，《中国 1987 年 60 岁以上老年人口抽样调查资料（电子计算机汇总）》，《中国人口科学专刊》第 1 期。
《中国手册系列》编辑部编，1985，《政治》（英文版），外文出版社。
邹世勇，1990，《老年人呼唤“老年法”》，《中华老年报》1 月 24 日。

人口要素对中国城市家庭结构的影响*

沈崇麟

本文拟以 1982 年中国城市婚姻家庭调查①的资料为主要依据，分析人口要素对中国城市家庭结构的影响，进而通过人口要素的变化，预测中国城市家庭结构的变化趋势。

根据五城市家庭调查的总体资料，调查对象（已婚妇女）及其婚时娘家的家庭类型分布情况见表 1。

表 1　已婚妇女现在和娘家家庭结构类型分布

单位：%

结构类型	现在家庭	娘家家庭
单身	2.44（107）	6.84（341）
核心	66.41（2912）	59.15（2948）
主干	24.29（1065）	22.55（1124）
联合	2.30（101）	5.68（283）
其他	4.56（200）	
合计	100（4385）	100（4968）

我们之所以在表 1 中列出亲子二代家庭类型分布的统计数字，旨在通过亲子二代间的比较，观察家庭结构的变化趋势。经比较我们发现，无论是亲代还是子代，在 5 种家庭结构类型中，比例最高的都是核心家庭，比例次高的都是主干家庭，且从亲代到子代，二者都呈上升趋势，其中核心家庭上升 7.26 个百分点，而主干家庭上升 1.74 个百分点，其余 3 种家庭

* 原文发表于《社会学研究》1990 年第 4 期。

① 本文所引用的数据，凡未注者，均来自《中国城市家庭——五城市家庭调查报告及资料汇编》，山东人民出版社。

结构类型，无论是亲代还是子代都只占很小比例，且从亲代到子代都呈下降趋势。这些统计数字说明：（1）在资料涉及的半个多世纪里，在中国城市结构类型中，联合家庭从未占过主导地位；相反，核心家庭和主干家庭才是中国城市家庭结构的两种主要类型。（2）由第一点可知，中国城市家庭中的核心家庭并非联合家庭解体的产物，主干家庭亦非联合家庭向核心家庭转化过程中产生的中间类型。（3）由亲代到子代，中国城市家庭结构类型的分布尽管有所变化，但结构类型的总体分布基本上未发生变化，换言之，这种变化是在总体结构类型分布相对稳定这一前提下的量的变化。因此，就结构类型而言，在1982年以前的中国城市，并未发生过许多人津津乐道的包括核心化在内的各种所谓的“化”。

显然，1982年以前的中国城市家庭未曾发生过任何“化”，不足以作为预测中国城市家庭结构变化的依据。而上面以亲子两代间的统计数字比较来研究变化的方法，类似于一般所谓的“时期”研究，即一种用两个不同时期、不同调查群体的统计数字做比较的方法，这种方法对于描述已经发生的变化固然有它的长处，但用来预测未来的变化却有明显的不足。为了弥补这一不足，我们必须对家庭结构类型的变化进行纵向分析，即从被调查人的生命过程和家庭生命周期角度对家庭结构类型变化进行更深入的分析。首先，让我们来看一看五城市家庭调查有关被调查人婚后居处的统计数字（见表2）。

表2　已婚妇女婚后居处分类

单位：%

自立门户	住婆家	住娘家	其他	合计
48.23（2414）	40.02（2003）	9.65（485）	2.06（103）	100（5005）

不言而喻，表2中住婆家和住娘家二项统计数字之和为主干和联合家庭之和，我们把表1中娘家联合家庭的统计数字作为一个修正因子，对表2的数字做修正，得到婚后主干家庭比例的近似值为44.03%。以这一值为依据，对表2的数字做修正则可得到婚时家庭结构类型的频数分布（见表3）。

表 3　婚时家庭结构类型分布（修正值）

单位：%

单身	核心	主干	联合	其他	合计
0（0）	48.23（2414）	44.03（2617）	5.68（321）	2.06（103）	100（5005）

表 3 与表 1 是同一组被调查人在生命周期的不同阶段的家庭结构类型分布。比较这二组统计数字我们发现，二者既有相同之处，又有不同之处。相同之处是，核心和主干家庭在二者中都占了绝大多数。不同之处是，在表 1 中核心家庭的比例（66.41%）大大高于主干家庭（24.29%）。而在表 3 即婚时家庭中，主干家庭比例大大高于表 1，达 44.03%，几乎与核心家庭（48.23%）并驾齐驱。这就说明，在中国城市中，随着个人生命周期的变化，家庭结构类型也会发生变化。换言之，每一个人并非总是在同一种家庭结构中终其一生。如果我们把婚时家庭结构类型看作家庭生命周期的起点，而与现在的家庭结构类型分布比较，我们发现主干家庭要高出 19.74 个百分点。这意味着中国城市家庭的生命周期不仅有阶段的更替问题，也有结构类型转换的问题。

理想的研究生命周期对家庭结构类型影响的资料，应该是对一组已经或即将完成生命过程的被调查人进行回溯性调查所得到的资料，但五城市家庭调查及以往其他婚姻家庭调查都未给我们提供这样的数据。因此，我们只得以被调查人的年龄来对家庭结构类型分布重新分组，做一个“模拟”的时间系列分析，以观察生命周期对家庭结构类型的影响。

表 4　东河沿已婚妇女年龄与家度结构类型交互表

单位：%

60 岁以上	46 岁以上	33 岁以上	24 岁以上	合计
单身 10.07（13）	2.65（7）	1.32（2）	0（0）	3.14（22）
核心 23.26（30）	57.82（153）	76.82（116）	46.50（73）	53.06（372）
主干 60.46（78）	35.22（93）	19.20（29）	49.04（77）	39.51（277）
联合 3.88（5）	1.89（5）	1.98（3）	3.82（6）	2.71（19）
其他 2.33（3）	2.27（6）	0.66（1）	0.64（1）	1.57（11）
合计 100（129）	100（264）	100（151）	100（157）	100（701）

由表 4 所列的统计数字可知，不同年龄组之间的家庭结构类型在频数

分布上存在很大差异。在60岁以上组，主干家庭的比例达60.46%，而核心家庭仅为23.26%。在46岁以上组和33岁以上组中，核心家庭的比例则都高于主干家庭。尤其是在33岁以上组，核心家庭的比例高达76.82%，主干家庭却只有19.20%。但在下一个年龄组，即24岁以上组，主干家庭比例又大幅上升，比例达49.04%，形成与核心家庭平分秋色的局面。由上面的分析比较可知，由高年龄组向低年龄组，主干家庭的变化呈U形曲线（高→低→高），而核心家庭的变化却与之相反，为反U形曲线（低→高→低）。究竟是什么原因导致家庭结构类型随年龄高低的变化而呈这样的变化呢？

据1982年全国第三次人口普查资料，1981年我国人口平均预期寿命为67.9岁（国家统计局社会统计司，1987）。而根据五城市家庭调查资料，1982年我国城市已婚妇女的平均初婚年龄和初育年龄分别为23.0岁和24.1岁。由此可知，在46岁以上和33岁以上这两个年龄组，特别是33岁以上组中，他们中的大多数人处在父母已不在人世而子女却又未进入婚配年龄的阶段，也就是说，这些人在客观上不具备成立主干家庭的条件。正因为这样才会出现主干家庭在这两组中大幅下降的现象。而一旦客观条件许可，如在24岁以上组，主干家庭比例又会上升。因为这一组中大多数人的父母仍在人世。

从以上分析我们不难看出，人口要素对家庭结构类型确实有影响。但有必要指出的是，人口因素并非导致家庭结构类型随年龄由高到低呈上述变化的基本原因。导致这种变化的基本原因是主干家庭是中国城市家庭结构诸类型中的主导类型。这一点体现在中国城市家庭中主干家庭的形成和发展过程中。

中国城市主干家庭的形成过程与美国和其他西欧国家不同，在那里，主干家庭是亲子两代核心家庭的联合，其基本过程是：成年子女离家独立生活一段时间后，建立起自己的核心家庭，然后，或父母搬去已婚子女家中，或已婚子女搬回父母家中，形成主干家庭。而中国城市主干家庭是亲代家庭的自然扩展或延伸。它的形成与发展过程，基本上如同费孝通先生在《江村经济》中所描述的：“村里的基本单位是‘家’，”费孝通把它描述为扩大的家庭，“基本上可以称作所谓的‘主干家庭’。这个群体的核心是一夫一妻及其孩子们。孩子们结婚后，有一个留在家里传宗接代延续家庭的主干，其他孩子婚后便分开，或和他（她）的妻子或丈夫的家庭住在一起，或者另立新户，住在这样一个主干家庭里的人可以是一代或三代人，甚至于四代人——曾祖父母、祖父母、父母和孩子——但在正常情况下，任何一代都不应包括一个以上的完整的家庭。通常，家庭里如果只有一个儿子，即便父母还很年轻，儿子婚后也会留在这个家中，但如果有两个儿子，一般大儿子婚后便搬离这个家，让他的弟弟来延续这个家的主干。未婚的孩子，不论男女，都允许留在‘家里’。因此家里往往住着父亲的一个兄弟姐妹或祖父的一个兄弟姐妹。”从以上的描述我们可以看出，在一个新的主干家庭形成与发展的同时，降生了若干个新的核心家庭（其数量取决于已婚子女数）。从这个意义上讲，主干家庭好比一棵大树的躯干，核心家庭则是树的枝杈。而不是像某些人认为的那样，主干家庭是联合家庭的缩小，即某些曾与父母同居的已婚子女分居另过的产物。上面我们已经指出，核心家庭和主干家庭是中国城市家庭结构类型中的两种基本类型。但就这两种类型本身而言，主干家庭是基本的、主要的，核心家庭则是派生的、次要的，理解了这一点，就不难理解在人的生命过程和家庭生命过程中，为什么一旦形成主干家庭所必需的客观条件已具备，主干家庭比例就会上升的道理。

上面，我们已经通过用年龄和家庭结构类型做交互分类，从生命过程角度考察了人口要素对家庭结构类型的影响。现在，让我们从家庭生命周期的角度对这一问题做一番考察。依据上文提到的家庭生命周期起点的不同，中国城市家庭的家庭生命周期可概括为以下两种类型。

表 5a　家庭生命周期的各个阶段和有关人口事件及家庭结构类型（起点为核心家庭）

阶段	起始	结束	结构类型
Ⅰ形成	结婚	第一个孩子出生	核心
Ⅱ扩展	第一个孩子出生	最后一个孩子出生	核心
Ⅲ稳定	最后一个孩子出生	第一个孩子结婚	核心
Ⅳ收缩	第一个孩子结婚	最后一个孩子结婚	核心
Ⅴ扩展（转型）	最后一个孩子结婚	配偶一方死亡	主干
Ⅵ收缩（转型）	配偶一方死亡	另一个配偶死亡	核心

表 5b　家庭生命周期的各个阶段和有关人口事件及家庭结构类型（以主干家庭为起点）

阶段	起始	结束	结构类型
Ⅰ形成	结婚	第一个孩子出生	主干
Ⅱ扩展	第一个孩子出生	最后一个孩子出生	主干
Ⅲ收缩	父母一方死亡	父母另一方死亡	主干
Ⅳ稳定（转型）	父母另一方死亡	第一个孩子结婚	核心
Ⅴ收缩	第一个孩子结婚	最后一个孩子结婚	核心
Ⅵ扩展（转型）	最后一个孩子结婚	配偶一方死亡	主干

如果把社会看作一个大系统，而把家庭看作一个子系统，那么中国城市家庭结构之所以以主干家庭为基本结构类型，并在家庭生命周期上呈表 5 所列的各个阶段，根本原因在于大系统和子系统之间的功能适应，即社会与家庭之间功能适应的结果。限于篇幅，本文无法在这一问题上展开详细的讨论。本文所要强调的是功能适应固然是形成上述家庭结构类型和家庭生命周期特点的根本原因，但一定的人口要素却是它的必要前提。例如，以表 5a 的家庭生命周期为例，对一个具体的家庭来讲，它必须满足这样几个人口条件，即这对已婚夫妇必须有子女，且必须活到结婚的年龄，与此同时，他们本人也要活到子女能结婚的年龄，这三个条件，任何一个得不到满足，上述的家庭生命周期便无法完成。从人口学角度看，要使人口总体能完成上述家庭生命周期就必须使平均初婚年龄、已婚妇女平均初育年龄、总和生育率、平均生育间隔及平均期望寿命等人口学指标满足一定条件。联系我国城市人口的实际情况，在上述诸人口学指标中，对家庭结构类型影响最大的是总和生育率。

诚如上面所述，我国城市主干家庭具有生产新的核心家庭的能力。因此就某一个家庭而言，已婚子女数决定了主干家庭与核心家庭的比例。因为主干家庭总是为一，已婚子女越多，生产的核心家庭就越多，核心家庭比例也就越高。同样，在总体分布上，人口的总和生育率越高，则核心家庭在总体分布上的比例越高。而在总和生育率不低于一定水平的前提下，随着总和生育率下降，主干家庭在总体分布中的比例会上升。这种上升，并非主干家庭绝对数增加了，而是由于核心家庭的绝对数下降了。从我国城市的实际情况来看，也确实如此。我国城镇1952～1981年的总和生育率见表6。

表6　城镇育龄妇女总和生育率

时间	1952	1957	1962	1965	1970	1975	1978	1980	1981
总和生育率	5.521	5.943	4.789	3.749	3.267	1.782	1.551	1.147	1.390

资料来源：国家统计局社会统计司，1987：34。

由表6可知，自60年代初，我国城镇育龄妇女总和生育率开始明显下降，1962年比1957年下降1.154，而1965年则比1957年下降了2.194。又据五城市家庭调查资料，已婚妇女的平均初婚年龄为23岁。以这一数字来估算，这些在总和生育率开始下降以后出生的人，在80年代初，开始陆续进入结婚年龄，诚如上面所指出的那样，在一定的总和生育率水平下，总和生育率下降，必然伴随着主干家庭比例的上升这一点已为五城市家庭调查的数据和其他人口调查数据证明。五城市家庭调查子代的主干家庭较之亲代，高出了1.74个百分点。而1987年与1982年相比，我国城镇家庭户平均人口则由3.95人上升到4.07人。北京、天津和上海的三代及0代以上户的比例，分别由1982年的16.71%、15.19%和21.25%上升到19.26%、18.00%和22.08%（曾毅，1989）。当然，导致主干家庭比例上升的原因是多方面的，但主要的原因是人口总和生育率的下降。

上面已经指出，只有人口总和生育率在一定水平下，总和生育率的下降才会导致主干家庭在总体分布中比例的上升，而在总和生育率下降到一定水平，即替代水平2.1之下，则总和生育率的下降，不但不会使主干家庭比例上升，反而会使其比例下降，不仅如此，如果总和生育率长期低于替代水平，则不管其他因素如何，主干家庭都已不可能再是家庭结构类型的基本和主导的类型。由上面的分析，联系我国城市总和生育率下降的实际过程，我们可以预测，在我国城市家庭中，主干家庭比例略有上升的趋势还会延续一段时间，估计可一直延续到本世纪末。而自本世纪末下世纪初起，情况则会发生变化。因为那时，自70年代中城市人口总和生育率下降到替代水平，且大大低于替代水平的人已开始到了结婚年龄。那时，使主干家庭得以成为家庭总体结构类型的基本和主导类型的人口条件已不复存在。换言之，那时城市家庭结构类型的变化，不再是在原有基本结构类型在总体分布保持相对稳定下的变化，而是总体结构类型的变化，这是一种质的变化。当然，单凭人口要素，我们无法确切地描述这种变化。但就中国城市人口老龄化趋势和男女期望寿命的差异可以预见，这种变化意味着老年夫妻家庭和老年单身妇女家庭的增加。

参考文献

国家统计局社会统计司编，1987，《中国社会统计资料（1987）》，中国统计出版社。
曾毅，1989，《我国城乡家庭变化趋势分析》，《中国人口科学》第4期。

试论我国城市住宅的建设主体和分配问题*

李国庆

一　住宅问题分析的两个层次

住宅从一个侧面反映着社会发展水平，社会发展状况决定着住房水平；反过来，住宅问题解决得好坏又对社会发展和城市建设发挥着或积极促进或消极阻碍的作用。

一般来讲，对城市住宅问题的分析可以从城市整体层次和个体层次这两个方面进行。从城市整体层次来看，城市住宅的发展受城市形态的制约，其质量和功能受特定时代和具体的居住环境的影响。反过来说，住宅作为城市的构成部分，在一定程度上体现着城市的文化形态。例如，传统的北京住宅模式——典型的结构布局严谨规整的四合院，就体现了中国传统家族中的长幼尊卑关系与和合性，体现了儒家学说的纲常伦理。从城市整体层次研究住宅问题，就是要协调生活空间与其他各种功能空间的关系。从整体上看就是要按照不同用途统筹规划包括住宅在内的城市空间，控制城市的城郊化发展规模，防止住宅的盲目性开发；调整土地管理政策和土地价格政策，整治包括公园、道路、学校、上下水道等在内的城市公用设施，整治住宅的周围环境。从个体层次研究城市住宅问题，就是要把住宅从城市建筑中分离出来，把握其本身的特殊性。在这一层次上，问题主要表现在住宅的供给与需求的关系以及住房分配的水平差异上。按照住宅社会学的理论，住宅的社会机能包括安定性、防卫性、文化性和象征

---

*　原文发表于《社会学研究》1990 年第 4 期。

性。所谓安定性，是指每一个居民对于自己所属的社区有一种情感和心理上的认同感，有一种“我是某一地区的居民”的意识。如同人们通过姓氏来确定其在血缘群体中的位置一样，定居场所意味着一个人在生活空间中所处的位置。住宅是人们赖以生存和发展的场所，安居方能乐业。住宅的防卫性是指住宅为人们提供了防卫来自自然界的和社会关系的威胁的安全条件，满足了人们对个人生活环境、自有财产的安置及保护个人隐私的欲望。住宅的文化性指的是，住宅作为文化的载体与文化活动的空间，为人们提供了学习、娱乐和社会交往的场所，同时对于人们的社会生活方式及人的性格、志趣和文化心理特征的形成与发展有着很大影响（矶村英一，1984：136）。关于住宅的象征性或标识性，指的是住宅作为一种价值巨大的消费资料，往往被用来作为识别人的社会地位的重要尺度，甚至作为划分阶级阶层的依据之一。特别是在用行政手段实物分配住宅的我国，人们不是被随意安置在城市住宅当中，而是按照每一个人的社会地位和职业，依据一定的等级序列分配的，从而形成了具有中国特色的从“部长楼”到“职工楼”的住宅等级制度。

在现阶段的我国，城市居民的绝大多数温饱问题基本上得到了解决，从而使住房问题上升到突出的地位。我国的城市住宅不仅居住水平很低，而且在城市公共空间的规划管理上也存在很多问题。本文将主要从个体层次即住宅供求关系的角度出发，首先通过统计数据分析我国城市住宅问题的两大表现（一是质与量的不足，二是分配不公），并根据住宅供求的关系和社会公平的原则，阐明住宅政策的最终目标应当是提高居住水平和缩小居住水平差距。其次，也是更为重要的，是要揭示我国城市住宅问题的发生机制，通过对住宅的投资、建设、分配、管理和所有权的主体特征的分析，探讨我国的住宅所有制形式对住宅建设发展、对我国特殊的社会组织——单位——的机能发挥以及社区整合机能产生的影响。

二　以北京为典型的分析

首先让我们比较一下我国城镇住宅与世界主要发达国家住宅水平的差距，请看表1。

表 1　住宅水平国际比较

国别＼项目	每千人建设套数（套）	平均每户居住间数（间）	平均 1 室居住人数（人）	平均每户使用面积（m^2）	住宅投资占 GDP 比重（%）
美国	5.9（1984）	5.1（1983）	0.5（1983）	134.8（1984）	4.6（1986）
英国	3.8（1985）	5.0（1981）	0.5（1981）	—	3.8（1986）
联邦德国	4.1（1986）	4.5（1978）	0.6（1978）	93.8（1986）	5.3（1986）
法国	6.3（1984）	3.7（1978）	0.75（1978）	85.5（1984）	4.6（1985）
意大利	3.2（1985）	3.7（1971）	0.9（1975）	—	4.9（1984）
瑞典	3.4（1986）	4.0（1975）	0.6（1975）	92.0（1986）	3.8（1986）
日本	11.5（1986）	4.7（1983）	0.71（1983）	80.9（1986）	5.1（1986）
中国（城镇）	14.85（1985）	2.2（1985）	1.75（1985）	39.1（1985）	3.69（1985）

注：①国外部分资料来源：日本建设省住宅局住宅政策课（1988：78）。
②中国城镇住宅资料根据国家统计局（1989）及有关资料整理。

据统计，截至 1988 年底，我国共有设市城市 434 个。① 北京作为全国的首都，其住宅水平在我国城市中处于何等地位，又具有哪些典型特征呢？

1. 在数量方面，北京住宅严重短缺，住房困难户比例很大，住宅投资占基本建设投资的比重低。

从数量方面衡量居住水平的指标主要是人均使用面积、平均每室居住人数和住宅投资占基本建设投资的比重三项。从人均使用面积看，根据 1985 年全国城镇房屋普查结果，北京市城镇居民总户数为 1238213 户，城市居民总人口为 4491660 人，住宅使用总面积为 39395832 平方米，人均住房使用面积为 8.8 平方米，在全国 28 个省、自治区（缺西藏）、市中排在倒数第 7 位。这一水平高于上海和天津。但是全市仍有住房困难户②约 40 万户，占全市城镇居民总户数的 32% 左右。其中严重困难户为 11.9 万户。

衡量居住水平的另一个指标是平均每室居住人数。请参见表 2。

表 2 按人均收入水平将各国分成三个部分。从表 2 中可以清楚地看到，人均收入在 500 美元以下的国家，平均每室居住人数在 1 人以上；人均收

① 《人民日报》1989 年 3 月 2 日。

② 住房困难户指：1）无房户；2）缺房户，包括两户同居一室，大儿大女与父母同居一室的不方便户，人均居住面积不足 4 平方米的拥挤户，等房结婚户。

入在 500 ~ 999 美元之间的国家，平均每室居住人数为 1 人；人均收入在 1000 美元及以上的国家，平均每室居住人数在 1 人以下。因此，人均收入水平与居住水平有很高的相关性。根据 1985 年全国城镇房屋普查资料推算，1985 年北京市平均每室居住人数为 1.73 人，上海情况更差，为 2.1 人。

表 2　平均每室居住人数

1958 年人均收入	国别	调查年份	每室居住人数
500 美元以下	日本	1958	1.4 人
	希腊	1951	1.8 人
	巴拿马	1950	2.5 人
	爱尔兰	1946	1.0 人
	阿根廷	1947	2.2 人
	意大利	1961	1.1 人
	（各国平均）		（1.7）
500 ~ 999 美元	奥地利	1954	0.7
	芬兰	1950	1.5
	荷兰	1947	0.8
	联邦德国	1956	1.0
	冰岛	1950	1.0
	丹麦	1955	0.7
	（各国平均）		（1.0）
1000 美元及以上	英国	1961	0.7
	法国	1954	1.0
	比利时	1947	0.7
	澳大利亚	1954	0.7
	新西兰	1956	0.7
	瑞典	1945	1.0
	瑞士	1950	0.8
	加拿大	1959	0.7
	美国	1960	0.6
	（各国平均）		（0.78）

资料来源：〔日〕《住宅、土地、水》，有斐阁，1965，第 63 页。

衡量居住水平的第三个指标，是住宅投资占基本建设投资的比重。从一般规律看，越是经济发达的国家，住宅投资占基本建设投资的比重越高，请参见表3。

表3　住宅投资占基本建设投资的比重比较

单位：%

年份	美国	日本	联邦德国	英国	法国	苏联	中国
1958	29.0	17.2	22.0	16.5	25.3	25.1	3.0
1959	31.0	15.3	23.3	17.6	26.4	24.5	3.9
1960	28.0	14.1	22.2	18.2	24.9	22.5	4.1
1961	29.0	13.2	23.1	18.0	23.6	20.9	6.0
1962	29.0	14.8	22.0	18.8	22.8	19.5	5.9
1963	28.0	15.9	22.2	18.1	23.9	18.5	7.7
1964	26.0	16.7	22.3	19.5	27.0	16.3	8.0
1965	24.0	20.5	21.4	19.2	28.6	16.9	5.5
1966	20.0	19.1	22.5	19.2	27.6	17.4	4.4
1967	20.0	19.7	22.8	19.5	26.8	17.4	3.8
1968	21.0	18.0	21.6	19.6	26.7	17.0	5.0
1969	21.0	18.1	—	18.3	26.8	16.9	5.5
1970	18.0	17.9	20.5	16.3	26.4	16.4	2.6
1971	16.0	18.6	22.0	18.1	25.9	16.0	4.3
1972	15.0	20.4	21.5	19.5	28.1	15.5	5.7
1973	15.0	20.5	25.7	18.8	28.7	15.3	6.2
1974	23.6	20.9	23.5	18.9	29.1	14.7	6.5
1975	20.0	24.2	21.2	—	27.0	—	5.9

资料来源：《经济研究参考资料》1980年第76期。

从表3中可以清楚地看到，在1958～1975年这17年间，我国住宅投资占基本建设投资的比重远远低于美国、日本、联邦德国和苏联等国家，这是导致我国城镇居住水平落后的直接原因。从1979年开始，我国住宅投资有了较大幅度的提高（见表4），但是由于绝对投资额低，加上欠账过多，人口增长过快，城镇居住水平依然很低。

表 4　全民所有制单位住房投资情况

	住宅基本建设投资总额（亿元）	占基本建设投资总额 %	占非生产性投资总额 %
恢复时期	8. 31	10. 6	31. 2
“一五”时期	53. 79	9. 1	27. 7
“二五”时期	49. 56	4. 1	28. 1
1963 ~ 1965 年	29. 09	6. 9	33. 5
“三五”时期	39. 32	4. 0	24. 9
“四五”时期	100. 74	5. 7	32. 6
“五五”时期	277. 29	11. 8	45. 3
其中：1978 年	39. 21	7. 8	37. 4
1979 年	77. 28	14. 8	48. 8
1980 年	111. 66	20. 0	55. 9
“六五”时期			
1981 年	111. 19	25. 5	58. 4
1982 年	141. 05	25. 4	55. 8
1983 年	125. 07	21. 1	50. 5
1950 ~ 1983 年总计	935. 41	10. 4	41. 5
1950 ~ 1978 年总计	369. 16	5. 9	30. 6
1979 ~ 1983 年总计	566. 25	21. 2	54. 0
1979 ~ 1986 年总计	1106		

资料出处：国家统计局，1987。

2. 在质量方面，北京市破旧危房多，配套设施严重不足，生活不便，居住质量差。

目前，全市共有 30 多片、300 多万平方米的破旧危房，其中，本市城根、坛根一带聚集着 200 多万平方米的危房，构成了对居民人身和财产安全的威胁。长期以来，市政公用设施及生活服务设施与住宅不配套，不能满足住宅建设需要。根据 1985 年全国城镇住房普查统计，全国通电的城镇住宅占 96%，有上水设施的住宅占 85%，而有下水设施的住宅仅占 25%。在北京，全市 45% 左右的家庭没有专用厨房和厕所，60% 的住户没有通暖气而靠烧煤取暖。许多旧住宅区道路狭窄，建筑密度高，公共空间由于无人管理而混乱不堪。由于住宅投资严重不足，改建工作进展迟缓。

3. 北京市住宅的另一个特点，是各地区间的居住水平不平衡。图 1 为北京市区人均居住面积的地区差异，图 2 为北京市区住房困难户的地区分布。

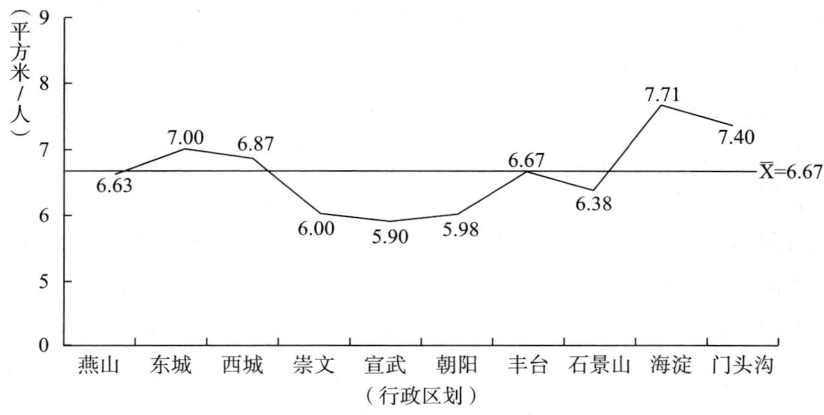

图 1　北京市区人均居住面积的地区差异

资料来源：北京市 1985 年千户城镇居民家庭住房情况抽样调查。

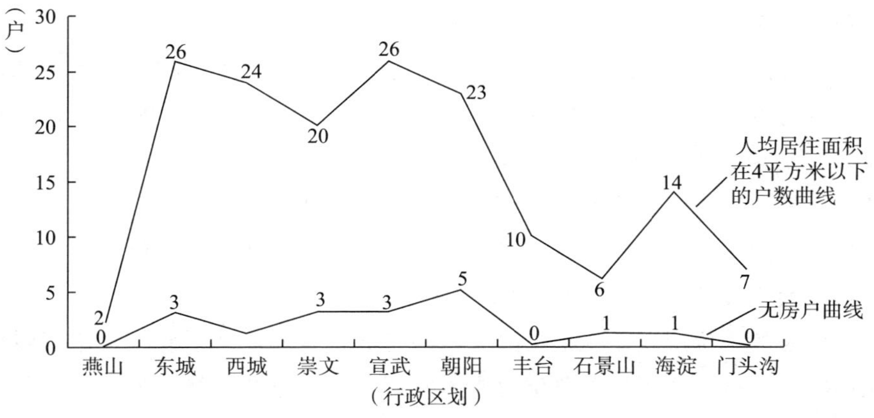

图 2　北京市区住房困难户的地区分布

资料来源：北京市 1985 年千户城镇居民家庭住房情况抽样调查。

从图 1 可以看出，崇文、宣武、朝阳和石景山 4 个区低于全市住房平均水平。从图 2 可以看出，东城、西城、崇文、宣武和朝阳 5 个区的人均居住面积在 4 平方米以下的户数比例在 20% 及以上。北京素有“东富西贵、南贫北穷”之说，崇文、宣武两区不仅在住宅方面，而且在职业的社会评价、居住环境、教育、社会治安等方面都落后于其他市区。而东城区和西城区住房困难户多的原因，主要是其位于老城区之内，建设年代早，且多数为平房，配套设施落后于新建住宅区。由于老城区特殊的地理位置，在改造旧住房时必须慎重、妥善地处理旧城风格与住宅文物的保护问题。

4. 我国城市住宅问题不仅表现为居住水平低上，而且表现为住宅分配不合理上，其表现：一是单位内部的差异，即按照权力与地位走向，运用行政手段实物分配住宅，导致领导干部与普通职工之间的差异，房缺与房剩形成鲜明对比；二是各个单位之间、行业之间的差异，例如全民所有制单位与集体所有制单位之间、中央单位与地方单位之间、事业单位与企业单位之间、私有住房户与租住房管局房屋住户之间存在着明显差异。

根据 1985 年北京市十城区千户城镇居民家庭住房状况抽样调查，全市住房困难户占 1/4 强，而且这一比例已经维持了多年。但是，与此同时，全市人均居住面积在 15 平方米以上的住房宽裕户比例亦达到 20%。该调查结果表明，全市人均居住面积在 8 平方米以上的宽裕户占 26.6%；人均居住面积在 12 平方米以上的特别宽裕户占 7.6%，其中 7 户居民人均居住面积超过 30 平方米。

按照同一调查的统计结果，各单位之间的居住水平顺序依次为：第一位：自有私房户，人均 9.39 平方米；第二位：部队房屋的住户，人均 8.27 平方米；第三位：中央国家企事业单位，人均 7.16 平方米；第四位：地方企事业单位，人均 6.25 平方米；第五位也是住房最为拥挤的，是住房管局房屋的住户和租住私人房屋的住户，人均居住面积为 5.87 平方米，人均居住面积最高与最低相差 3.52 平方米。

住房的单位所有体制是我国住宅的一大特点，反映了我国住宅建设的主体特征。这一体制对于单位功能的发挥和社区整合功能的发挥产生了巨大影响，带来了不同单位之间住房苦乐不均的现象。

5. 我国住房的另一大特点，是居民的房租支出占家庭收入比例极低。住宅租金低直接导致住宅建设资金严重不足，同时人为地扩大了需求，这是解决住房问题的关键所在。新中国成立 40 年来，我国的房租政策大致可以以 1955 年为界分为两大时期。前一时期，租金在 1949 年 7 月制定的第一个民用公房租金标准的基础上不断提高。1949 年北京市公逆产清管局颁布的公房租金标准规定，房屋以自然间为计租单位，每间月租金为 20～40

斤“伏地”小米，相当于人民币 2.40～4.80 元，平均每平方米 0.16～0.32 元左右。1950 年修改了 1949 年的标准，租金构成按折旧费、修缮费、管理费、地租和税金五个因素计算，平均每平方米使用面积为 0.21 元。1952 年在此基础上又提高了 60%，每平方米使用面积租金为 0.34 元。总之，从 1949 年至 1955 年，房租呈上升趋势，房租不仅能实现以租养房，支付维修费用，而且还能赢利，是住房建设和管理比较好的时期。但是从 1955 年开始，租金逐步下降。1955 年 8 月公布的《中央国家机关工作人员住用公家宿舍收租暂行办法》将房租水平降到 1952 年《公产房地租金标准》的 40% 左右。1958 年我国开始对城市私有房产进行社会主义改造，预计在两年内基本完成。[①] 同年 7 月国家执行新的《民用公房租金标准》，使约有 80% 的住户降低了租金。此后，我国几次大的租金调整是：1967 年，因接管大批私房，实行“文革产”房租标准，导致房租降低。1979 年 7 月为解决一般居民住房租金比机关宿舍租金高将近一倍的问题，统一公有住宅租金标准，租金比原来降低 40%。由于房租连续几次大幅度下降，加上近几年来城市职工收入有较大幅度的增长，房租占当年生活费支出比例逐年降低（见表 5）。

表 5　我国城镇居民家庭平均每人每年房租占生活费比例

年份	年房租（元）	房租占生活费支出%
1957	5.16	2.32
1964	5.76	2.61
1981	6.36	1.39
1982	7.08	1.50
1983	7.68	1.52
1984	7.8	1.39
1985	—	—
1986	7.20	0.90
1987	7.74	0.88
1988	7.83	0.71

注：本表根据《当代中国经济》、《中国统计摘要 1989》编制。

① 《1958 年全国第一次房产工作会议文件》，《城镇住宅问题》，光明日报出版社，1980。

据统计，新中国成立初期的年租金相当于造价的7%～8%，而经过1958年、1967年和1979年三次降租，年租金下降到造价的7%～8‰，被称为象征性房租，不足以补偿住宅折旧费、维修费、管理费、投资利息和税金总额的1/3。国家不仅不能回收投资，而且要巨额补贴住宅的维修和管理费用（王玉清，1983）。

低租金体制严重违背了价值规律，切断了住宅建设规模不断发展的资金来源，直接导致我国城市住宅建设的落后局面。另一方面，低租金体制降低了城市居民自己解决住宅问题的积极性，使人们对住宅的不合理需求增长，使发展住宅建设的道路越走越窄。低租金体制是我国长期以来否定住宅的商品属性以及单纯地把住宅建设看作社会福利事业的指导方针的具体体现。因此，只有对新中国成立以来我国住宅发展的各个阶段进行历史的和深层的反思，找出我国城市住房问题的发生机制，才能找出对策。

三　从我国城市住宅政策的变迁看住宅问题的发生机制

在新中国成立后很长的时期内，我国的住房建设事业没有确立起其应有的独立位置，受到了来自政治的和经济的多种外界因素的巨大影响，走过了一条极其曲折、复杂的道路，直到1987年才确立起住房商品化的发展方针。根据我国住房建设指导方针、所有权与建设主体、分配与管理体制的变化，其发展过程大体可以分为以下三个阶段。

第一个阶段是从1949年至1957年。这一时期我国承认了住房的私有权，公共房产与私人房产并存，住宅建设公私并举，房租标准比较合理，住房建设得到了应有的重视，是发展比较顺利的时期。

在三年国民经济恢复时期，我国对城市住房采取的方针是：在新民主主义革命阶段，保护旧有，鼓励新建，限制投机活动，稳定市民居住。对于城市私人所有的房屋、地产和房租，在区分了资本主义性质和封建主义性质之后，“承认一般私人所有的房产的所有权，并保护这种产权所有人的正当合法经营；禁止任何机关、团体或个人任意占用私人房屋。对于官僚资本的房产，在调查确定后必须加以没收；战争罪犯和罪大恶极的反革命分子的房产，经政府依法判决，则加以没收，属于人民民主国家所有”①。

“一五”时期，国家房地产管理的总方针是：使劳动人民有房可住，并逐步改善居住状况，用一切力量缓和房荒。根据这一方针，国家继续大力保护原有私人房屋，调整低租，逐步组织自建自住，成立了房地产交易所，建立正常的城市住房租赁关系。在公房建设方面，国家在重点建设城市和新工业区投资建造了一批住房。对于包括住房在内的民用建筑，国务院提出了“统一规划、统一投资、统一设计、统一施工、统一分配和统一管理”的“六统一”方针。据统计，在1950年至1957年的8年间，全民所有制单位住宅基本建设投资总额为63.59亿元，占基本建设投资总额的9.8%，住房建设规模呈逐步扩大趋势（中国经济年鉴编辑委员会，1985）。

这一时期住房建设中存在的主要问题：一是城镇人口机械增长过快，使迅速发展中的住房仍然落后于客观需要，人均居住面积有所降低。由于经济恢复时期和“一五”时期大规模的工业建设和文教等各项事业的发展，由于当时宽松的城市户籍管理政策，大批农村劳动力涌入城市，1949年和1957年的城镇人口在扣除农业人口后分别为4900万和8457万，平均每年增加445万，8年合计增长数约占新中国成立后30年净增总数的45%（田方、林发棠，1986：297）。因此，尽管住房建设发展速度很快，但仍无法满足人口增长带来的巨大需求。这一时期住宅建设的另一个问题，是从1955年开始的席卷全国的降租浪潮。1955年，国家机关干部的待遇由供给制改为薪金制，但工资并没有将劳动力再生产所需的全部费用包括进来，而是采取了低消费的形式加以补偿。低房租政策就是这种补偿方式之一，即由国家统一建造公房宿舍，然后当作福利实物分配给职工，住房费用只占个人消费资金的很小比例。1955年8月31日国务院颁布的《中央国家机关工作人员住用公家宿舍收租暂行办法》规定，每平方米住宅月租金为0.12元。根据国家统计局1956年职工家庭收支调查，住公房的职工住宅每户每月负担房租2.1元，占家庭收入的2.4%，占本人工资的3.2%，国家收回的房屋租金，一般只达应收租金的1/3～1/2左右，从而使大量住宅失修，难以以租养房。中央在发现这个问题后，及时指示制止

① 《人民日报》新华社信箱，1949年8月12日

任意降低租金，指出“必须适当地提高职工住公房的收费标准。租金一般的应该包括折旧、维护、管理三项费用。据财政部按照三项费用计算，一般平均每平方米每月应收租金0.25元，按照每户十六至二十平方米的居住面积计算，每月房租四至五元，一般占职工工资收入百分之六至百分之十，平均百分之八左右”①。但是由于后来“大跃进”和“文革”的影响，租金继续不断下降，严重阻碍了城镇住房的正常维修和发展。

第二个阶段是从1958年至1978年。1958年开始的私有住房社会主义改造否定了住房私有权，代之以完全的福利政策，“一大二公”的思想渗入住宅建设领域，房租大幅下降。对私有住房所有权的否定阻塞了投资渠道，住房建设由公私并举变为公家统建。1958年开始的“大跃进”片面强调发展工业，将住房建设置于次要位置，同年住宅投资占基本建设投资的比重从头一年的9.3%陡然降到3.0%。1959年和三年困难时期，这一比重分别仅为3.9%、4.1%、6.0%和5.9%。1963年召开的全国第二次城市工作会议明确了一系列方针，在1963~1965年的三年调整时期住房建设情况有所好转，但是随之而来的“文革”又使住房建设陷入停滞的境地。

这里，我们讨论几个具体问题：一是关于对私有出租房屋的社会主义改造问题。自1958年在全国展开的对私有出租房屋进行社会主义改造是根据中共中央书记处1956年《关于目前城市私有房产基本情况及进行社会主义改造的意见》和1958年人民日报刊登的《中央主管机关负责人就私有出租房屋的社会主义改造问题对新华社记者发表的谈话》进行的。私房改造的形式，除少数大城市对私营房产公司和一些大房主实行公私合营之外，绝大部分实行国家经租。国家经租房屋是“对城市房屋占有者用类似赎买的办法，即在一定时期内给予固定的租金，来逐步地改变他们的所有制。经租的具体办法是凡房主出租房屋数量达到改造起点的，即将其出租房屋全部由国家统一经营，在一定时期内付给原房租20%~40%的固定租金。改造的起点，大城市一般是建筑面积150平方米（约合十间房），中等城市一般是100平方米（约合六七间房），小城市（包括镇）一般是

① 中共中央转发周恩来同志在八届三中全会上《关于劳动工资和劳保福利问题的报告》，《城镇住房问题》，光明日报出版社，1981，第93页。

50～100 平方米之间（约合三至六间房）”[1]。全国所有城市和 1/3 的镇进行了私房改造，纳入改造的私房共约 1 亿平方米。以北京市私房改造为例，1949 年北京市共有私人房屋 92 万间，占全市房屋总间数的 76.6%；到 1958 年，全市共有私房 91 万余间，比例降到 33.85%，共有 5964 户房主成为改造对象，国家每月付给房主的固定租金额总计为 184619.99 元，进行赎买。1966 年“文革”开始以后，北京市的私有住房全部归公，私人房屋比例下降到零。这样，经过 1958 年“大跃进”和“文革”的冲击，城市私有房屋比例直线下降，由相对优势转变为弱势，直至被消灭。与此同时，公有住宅比例则迅速提高，逐步形成了我国现有的以公有住宅为主的所有制结构。对私有住房的社会主义改造虽然一时加强了对私房的合理使用和维修保养，但是从长期看，否定了私有权也就封闭了私人自建住房的可能性，减少了资金来源渠道。另一方面，否定私人所有权同时也就否定了住宅的商品属性。恩格斯在《论住宅问题》中指出：住宅承租人和出租人之间不是无产者和资产者之间、工人和资本家之间的交易，而是一种单纯的商品买卖关系。[2] 由此，我们说取消了私人出租住宅的权利也就改造掉了住宅的商品属性。这种否定商品经济的做法，与其说是社会主义基本生产规律的要求，不如说是中国庞大的小农自然经济基础在新的历史时期的形变。这种自给自足的自然经济思想与商品经济相互矛盾，却与平均主义分配方式相辅相成。而否定住宅的商品属性同时也就确立了住宅的全福利性质，这对于后来低租金体制的不断增强起了决定性作用。

二是关于“文革”中的住房问题。从 1963 年到 1965 年的三年调整时期，住房建设情况有所好转，住宅基本建设投资总额达 29.09 亿元，占基本建设投资总额的 6.9%。但是“文革”期间，城市住房建设重新回落。据统计，“三五”期间（1966～1970 年）全民所有制单位竣工住宅建筑面积仅为 5400 万平方米，占同期的基本建设投资总额的 4.0%。“四五”期间（1971～1975 年），全民所有制单位竣工住宅建筑面积为 12573 万平方米，占同期基本建设投资总额的 5.7%。同期，全国城镇人口从 1958 年初的 8400 多万增加到 1977 年的 11000 万。据统计，1977 年底全国 190 个城

① 《1958 年全国第一次房产工作会议文件》，《城镇住宅问题》，光明日报出版社，1981 年版。

② 恩格斯：《论住宅问题》，《马克思恩格斯选集》第二卷，人民出版社，第 473 页。

市平均每人居住面积仅为3.6平方米，比新中国成立初期的4.5平方米还要少0.9平方米。全国城市缺房户共323万户，占居民总户数的17%，其中夫妇不能同居，或住教室、车间、仓库、办公室等的无房户达104万户；二户同室、三代同室、大儿大女与父母同室居住的不方便户达130万户；平均每人居住面积不足2平方米的拥挤户达89万户；此外，大批危房年久失修，威胁着人民群众的生命和财产安全。

三是我们还要进一步考虑住房问题的根源。从理论上推论，我国住房问题产生的根源在于否定了住宅的商品属性而代之以住宅福利政策。但是，住宅福利政策是否必然导致住宅建设的落后呢？笔者认为，这两者并没有必然的因果关系。问题在于，应当将住宅建设放在适当的位置上，正确处理经济发展与提高人民生活水平的关系，即所谓“骨头”与“肉”的关系，使住宅建设能够随着经济发展水平的提高而不断发展。新中国成立以后的很长时期内，我国在否定住宅的商品属性的同时，对发展住宅、提高人民居住水平对社会经济发展的积极促进作用认识不足，仅仅把住宅看作一种消极的消费资料。新中国成立以后，我国一直实行以追求经济高速增长为主要目标的传统发展战略，要实现国民生产总值的迅速提高，必须大力发展工业，实现整个国家的工业化，而实现工业化的一个重要前提，就是整个国家的高投入、高积累、低消费。长期以来，我国采取了“先生产、后生活”、“重积累、轻消费”的方针，由于住宅建设资金与生产建设资金没有分开，生产建设常常排挤住宅基本建设应有的位置，冲击和挪用住宅建设资金。

第三个阶段是从1978年至今。1978年，为了实现中央提出的在1985年城市职工住房人均居住面积达到5平方米的要求，发动社会各方面的力量加快城市住宅建设，国家建委于同年9月召开城市住宅建设会议，在《关于加快城市住宅建设的报告》中，提出了“充分调动国家、地方、企业和群众的积极性”的方针，从此开始了我国住宅建设的新局面。城市住房建设资金构成发生了巨大变化，除原有的国家基本建设资金、更新改造措施资金外，又增加了集体单位资金和个人资金。基本建设资金中，除中央和地方各级财政拨款之外，又增加了机关及企事业单位自筹资金、外资和银行贷款等新的资金渠道。1979年，全民所有制单位住房建设资金即达77.28亿元，比1978年的39.21亿元增加了1倍，占基本建设投资总额的比重由7.8%提高到14.8%，1980年增加到111.66亿元，比例高达20%。十一届三中全会以后，我国住房私有产权政策变化，根据中央指示，从1980年开始落实私房政策，确认了原房主的所有权，并逐步将机关、部队和个人占用的私人房产归还房主。同年3月召开的全国城市房产住宅工作会议要求各省区市都要结合落实城市私房政策，鼓励私人建房，组织私人建房的试点或扩大试点。由于发挥了国家、地方、企业和个人四个方面的积极性，1979～1985年间的住宅基本建设投资总额达915.93亿元，是1950～1978年29年间总额369.16亿元的2.5倍，住宅投资占基本建设投资总额的比例前一时期仅为5%，而后一时期达到21.7%。1985年全国重点城市职工家庭平均每户房间数为2.02间，平均每人居住面积为6.66平方米（国家统计局社会统计司，1987：88），人民群众的居住水平有了初步提高。

根据邓小平同志1980年4月提出的要考虑城市建筑住宅、分配房屋的一系列政策的指示，从1983年起至1987年7月，城建部等有关部门开始为城镇住房改革进行理论研究，提出了调整过低的房租、新建公有住宅向个人出售、出售旧住宅等对策。1986年初，国务院在原有住房租金改革领导小组的基础上，组建国务院住房制度改革领导小组。在1987年7月上旬召开的城镇住房改革试点工作座谈会上，总结了烟台、蚌埠、唐山、沈阳、常州等城市的房改实施方案，提出了“提高房租，增加工资，鼓励职工买房”的住房商品化基本构思，研究了合理调整公房租金，坚持多住房多拿钱原则和在一定时期内实行减免补政策，积极鼓励职工个人购买住房，建立住房基金，银行要大力支持和密切配合住房制度改革等一系列政策。①

1988年1月，国务院召开全国住房制度改革会议，通过了《关于在全国城镇分期分批推行住房制度改革的实施方案》（以下简称《实施方案》）。《实施方案》在谈到房改的意义时指出：“我国现行的住房制度存在着严重弊端。国家为城镇居民建房花了大量投资，但由于不能从经济机制上制约不合理的需求，城镇住房问题并没有得到缓和。住房分配上的不公正，已成为一个严重的社会问题。城镇住房制度改革，是经济体制改革的重要组

① 《人民日报》1987年9月3日。

成部分。搞好这项改革，不仅可以正确引导和调节消费，促进消费结构趋向合理，在经济上有很大意义，而且在住房领域的不正之风会大大减少，在政治上也有很大意义。”《实施方案》指出我国城镇住房制度改革的目标是：“按照社会主义有计划的商品经济的要求，实现住房商品化。从改革公房低租金制度着手，将现在的实物分配逐步改变为货币分配，由住户通过商品交换，取得住房的所有权或使用权，使住房这个大商品进入消费品市场，实现住房资金投入产出的良性循环，从而走出一条既有利于解决城镇住房问题，又能够促进房地产业、建筑业和建材工业发展的新路子。”[①]

四　对我国城市住房建设主体的考察与分析

（一）1978 年以前我国城市住房经营与管理的主体

新中国成立以来，我国城市住房经营与管理的主体特征可以概括为住房的单位所有体制。这一特征以 1978 年为分界线前后有不同的内涵：1978 年以前，国家在住房的单位所有体制基础上强调住房经营与管理的统一协调；1978 年以后则更加强调发挥国家、地方、集体和个人的多方面的积极性，鼓励各个单位独立发展住房事业。

1978 年以前的住房经营与管理体制到了 1962 年和 1963 年国务院召开全国第一次、第二次城市工作会议时已经形成与完善。1962 年第一次会议确定了全民所有制房屋实行统一经营和管理的方针；1963 年第二次会议又对这一方针的实施范围和步骤做了明确规定。[②]

关于实行房屋统一经营管理、加强对各自管单位房管业务的指导和监督问题，国家规定城市的公有住宅及中小学校舍和机关、事业单位的房屋，应当逐步由市人民委员会统一经营管理。在城市全民所有制房屋中，大部分是由各单位自己经营管理的，这些单位，应当执行市人民委员会有关房屋管理的规定，并且在房屋管理的业务上接受市房产管理部门的指导和监督。

关于房屋维修，市属通用房屋由市、区房屋部门直属修缮队、组负责

---

① 《人民日报》1988 年 3 月 10 日。

② 参照 1964 年 7 月国家房产管理局关于加强全民所有制房产管理工作的报告。

施工，基层房管所应当参加制订计划和检查、验收工作。在基层房管所，以房管员为核心，建立管养小组，实行划分地段、固定人员和投资包干的岗位责任制度。房管部门应督促自管单位制订维修计划、筹措资金和材料，维修好现有房屋。

关于房屋的分配办法，以上海市为例，在市人民委员会的直接领导下，吸收各方面的领导干部参加，组成全市统一的房屋调整委员会，全面主持这项工作。市房管局作为该委员会的办事机构，负责日常的具体工作；市属各局、各区也应建立房屋调配的组织；严格执行用房标准和调剂制度，把空闲房屋置于市的控制之下，同时给市属各局、各区在一定范围内进行调配的权力。房屋分到各单位后，由各单位按本市户口管理规定自行分配。

关于住房建设，大致分为两种情况：一种是在大、中城市新建和扩建的企业、事业单位，要把住宅、校舍以及其他生活服务和有关市政设施方面的投资，拨交所在城市，实行统一建设、统一管理；或者在统一规划下，实行分建统管。另一种情况是在市人民委员会统一领导下，根据国家基本建设和财政制度的规定，积极组织有自筹资金的单位，在可能条件下建设一些住宅。对于资金少、不易单独建设住宅的单位，可以建议或组织和帮助他们合资建房，建成后按照投资比例分房。

关于租金管理，第二次全国城市工作会议规定了“以租养房”的原则，住宅租金标准原则上应当包括维修费、管理费、房地产税和折旧费。租金是房管部门收入的主要来源，必须实行适当的租金标准。

关于房产管理机构，国家设有国家房产管理局，省、自治区、直辖市一级设住宅建设办公室，各市设房产管理局，区县设房管所（站），这是房管部门的基层组织。房管所建立若干管养小组，以房管员为组长，配备养护工人，分片包干，建立岗位责任制。①

上述强调统一经营与管理我国城市住房建设的体制是在当时的住宅政

---

① 我国现行的住房管理部门是建设部。建设部下设房地产业司具体负责全国城镇住宅发展规划及有关政策的起草及检查，村镇建设司负责全国农村和集镇的住房工作。各省、自治区、直辖市设建设厅或城乡建设委员会，下设房地产处（或房屋住宅处）及村镇建设处。各市设房地产管理局。特大城市的区政府设房地产管理局。住宅开发建设由房地产开发企业或房屋统建办公室负责，公房维修由房产维修公司承担，公房管理由房产经营公司或房管所负责。

策下确定的。随着1978年以来我国城市住宅政策的巨大变化，随着住宅建设主体和住房所有制的多样化发展，特别是近年来住房商品化改革的推进，这一套经营管理体制已经不能完全适应新形势的需要，并且发生了种种变化。其中，最主要的变化就是以各个单位为主体的住宅经营与管理体制的形成和发展。

（二）1978年以来我国城市住宅的单位所有体制

1978年国家提出要充分发挥国家、地方、集体和个人四个方面的积极性的方针之后，以各个单位为主体的城市住房经营与管理体制迅速发展，构成了我国的一大特色。在对我国现行的城市住宅投资、建设、分配和管理的全过程进行考察之前，可以通过比较城市与农村房屋建设主体的异同，更清楚地把握城市住宅建设的主体特征。

新中国成立以来，我国各地农村的房屋建设与整个农村的社会、经济形势相辅相成。1978年以前，农村在“左”的思想影响下，强调“先治坡、后治窝”，坚持“集体建房、集体所有”，农民有钱也不能建房，而多数社队又无力建房，农民居住条件长期得不到改善。1979年12月，国家建委、国家农委召开第一次全国农村房屋建设工作会议，重申农村住房属于生活资料性质，产权应当归社员个人所有，农民自建自用完全合法，并提出充分发挥社员和集体两个积极性，在统一规划指导下，由社员筹集资金、材料，社队根据集体的经济条件予以帮助，统一组织施工。① 在土地承包制实施以后，农村住房建设的主体相应地转移到农户，村民委员会的作用仅限于对宅基地分配进行统一规划，而原来由社队承担的援建职能则由农村建筑队或宗族组织取代。

我国现行的城市住房建设主体与土地承包制实施之前的农村类似，是各个企业单位和事业单位。从全国各城市的统计看，72% ~80%的城市住宅由各个单位自行管理，房管部门只管理城市公有住宅的18% ~20%（蔡德容，1987），城市住宅的投资也是以各个单位为主体进行的。在全民所有制单位与集体所有制单位之间、企业单位与行政事业单位之间、中央级单位与地方级单位之间，由于自筹资金能力不同，因而建房能力强弱不

① 《当代中国的乡村建设》，中国社会科学出版社，1987，第320页。

同，职工家庭居住水平差异悬殊，各个单位之间在租金水平和分配标准方面也不同。

在我国城市的各个职能单位之间，职工家庭住房水平的差异具有以下主要特征。

1. 与全民所有制单位相比，城镇集体所有制单位住房困难更大。

我国社会主义经济是多种形式和多种层次的公有制经济。集体所有制经济是社会主义公有制经济的重要组成部分。集体所有制单位为满足城市居民对商品和各种必要的社会服务的需求，吸收大量城镇待业人员，在弥补国营经济的不足、稳定社会生活秩序方面发挥了重要作用。截至 1988 年底，我国全民所有制单位各行业职工人数总计达 9984 万人，城镇集体所有制单位各行业职工人数总计达 3527 万人，占我国职工总数的 26%。我国的城镇集体经济按行政隶属关系和核算形式分为街道经营的“小集体”和城市区、局所属的“大集体”两个层次。这些集体企业的职工居住状况不好，职工没有独立地解决自身住房问题的能力。据统计，在 1949～1985 年的 36 年间，全国城市共建成住宅 13.5 亿平方米，其中，由国家财政投资建成的占 11 亿平方米，更新改造资金完成 1.2 亿平方米，集体所有制企业集资仅建成 0.4 亿平方米，占总额的 2.9%，甚至不及个人建房 0.9 亿平方米的水平（于光远，1987：362）。以北京为例，1986 年北京全民所有制企业中没有自己住房的占 32.8%，而集体所有制企业则高达 74%；人均使用面积在 4.0 平方米以下、4.1～8.0 平方米之间和 8.1 平方米及以上的比例，全民所有制企业分别为 23.8%、13.8% 和 28.5%；而集体所有制企业分别为 14.6%、6.1% 和 3.6%。

集体所有制企业住房水平低的原因，一是集体所有制企业作为一个独立核算、自负盈亏的经济实体，不在国家的财政投资对象之列；另一方面，集体所有制企业的规模远远小于国营企业，主要在轻工业、商业、饮食业、服务业等层次较低的产业经营；多数工业企业设备陈旧、资金短缺、产品老化，人员素质偏低，经济效益较差；集体所有制企业不仅要上缴国家税收，而且税后利润还要上交合作事业基金，承担社会上名目繁多的摊派款，自留利润比例低，因而自身筹集建房资金的能力很薄弱。此外，集体所有制企业用地指标也不在国家计划之列，只能因地制宜，见缝插针。它们的生产场地尚且无法保证（集体所有制企业的大部分厂房属于违章建筑），更无力安排住宅建设用地。

因此，我们说，我国的住房公有制，实质上是单位所有制，更确切地说是全民所有制单位的住房所有制，而集体所有制单位的住房问题长期处于国家的计划之外。近年来，我国住宅建设事业得到了很大发展，但是集体所有制企业的住宅状况并没有好转。北京市 40 万户的住宅困难户中，绝大多数为集体所有制企业职工，这一比例已经保持了多年。他们或依靠在全民所有制单位工作的亲属，或栖身于违章建筑，成为事实上的“二等公民”，严重影响了集体所有制企业职工的生产积极性和职工队伍稳定性。而解决这一问题的根本办法，就是将住宅建设的职能从单位体制中分离出来，使其走上社会化和商品化的轨道。集体所有制企业将住房需求因素包含在工资之内，以货币形式支付给职工，使集体所有制企业职工和全民所有制企业职工在平等的基础上按照等价交换原则购买或租用住宅，只有这样才有可能满足集体所有制企业广大职工对住房的需求。

2. 在全民所有制单位内部，住房水平的单位差异也十分明显，主要表现在两个方面：一是中央单位和地方单位之间的差异；二是全民所有制下各个行业部门之间的差异。

从单位的角度讲，我国城市住宅建设的资金来源主要有两个渠道：一是国家财政拨款，中央单位、行政事业单位主要依靠这一财源；二是单位自筹资金，地方单位和企业单位主要依靠这种形式。北京作为首都，聚集了大量的中央行政事业单位，住房建设一直以国家拨款为主。近几年，各单位自筹资金增长迅速，地方单位住房水平有所提高，但与中央单位相比仍然存在很大差距。据统计，从新中国成立初期到 1983 年底，北京的中央级单位职工平均每人住宅建设投资累计达 1880 元，人均居住面积达 8.29 平方米；而北京的市级单位职工平均每人住宅建设投资累计只有 490 元，人均居住面积为 5.45 平方米。

在我国全民所有制下的各个行业之间，也存在着住房水平的差异。其中，商业、饮食、服务、财贸和文教卫生事业单位境况最差。据统计，北京市商业、饮食、服务、修理等行业的无房企业占其总数的 73.7%，而同一比例在工业系统仅为 37.7%，建筑业为 18.6%，运输邮电业为 12.5%，公用事业单位为 25.0%。此外，在商业、服务性行业的有住房企业中，人均使用面积在 4 平方米以下的占 13.2%，在 4 平方米以上的仅占 11.7%，远远低于工业、建筑业、运输邮电等行业的居住水平。

我国现行的由单位来经营和管理住宅的体制是我国社会组织目标与功能多元化特征的典型表现，在推进城市化和提高社会组织效率的今天，其弊端日益显现出来，亟须改革。

（1）我国住宅经营与管理的单位体制造成了各单位之间的社会财富分配不公，扩大了各个阶层之间的生活水平差距，严重影响了社会组织的凝聚力和阶层结构的稳定性。在我国，住房条件是人们选择就业单位的重要条件之一，同时也是单位吸引人才的重要砝码。由于集体所有制单位、地方单位和全民所有制单位中部分行业的居住条件长期得不到改善，难以吸引人才充实自己的力量，而这些单位中素质较高和稍有门路的职工人心思“调”，不能充分发挥他们的主动性和创造性，整个社会的人员流动不畅，成为单位自身发展的巨大阻力。这种状况对于青年人职业观、择偶标准乃至人生观的形成都有很强的导向作用。

（2）我国的住宅由单位经营与管理的体制对于单位自身主体功能的实现造成了巨大障碍。

首先，它与单位的主要目标发生了激烈冲突。单位是我国社会组织的特殊形式，社会组织则是社会分工的产物，是人们为了达到特定目标创设的社会机构。因此，实现社会分工所赋予的功能应当成为其主体目标。“在现代发达社会，尤其是现代工业化社会中，各类组织往往具有特定的、明确的、较单一的社会目标，而不像传统社会的组织和初级群体那样，具有多重组织目标。而我国目前的城市中的单位组织，无论是工厂、机关、学校还是医院，都更接近传统的社会组织甚至初级群体组织形态，具有多重的组织目标，是国家的工具，以实现社会的各种整体目标为己任。”（李汉林等，1988：310）具体来讲，我国社会组织有三大社会职能，即经济职能、职工生活职能和社会职能，住房的经营与管理正是职工生活职能的集中体现。这样一种组织目标多元化造成了单位组织无法集中力量实现自己的主体功能。包括住宅在内的职工生活职能和社会职能冲淡了主体功能，阻碍了社会分工专业化和社会化的发展，造成了组织内部人力、财力和物力的极大浪费，形成了我国特有的“除了监狱之外什么都有”的“小而全、大而全”的社会单位。据中国社会科学院社会学研究所“城市发展研究”课题组在厦门市的调查，“无论是企业管理人员还是普通职工，都认为解决住房问题是单位不可推卸的责任；在问卷调查的36位厂长中，有67%的厂长持有这种看法”。而这种状况造成了“相当数量的生产基金和技术改造基金被巧立名目，转化为职工个人消费基金，宿舍楼的基建问题比产品更新更能牵动每个企业成员的心。”“企业遇到诸加分房等难题，厂长只得躲起来，避免找的人多，根本不能正常工作。”（孙炳耀等，1988：54～56）

其次，我国实行的住宅管理体制引发了单位内部的角色冲突，使人际关系复杂化，导致职工之间、干群之间的摩擦和矛盾。职工为住房而你争我夺，许多干部则利用手中的职权大搞不正之风，从而影响干部形象，使其无法正常地履行业务领导职能。“职工往往在生活方面形成对企业领导的认知，一旦认为领导在生活服务方面（如住房分配上）‘不公平’或‘以权谋私’，在生产中发生关系时就会在这种认知的影响下故意违抗指令，或者给领导出难题，由生活角色推论其他角色扮演效果的‘晕轮效应’，使企业内部上下级不能按常规模式互动。”（孙炳耀等，1988：57）

（3）我国城市住宅经营与管理的单位体制严重阻碍了建筑业的专业化发展，影响了社区整合功能的完善，加剧了我国社区的封闭性。社会分工的专门化是产业结构发展的大趋势，它可以避免浪费，提高经济效益。而在我国，以住宅经营与管理为代表的许多功能仍然分散在各个单位组织内部。由于其规模小，专业化程度低，效益差，浪费严重，难以充分发挥功能。同时，社区生活服务设施和社区管理部门得不到应有的发展，社区整合功能得不到发育。

解决上述问题的根本途径，在于实现住宅的商品化和社会化。只有将住宅建设资金从基本建设资金中分离出来，才能保证住宅开发作为一项独立产业获得发展；只有将住宅经营与管理职能从单位中分离出来，才能提高社会组织的效率并推动社区发展；也只有以住宅的货币分配取代行政分配，才能消除住房分配不公正的根源，从而促进我国社会整体结构的稳定。

参考文献

蔡德容，1987，《中国城市住宅体制改革研究》，中国财政经济出版社。

国家统计局编，1987，《中国社会统计资料》，中国统计出版社。

国家统计局编，1989，《奋进的四十年：1949—1989》，中国统计出版社。

国家统计局社会统计司编，1987，《中国社会统计资料》，中国统计出版社。

〔日〕矶村英一，1984，《住まいの社会学20の章》，每日新闻社。

李汉林等，1988，《寻求新的协调——中国城市发展的社会学分析》，测绘出版社。

日本建设省住宅局住宅政策课监修，1988，《住宅经济资料集》，日本住宅产业新闻社。

孙炳耀等，1988，《企业职能的改变与社区整合新模式的建立》，《社会学研究》第1期。

田方、林发棠主编，1986，《中国人口迁移》，知识出版社。

王玉清，1983，《浅谈住宅资金循环周转的几个问题》，《城市问题》第4辑。

于光远编，1987，《中国社会主义现代化建设》，人民出版社。

中国经济年鉴编辑委员会编辑，1985，《中国经济年鉴（1985）》，经济管理出版社。

寻求经济与社会的协调发展

——以陵县为典型的县级财政体制改革的思考*

徐逢贤

在中国，社会主义财政是国家为执行其经济职能对社会产品进行有计划的分配和再分配的重要形式。这对于正确安排积累与消费的比例关系，正确处理国家利益与个人利益、局部利益与整体利益之间的矛盾，对于调整社会经济结构和国民经济结构都有重要的能动作用。它是社会主义分配结构中的主导环节，是调节国民经济和社会发展等方面关系的强大经济杠杆。

县级财政是国家财政的组成部分。其任务是负责组织全县范围内的各项财政收入；根据县域内生产建设和社会各项事业发展的需要，安排好各项财政支出；做好县域内的财政、信贷、物资平衡，搞好全县社会经济发展的综合平衡。

本文拟从山东省陵县财政体制的变革入手来剖析县级财政对社会经济发展所起的作用，分析财政包干体制对县级经济发展的制约作用。40 年来，陵县的财政收入有了明显的增长，在支持和促进陵县社会主义建设事业中发挥了重要作用。但是，财政支出的增长速度远快于财政收入的增长速度，使陵县长期以来仍未摘掉财政亏损县的帽子。这是个值得研究和探索的问题。

一　县级财政体制的发展沿革

财政管理体制是划分中央、省（市）、县级之间，以及国家与部门、

---

* 原文发表于《社会学研究》1990 年第 4 期。

企业、事业单位之间财政管理权限和责任的一种制度。随着社会、经济的发展，我国的财政体制有过多次调整和变动。

新中国成立初期，为了迅速制止通货膨胀、稳定物价、克服财政困难、平衡财政收支，对财政经济工作实行了中央集中统一管理的制度。1950 年 3 月，政务院颁布《关于统一国家财政经济工作的决定》和《关于统一管理 1950 年度财政收支的决定》，规定一切收支项目、收支办法和开支标准都由中央统一制定；一切财政收支都纳入国家预算，预算管理权集中在中央；地方组织的财政收入全部逐级上交中央，地方的支出均由中央统一审核，逐级拨付，年终结余也全部上交中央。在这种高度集中的统收统支、收支两条线的财政管理体制下，县级财政部门只负责预算收入的组织和上交，向上级财政部门领取本县的财政支出，没有独立的财政预算，唯一可以动用的是在征收国家公粮时，县级可征收不超过 15% 的地方附加。

第一个五年计划期间，为了适应我国大规模经济建设的需要，使地方政府有一定的机动财力，因地制宜地举办一些必要的地方性事业，在财政体制上进行了一些改革。1951 年 3 月 29 日，政务院颁布了《关于 1951 年度财政收支系统划分的决定》，将国家财政预算划分为中央、大行政区、省（市）三级管理。国家财政支出按照企业、事业和行政单位的隶属关系和业务范围划分为中央财政支出和地方财政支出。国家财政收入划分为中央财政收入、地方财政收入，以及中央与地方按比例分成收入三种，以使各级财政都有与其预算支出相应的收入来源。地方的财政收支，每年由中央核定一次预算，凡地方收入不够抵支的，不足部分按比例分成抵补；比例分成全部留用后仍不能平衡其财政收支的，再由中央拨款补助；如果地方财政收入大于支出，多余部分则上交中央财政。

这一体制是我国财政管理体制由高度集中改为“在中央统一领导下的分级管理”的开始，但县仍作为省级财政的预算单位，还没有建立起独立的县级财政。

从 1953 年起，我国的财政预算管理体制才正式实行中央、省（市）、县三级管理。县财政管理体制作为一级独立财政，从此建立起来了，而县所属各乡镇的财政也列入了县财政总预算内。在中央统一领导、分级管理方针下，按照企业、事业和行政单位的隶属关系，分别划分了中央、省

（市）、县级财政的收支范围。地方收入按照性质又分为三部分：地方国营企业的利润、事业单位收入、零星税收和农业税，作为地方固定的财政收入，并解决地方性财政支出的矛盾。关税、盐税和烟酒专卖收入以及中央各部在地方的企、事业单位收入，作为中央的固定财政收入。其他工商税收作为调节收入，归入地方固定收入，以弥补地方支出不足的差额。地方支出的年终结余留归地方下年继续使用。

根据上述精神，县级财政预算收入包括屠宰税，交易税，城市房地产税，契税，特种消费行为税，车船使用牌照税，县属国营企业利润及固定资产折旧，县级及乡镇的行政、事业、公产和其他收入，以及上年结余。县级财政支出包括乡镇村干部培训费、干部会议费、教育事业费、文化卫生事业费、公交部门事业费、农林水气象事业费、社会抚恤救济费、党政机关事业费、行政管理费、科技活动费、基本建设费等。省对所属县级财政预算收入不敷支出者，以省的工商营业税分成调剂或另行拨款。

这是我国第一个比较完善的县级财政管理体制，也是以后县级财政管理体制演变的基础。1958 年，我国对财政管理体制进行了一次全面改革的尝试，其核心是扩大地方财政的权限，并建立了公社财政。在财政管理体制上实行“以收定支，五年不变”。其主要内容是：在中央统一领导下，进一步扩大地方的财政管理权限。地方的“正常经费”使用，是在划定的收入中自行安排，年终结余归地方。划归地方的收支都以 1957 年实际实现数为基数，固定五年不变。基建投资和救灾款等临时性支出，由中央专项拨款，列入县级财政顶算。陵县是财政赤字县，每年均由省、地另行拨款补助。经过 1958 ~ 1960 年的财权下放，地方预算收入占国家预算总收入的比重由 1958 年的 40% 上升到 1960 年的 80% 左右，这种状况，对中央的统一领导极为不利，造成国民经济重大比例关系的严重失调。严重的自然灾害和工作失误，给国民经济的发展带来了严重困难，1960 年国家财政赤字达 81.9 亿元，陵县财政赤字超过 500 万元。为了扭转这一困难局面，从 1961 年起，中央对财政体制进行了新的调整，主要采取了适当集中的措施，收回了下放的部分财权，实行“全国一盘棋”；中央对地方实行“收支下放、地区调剂、总额分成、一年一变”的体制。收回部分重点企业的收入为中央固定收入，严格控制基本建设，基建项目地方不得自行安排；对预算外资金采取“纳、减、管”的办法进行清理整顿。县级的基建投资、国家支援人民公社的投资、特大灾害救济款等由省专案拨款予以解决。1958 年随财权下放，国家对公社实行“两放”、“三统一”、“一保证”的政策也全部改变，仍然收归国家管理。县对公社实行收支两条线。为了保证财力集中、加强财政管理，中央和国务院重申了严格财政收支、不准挪用财政资金的十条禁令。

调整后的财政管理体制，大大削弱了县级财政预算的管理权限，但对于加强中央的宏观控制，集中管理财权，以利国民经济重大比例关系的调轶，迅速渡过经济难关，无疑起了重大的作用。这一时期陵县的财政收入下降较多，1962 年的财政收入仅 234 万元，比 1958 年下降了 72.5% 。到 1963 年，随着国民经济的好转，我国财政才又逐步扩大地方的权限，至 1965 年又恢复了中央、省（市）、县三级财政预算管理制度。

1970 年四届人大会议上，国务院提出了《第四个五年计划经济发展纲要（草案)》，要求改革经济管理体制，下放企业，试行基本建设、物资分配、财政收支“三大包干”。1971 年 3 月 1 日，财政部发出《关于实行财政收支包干的通知》（以下简称《通知》)，决定自 1971 年起实行“财政收支大包干”，即“定收定支、收支包干、保证上交（或差额补助)、结余留用、一年一变”的体制。《通知》规定：每年中央根据国民经济计划指标，核定各省的预算收支总额，收大于支的地区，其收入大于支出的总额，由地方上交中央；反之，则由中央按差额补助，地方包干使用；地方上交和中央补贴数确定后，一般不做调整；年度执行结果，由地方自求平衡。各省对县级财政，依据上述精神和本地情况自行确定。山东省对收支包干指标层层落实到县。这样，使地方机动财力过于分散，也削弱了省对县级之间的调剂能力。于是，从 1972 年起，根据财政部《关于改进财政收支包干办法的通知》规定，各省对县不再实行层层包干的办法，而采取了收入分成的办法。

从 1974 年起，实行“收入按固定比例留成、超收另定分成比例、支出按指标包干”的管理体制，即中央根据各省全年预算收入的指标，确定一个比例留给地方做机动财力；对超额完成国家收入的地区，其超收部分另定超收分成比例；地方支出按指标由中央预算拨给，结余也留归地方使用。各省对县级财政也做了相应调整。

1976 年，财政部颁发的《关于财政管理体制问题的通知》规定，从

1976年起实行“定收定支、收支挂钩、总额分成、一年一变”的体制。每年根据核定的各地财政收入指标总额和财政支出指标总额，扣除中央拨给地方的机动财力和特大自然灾害救济款，分别确定中央和地方的分成比例。各省对县级财政也采取了总额分成的方法。

1978年2月17日，财政部《关于试行“增收分成、收支挂钩”财政管理体制的具体办法》公布后，在部分省（市）试行了“增收分成、收支挂钩”的体制，即根据上年决算确定收入基数，地方当年实际收入比上年增加部分，按中央核定的增收分成比例计算地方应得的数额；增收分成比例确定后，一定三年不变。地方预算的收入和支出仍然挂钩，国家每年根据核定的地方预算收支指标，确定地方当年收支挂钩的收入留成比例。收入任务完成后，地方才可按支出指标开支，支出结余时，留归地方使用；收入完不成，地方要相应紧缩开文，自求平衡。根据上述精神，县级财政也按增收分成办法执行。

1979年1月，财政部《关于1979年国家财政决算编审工作的通知》又进一步调整了财政体制，部分省市实行“收支挂钩、超收分成”的办法，各地县级财政也做了相应调整。

从1980年起实行“划分收支、分级包干（即分灶吃饭）”的财政体制。将财政收入分为地方收入和调节收入两部分，同时在1979年财政收支的基础上，经过调整确定了地方的收支基数，用地方收入解决地方支出问题，不足部分，将调节收入划给地方一定比例弥补。当时确定县级调节收入的分成比例一般为15%（工商税）。自此，我国财政体制的变革进入了一个新时期，县级财政体制的改革同样进入了新时期。

1981年，根据山东省的实际情况，经中央同意，山东省的财政体制又改为“总额分成、分级包干、五年不变”的形式，即在1979年收支基数的基础上，确定了地方支出总额占收入总额的比例，作为地方的分成比例。每年地方按照这个比例，从总收入中分得一部分作为地方财力，用来安排地方支出，多收了可以多支，少收了少支，由各级政府统筹安排。由过去的“条条”管理改为“块块”管理。这样，改变了多年来执行的统收统支、吃“大锅饭”的状况，更好地调动了各级政府当家理财的积极性。这在财政体制改革上是一大进步，但由于当时确定的留给地方的比例过大，使中央的财政收入明显减少，大大降低了中央财政的调控能力。

二　县级财政体制变革的基本分析

自1953年到1979年，县级财政体制基本上采取了“以收定支、一年一变”的形式。即：根据国民经济有关指标计算出县财政组织应有的收入和按“条条”核定的属县管理的支出指标；根据核定的支出指标划出应当留给县级使用的收入数额，并确定应上交或应补助的数额；在年度终了时，当年预算任务完成，下年再重新确定。这种高度集中的财政体制有利于国民经济各部门的综合平衡，有利于有计划、按比例发展，也有利于中央财政对经济、社会发展行使强有力的调控手段，使部门之间、地区之间的发展渐趋平衡。但是，在执行过程中，由于受客观环境条件的制约，中央对各省（市）核定的收支指标大都偏紧，省级财力有限，因此，县级财政的支配权就更小了。县级财政自主权很小，其弊端是明显的。

（1）财政收支间不能建立密切的联系，多收不能多支，县财政收入的多少与县经济利益不挂钩，限制了县级发展生产、开辟财源、加速财政资金积累的积极性。

（2）预算收入一年一变，使县级财政失去了安排中、长期社会与经济发展计划的自主性，造成对上级财政的过度依赖。

（3）助长了盲目向上级争指标、争拨款投资的风气，县级经济与社会的发展不能建立在自己财力的基础上，而是依靠上级支出的拨款项目。

（4）助长了资金使用上的浪费和分散。县级没有机动财力，办事业又必须花钱，于是只能想方设法地挖基层，增加对农民的摊派和企业的资助，迫使企业乱摊成本，造成产品价格不合理上涨。从某种意义上说，这是导致县级经济发展缓慢和社会公益事业不健全的重要原因之一。

三　县级财政包干体制的实行及其社会经济效益分析

根据国务院《关于实行“划分收支、分级包干”财政管理体制的通知》，从1980年起，陵县实行了财政包干管理体制，又称“分灶吃饭”制。其内容包括：按照企、事业和行政单位的隶属关系，划分中央和地方预算的收入与支出的范围，使各级预算都有固定的收入来源；地方预算收支的包干基数按照划定的收支范围，以1979年预算的实际执行数为基础，经适当调整后确定；分成比例和补助数额确定后，原则上一定五年不变；地方多收了可以多支；地方预算收支的安排实行以“块块”为主，即由各省、自治区、直辖市根据国家的方针、政策和统一的计划，统筹安排本地区的生产建设和预算支出，中央各企、事业主管部门对于应当由当地安排的各项事业不再归口安排支出，也不再向地方分配预算支出指标。

“分灶吃饭”的财政管理体制，较1980年前的财政管理体制无疑是个进步，它扩大了县级财政的自主权，提高了县级组织财政收入的积极性。但是，“分灶吃饭”划出的地方财政的活动边界是个软边界，用于新项目的基本建设投资、企业技术改造投资等仍由上级专项拨款，因此出现了地方经济建设中的盲目性和重复性建设，使很多财力被浪费掉，也不利于县级经济结构关系的调整。1984年，陵县财政赤字达920万元，比1981年的286.4万元增长2倍多。过重的赤字包袱影响了陵县经济的协调、稳定发展，也给国家财政增加了负担，1984年国家财政赤字也高达44.5亿元，致使国民经济重大比例关系又趋失调。

在总结了改革开放第一个五年财政分级包干经验的基础上，从1985年开始，又实行了“划分税种、核定收支、分级包干”的预算管理体制。基本上按照利改税第二步改革以后的税种设置，划分各级财政收入；把国家预算收入划分为中央财政固定收入、地方财政固定收入、中央和地方财政共享收入三种；中央财政支出和地方财政支出仍按隶属关系划分；对不宜实行包干的专项支出，由中央财政专项拨款；收入分成比例或上交、补助数额确定以后，一定五年不变；地方多收入就可多支出，少收入就要少支出，自求平衡。

财政包干体制的实行，为县级财政体制的改革提供了宏观条件。1985年，陵县被定为“财政包干”及经济体制改革的试点县，实行“收入全留、定额递补、五年不变”的制度。陵县财政包干的具体做法是：根据划定的收支范围，确定陵县财政收入与支出的包干基数；根据收支包干基数确定上交数，或补贴数，或调节分成比例。当年山东省确定对陵县财政补贴178.6万元，此后每年递减补贴额30%，至1989年达到财政收支平衡。但实际执行的情况与这个愿望相反，财政赤字越来越大，1989年财政赤字额仍有 2000 多万元。

以下就财政包干试点县山东省陵县在执行过程中的情况，分析财政包干体制的利弊。

县级财政包干体制的优越性体现在如下 5 个方面。

（1）财政包干改变了过去那种收支指标年年变和由上级“条条”下达的办法，在收入划定后，由县财政量入为出，统筹安排预算支出。对于县级财政来说，财政包干具有“以收定支”的性质，把县级财政安排资金的权力和平衡预算收支的责任结合起来，使县级财政真正有了预算管理的权力。

（2）财政包干打破了“统收统支”、“吃大锅饭”的局面，它使陵县财政有了自己的收支范围和固定的收入来源，并把预算收入和支出挂起钩来，收入多了可以多支，收入少了就要少支，把县级财政的责、权、利结合起来，调动了县级财政的积极性。

（3）“一定五年不变”的办法，使县级财政有可能依据财力，因地制宜地安排中、长期社会经济发展计划，合理安排财政支出结构，从而调动了县级财政广开财源、理财用财的积极性。

（4）县级财政包干为乡级财政的建立创造了条件。乡（镇）级政府同县级政府很相似，有着各个机构和党政人员。在“统收统支”体制下，乡（镇）政府的各项开支由县一通到底，形成了乡（镇）政府对县财政收支的依赖性，同时也限制了县级财政的积累，造成乡（镇）机构逐年增加和膨胀，闲散和临时人员逐年增多，使财政支出越来越多。实行财政包干后，县对乡（镇）政府制订了明确的包干计划，使乡（镇）政府的收支和利益挂起钩来，鼓励乡（镇）政府为节省财政开支而裁减机构和人员，精兵简政，并鼓励其开源节流。目前，陵县 24 个乡（镇）政府都建立了乡财政，收到了较好的效果。

（5）实行财政包干五年来，陵县的财政收入有了明显的增长，使县财政初步走上了独立自主、自我生存的道路。1988 年财政收入 1726 万元，比 1984 年增长 71.4%，财政收入的增长带动了县级经济社会的发展。

但是，财政包干体制在执行过程中，由于配套措施跟不上，还存在明显的弊端，对我国国民经济的发展和陵县社会经济的发展都带来潜在的不利影响，主要表现在以下九个方面。

第一，目前县级财政包干中的“硬边界”之处，还存在一条“软边界”。县财政包干的范围只是经常性支出部分，包括行政、文教卫生、其他事业和公用事业经费等，而经济建设支出的大部分和救灾费用等支出仍由上级专项拨款。这样，县财政每年都可以用种种理由向省经委、计委、科委、民政、乡镇企业局等主管部门申请得到用于技术改造、新建项目、教育及救灾等的专项拨款。因此，县级财政包干并不是彻底的包干，这种包而不干的财政体制带来了一些负面影响。由于专项拨款没有明确的规定，因而县级政府把它视作“预算外收入”，于是采取种种办法，千方百计地以种种借口向上级主管部门多要专项拨款，而上级主管部门以此作为一种“恩赐”或“照顾关系”，这就为不正之风开了一个口子，致使一些该建的项目没有得到款项而不能建，不该建的项目却能得到这部分收入而大建特建，甚至把大量专项拨款挪作他用，如购买高级轿车、盖豪华型楼堂馆所。

第二，财政包干仍然没有解决“条条”与“块块”之间的旧矛盾。财政包干前，“条条”掌握着很大一部分专项拨款，县级要发展经济建设，必然要根据上级的意图办事，因而往往会发生这样的矛盾：上级要求的建设项目，县里暂时缺乏上马条件；县级能上马的建设项目，又得不到上级的专项拨款，极大地限制了县级社会、经济发展的主观能动性。财政包干后，由于“软边界”的存在，上述矛盾仍然存在。如何使“软边界”硬化起来，并与县的实际情况结合起来，以增强县级经济建设的自主权和积极性，是迫切需要解决的问题。

第三，财政包干虽然在一定程度上调动了县政府增收节支的积极性，财政收入逐年增长，陵县1988年的财政收入是1980年的3.4倍，但由于财政包干后对财政支出缺乏约束机制，县级政府为了本县的利益，财政支出的范围越来越大，使财政支出的增长幅度大于财政收入的增长幅度，县级财政赤字依然严重（见表1）。

表1 财政收支总额

年份	国家财政收支情况（亿元）			陵县财政收支情况（万元）		
	总收入	总支出	收支差额	总收入	总支出	收支差额
1979	1103.3	1273.9	-170.7	239.3	1094.5	-855.2

续表

年份	国家财政收支情况（亿元）			陵县财政收支情况（万元）		
	总收入	总支出	收支差额	总收入	总支出	收支差额
1980	1085.2	1212.7	-127.5	506.1	1191.3	-685.2
1981	1089.5	1115.0	-25.5	742.4	1028.8	-286.4
1982	1124.0	1153.3	-29.3	851.8	1397.0	-545.2
1983	1249.0	1292.5	-43.5	916.5	1431.0	-514.5
1984	1501.9	1546.4	-44.5	1007.0	1515.0	-508.0
1985	1866.4	1844.8	+21.6	1180.6	1986.0	-805.4
1986	2260.3	2330.8	-70.6	1224.0	2778.0	-1554.0
1987	2368.9	2448.5	-79.6	1300.0	2480.0	-1180.0
1988	2587.8	2668.3	-80.5	1726.0	4409.0	-2683.0

第四，陵县财政包干制度原有的规定并没有完全实施。陵县在实施财政包干时规定，上级给户的财政补贴每年以30%递减，到1989年实现财政收支平衡。但实际执行结果是：自1985年以来财政补贴数额逐年增加，1985年财政补贴达178.6万元，1987年达278.6万元，加上当年上级下拨的粮、煤、气补贴111.7万元，1987年共补贴405.3万元。1988年，财政补贴达725万元，财政赤字达2683万元。这种情况说明：陵县财政包干的预期目标没有达到：十年改革，十年赤字，赤字包袱，越背越重，需要认真研究。

第五，县级财政包干基数的确定很不科学，也不合理。财政包干基数以往年的收支状况为依据，这就使往年增收节支的成果变成了今后几年的累赘，不仅不利于调动县级增收节支的积极性，反而起了增加开支、鼓励消费的负作用。在包干期内，为了多得收入，县里会积极开辟财源，但为了下一个包干期有一个较高的承包支出基数，县里又尽力安排支出，甚至盲目开支，制造人为赤字，最终引起消费失控，造成财政支出大于财政收入的被动局面。

第六，从深层分析，财政包干体制是导致通货膨胀的直接诱因。从财政收入的总量看，由于财政包干制与产值速度密切相关的流转税包在内，这样县级政府为了增加财政收入，必然要追求产值的高速增长，企业只要能够创产值、上缴流转税，即使经济效益下降也是要保其存在的，资金缺乏就逼银行发放贷款，加上宏观管理上的权力下放，更助长了地方、企业的速度冲动。在我国现阶段资源、产品短缺的情况下，生产速度越快，供给和需求的缺口就越大，供需矛盾突出，物价上涨的压力就越大。

第七，从产业结构上看，在利改税时，国家对加工工业和消费品工业实行较高的流转税，而对原材料等基础工业、能源工业等实行较低的税率。在财政包干体制下，这种差额税率对产业结构的调整起了“逆调节”作用。地方政府，特别是县级政府为了增加财政收入，发展盈利和税收较高的加工工业和消费品工业的积极性很高，而发展盈利和税收较低的基础工业、能源工业的积极性很低，致使加工工业和消费品工业出现了大量重复建设的现象，而基础工业、能源工业的发展却严重不足。这就从产业结构上拉大了供给和需求的矛盾，结构性矛盾的加剧，导致物价暴涨和失控。

第八，在经济体制转轨时期，一方面，价格体系不合理阻碍着经济的发展；另一方面，各地区的经济联系要求进一步增强，地方政府为了本地区的利益而率先放开本地产品的价格，以增加财政收入。而要财政的高收入，就要生产的高速度；要高速度和高物价，就要多投放货币；过多的货币投放势必推动物价暴涨，从而推动各地区展开新一轮的价格竞争，导致经济的通货膨胀，造成1988年通货膨胀的原因之一就是上述因素的积累。

第九，财政包干所划分的财政收支范围和分成包干比例不科学。自1980年以来，在放权让利的名义下，中央财政的收入比重仅占财政总收入的20%～30%，而地方财政收入的比重却占财政总收入的70%～80%。不合理的财政收入结构导致中央财政状况严重恶化，财力衰竭，严重降低了中央财政的宏观调控能力。而地方财力激增，且地区间财政收入很不平衡，在中央调控能力下降的情况下，加剧了地区间社会、经济发展的不平衡。

事实证明，财政包干体制存在的弊端是十分明显的，特别是对中央财政职能的肢解、财力的恶化、调控能力的下降危害尤为明显；而县级财政状况也不能从根本上好转。财政包干制推行10年来，我国有9年发生赤字，累计赤字额671.7亿多元，再加上债务收入，数字更为惊人。陵县财政年年发生赤字，且赤字额越来越大，10年累计赤字达9616.9万元，是同期县财政收入的0.99倍，占同期国家财政总赤字的0.14%。如此庞大的连年财政赤字，对于国民经济的稳定发展，对于治理整顿、深化改革，乃至整个社会安定，都带来了巨大的不利影响。对此，我们再也不能掉以轻心，必须从战略高度上充分认识消除财政赤字的必要性和紧迫性，财政管理体制的进一步改革和完善势在必行。

四　县级财政赤字产生的原因分析

新中国成立40年来，我国财政基本上贯彻了“收支平衡、略有结余”的方针。在前30年，除60年代初期连续三年财政赤字大幅增长外，其余27年，财政收支基本上都能满足国民经济有计划发展的需要；而1979年来的10年里，随着建设规模的扩大、产业结构的失衡、体制改革的进行，出现了连续9年的财政赤字。陵县的财政状况却出现了反常情况：在1949～1960年的12年中，在贯彻有计划、按比例发展国民经济的过程中，财政收支曾出现过令人欣喜的局面，每年都有结余，累计结余达3774.7万元。1958年、1959年财政结余分别达617.0万元和520.9万元，结余数是当年财政支出数的近2倍。但自1961年起的28年间（除1970年财政略有结余外）均出现了财政赤字，累计财政赤字额达14240.4万元，赤字额超过了同期财政收入的一半以上（56.8%），成为全省有名的财政赤字县。1988年财政赤字达2683万元，是同年财政收入1726万元的1.55倍。1989年财政赤字仍超过2000万元。

财政是国民经济的综合反映。陵县财政长期出现赤字的原因是多方面的，既有国家宏观环境的原因，也有陵县经济发展本身的问题。但归根结底，财政赤字植根于经济及其财政体制，特别是近10多年来，是在经济发展无计划状态下，经济过热、急于求成、总需求大于总供给过多的结果。这种结果反映到分配领域，造成了投资和消费双膨胀、国民收入超分配、财政入不敷出的局面。

1980年以前陵县财政出现赤字的原因，主要是陵县经济发展滞缓，特别是工业基础薄弱，经济效益极低，大多数企业处于亏损状态，严重影响了企业上缴税金的数量；而农业发展缓慢、自然灾害频繁、人民生活困难，又影响了农业税的征收和财政救济的增加；特别是陵县商品经济不发达，又影响了工商税的征收。总之，这一时期陵县财政收入来源极其有限，而经济建设和各项财政支出的摊子又铺得过宽，特别是文教、卫生、行政费支出和社会生活救济费支出很多，从而造成陵县财政连年赤字。

1980年以后，导致陵县财政赤字连年猛增的原因主要有以下几个。

一是财政包干体制实行后，县级财政的支出失去了计划性，支出项目越来越多，摊子越来越大；实行“分灶吃饭”财政体制后，国务院及中央有关部门又下达了一些增加地方财政支出的文件，如调整工资、增加补贴、增设机构和人员等，增加了县级财政支出。

二是确定县级财政包干基数时，对陵县的收入预估偏高，支出预估偏低，特别是对陵县的社会、经济发展状况估计得过于美好，使陵县在制订社会、经济发展计划时失去了科学性，同时也失去了财力保证，致使财政收入的增长远低于财政支出的增长速度。

三是国家连续大幅提高农副产品的收购价格，相应地增加了财政方面的差价补贴。如1988年陵县仅价格补贴就消耗财政支出676万元，粮、棉购销差价的财政补贴也逐年增加。

四是对农村集体或个体经济实行低税免税的倾斜政策，减少了财政收入；而对部分农业生产资料实行财政补贴，促使乡镇企业超高速发展，从而增加了财政支出。

五是由于原材料和能源紧缺，一些工业企业只得花高价购买，在原材料等涨价的情况下，降低了工业企业的经济效益，一些亏损企业甚至连工资都发不出，影响了县级财政收入。

六是消费超前膨胀，城镇的楼堂馆所建设及社会集团购买力增长过快，增加了行政事业费支出，扩大了财政支出。

七是从宏观方面来看，在“通货膨胀有益论”、“财政赤字无害论”等影响下，国家货币超常发行，企业、事业单位在“承包”的名义下，以各种名目发放过量的奖金、补贴、福利等非工资收入，刺激了消费，增加了财政支出；而在高消费的驱动下，大量资金流失在流通领域，国家又无法监督和控制，降低了财政收入。

八是物价上涨过猛，配套改革跟不上，失去控制，严重污染了社会、经济环境，搞乱了县级社会经济秩序。地方为了自身利益，大力发展经济，导致经济建设规模过大，发展过快。此外，地方又巧立名目，增加财政支出。

总之，1984～1988年的某些政策性失误的积累，导致社会总需求超过了社会总供给过多，经济状况失控，是造成陵县财政赤字膨胀的总根源；加之长期推行的所谓“放权、让利、减税”的财政体制改革思路，与宏观性扩张政策相互作用，使国家和地方失去了宏观控制的能力，在无计划状态下，造成了这几年财政赤字呈直线上升趋势。

五　按照社会主义方向推进财政体制改革的思考

社会主义财政是社会主义国家用以组织、影响和调节社会主义有计划商品经济、巩固和发展社会主义生产方式、最大限度地满足人民日益增长的物质和文化生活需要的重要手段。在社会主义制度下，财政反映的经济关系，是国家与全民所有制经济、集体所有制经济和全体人民之间，国家与各部门、各地区之间的国民收入的分配关系，是根本利益一致基础上的经济关系。因此，社会主义财政具有以下特征。

第一，取之于民、用之于民。财政收入的主要来源是全民所有制企业、集体所有制企业以及其他所有制企业的纯收入，以税收的形式向其征收。财政支出主要用于扩大社会再生产和社会集体与个人消费。在我国，财政支出分为四大类，其中，经济建设支出和文教、科技、卫生支出两项约占国家全部财政支出的70%。前者用于扩大再生产的基本建设、现有企业的技术改造、试制新产品和增加企业的流动资金；后者用于智力投资、发展科学、社会保险、公费医疗、年老退休及抚恤救济等方面。这些支出都是建设社会主义物质文明和精神文明所必需的。它们来自劳动者创造的剩余产品，又用于造福于人民群众。财政支出的另两项是国家行政管理费和国防事业费，这两项是维护国家机器存在、保证国家行使各项职能（包括组织和管理国民经济的职能与维护国家安全的职能）所必需的，也都是为全体人民的利益服务的。因此，所有经济活动单位和个人依法纳税是应尽的义务。

第二，社会主义财政不仅凭借国家政权进行社会产品的分配，而且还以全民所有制经济为依托，根据社会主义有计划商品经济发展的规律，深入物质生产和流通领域，通过对各种经济杠杆的运用，积极影响和制约国民经济各部门、各企业的经济活动。在社会主义条件下，全民所有制经济是国家财政的基础，其创造的纯收入大部分要以税金或利润形式上交财政，同时有一部分按规定留归企业，用以建立生产发展基金、新产品试制基金、后备基金、集体福利基金、企业奖励基金等。国家财政运用财政、税收杠杆，配合工资、奖金、信贷、价格等经济杠杆，深入物质生产的各个领域，积极促进经济发展，影响企业的经济活动，并不断壮大全民所有制企业的经济力量，从而充分发挥全民所有制经济的领导作用，促进其他各种所有制经济合理发展。因此，借改革之名企图削弱全民所有制经济的任何借口都是错误的，是不足取的。

第三，社会主义财政是计划财政。财政资金的分配对于有计划地分配社会劳动、发展社会主义有计划商品经济有着极其重要的作用。财政资金是国家集中社会纯收入的重要部分，财政资金合理地用作积累和消费，是保证国民经济有计划、按比例发展的重要前提。消除财政赤字、组织财政平衡是实现有计划商品经济的必要条件。为了实现国民经济的综合平衡，必须通过财政、信贷、外汇资金分配形成的生产力，同可能供应的物资总量相适应，实现资金和物资的综合平衡，其中财政收支平衡是关键。财政出现赤字势必破坏国民经济综合平衡的基础，加剧生产与分配、积累与消费之间的比例失调；财政出现赤字意味着建设规模超过了国力的可能，不仅基本建设形不成生产力，而且建设规模过大，破坏了生产结构，造成比例结构失调、供需矛盾加剧，致使企业难以发挥经济效益，给国民经济造成浪费；财政失去平衡，势必向银行透支，影响信贷平衡，导致财政性货币发行，加剧通货膨胀和物价的轮番上涨，引起币值不稳，货币贬值，严重影响经济的稳定发展。几年来，我国国民经济发展的实践证明：照搬西方资产阶级学者贩卖的“赤字财政无害论”、“通货膨胀有益论”等谬论，对中国国民经济的危害是多么严重。

因此，必须把解决财政赤字问题提高到保持国民经济长期稳定发展和全面深化改革、完善社会主义财政体制的战略高度来认识。为了健康地推进坚持社会主义方向的财政体制改革，我们一定要认真总结新中国成立 40 年来，特别是 1985 年以来财政体制改革的经验教训，在财政体制改革中坚持下列原则：一是要从我国坚持立国之本、走好强国之路的最大实际出发，实行“统一领导、分级管理”的原则；二是要明确划分各级政府的事权和财权，实行责权利相结合的原则；三是要坚持计划经济与市场调节相结合，实行必要的集中与适度的分散，保证中央调控能力的增强和地方、企业微观搞活的原则；四是坚持规范化的、有区别的分税制方向，实行公平与效益相结合，保证全民所有制经济的不断发展和主导地位，以促进社会安定团结和经济稳定发展；五是县级财政体制改革和经济发展要坚持依靠自力更生、量力而行的原则，在中央财政统一领导下，充分发挥县级理财用财的积极性；六是坚持财政体制改革与其他经济体制改革配套进行的原则，以形成目标一致、措施协调、发展适度的良性效应，争取在尽可能短的时期内消除财政赤字，实现财政平衡，提高中央财政的调控能力。

在坚持上述六项原则的基础上，财政体制改革宜分三步进行（时序可同步进行，也可略有先后）。

第一步，按照中央对国民经济进行治理整顿的目标和步骤，努力做到在保持社会稳定的前提下，力争做到消除通货膨胀、消除财政赤字、压缩信贷规模和严格控制货币发行；同时积极采取措施调整产业结构，提高经济效率，使国民经济以适当的速度稳定增长。为实现这一目标，中央和地方各级政府和全体中国人民都要以国家利益、全局利益为重，真正树立过紧日子的思想。

第二步，在治理整顿、深化改革过程中，认真清理财政理论，澄清理论是非，加强马克思主义的财政理论建设，为努力减少和逐步消除财政赤字、消除通货膨胀，并为国民经济的根本好转和深化社会主义财政体制改革奠定坚实的理论基石。前一时期，受资产阶级自由化的影响，在经济理论特别是财政理论上，出现了许多谬论和怪论。财政理论上的混乱，势必造成经济上的混乱和财政体制改革偏离方向。为此，建议中央有关部门组织力量，采取措施，澄清理论是非，坚持马克思主义的理论建设，这对坚持社会主义方向，深化财政体制改革，实现国民经济持续、稳定、协调发展是极为必要的。从国家稳定的大局看，国家稳定的基础是经济稳定，经济稳定的标志是建设规模的大小要同国家的财力、物力相适应。因而消除财政赤字，有利于市场稳定、物价稳定、金融稳定，进而有利于全局稳定，为改革开放和社会发展提供较为宽松的环境。

第三步，在摸清国情、省情、县情的基础上，科学地完善和充实财政体制改革，主要可从以下几方面考虑。

（1）强化国家财政地位，提高中央财政收入的“两个比重”，充分发挥中央财政的宏观调控能力。社会主义财政是社会总产品和国民收入分配的总管，在分配领域居主导地位，并对其他分配起着综合制约作用。针对近几年国家财政职能被肢解、国家预算被分割、财政收入流失、宏观调控被削弱的情况，采取措施适当调整中央和地方的分配关系，以适当提高中央财政的收入比重，使财政收入占国民收入的比重逐步达到25% ~30%，中央财政收入占国家财政收入的比重逐步达到60% ~70%。同时，根据科学的产业政策和优化产业结构的目标，实现强有力的财政宏观控制，以适应经济、社会发展战略的需要。

（2）统一分成比例，即地方与中央对共享税一律实行统一的分成比例，各地按统一比例将共享税收入上交中央。实行这一措施，避免了现行财政包干体制下由于通货膨胀造成地方上交中央的收入实际下降，有利于中央财政在改革过程中保证财政收支平衡，同时有利于地区间的竞争和社会资源的合理配置，克服现行财政包干制使地区间由于财政收支差异悬殊带来的弊病，有利于经济体制改革的深化。

（3）划分税种、分级包干，实行相对份额承包制。中央、省（市）、县级财政收入明确划分税种，全民所有制企业是国民经济的主体，其税收必须上交中央，财政支出受中央计划调控。县级财政收入范围划定后，应硬化其“软边界”，实行财政收支平衡政策，量入为出，消除财政赤字。共享税由中央财政按统一的分成比例拿走一块后，地方再将剩余的收入对中央进行相对份额承包。现行的财政包干制下，地方上交中央的收入是一个常数，这意味着地方财政收入的增长部分大部分留给了地方，中央在上交收入中占的比重很小。尤其在近年来通货膨胀率居高不下的情况下，递增包干实际上受物价指数的上涨影响成了负包干，不利于保证中央财政的稳步增长，也不利于地区间的协调增长，实现相对份额承包制可消除上述弊端，同时也避免出现“鞭打快牛”的现象，有利于调动地方增收的积极性。

（4）科学地确定县级财政的包干基数，包干基数确定后不再予以调整。财政支出项目的增加应有严格的审批手续，避免财政支出失控而引起财政赤字，同时也将县级经济、社会的发展纳入了有计划商品经济的轨道，既调动了县级财政增收节支的积极性，也利于上级财政对县级财政的监督和管理，避免出现重复建设和资金浪费，更重要的是避免了财政地方割据现象的产生。

（5）县级财政体制改革应加强预算外资金的管理，完善县级财政支出的约束机制，引导预算外资金用于发展本地最需要的经济建设项目，防止消费需求过分增长。

（6）进一步健全县级企业的经营机制，完善各种形式的承包经营责任制，增强企业的内部消化能力和扩大再生产能力，提高企业的经济效益，以减少对企业的各种价格补贴和亏损补贴，减轻对县级财政的压力，使县级财政逐步走上综合平衡的轨道，以促进县级经济朝着持续、稳定、协调的方向发展。

中国城市家庭问题小议（节选）*

陈一筠

社会主义的平等思想及其所主导的社会政策，在社会主义制度建立后的短短几十年里，迅速“铲平”了城市中的阶级、阶层和脑力劳动者与体力劳动者之间的各种差异。人们从受教育、就业、收入、住房直到饮食、衣着都达到了“趋同”、“均等”的地步。昔日那种“门户隔离”的局面被打破，这就为青年男女在自己所属的社会群体范围之外择偶成家创造了条件。再加上青年学生上山下乡、知识分子到工厂和农村接受再教育、升学提干时工农家庭出身者优先等做法，彻底摧毁了过去的社会分层结构。这种“同化”过程的必然结果之一，便是表面上的“同质婚”、事实上的“异质婚”普遍化，即家庭背景本来不相同的男女结为夫妇。这种结合虽然有某种“革命”意义，但它毕竟带有太多的政治色彩和从众性，与要求突出个性的婚姻本质不符。须知，家庭作为传播和承袭一整套文化、道德、审美等精神价值的场所，作为个人社会化的首要微观环境，会在其成员的个性、气质、价值观和行为取向等方面打上深深的烙印，对他们一辈子的生活都有影响。家庭背景相去甚远的男女结合，在要求“千篇一律”的革命年代尚能适应，但在允许多样化和鼓励个性发展的现代化时期就往往会遇到麻烦，至少是夫妻双方在精神上、气质上和性格情趣上的差异容易给夫妻关系的调适带来困难。而且，中国城市核心家庭与西方的核心家庭有所不同，由于文化传统、养老、抚幼等原因，小家庭与双方原来的家庭及亲属保持着各种联系，大家庭的影响力犹存。非门当户对的婚姻中，夫妻的价值观冲突、角色观念乃至兴趣爱好及生活习惯的差异，往往都是导致姻亲关系恶化的因素。对那些与一方的家庭同住的夫妇来说，问题就

---

* 原文发表于《社会学研究》1990年第4期。

格外突出。难怪近年来人们在择偶时，又重新理解了“门当户对”的规律。

70年代后期实施的计划生育政策，对城市婚姻家庭的影响也是显而易见的。可以说，中国的人口政策在城市取得了最大的成功。城市的育龄妇女生育子女数已降到1.3以下，独生子女家庭几乎成了目前青年家庭的唯一模式。家庭子女数的骤然下降，使夫妇的生育和养育功能减少到最低限度；并且由于学前机构的发展和学校教育的普及，社会接管了家庭的大部分教育职能。传统家庭赖以维系的一条重要纽带（即子女），如今变得脆弱了。40来岁的夫妇，就面临着父母“角色丧失”的局面，中年以后的生活出现了需要填补的空白。在发达国家，从多子女到少子女是一种自然进程，经历了百余年的时间。家庭较为从容地实现“职能转换”，即从“生育共同体”转向心理情感中心和文化共同体。这是需要以社会的经济、教育、文化等领域的发展为后盾的。然而在中国，城市家庭的社会职能丧失在很短的时期内就发生了，社会经济和文化教育的低度发展又不足以支持小家庭去承担心理、文化等现代生活的重任。这几年，夫妇在心理、情感方面的需求确实已日趋强烈，这是因为家庭之外人际关系的肤浅和竞争的压力使人们转向家庭去寻求安抚和补偿。然而遗憾的是，在目前中国城市夫妇素养不高的情况下，不是一方意识不到对方的需求，就是双方都对此无能为力。总之，目前中国城市的核心家庭大多只具备了现代家庭的形式，却不具备现代的内涵，这首先是因为社会尚未训练出具有现代素质和适应能力的夫妇。这种形式的超前和内容的滞后之间的脱节，是中国特殊的国情，是中国城市家庭的明显矛盾。

由于大众传播媒介的发达和中国近年的门户开放，西方的婚姻家庭“新潮”得以涌进中国这块古老的土地。中国文化的承受力正经历着严峻的考验。超国界传播的信息潮流，首先冲击的当然是城市地区。尤其是青年人在婚姻观念、性行为、家庭生活方式等方面表现出的某些“革新”或“认同”倾向，在社会和家庭两个层面上都引起了诸多的矛盾。有人说这是东西方文化冲突在家庭领域的反映，其实不尽然。第一，东西方主流文化对一夫一妻制的婚姻家庭价值的肯定本来就是没有根本冲突的。西方60年代以后的“反主流”文化潮流确实试图寻求“替代”

一夫一妻制的婚姻模式，因而诸如合作家庭、公社婚、性伴侣交换、多配偶婚及其他随心所欲的性行为曾风行一时。但是迄今为止，西方的革新者们并未找到任何一种优越于一夫一妻制的婚姻家庭形式。面对各种社会疾病的蔓延，特别是艾滋病的威胁，西方人不得不反思近20年来家庭的动荡和“渎职”引发的后果，因而“返回家庭”、“复兴婚姻”、“重建性道德”等呼声不绝于耳，某些标新立异的现象正在消失。正如西德学者H. 舍尔斯基在《性行为》一书中所批评的：“当代大为堕落的性道德，造成（至少是容忍）大量不为社会赞许的非婚性关系……直至卖淫。”另一位美国社会学家也指出：“如果人类以其全部聪明才智创造出来的物质文明最终导致各种损毁人类自身的健康甚至威胁人的生存的‘现代疯狂症’，那么这种创造和文明的进步究竟还有什么意义？”上述呼声和学者们的意见，难道不反映西方文化吗？它们与东方文化的冲突何在？第二，中国的科学教育和道德教育都不甚发达，缺乏知识和责任感的男女最容易做的事就是盲目地、机械地模仿所见到的“新奇”行为，而不考虑这类行为发生的场景和所要付出的代价，也不估量自己的模仿可能受到何种阻力、引发什么后果。前面提到的那些“反主流”现象，连西方人自己都认为是文化危机的产物，是文化糟粕，但却被我国某些无知和浅薄的“求新”者当作精华去吸取，实在是悲剧，不可与东西方文化交流同日而语。

可以说，40年来中国城市家庭总的是在朝进步、文明的方向演进，社会发展中的成就、困难和矛盾都在家庭领域中反映出来。目前，中国城市家庭正在经历着一个发展更为迅速和复杂的演变阶段，其中既有本国现代化过程中必然出现的进步倾向与落后的封建残余之间的较量，又有东方传统家庭价值观中的精华与西方“反主流”浪潮冲过来的文化糟粕之间的取舍。此外，中国城市社会的生活和个人行为正在从千篇一律走向多样化、个性化，因而传统的婚姻家庭价值观和道德规范也渐渐具有了多义性和灵活性。家庭规模的缩小及其传统职能的削弱，给婚姻家庭关系和行为领域造成一些空白。如何填补这些空白，仍是个众说纷纭、莫衷一是的问题。

近期我国社会阶级、阶层研究综述*

张宛丽 整理

1987 年以来，我国社会现阶段阶级、阶层问题，开始成为学术界的一个研究热点，这是有其现实根据的。改革是一场深刻的社会革命，必然带来社会结构的重大变革。我国现行的“让一部分人先富起来”的利益调整原则与“大部分人共同富裕”的目标之间有何机制关系？改革至今，一方面，各个阶级、阶层对自己的现实处境都不满意，相互之间也多有责难；另一方面，又确有一部分人“先富起来”了，社会财富开始向这一小部分人手中集中。如此现实，使原有的阶级、阶层队伍出现了不同程度的分化；社会利益群体结构剧烈变动，怎样认识和调整社会各方面的利益关系，确保改革总目标的实现，成为摆在我们面前的尖锐、急迫而重大的现实问题。

现将 1987 年至 1989 年的有关研究综述如下。

一　对阶级现象基本概念的理解与使用

从我国的传统理论看，对于阶级现象，一般都以阶级及阶层为基本概念，并以阶级内含阶层的逻辑关系，分析社会阶级现象。随着改革开放，西方社会分层理论对社会阶级现象的认识结果逐渐被我们了解；分层理论使用阶层这一基本概念，概括认识社会阶级现象，然而其内涵又与我们传统认知的阶层含义不同。此外，社会阶级现象不仅仅为某一社会科学学科所研究，经济学、社会学、政治学等学科都在以各自的理论视点进行探讨，其间便出现了“利益群体”、“利益集团”等概念。因此，现阶段我国社会阶级

* 原文发表于《中国社会科学》1990 年第 5 期。

现象的研究，首先便遇到了基本概念这一问题。对此有四种意见。

1. 坚持阶级内含阶层的传统界定，使用阶级及阶层概念

这种意见坚持以传统的含义及逻辑关系，分析认识我国社会现阶段的阶级现象。比如，在一个阶级之内，再划分出若干个阶层，像以往那样，如把资产阶级划分为官僚买办资产阶级与民族资产阶级，之后又可将民族资产阶级分为守法、基本守法、违法三个层次。

与这种意见相近而又吸收了“利益群体”概念的另一种意见是：阶级概念大于阶层概念，而在阶层之下还可以用“利益群体”概念再具体分层，即从阶级、阶层到利益群体概念之间，存在着由大到小的逻辑关系。

2. 以阶层概念代替阶级概念

另一种意见在比较研究了马克思的阶级概念与德国社会学家马克斯·韦伯（Max Weber，1864—1920）的阶层概念后认为：阶层概念比阶级概念的含义宽泛，更适合用来研究现阶段我国社会的阶级现象。马克思的阶级概念属于经济范畴，强调了对抗阶级之间的斗争，其揭示的阶级结构较稳定，仅为根本利益尖锐对立的阶级社会所特有。韦伯的阶层概念则是一个社会范畴，包含了经济收入、社会地位和政治权力等多种社会差别，强调社会整体协调功能，所揭示的社会分层结构具有动态变化特点，阶层划分现象贯穿于人类社会的全过程。

3. 以利益集团、利益群体的概念取代阶级、阶层概念

持这种意见的同志认为，面对我国社会主义初级阶段社会结构的现实，使用利益群体、利益集团的概念比使用阶级、阶层概念更具有概括力。利益群体与利益集团之间在质的规定性上是基本一致的，但有细微的差别：前者具有不稳固性，后者则是具有稳固性特征的，如有一定的组织及纪律，有某种政治要求，等等。

4. 阶级、阶层在词义上是一致的，关键在于实际研究中的具体指标

这种看法认为，从语义学的角度看，阶级、阶层不过是不同的表述而已，都是指按一定标准确定的人们在社会上的分布所呈现出来的等级次序。西方社会学界将阶级与阶层混同使用，其词义是一致的。阶级概念通常有四种划分体系：一是等级的阶级概念，将阶级看成一种垂直分层，如分为上层、中上层、中间、中下层、下层阶级等；二是关系的阶级概念，从特定的社会关系入手，划分出统治与被统治阶级、无产阶级与资产阶级

等；三是反映市场关系的阶级概念，如分出雇主与雇员、债权人与债务人等；四是以劳动分工为标准，如将蓝领劳动者视为工人阶级，将白领视为中产阶级，在这种意义上，也称蓝领阶层、白领阶层等。

二　关于阶级、阶层结构的研究目的及指导理论

关于阶级、阶层结构的研究目的，没有理论分歧，有关研究者一致认为，我们的研究目的是正确认识社会主义初级阶段，尤其是现阶段人民内部矛盾及社会结构，调节并处理好社会各阶级、阶层、利益群体的利益关系，维护安定团结的政治局面，促进社会经济的稳定发展。然而，在指导理论方面，则存在着鲜明的不同认识。当代学术界分析和研究阶级结构及社会结构主要有两大理论：一是马克思主义关于阶级和阶级结构的理论（简称阶级分析理论）；二是西方资产阶级社会学的“社会分层”（Social Stratification）理论（简称层化理论）。哪种理论或什么样的理论更适合我国社会主义初级阶段的阶级结构研究？对此，主要有 4 种不同意见/看法。

第一，在进行阶级分析时，应当坚持马克思主义阶级分析方法，而在进行阶层研究时，则可以吸收西方社会分层理论的合理成分。

坚持这种看法的根据是：①阶级的划分植根于社会的劳动分工，在劳动分工消失以前，阶级的划分是不可能消除的。我国当前存在着工农之间、城乡之间、脑体劳动之间的三大差别，社会主义社会仍然是阶级社会，仍然应该用阶级分析的方法研究阶级、阶层结构问题。②社会主义初级阶段以公有制经济为主导，而又存在着多种经济成分与多种分配方式，存在着不同阶级、阶层、利益集团的利益冲突，需要以阶级分析的方法予以正确认识及处理。③随着改革的推进和发展，社会利益差别、分层化现象会加剧。西方社会分层理论恰是以社会不平等为前提分析认识社会阶层结构的，因而在进行阶层分析时有合理成分，可以借鉴。

第二，坚持和发展马克思主义阶级分析方法。

持这种意见的人认为：“社会分层理论”并不是一种科学的理论，它的错误在于掩盖了划分阶级的主要的、具有决定性的特征——对生产资料的关系。他们认为在坚持马克思主义的阶级和阶级结构理论的同时，应当根据变化了的社会条件，研究新的情况，概括和说明新的问题，而不是原

封不动地照搬。

第三，认为传统的马克思主义的阶级分析理论，在我国现阶段已不适用或有局限性，应当以西方的社会分层理论指导我国现阶段的社会分层研究。

这种看法的根据是：①阶级这一概念是与社会集团的对立性、对抗性相联系的。而在我国，剥削阶级已经被消灭，对抗性社会矛盾基本消失，社会成员间主要表现为非对抗性的协作关系及内部矛盾，简单沿用阶级分析理论是不妥当的。②马克思主义的阶级分析方法是以生产资料的占有关系划分阶级的，这一点仅仅适用于私有制阶级社会。我国是公有制的社会主义的社会，地主阶级、资产阶级被消灭了，无产阶级也被消灭了。现有的工人阶级、农民阶级的提法是一种不科学的含糊概念，是以职业为标准而不是以生产资料的占有关系为标准划分的。因而，坚持以生产资料占有关系划分社会阶级已不符合我国实际。③经济体制改革以来出现的所有权与经营权的分离，并不改变所有制性质，但却导致权力和利益的再分配，沿用旧的阶级分析理论无法解释这种现象，也无法处理由此产生的矛盾和问题。④改革以来，出现了多种经济成分，但在公有制占主导的情况下，不可能出现全局性的阶级对抗与阶级斗争。这种现实，使马克思主义阶级分析理论陷入两难之境。如目前关于私营经济的争论，双方都自觉不自觉地使用马克思主义的阶级分析理论，却都未能得出科学的认识。坚持认为私营经济没有剥削的一方，若按马克思主义阶级分析理论推论，私有制必定产生剥削，不承认这一点是自欺欺人；而认为存在剥削因素的一方，若以马克思主义的有关观点推论下去，又必然动摇当前我国允许私营经济存在的政策根据。⑤西方的社会分层理论是以揭示社会不平等现象为目标，而不是以揭露阶级剥削为目标；是以调和社会不同群体的利益矛盾为基点，而不是以推动阶级间的激烈对抗为基点。在我国现阶段，社会群体之间存在着各种各样的不平等；随着改革的深入发展，社会分层化将会加剧，不同群体之间的矛盾冲突将会增加，在阶级意识淡化的同时，阶层意识将不断发展并强化；对温饱的关心，将逐步上升为对社会权力支配、社会公平、社会流动等自我实现的关心。要正确分析和认识这些社会现象，西方的社会分层理论无疑是可供选择的恰当理论。

第四，以实用为原则，进行多元的理论选择，用哪种理论研究社会阶级结构及社会分层有利于我国社会结构优化、有利于发展我国的社会生产力，就采用哪种理论。

持这种看法的同志认为，马克思主义的阶级分析理论与西方社会分层理论，各有其合理性，都可以作为社会分层的理论指导。我国社会主义初级阶段的主要任务是发展生产力，肯定一定范围内的差异对生产力发展的促进作用，并保持社会的稳定，协调好各个阶级、阶层的利益。如此情况，用多元分析的方法进行社会分层，显得更实际、更有用些。在这个问题上的理论是非，也要用生产力标准加以检验。

三　关于划分阶级及社会分层的标准与操作指标

研究阶级及社会分层的指导理论不同，自然就会产生不同的标准与指标。在这方面的分歧，可以划分为两类：一类是一元论的理论框架，如坚持马克思主义阶级分析理论，研究阶级及阶级结构问题；另一类是多元论的理论框架，如以西方社会分层理论为指导的分析研究，马克思主义阶级分析理论与西方社会分层理论相结合的研究思路。关于多元论的标准与马克思主义阶级理论的关系，一种意见认为：马克思列宁主义经典作家关于阶级的定义及依据的标准并不是一成不变的，马克思的阶级定义标准，曾十分强调意识形态的重要作用，而列宁的标准，则强调了经济因素。所以，坚持马克思主义阶级分析的原则与接受多元论的划分标准并不意味着一种背离或妥协。

（1）以马克思主义阶级分析理论为指导的划分标准。

此类研究者一般都援引列宁的阶级定义，坚持以生产资料的占有关系或以财产、收入等经济关系来划分阶级、阶层。

（2）以西方社会分层理论为指导的划分标准。

西方社会分层理论有多个学派，不同的学派所使用的标准是不一样的，但有一共同点，即都是多元化的。如马克斯·韦伯以财产、声望和权力作为分层指标，帕森斯（Talcott Parsons）以财富、出身、职业作为分层指标，布劳（B. M. Blau）以资源、能力的获得与分配作为分层指标，达伦多夫（Ralf Dahrendorf）以权威、权力作为分层指标，等等。

结合我国现阶段阶级结构研究及社会分层，不同的研究者强调的重点又各有不同。有的强调以社会身份作为划分利益集团的标准，因为在诸因素中，社会身份起决定作用。有的同志注意到了社会主义社会中权力或权势的特殊性，指出在社会主义初级阶段存在着“权力泛化”现象（不同职位、职业的人，可以以自己的某种方便或特权去满足自己的各种需要），主张以权力或权势作为多元标准中的一元。另一种意见则主张以社会地位为基点，建立反映地位特征的权力、声望、身份、收入及教育五项指标。另有研究者则以社会资源及其获得机会作为分层标准，并提出了分层的指标体系，其内容是以四级指标确定的，即第一级指标为职业分类，第二级指标为受教育程度、收入状况，第三级指标为出身、政治面貌、财产、权力、生活方式、生产社区、社会声望，第四级指标为性别、民族、宗教信仰等。

（3）主张马克思主义阶级分析理论与西方的社会分层理论同时并用的研究者的划分标准。

多元分层但必有一两个因素起主导作用，从这一认识出发，他们主张以建立在社会分工基础上的职业为主的多元标准。

（4）以利益群体为基本概念的划分标准。

这种划分标准仍然属于多元化的体系，就是以生产力与生产关系的统一作为划分不同利益群体的标准。也有人提出以交叉分层指标体系作为划分不同利益群体的标准，即从社会群体四大差别的干群、城乡、工农、体脑的角度，再从社会生产和权力系统中的地位、职业、知识水平三个方面交叉分层。

四　关于我国社会现阶段阶级、阶层结构的总体描述

关于我国社会现阶段阶级、阶层结构的总体描述（含“利益群体”结构描述），目前主要有以下 9 种认识。

（1）传统的两阶级一阶层论，即工人阶级、农民阶级和知识分子阶层。其中，知识分子属于工人阶级的一部分。

（2）两阶级三阶层论。现阶段存在着工人阶级、农民阶级、知识分子阶层、个体劳动者阶层、私营企业主阶层。工人阶级仍处于领导地位。

另有一种认识是两阶级为全民所有制劳动者阶级与集体所有制劳动者

阶级，三阶层是个体劳动者阶层、雇工劳动者阶层和企业主阶层。

（3）三阶级论，就是对工人阶级、农民阶段、小资产阶级（包括个体经营者、私营企业主）的三阶级结构的认识。

（4）三阶级一阶层论。现阶段我国社会存在着三个阶级——工人阶级、农民阶级和半资产阶级（指私营经济雇主群体），此外，还有一个新的流民阶层（在大中城市中靠行乞度日的各类流民）。持这一观点者认为，工人阶级是领导阶级，农民阶级是个正在急剧分化的不完整的阶级，半资产阶级则是一个充满活力而又步履艰难的不完整阶级。

（5）三阶级与三阶层论。我国社会现阶段存在着三大兄弟劳动阶级与三个正在发展中的阶层。这三大兄弟劳动阶级是：处于领导地位的工人阶级、处于同盟地位并采取家庭联产承包责任制形式的集体农民阶级和处于补充地位的个体劳动者阶级（即小资产阶级）；三个正在发展中的阶层是知识分子阶层、雇主阶层、管理干部阶层。

（6）四阶级论。现阶段是以工人阶级为领导的，包括资产阶级在内的多种阶级并存的局面，有工人阶级、农民阶级、小资产阶级、资产阶级（包括海外资本投资者和内地私有资本拥有者）。

（7）四阶层论。我国社会现阶段存在四大阶层，他们是：干部阶层、工农阶层、企业家阶层、知识阶层。他的划分标准是多元的。

（8）三形态论。这一看法认为三种不同形态（基本阶级、特殊阶层和非基本的社会集团）构成了我国社会主义初级阶段的阶级结构。其中，基本阶级包括工人阶级和农民阶级两大劳动阶级，他们是社会主义社会的主体；特殊阶层是总体上属于工人阶级而又相对独立的知识分子阶层；非基本的社会集团如个体劳动者，他们同所有制有联系且有不同的经济地位。

（9）利益群体结构论。所谓利益群体结构，是指在经济利益基础之上产生，由所有不同利益群体按照一定比例关系排列组合的社会各类成员之间的一种相互关联方式。我国现阶段的利益群体结构，是以工人、农民为主体，由干部、知识分子和个体劳动者等社会群体共同组成。10 亿多人口，8 亿在农村，是这个不合理利益群体结构的主要特征。持这一观点的论者认为，新崛起的两大利益群体（一是亦工亦农群体，二是企业家群体）都是有着自身特点的新型社会群体。

另一种利益群体结构的看法是，根据社会利益群体是在社会的政治、经济、物质与精神生活等方面有着共同的利害关系与需求、共同的境遇与共同的命运的群体的认识，将我国社会现阶段利益群体做了20个群体的划分，他们是：高级领导干部、中层干部、一般干部、专业知识分子、企业家、正式工、合同工、临时工、业主、城市待（无）业者、军人、宗教职业者、城乡独立劳动者、农民工、乡镇企业工人、农村专业户、私人雇工、农民、游民、反社会利益群体。

除上述9种关于总体结构的认识外，许多研究者注意到了现阶段阶级、阶层结构的不稳定性、变动性，他们认为在原有的阶级、阶层之间，不断出现边缘性群体及交叉性群体。所谓边缘性群体，亦称临界群体，指由某一社会集团向另一社会集团转化过程中的群体。交叉性群体，指在社会经济生活中具有双重乃至多重身份角色，跨越不同社会集团的群体。前者具有过渡性和变动性，后者相对而言具有阶段性和稳定性。边缘性群体和交叉性群体的出现，一方面说明社会结构开始由封闭型转向开放型，社会流动活跃起来，这是现代化社会生活的一种标志；另一方面也表明社会结构处于转型时期，社会群体的利益结构呈现一种不稳定状态。

关于边缘性群体的看法是在农民阶级中分化出一批在乡镇企业中就业的职工，目前仍然是农民阶级，但正在向工人阶级转化并获得了新的特征，这部分人构成了农民－工人边缘阶层。为此，称之为亦工亦农群体。

关于交叉性群体，一些同志认为知识分子既是工人阶级的一部分，又具有其独立性，是一个交叉阶层。随着改革的深化，在中国可能出现一个全新的知识分子－企业家交叉性利益群体，并对中国的社会生活产生重大影响。

五　关于各阶级的内部分层

关于各阶级的分层研究热点主要集中在三个方面，即私营企业主群体、知识分子群体、企业家群体，而对其内部做的分层研究则不如对工人、农民两大群体的研究深入。

1. 关于工人群体的分析

一种意见认为，工人阶级是与资产阶级相对而言的，在社会主义社会，资产阶级被消灭了，无产阶级也就消亡了。另一种意见则认为无产阶级在很长的历史时期内仍将存在，但同资本主义制度下的无产阶级在地位、作用等方面有着根本区别，它已上升为统治阶级，成为国家所有制生产资料的所有者，其历史任务是建设一个新的世界。因此，将社会主义制度下的无产阶级称为工人阶级较为确切。在我国现阶段，工人阶级包括所有在国营企业、集体企业、私营企业、合营企业、独资企业工作的劳动者，研究者根据实地调查，提出了全民所有制企业中工人阶级的内部分层，即分为决策层（决定企业经营方向、生产规划、分配制度和重大人事安排的各级领导者）、管理层（具体指挥、调度、组织人力物力及落实企业决策的各职能科室办事人员、生产部门的主要负责人和负责研究、设计工艺的技术人员）、操作层（直接生产物质产品的人员，这部分人是企业职工的主体，占职工总数的80%以上）。

还有一种意见将工人群体分为正式工（在编的国家行政机关、全民或集体企事业单位中的固定工）、合同工（在各类企事业单位根据一定契约关系而劳动并获取报酬的工人）、临时工［被各类企事业单位从待（无）业群中临时雇用的工人］、农民工或称城市农民工（包括三部分人：一是各种以包工队的形式，有组织地进入城市或工矿企业，长年从事建筑业、运输业等较繁重的体力劳动的工人；二是各种在城市企事业单位的零散工；三是农村进城的女青年家务工）、乡镇企业工人（在乡镇企业中拿工资工作的工人）、私人雇工（在个体经济系统中被雇主雇用的工人）。

关于工人阶级的现状，有三个方面的问题值得研究。第一个问题是经营承包者的属性及与其工人阶级的关系。随着厂长负责制、经营承包制、租赁制和股份制的推行，经营承包者在职工创造的新价值中占取多大份额的问题值得研究。如果在分配中，他们的收入与职工收入过分悬殊，份额很大，便有可能从工人阶级中游离出去。第二个问题是智力工人的出现。智力工人不同于其他形态的工人之处主要是劳动方式。随着改革的深入，企业技术改造将向着现代化的方向发展，电脑技术将不断地渗透到生产组织乃至生产操作中，掌握并操作电脑工作的工人随之出现且会日渐增多。据中国社会科学院社会学研究所在首钢的调查，那里已经出现了智力工人。他们在文化素质、劳动方式、生活方式乃至思维方式上与其他工人是有区别的，并有其特殊的利益要求。第三个问题是工人阶级对改革的态度。根据调查结果，对发展多种所有制经济和分配方式的改革，干部和工人群体反对者居多。这是一个值得研究的问题。

2. 关于农民群体的分析

三中全会以来，农民群体的分化、演变是最活跃的。由于划分标准不同，产生了不同的分层认识。

一种意见认为，在经济较发达地区，农民正在向兼农、非农的方向发展。农村社会可以分为五大阶层。农民——纯粹的种田人、乡镇企业工人、管理者、家庭非农经济经营者、专业技术人员。

也有人把农民阶级概括为三个主要的阶层：一是完全从事农林牧渔生产的农业劳动者；二是农业生产与非农业生产兼作的农业劳动者；三是脱离农业生产、完全从事非农业生产的农村劳动者。还有的研究者把农民分为农业户、亦工亦农户、个体工商户，或把农民分为富裕户、小康户、温饱户、贫困户等。

在这一问题上，一种比较系统的看法是：经过近10年的改革，中国农民已由名义上的集体经济的成员，转变为自主生产、自主交换、自主分配和消费的独立的商品生产者。在8亿农民中，约有1.2亿人从事非农产业劳动，有7000多万户，约占全国总农户的35%（在商品经济发达地区约占70%，有的占50%，大部分中等发达地区占20%～30%，不发达地区约为10%）。农民分化成八个有不同利益要求的阶层：①农业劳动者阶层：承包集体的耕地，从事种植业、养殖业劳动，全部或大部分依靠农业取得收入作为自己家庭的生活来源。这一阶层占农民总数的55%～57%。他们中又可分成四个部分：一是农业专业户或承包大户，人数很少，但有较多的农业机械、资金，有国家贷款及较强的劳动经营能力，收入较多，一般生活都很富裕。二是较富裕的农业劳动者，劳动力较强，有一定的文化技术和经营能力，农用生产资料齐全，生活较富裕、较安定。三是温饱型农业劳动者，只耕种集体耕地，仅有牲口和简单农具，资金不足，生活境遇随国家政策、天灾人祸而变化。四是贫困农户，又分为两类：一类生活在贫困地区，终年劳动，不得温饱；另一类生活在非贫困地区，由于家庭缺少劳动力或主要劳力有病、呆、傻，要依靠社会救济维持生活。农业劳动者阶层目前人数最多，分化也最快。②农民工阶层：常年在厂矿或商店等第二、三产业劳动，并由此获得个人及家庭的全部或大部分收入，户籍仍在农村，身份还是农民，其中也有两类，一类是离土离乡的，另一类是离土不离乡的。农民工阶层在人数上仅次于农业劳动者阶层，约占农民总数的 24%。③雇工阶层：受雇于私营企业或个体工商户，在农村仍有足以谋生的承包土地和其他生产资料，是现阶段农村的工人阶级，在全国，约占农民总数的 4%。雇工的劳动强度要比农民工大，其社会地位却低得多。④农民知识分子阶层：在农村从事教育、科技、医药、文化、艺术等智力型职业的知识分子。农民知识分子阶层又分两类：一类是非农业户口，属全民所有制或集体所有制的干部、职工，所不同的仅是在农村工作；另一类是同前者做一样的工作，身份仍是农民，其政治和生活待遇与前者很不一样，如民办教师、乡村医生、农业技术员等。农民知识分子阶层约占农民总数的 1.5% ~2.0%。⑤个体劳动者和个体工商户阶层：在农村拥有某项专门技术或经营能力，有生产资料或资金，从事某项专业劳动或经营小型的工、商、服务业的劳动者和经营者。个体劳动者主要是靠自己劳动，而个体工商户除靠自己劳动外，还雇有不超过 7 人的帮工。他们约占全国农民总数的 5%。⑥私营企业主阶层：生产资料私有，自主经营，以营利为目的，雇工在 8 人以上的企业主。这部分人约占农民总数的 0.1% ~0.2%。⑦乡镇企业管理者阶层：乡村集体所有制企业的经理、厂长及主要科室领导和供销人员，他们虽然没有名义上的所有权，但有集体企业的经营权、决策权，同农民工是管理者与被管理者的关系。他们亦分为隶属于乡或村的行政领导的传统经营者及租赁、承包经营者，约占农民总数的 3%。⑧农村管理者阶层：乡、村两级的农村基层干部，是农村政治、经济、社会生活的组织者、管理者。这类人约占农民总数的 6%。此阶层又分为四类：一是脱产干部，如乡镇党政经机构的主要领导和专业干部，约占当地农民总人数 1% 左右；二是半脱产干部，系乡镇党政经机构的业务干部和工作人员；三是享受常年固定补贴的干部，他们是村党支部书记、村民委员会主任和副主任、会计等村级组织的主要领导干部，不脱产，农业户口，农民身份，家有承包土地，全国有 300 万 ~400 万人；四是村里享受误工补贴的干部，如团支部书记、妇联主任、民兵连长等。农村管理者阶层是党和国家同农民之间的中介。上述八个阶层中，农业劳动者和农民工是目前农村两个主要的社会阶层，约占农民总数的 80%；随着农村改革的进一步深入，农业劳动者阶层会继续减少，农民工、农民知识分子、个体劳动者和个体工商户、乡镇企业管理者等阶层人数会继续增多，而雇工和私营企业主两个阶层则视国家对私营经济的政策而变化。

根据对农民群体的分析，有的同志提出现阶段我国农民群体的分化有两种现象值得研究：一是从事农业、种植业的农民正在逐渐减少。这与我国社会主义初级阶段的实际国情是否吻合？将给社会需求结构带来怎样的影响？二是农民群体的分化呈现很强的地域性，经济较发达地区的农民非农倾向较普遍，中等发达地区的农民兼农倾向突出，而落后地区的农民则仍然保留着传统农民的群体行为特征。这种地域性差别是否会固化？如若被固化，农民群体内部的贫富分化将可能加剧，而农民群体的地域流动则可能弱化下来。农民群体的地域流动是弱化还是强化，不仅关系到8亿农村人口的切身利益，而且关系到现阶段我国社会结构的走向。

3. 关于知识分子群体的分析

知识分子问题在我国有其特殊性，自新中国成立以来一直争论不休。对现阶段知识分子问题，有关研究者主要在三个方面各持己见：一是关于知识分子的阶级属性；二是关于知识分子的定义；三是关于知识分子的内部分层。

（1）关于知识分子的阶级属性

第一种意见坚持认为知识分子是工人阶级的一部分，是工人阶级中文化科学素质最高的一个阶层。另一种意见认为知识分子可以独立地构成一个阶层，甚至成为一个独立的阶级。有人还特别指出，当代中国知识分子的参政、议政能力日渐成熟，完全可以担负起现代化建设的主导力量的历史重任。第三种意见仍持“依附论”，即知识分子的职能是创造和传播知识，他们不可能成为一个独立的阶层或阶级，而只能依附于其他社会阶级。

（2）关于知识分子的定义

对此也有三种意见。第一种意见倾向于宽泛定义，即以一定的学历为硬指标，凡符合这一学历标准的都应称为知识分子。第二种是适度定义的意见，认为具有一定学历、一定职称并从事脑力劳动的人，才能算作知识分子。第三种意见对知识分子下了严格的定义，认为知识分子必须具有一定的文化知识，并通过知识的传播，传授、加工创造及再创造来为社会集团和个人服务，并以此作为取得主要生活资料来源的人。

（3）关于知识分子的内部分层

一种意见明确地提出了知识分子的内部分层，认为知识分子应分为三个层次：第一层是知识劳动者，从事发现、模拟应用、转化知识的劳动，包括科学工作者，工程技术人员，卫生、经济和文娱等各类专业人员；第二层是传播知识的劳动者，主要是从事教育工作的教授和教师；第三层是领导和管理层劳动者，是指国家机关、团体、企事业单位的领导人和管理干部，其社会职能是处于社会组织活动的较高层次，进行组织、指挥、协调控制工作。

4. 关于私营企业主群体的分析

对私营企业主群体的分析，目前主要集中在其阶级属性及发展前景上。对其阶级属性，研究者的认识有很大分歧，主要有以下五种意见。

第一种意见认为私营企业主是社会主义劳动者。这种意见的根据是我国私营企业的财产（资金）并不都是私有的，把私营企业等同于私有企业不够确切，应视私营企业经营者为社会主义劳动者。

第二种意见认为私营企业主已经形成一个新崛起的私营企业主阶层。私营企业主拥有企业资产，同劳动者有雇佣关系，有其特殊的利益要求，所从事的私营经济是社会主义有计划的商品经济的必然成分，已经形成了一个有其独特利益及地位的社会集团或阶层。

第三种意见认为他们是小业主或称小资产阶级。持此意见的同志指出，我国私营企业的雇佣关系只具有资本主义萌芽性质，雇工数量不多，剥削的剩余价值量很小，因而雇主的性质应属小业主或小资产阶级。

第四种意见认为应将私营企业主称为半资产阶级。私营企业中存在着剥削现象，属于资产阶级范畴，但由于它是处于工人阶级领导之下，是一个不完整的阶级，因而应称之为半资产阶级。

第五种意见视私营企业主为“食利者阶层”，其本质是资产阶级，认为我国目前已经崛起了两类资产阶级：一类是海外资本投资者，属于资产阶级；另一类是内地的私有资本拥有者，尽管他们中的许多成员原来是工人、农民或其他劳动者，但由于他们生活资料的主要来源是资本的利润，其阶级属性已从劳动者中分化出来而成为“食利者阶层”，其本质只能是资产阶级。与这种意见相近的则称他们为民族资产阶级。

关于私营企业主群体的研究，目前比较系统、比较深入的一种意见是对私营企业主阶层的形成、基本状况特征及发展趋势等提出了看法：①私营企业主阶层是在党的十一届三中全会以后私营企业经营规模不断扩大及发展的必然产物。十一届三中全会后，我国城乡私营企业的经营形式大约有6种：一是由承包或租赁集体企业演变成私营企业或主要由私人经营的企业；二是个人或家庭独资企业；三是合伙经营企业；四是集股经营企业；五是挂“集体”牌子的私人经营企业；六是中外合资或合作私营企业。②私营企业主阶层的基本状况：一是男性多于女性，占90%以上；二是在社会地位、社会声望、政治参与程度上，农村私营企业主高于城镇私营企业主；三是中年占大多数，且有较丰富的社会阅历；四是文化素质普遍偏低，50%是文盲；五是农村私营企业主起步早，办企业的经历比城镇私营企业主丰富；六是在雇工人数及经营规模上，农村私营企业主超过城镇私营企业主；七是农村私营企业主支付工人的工资高于城镇私营企业主。③私营企业主的特征有4点：一是承揽企业一切权力；二是生产成果及利润，一般归己所有；三是其行为目标是追求最大利润和增加、积累个人财富；四是所有权和经营管理职能合一。④其发展趋势：一是队伍将日益扩大；二是内部结构将向着年轻化、行业结构日趋合理、区域更加广泛、文化素质不断提高等方向发展；三是与社会主义经济的联系将更加密切；四是将加强与国际资本的联系；五是群体意识、阶层力量逐渐形成并发挥作用；六是其政治参与、社会声望及社会地位将得到改善与提高；七是与其他社会成员的关系将越来越融洽。

中国封建社会运行的特点及成因*

张　琢

今天的中国是历史的中国的继续。中国近现代的历史命运、中国现代化的特点——它的难点和特色，就内在基础而言，直接取决于中国传统社会（以家庭农业自然经济为主要基础的封建社会）演进的特点。而且，其中某些规律性特点在中国近现代历史中、在现代化过程中，还一再以或多或少变化了的形式重新显现出来。把握这些特点，是认识中国现代化的规律和特点的前提，懂得了历史的中国就有了认识今天的中国的基础。

对于中国封建社会的特点和中国封建时期的资本主义萌芽问题，史学界、经济学界以及新中国成立前的社会学界的学者曾进行过多次热烈的讨论，从不同侧面提出了一些见解。其中，近十年的讨论在继承“文革”前探索的成果的基础上又有所创新和开拓，许多论点是富有启发性的。只是由于中国社会学作为独立的学科被取消达 27 年，到 1979 年方恢复，在这方面尚未交出自己的新答卷。而要系统回答中国社会发展的历史规律的特点问题，以社会变迁为研究对象、综合性很强的社会学是应该发挥自己特长的。本文试从社会学的角度就中国封建社会运行的特点以及决定和影响这些特点的主要因素做一初步的综合性分析。

一　农业文明空间推进的规模大、时耗长

农业文明的炊烟在约万年前的新石器时代即已在中华大地升起，而且南北都有种植的粮食作物的种子遗存发现，证明中国南北种植业的发生都是很早的。以铁制农具和牛耕为主要生产工具，并注意选育良种、农田水

* 原文发表于《社会学研究》1990 年第 5 期。

利建设、施用粪肥、精耕细作的集约化程度较高（以古代标准）的定耕农业，以及以这种生产方式为基础而形成的家庭农业自然经济体制，首先于春秋战国时期出现并逐步普及于水土条件都较宜于开垦利用的中原（今河南、山东和陕西、山西、河北南部的黄河中下游地区）。这些地区由于水土、气候等条件类同，在地理上连成一片，无高山大海阻隔，在名义上的周王朝统领下，各诸侯国竞争激烈，合纵连横，人员交往频繁，互相学习，每一先进工具和耕作技术一出现便得到较为迅速的推广，所以这一地区中心地带的铁制农具和牛耕的推广以及相应的由领主经济向地主-小农经济的转化仅用了约200年。

在秦、汉大一统的条件下，这种先进的生产方式和经济形态得以向四周推广，在纪元初，其范围大体延伸为北到长城、西至陇东、南临秦岭淮河以北。此圈之外的北方和西方仍为游牧狩猎民族的活动区域，而南方则仍处于“火耕水耨”的游耕状态，牛耕未普及，渔猎尚占有重要地位。

魏晋南北朝时期（220~589年）的动乱，尤其北方少数民族入主中原，经济和人口遭遇空前劫难，这场灾乱的破坏作用是史学家所公认的。另一方面，中原地区的人口向四周“蛮荒地区”的流亡和游耕-渔猎民族对定耕集约型农业文化的吸收，扩展了农耕区域，尤其南方长江中下游包括今四川、湖北、湖南、江西、安徽、江苏、浙江的江、河、湖平原地区的集约化农业得到了快速发展。这是一个从总体上（特别是中原地区）看经济发展水平和人口相对下降，而从周边来讲（特别是南方）农耕文化质的提高和量的扩展时期。

在隋唐时代，南北大运河的开通和一个半世纪的稳定发展，使中国封建社会达到鼎盛状态，但是接着却是安史之乱（755~763年），中原发达地区再度陷入兵荒马乱之中，经此，中国的经济和人口发生了历史性的转折：北方与南方的人口比例由6∶4倒转为4∶6（胡焕庸、张善余，1984：36）。这个人口比例的变化也大体反映了经济重心由北向南的转移。如果以公元前475年春秋战国之交为中国封建社会起始的“绝对年限”，1840年鸦片战争为封建社会终止的“绝对年限”，那么，在这2315年中，以安史之乱为转折点，前1230年是北方的人口和经济密度高于南方，后1085年加上半殖民地半封建社会时期和社会主义时期的一个半世纪共1235年，则为南方超过北方，时间上正好约各占一半。

到北宋末年，游牧民族再度入关，中原出现又一次民族大迁移和相应的经济文化的南流，农耕文明浸润了岭南、珠江流域（湘南、两广、福建和贵州）。但是广大的西北、西南和东北少数民族居住地的大片土地，仍未进入定耕集约农业的发展阶段。在明代，云南仍是犯人的主要流放地。在西北方面，虽历朝有“屯垦戍边”部队和移民时断时续、时进时退的零星开发，[①] 但直到封建社会后期（元、明、清），甘肃、宁夏及青海东部才由内地移民加以永久性开拓，至清末，小批移民方陆续进抵新疆中部。关内向东北和内蒙古草原的大量移民则更是近一个世纪以来才形成浪潮。直到新中国成立时，西北、西南许多边远地区和闭塞的山区还处于相当原始、粗放的游牧和游耕状态。新中国成立以后，政府以空前的组织力量，采取种种特殊的经济和社会政策，利用近现代交通和科技手段，领导各族人民经过几十年奋斗，才使这些地区基本完成了向集约化程度较高的定居农牧业的转化。

可见，正是由于中国幅员辽阔、地理条件复杂多样，集约农牧业的推进颇为艰难，遂延续到今天才在全国范围内实现了农业文明的普及，历时两千余年。这个中国农业文明量的扩张过程，是由“太平盛世”的发达地区的高水平农耕文化向周边落后地区的辐射及动乱时期向偏僻地区的流亡这两种主要形式交替实现的。

中国农业地带之广袤、农业人口数量之多、空间地域推进所耗时间之长，是古代其他任何国家所不及的，这便是中国传统农业文明在量的扩张上显示出的第一个特点。这个特点在现代化过程中又一次显现出来。只是现代化的始发区域与推进方向与农业文明由偏北的中原地带向南方及其他周边推进不同，是由东南沿海向中部、西部梯度推进。

二　由封建社会的内部矛盾决定的周期运行

自周秦以来的整个中国封建社会，农业生产的基本生产力（人力、畜力和铁木农具等手工工具）没有根本变化，基本的农作物和家畜、家禽

① 据统计，我国自西汉至清末的两千多年中，较大规模的驻军和移民垦荒至少有千次以上，其中军屯 667 次、民屯 337 次、商屯 150 次（吴斐丹等，1980）。

（如北方的小米、南方的大米，六畜——马、牛、羊、鸡、犬、豕，在新石器时代晚期均已齐备；茶、丝、麻则是闻名世界的中国传统的经济作物，以后又从西亚、南亚和美洲引进了麦、薯类、玉米和棉花）一直延续到现在，以小农户为基本生产单位的男耕女织的家庭农业自然经济的生产方式没有多大变化，甚至生产水平和劳动生产率也没有多大提高（封建社会后期，由于人均土地占有量的减少，人均产量和人均收入反而有所下降[①]）。与这种生产力和生产方式相一致的家国一体的封建宗法制度也始终没有根本的质的变化。唯一显著的社会运行规律，是周期性的经济政治危机，体现为治－乱的循环（当然不是简单的封闭式循环，而是每一循环都有所变异，只是这种变异未能达到整体的质的突破的水平）和王朝的更替。

周期性的经济政治运行在其他国家的封建时代同样存在，只是中国的这种运行与其他国家比起来循环规模更大、更典型：与东方各文明古国相比，中国是循环周期环环相连，从未间断；与西欧在封建社会的母腹中孕育出资本主义生产方式并终于由资本主义社会取代了封建社会的历史比较，中国封建社会经济政治的循环运行直到西方工业文明的挑战到来之前始终未能跳出封建社会的窠臼。

那么，这种特点是怎样形成的？这就要从中国封建社会的经济社会结构的特点中去找原因。

中国大约自公元前四世纪中叶即已确立了小家庭农业自然经济的基础。家庭这种社会经济生活单位把生活资料的再生产和人类自身的再生产、农业与手工业、生产劳动与家务生活劳动紧密结合在一起，形成了一种经济－社会、生产－生活功能齐备的结构，很适合个人操作或家庭成员简单配合的手工和畜力耕作，便于组织生产和生活，使劳动力和时间得到尽可能充分的利用。在具备适量的耕地、生产工具和劳动力的时候，这种“农家乐”的田园生活便可正常运行。但是，这种理想状态是很难维持的，这种小家庭社会经济单位实在太脆弱。单就土地而言，在开发初期或每一战乱结束后的地广人稀之时，耕者要获得一份耕地或开垦一块荒地还不大

① 据中国科学院国情分析研究小组计算，目前我国农村劳动力人均粮食产量只及唐朝时的一半（胡鞍钢等，1989：79）。

成问题。这时，开国创业的“明主”也往往能采取种种政策励精图治，奖励农桑，珍惜民力，休养生息，使社会经济蓬勃发展。如此，经过几代人，人口增长的速度超过了有限的耕地的增加速度，人均占有的土地就会减少。中国向来实行的是与西欧和日本的长子继承制不同的土地财产由诸子平均分割的继承制，于是土地越分越小，财产越分越少。至于一般农家，只要死一头耕牛，就会破产，更不用说丧失一个主要劳动力了。由于中国封建时代就有土地自由买卖的制度，陷入困境的农民便只有出卖财产、土地乃至妻儿，沦为佃农、奴仆或流民。

中国土地所有制的基本占有形式是地主（皇帝为最大的地主）所有的土地租佃制和自耕农的小土地所有制以及介于这二者之间拥有小块土地而又需要租种部分土地的半租佃者。而无论哪一种，都是小农户（佃农或自耕农）的小块土地经营。正如马克思所说：小块土地所有制按其本质来说，就是排斥社会生产力的发展、劳动的社会化、资本的社会积聚、规模经济和科学技术的应用，生产资料无止境地分散，生产条件日趋恶化，对这种生产方式来说，好年成也是一种不幸。[①] 何况，对于占农民大多数的佃农来说，这一小块土地的所有权也不是属于他的，他还得承受通常高达50%以上的地租剥削，加上政府的种种徭役和赋税，往往是“男子力耕不足粮饷，女子纺绩不足衣服”[②]，根本谈不上资本积累、扩大再生产或改进生产工具和生产方式，更无力开辟新的生产领域。农民平时在地主和官府的双重压榨下在贫困线上挣扎，一遇天灾人祸，就会破产，沦为失去生计的流民。而地主、豪强便乘机兼并土地，土地越多，地租越多，但是土地的集中并非生产资本的集中和经营规模的扩大。有钱的地主自己并不经营农业，不会拿这些财富去改进生产工具和生产方式，而是将它消费掉，或用来买更多的土地或放高利贷，以增加财富的简单积累，而很少用于生产的投入，最后还是用于消费。地主土地占有量的增加，没有改变或扩大生产规模，他的领地仍然由小家小户的佃农来耕种，而且佃农越贫困，经营规模便越小，越分散。这样，一方面是越来越贫困化的佃农和流民的增加，另一方面是土地的集中和骄奢淫逸的寄生人口的增加并愈益腐败，呈

① 马克思：《资本论》第3卷，第910页。

② 《汉书·卷二十四上·食货志》。

现一种两极化趋势，促使社会矛盾激化。这时，“明智”一点的政府会采取一些限制土地兼并的措施，但由于皇帝和政府官僚阶层本身就是大地主，根本无法自我限制，即使暂时限制一下，也不过维持不死不活的分散的小生产状态，最后势必导致农民起义，社会陷入动乱，造成人口的大量逃亡。在腐败的旧王朝灭亡的废墟上建立起来的新的王权，又来招抚流民开垦荒芜的土地，社会进入新的一轮循环。这就是由中国封建社会的生产力、生产方式与土地占有方式的内在矛盾决定的周期性循环运行的特点，我们把它叫作“内周期”。

这种内周期，在经济基础上，主要表现为土地所有权的集中与分散的矛盾运动、农民与土地的结合与分离的交替过程；在政治上，则表现为农民与地主阶级的阶级斗争和封建王朝改朝换代的治-乱循环。

中国中央集权的封建王朝之庞大、组织和控制力之强，是世界其他封建专制帝国难以企及的；而需要并导致建立那样一串相互衔接的封建王朝的经济和社会基础，正是分散的小农自然经济。

分散、弱小的小农经济无法兴修作为农业命脉的水利工程，也无法抵抗游牧民族的侵略。它需要政府的权威来组织水利工程的实施、防卫和其他社会管理。马克思指出：“在亚洲，从很古的时候起一般说来只有三个政府部门：财政部门，或对内进行掠夺的部门；军事部门，或对外进行掠夺的部门；最后是公共工程部门。……在东方，由于文明程度太低，幅员太大，不能产生自愿的联合，所以就迫切需要中央集权的政府来干预。因此亚洲的一切政府都不能不执行一种经济职能，即举办公共工程的职能”。[①] 孟子曰：“无敌国外患者，国恒亡。”[②] 中国的“亚圣”也懂得国家正是作为防御外患的工具产生和存在的，如果没有外患，国家也就没有存在的理由了，而中国历来的统治者向来也是借口“攘外”须先“安内”，借外患来凝聚在专制压迫下涣散的百姓，并常常以最能引起国民“同仇敌忾”的“里通外国”的“卖国贼”等罪名来铲除其“内患”。

中国定居农业经济的形成和发展与水利工程和防卫工程的兴修是同步的。中国上古时代传说中的轩辕黄帝和原始时代的另一位部落首领鲧都是

① 《马克思恩格斯选集》第二卷，第64页。

② 《孟子·告子》。

筑城的始祖："黄帝筑城邑，造五城"；①"帝既杀蚩尤，因之筑城"；②"鲧筑城以卫君，造郭以居人，此城之始也"。③ 与这种传说相呼应，中国在新石器时代晚期，距今五六千年前的龙山文化遗址中发现了夯土和石块筑成的围墙的残壁，④ 有学者认为中国城镇便起源于这一时期（杜瑜，1983）。至少在公元前7世纪（公元前657年），就有了关于城墙的确凿记载"楚国方城以为城"⑤。在春秋战国时期，各诸侯国纷纷筑城，其中最著名的为战国时期北方的燕、赵、秦等国的长城。秦统一中国后，首先便派太子统重兵监督，将这些长城予以加固，连贯为东起辽东、西到甘肃长13000余里的"万里长城"（有些地段还有多层，构成内、外长城），以后历代不断修补，微观位置虽时有变迁，但大体走向未变，这便是直到清代中期（18世纪）中国农业文明与游牧文明的大体分界线。依靠长城和重兵的护卫，算是勉强补充了中国的相对自然地理隔绝机制在北面的缺环。中国的万里长城——这一人类历史上留下的最雄伟的土石防御工程，作为中华民族和中国古代文明的典型象征，正体现了中国农业自然经济集合数量的巨大规模和地域的广大，体现了建立在这个基础上的中国封建专制帝国政治上的巨大组织动员力量，体现了守土重迁的生产和生活方式决定的中国农业民族在军事上的防御性特征。依靠这个自然－人工合成的相对隔绝机制，使长城以内彼此相连的各大河流域获得了相对稳定的发展农业经济和繁衍人口的环境。

中国治水的实践和史籍的记载比筑城的实践和记载还要久远，早在距今六七千年前的仰韶文化遗址中，我们便看到了环绕居民点的排水沟，大禹治水的故事更是尽人皆知。春秋战国时期，各诸侯国竞相兴修灌溉和航运水利工程，以后历代较有作为的帝王和地方的"父母官"都把兴修水利作为重要的建设任务。黄河流域的中原地区、关中地区、银川平原、河套地区和淮河流域的淠史杭地区，长江上游的成都平原、中下游平原，等等，凡是农业发达地区，都离不开灌溉工程。在中国众多的大规模水利工程中，最著名的便是与长城齐名、迄今仍是世界最长的大运河（隋代长

① 《史记·轩辕本记》。

② 《黄帝内传》。

③ 《吴越春秋》。

④ 《河南新发掘一处龙山文化遗址》，《人民日报》1986年12月18日第三版。

⑤ 《左传·僖公四年》。

2700 公里，现为 1747 公里）。它的修建也可以追溯到公元前 5 世纪春秋末期，在现在的江苏扬州地区修建的沟通长江和淮河的邗沟，[①] 继而又延伸到黄河流域南部与黄河支流接通。秦代在北方修筑长城的同时，在南方开通了连接长江水系与珠江水系的灵渠（即今广西兴安运河）。隋（公元 6 世纪初）已把海河、黄河、淮河、长江、钱塘江和珠江六大水系沟通，从而把中国关内各大流域的农业区连接起来，为人员和物资的交流，促进民族经济、政治、军事和文化的大一统的形成与巩固，特别是京畿的供应，发挥了巨大的功能。长城随着火器特别是爆破、航海、航天技术的发展，已逐渐失去了其防御价值，现在仅能作为古文明的象征供人们旅游观光了；然而，运河却随着经济及各方面的发展，比古代承担起更重、更繁忙的运输、排灌、南水北调等综合功能。

由于有这样广大的、适合农耕的地区及天人合一的相对地理隔绝机制的保护，农业经济得到了长期稳定的发展，并繁衍了众多的人口。

正是这种相对地理隔绝机制和中央集权的强大防御力量，使强悍的游牧民族难以南侵（如秦、汉、唐及北宋和明的前期与中期）。然而，当关内政权腐败、发生内乱时，游牧民族便会乘机破关而入。但是，由于关内的回旋余地很大，因此“东方不亮西方亮，黑了北方有南方”，如东晋和南宋，北方遭到游牧民族的入侵，而南方反而由于北方的人口和经济文化的南迁得到了发展。即使外来的游牧民族夺取了政权，由于其相对落后性和人口数量的绝对劣势，最终还得用固有的农业文化来治理这以农业民族为主体的臣民（如元、清两朝），占全国总人口不过百分之几或千分之几的游牧统治民族在文化、生活方式上，甚至在血统上也经不过几代就混杂消融于内地原有居民中了。

然而，中央集权的君主专制政府虽然发挥了防卫和兴修水利工程等方面的功能，但是它首先是以对下层的掠夺和专制压迫为前提的。庞大的政府官僚体系和军队、浩大的工程，尤其为了满足那无止境的奢侈、显示其至高无上的“绝对权威”而营建的豪华的宫殿、陵墓，使人民不堪重负。这样在小生产的基础上建立起来的庞大国家机器本身便成了压碎这个基础的异化的力量。而这种政权既然压碎了自己赖以立足的基础，它本身也就

① 《左传·哀公九年》：“秋，吴成邗沟，通江、淮。”哀公九年即公元前 486 年。

到了倾覆之日。中国第一个封建专制帝国秦王朝的灭亡就是一个典型。秦始皇吞并六国后，便忘乎所以，滥使民力。据《汉书·食货志》记载，秦统一天下后赋税“二十倍于古”，劳役“三十倍于古”。《帝王世纪》记载：“及秦兼并诸侯，置三十六郡，其所杀伤，三分居二；犹以余力，行参夷之刑，收太半之赋，北筑长城四十余万，南戍五岭五十余万，阿房、骊山七十余万，十余年间，百姓死没，相踵于路。”全国服役人数多达二百多万，而据史学家和人口学家们估计，当秦通过酷战兼并六国时，人口不过两千万，仅及中国现在半个省的平均人口。如此沉重的赋役负担，怎能不把百姓逼反呢?！陈胜、吴广就是在这种走投无路的情况下死里求生、揭竿而起，迅速蔓延为中国封建时代第一次大规模农民起义。威风显赫的秦帝国，其兴也猛，其败也速，仅历二世十五个年头便灭亡了。以后的一些大的王朝前期的统治者多少能吸收一些秦苛暴速灭的教训，能多延续一些统治的时日，但是基本制度仍是承袭秦制，也就从根本上无法逃脱像秦朝灭亡那样的命运。据白钢统计，中国自秦统一中国到近代捻军起义失败的两千余年中，小规模农民起义（不出县境的百十人的规模）不计，跨县的万人以上参加的起义就有千余次，平均每两年一次，而跨省的十几万人、几十万人以上乃至全国规模的农民大起义也有上百次，平均几十年一次。[①] 除少数民族夺取政权外，其他历代改朝换代多是在农民起义的基础上实现的，而且，即使是少数民族入侵，也往往是在朝廷腐败、农民起义已动摇了原有政权的基础之后才能乘虚而入，夺取政权，元、清两朝的建立皆如此。

与这种经济、政治周期运行相适应的还有文化（主要包括伦理道德）上的周期运行。中国传统的政治是绝对君权的人治，“人存政存，人亡政亡”，统治者个人的素质有着至关重要的作用。“修身，齐家，治国，平天下”，治人者要先正己。政治伦理在中国封建时代的文化中居于核心地位。人治的前提便是上行下效的表率作用。所以，政治伦理文化的存废不在表面的表彰道德与否，而在实行，能行则在，不能行便是名存实亡。每一朝的开国皇帝和元勋，尚多少知晓些民间疾苦，历尽创业艰辛，比较能守志、勤奋节俭，为政较为清廉，但是登基之后，即使像汉高祖那样的“明

---

① 这是农民战争史专家白钢专为本稿进行的粗略统计。

君”，也会“一阔脸就变”。当初，他在与项羽争雄时曾安抚百姓说：“父老苦秦苛法久矣，诽谤者族，偶语者弃市。吾与诸侯约，先入关者王之，吾当王关中。吾与父老约，法三章耳：杀人者死，伤人及盗抵罪。余悉除去秦法”。[①] 可是后来，甚至他也明知“天下匈匈苦战数岁，成败未可知”，然而仅萧丞相一拍马屁：“天下方未定，故可因遂就宫室。且夫天子以四海为家，非壮丽无以重威，且无令后世有以加也”，[②] 汉高祖便立刻欣欣然享用起那后世无以复加的未央宫来。同时，又是按照这个萧丞相的主意，“捃摭秦法，取其宜于时者，作律九章”。[③] 所以鲁迅说：“刘邦除秦苛暴，‘与父老约，法三章耳’。而后来仍有族诛，仍禁挟书，还是秦法。法三章者，话一句耳”。[④] 像汉高祖这样的创业的“明君圣主”尚且如此，那些不肖子孙的堕落就更可想而知了。鲁迅曾借明代文学家陆容《寂园杂记》的比喻，把辛苦创业者比作“还债者”，而把那些享用现成的饮食、衣服、舆马、宫室、子女、妻妾的人物称作“讨债者”，他写道：“无论什么局面，当开创之际，必靠许多‘还债的’；创业既定，即发生许多‘讨债者’。此‘讨债者’发生迟，局面好；发生早，局面糟；与‘还债的’同时发生，局面完。”[⑤] 这就是封建时代治乱循环在作为文化现象的生活方式上的实际体现。绝对的专制，导致绝对的腐败——经济、政治、文化的全面腐败，这就是每一个封建王朝难逃的致命的综合征，只是发生得迟早和发展得快慢不同罢了。

以上就是构成中国封建王朝循环兴衰的内周期的经济、政治、文化三个方面的主要内容。

三　农业文明在各民族中的推进与社会发展的反复性

古代中国农业文明的地域推进，既是游牧和狩猎民族不断内迁转化为游耕和定耕农业民族的过程，也是内地农业居民不断向四周外迁扩散农业

① 《史记·高祖本记》。
② 《史记·高祖本记》。
③ 《汉书·刑法志》。
④ 《鲁迅全集》第3卷，第533页。
⑤ 《鲁迅全集》第8卷，第185页。

文明的过程。中国农业文明的地域推进，与农业文明在各民族中的推进是两位一体的过程。农业文明地域推进的时耗，也就是农业文明在不同民族中推进的时耗。中国农业文明推进的时耗，是地域和民族的条件（或因素）共同作用的体现。我们在分析了农业文明的内在矛盾和周期运行及其在地域上的推进后，还须对其在不同民族中的推进做一番考察。

现今的中华民族是由56个民族构成的。这些民族都经历了漫长的变迁史。其变迁的文明轨迹大体为渔猎、采集→游牧、游耕→定耕、定牧。从地域上看，是北面和西北面的游牧民族不断南迁，而南方特别是大西南的半游耕、半游猎的民族则是“田尽而地，地尽而山”，逐步向南方山区和西南高原地区退让。

游牧民族是游牧文明的活载体，农业民族是农业文明的活载体。游牧民族与农业民族的冲突与融合，从社会文化形态上看就是游牧文化与农业文化的冲突与融合。这两种文化的冲突与融合构成了中国古代社会民族互动关系的本质和归宿。二者从人口数量、占据的地理空间和文化发展水平上看是不平衡的，但从整个中国古代史的发展看，最终都是前者融合于后者，同时也使后者发生了量和部分质的变化。

下面我们还是从这种文化依存的地理环境入手来分析这两种文化的发生条件、机制及其互动作用。

中国农耕文明的发祥地是黄河、长江及其间的淮河流域的平原地区。在这个农耕区域的东、南、西南山水环抱的相对地理隔绝机制之外，北面却存在明显的大缺口。古代中国的北面和西北面虽然有燕山、阴山等山脉和戈壁沙漠，但是这些山脉并非绝嶂，对于拥有能高速长驱的马匹和作为“沙漠之舟”的骆驼的游牧民族来说，穿越沙漠也非难事，更何况山脉和沙漠间还有不少草原和山口便于通行。而且，正是在中国北面，从东西伯利亚横跨欧亚大陆直到中欧，有连绵万余公里的世界最大的森林、草原和沙漠地带，为狩猎和游牧民族提供了最宽广的游牧、狩猎和驰骋的疆场，其活动中心便是紧邻中国北面和西疆的蒙古高原和中亚细亚。

游牧民族骁勇善战，有强劲的奔袭力量，对中国内地及印度、美索不达米亚以及埃及和欧洲农业地带构成了经常性威胁。由于游牧民族的高度的流动性和活动场所的广袤，使得农耕地带的民族即使在专制帝国最强盛的时候，也只能把他们驱逐到远方，而不能彻底消灭（如汉、唐将匈奴、突厥逐往漠北和西亚），时机一到，他们又会卷土重来，此起彼伏，未有已时。

这样，在近代火器出现之前以及游牧民族由游牧转向定居之前，农业地带的农业民族与草原地带的游牧民族之间的战争，便构成了民族之间战争的常奏曲；农耕文明与游牧文明之间的冲突、互补和融合，构成了在西方的近代工业文明向东方文明挑战以前中国和整个亚欧大陆历史舞台上的主要内容。

逐水草而迁的游牧民族的高度的流动性和掠夺性，决定了它的进攻性；而农业民族守土重迁的生产与生活方式以及沉稳的性格，决定了它在战略上的防御性。游牧民族的游动性，有利于其在同各民族经常性的交往（战争是民族交往和融合的最激烈形式）中吸收不同地域、不同民族的文化，充当文化交流的桥梁，但是却不利于文化积累和人口的繁殖；农业民族自给自足的定居生活决定了它求安稳的保守性，但是却有利于人口的繁衍和文化的积累。

游牧民族对农耕民族的安全的威胁是经常性的，先秦以前且不说，仅自秦以来直至满族入关，除了处于僵持、臣服、“和亲”等暂时的和平状态外，经常是边患频仍，无以计数。内忧外患向来相提并论，外患之数，较大的据史书粗略统计也在千次以上，其中规模最大、入侵空间最广、最深入内地、延续时间最长的有五次。第一次是从西晋末年（296 年）关西氐族起兵反晋开始到鲜卑拓跋部建立魏国，逐渐消灭割据者，于 439 年统一中国北部。这一时期游牧民族（以匈奴、羯、鲜卑、氐、羌五族为主）内迁并酿成历时一个半世纪的战乱（旧史称“五胡乱华”，这五族就中华民族的大内涵而言，皆为中国人，以后大部分融合为汉族），其中尤以匈奴和羯的破坏性表现最烈（鲜卑、氐、羌三族入化较早，当时已从事定居农业，吸收了相当程度的农业文化）。《晋书·石季龙载记附冉闵载记》记载了当时的情形：“与羌胡相攻，无月不战。青、雍、幽、荆州徙户及诸氐、羌、胡、蛮数百余万，各还本土，道路交错，互相杀掠，且饥疫死亡，其能达者十有二、三。诸夏纷乱，无复农者”。第二次为五代（公元 907～959 年）时期。这一时期虽只有半个世纪，但上溯自 8 世纪中叶安史之乱，突厥人史思明率兵南下，游牧民族便逐步深入内地；唐末农民大起义，游牧民族沙陀人李克用又率部参与镇压黄巢，五代时的三个小朝廷

(唐、晋、汉)都是沙陀人建立的。而且还有更北方的辽(契丹)不断南侵河北、河南,直捣黄河流域,“千里之内,焚剽殆尽”,[①] 所到之处,“村落皆空”,“城邑丘墟”。幸亏南方在这一时期还未遭游牧民族侵扰,战乱较北方为轻,人口和经济尚小有增长,但是由于北方动乱、破坏厉害,唐末和五代中国总人口仍减幅三成多。第三次是公元1125年游牧民族女真族的金国灭辽后乘势南下,于次年灭(北)宋,建立了西到阿尔泰山、东到日本海、北到外兴安岭、南到淮河流域的大帝国,至1234年灭亡。金国比五代时的游牧民族南下得更远,在一个多世纪中与南宋时战时和,尤其在初期南下之时,不仅使中国北方而且使金与南宋主要交战区的江淮地区也惨遭严重破坏。第四次是13世纪的蒙古人扩张。这是世界历史上空前的横扫中欧以东的整个亚欧大陆的征服行动。蒙古族建立的元帝国灭金、宋,中国人口减少三分之一以上。自1234年元灭金到1368年元王室北迁,元朝灭亡,历时130多年,自始至终都处在阶级矛盾的尖锐对立之中,元代的人口和经济在元帝国政权相对稳定后虽有所恢复,但始终都未恢复到宋的水平。第五次也是最后一次为游牧-狩猎民族满族入关并统治中国达267年(1644~1911年)之久。这一次又是从北杀到南,持续了二十年之久,以后逐步改变政策,才使人口和经济逐渐恢复。鲁迅总结中国几千年农业文明史写道:“我们生于大陆,早营农业,遂受游牧民族之害,历史上满是血痕,却竟支撑以至今日,其实是伟大的”。[②]

不过,游牧民族的挑战和内迁的作用也并非只有消极的一面。游牧民族的入侵,一方面造成了经济文化的大破坏、大倒退和人口的锐减,另一方面这些民族又各自带来了自己不同的经济、文化和血统,为中华民族经济的构成、文化的构成乃至血统的构成增加了新的成分和新的活力。我们在分析构成现今的中华民族共同体的游牧民族与农耕民族的关系及其各自的历史作用时,不仅应看到二者的对立,还要看到二者的统一即他们互补的一面、相反相成的一面。如中国现在能领有这样一个世界第三的版图(就古代世界和现今较适于人类生存的中纬度地带而言,则为世界第一,因而中国人口数倍、数十倍于领土面积比中国大的高纬度地带的苏联和加

① 《新五代史·四夷附录》。

② 《鲁迅全集》第13卷,第683页。

拿大），就恰是这两种民族及其生产、生活方式和文化合作的杰作。中国古代疆域开拓最大的不是农耕民族，不是“汉唐盛世”，而是元、清两朝的游牧民族，即“马上取得的天下”；但是，游牧民族在“马上得天下”之后，则要靠善于守土耕耘的农业民族积累的经济、文化和人口的优势，通过“移民垦殖”、“屯田戍边”、“怀柔”、“归化”等经济、政治、军事和文化的手段的综合效用，使得这些地区得到长久、稳定的开发，从而使这些疆土巩固下来。占我国现今领土大部分的北部、西部和西南部的广大国土的开拓，正是这种游牧民族的武功和农耕民族的文治相结合的成果。

游牧民族的每一次大入侵，都导致一次经济文化的大滑坡，每一次下滑之后，接着而来的经济恢复和发展又使农业民族、农业人口、农耕地带得到量的扩张，并或多或少在精耕细作和手工业、商业方面有所提高，交通和城市亦有所发展。这样一落一起，形成中国农业文明螺旋式上升的周期性反复拓展。我们把这种由边缘或外域非农业民族内迁和农业民族外迁形成的由非农业民族转化为农业民族、非农耕地带转化为农耕地带的周期性冲突-融合运行过程称为中国封建时代社会变迁的外周期。这种外周期运转的社会动力就是以铁制农具和耕牛为主要生产工具的精耕细作的生产方式和相应的全部农业文化，而在形式上则体现为作为农业文化和游牧文化两种不同文化的活载体的农业民族与游牧民族的冲突与融合。

这里所说的“外”，无论从空间上还是从时间上讲都是相对的。如前所述，秦之前仅中原为“内”，江淮及华北北部均属蛮夷之区，西汉以后这些地区就化为“内”了；宋明将长城以北、嘉峪关以西都视为“化外”之地，今天从东北到黑龙江、西至新疆，均在中国领域之内，而且都成了中国重要的农垦区和商品粮基地。就民族血缘讲，不仅56个民族皆为中华民族大家庭的兄弟成员，而且就是占人口93%以上的汉族，也是到汉代才由不同的民族融合成的，以后又经过了与其他兄弟民族长期融合的发展过程。可见，多数民族原也是由少数民族融合而成的。我们中国人虽然十分重视“华夷之辨”、重视血统，然而事实上，中华民族特别是汉族的血缘成分却是十分复杂的，从重血统的封建意识来看也许是最难以接受的，而从科学的观点来看则恰是符合历史事实的科学结论，而且这正是中华民族繁荣昌盛的血缘基因之所在。

四 中国封建社会长期延续的综合分析

以上我们分析了农业文化在中国广袤的疆域上长期梯度推进的过程，这一过程不仅仅是平静的量的扩张，同时还有贯穿始终的封建社会内在的矛盾和冲突，形成了周期性的循环运行轨迹，同时伴随着农业文明与游牧文明、农业民族与游牧民族的冲突与融合的周期性反复过程。这两个周期性的社会运行过程，不是各自孤立地进行的，而是相互作用的，形成一种叠加现象，这种叠加的周期比单纯的内周期或单纯的外周期在时间上拉得更长，波幅也更大。

而且，不单是这两种基本矛盾（农业民族内部的阶级矛盾与农业文明和游牧文明两种不同文明形态的矛盾）及其决定的内、外两种周期的叠加，与这两种矛盾纠缠在一起的还有统治阶级内部的各种矛盾和斗争，其中包括王室争夺王位的斗争、朝廷与藩镇等地方割据势力之间的斗争以及豪强之间的斗争。这些斗争与游牧民族的入侵、农民起义和对农民起义的镇压相交混，形成更加错综复杂的局面，重重叠加，使社会经济、文化遭到极为深重的破坏而同时又在畸形发展。如前述西晋从公元 280 年开始的诸王争夺王位的“八王之乱”，导致北方各少数民族起义和内迁，各地分裂割据“五胡十六国”，各少数民族和汉族豪强之间大混战，反抗阶级压迫、民族压迫的农民起义、民族起义纷纷爆发，直到隋统一中国，前后历近 280 年的大动荡、大破坏。这是内外各种社会矛盾（民族矛盾、阶级矛盾、统治阶级内部的各种矛盾）以及这些矛盾的重叠交叉的一个典型。

中国封建社会运行的过程中，不仅各种内外社会矛盾重重，同时自然灾害也呈周期性规律出现。自古以来，许多史家记载了这种周期性现象：“六岁一旱，十二岁一饥”。[①] “六岁一饥，十二岁一荒”。[②] 英国的中国科技史专家李约瑟据中国史书记载统计出：“中国每六年有一次农业失败，每十二年有一次大饥荒。在过去的二千二百多年间，中国共计有一千六百次大水灾、一千三百多次大旱灾，很多时候旱灾及水灾在不同地区同时出

① 《史记·货殖列传》。

② 《盐铁论·水旱》。

现”。[①] 又据中央人民广播电台1989年12月25日报道：中国自公元前206年至1949年的2155年间共发生全国范围的大水灾1092次、旱灾1056次。《人民日报》报道，由民国上溯2500年间，仅黄河决口便有1500多次、改道26次，三年两决口，百年大改道。这种周期性的灾变，一方面是由自然界自身的运行规律决定的，另一方面又是在人类社会的影响下发生的。当政治相对清明、社会控制自然的能力较强的时候，便能因势利导，如兴修水利，利用自然界的有利条件增加收获，减轻自然灾害的危害；反之，如果政治腐败甚至战乱，控制自然的能力就会减弱，更不用说人为制造的灾乱，如军事上常采用大面积火攻和水淹以及由战乱而带来的瘟疫等。

社会的动乱、社会的失控，导致本来就很脆弱的制驭自然的力量的丧失，从而导致同样具有周期性的自然灾害危害的加重，往往在人祸酷烈、民不聊生之际，便是天灾肆虐、瘟疫流行之时，这样又形成天灾人祸的叠加。如自东汉中期起，土地兼并逐渐加剧，朝廷内外宦官专权，卖官鬻爵，政治腐败，民不堪命，社会因之逐步陷入动乱，终于酿成184年黄巾军大起义。东汉政权失控，名存实亡，豪强割据和混战，屠戮之凶，史无前例，到东汉最后四五十年，旱灾、虫灾、瘟疫更相继蔓延，“旱蝗少谷，百姓相食”,[②] 瘟疫所到，“或阖门而殪，或举族而丧”。东汉末年到三国初年（2世纪后期到3世纪20年代）几十年间，在战争、自然灾害和瘟疫等多重因素作用下，人口下降75%（另一说法为下降85%）（胡焕庸、张善余，1984：25～27）。又如后梁（907～923年），朱温父子与李克用父子交战，短短十来年，梁将就多次扒黄河堤以阻敌兵，美其名曰“护驾水”，河水蔓延千余里，使今河南、山东黄河沿岸一带人烟稠密的膏腴之地没为泽国。仅五代半个世纪，黄河自然和人为的决口就达9次之多。据《旧五代史·五行志》残缺不全的记载，自910年至953年42年间，黄河决口及其他水灾多至24次。这些水灾虽然不都是故意制造的，但是由于连年战争，水利失修，致使成灾率及灾害的程度大增，因此，即使天灾实际上也有社会因素起作用（范文澜，1978：512）。

历史事实和辩证唯物主义哲学告诉我们，任何事物的发展都是波浪式

---

① 1974年4月25日李约瑟在香港中文大学的讲演，参见1974年5月29日香港《大公报》。
② 《后汉书·吕布传》。

运动的。中国古代社会的波浪式或螺旋式的运动本身并不是历史发展的例外，而是体现了事物和历史发展的普遍规律。它的特殊性仅在于：由于中国的地域空间和人口的数量规模巨大，内忧外患、天灾人祸的重重叠加，使得中国古代社会起伏的波幅格外大，但由于中国的地理环境、人口数量、农业文明的优势等原因，又未形成如古埃及、美索不达米亚（西亚两河流域）、古印度、希腊、罗马以及美洲玛雅文明那种多次出现的文化断裂。中国每次从动乱滑到深渊，再恢复安定，回升到新的发展高峰，耗时也就特别长。自秦统一中国到1951年西藏和平解放，中国大陆实现安定统一，共计2171年。台湾经济学家翁之镛将这2171年按时间顺序分盛世、治世、小休、衰微、乱世五种类型进行了分类统计（见表1），其中“盛世”时间最短，正所谓好景不长，“盛世”加上“治世”也不过占五分之一时间；而仅“乱世”就占了近一半时间，实在是“长夜难明”。翁之镛所划的10个“乱世”与大陆人口地理学家胡焕庸、张善余从人口增减的角度得出的结论大体一致。胡焕庸、张善余在《世界人口地理》中估计，中国封建时代致使人口减少过半的大动乱至少有10次（胡焕庸、张善余，1982：10）。他们在《中国人口地理》中又列出了中国封建社会人口变动曲线中比较突出的12个波谷，这12个波谷都是全国范围的社会大动乱造成的：①战国末年至秦汉之交，人口比前一个峰值减少约一半；②西汉末年，特别是新莽时期，人口减少约六成；③东汉末年至三国之初，减幅超过75%，堪称空前的浩劫；④十六国时期，人口损失数缺乏可靠材料，据史料中的片段记载，为数亦很惊人，以北方为最烈；⑤南朝后期至隋初，人口减少约三成；⑥隋末唐初，人口减少大约一半；⑦“安史之乱”，在很短时期内人口损失三分之一以上；⑧唐末和五代十国，减幅逾三成。⑨北宋末年，人口损失主要在黄淮流域，总数不详；⑩元灭金、宋，人口减少约三分之一；⑪元末明初，人口减少约四分之一；⑫明末清初，减幅近五成（该书第12～13页）。以后赵文林、谢淑君又在前人研究的基础上进一步修订和补充，给出了我国四千年来人口波动的曲线图。人是社会的主体，是社会经济文化的创造者和承担者，用现代信息论的语言表述，即：人是社会经济文化的活载体。尤其在农业自然经济时代，在生产工具、技术构成和生产方式、生产率大体不变的条件下，劳动力就是生产力的标识，一定社会的劳动力和人口数量就是这一社会的综合经济力量、经济水平以及这一经济基础承载人口的能力的体现，所以，人口周期大体就是社会经济、政治、文化发展周期的体现。

表 1　中国历来治乱循环分析简表（公元前 221 至公元 1951 年）

	盛世	治世	小休	衰微	乱世
次数	2	5	4	6	10
合计年数	150	286	234	466	1035
占总年数的百分比	6.9%	13.2%	10.8%	21.5%	47.7%

资料来源：翁之镛，1952：80～82。

综上分析，我们可以得出如下三点结论。

（1）由于中国地域辽阔，地理条件（特别是地形和气候）复杂，东部大河流域农业文明发育早，但大西北、大西南的草原、沙漠地区和山区却干旱缺水或土地贫瘠、交通困难，不利于农业经济的发展，开发迟而发展缓慢，遂使中国农业文明的空间推进规模大、时耗长。

（2）中国封建时代农业社会的内在矛盾形成的“内周期”、农业文明与游牧文明的冲突与融合形成的“外周期”以及二者的相互作用和叠加，更加上这种叠加而形成的社会运行周期与自然现象运行周期的叠加与相互作用，共同构成了波幅大、延时长的中国封建社会演进的大周期。

（3）大小周期之间却又未出现过如其他许多文明古国那样的间断，因而这首尾相连的不间断的周期性运行延续的总时间就特别长。

以上便是中国封建社会运行在空间、时间和轨迹上的三大特征。

参考文献

杜瑜，1983，《中国古代城市的起源与发展》，《中国史研究》第 1 期。
范文澜，1978，《中国通史》，人民出版社。
傅筑夫，1981，《中国古代经济史概论》，中国社会科学出版社。
胡鞍钢等，1989，《生存与发展》，科学出版社。
胡焕庸、张善余编著，1982，《世界人口地理》，华东师范大学出版社。
胡焕庸、张善余编著，1984，《中国人口地理》（上），华东师范大学出版社。
翁之镛，1952，《中国经济问题探原》，（台北）中正书局。

吴斐丹等，1980，《试论我国当前的人口问题及解决途径》，《复旦大学学报》（哲社版）第4期。

赵尔巽主编，1976，《清史稿》，中华书局。

赵文林、谢淑君，1988，《中国人口史》，人民出版社。

“八五”期间社会学学科发展的几点设想（摘要）*

陆学艺

第三届常务理事会分工，我来讲一讲“八五”学科发展规划的设想。

我综合大家的意见，今天提出这个设想，抛砖引玉，供大家讨论参考，并希望大家进一步提出意见，我们将根据大家的建议进一步修改，形成“八五”学科发展的规划，作为我们社会学同行们今后工作的目标。

在今后的五年，我们要在前十年工作的基础上，在老一辈社会学家工作的基础上，在总结十一年的经验教训的基础上，做好以下几项工作。

一　学科建设

今后十年，社会学发展的总的原则是要强化社会学的学科意识，提高社会学在中国社会科学体系中的地位和参与现实生活的能力，为社会主义经济、社会稳定、协调地发展做出更大的贡献。为此，我们要继续做好以下工作。

第一，要坚持继续重视应用研究、大力加强理论研究的方针，坚持应用研究和理论研究、宏观研究和微观研究相结合的方针，积极投身到社会改革中去，把握时代的脉搏，关心并参与解决改革和发展所提出的重大理论和实际问题。要像费老当年提出“小城镇、大问题”那样，提出若干个有影响的关系国计民生、社会发展的重大问题，特别要重视社会结构和社会组织的分化与整合、社会制度与社会规范的完善与转化、社会的稳定与社会发展、经济社会协调发展、城乡协调发展等重大问题的调查研究，写

* 原文发表于《社会学研究》1990 年第 6 期。

出一批高水平的著作。中国社会科学院社会学研究所今年编写了社会学中、高级干部读本，就是适应这种社会需要组织编写的。各地的社会学会可以针对本地的情况，抓几个同本地经济、社会发展密切相关的问题进行研究，解决本地的问题，努力使社会学的研究成果为社会实践服务，为党和政府有关部门的决策服务，把社会学的基础理论研究和应用研究推进一步，提高社会学研究的学术水平和社会影响。

第二，要加强理论研究，今后我们要组织力量，进行学科建设，进行马克思主义社会学理论、社会学的基本理论和范畴、社会学史和社会学方法的研究，使得我们社会学的理论水平、社会学工作者的理论素养能够提高一步。

第三，组织力量，就重要的分支学科有计划、有组织地进行研究，组织撰写专著和论文，如城市社会学、农村社会学、工业社会学、组织社会学、法社会学、家庭社会学、教育社会学、文化社会学、医学社会学、军事社会学等。

第四，我们还应当开展中国社会文化史、社会史、制度史、中国社会思想史的研究。

第五，社会学方法的研究。在这方面，至少有几件事要做：①采取举办高级研讨班等形式，聘请国内外造诣较高的学者，讲授现代社会学研究方法，提高社会学从业人员，尤其是中、高级研究和教学人员运用现代工具手段的水平；②关注现代社会学研究方法的新进展，总结、提炼中国社会学研究自身独特的研究方法；③加强对社会学研究成果包括问卷等的评估，组织专门力量设计、拟订适合中国国情的社会指标体系。

第六，研究部门和大专院校应组织有水平的队伍，翻译出版一批社会学名著。

第七，逐步建立调查和实验基地，进行蹲点调查，解剖麻雀，使用文化人类学中个案调查的方法，认识中国国情。此外，还要进行图书资料中心的建设，建立数据库、资料库；要建立一个社会调查中心。

另一件重要的事情，是与有关部委联合起来，共同进行一些课题的研究。要扩大国际的学术交流与合作，无论中央还是地方都可以开辟交流渠道，了解国外社会学研究的进程，介绍我们的研究成果。

为了完成这项任务，就要加强社会学研究的分工与协作，可以由学会、基金会或某一地区牵头，把力量组织起来，共同完成几个大一点的项目，对重大问题进行全国性调查。各地区、各个科研教学单位，可根据各自的实际确定自己的主攻方向，逐步形成自己的特点。如上海在城市社会学方面，湖北、四川在农村社会学方面，江苏在小城镇方面，黑龙江在社会流动和生活方式方面，广东在特区研究方面，各地都要形成自己的特点，扬长避短。

二　队伍建设

我们要在现有的基础上，扩大社会学专业队伍，提高专业队伍的数量和质量。我们希望通过几年的努力，在目前还是社会学教学空白的东北、西北、西南地区建立社会学教学机构，经过五年、十年，争取综合大学都能建立社会学系。我们要把希望寄托于青年一代，对他们除了业务上的要求外，政治上也要严格要求，进行马克思主义的教育。我们研究所提了这样一个口号：对这些同志要补马克思主义的课，补实践的课，还要补传统文化的课，我们让从国外回来的和国内毕业分配来的研究生第一年下乡做实地调查，目的是加速培养青年社会学工作者的队伍。

社会学的专业队伍要扩大，更重要的是要提高现有队伍的素质，要在中青年当中培养一批学科带头人，培养一批专家。我们在领导岗位上的同志要培养、扶持这些人，给他们创造条件，使一部分人脱颖而出。

过去我们办过的讲习班是有成果的，在座的有不少人是这几期讲习班培训出来的。我认为这种班有条件的还应当办下去，如办一些讲方法的高级研讨班等。地方有条件办，我们也可以给予支持，这对于培训干部、提高中高级研究人员的水平是有好处的。

函大，我们也希望继续办下去。通过办函大，继续开展社会学的函授教育。函大这几年在社会学的普及、在扩大社会学的影响方面起了很好的作用，现在正在招收第三批学员。

对于社会工作队伍，我们要通过各种形式与他们联系，共同进行研究，使他们的素质和工作方法有所提高。

对于群众队伍，我们希望能进一步扩大，编印一批教科书，普及社会学基础知识。

三 学会工作

学会工作按费老的话讲，要起团结、服务、协调的作用。大家信任我们，选举出了学会的常务理事与会长、副会长、秘书长。学会的新班子组成了，已就今后的工作及分工进行了讨论。

学会活动要以学术为中心，搞好团结、服务、组织、协调几方面的工作。我们将尽力多做实事、稳步前进。现在有几件事要做，一是全国目前还有五个省没有社会学会，中国社会学会和各地方的社会学会要负起责任来，促进这些地方学会的建立。此外，希望在有条件的地方把社会学会建立到地、市一级，专业工作者与社会工作者结合起来，在地、市一级开展活动；还要建立专业研究会，如农村社会学研究会、工业社会学研究会、医学社会学研究会等。

学会的另一件事情是每年召开一次学术年会，每次学术年会定一个题目，进行学术交流。要办得好一些，使得大家都有收获。论文能够被学术年会选上，应当是一种光荣。现在已经落实了两个地方，如 1991 年由天津负责，1992 年由浙江负责。要形成制度，年年办下去，这对于学术交流、学术水平的提高、学科的发展都会有好处。

要以学会的名义开展一些对外活动，希望通过学会这个系统，打开和扩大对外交流的渠道。

还要由学会出面组织一些社会调查，这里主要是选题问题，应当建立调查研究中心，协调这项工作。现在重复调查、重复编书很多，是否可以由学会出面协调，组织各方面的力量撰写水平更高一些的著作。

总的来说，我们要尽自己的力量把学会的事情办好。学会挂靠在我们社会学研究所，我们要尽力依靠各地方的学会、依靠在座的同志，把学会工作做好。

学会首先要团结，要做到公平、公道、公开。学会的理事要真正理起事来，在座的理事回到各地后要把队伍组织起来，拿出社会学的科研成果，通过社会学的实际，对地区、对国家的社会安定和发展做出应有贡献。

对近年妇女研究现象的社会学考察*

谭　深

在考察近年对妇女问题的社会学研究时，笔者注意到两个问题：第一，与中国其他社会科学一样，妇女研究呈现出应用性很强的特点，即社会在哪个时期提出哪些问题，研究的重点和热点就转向哪个方面。从对现实问题的揭示及广泛地采用了一些社会学的研究方法来看，近年有关妇女研究的绝大多数文章可被归入社会学研究的大范畴内。但较之"妇女文学"、"妇女心理学"、"妇女史"等有着相当成熟度的学科来看，妇女社会学可以说尚未从一般社会学和妇女问题的讨论中独立出来。

第二，妇女研究现象作为一种社会过程，本身就是社会学的考察对象。改革10年，妇女问题及妇女研究高潮迭起，其推动力可以说有三种：其一，现实问题呼唤答案，有妇女问题出现，自然也就有妇女研究的迫切性。其二，妇女工作者的自觉推动。特别是五届妇代会后，全国妇联开始把开展妇女理论研究作为自己的工作重点之一，1989年以后大量的调查即出自各级妇女干部之手。同时，全国妇联还向理论界发出呼吁，并多次组织会议与各界讨论妇女问题，促使更多的人关注妇女与妇女研究。其三，学术研究自身发展的果实。妇女学是近年引进的新学科的一种，但又不同于其他学科。它是一部分研究者从女性经验的角度，对以往学科进行完善甚或重建的努力。由于其女性经验取自中国，因此很自然地与对妇女现实问题进行研究的潮流汇合到了一起。这三种推动力，从根本上说是历史的推动力，妇女研究，是社会变革大背景下的产物。

因此，本文力图在将妇女研究作为社会过程分析的同时，综述近年妇女研究涉及的主要内容。

---

* 原文发表于《社会学研究》1990年第6期。

一 对妇女现实问题进行研究的几条线索

1. 第一条线索：包容在婚姻家庭研究之中的妇女问题

婚姻家庭研究是社会学的传统课题，也是中国社会学恢复重建以后最早开始的研究课题之一。1983 年制定全国社会科学“六五”规划时，列入社会学重点研究项目的只有三个，其中一个就是“中国五城市家庭研究”。而“七五”规划中社会学学科首批 13 个国家重点课题中，“中国农村家庭调查”又被列入其中。

据统计，在社会学研究人员选题倾向中，选题最多的是“婚姻、家庭”（占 13.1%）；从历年发表的社会学文章选题看，除了 1981 年以前“社会学总论”选题较多外，以后历年都是婚姻家庭选题占首位；1979 ~ 1987 年出版的社会学类书籍中，“婚姻家庭”比例高达 27.3%，也是位居第一（周贵华，1989）。

与社会学专业研究中的这种倾向一致，1981 年以后，一股婚姻家庭热潮在社会生活中兴起。自 1981 年中国婚姻家庭研究会成立，全国各地纷纷成立省、市的婚姻家庭研究会。以婚姻家庭为主题的学术讨论会仅全国性的就召开了三次（1984 年两次、1987 年一次）。相继创办的婚姻家庭专门刊物有若干种，[①] 而报刊上的婚姻家庭专栏和讨论更是各显神通，婚姻家庭的指导性书籍比比皆是。[②] 这股热潮到 1984 年形成高峰，以后逐渐有所消减。

为什么婚姻家庭问题能够形成研究领域和社会舆论的热门话题呢？在此期间，有几件事对此起了重要的作用：①1980 年，五届人大三次会议通过新婚姻法。②在 1981 年宣传执行新婚姻法时，由全国妇联等单位牵头，成立了“中国婚姻家庭研究会”。③经过几年的平反冤假错案、处理“文革”中的遗留问题之后，1980 年妇联办公厅来信来访数量大幅下降，从而

① 如《家庭》、《婚姻与家庭》、《恋爱 · 婚姻 · 家庭》、《爱情、婚姻、家庭》、《家庭生活指南》、《社会 · 家庭》、《现代家庭》、《家庭 · 育儿》等。

② 有关情况参见马有才（1989）、中国社会科学院社会学研究所（1989）中的有关内客。

婚姻家庭案上升为第一位,[①] 促使妇联工作的注意力发生变化。④1981 年中央一位负责人就婚姻家庭问题在一份材料上批示：对婚姻家庭问题，不但要用正确的法律去约束，还要靠社会的舆论去引导。社会舆论，即社会的道德风尚力量，比起法律来，大得不可估量。接着，中宣部和全国妇联约请 26 个单位负责人座谈婚姻家庭问题，提出大力宣传和提倡社会主义婚姻道德，反对资产阶级的腐朽思想和生活方式。[②] ⑤1984 年，中央书记处讨论“大男大女”的问题。[③] 全国妇联开会将此提上重要议事日程，并建立组织，牵线搭桥。

除了党和政府对社会科学和社会工作的直接推动外，社会生活本身的变化也给研究者提供了条件、提出了要求。1976 年“文革”结束，人们的神经从政治斗争中松弛下来，社会生活丰富了，社会观念也开始发生变化，由此带来婚姻观念的分化，对婚姻和情感的更高要求出现了。另一方面，意识形态相对松动后，一些社会陋俗也沉渣泛起。这些社会现象如此贴近每一个人的生活，对它的关注也就十分自然。

在社会学的专业研究中，婚姻家庭研究是涉及妇女最多的领域，但是也主要是将妇女作为一个变量包容于其中，而非以妇女为主题的研究。许多学者将妇女在家庭中的地位，即家庭成员中的男女平等问题作为一个具有特殊意义的问题。“中国五城市家庭调查”的最终成果——《中国城市婚姻与家庭》这本专著（潘允康，1987），将“妇女的家庭地位”作为一个专题进行分析。1985 年在香港举行的“现代化与中国文化研讨会”以讨论家庭问题为中心，大陆社会学者的 7 篇论文中，就涉及了妇女在家庭中的地位问题。1990 年 4 月，联合国教科文组织委托中国社会科学院社会学研究所主办了“亚太地区‘家庭与未来’国际学术研讨会”，由联合国拟订的 5 个论题中，其中之一就是“妇女地位变化与家庭”。

归纳就这个问题的研究，大致有以下几个方面的内容。

婚姻自主问题。婚姻是否自主，自主程度如何，不仅影响婚姻质量和家庭关系，在男婚女嫁依然为主的情况下，也是决定妻子或儿媳在家庭中

① 1980 年 4 月，全国妇联召开的 11 省市妇联信访工作座谈会指出了这一特点，见《妇女工作》1980 年第 5 期的有关报道。

② 参见《人民日报》1982 年 1 月 20 日。

③ 见《人民日报》1984 年 6 月 11 日。

的地位的前提。中国五城市家庭调查及其他大量调查说明，在城市尤其是大城市中，婚姻基本上能够本人自己做主，父母包办已属个别现象。在经济发达地区的农村，婚姻自主程度要高于不发达地区的农村。在某些贫困落后地区、山区，包办婚姻、买卖婚姻、童婚、换婚依然存在，以这样的方式组成的婚姻，妻子显然处于依附的地位。近年还揭露出买卖妇女的问题，这已经超出妇女地位的问题了。

对女婴、女童的态度，与社会生产方式、经济状态密切相关，不是一个单纯的价值观念问题，但它可以作为衡量妇女在家庭和社会中地位的一个指标。调查结果显示，城市要好于农村，发达地区农村要好于贫困落后的农村。特别是近年越来越突出的婴儿性别比失衡问题，反映了农村对女婴的歧视和遗弃，由此还殃及生育女婴的妇女。此外，适龄儿童中失学女童要多于男童，也是一些农民过早地让女儿而不是让儿子养家或持家所致。

夫妻角色，是家庭中性别分工的主要体现。随着50年代后期城乡妇女广泛参加社会劳动，传统中“男养家，女持家”的性别分工模式发生了很大变化。妇女经济上的相对独立，是社会主义条件下妇女解放的主要成果，这一结果还推动了妇女受教育被社会认可。两者相加，中国妇女在家庭中的地位的确得天独厚。尤其在城市，绝大多数家庭中夫妻处理家务的权力基本上是平等的。

也有的研究者提出了职业妇女的双重角色问题。尽管有不少调查表明，家务劳动、教育子女、照料老人由夫妻共同承担占了相当大的比例，但职业妇女角色紧张问题仍一再被提出。在工作时间相等的情况下，妻子总是比丈夫承担更多的家务，以至于“女人回家”问题也从这个角度冒了出来。上海《社会》杂志1984年关于双职工家庭“二保一”的讨论首先触及这个问题。如何解决，研究者提出三条出路：家务劳动社会化——这要取决于社会物质条件；妻子保丈夫，回家专事家务——这显然与妇女解放相悖；丈夫分担家务——需要社会价值观念的变化及每位丈夫的自觉。

另外值得一提的是，关于高学历大龄女性的婚姻难题，曾在社会为解决“大男大女”婚姻问题时作为专题大大讨论了一番。不但女性条件好反而结婚难是近年凸显的值得研究的课题，社会为此进行的种种努力的过程本身也值得玩味。这个问题在1981年就有人进行过专题研究。[①] 调查发现，第一批大龄未婚男女，多是“文革”中的“老三届”，属于被耽误的一代，解决了婚姻问题的遇到就业问题，事业、学业有望的婚姻一事又难办。当时各地纷纷兴办的婚姻介绍所经过艰苦努力，收效甚微。1983年有研究者指出，婚配的决定因素并不是性别比例，在婚配中过剩的是“甲女”和“丙男”（郑也夫，1983）。以后的事实证明了这一点，尽管后来全社会在关心“大男大女”婚姻中运用了各种办法，但这个问题依然不尽如人意地存在着并不断出现新的“大男大女”。如果说“大男”问题在社会经济发展条件下或多或少可能得到解决的话，“大女”问题则随着社会的发展更加突出，最终形成独身女性群体。我们看到，研究者的题目从“大男大女”的婚配，到高学历大龄女性婚姻难，到面对现实的独身问题的探讨，正反映了这一过程。

2. 第二条线索：女性形象—观念变革—文化讨论

女性对自我的认识及社会的女性观念，实际上是一个文化和社会心理的问题。与这一问题相关联的，10年中分别出现了“女性形象”讨论、“观念变革”讨论以及文化讨论等几个议题。而在社会文化心理层层深入的过程中，我们发现，女性观的问题逐步被“化”掉了。而今天我们仍不断地看到妇女报刊上关于女人形象、性别角色等的旧话重提，已经失去了最初的变革的意义，而只是在现存观念上的一种调适，或是对困惑中的男女的一种抚慰。我们来看看这三个主题的大致发展过程。

“文化大革命”结束后，女人形象的复归首先是从外在形象开始的。从女青年的服装美发端，到发式、化妆，以至追求气质、风度、谈吐、礼仪等成为一时风尚。在内在品德上，贤妻良母形象再度复兴。中国妇女坚忍、恭顺、自我牺牲的传统美德得到男人、社会舆论的褒扬，并得到女人自己的认同。这种情况似乎与世界上许多国家二战结束以后的情况相似，经过严酷的斗争时期，整个社会向往安定，既医治战争的创伤，也医治心灵的创伤，于是男人重建社会，女人重建人性。对中国社会来说，也是社会对人追求美、追求幸福、追求发展的最初肯定。

---

① 见中国人民大学报刊复印资料《社会学》1981年第3期，第37页；北大哲学系77级调查组：《解铃还须系铃人——关于北京市27岁以上女青年恋爱婚姻问题的调查报告》。

如果事情就这样简单地发展下去，女人形象也就构不成话题了。然而，在我们欢呼“美的复归”的同时，不能不看到，造就了美的女人的社会变革也促进了女人心理世界的变化。中国的妇女毕竟有了20多年参与社会劳动的历史，女人陶醉于、安然于男人观照的时代不会再重演。女人被发现的同时“人”也在被发现，女人作为人同样要求发展自己的机会。这一要求与仍是男性本位的文化派定给女人的角色发生了矛盾，从而在女人的心理世界及男女角色之间引起了冲突。这种冲突最明显地反映在知识妇女身上。

有一批知识女性以叛逆的姿态出现了。同样是讨论和反对“女性雄化”，男人呼唤传统女性的复归，而这些知识女性却连传统一并反叛，追求现代女性的形象。她们具有一定的独立意识，要做事业的强者，而不甘于只在男人的庇荫之下。这些既求生存又求发展的知识女性，在社会地位上要高于普通女性，但却不被绝大多数男人——主要通过婚姻择偶和夫妻关系表现出来——接纳。尽管许多在校女大学生颇具现代女性意识，但一遇到择偶往往碰壁。调查表明，不管学历多高、具有多少现代意识的男性，在择偶中几乎一致喜欢“贤妻良母”型的女性。《中国妇女》杂志在1984年曾办过对电影《乡音》中总是对丈夫说“我随你”的陶春形象的讨论，结果女读者多对陶春性格提出非议，而男读者却多喜欢陶春形象。这就不难解释为什么越是学历高、位置高的女性在婚姻上遇到的难题越多，以至形成某种婚姻恐慌。于是在知识女性内部，一度掀起“现代女性应该是什么形象”的讨论。有人将妇女分作“生活型”和“事业型”，还有的女大学生变通地提出“超贤妻良母”的概念。这次讨论大致以“既要事业也要家庭”作为多数意见结束，实际上是一种在现实压力下迫不得已的就范。对那些不愿放弃追求而难以找到开明男士的女性而言，只有泯灭对爱情、对性、对家庭等人生一系列幸福的需要，过一种完全不同于西方独身女性的生活。

对于企业女职工，这种内心矛盾尽管朦胧但也出现了。她们一方面希冀发展，厌倦生活的单调、劳累，另一方面又以贤妻良母作为美德（扈海丽，1990）。绝大多数人只在婚前“风光”一阵，婚后很快将心态转移到家庭，承担起妻子、母亲的重负，将自己的发展无可奈何地挤到了一边。

1984年前后，中国开始了全面改革。中共中央通过了关于经济体制改革的决定，将改革从农村推向城市。各种改革方案纷纷出台。改革之初，社会各阶层的态度是非常积极热情的。但也存在一股潜流，当时不明显但却影响了日后改革的顺利进行。这就是由于农村改革的成功，及“万元户”遍地皆是的幻象，人人渴望改革能很快带来生活富裕、多彩和自由等实惠，将改革进程中的每一步成果，都作为改革的终极成果而欣喜若狂，忽视了改革的艰巨性和出现反复的可能性。当物质相对丰足、人们手头钱多了且生活相对自由时，舆论界和学术界推波助澜，提出了“生活方式变革”的题目，挖掘出现实中生活方式改革的种种迹象，在生活方式的研究中导引出“观念变革”的研究，并作为舆论导向推向全社会。所谓“物质生活高档次，精神生活高格调，生活规律高节奏，文化知识高结构”成为观念更新的时尚。这场讨论涉及时间观念、消费观念、男女交往、性观念等，妇女的观念在其中作为一个变量被频频提及，但社会的妇女观却被“观念变革”遗忘了，尽管妇女界也是这场讨论的首倡者（《中国妇女》杂志首先于1984年12月召开了“妇女与生活方式”讨论会）。

人们获利欲望的复苏和膨胀，很快显露出它的超前性。当改革向旧体制的腹地深入时，牵动了各阶层的实际利益，原先一致渴望社会变革的社会心理变得复杂起来，出现了来自中层和群众的某种阻力。1985年，由知识界掀起一场文化大讨论。这场“文化热”一方面对传统文化进行了制度上的反思，另一方面对中西的国民性进行了现实的对比。观念变革的讨论很快融入后者，变成了对不适应变革的国民性的剖析、批判。在大量的文化研究论文中，出现了一些分析中国传统文化中性别歧视的文章，但是对社会现时女性观的研究却基本上没有见到。

经过这几年一次又一次文化心理上的洗礼，可以说在妇女的观念中是引起了一定变化的，这从若干对妇女观念的调查中便可看出。但是，社会的女性观没有被社会和学者们注意。直到今天，温柔、细腻、牺牲等传统母性仍被认为是女人天经地义的美德，同时这种女人气质又被视为弱点，并以此为由将妇女排斥于某些社会场合之外，让妇女经常能感受到她们的“第二性”位置。如此，使追求完美人格的女性从一开始就陷入两难境地，经过一段无助的抗争，终于“现实起来”，被迫向男性价值认同，自觉地将“事业”与“生活”两副十字架背在身上。

在第五届妇代会上，全国妇联提出了妇女的“四自”精神——自尊、自爱、自重、自强，并在1984年的“三八”节通知中，特别强调了这种精神。它不是社会心理的研究，但却是在女性寻求自我人格过程中的一种价值导向。虽然它的提出是在全国范围内集中维护妇女儿童合法权益的大规模行动之时，但它所强调的是妇女依法的自我维护，而非仅仅依靠社会和“娘家”的保护；不仅如此，妇联在弘扬这种精神时，还特别指出要维护改革者、妇女中精英人物的利益，从仅仅维护妇女的生存权利，到保护发展和创造的权利。这是妇女工作顺应改革趋势的一大进步。1989年第六届妇代会，又引人注目地将“四自”的内容修改为自尊、自立、自信、自强，去掉了原先某种以社会尺度规范自己的成分，鼓励妇女彻底摆脱依赖他人的思想，作为独立个体自立于社会，并扶持了一批脱颖而出的“女能人”、“女企业家”。

这些来自妇联的精神支持和优秀妇女的实践，使妇女内部形成了一股觉悟力量。然而这样的力量和知识女性追求独立人格的努力，还没有达到足以影响社会改变女性观的程度。传统的滞重性和变革时期层出不穷的问题的紧迫性，使社会仅仅把注意力集中于威胁生存和发展战略的最现实的问题上，而把妇女的问题作为女人自己的事情无暇顾及，至多偶尔顾及一下。正如一些学者所说，我们还缺乏在社会心理的深层领域调节两性关系的各种条件（扈海丽，1990）。

3. 第三条线索：对以就业为中心的城市职业妇女的研究

以就业为中心的城市职业妇女问题在劳动工资制度开始改革之后骤然凸显出来。

从1949年到1957年间，我国逐步形成了城市劳动工资集中统一的管理体制，后来又不断扩大劳动力统包统配的范围，并且把固定工当作基本的用工形式，逐步形成了能进不能出的“铁饭碗”制度。与劳动制度相联系的社会保险，1969年以前是按工资总额的3%提取，由全国总工会在全国统一调剂使用。“文革”中变成由各单位自行支付，而且是当年收入当年支付。在经济体制没有改革之前，企业吃国家的大锅饭，职工吃企业的大锅饭，这个矛盾并不突出。

1980年，针对大批城镇待业人员需要安置，中央确定了多种形式就业的方针，初步改变了统包统配的就业制度。劳动制度稍一松动，立即出现了妇女就业问题。一是女待业青年安置难；另一是有人提出让一部分女工回家，留出名额安排待业人员。后来在妇联的努力下，经全国劳动就业会议和中央书记处讨论，解决了这个问题。

1984 年，经济体制改革全面铺开，不可避免地又要触及劳动工资制度。在商业系统实行小型企业“租赁制”、工业企业逐步实行经营承包责任制、科研系统实行所长负责制后，企事业单位的自主权扩大了，尤其是企业，效益和职工利益、承包者利益挂上了钩，优化内部环境便成了迫切的要求。从“奖勤罚懒”的奖金制度、浮动工资制度，到合同工制、干部聘任制，直到劳动力“优化组合”，就是这一要求的必然过程。当企业以经济效益为主要目标时，必然要将竞争机制引入劳动用工制度中，一些被认为不利于效率提高的职工便被甩了出来。

在这种情况下，女职工，特别是怀孕哺乳期的女工便首当其冲了。因为：①女工天然地担负着生殖和育婴的职能，虽然这对于家庭、社会的长远发展意义重大，但对于承包期间的厂长来说，首先要考虑的是本企业的经济效益；②社会主义对女职工的特殊保护和福利不得不由企业来支付，这显然于企业利益不利。因此，厂长们在选择职工时多数倾向于不喜欢女职工，连女厂长在考虑本企业效益时也同样要男不要女。于是，在企业内部“优化”之后，被编余出来的女工占多数。

与此相关联，用人单位不愿要女大学毕业生，女干部数量急剧减少问题也相继被提出来。

那么，如此多的女职工被抛出来对社会的改革、社会的心理、社会的稳定会有什么影响？社会政策对此应做哪些相应的调整？怎样看待妇女参加社会劳动和妇女解放？在经过了几十年的职业稳定和改革初始收入提高之后，息工的妇女怎样看待改革和自己在社会、家庭中的地位？有息工女工的家庭状况如何？这些问题，一个接一个地向政府、向社会、向学者寻求着答案。

从 1986 年下半年到 1987 年，全国妇联和各省市妇联，以及工会的女工委员会开始将注意力转向妇女就业，进行了大小不等、形式多样的调查。1988 年初，《中国妇女》杂志正式推出关于“女人的出路”的长达一年的讨论。许多妇女问题研究者也纷纷加入。1988 年是妇女就业问题讨论的高潮，亦是对妇女就业问题研究的高潮。

这些调查所提供的资料和数据，反映了以下几个基本事实。

（1）只要存在就业竞争，普通妇女便明显处于不利地位。有人提出其原因不仅是妇女的生育负担问题，还有女工文化素质、技术水平偏低问题，以及妇女的择业观（希望工资高、离家近、工作轻闲）对工作有影响等问题。

（2）现实中多数城市的妇女就业仍是维持基本生活的一种手段，这是由低工资、高就业格局造成的，而这种格局难以一下子改变。

（3）现存妇女从业结构不尽合理，一些劳动强度大的行业的工种，妇女难以胜任，而适于妇女工作的行业还有待发展。

对如何解决以上问题，意见不一，概括起来主要分为两种：一种是从社会利益（主要是企业利益及男人的利益）出发，认为在社会物质条件尚不完善的情况下，一部分妇女应暂时牺牲个人发展，保全社会；另一种是从妇女的利益（主要是妇女解放）出发，主张千方百计地从提高妇女素质、减轻家务劳动、调整就业形式等方面维持多年的妇女就业传统。

全国社会学“七五”国家重点课题之一“中国社会保障问题研究”中有一个由全国妇联承担的子课题“妇女的社会保障”。就此课题，全国妇联于 1988 年 12 月召开了“全国妇女问题研讨会”，《工人日报》、《中国妇女报》也相继展开了专题讨论。课题研究和讨论提出了妇女生育的社会价值问题，认为人类自身再生产最终的受益（或受害）者是全社会，因此，对生育所耗投资及其主要负担者妇女的补偿应当是国家和社会的事，而不应由女职工所在企业单位负责。这样可以使现行社会保障趋于合理化，同时也可减轻由此造成的企业对女职工的排斥。

在人大、政协女代表、女委员的建议及全国妇联各级组织协同社会诸方面的努力下，到 1988 年底，全国有十余个省市拿出了不同类型的生育补偿方案，并开始试行。

1988 年底，中国的改革遇到困难，政府决定以治理整顿为主要的工作方针。而企业在外部环境恶化的情况下，对优化内部环境的需求降低。1989 年后半年以来，随着一批停产半停产企业的出现，女职工的息工问题被淹没在骤增的待业职工队伍中，而显得不那么突出了，关于城市妇女就业的研究也随之减弱了势头。

回顾这一时期的专项研究，还有必要指出的是，所谓妇女就业的危机只是部分的（息工的女职工没有奖金，有的拿部分工资回家），或者说最严重的只是危机感而已。因为在全民、集体所有制企业，真正被辞退的几乎没有，即便息工，也没有失去工作人员的身份。而城市职业妇女的就业恐慌，也主要发生在原先的“铁饭碗”企业之中，对于非官办企业，并不存在特别排斥女工的现象，它们有的是另外一些问题，如无视女工特殊保护、工作繁重、待遇低等。然而可以预料，只要效益、竞争被引入企事业单位，妇女就业问题就还可能再度突出。

4. 第四条线索：分化中的农村妇女问题

将中国妇女群体分层来看，农村妇女，无论就其就业模式、生活方式、家庭地位、观念形态，还是就其问题类型，都与城市妇女有着巨大的差异。她们是中国妇女中地位较低、问题较多（大量妇女“问题”集中于农村）的一群，同时又是改革中受益最早、最明显，能力释放最充分的一群；在中国历次经济、政治动荡中，她们的身份转换最频繁，然而又是最稳定的一群。

由于农村改革的成功，关于农村经济变化的研究大量见诸报刊、书籍，然而对其进行的社会学研究不仅量少，而且质低，多集中于描述性的经验式归纳研究，缺乏对实质性问题的深入探讨（李守经、邱泽奇，1989）。对其中占 4 亿人口的农村妇女的特殊问题，理论界更是甚少关心，对她们状况的描述多被分割包含在农村研究的各种课题之中。对农村妇女的调查主要集中在妇女工作者中，且相当一段时间也主要是围绕生产、经济问题的调查。在 1990 年的郑州妇女会议上，可喜的是，一部分妇女研究者很有眼光地将注意力转向农村，并拿出了若干篇较有分量的论文。① 基于目前可见的有关研究，可大致勾画出近年农村妇女发展的脉络。

1980 年前后，农村实行了家庭联产承包责任制，农民种田的积极性发挥到了极致。基本解决了温饱问题之后，农民逐渐向兼业户、专业户和非农产业转化，使中国农村出现差异较大的分化。这种分化可从两方面描述：一是沿海开放地区以及经济相对发达地区的农村与贫困地区、边远山区拉开了距离；另一是同一地区内出现了不同从业阶层的分化。这两类分化所带来的经验和问题是千差万别的，由此农村妇女的状况也不能做同一层次的描述。如果粗分，可分为两大类问题。

---

① 参见“知识妇女文丛”第二辑《中国妇女分层研究》，河南人民出版社，即出。

一类是与职业分化即经济身份的转换有关的问题，如承包后妇女的家庭地位和角色问题，乡镇企业女工的劳动保护问题，进城做劳务的保姆、雇工的保障和出路问题，等等。研究者指出：①近些年妇女的就业比过去充分，职业分化的机会比过去多，导致妇女地位、生活方式及价值观念的变化；②在向非农转移中，妇女比起男性处于不利的地位，不仅数量上如此，在就业结构上，也集中于收入和技术水平偏低的行业；③目前农业生产劳动主要是由妇女承担的。妇女文化素质偏低对农业的长远发展不利，同时这一分工又影响着妇女文化素质的提高。

另一类是与妇女关系密切的社会问题，如买卖婚姻、童婚换婚、重婚纳妾、贩卖人口、卖淫等。

总之，由于地区、经济、文化、语言等方面的差异，农村妇女方面的课题远不止于此，目前各方面的研究可说是刚刚起步，系统的、历史的研究还有待于开发。

二　对研究本身的反省和展望

作为对10年特别是1985年以后形成的“妇女研究热潮”的总结，郑州大学妇女学研究中心于1990年3月召开了“中国妇女参与和发展研讨会”，随后6月，北京市妇联召开了“北京妇女理论研究信息交流会”。在这两次举办相当成功的会议上，妇女研究者不仅拿出了她们的最新成果，而且回顾、反省了10年研究的历程和不足，讨论了妇女研究的方法，从而提出了妇女社会学的学科化问题。

妇女社会学，就其学科归属，是社会学大框架中的一个分支学科，按说应具有自己独特的体系，到目前，对其体系框架进行理论阐释的文章尚未见到。这也未必是件坏事，因为学科化是一个过程，需要经验的累积和提炼，再完备的框架也不会将研究水平一下子提高。本文也无意构建框架，只是就其研究内容进行一般阐述，并就研究实践中的问题提出自己的看法。

对妇女进行社会学的研究，可以说主要是研究妇女作为一个群体与社会的关系。其内容至少应包含这样几个方面：①妇女在社会中的地位、现状；②社会的发展、变迁对妇女的影响，妇女自身的状况及参与对社会的影响和作用；③不利于妇女生存和发展，及由于妇女问题的产生而不利于社会的生存和发展的社会问题。

近年的妇女研究，以上的内容大致都有所涉及，但是不系统、不深入、不够分量。这些问题并非妇女问题研究中独有的，而是与社会学在中国的位置及其自身的不够成熟有关。

中国的社会学在1952年全国高校院系调整中被取消后，1979年才正式恢复。经过近30年的停顿，社会学用了几年的时间重建研究、教育机构，介绍和引进国外社会学的理论和方法，重新编写基础教材并开展社会学基本理论的普及等“补课”工作。在最初的专业研究者中，除原有的老一辈社会学专业出身的学者归队外，一部分是各学科经短期培训便转向社会学的“半路出家”的专业人员，另一部分是基本未经过专业训练的各级政府部门的政策研究人员。1980年以后，部分大专院校开设社会学专业和课程。后来，一些学习社会学的留学生陆续回国。

在这样的基点上起步的中国社会学，很大程度上是应改革形势的需要而仓促上阵的，对其中的理论问题、方法问题，社会学界至今仍在争论。然而在社会学专业在学科化的道路上摸索着前进的时候，社会学独特的观察角度和简便易行的调查方法却在社会上引起了广泛的兴趣。人们已经不仅仅从工作、阶级斗争的角度，同时还开始用“社会问题”的视角来解释某些现象，问卷也成为越来越多的社会调查使用的热门方式，仅社会学函授大学招收的学员就有近4万人，遍及全国各地。社会学几乎成为一门普及的学科。妇女问题研究正是在这样的形势下加入社会学研究的大队伍，因此，社会学研究中的诸多不足也不同程度地出现于其中。

第一，社会学的调查技术说简单也不那么简单。比如说问卷，首先应有观察或在以往经验基础上得出的理论假设，能够设计出相对科学的指标体系，按照合理的程序搜集社会信息并使之与指标结合形成量化信息，而后对量化信息进行分析并说明相关性，从而检验、修正假设。由于以上所说的社会学专业队伍的情况，能够熟练有效地运用这些技术的人并不多，而这些人更是鲜有愿意涉足妇女问题的人。对大多数用问卷方式研究妇女的人来说，简单化问题便在所难免了。

第二，在中国社会学学科化过程中，“本土化”问题，亦即建立有“中国特色”的社会学问题被提了出来（张宛丽，1989）。在此之前，西方一部分人类学家，在研究非西方民族和文化时，开始摒弃“西方中心论”的观点，主张各民族文化价值等同，以当地民族的价值体系及社会结构制度来研究当地的文化，才能真实、全面地了解和理解它。[①] 就社会学本身来说，它也是“舶来”学科，它的产生和发展，是以西方的科学、价值体系和社会经验为背景的。在中国的运用实践中，研究者们发现，有许多东西并不一定适合中国国情，哪怕照搬的仅仅是技术也不行。比如近年流行的问卷方式，就有不少值得质疑之处。首先，中国人不习惯以这种方式表达自己的意见，在测量主观指标时未必真实；通过组织系统发放问卷并回收，虽然可以保证回收率，但也妨碍人们无所顾忌地填答；中国人规范化的思维方式，往往易受问卷题目中价值导向的暗示，选择与设计者一致的答案，等等。[②] 这样统计出来的结果，彼此间可能找不出什么相关性。问题不在于西方的理论和技术工具不能用，而在于运用的时候，既要熟悉它们本身的内涵，又要考虑到调查的具体对象。除问卷外，许多已有的方法仍是行之有效的，比如在一次人类学会议上，有不少中国学者、外国学者指出在社会学研究中，人类学的观察法、实地考察法（如费孝通在江村调查中所用的），可能更容易为中国人接受。另外，费孝通先生在重建社会学时曾指出，中国各级政府在长期的工作中已做了大量的调查，积累了丰富的第一手资料，然而缺乏专门的理论分析，社会学应承担起这一任务（转引自中国社会科学院社会学研究所，1989：78）。对于中国妇女情况的掌握，各级妇女工作者具有得天独厚的条件。对这些丰富的资料进行归纳和分析，也许是中国妇女社会学学科化的一条捷径。

第三，前文曾谈到，中国妇女问题的研究具有现实性很强的特点，许多研究题目特别是社会调查的结果几乎都要或者都想要运用到实践中。然而理论研究（包括实证研究）与工作研究毕竟是不一样的，它与实践之间还隔着一段技术化（操作化）的距离。社会学界有人认为：“任何一门经验科学的功能就在于发现事实和解释事实，并在此基础上指出事实的发展

① 美国人类学学会前主席 Aidan Southall 于 1990 年 1 月在北京召开的“第一届都市人类学国际会议”上介绍并重申了这一观点，得到与会西方人类学者的赞同。

② 国内这方面的研究可参见张宛丽（1989），以及同期《社会学研究》（1989 第 4 期）中风笑天的《我国社会学恢复以来的社会调查分析》；有关调查方法问题，港台学者从社会心理学角度研究得较深入，参见杨中芳（1987）及其所附参考资料。

趋势。”因而把社会学的功能分为描述功能、解释功能和预测功能。[①] 描述只是人们认识的感性阶段，而解释则是理性认识。通过解释，从理论上说明社会现象产生的原因和各种因素的关系，也就是先说清楚“什么样”、“为什么”，然后才是“怎么办”的问题。据此检查我们的妇女问题研究，存在两点不足：一个是研究课题的目的性太强、太直接，导致理论的不完整性。有些问题由于要考虑实践中的策略，不能也不敢说透。比如妇女生育价值和社会保障问题，是妇女就业中研究得较多也较有成效的题目，但由于研究的结果是要落实到改变大众的价值观念和社会保障制度的条文上的，因此研究者指出：对妇女生育价值的宣传，会不会对妇女就业产生负效应？（全国妇联生育社会保障课题组，1989）因而在研究成果未出来之前就考虑它的策略性：在研究方式上描述——建议的直接过渡，缺乏理论解释。结果理论不深，建议也缺乏可操作性。

也许，妇女研究中出现的诸种不足正是妇女社会学向学科化轨道摸索的一个必然过程。在近几年大量的妇女问题调查和讨论的基础上，有三项有相当分量的大型研究正在进行：其一是中国社会科学院人口研究所主持的“当代中国妇女发展问题研究”；其二是全国妇联妇女研究所承担、各地妇联协助的“中国妇女社会地位调查”；其三是以中国社会科学院民族研究所为主体的“少数民族妇女研究”。这三项研究无论在规模上、在理论准备上还是在技术力量上、在成果形式上都较以往的妇女研究有所突破。它们不是为解决某个问题而设，而是意欲对中国的现实进行高度的综合。如果进展顺利，可望得到有价值的理论构架，作为今后妇女社会学研究必不可少的理论背景，同时得到供深入探讨、查阅的系统的数据资料。

参考文献

风笑天，1989，《我国社会学恢复以来的社会调查分析》，《社会学研究》第 4 期。

扈海丽，1990，《女性权利与女性意识的思考》，1990 年郑州“中国妇女参与和发展研讨会”论文。

① 苏国勋：《中国社会学的健康发展之路——坚持应用研究与理论研究相结合》，转引自中国社会科学院社会学研究所，1989：78。

李守经、邱泽奇，1989，《中国农村社会学十年：课题与观点》，《社会学研究》第6期。

马有才，1989，《婚姻家庭十年概述》，《社会学研究》第4期。

潘永康主编，1987，《中国城市婚姻与家庭》，山东人民出版社。

全国妇联生育社会保障课题组，1989，《妇女生育社会保障问题讨论综述》，《妇女工作》第2期。

杨中芳，1987，《试谈大陆社会心理学研究的发展方向》，《社会学研究》第4期。

张宛丽，1989，《十年社会学理论、方法研究的回顾和反思》，《社会学研究》第4期。

郑也夫，1983，《北京城区男女婚配比例失调原因初探》，《社会》第2期。

中国社会科学院社会学研究所编，1989，《中国社会学年鉴（1979～1989）》，中国大百科全书出版社。

周贵华，1989，《重建后中国社会学的研究选题倾向分析》，《社会学研究》第2期。

论社会行动的规定*

夏　光

社会行动理论是社会学理论的预设前提和核心成分。在社会学史上，德国社会学家 M. 韦伯——他的理论是对在他之前的社会学理论进行综合的一种努力——第一个明确地提出社会学是关于社会行动的科学。而后美国社会学家 T. 帕森斯——他对古典社会学理论的重构和发挥使他垄断社会学界数十年之久——也从社会行动出发建立其社会学体系。现在美国社会学家 J. C. 亚历山大——他对帕森斯和帕森斯前后的社会学理论的逻辑分析是卓有成效的、引人注目的——也认为，社会行动理论是任何社会学理论的最基本假定。① 实际上，无论是在像马克思这样尚无自觉的社会学学科意识但同样为世人所公认的社会学家那里，还是在像杜尔凯姆这样有意识地把社会学作为一门科学或学科来建设的社会学家那里，社会行动理论的地位之重要是显而易见的。②

全部社会学的历史和理论都表明，社会行动问题是社会学的基本问题。社会学有史以来的主要纷争——实证主义（行为主义、功利主义、工具主义）与反实证主义（唯心主义、意志主义、人本主义）之争、个人主义（机械论、原子论）与集体主义（有机论、整体论）之争，以及结构－功能主义（帕森斯主义）与反或后结构－功能主义（如冲突论、交换论、互动论、本土方法论和新马克思主义等）之争——都是围绕这一问题展开

---

* 原文发表于《社会学研究》1990 年第 6 期。

① 参见韦伯：《经济与社会》（伯克利，1968 年），第 1 卷，第 4 页；帕森斯：《社会行动的结构》（纽约和伦敦，1937），第 768 页；亚历山大：《行动及其环境》（纽约，1988），第 13 页，《社会学的理论逻辑》（伦敦和亨莱，1982），第 72 页。

② 社会行动理论在马克思那里是关于劳动或实践的理论，而劳动是马克思社会理论的逻辑起点似已成定论。此外，杜尔凯姆的理论也是关于行动的社会学，参见 R. 布丹著《社会行动的逻辑》英译本（伦敦，1981），第 9 页。

或与这一问题相关的。社会学理论体系的主要内容，在社会结构论方面（所谓“社会静力学”）如社会分层理论、社会制度理论和社会系统理论等，在社会过程论方面（所谓“社会动力学”）如社会分化理论、社会整合理论、社会变迁理论等，都假设了对这一问题的某种解决。不妨说，在社会行动问题上的观点决定了形形色色的社会学理论的大致走向和模式。

如此说来，社会行动理论究竟有哪些内容呢？笔者认为，完整的社会行动理论至少应谈到社会行动的规定、社会行动的形式以及社会行动与社会的结构及过程的相互关系等方面。限于篇幅，本文下面拟对社会行动的规定做一些说明。

简单地说，社会行动即是人在社会中的行动。因此，社会行动概念涉及两方面的内容：第一，人的行动有什么样的特征？第二，社会与人（的行动）的关系如何？相应地，社会行动有如下规定：第一，社会行动不同于行为或“流射”；第二，社会行动本身就是社会互动。

一　社会行动不同于行为或“流射”

社会行动概念首先是从它与行为及“流射”的区别中获得它的规定性的。

谈及社会行动或行动，如果撇开其具体的、经验的内容，我们立即就会想到它是行动者（主观方面）与其环境（客观方面）之间的某种关系。行动不同于行为或“流射”的规定即是从这一关系中得出的。为说明这一关系，帕森斯提出了著名的“单位行动参照构架”（他把这一构架与物理学中的时间－空间构架和经济学中的供给－需求构架相提并论）。他认为，一个“单位行动”的构成因素至少有：（1）目的，即行动过程所要达到的未来状态；（2）情境，包括条件（不能为行动者所控制的）、手段（能够为行动者所控制的），以及规范（即与目的相一致的价值标准和道德准则）。[①] 在这些因素中，目的和规范对应于主观方面，手段和条件对应于客观方面。这一构架往往又被简化为手段－目的构架或条件－规范构架。这

① 帕森斯：《社会行动的结构》，第 77、28 ~29 页。实际上，帕氏有时还把行动者和行动者的努力视为这一构架的要素（参见第 44、732 页）。

一构架容易使人联想到马克思关于劳动或实践的一些说法。例如，在《资本论》第 1 卷中他说，“劳动过程的简单要素是：有目的的活动或劳动本身，劳动对象或劳动资料”。又如，在《1844 年经济学哲学手稿》中他说，“通过实践改造对象世界……证明了人是有意识的类存在物……”[①] 在这里，很显然，帕森斯与马克思的“参照构架”是大同小异的。实际上，这一参照构架在社会行动理论中是广被采用的。

从这一参照构架来看，在行动问题上可能会有三种观点：（1）强调客观的或物质的方面的观点，认为在行动过程中条件和手段起决定作用；（2）强调主观的或精神的方面的观点，认为在行动过程中目的和规范是主导因素；（3）将前两种观点进行折中或综合而产生的观点。关于这一点，帕森斯指出，“排除规范的方面就同时排除了行动概念本身并会从根本上导致实证主义的观点。排除条件的方面……也等于排除了行动概念，其结果是唯心主义流射说”[②]。不言而喻，帕森斯试图超越这两种观点。无独有偶，马克思对此也做过类似的论述。在《关于费尔巴哈的提纲》中，他写道：“从前的一切唯物主义——包括费尔巴哈的唯物主义——的主要缺点是：对事物、现实、感性，只是从客体的或者直观的形式去理解，而不是把它们当作人的感性活动，当作实践去理解，不是从主观方面去理解。所以，结果竟是这样，和唯物主义相反，唯心主义却发展了能动的方面，但只是抽象地发展了，因为唯心主义当然是不知道真正现实的、感性的活动本身的。”[③] 马克思的观点毫无疑问也属于第三种（后人称之为能动的唯物主义观点）。诚如亚历山大所言，在此一问题上，帕森斯与马克思所遵循的是同样的逻辑。[④]

上述第一种观点（即实证主义或旧唯物主义）是一种尚未把行动与行为区分开的观点。行为概念主要是行为主义心理学（在近代实验心理学中广为流行）的概念。行为主义试图从纯粹客观主义立场来说明人的活动，它不考虑人的主观的或内在的方面在人的活动中的作用，最多也不过是把这一方面还原为人的生物学甚至物理学方面的因素。因此在行为主义看

① 《马克思恩格斯全集》第 23 卷，第 202 页，第 42 卷，第 96 页。着重号被删除了。

② 帕森斯：《社会行动的结构》，第 732 页。

③ 《马克思恩格斯全集》第 1 卷，第 16 页。

④ 亚历山大：《社会学的理论逻辑》第 1 卷，第 69 页。

来，人的活动只是一种由客观的、外在的环境决定的行为，行动者与其环境之间的关系只是一种刺激－反应的关系。[①] 近代社会理论中的“行为主义”是功利主义。功利主义假定人的活动的最终目的是任意的（random），只要能带来幸福或快乐就行了；但在假定这一目的之后它就置之不理了，它关心的是人在追求这一目的的过程中所使用的手段。功利主义认为，人能够理智地或合理地适应环境以达到目的，在这一过程中，人的活动的工具性或技术性（条件或手段）决定了何者为对、何者为错以及何者为善、何者为恶（规范）。[②] 可见，功利主义也一味强调环境的决定性或活动的客观性。实际上，行为主义和功利主义不过是近代理性主义思潮的一部分。理性主义在近代英国和法国乃至整个欧洲都堪称占主导地位的理论传统，而经济主义、近代快乐主义、旧唯物主义（机械唯物主义）、达尔文主义（社会达尔文主义）、社会主义（改良社会主义）以及行为主义和功利主义不过是这种传统的变种或结果罢了。近代理性主义在社会学中即表现为实证主义。实证主义在 19 世纪曾盛极一时，直到 19 世纪末和 20 世纪初它才遭遇严峻的挑战：这种挑战既来自它自身的困难，也来自唯心主义理论。

上述第二种观点是一种把行动等同于观念的“流射”（emanation）的观点。“流射说”古已有之，而在 19 世纪德国唯心主义那儿登峰造极。唯心主义并不考虑客观环境或外在条件对人的活动的限制或妨碍，因而也不考虑人在行动过程中所使用的手段的合理性（工具性或技术性）问题；它认为，在人的活动中观念的东西即主观因素（目的、规范）是独立地起作用的因素，这类因素把人的活动与自然现象区别开来。[③] 唯心主义反对实证主义把人的活动还原为生物的或物理的行为的做法，在它看来，在人的活动中存在的是意义关联而不是因果关联。唯心主义对所谓“意义关联”或“意义的复合体”的说明大致上也可分为两种。[④] 一种是历史主义或客观唯心主义的观点（黑格尔）。这种观点把观念的东西抽象化、逻辑化为客观理念或绝对精神，而把人的活动或人类历史说成是绝对精神的“流

① 帕森斯：《社会行动的结构》，第 77、115、356 页。

② 帕森斯：《社会行动的结构》，第 51、64、700 页。

③ 帕森斯：《社会行动的结构》，第 251、446 页。

④ 帕森斯：《社会行动的结构》，第 475、477～478、482～483、486 页。

射”，是历史的“诡计”或理性的“狡诈”。在这种说明中，人的活动的目的成了绝对精神“辩证演进”或“自我实现”的手段。这种观点把人的活动的历史变成了思辨的哲学的历史。另一种是历史学派或历史相对主义（兰克、狄尔泰、文德尔班、李凯尔特）的观点。这种观点所关注的是具体的经验的历史，它认为历史乃是本质上毫无关联的各个单一人类活动的总和，而人类活动的单一性正是取决于其意义的单一性，换言之，每个人的活动都有其不同的目的或规范背景：或者是享乐主义的，或者是禁欲主义的；或者是利己主义的，或者是利他主义的；等等。因此，历史科学或文化科学所要做的是在忠实地记录史实的基础上解释其中的意义。这两种唯心主义都完全从主观方面说明人的行动，因而把人的行动说成是某种观念的“流射”或某种意义的体现。这些唯心主义行动观始于维科、康德，而几乎一直贯穿于19世纪的德国思想界，直到19世纪末20世纪初，唯心主义与实证主义的相互影响才真正发生。

实证主义用自然科学的方法来研究人类现象。它置人的活动所特有的主观的和意义的因素于不顾，而偏执于人在一定条件下利用一定手段合理地/消极地适应环境这一方面，因而把人的活动等同于（生物的或物理的）行为。而唯心主义则试图建立与自然科学判然有别的文化科学或人文科学：它无视客观环境对人的活动的限制，而专注于主观的或观念的东西（目的、规范）在人的活动中的意义——这实际上是抽象地发展了人的活动中能动的方面。可见，无论实证主义还是唯心主义都是以一种片面的一元论方式谈论人的活动，换言之，它们都没有把人的活动当作行动——就其在本文中的规定而言——来说明。这两种观点各自的片面性在后来愈发明显，这就自然而然地出现了第三种观点。

第三种观点，可以笼统地说成是对前两种观点的超越。实际上，在实证主义和唯心主义的传统内部就出现了对它们的反叛。例如，以实证主义为出发点的杜尔凯姆却滑向了唯心主义，并且这两种因素在他那里似乎是相反相成的；而受唯心主义气氛熏陶的韦伯却异乎寻常地坚持客观性立场，他是在“价值中立”的原则下倡导其“理解的社会学”的。这些现象表明，在社会学领域，纯粹的实证主义和唯心主义确乎已走到尽头。帕森斯把第三种观点概括为“意志主义”（一译“唯意志主义”），它认为在人的活动中条件方面的因素与规范方面的因素都起着重要的作用，而且这两方面是相互依存的。帕森斯把意志主义视为实证主义与唯心主义汇合或趋同的结果。在他看来，马歇尔、帕累托和杜尔凯姆的理论是从实证主义方面向意志主义的趋同，而韦伯的理论是从唯心主义方面向意志主义的趋同。[①] 帕森斯把第三种观点概括为意志主义的做法未必是公允的，但是应该指出，他所阐述的意志主义"行动观"（连同他的行动参照构架）的内容——从主、客观两方面及其相互关系来说明行动——与我们的行动概念十分接近。马克思也认为，人的活动（或劳动，或实践，或行动）是主观见之于客观的对象化活动，是人们在一定客观条件下进行的自由自觉的活动。

具体说来，行动具有如下特征。首先，人的行动是有目的的。人的行动区别于别的现象的特征之一是，人的"劳动过程结束时得到的结果，在这个过程开始时就已经在劳动者的表象中存在着，就已经观念地存在着"[②]。也就是说，人在行动之先就已经有了行动的目的。人的能动性尤其体现在行动的目的上，人的行动的意愿或动机正是由其目的决定的。其次，人的行动是在一定客观环境中进行的，这种客观环境一方面作为条件限制了行动的范围，另一方面为行动提供手段或工具。人在行动过程中不能超越其环境，但却能从这种环境中获得其行动的手段或工具并反过来作用于环境本身。行动的环境包括自然方面的和社会方面的，前者如自然资源等，后者如社会关系等。最后，行动者与其环境的相互作用是以文化为中介的，文化的作用是为行动者提供行为规范。人的行动是以一定的价值标准和道德原则——文化的核心成分——为规范背景的，而行动者的行动取向是受其价值观念和道德信仰支配的，因此可以从规范方面根据其行动取向来评价其行动。

综上所述，社会行动作为人的行动，既不是与生物的或物理的活动无实质区别的消极地适应客观环境的行为，也不是观念的或规范的东西通过人类历史或人的活动在人身上的流射或体现，而是以文化为中介的人与环境相互作用的过程。

---

① 韦伯：《经济与社会》，第 82、476、719 ~ 723 页。

② 马克思：《资本论》第 1 卷，转引自《马克思恩格斯列宁的社会学思想》（北京，1989），第 90 ~ 91 页。

二 社会行动本身就是社会互动

我们可以在分析中抽象地设想出一个帕森斯所说的“单位行动”，并根据其“参照构架”把行动与行为或“流射”区分开来，但在经验中我们所看到的却是众多的而非单一的行动者，每个“单位行动”都是在社会中发生的。这正如马克思所说的，“人是名副其实的社会动物……孤立的一个人在社会之外进行生产……是不可思议的”①。在这个意义上可以说，人的活动是社会行动。进而言之，社会中的众多行动者又都是相互影响的：每个行动者的行动都会在别的行动者那里引起某种反应，而每个行动者的行动又都是对别的行动者的行动的反应。关于这一点韦伯曾说，行动是“社会的”就意味着，在行动者的主观意义中就含有对他人行动的考虑，而行动者是基于这种考虑来决定自己的行动取向的。② 这就是说，社会行动就是社会互动。既然人的活动是社会行动，而社会行动就是社会互动，因而人的活动就是社会互动，那么，这种互动的内容是什么呢？或者说，在这种互动中不同的行动者之间或行动者与社会之间的关系如何呢？③

很显然，在这一问题上也可能存在三种观点：（1）强调个人的观点。这种观点认为，在个人与社会的关系中，个人（的行动）是决定性的，而社会则是众多行动者互动的产物，这种观点被称为个人主义观点。（2）强调社会的观点。这种观点认为，在个人与社会的关系中，社会本身就是一种现实存在，而个人的行动是受制于或决定于社会的，这种观点被称为集体主义观点。（3）超越个人主义与集体主义的多元论观点。

个人主义并不简单地否认存在某种超乎行动者之上的人际关系或社会秩序，但它或者把社会秩序说成是众多行动者自由决定和共同协商的结果（契约），或者主要讨论个人行动而将行动的社会性（社会秩序）置于一旁，不予深究。个人主义大致还可分为工具主义（功利主义、理性主义）

---

① 《马克思恩格斯全集》第12卷，第734页。

② 韦伯：《经济与社会》，第4页。

③ 亚历山大把这类问题概括为秩序问题［参见《社会学的理论逻辑》第1卷，第90页；《1945年以来的社会学理论》（哥伦比亚大学，1987），第11页；《行动及其环境》，第14页］。但如果把人的活动进一步理解为社会互动，那么秩序问题不过是行动问题的另一方面。

和反工具主义两类。工具主义的个人主义滥觞于洛克而在古典经济学中臻于巅峰。洛克认为，在自然状态下，每个个人都有生命、财产、自由的权利（天赋权利），每个个人为实现自己的权利或利益而采取明智的、合理的行动，这些个人之间的关系是和平、友好和互助的，他们各自的利益是自然地一致的。古典经济学家如斯密和李嘉图也认为，在市场条件下，各个个人的经济行动——交换其商品和劳务——是合理的和互利的，整个社会呈“自由放任”的状态，经济规律像“一只看不见的手”一样起作用（斯密），或者说经济规律“盲目地统治世界”（李嘉图）。[①] 可见，工具主义的个人主义所注重的是行动对个人实现其目的——姑且不论目的本身是怎样的——的意义，在它看来，行动的互动性（社会性）是不太重要的或不成问题的。的确，这种观点即便在当代也不能说是过时的，[②] 但它在社会思想史上的统治地位却由于其明显的缺陷而一去不复返了：它的工具主义为来自多方面的反工具主义所摒弃，它的个人主义更是受到集体主义的批评。

各种反工具主义的个人主义仅仅是在反对工具主义的意义上才是一致的，而且其表现形式远不如工具主义的个人主义那样纯粹而简单。除了前面提到的狄尔泰的唯心主义（解释学）外，反工具主义的个人主义至少还应包括浪漫主义者尼采、精神分析学之父弗洛伊德、存在主义者萨特以及一些现象学家的有关理论。尼采认为，唯有个人及其行动才是真实的，人的“冲创意志”是具有决定性的东西；[③] 社会秩序不过是强者（充分实现其意志者）与弱者之间的秩序，利他主义是一种虚伪的道德。弗洛伊德认为，对个人行动来说，具有决定性意义的是人的性欲本能（里比多），而社会的制度和规范的根源在于这种个人的内在的本能，它们只不过赋予了性欲冲动文化的或文明的形式。萨特认为，尽管个人只有在马克思所描述的社会关系或社会结构中才有自由可言，但人的自由“存在”先于人的社

① 帕森斯：《社会行动的结构》，第 98 ~ 99 页；亚历山大：《社会学的理论逻辑》第 1 卷，第 94 页，第 2 卷，第 72 页；亚历山大：《行动及其环境》，第 14 页；亚历山大：《1945 年以来的社会学理论》，第 157 页。

② 亚历山大指出，工具主义的个人主义在霍曼斯的交换理论（1961，1964）、科尔曼的政治社会学（1966）中仍然清晰可辨。参见《社会学的理论逻辑》第 1 卷，第 94 页；《行动及其环境》，第 16 页。

③ The Will to Power 的传统译法是“权力意志”，但陈鼓应认为译为“冲创意志”更合适些［见陈鼓应《悲剧哲学家尼采》（北京，1987），第 89 页］。

会“本质”，人是自我设计、自我创造的产物，是个人而非社会应该对个人的行动负责。受惠于胡塞尔现象学的 A. 舒茨关于统一的、共同的——“我们的”——环境或世界的观点表明，在他的理论中有集体主义的倾向，但他所说的“我们的世界”乃是一种“互为主观性”的世界：“只有从面对面的［互动］关系中，从我们共同生活的经验中，才能构成互为主观性的世界。”[①] 如此等等，不一而足。这些反工具主义的个人主义观点从个人（行动者）的主观的、情感的、意志的或本能的方面来说明人的行动，并从人的行动或互动来说明社会关系。

工具主义的个人主义和反工具主义的个人主义的共同特征是，它们忽视人的行动的社会性（互动性），对个人－社会关系中的社会方面及其对个人的作用至多只做附带的和形式的说明。与之相反，集体主义把社会秩序及其对人的行动的作用视为其理论说明的中心问题。集体主义也有工具主义（理性主义）和反工具主义（唯心主义）两种。工具主义的集体主义在稍早于洛克的霍布斯那里得到了最初的明确表述。关于人的“自然状态”，霍布斯与洛克持截然相反的看法。霍布斯认为，在自然状态下，人人都是自由的和自私的，每个人都为获得自身的利益而行动，因而当他们的利益相冲突时他们就处于战争状态——所谓“一切人反对一切人”的战争。于是，出于自我保全的考虑，理性命令人们要和平相处。理性的命令意味着人们放弃自由（破坏或否定他人自由的自由），而把自己的天赋人权以契约形式转交给社会：这一限制个人自由的理性社会的体现者或代表者即掌握最高权力的国家或伟大的“利维坦”，通过利维坦，不同个人的不同利益就人为地一致了。霍布斯的思想在同属理性主义传统的边沁理论那儿得到了重申和发展。边沁认为，快乐和幸福就是道德上的善，正如痛苦是恶一样；但幸福不是个人的幸福，而是“最多数人的最大幸福”；要实现这种善，就必须通过民主政治促成公共利益与个人利益的和谐一致，换句话说，就是要由社会来实行平等主义（或平均主义）。为此，他强调了社会或国家对个人的强制作用。在他看来，社会或国家是一个组织得很好的机器，因而每一个个人（从个人的角度看）都无法逃脱所有的个人

---

① 转引自亚历山大《社会学的理论逻辑》第 1 卷，第 95、97 页；亚历山大《行动及其环境》，第 15 页；《1945 年以来的社会学理论》，第 250 页。

（从集体的角度看）的控制。他说，“华盛顿在美国没有做波拿巴在法国所做的事，其唯一原因不在于其动机的不同……而在于他们所处的政治条件的不同”[①]。由此可见，霍布斯和边沁都认为，社会或国家都是出于功利方面的原因（自我保全原则、最大幸福原则）而建立起来的，而社会或国家的建立即意味着个人自由（动机、目的）的消失。他们的这种工具主义（理性主义）的集体主义观点，通过马克思和韦伯对资本主义社会的理性化或合理性的分析渗透到当代社会学理论中。[②]

反工具主义的集体主义在反对个人主义这一点上与工具主义的集体主义是一致的，而在反对工具主义这一点上与唯心主义（的个人主义）是一致的。反工具主义的集体主义的典型是杜尔凯姆的社会学唯心主义。杜尔凯姆的理论有两个基本内容。首先，社会是先于个人的，社会对个人有强制作用。所谓社会是先于个人的，用杜尔凯姆的话来说就是，“机械团结”的社会是先于“有机团结”的社会的。“机械团结”的社会是以个人之间的彼此相似为基础的社会（即古代社会）：这种社会中的个人没有真正的个性，他们具有相同的感情和信仰，因而他们是可以相互替代的。“有机团结”的社会是指出现了社会分化或劳动分工的社会：这种社会中的个人彼此有别，他们的个性有了相对的发展，因而他们是不能相互替代的。“机械团结”的社会对个人的强制作用是不言而喻的：在这样的社会里，社会通过“刑事法”——用来惩戒越轨行为——来统一其成员的信仰和行动。在“有机团结”的社会中，社会对个人的强制作用有所减弱，但仍然存在：这样的社会也有最基本、最起码的“协调一致”，社会的结构要求其成员各尽其职，而社会则通过“合作法”——个人之间的契约即据此产生——来组织其成员。[③] 其次，社会主要靠其精神的或道德的力量来起整合作用，社会实质上是一个信仰体系。杜尔凯姆认为，物质利益以及基于物质利益而达成的契约不能使人们团结在一起。杜尔凯姆指出，使社会得以维系的是每个个人对社会的共同的情感和信仰：每一个人都从社会中取

① 亚历山大：《社会学的理论逻辑》第1卷，第19、98~100页；同时参见梯利《西方哲学史》（北京，1979）下册“霍布斯”章中的有关论述，以及罗素的《西方哲学史》（纽约，1972）“功利主义”章中的有关论述。

② 亚历山大：《行动及其环境》，第18~20页。

③ E. 杜尔凯姆：《社会分工论》英译本（格伦科伊，1964），第226~227页；R. 阿隆：《社会学主要思潮》中译本（上海，1988），第342~343、348、350页。

其所需，每一个人都为了社会而工作着，因为利他主义是社会的永恒的基本前提，每一个社会都是道德的社会。他称这种维系社会的精神力量为“集体意识”或“共同意识”：它是一个具有自己的生命的特定体系，独立于各个个人所处的特殊条件，也不随时代的变化而变化。“集体意识”在社会中符号化为法律（在“机械团结”的社会里即为刑事法，在“有机团结”的社会里即为合作法），从而起到使社会成员协调一致的整合作用。[①]由此可见，在杜尔凯姆的理论中，不仅人的行动是由人的社会性决定的（集体主义），而且社会对人起作用的原因在于它是一个精神的或道德的实体。杜尔凯姆的这种社会学唯心主义通过人类学（包括第二次世界大战以前的英国功能主义和第二次世界大战以后的法国结构主义）尤其是通过帕森斯的理论对当代社会学产生了重大的影响。

但是，无论是个人主义观点还是集体主义观点，也无论是工具主义观点还是反工具主义观点，都因为各执一端而不能全面说明个人与社会的相互关系，从而也不能真正地把社会行动本身作为社会互动来予以说明，唯有在适当地综合这些观点的基础上超越其各自的片面性，才能做到这一点。具体说来，社会行动作为社会互动有如下两方面的内容。

一方面，社会是不同行动者互动的产物，或者说，社会是不同行动者互动的制度化。人们通常所说的社会是一个笼统而模糊的概念，社会学从互动的角度来界定社会就使这一概念清晰可辨。用社会学的眼光看，没有什么超越于或脱离了行动者及其互动的社会，社会说到底是众多行动者的某种集合，或者确切地说社会是众多行动者因互动而形成的系统。不同行动者在合作、冲突、交换、竞争等互动过程中逐渐形成了相对稳定的互动模式（制度化），在这种模式中，不同行动者以某种方式实现各自的权利或利益，而他们同时确认和建立了基本的共同生活原则（价值、信仰），于是，社会就从这种互动模式中产生出来并得以维系。当然，社会（即便是最简单的社会）并不直接地表现为各个单一行动者互动的产物；在个人与社会之间，或者说在各个单一行动者的互动与这种互动的最终的产物之间，还有社会群体（如家庭、阶级等）、社会组织（如公司、组织等）和社会制度（如经济制度、政治制度、文化制度等）之类的中间环节。这些

① 杜尔凯姆：《社会分工论》，第64、79～80、203～204、228页。

中间环节本身就是互动模式，同时它们又成为社会的子系统。但是，无论如何，社会不能从社会本身得到说明（否则就成同义反复了），甚至也不能仅仅从社会的群体、组织和制度中得到说明。社会，从根本上说，只能从不同行动者的互动中得到说明。关于这一点，马克思曾说，“社会——不管其形式如何——究竟是什么呢？是人们交互作用的产物”①。帕森斯在《社会系统》一书中也指出，“社会系统实质上……是一个互动关系网”②。

另一方面，个人，作为在社会中扮演一定角色的行动者，又是社会的产物。每个行动者都是一个社会的自我，都会以某种方式承担社会的角色，因而都是在社会的作用下成为行动者的，社会对人的作用的过程即社会学所说的“社会化”。我们这里所说的行动者不是抽象的、天生的行动者，而是已把存在于社会的东西内化于自身的个体，是已经社会化了的人。人的社会化，终其一生，包括儿童的社会化和成人的再社会化。儿童的社会化是儿童通过学习而成为合格的社会成员（社会角色）的过程：在这一过程中，儿童一方面学习在社会中生存所必需的技能和知识，通过这种学习，他或她获得谋生的手段；另一方面，儿童以某种方式接受社会的规范（价值、信仰），从而不至于误用或滥用其手段。成人的再社会化一方面是儿童的社会化的继续和加强——在这一过程中成人保持旧经验并学习新经验；另一方面是当他或她有越轨行动（与社会格格不入的行动）时社会对其予以适当的劝导或惩戒，使其重新按照为社会所接受或为社会所限定的方式来生活。社会化无疑也是社会互动的结果：在这种互动中，社会文化（广义的，包括技能、知识、制度、规范等）以观念的形式内化于个人，用米德的话来说亦即制度成了自我的一部分。③ 人的社会化过程表明，正是社会才使人成为行动者，个人只能从社会方面得到说明，人本身就固有社会性；或者用马克思的话来说，“人的本质……是一切社会关系的总和”④。

综上所述，不难得出如下结论：与个人主义所说的相反，人是社会中的人，人是在社会作用下或者说在人际互动中才成为现实的人；与集体主

① 《马克思恩格斯全集》第 27 卷，第 47 页。

② 帕森斯：《社会系统》（伦敦和亨莱，1951），第 51 页。

③ 亚历山大：《1945 年以来的社会学理论》，第 214 页。

④ 马克思：《关于费尔巴哈的提纲》，《马克思恩格斯全集》第 3 卷，第 5 页。

义所说的相反，社会是人的社会，社会的产生和维系都是个人行动或人际互动的结果；与工具主义所说的相反，在社会互动中规范的或道德的因素（价值、信仰）是不可或缺的；与反工具主义所说的相反，与个人获得利益或社会分配利益相关的工具性（合理性）因素是社会互动的永恒前提。个人与社会的这种双向及双重关系可图示如下：

制度化（通过工具性、规范性互动）

个人⇐══════════════════⇒社会

社会化（通过工具性、规范性互动）

我们认为，只有这种多元论模型才能说明“正像社会本身生产作为人的人一样，人也生产社会”[①]，才能说明社会行动是社会互动的意义。

社会行动是社会学分析的基本单位。本文从社会行动不同于行为或“流射”及社会行动本身就是社会互动两个方面，结合社会学史上的有关论述，对社会行动的规定做了说明。需要指出的是，对社会行动的规定即便是在当代社会学理论中也众说纷纭；但是，毫无疑问，当代理论越来越趋向于用多元的、综合的观点说明社会行动，而不再坚持片面的、简单的——要么是工具主义的，要么是反工具主义的；要么是个人主义的，要么是集体主义的——观点了。

① 马克思：《1844 年经济学哲学手稿》，《马克思恩格斯全集》第 42 卷，第 121 页。

论我国城市住房体制对单位职能的影响*

李国庆

自1978年国家提出要充分发挥国家、地方、集体和个人四个方面的积极性发展城市住房事业的方针之后，以各个单位为主体的城市住房经营与管理体制迅速形成、发展，这是我国不同于其他资本主义国家的一大特色。

从全国各城市的统计看，城市住宅的72%～80%由各个单位自行管理，而房管部门只管理20%～28%的城市公有住宅。我国城市住宅的投资也是以各个事业或企业单位为主体进行的。

在全民所有制单位与集体所有制单位之间，企业单位与行政事业单位之间，中央级单位与地方级单位之间，由于自筹资金能力不同，因而建房能力强弱不同，职工居住水平差异悬殊。其差异主要有以下几大特征。

一、与全民所有制单位相比，城镇集体所有制单位住房困难更大。我国的社会主义经济是多种形式和多层次的公有制经济，集体所有制经济是社会主义公有制经济的重要组成部分。截至1988年底，我国城镇集体所有制单位各行业职工人数总计3527万人，占我国职工总数的26%。这些集体所有制单位为满足城市居民对商品和种种社会服务的需求，吸收大量城镇待业人员（近几年来，在各大城市知识青年就业安排中，城镇集体经济占70%～80%），在补充国营经济的不足以及稳定社会生活秩序方面，发挥了重要作用。但是，这些城镇集体所有制单位职工的家庭居住状况却远远落后于全民所有制单位的职工家庭。据统计，在1949～1985年的36年间，我国城市共建成住宅13.5亿平方米，其中，由国家财政投资建成的占1亿平方米，更新改造资金完成12亿平方米，由集体所有制企业集资建成

---

* 原文发表于《社会》1990年第11期。

的仅有 0.4 亿平方米，占总额的 2.9%，甚至不及个人建房 0.9 亿平方米的水平。以北京为例，1986 年北京全民所有制企业的职工中，没有自己住房的占其总数的 32.8%，而集体所有制企业职工的这一比例则高达 74%；在有住房的企业中，人均使用面积在 4 平方米以下、4.1～8.0 平方米之间和在 8.1 平方米及以上的企业比例，全民所有制企业分别为 23.8%、13.8 和 28.5%；而集体所有制企业分别为 14.6%、6.1% 和 3.6%。

造成集体所有制单位住房水平低的原因：一方面，集体企业作为一个独立核算、自负盈亏的经济实体，不在国家财政投资建房的范围之列。另一方面，集体企业经营规模大大小于国营企业，主要经营轻工业、商业、饮食业和服务业等层次较低的产业；多数集体工业企业设备陈旧，产品老化，人员素质偏低，经济效益较差；集体企业不仅要上交国家税收，而且税后利润还要上交合作事业基金，并承担社会上名月繁多的摊派款，企业自留利润比例低，因而自身筹集建房资金的能力很弱。最后，集体企业用地指标也不在国家计划之列。它们的生产场地都无法保证（大部分集体企业的厂房属违章建筑），更无力安排住房建设用地。

因此，可以说我国的住房公有制，实质上是单位所有制，更确切地说是全民所有制单位的住房所有制，集体所有制单位的住房问题一直被排斥在国家计划之外。而且根据集体所有制企业的现状，不打破住宅的单位所有制，实行住宅建设商品化和社会化，集体所有制企业的住房问题将长期得不到解决。

二、在全民所有制单位内部，住房水平的单位差异也十分明显，主要表现在：(1) 中央单位与地方单位之间存在差异；(2) 全民所有制下的各个行业之间也存在差异。从单位看，我国城市住宅建设资金来源主要有两条渠道：一是国家财政拨款，中央单位主要依靠这一财源；二是单位自筹资金，地方单位主要依靠这种形式。以北京为例，由于首都聚集着大量的中央行政事业单位，住房建设以国家拨款为主。近几年来，各个单位自筹资金增加很快，地方单位住房水平有所提高，但与中央单位比仍有很大差距。据统计，从新中国成立到 1983 年底，北京的中央单位职工平均每人住宅建设投资累计达 1880 元，人均居住面积达 8.29 平方米；而市级单位职工平均每人住宅建设投资累计只有 490 元，人均居住面积为 5.45 平方米。在我国全民所有制下的各个行业之间也存在住房水平的差异，其中商业、饮食、服务、财贸和文教卫生事业单位境况最差。据统计，北京市商业、饮食、服务、修理等行业的无房企业占其总数的73.7%，而工业系统的这一比例仅为37.7%，建筑业为18.6%，运输邮电业为12.5%，公用事业单位为25.0%。在商业、服务性行业有住房的企业中，人均使用面积在4平方米以下的占13.2%，在4平方米及以上的仅占1.7%，远远低于工业、建筑业、运输邮电等行业的居住水平。

我国现行的由职能单位来经营和管理住宅的体制是我国社会组织目标与功能多元化特点的典型体现，在大力推进城市化和提高社会组织效率的今天，其弊端日益显现出来，亟须改革。

1. 我国住宅经营与管理的单位体制导致和加剧了各单位之间社会财富的分配不公，扩大了社会各个阶层之间的生活水平差距，严重影响了社会组织的凝聚力和阶层结构的稳定性。在我国，住房条件是人们选择就业单位的重要条件之一，同时也是单位吸引人才的重要砝码。由于集体所有制单位、地方单位和全民所有制单位中部分行业的居住条件长期得不到改善，难以吸引人才，而素质较高和有门路的职工人心思“调”，不能充分发挥他们的主动性、创造性，导致这些单位人才不足，阻碍了单位自身的发展。这种状况对于青年人的职业观、择偶标准甚至人生观的形成都有很强的导向作用。

2. 我国城市住房由单位经营管理的体制对单位主体功能的实现构成了巨大障碍。

首先，它与单位的主要目标发生了激烈冲突。企事业单位是我国社会组织的特殊形式，社会组织则是社会分工的产物，是人们为了达到某一特定目标建立的社会组织。实现社会分工所赋予的功能理应成为各单位的主要目标。“在现代的发达社会，尤其是现代工业化社会中，各类组织往往具有特定的、明确的、较单一的社会目标，而不像传统社会的组织和初级群体那样，具有多重组织目标。而我国目前城市中的单位组织，无论是工厂、机关、学校还是医院，都更接近传统的社会组织甚至初级群体组织形态，具有多重的组织目标，是国家的工具，以实现社会的各种整体目标为己任。”（李汉林，1988：310）具体讲，我国社会组织具有三大社会职能，即经济职能、职工生活职能、社会职能，而住房的经营管理正是职工生活职能的集中体现。组织目标多元化使职能单位无法集中力量实现自身的主体功能，阻碍了社会分工专业化和社会化的发展，消耗了组织内部人力、财力、物力，形成了我国特有的“除了监狱之外什么都有”的“小而全、大而全”的社会单位。

其次，我国现行的住宅管理体制引发了单位内部的角色冲突，使人际关系复杂化，造成了职工之间、干群之间的矛盾和摩擦。职工为住房而你争我夺，许多干部则以权谋私，大搞不正之风，从而损害了干部形象，使其无法正常地履行业务领导职能。“职工往往在生活方面形成对企业领导的认知，一旦认为领导在生活服务方面（如住房分配）‘不公平’或‘以权谋私’，在生产中发生关系时就会在这种认知的影响下故意违抗指令，或者给领导出难题，由生活角色推论其他角色扮演效果的‘晕轮效应’，使企业内部上下级不能按常规模式互动。”（孙炳耀等，1988：57）

3. 我国城市住宅经营与管理的单位体制严重阻碍了建筑业的专业化发展，影响了社区整合机能的完善，加剧了我国社区的封闭性。社会分工的专门化是产业结构发展的大趋势，它可以避免浪费，提高经济效益。而在我国，以住宅经营与管理为代表的许多功能仍然分散在各个单位组织内部。由于其规模小、专业化程度低，效益差、浪费严重，不利于功能的充分发挥。同时，社区生活服务设施和社区管理部门得不到应有的发展，社区整合机能得不到发育。

解决上述问题的根本途径，在于实现住宅的商品化和社会化。只有将住宅建设资金从基本建设资金中分离出来，才能保证住宅开发作为独立产业获得发展；只有将住宅经营与管理职能从单位中分离出来，才能提高社会组织的效率并推动社区发展；也只有以住宅的货币分配取代行政分配，才能消除住房分配不公的根源，从而促进我国社会整体结构的稳定。

参考文献

李汉林，1988，《寻求新的协调——中国城市发展的社会学分析》，测绘出版社。

孙炳耀等，1988，《企业职能的改变与社区整合新模式的建立》，《社会学研究》第1期。